정경천법

政 經 天 法

정경천법(政經天法)

[The Natural Law of Political Economy]

인간의 삶이 육신과 정신의 상호작용에 의해 변해
가듯 인간사회도 정치와 경제의 상호작용에 의해
변해 간다. 이런 상호작용은 인간이 정한 인법(人法)
이 아니라 하늘이 정한 천법(天法)이다. 하늘이 정한
이 상호작용법을 『정경천법(政經天法)』이라고 한다.

지성인을 위한 정치경제학 ────────

정경천법

①

| 자연력 시대 |

손영일 지음

지식공감

**제3장
물리력 시대의
변화**

제5장
세포력 시대의 변화

제7장
동물력 시대의 변화

제8장
결론

서문

01

정경천법(政經天法)이란?

인간의 삶은 두 가지 활동을 전제로 한다. 하나는 물질과 부딪쳐 가는 대물활동(對物活動)이고 다른 하나는 인간과 부딪쳐 가는 대인활동(對人活動)이다. 모든 인간은 살아 있는 한 이 두 가지 활동을 벗어나 존재할 수 없다. 얼른 생각하면 인간의 생존활동은 수없이 복잡해 보이지만 어떤 복잡한 생존활동도 결국은 이 두 가지 활동으로 귀결된다. 왜냐하면 인간을 중심으로 할 때 지구상에는 오직 인간과 인간 아닌 것, 즉 인간과 자연물이라는 두 존재만 있을 뿐이기 때문이다. 산천초목이나 동식물 같은 모든 비인간적인 것들은 자연물이라는 하나의 이름으로 분류될 수 있고 백인, 황인, 흑인 등, 모든 인종은 인간이라는 하나의 이름으로 분류될 수 있기 때문이다.

인간적 시각에서 볼 때 지구상에는 이렇게 오직 인간과 자연물이라는 두 존재만 있기 때문에 인간은 이 두 존재와 관계를 맺으면서 살 수밖에 없다. 예를 들면 인간은 한편으로는 자연물과 부딪쳐 가는 대물활동을 통해 생존에 필요한 의식주 문제를 해결하고 다른 한편으로는 자기 아닌 타인과 부딪쳐 가는 대인활동을 통해 사회생활이라는 공동체 생활을 영위해 간다. 따라서 대물활동이 없는 인간은 생존에 필요한 재화를 구하지 못해 살 수 없을 것이고, 대인활동이 없는 인간은 사회라는 집단생활을 영위하지 못해 살 수 없을 것이다.

살아있는 인간이라면 피할 수 없는 이 두 가지 활동 중 인간과 물질과의 관계에 속하는 대물활동은 다시 본령(本領)과 속령(屬領)으로 나누어진다. 그중에서도 의식주와 관련된 활동인 경제활동은 저절로 생겨나는 선천적, 자생적 활동이므로 대물활동의 본원적 영역, 즉 본령이라 할 수 있고 분배, 빈부, 갈등, 계층 같은 사회적 문제들은 대물활동의 결과 생겨나는 부산물이므로 대물활동의 종속적 영역, 즉 속령이라 할 수 있다. 이 속령은 물체가 있는 곳에 그림자가 있는 것처럼 경제활동이 있는 곳마다 반드시 따라다니는 피할 수 없는 영역이다.

인간과 인간과의 관계에 속하는 대인활동도 본령과 속령으로 나누어진다. 그중에서도 인간이 모이는 곳이면 자연발생적으로 생겨나는 지배와 피지배, 위계와 권위 같은 정치활동은 저절로 생겨나는 선천적, 자생적 활동이므로 대인활동의 본원적 영역, 즉 본령이라 할 수 있고 그런 정치적 활동이 지속되면서 사회구성원들의 마음속에 침전되어 굳어지는 관습, 전통, 의식구조, 사고방식 같은 문화적 문제는 대인활동의 결과 생겨나는 부산물이므로 대인활동의 종속적 영역, 즉 속령이라 할 수 있다. 이렇게 인간의 대물활동은 본령에 속하는 경제적 활동과 속령에 속하는 사회적 활동으로 나누어지고, 대인활동은 본령에 속하는 정치적 활동과 속령에 속하는 문화적 활동으로 나누어진다. 이를 요약하면 다음과 같다.

인간활동의 구분			
인간활동	대물활동	본령	경제적 활동
		속령	사회적 활동
	대인활동	본령	정치적 활동
		속령	문화적 활동

인간의 삶은 이런 2분법적 생존 활동을 통해 이루어진다. 즉, 인간의 생존 활동은 대물활동과 대인활동으로 양분되고 그렇게 나누어진 두 활동은 다시 경제활동과 사회활동 및 정치활동과 문화활동으로 각각 양분된다. 이런 이론정립의 틀을 놓고 볼 때 인간이 살기 위해 필요로 하는 핵심적인 두 활동은 결국 대물활동의 본령인 경제활동과 대인활동의 본령인 정치활동으로 축약된다. 따라서 인간 세상이 변한다는 말은 이 두 본령이 상호작용하며 변해간다는 말이 되고 이 두 본령이 변하면 사회와 문화라는 두 속령은 그림자처럼 자연히 뒤따라 변하게 된다는 말이다.

이런 대물활동과 대인활동은 각각의 활동 대상이 다르기 때문에 서로 다른 영역이지만 그렇다고 하여 이 둘이 서로 떨어져 별개로 작동한다는 말은 아니다. 이 둘은 서로 떨어져 작동할 수 없는 이원일체적(二元一體的) 활동이지 서로 떨어져 작동하는 이원이체적(二元二體的) 활동이 아니다. 인간의 삶에서 대물활동과 대인활동은 시간적으로도, 또 공간적으로도 분리할 수 없는 동시적 활동이다. 예를 들면 댐을 만드는 일은 흙을 나르고 둑을 쌓아 올리는 대물활동인 동시에 여러 사람들이 힘을 합쳐 함께 완성해 가는 대인활동이기도 하다. 이처럼 댐 공사는 대물활동과 대인활동을 분리해서 생각할 수 없는 이원일체적 활동이다. 이러한 이치는 댐 공사에 한정되지 않는다. 사회라는 집단을 이루고 살아가는 인간의 모든 활동은 모두 이와 동일한 이원일체적 활동이다.

이 같은 이원일체적 활동은 두 활동이 떼려야 뗄 수 없는 유기적 관계를 가지고 상호작용하고 있음을 의미한다. 즉 대물활동의 본령인 경제활동과 대인활동의 본령인 정치활동이 이원일체적 상호작용을 계속하면서 인간의 삶을 변화시키고 나아가 인간사회를 변화시켜 감을 의미한다.

이렇게 경제활동과 정치활동이 상호작용하면서 인간세상을 변화시켜간다는 논리를 "정경상호작용론"이라고 한다. 이 정경상호작용론의 핵심은 인간세상을 미시적 시각으로 보면 수많은 분야가 있고 수많은 변화요인이 있는 것처럼 보이지만 거시적 시각으로 보면 인간사회는 경제로 대표되는 대물분야와 정치로 대표되는 대인분야가 있을 뿐이며 이 두 분야의 상호작용, 즉 정경상호작용에 의해 인간사회가 변해간다.

이 같은 정경상호작용론은 동양철학의 음양상호작용론과도 일치한다. 우주에는 수많은 변화요인이 있어 보이지만 거시적 관점에서 보면 음(陰)과 양(陽)이라는 두 요소만 있을 뿐이다. 별들은 오늘도 생겨나고 사라지고 한다. 여기서 생겨나는 것은 양(陽)이고 사라지는 것은 음(陰)이다. 지구도 마찬가지이다. 오늘도 수많은 생물이 생겨나고 사라지고 한다. 역시 생겨나는 것은 양(陽)이고 사라지는 것은 음(陰)이다. 자연만물의 순환과정도 동일하다. 반드시 한 번은 성(盛)하고 한 번은 쇠(衰)하는 과정을 거치면서 그들의 대(代)를 이어간다. 여기서도 성(盛)하는 과정은 양(陽)이고 쇠(衰)하는 과정은 음(陰)이다. 해가 뜨고 지는 과정도 그렇다. 해가 뜨는 낮은 양(陽)이고 해가 지는 밤은 음(陰)이다.

인간 세상도 마찬가지이다. 남(男)은 양이고 여(女)는 음이다. 선(善)은 양(陽)이고 악(惡)은 음(陰)이다. 생산은 양(陽)이고 소비는 음(陰)이다. 이렇게 어느 것 하나 음과 양으로 구분되지 않는 것이 없다. 우주도, 지구도, 인간도 모두 음과 양이라는 두 요소를 안고 살아간다. 다만 차이가 있다면 그 규모일 뿐이다. 즉 우주적 차원의 음과 양, 지구적 차원의 음과 양, 인간적 차원의 음과 양이라는 규모의 차이가 있을 뿐이다.

인간사회를 변화시켜가는 경제와 정치라는 두 본령도 음과 양으로 구분될 수 있다. 대물활동의 본령인 경제는 양(陽)이고 대인활동의 본령인 정치는 음(陰)이다. 보이는 유형적 물상(物象)을 문제 삼는 경제는 양(陽)이고 보이지 않는 무형적 물상을 문제 삼는 정치는 음(陰)이라 할 수 있기 때문이다. 이렇게 볼 때 정경상호작용은 곧 음양상호작용이며 따라서 경제와 정치라는 두 요소의 상호작용에 의해 인간사회가 변해간다는 법칙은 단순한 인간적 차원의 법칙이 아닌 우주적, 지구적 차원의 법칙이 된다.

인간활동의 음양구분			
대물활동	경제	양	유형적 물상을 대상으로 함
대인활동	정치	음	무형적 물상을 대상으로 함

인간은 누구도 대물활동과 대인활동의 상호작용이라는 생존양식, 즉 정경상호작용이라는 생존양식을 선택한 적이 없다. 그럼에도 불구하고 인간은 선택하지 않은 그 생존양식에 얽매여 살아간다. 왜 그럴까? 그 이유는 명백하다. 그것은 하늘이 부여한 천부적 생존양식이기 때문이다.

인간이 태어나면서부터 생득적으로 부여받은 생존양식은 바로 하늘이 부여한 천부적 생존양식이다. 정경상호작용이라는 생존양식은 어느 누구도 선택하지 않은 생존양식이기 때문에 그것은 인간이 만든 인간적 차원의 인법(人法)이 아니라 하늘이 부여한 우주적 차원의 천법(天法)이다. 이렇게 정경상호작용은 하늘이 정해놓은 천법이기 때문에 이를 정경천법(政經天法, Natural Law of Political Economy)[1]이라고 한다.

인간은 어떤 경우에도 이 정경천법을 벗어나 존재할 수 없다. 대물적 경제활동과 대인적 정치활동을 벗어나 살 수 있는 인간은 이 세상 어디에도 없기 때문이다. 이 책의 제목을 『정경천법(政經天法)』이라고 정한 이유가 바로 여기에 있다.

---

[1] "정경천법"이라는 단어는 인간세상의 실제변화를 기준으로 할 때 경(經)이 앞서고 정(政)이 뒤서므로 당연히 경(經)을 앞에 두고 정(政)을 뒤에 두는 "경정천법(經政天法)"으로 명명되어야 마땅하겠지만 수 백년 동안 사용해 온 기존의 어순을 바꿀 경우 생길 수 있는 혼선을 피하기 위해 "정경천법(政經天法)"이라 하기로 한다.

02
정경천법의 구성내용

『정경천법(政經天法)』은 다음과 같은 내용으로 구성될 것이다. 인류역사를 기록적 혹은 유물적 근거가 있느냐 없느냐를 기준으로 하여 선사시대와 역사시대로 구분하듯 인간을 기준으로 하여 지구의 역사를 구분하면 인간이 탄생하기 이전의 역사와 인간이 탄생한 이후의 역사로 구분할 수 있다. 여기서 인간이 탄생하기 이전의 지구역사를 선인시대(先人時代)라 하고 인간이 탄생한 이후의 지구역사를 인간시대(人間時代)라 한다.

인간을 기준으로 한 지구의 역사	
선인시대(先人時代)	인간탄생 이전의 지구역사
인간시대(人間時代)	인간탄생 이후의 지구역사

이런 구분기준을 놓고 보면 지구의 역사는 선인시대와 인간시대로 크게 양분되지만 인간에게 의미 있는 시간은 바로 인간이 살아온 인간시대이다. 수천 년 전의 멀고 먼 조상에 대한 관심보다는 당장의 부모형제에 대한 관심이 더 큰 것처럼 인간탄생 이전의 선인시대는 수만 년 전의 먼 조상과도 같으므로 인간탄생 이후의 시대인 인간시대보다 관심이 적을 것임은 분명하다.

그러나 인간은 어느 날 하루아침에 하늘에서 뚝 떨어진 존재가 아니다. 수십억 년의 선인시대를 거치면서 지구상의 수많은 물질들이 상호작용한 결과 인간이 태어나고 존재할 수 있는 지구적 환경이 조성되었기 때문에 인간은 탄생될 수 있었을 것이다. 만일 인간이 탄생하기 이전에 인간이 생존할 수 있는 지구환경이 먼저 조성되지 않았더라면 인간은 태어날 수도, 또 태어났어도 숨 쉴 수 없고 먹을 것이 없어 살 수 없었을 것이다.

이런 관점에서 볼 때 인간사회의 출발점은 자연환경이라고 말할 수 있다. 따라서 필자는 자연환경이 갖추어진 역사를 추적하는 데서부터 글을 시작할 것이다. 자연환경이 인간을 탄생시키고 탄생된 인간은 경제적 활동을 통해 생명을 유지하고 생명을 유지하면서 살아가는 동안 자기 아닌 다른 사람들과 어울리면서 사회를 이루며 살아가고 그런 사회 속에서 살다보면 상호 협력할 때도 있고 반목할 때도 있게 되므로 정치적 관계가 형성되고 그런 정치적 관계에 얽매여 사는 동안 굳어진 관습과 전통은 문화가 된다.

이렇게 볼 때 인간의 삶은 "자연환경의 변화→경제환경의 변화→사회환경의 변화→정치환경의 변화→문화환경의 변화"라는 5단계 변화를 거치면서 이어져 왔다고 말할 수 있다. 이를 표로 요약하면 다음과 같다.

인간세상의 변천과정			
순서	변화분야	핵심적 역할	시대구분
1	자연환경의 변화	인간탄생의 원천	선인시대
2	경제환경의 변화	인간생존의 원천	인간시대
3	사회환경의 변화	인간공존의 원천	
4	정치환경의 변화	인간관계의 원천	
5	문화환경의 변화	인간문명의 원천	

위의 표에서 보듯 인류가 살 수 있는 생존환경을 제공한 선인시대에 대한 연구와 이해 없이는 인간사회를 올바르게 이해하기 어렵다. 그런 일은 과거의 역사를 무시하고 오직 현재만 보고자 하는 것과도 같은 잘못이다. 비록 그 비중은 적을지라도 현재를 알기 위해서는 당연히 과거의 역사를 먼저 알아야 할 것이다.

그러나 우리가 궁극적으로 밝히고자 하는 분야는 시대의 흐름이 아니라 그런 시대의 흐름에 따라 인간사회가 어떻게 변해왔느냐는 것이다. 즉, 우리가 문제 삼는 분야는 시대변화가 아니라 시대변화에 따라 바뀌어 온 인간사회의 변화이다. 이 책의 내용을 크게 선인사회의 변화와 인간사회의 변화로 구분하게 된 이유는 이처럼 시대변화가 아니라 사회변화에 초점을 맞추고 있기 때문이다. 그리고 선인사회로부터 글을 시작하는 이유는 선인사회는 인간사회의 씨앗과도 같은 사회이기 때문에 당연히 제일 먼저 다루어야 한다고 생각했기 때문이다.

03 인간사회의 구분

    선인사회를 거쳐 탄생된 인류는 동물적 원시생활로부터 삶을 시작했을 것임은 의심의 여지가 없다. 인류학자들의 연구에 의하면 원인(原人, proto man)들은 오늘날의 동물들처럼 아무런 생산도구 없이 오직 신이 준 신체적 힘 하나만으로 야채와 열매를 채취하거나 동물들을 사냥하면서 살았다고 한다. 즉, 하늘이 부여한 자연력만을 이용하여 살았다고 한다.

    그런 동물적 생활의 특징은 무교환이다. 동물들은 자기가 생산한 먹이를 서로 교환해 먹는 법이 없다. 소는 자기가 뜯은 풀을 자기가 먹고 사자는 자기가 사냥한 먹이를 자기가 먹는다. 어떤 경우에도 자기가 생산한 먹이를 다른 소나 사자와 바꾸어 먹는 법이 없다. 지구상에서 자기가 생산한 먹이를 자기 아닌 제삼자와 교환해 먹는 동물은 오직 인간뿐이다. 인간은 동물적 무교환 생존양식으로부터 삶을 시작하여 인간적 교환생존양식으로 전환한 지구상의 유일한 동물이다.

사회의 구분		
동물적 사회	무교환 사회	자연적 사회
인간적 사회	교환 사회	인간적 사회

지구의 역사를 되돌아볼 때 동물적 무교환사회를 살았던 원시인류가 교환사회로 진입했던 순간은 인간으로 하여금 만물의 영장이 되게 한 혁명적 사건이었다. 왜냐하면 교환사회가 탄생됨으로 해서 인류는 비로소 만물의 영장이 되었기 때문이다. 만일 인류가 지금까지 동물적 무교환사회를 계속 유지해 왔다면 인류는 여전히 동물적 생활을 계속하고 있을 것이다. 인류가 지나온 이 같은 역사를 돌이켜 볼 때 인간사회는 무교환사회에서 출발하여 교환사회로 발전되어 왔음을 알 수 있다.

인간사회의 발전	동물적 무교환사회 → 인간적 교환사회

04 생존의 출발점

동물적 무교환사회든 인간적 교환사회든 사회가 존속되기 위해서는 제일 먼저 구성원이 있어야 한다. 동물이 있어야 동물사회가 성립될 것이고 인간이 있어야 인간사회가 성립될 것임은 자명하기 때문이다. 그런 사회구성원이 생길 수 있는 유일한 길은 생존에 필요한 재화를 생산하는 것이다. 동물의 생존에 필요한 재화는 먹이이므로 동물이 생존하기 위해서는 먹이의 생산이 있어야 할 것이고 인간의 생존에 필요한 재화는 의식주 관련재화이므로 인간이 생존하기 위해서는 의식주의 생산이 있어야 할 것이다. 이렇게 동물이든 인간이든 생존의 출발점은 생존재화의 생산이다. 지구상의 모든 생명체는 그런 생산을 출발점으로 하여 그들의 생존을 영위해 간다.

> 생존의 출발점 : 생존재화의 생산

생존의 출발점인 생존재화의 생산은 노동으로부터 시작된다. 동물들의 사냥행위는 동물들의 식량생산노동이고 인간의 사냥행위는 인간의 식량생산노동이다. 동물이든 인간이든 그런 노동을 통하지 않고 생기는 생존재화는 이 세상 어디에도 없다. 그러므로 동물이든 인간이든 진정한 생존의 출발점은 노동이다.

인간의 생존에 필요한 노동생산물은 노동의 강약에 따라 달라진다. 노동이 강하면 노동생산물이 많아 생존재화가 많아질 것이고 약하면 노동생산물이 적어 생존재화가 적어질 것이다. 이렇게 볼 때 인간의 삶을 보장하는 출발점은 노동이지만 인간의 풍요로운 삶을 보장하는 출발점은 노동력이다. 노동력이 삶의 출발점이 되는 이유는 노동이 가해지는 힘으로서의 노동력이 없으면 어떤 노동행위도 있을 수 없기 때문이다.

05 생산주력과 생산력

　인간의 역사는 생산주력을 축으로 하여 변해왔다. 동물적 신체력, 즉, 선천적 원인력(原人力)만으로 노동을 했던 원시인들은 석기를 발명하면서 과거보다 좀 더 쉽게, 좀 더 많은 생산을 할 수 있었고, 도구를 발명하면서, 또 기계를 발명하면서 훨씬 더 쉽게 훨씬 더 많은 생산을 할 수 있었다. 기계는 선천적 원인력이나 석기와 도구 같은 생산수단과는 비교도 되지 않을 만큼 강한 노동력을 행사할 수 있는 생산수단이었기 때문이다. 이렇게 석기, 도구, 기계 등은 천부적 신체력을 대신하여 노동력을 증강시켜 주는 생산수단이기 때문에 이런 것들을 대체력(代替力)이라고 한다.

　이 대체력은 인간의 생산에 참으로 중요한 역할을 한다. 왜냐하면 동물적 원시력이 생산주력이었을 때보다 인간적 대체력이 생산주력이 되었을 때 그 대체력의 성능에 따라 생산은 획기적으로 증강되었기 때문이다. 역사적으로 봐도 생산주력의 변화는 곧 생산력의 변화로 이어졌다. 석기가 생산주력이었던 시대보다는 도구력이 생산주력이었던 시대의 생산이, 또 도구력보다는 기계력이 생산주력으로 등장했던 시대의 생산이 획기적으로 증강되었음은 주지의 사실이다.

　실제로 인류역사는 생산주력이 변해온 역사이다. 자연력이 생산주력이었을 때는 자연력 사회가 되었고 석기력이 생산주력이 되었을 때는 석기력 사회가 되었고 도구력이 생산주력이 되었을 때는 도구력 사회가 되었고 기계력이 생산주력이 되었을 때는 기계력 사회가 되었고 전자력이 생산주력이 되었을 때는 전자력 사회가 되었다. 앞으로 로봇이나 인공지능 같은 의인력(擬人力)이 생산주력이 되면 의인력 사회가 될 것임은 자명하다.

이렇게 생산주력이 사회변화의 지렛대라는 사실은 천지가 변하는 이치를 보아도 금방 알 수 있다. 사계절의 변화부터 그렇다. 날씨가 온화해지기 시작하면 봄이 오고 더워지기 시작하면 여름이 오고 서늘해지기 시작하면 가을이 오고 추워지기 시작하면 겨울이 온다. 이런 변화는 온기, 난기, 한기, 냉기라는 기력(氣力)의 변화가 곧 계절의 변화를 몰고 온다는 말이다. 이렇게 기력(氣力)이라는 힘의 변화가 모든 천지변화의 출발점이 되듯 인간사회에서는 생산주력의 변화가 모든 변화의 출발점이 된다. 생산주력이 변해온 과정을 기준으로 하여 인간사회를 구분하는 이유는 이 때문이다. 생산주력에 따라 변해온 이런 인간사회의 변화과정을 생산주체별로, 또 사회형태별로 분류해 보면 다음과 같다.

인류사회의 변화과정			
생산주력	생산주체	교환수단	사회형태
원인력 사회	원인	무교환	원인사회
석기력 사회	원시인	노동교환	원시사회
도구력 사회	노예	물물교환	노예사회
기계력 사회	숙련공	화폐교환	봉건사회
전자력 사회	노동자	자본교환	정보사회
의인력 사회	기능인	신용교환	신용사회

06 정경천법의 시대구분

"생산주력이 변하면 사회가 변한다."는 이 단순명료한 이론을 전제로 하여 지금까지 인간사회가 발전해 온 과정을 요약해 보면 "원인력 시대→석기력 시대→도구력 시대→기계력 시대→전자력 시대→의인력 시대"로 정리할 수 있다. 아래의 표에 나타난 각 시대별 핵심주제에서도 알 수 있듯이 이 글은 인간사회의 시작과 끝을 밝히는 것을 목적으로 하고 있다. 즉, 지난 수만 년간 변해온 인간사회의 변화과정에서 얻어진 변화의 법칙을 이론화하여 변화법칙으로 승화시키는 것을 목적으로 하고 있다. 그렇게 승화시켜 법칙화한 것은 곧 인간사회의 두 본령인 경제와 정치가 변해온 과정을 법칙화 하는 것이 되므로 『정경천법(政經天法)』의 뼈대가 될 것이다. 이렇게 생산주력을 기준으로 하여 인간사회가 변해온 과정을 순서대로 적게 될 이 글의 주요 내용을 시대별로 구분하여 표로 요약하면 다음과 같다.

정경천법의 서술순서			
순서	시대별 구분	교환구분	사회구분
제1장	원인력시대의 정경천법	무교환사회	동물사회
제2장	석기력시대의 정경천법	교환사회	인간사회
제3장	도구력시대의 정경천법		
제4장	기계력시대의 정경천법		
제5장	전자력시대의 정경천법		
제6장	의인력시대의 정경천법		

07 정경천법의 서술원칙

 필자는 정경천법을 서술함에 있어서 다음과 같은 원칙을 가지고 이 글을 적어 나가고자 한다.

 첫째, 모든 결론은 귀납적 논리를 바탕으로 할 것이다. 왜냐하면 귀납적 논리는 모든 지식의 원천인 동시에 인간이 믿고 의지할 수 있는 최후의 논증 방법이기 때문이다. 실제로 귀납법은 지식의 원천이요 이성적 판단의 뿌리이다. "모든 사람은 죽는다."는 간단한 사실 하나만 놓고 보아도 그렇다. 인간은 1년, 2년, 10년, 100년, 아니 천년, 만년 동안 아버지도 죽고 어머니도 죽고 자식도 죽고 손자도 죽는다는 엄연한 사실을 경험해 왔다. 그리고 거기에는 예외가 없다는 사실도 경험해 왔다. 그래서 마침내 인간은 "모든 사람은 죽는다."는 결론을 얻게 되었고 그 결론은 인간의 지식이 되었다. 물론 앞으로 다가올 천년, 만년 동안 모든 사람이 죽는지 죽지 않는지를 보기도 전에 그런 결론을 내리는 것은 성급하다는 비판이 가능하다. 그러나 그런 비판에도 불구하고 우리는 "모든 사람은 죽는다."는 사실을 하나의 불변적 진리로 받아들이는 데 조금도 주저하지 않는다. 그 이유는 그 결론이 바로 귀납적 논리에 의해 입증된 것이기 때문이다.

 사회과학은 더욱 귀납적 결론에 의지한다. 사회과학은 한마디로 인간이 살아온 경험적 세계를 과학적으로 밝히고자 하는 학문이다. 아리스토텔레스가 "인간은 사회적 동물이다."라고 결론 내린 것은 그가 그런 결론을 내리도록 신의 영감을 부여받았기 때문이 아니라 그가 보고 배우고 경험한 과거의 모든 사람들이 사회를 이루고 살았고 자기 시대의 사람들도 모두 사회를 이루고 살고 있었으며 더욱이 거기에는 예외가 없음을 깨달았기 때문이다. 또 오늘날의 인류가 그의 결론을 하나의 지식으로 받아들이고 있는 것도 오늘날의 인류 역시 그들이 보고 듣고 배운 지식에 의하는 한 모든 인간은 사회를 이루고 살고 있으며 거기에는 예외가 없다는 사실을 똑같이 깨닫고 있기 때문이다.

이렇게 고대인이나 현대인이나 똑같이 동일한 사실에 대해 경험적으로 일치된 결론을 가지고 있기 때문에 "인간은 사회적 동물이다."라는 결론을 사회과학적 지식으로 받아들이게 된 것이다. 필자가 인간 사회의 변화법칙을 밝히고자 함에 있어서 귀납적 논리를 주축으로 하고자 하는 이유는 바로 이 때문이다.

둘째, 귀납법적 논리에 의해 얻어진 결론을 서술함에 있어서는 연역적 논리를 동원할 것이다. 이는 경찰이 범인을 잡는 과정과 잡은 범인의 범행을 밝히는 과정이 정반대인 것과도 같다. 경찰이 범인을 잡을 때는 범행 현장에 남아있는 여러 가지 다양한 물증을 바탕으로 범인을 찾아 거슬러 올라가지만 찾은 범인의 범행내용을 설명할 때는 범행 동기부터 범행을 저지르기까지의 과정을 순서대로 서술한다. 즉 범인을 잡는 과정에서는 귀납적 논리를 동원하고 잡은 범인의 범죄 내용을 설명하는 과정에서는 연역적 논리를 동원한다. 왜냐하면 어떤 사실을 설명할 때는 귀납적 논리보다 연역적 논리가 훨씬 도움이 되기 때문이다. 역사책들이 대부분 편년체적으로 서술되고 있는 이유도 바로 이 때문이다. 주지하다시피 편년체적 서술방법은 가장 대표적인 연역적 서술방법이다. 그래서 필자는 귀납적 방법으로 찾은 법칙들을 연역적 방법으로 서술해 가고자 한다.

셋째, 자연과학과 사회과학의 접목을 시도할 것이다. 자연과학은 그 원리와 법칙이 대단히 불변적인데 반해 사회과학은 그 원리와 법칙이 상당히 가변적이다. 어떤 원리와 법칙이 시대에 따라 혹은 상황에 따라 변한다면 그것은 이미 원리도 아니고 법칙도 아니다. 그러나 사회과학은 시대와 상황에 따라 그 원리와 법칙이 변할 수 있는 가능성이 매우 높다. 따라서 사회과학적 원리와 법칙이 지니는 가변성을 최소화하는 길은 불변성이 보장되는 자연과학적 법칙을 접목시키는 것이다. 다시 말하면 사회과학적 법칙이 자연과학적 법칙과 일치한다는 사실을 입증하는 것이다. 뉴턴의 만유인력, 아인슈타인의 상대성원리, 멘델의 유전법칙 등은 자연과학적 원리와 법칙들이기 때문에 누구나 공감할 수 있는 일반성을 지닌다.

그러나 사회과학적 원리와 법칙은 그런 일반성을 확보하는 데 많은 어려움이 있다. 예를 들면 리카도의 무역이론에 의하면 국가 간의 교역은 상호이익을 도모하는 우수한 수단이 된다. 그러나 그의 이론을 불변적 진리로 받아들이는 사람은 거의 없다. 왜냐하면 현실세계에 실재하는 것은 리카도가 전제로 했던 평등교역이 아니라 국가 간의 경제력 및 국력 차이에 의한 불균형 교역만 있기 때문이다.

또 국제무역은 리카도의 자유무역이론과는 전혀 다른 국가 간의 빈부만을 확대시키는 결과를 초래하고 있다. 종속이론은 그런 불균형적 교역이 가져오는 국제적 빈부격차를 문제 삼는 이론이다. 필자가 사회과학과 자연과학의 접목을 시도하는 이유는 일반성과 불변성이 높은 자연과학을 일반성과 불변성이 낮은 사회과학에 접목시킴으로써 사회과학 자체가 지닌 한계성을 극복하고 사회과학의 일반성과 불변성을 한층 더 높여 보고자 했기 때문이다. 이는 유전과학에서 보다 좋은 품종을 얻기 위해 잡종교배를 시도하는 것과도 같은 이치라 하겠다.

08 자료출처에 대한 포괄적 감사

위와 같은 잡종교배를 위해서는 수많은 잡종적 지식을 동원할 수밖에 없다. 수많은 서적을 독파한 결과 얻어진 지식, 수많은 경험을 통해서 얻어진 지식, 수많은 비판을 통해서 얻어진 지식, 수많은 사색과 성찰을 통해서 얻어진 지식 등을 비빔밥처럼 비벼 하나의 맛으로 승화시켜 내는 과정이 곧 지식의 잡종교배과정이다.

이렇게 수많은 지식을 비비고 비비다 보니 필자가 이 글을 적는 과정에서 동원한 자료의 출처를 일일이 밝히는 작업이 물리적으로 불가능하게 되었다. 특히 필자는 이 글을 처음부터 출판할 목적으로 쓰지 않았다. 필자는 수십 년 전부터 그저 필자 스스로 좀 더 깊은 공부를 해보자는 소박한 생각에서 자료를 모으고 그 자료를 정리하기 시작했다. 그렇게 내가 내 공부를 하는 것이 목적이었으므로 자료의 출처를 챙기는 것은 전혀 중요하지도 않았고 문제 되지도 않았다.

그러나 공부를 하다 보니 내가 깨달은 내용을 체계적으로 잘 정리하면 다른 사람들에게도 도움이 될 수 있겠다는 생각을 하게 되었고 그때부터 책으로 만들 생각을 하고 본격적으로 이 글을 쓰게 되었다. 이런 연유로 해서 어쩔 수 없이 자료의 출처에 대한 주석을 일일이 달지 못하게 된 점을 사과드림과 동시에 이 글이 수많은 지식을 비벼낸

작품이 되도록 자료를 제공해 준 무수한 저자, 학자, 과학자, 그리고 역사가를 비롯한 모든 분들께 이 기회를 빌려 포괄적으로 감사의 뜻을 전하고자 한다.

09 나의 소망

모든 이론은 실천할 때에만 가치 있는 것이므로 이 부족한 글이 많은 독자들에게 인간사회의 변화과정과 변화법칙을 이해하는 데 도움이 되고 그로 인해 이 글을 읽은 분들이 모두 "보다 좋은 사회"를 만드는 데 앞장 서는 선봉장이 될 수 있기를 소망해 본다. 필자가 "최선의 사회"가 아닌 "보다 좋은 사회"라고 말하는 이유는 인간이 만들 수 있는 최선의 사회는 보다 좋은 사회일 뿐이기 때문이다. 인간이 존속하는 한 인간사회는 끝없이 발전해 갈 것이므로 보다 좋은 사회는 있을 수 있어도 더 이상 발전할 수 없는 최선의 사회는 있을 수 없다. 현실적 최선은 언제나 어제보다 좋은 오늘의 최선일 뿐이다. 그러므로 내일이면 보다 좋은 내일의 최선이 있을 것이다. 인류는 살아 있는 한 언제까지나 그렇게 보다 좋은 내일을 지향해 갈 것이다.

제1장
우주변화론

01 우주의 출발점

| 암흑물질

　우주의 출발점은 무엇이었을까? 이 질문에 대해서는 아직까지 아무도 명쾌한 답을 제시하지 못하고 있다. 다만 엄청난 에너지를 가진 어두운 암흑물질이 있었을 것이라고 추정하고 있을 뿐이다. 그렇다면 암흑물질(暗黑物質, dark matter)은 무엇이며 그 암흑물질은 어디서 어떻게 생겼을까? 이 또한 아무도 명쾌한 해답을 제시하지 못하고 있다. 하지만 그 동안 수많은 천문학자들이 연구한 결과 얻어낸 암흑물질에 대한 결론은 우주탄생에 관한 많은 비밀을 밝혀주고 있다. 이제부터 그렇게 밝혀진 결론을 바탕으로 우주가 어떻게 잉태되고 탄생되었는지 그 비밀의 문을 열어보기로 한다.

　야간에 비행기를 타고 가다 땅을 내려다보면 불빛이 있는 곳과 없는 곳으로 양분된다. 그 두 곳 중 불빛이 있는 곳은 보이는 밝은 곳이고 없는 곳은 보이지 않는 어두운 곳이다. 즉 불빛이 있는 곳은 휘황찬란한 도시처럼 보이고, 불빛이 없는 곳은 아무것도 없는 암흑세계처럼 보인다. 그러나 아무것도 없는 암흑처럼 보인다고 해서 실제로 아무것도 없는 것은 아니다. 거기에는 산도 있고 바다도 있고 들판도 있다. 다만 보이지 않기 때문에 아무것도 없는 암흑처럼 보일 뿐이다.

우주의 암흑물질도 이와 같다고 생각할 수 있다. 인간이 천체를 연구할 수 있는 자료는 오직 천체에서 나오는 빛뿐이다. 만일 어떤 물체가 빛을 방출하지 않는다면 야간비행 시 내려다보이는 지구처럼 인간은 천체에 어떤 존재가 있는지 알 수 없다. 하지만 보이지는 않아도 어떤 물체가 실제로 있다면 야간에 보이지 않는 산과 바다와 들판이 엄청난 무게를 가지듯 그 물체 또한 엄청난 질량을 가질 것임은 틀림없다.

그것이 무엇이든 질량을 가진 물체는 그 물체가 지닌 질량만큼 중력작용을 가지게 될 것이다. 더욱이 야간비행 시 보이지 않는 지구의 어두운 산천이 보이는 밝은 도시보다 훨씬 더 크고 넓기 때문에 지구변화에 더욱 큰 영향을 미치듯 우주에서도 암흑물질이 가시물질보다 훨씬 더 많다면 당연히 암흑물질이 우주변화에 더욱 큰 영향을 미칠 것이다. 그러므로 우주 천체에 암흑물질이 있느냐 없느냐를 밝히는 일은 우주의 실체를 밝히는 데 매우 중요한 일이 될 것이다.

그러면 우주 천체에 정말 암흑물질은 존재하는 것일까? 암흑물질은 문자 그대로 보이지 않는 물질, 즉 빛을 발산하지 않는 물질이기 때문에 아무리 성능 좋은 천체망원경을 동원하더라도 확인할 방법이 없다. 일반적으로 태양이 가진 질량의 8% 이하인 별들은 태양처럼 핵융합반응을 일으킬 수 없으므로 빛을 내지 못하고 따라서 보이지 않는다. 하지만 비록 보이지는 않아도 그 물질이 틀림없이 존재한다면 그 물질은 질량을 가질 것이다. 질량 없는 물질은 없기 때문이다. 그러므로 그 질량 혹은 질량의 작용 수치를 측정한다면 그 물질의 존재 여부를 확인할 수 있다.

이를 쉽게 설명하기 위해 한 가지 예를 들어보자. 항아리 속에 무언가를 집어넣고 뚜껑을 닫았다고 가정하자. 그 속에 들어있는 것은 아무도 볼 수 없고 알 수 없는 암흑물질과도 같다. 그러나 우리는 최소한 한 가지 사실만은 알 수 있다. 그 항아리의 무게가 무거우면 무거운 물질이 들어있을 것이고 가벼우면 가벼운 물질이 들어있을 것이라는 사실이다. 만일 그 항아리 속에 솜이 들어있다면 아주 가벼울 것이고 돌멩이가 들어있다면 아주 무거울 것이다.

우주라는 거대한 항아리 속에 들어 있는 암흑물질도 이와 같다. 비록 보이지는 않을망정 암흑물질도 물질인 이상 반드시 무게를 가지고 있을 것이므로 그 무게를 측정하면 그 물질이 얼마나 무거운 것인지, 또 얼마나 큰 것인지를 알 수 있을 것이다. 이렇게 무게를 통해 암흑물질을 밝혀내고자 하는 작업이 바로 은하계의 질량을 측정하여 그 실체가 무엇인지를 밝혀내는 작업이다.

우주 은하계의 질량을 측정하는 방법은 두 가지가 있다. 하나는 우주에서 뿜어져 나오는 빛을 가지고 항성(恒星)의 수와 그 회전운동의 속도를 기준으로 하여 측정하는 방법이고, 다른 하나는 은하계 내에 떠도는 수소 원자에서 발생하는 전파에 의해 은하의 넓이와 질량을 측정하는 방법이다. 현재까지 그런 방법을 통해 얻은 은하의 총질량은 빛을 내고 있는 별들로부터 측정한 질량보다 10배 이상 많다고 한다. 이런 수치를 놓고 볼 때 우주에는 인간이 가시광선으로 측정할 수 있는 가시물질의 질량보다 가시광선으로 측정할 수 없는 암흑물질의 질량이 10배나 높다는 결론을 얻을 수 있다.

이렇게 암흑물질이 많으면 그 결과는 어떻게 될까? 질량을 가진 물질은 그 물질이 존재하는 한 어떤 형태로든 타물질에 영향을 미치게 된다. 이는 동식물이 존재하는 한 자연생태계의 먹이사슬에 의해 자기 아닌 다른 동식물에게 영향을 미치게 될 것이고, 바다가 존재하는 한 물고기의 삶에 영향을 미칠 것임과도 같은 이치이다. 천문학자들의 연구에 의하면 그런 암흑물질이 우주의 팽창을 멈추게 할 수 있을 만큼 강력한 흡인력을 가진다면 우주팽창은 멈출 것이라고 한다. 즉 빛으로 발산되는 우주의 팽창에너지보다 암흑물질의 끌어당기는 수축에너지가 더 크면 빛은 암흑 속으로 빨려 들어갈 것이고 따라서 우주는 더 이상 팽창하지 않을 것이라고 한다.

▎블랙홀

빛마저 빨아들이는 강력한 암흑에너지의 거대한 흡인구(吸引球)를 블랙홀(Black Hole)이라고 한다. 블랙홀은 광자마저 빨아들이는 엄청난 질량을 가지고 있는 암흑세계이므로 이를 직접 관측할 수는 없다. 그러나 블랙홀이 다른 별을 흡인할 때 생기는 회전가스의 원반으로부터 나오는 X-레이 선을 통해 간접적으로 그 존재를 확인할 수 있다. 이런 간접적 방법을 통해 측정한 결과 우주 속의 암흑물질은 일반 물질보다 약 7배 정도나 많은 것으로 추정되고 있다. 하지만 이 수치는 우주의 팽창을 멈추게 하는데 필요한 질량의 4분의 1에 지나지 않는 수치이므로 암흑물질이 가지는 현재의 흡인력으로는 우주의 팽창을 멈추게 할 수 없다. 우주가 계속 팽창하고 있는 이유는 이렇게 우주의 팽창력이 여전히 암흑물질의 수축력보다 4배나 크기 때문이다.

02 우주의 탄생

우주는 어떻게 탄생되었을까? 우주탄생에 대해 현재까지 밝혀진 가장 믿을 만한 이론은 빅뱅이론이다. 천문학자들의 연구에 의하면 우주는 빅뱅(Big bang)이라 불리는 작은 소립자(素粒子, elementary particle, 혹은 fundamental particle)의 대폭발로부터 탄생되었다고 한다. 빅뱅이란 고성능 폭탄이 터지듯 우주적 차원의 엄청난 에너지를 가진 작은 점이 대폭발하면서 우주가 탄생되었다는 이론이다. 고성능 폭탄이 터지면 엄청난 빛이 뿜어져 나오듯 우주적 차원의 초고성능을 가진 작은 점이 폭발했다면 당연히 엄청난 양의 빛이 쏟아져 나왔을 것이다. 성경에서 태초에 빛이 있었다는 말은 바로 이를 두고 한 말일 것이다.

빅뱅의 순간 우주의 크기는 영(0)이었고 온도는 무한대로 높았다. 그 대폭발은 마치 핵폭탄이 터지면 순식간에 거대한 버섯구름을 만들어내듯 소립자를 엄청난 속도로 팽창시켜 눈 깜짝할 사이에 수천, 수억만 배의 크기로 만들어 버렸다. 빅뱅이 시작되었던 초기에는 그 온도가 무한대였으므로 어떤 물질도 형성될 수 없었다. 무한대의 초고온 상태에서는 모든 입자들이 미친 듯이 움직이기 때문에 비록 서로가 서로를 끌어당기는 인력(引力)을 어느 정도 가지고 있다 하더라도 그들의 활동력이 너무 강해 서로를 끌어당기지 못한다.

그러나 계속적인 팽창으로 온도가 내려가면서 입자들의 활동력이 약해지자 입자들은 서로가 지닌 강력한 인력에 이끌려 서서히 뭉치게 되었고 그 결과 양자와 중성자가 결합되면서 마침내 원형의 핵(核, nucleus)을 구성하게 되었다.

제일 먼저 생긴 핵은 가장 가벼운 수소핵이었다. 핵은 주위의 물질을 끌어당기는 강한 힘을 지니고 있다. 수소핵 역시 핵이 가진 강력한 인력(引力)으로 수소 전자를 끌어들이게 되었고 그 결과 달이 지구의 인력에 이끌려 지구 주위를 회전하듯이 수소 전자는 수소핵의 인력에 이끌려 핵의 주위를 빙빙 돌게 되었다. 이러한 현상은 앞서 지적한 블랙홀과 우주물질의 관계와도 일치한다. 블랙홀은 모든 물질을 빨아들이므로 강한 인력을 가진 핵과 같고 우주 물질은 블랙홀이라는 그 핵의 인력에 이끌려 속으로 빨려 들어가는 전자와도 같다. 이렇게 수소 핵이 수소 전자를 끌어들이면서 핵과 전자라는 두 요소를 갖추게 되는데 이때 핵은 전기적으로 양전하(陽電荷)를 띠고 전자는 음전하(陰電荷)를 띠게 된다. 이 양전하와 음전하가 하나의 안정된 상태로 고정된 것이 바로 원자이며 그 원자는 빅뱅 이후 우주가 만들어 낸 최초의 물질이었다.

수소핵이 수소전자를 끌어들이는 과정은 생물의 생식(生殖)원리와도 상당히 일치한다. 암컷이 유혹하면 수컷이 끌려가듯 핵이 전자를 유혹하면 전자는 끌려간다. 이는 핵의 인력이 너무 강해 전자가 어쩔 수 없이 끌려가는 것이 아니라 남녀 간의 사랑처럼 핵은 전자를 그리워하고 전자는 핵을 그리워하기 때문에 누가 먼저랄 것 없이 서로가 서로에게 달려드는 것이다.

은하가 거대한 원반을 이루고 회전하는 모습도 같은 원리이다. 중심점은 강력한 인력으로 성간구름과 작은 별들을 끌어모으고 성운과 작은 별들은 그 중심점으로 다가가려고 선회한다. 인간사회도 은하처럼 가운데 있는 지도자를 중심으로 여러 백성들이 그 주위를 감싸고돈다.

이렇게 볼 때 우주의 탄생과정과 핵의 탄생과정, 그리고 생물의 탄생과정은 조금도 다를 바 없다. 모두 자성(雌性)은 강하게 끌어들이고 웅성(雄性)은 강하게 달려간다. 자성과 웅성, 즉 암컷과 수컷의 행위는 결코 일방적으로 끌어당기거나 일방적으로 공격해 들어가는 일방적 행위가 아니다. 우주적 후손에 속하는 모든 현존생물들의 암수가 본능적으로 서로를 껴안고 싶어 끌고 끌리며 다가가듯 우주적 조상에 속하는 은하와 별들도 서로가 서로를 껴안고 싶어 끌고 끌리며 다가가는 것은 당연하지 않을까?

그런데 여기서 남녀관계가 그러하듯 끌어들이고 유혹하는 수동적인 쪽은 음성(陰性)이고 달려가고 껴안는 능동적인 쪽은 양성(陽性)이다. 따라서 끌어들이는 쪽인 핵을 양전하로 보고 달려가는 쪽인 전자를 음전하로 보는 과학자들의 견해는 동양적 음양이론과는 정반대가 된다. 만일 자기 자리에 가만히 머물러 있으면서 전자를 끌어들이는 핵이 양성이고 자기 자리를 이동하며 핵을 찾아 달려가는 전자가 음성이라면 현존하는 생물 중 웅성(雄性)을 끌어들이는 자성은 양성(陽性)이 되어야 하고 자성(雌性)에게 달려가는 웅성(雄性)은 음성(陰性)이 되어야 할 것이다.

형상적 측면에서도 그렇다. 원형(圓形)인 핵이 양성이고 선형(線形)인 전자가 음성이라면 원형인 난자가 양성이 되어야 하고 선형인 정자가 음성이 되어야 한다. 그래야만 우주의 음양법칙과 그 우주가 낳은 생물적 음양법칙이 일치할 것이다. 더욱이 우주에 나타난 최초의 물질이 난자와 같은 형태인 원형의 핵으로부터 시작되었기 때문에 그 이

후 나타난 모든 물질도 원형의 난자로부터 시작된다. 식물의 수정체도 원형의 난자이고 동물의 수정체도 원형의 난자이다. 또 개구리도 원형의 난자에서 생겨나고 물고기도 원형의 난자에서 생겨나며 사람도 원형의 난자에서 생겨난다. 차이가 있다면 체내수정이냐 체외수정이냐 하는 수정 방법뿐이다.

모든 생물은 왜 이렇게 원형의 난자에서 태어날까? 위에서 언급했듯 물질의 출발점이 바로 핵이라는 난형이기 때문이다. 이렇게 난형은 우주만물의 영원한 출발점이다. 이런 점을 고려할 때 정적인 난형(卵形)의 핵이 양전하이고 동적인 선형(線形)의 전자가 음전하라는 과학자들의 주장과 난자는 음이고 정자는 양이라는 음양학자들의 주장은 서로 반대되므로 어느 한쪽은 잘못된 것이 아닐까 하는 의문을 가지게 된다. 언젠가는 이런 의문에 대한 명확한 해답이 제시될 수 있기를 희망해 본다.

03 우주의 3대 변화론

　우주만물이 지니는 힘은 크게 두 가지로 구분된다. 별의 탄생과정에서 볼 수 있듯 하나는 타자(他者)를 끌어당기는 인력(引力)이고 다른 하나는 타자를 밀쳐내는 척력(斥力)이다. 모든 존재는 자기에게 필요한 것은 끌어당기고 필요 없는 것은 밀쳐낸다. 즉 모든 존재는 한쪽으로는 끌어당기고 다른 한쪽으로는 밀쳐내는 양면적 힘을 지니고 있다.

　이를 쉽게 이해하기 위해 한 가지 예를 들어보자. 여기 청군과 백군이라는 두 팀이 줄다리기 시합을 한다고 가정하자. 서로는 이기기 위해 최선을 다해 줄을 끌어당길 것이다. 그러나 그 끌어당기는 힘은 보는 각도에 따라 끌어당기는 인력이 될 수도 있고 반대로 도망가려는(밀치는) 척력이 될 수도 있다. 청군과 백군이 각각 자기들 입장에서 보면 줄다리기에는 오직 끌어당기는 인력만 작용한다. 하지만 청군 쪽에서 보면 백군의 끌어당기는 힘은 멀리 도망가려는 척력이고 백군 쪽에서 보면 반대로 청군의 끌어당기는 힘은 멀리 도망가려는 척력이다. 이때 백군의 끄는 힘이 세면 청군이 끌려갈 것이고 청군의 끄는 힘이 세면 백군이 끌려갈 것이다. 이는 태양의 끄는 힘이 세기 때문에 지구가 멀리 도망가지 못하고 같은 자리에서 공전하는 이치와 동일하다. 만일 내일이라도 태양의 끄는 힘이 줄어들면 지구는 틀림없이 보다 먼 곳으로 밀려나게 될 것이다.

남녀가 이성을 찾을 때도 마음에 들면 끌어당기고 마음에 들지 않으면 밀쳐낸다. 정치인들이 대중 앞에 나설 때도 인기에 도움이 될 만한 일이면 어떡하든 나서려 하고 인기를 까먹을 만한 일이면 어떡하든 거절하려 한다. 동물들도 먹이를 만나면 쫓아가지만 천적을 만나면 도망치기 바쁘다. 이런 일은 우주로부터 인력과 척력이라는 서로 정반대되는 두 힘의 유전인자를 이어받아 태어난 만물로서는 피할 수 없는 일이다.

인력과 척력은 이처럼 누가 부여해 준 힘이 아니라 우주가 생기면서부터 자연발생적으로 생긴 원초적인 힘이다. 이 힘을 동양에서는 기(氣)라 하고 서양에서는 에너지(Energy)라 한다. 동양의 기(氣)도 온기, 냉기, 향기, 독기, 심기 등, 모든 변화의 원초적 힘을 의미하고, 서양의 에너지도 전기에너지, 풍력에너지, 태양에너지 등, 모든 변화의 원초적 힘을 의미한다. 우주만물은 그냥 변하는 것이 아니라 이런 원초적 힘의 작용이 있을 때에만 변한다. 우주변화에 대한 동서양의 사상은 서로 다른 점이 많지만 적어도 한 가지 점에서만은 일치한다. 그것은 바로 모든 변화는 위에서 말한 인력과 척력이라는 두 가지 힘의 작용에 의해 일어난다는 것이다.

동양의 변화론을 대표하는 고전 중의 고전인 주역(周易)의 핵심사상은 음과 양이라는 두 힘이 작용할 때 우주만물이 변한다는 것이다. 약 2만4,000자로 기록된 주역은 고대 중국 주(周)나라의 문왕이 지었다고 전해지고 있는데 그 책의 핵심내용은 괘(卦)와 효(爻)라는 두 가지 부호를 중첩시켜 만들어낸 64괘와 384효로 구성되어 있다. 특히 계사편(繫

辭篇)은 음양의 상호작용에 의해 우주만물이 변해가는 이치를 집중적으로 조명하고 있다.

오행상생(五行相生)의 원리도 그 근본이치는 동일하다. 물의 힘이 작용하면 나무를 낳고(水生木), 나무의 힘이 작용하면 불을 낳고(木生火), 불의 힘이 작용하면 흙을 낳고(火生土), 흙의 힘이 작용하면 쇠를 낳고(土生金), 쇠의 힘이 작용하면 물을 낳는다(金生水)는 것이 오행의 기본적인 상생원리이다. 이를 알기 쉽게 설명하면 물은 생명을 낳고(水生木), 생명은 태양의 기운을 받아 성장하고(木生火), 성장한 것은 흙의 기운을 받아 성숙하고(火生土), 성숙해진 것은 단단하게 열매 맺고(土生金), 맺은 열매는 새로운 생명을 잉태한다(金生水)는 것이다. 이는 한편에서는 주고 다른 한편에서는 받은 인력과 척력의 상호작용이 우주만물을 변화시킨다는 원리를 바탕으로 하고 있다.

이 오행의 변화과정을 압축해 요약하면 "존재원점→존재출현→존재성장→존재성숙→존재쇠멸"이라는 다섯 과정을 밟아 가는 것이다. 하지만 이를 크게 대분(大分)하면 존재가 탄생되고 성장하는 생(生)의 과정과 노쇠하고 쇠멸하는 멸(滅)의 과정을 반복하는 생멸(生滅) 과정에 지나지 않는다. 이는 별이 인력과 척력이라는 두 힘의 작용에 의해 생기고 사라지고 하는 것과 조금도 다를 바 없다. 이렇게 우주변화를 거시적인 관점에서 보면 음과 양이라는 두 가지 변수에 의한 변화이고 미시적 관점에서 보면 오행이라는 다섯 가지 변수에 의한 변화라는 것이 음양오행설의 핵심이다. 우주가 가진 이런 변화의 틀은 다음과 같은 3가지 변화의 법칙을 동반한다.

┃ 우주변화의 제1법칙

인력과 척력의 상호작용이 우주만물을 변화시킨다는 천리(天理)에서 우리는 한 가지 사실을 깨닫게 된다. 그것은 인력과 척력이라는 두 에너지의 작용이 없으면 어떤 변화도 생기지 않는다는 것이다. 별이 생기는 것도 인력과 척력이라는 에너지의 상호작용에 의해서이고 별이 사라지는 것도 그 두 에너지의 상호작용에 의해서이다. 또 식물이 자라는 것은 태양에너지가 작용하기 때문이고, 사람이 땅 위를 걸어 다니는 것은 지구의 중력이 작용하기 때문이고, 계절이 변하는 것은 기온이 작용하기 때문이다. 이렇게 모든 변화는 힘의 작용이 있을 때만 가능하다. 우리는 이 같은 우주만물의 현실적 변화로부터 변화에 관한 하나의 이론적 법칙을 정립할 수 있다. 그것은 모든 우주적 변화는 힘의 작용으로부터 시작된다는 것이다. 힘이란 서양적 에너지와 동양적 기(氣)를 의미하므로 이는 곧 기가 변하면 만물이 변한다는 기변만변론(氣變萬變論)의 법칙이 된다. 이 기변만변론의 법칙은 우주만물이 지니는 첫 번째 법칙이므로 이를 "우주변화의 제1법칙"이라고 한다.

우주변화의 제1법칙	
기변만변론의 법칙	우주변화는 기(氣)의 작용으로부터 시작된다.

┃ 우주변화의 제2법칙

위에서 보듯 모든 변화는 항상 인력과 척력이라는 두 힘의 작용에 의해 생기는 2진법적 변화이다. 이진법(二進法, binary notation)이란 0과 1

이라는 두 개의 수로 이루어지는 수학적 진법체계이다. 이 2진법은 인류가 찾아낸 가장 위대한 이론 중의 하나이다. 0은 값이 없는 수이다. 하지만 그 0은 100, 1,000처럼 겹쳐 쓰기만 하면 수를 무한대로 늘릴 수 있는 불가사의한 기호이다. 그 0은 또 무(無)나 공(空)같은 철학적 의미로도 쓰인다. 0이라는 수는 7세기 쯤 인도인들에 의해 처음 쓰이기 시작했고 그 후 아라비아를 거쳐 유럽으로 번져 나갔다는 설과 독일의 철학자이자 수학자인 라이프니츠(Gottfried Wilhelm von Leibniz)가 처음으로 발명했다는 설이 있다. 0을 출발점으로 하는 이 이진법은 인간세상을 크게 바꾸어 놓았다. 오늘날 최고 문명의 이기(利器)로 여겨지는 컴퓨터도 이진법이 탄생시킨 것이고, 기존의 틀을 깨고 백지상태에서 다시 시작한다는 뜻의 제로베이스(Zero Base) 이론도 이진법이 탄생시킨 이론이다.

이진법적 변화는 우주적 천체변화에만 국한되는 것이 아니다. 인간의 생멸과정도 에너지의 확축운동에서 생기는 이진법적 생멸과정이다. 위(胃)에서 음식물을 소화한 후 에너지가 생산되면 그 사람은 삶을 이어갈 것이고 그렇지 않으면 삶을 마감하게 될 것이다. 이렇게 볼 때 인간의 생사도 에너지의 생산과 소비라는 두 에너지 작용에 의한 이진법적 변화과정이다. 태평양에 떠 있는 부초가 해류에 휩쓸려 대서양으로 흘러 들어가는 것도 해류 간의 밀고 당기기가 무수히 반복되면서 생기는 이진법적 변화의 결과이다.

우주만물은 이처럼 비록 구체적 형태는 다르지만 크게 보면 동일한 이진법적 변화를 거듭한다. 해가 뜨고 지고 바람이 불고 멈추고 눈비가 오고 그치는 대자연의 변화도 모두 이진법적 변화이다. 그런 이진법적 변화가 없는 지구는 이미 죽은 지구이다. 마찬가지로 오늘도 해가 뜨고 지고 새로운 별이 생기고 사라지는 이진법적 활동이 없는 우주는 죽은 우주이다. 죽은 사람이 후손을 낳을 수 없듯 죽은 우주는 별을 만들 수 없다. 그러므로 이진법적 변화를 계속하지 않는 존재는 이미 없는 존재이다. 한편에서는 태어나고 다른 한편에서는 죽어가는 이진법적 변화를 거듭하는 존재야말로 실존하는 진정한 존재이다.

에너지 활동도 이진법적 활동이다. 에너지는 유형성과 무형성을 지닌 형질일체적 에너지인 동시에 음성과 양성을 지닌 음양일체적 에너지이다. 존재의 변화과정은 이를 대변한다. 물방울은 형이고 물방울이 지니는 장력(張力)은 질이다. 이는 물방울도 유형성과 무형성을 동시에 가진다는 말이다. 여기서 유형성은 양이고 무형성은 음이므로 물방울은 양성과 음성을 함께 가지고 있는 셈이다. 그리고 형에 해당하는 물방울이 크면 클수록 질에 해당하는 물방울의 장력도 비례적으로 커진다. 다시 말하면 큰 물방울은 큰 장력으로 작은 물방울을 끌어들여 더욱 큰 물방울이 된다. 이렇게 형의 크기는 질의 크기를 변화시키고 다시 새롭게 변한 질의 크기는 형의 크기를 또다시 변화시키는 형과 질의 반복적 변화과정, 즉 음과 양의 이진법적 변화과정이 바로 물방울의 변화과정이다.

존재의 시간적 변화도 이진법적으로 이루어진다. 지금까지 우리는 모든 존재의 변화를 "과거, 현재, 미래"라는 3진법적 개념으로 받아들여 왔다. 그러나 원론적 입장에서 보면 그런 삼진법적 변화가 존재하지 않는다. "있다"는 사실 하나를 놓고 볼 때도 과거는 "있었음"이고 현재는 "있음"이며 미래는 "있을 것임"이다. 현재적 시간을 기준으로 하여 보면 "있었음"은 과거이므로 현존하지 않고 "있을 것임"은 미래이기 때문에 현존하지 않는다. 현존하는 것은 오직 "있음"이라는 현재적 시간뿐이다. 그러나 시간의 원천적 개념을 놓고 보면 "있음"은 있다고 가정된 상태에 불과하다. 1초 전은 과거이고 1초 후는 미래이므로 어디에도 현재는 없다. 실존하는 시간은 "있었음"이라는 과거와 "있을 것임"이라는 미래뿐이다. 실존하는 시간은 이렇게 "있었음"에서 "있을 것임"으로 넘어가는 이진법적 시간이다.

컴퓨터도 있음(ON)과 없음(OFF)을 반복하는 이진법을 전제로 한다. 이때의 ON은 시간개념으로서의 ON이 아니라 부호로서의 ON이다. OFF 역시 시간개념으로서의 OFF가 아니라 부호로서의 OFF이다. 물론 여기서도 시간개념이 완전히 배제된 것은 아니다. ON과 OFF는 부호로서의 ON과 OFF인 동시에 각각 얼마나 지속됨으로써 어떤 부호를 만들어내느냐는 시간개념으로서의 ON과 OFF이기도 하다. 모든 존재는 시간적으로 그런 이진법적 변화를 계속한다. 그 변화는 시간적으로는 과거에서 미래로 넘어가는 변화이고 공간적으로는 전형(前形)에서 후형(後形)으로 넘어가는 변화이다.

현실적인 인간의 삶도 이진법적 변화를 거듭하는 삶이다. 우선 남과 여라는 두 성(性)이 결합하여 새로운 아이가 태어난다. 대를 이어가는 과정은 그렇게 남과 여라는 이진법적 과정을 반복하며 변해가는 과정이다. 구체적 삶의 모습도 이진법적 발전의 과정이다. 인간의 발전과정은 가진 자와 못 가진 자, 지배자와 피지배자, 주인과 노예, 고용주와 노동자 간의 이진법적 상호작용이 가져다준 결과이다. 여기서 우리는 변화에 관한 또 하나의 이론적 법칙을 정립할 수 있다. 그것은 우주만물은 이진법적으로 변한다는 이진변화론의 법칙이다. 이 이진변화론의 법칙은 우주만물이 지니는 두 번째 변화론이므로 이를 "우주변화의 제2법칙"이라고 한다.

우주변화의 제2법칙	
이진변화론의 법칙	우주만물은 이진법적으로 변한다.

▎ 우주변화의 제3법칙

우주의 역사를 보면 이진법적 변화의 과정은 곧 이진법적 발전의 과정이었다. 빅뱅 이후 무수한 은하와 별들이 탄생되고 나아가 우주가 형성된 과정은 바로 무수한 세월에 걸친 우주의 진화과정이었다. 지구가 형성되고 그 지구 위에 무기물과 유기물이 생기고 동식물이 생긴 과정 또한 지구가 변해 온 과정인 동시에 발전해 온 과정이다.

초기의 지구는 핵과 맨틀과 지각으로 나누어지면서 해양과 대기를 형성하였다. 지구핵(地球核)은 고체인 내핵과 액체인 외핵으로 이루어져 있는데 내핵의 온도는 태양표면의 온도와 비슷한 섭씨 6,000도 정도이지만 높은 압력 때문에 고체상태를 이루고 있고, 외핵은 내핵과 마찬가지로 6,000도에 이르기는 하지만 압력이 내핵보다 작기 때문에 액체로 되어 있다. 맨틀(mantle)은 지구 내부의 핵과 지각 사이에 있는 부분으로써 부피 측면에서는 지구의 83%를 차지하고 질량 면에서는 68%를 차지한다. 지구의 지각은 지구의 온도가 내려가면서 마그마(magma)가 식어서 형성되었고 원시해양은 화산활동이 자주 일어나면서 생긴 수증기가 하늘로 올라가 비를 만들어 내림으로써 생기게 되었다.

또 화산가스가 솟아올라 원시대기를 형성하고 원시대기 중의 이산화탄소는 원시해양에 녹아 조금씩 줄어든 결과 산소가 생기게 되었다. 그리고 산소가 생기면서부터 녹조류가 출현하고 오존층이 생기고 육상생물이 생기기 시작했다. 그렇게 점점 고등생물이 출현한 결과 마침내 인류가 탄생되었던 것이다. 이 모든 과정은 바로 우주의 발전적 변화과정이었다.

이상의 설명에서 보듯 지구는 아무것도 없는 상태에서 그냥 생긴 것이 아니라 기존의 우주물질이 이합집산(離合集散)한 결과 탄생된 것이고 원시해양도 아무것도 없는 상태에서 그냥 생긴 것이 아니라 화산이 폭발하면서 터져 나온 수증기가 있었기 때문에 생긴 것이다. 산소가 생기고 녹조류가 생긴 과정도 동일하다. 이처럼 무(無)에서 유(有)는 결코 생기지 않는다. 언제나 유(有)에서 새로운 유(有)가 생긴다. 즉, 현존하고 있는 어떤 물질이 새로운 어떤 물질로 변할 뿐이다. 아무리 모습이 변해도 지구가 가진 본래의 질량은 변하지 않는다는 질량불변의 법칙은 이를 입증한다. 이렇게 지구의 발전과정은 기존의 물질이 새로운 물질로 변해 온 과정이다.

이 같은 우주와 지구의 발전과정에서 우리는 또 한 가지 변화의 법칙을 정립할 수 있다. 그것은 사람이 사람을 낳듯 물질이 물질을 낳는다는 물질속생론(物質屬生論)이다. 이 물질속생론은 우주만물이 지니는 변화의 세 번째 법칙이므로 이를 "우주변화의 제3법칙"이라고 한다.

우주변화의 제3법칙	
물질속생론의 법칙	물질이 물질을 낳는다.

04 우주사회와 인간사회의 동질성

하늘의 성운은 약 70~75%의 수소와 23~28%의 헬륨과 헬륨보다 무거운 다른 몇 개의 원소들로 구성되어 있다. 이러한 성운의 구성비는 인간사회의 구성비와 거의 일치한다. 예를 들면 대부분의 국가는 70~75%의 다수 일반계층과 25~30%의 소수 상하위계층으로 구성된다. 사회의 활동인구와 비활동인구의 비율도 이와 비슷하다. 비활동인구에 속하는 유년인구와 노인인구의 합은 사회형태에 관계없이 25~30%이고 그 외의 연령을 기준으로 하는 활동인구는 70~75%이다. 이렇게 구성비 문제에 있어서도 자연의 유전자는 인간사회에 그대로 대물림되었다.

역사를 거슬러 올라가도 자연으로부터 대물림 받은 이러한 사회구성비는 크게 변하지 않는다. 이탈리아의 경제학자 파레토가 발견한 "80:20"의 법칙도 성운의 구성비와 무관하지 않다. 80:20의 법칙이란 80%의 결과는 항상 20%에서 나온다는 법칙이다. 예를 들면 매출의 80%는 20%의 고객으로부터 생기고, 한 국가의 상위인구 20%가 80%의 부를 차지하며, 작업자 중 20%가 80%의 생산을 담당한다는 것이다. 이렇게 성운의 구성비와 인간사회의 구성비가 거의 일치함은 우주사회와 인간사회가 결코 무관하지 않음을 입증하고 있다.

05 우주의 존속법칙

　빅뱅이 일어난 순간 우주의 팽창력이 암흑물질의 수축력보다 컸을 것임은 분명하다. 만약 그 반대가 되었으면 폭발할 수 없었을 것이기 때문이다. 이는 병아리가 부화과정을 거쳐 껍질을 깨고 나오는 경우에 비유할 수 있다. 계란 속에서 자란 병아리의 몸집이 점점 커져 계란 껍질을 깨고도 남을 만큼 팽창하면 계란 껍질은 깨지고 그 속에 있던 병아리가 세상 밖으로 나오듯 블랙홀 속의 암흑물질이 블랙홀의 흡인력으로는 더 이상 가두어 놓을 수 없을 만큼 팽창하면 블랙홀을 뚫고 밖으로 터져 나올 것이다.

　그런데 병아리가 알을 깨고 세상 밖으로 나올 만큼 몸집이 팽창하는 데는 한 가지 조건이 붙는다. 그것은 암수의 수정이 전제되어야 한다는 것이다. 인간이 우주의 유전인자를 물려받았을 것처럼 병아리도 우주의 유전인자를 물려받았을 것임은 분명하므로 병아리의 탄생이 암수의 수정란에서 생긴다면 우주의 탄생인 대폭발 또한 수정란에 준하는 그 무엇이 블랙홀 속에서 자라고 있어야 한다. 그러면 그 우주적 수정란은 무엇이었을까?

　모든 양성생식은 암수의 교배를 전제로 한다. 즉 유성생식은 암수 간의 짝짓기라는 사랑의 과정을 거치게 된다. 그 사랑의 과정에는 한 가지 공통점이 있다. 수컷은 능동적이고 암컷은 수동적이라는 점이다. 식물의 경우 바람에 의해서든 벌 나비에 의해서든 수술이 암술 쪽으로 이동하면 암술은 이를 받아들인다. 동물의 경우도 정자가 난자 쪽으로 이동하면 난자는 이를 받아들인다. 이때 항상 수술이나 정자의 수는 많고 암술이나 난자의 수는 적다. 예를 들면 꽃의 경우 보통 암술은 1개이고 수술은 5개 이상이며 사람의 경우 난자는 1개이고 정자는 수십, 수백만 개다.

이런 유성생식의 법칙은 어디에서 나왔을까? 우주에서 비롯되었을 것임은 의심의 여지가 없다. 우주역사에서 시간적으로 빅뱅(Big Bang)은 부모와 같은 조상이고 동식물은 자식과 같은 후손이기 때문에 조상에 해당하는 빅뱅 시의 우주적 존재법칙이 후손에 해당하는 동식물의 존재법칙으로 유전되었을 것임은 분명하다. 따라서 후손인 동식물의 새 생명이 사랑의 짝짓기를 통해 잉태된다면 조상인 우주의 별들도 어떤 형태로든 사랑을 통해 잉태되고 탄생되었을 것이라는 추론이 가능하다. 또 동식물의 모든 수정이 복수의 웅성(雄性)과 단수의 자성(雌性)으로 이루어지듯 우주 또한 동일한 방식의 자웅수정과정을 거쳐 탄생되었을 것이다.

블랙홀은 수많은 물질을 빨아들이는 곳이므로 자성에 속하고 그 속으로 빨려 들어가는 수많은 우주물질은 웅성에 속한다. 동물의 자성, 즉 난자가 있는 곳은 모두 블랙홀처럼 어두운 곳이고 웅성, 즉 정자가 있는 곳은 모두 설악산 울산바위처럼 불거져 나온 곳이다. 암수 수정은 그런 불거져 나온 웅성이 동굴 모양의 자성을 파고든 결과 이루어진다. 수정법칙에는 결코 자성이 웅성을 파고드는 법이 없다. 마찬가지로 우주의 수많은 파편들이 블랙홀로 빨려 들어가는 법은 있어도 그 반대인 경우는 없다. 이렇게 볼 때 아직 밝혀지지는 않았지만 블랙홀이라는 동굴적 자성이 우주물질이라는 막대적 웅성을 빨아들여 우주를 잉태하고 병아리가 계란 껍질을 깨고 나오듯 빅뱅을 통해 블랙홀의 껍질을 깨고 우주를 탄생시킨 것은 아닐까 하는 생각을 가지게 된다.

더욱이 사랑은 일방작용이 아닌 쌍방작용이다. 사랑의 결실은 창칼을 든 군사가 일방적으로 궁성을 뚫고 들어가듯 정자가 난자를 일방적으로 공격하여 맺어지는 것이 아니라 난자는 정자를 힘껏 끌어당기고 정자는 난자를 보물 찾듯 찾아가는 식의 끌고 끌리는 이끌림의 상호작용에 의해 이루어진다. 마찬가지로 빅뱅 또한 블랙홀이 일방적으로 우주물질을 힘껏 끌어당겼기 때문에 우주물질이 불가항력적으로 빨려 들어간 것이 아니라 한편에서는 자성적 블랙홀이 강하게 끌어당기고 다른 한편에서는 웅성적 우주물질이 자발적으로 그 속에 뛰어드는 이끌림의 상호작용에 의해 일어났을 것이라고 봐야 할 것이다.

사랑에는 일방성이 없다. 남성은 여성을 그리워하고 여성은 남성을 그리워하기 때문에, 그것도 태어날 때부터 선천적으로 그런 감정을 가지고 태어나기 때문에 서로가 서로를 부르고 달려가는 것이지 어느 한쪽이 일방적으로 당기고 다른 한쪽이 일방적으로 끌려가는 것이 아니다. 그런 사랑의 법칙은 인간이 만든 인간사회의 법칙이 아니라 대자연이 만든 우주의 법칙이다. 우주가 인간에게 그런 사랑의 법칙을 물려주었다면 우주 자체가 그런 사랑의 법칙을 먼저 가지고 있어야 한다.

우주의 출발점이 빅뱅이라면 빅뱅은 후손을 낳는 대자연의 사랑 법칙이 실현된 최초의 순간인 셈이다. 이런 관점에서 볼 때 빅뱅이라는 대폭발은 블랙홀이라는 여성이 우주물질이라는 남성을 사랑한 결과 우주라는 자식을 잉태하고 수억 년의 임신기간을 거쳐 낳은 분만의 순간은 아니었을까? 어두운 자궁이 수정란을 잉태하고 키워 아기를 분만하고 그 아기가 커서 인간사회를 형성해 가는 과정은 암흑세계인 블랙홀이 작은 우주적 점을 잉태하고 키워 대폭발함으로써 우주를 낳고 그 우주가 성장하여 우리은하를 비롯한 수많은 은하를 형성해 가는 과정과 닮아도 너무 닮았다.

┃ 태양의 역할

지구생태계를 좌우하는 첫 번째 출발점은 태양이다. 왜냐하면 지구생물이 얻을 수 있는 에너지의 근원은 태양빛이기 때문이다. 태양빛은 광합성의 근원이다. 지구생태계의 밑바닥을 형성하는 광합성 생산자는 태양빛을 가장 중요한 원료로 하여 영양분을 생산하는데 그 영양분의 생산은 빛의 강도에 따라 다르다. 소나무나 밤나무같이 빛이 잘 드는 양지에 사는 양지식물은 고사리나 이끼 같이 빛이 잘 들지 않는 음지에 사는 음지식물보다 광합성하는 양이 많고 광포화점도 높으며 최소 수광량(受光量)도 많다. 더욱이 일조시간과 양에 따라 생식시기도 달라진다. 꾀꼬리와 종달새의 생식시기는 일조시간이 길 때인 반면 송어와 노루의 생식시기는 일조시간이 짧을 때이다.

바다에서도 빛의 투과량에 따라 동식물의 분포도는 달라진다. 빛은 파장에 따라 바닷물을 투과하는 깊이가 달라지는데 파장이 짧은 빛일수록 바다 깊은 곳까지 도달한다. 바닷속의 조류(藻類, algae)는 주로 자기 몸의 색과 보색관계에 있는 빛을 이용하여 광합성을 하기 때문에 바닷물의 깊이에 따라 녹조류, 갈조류, 홍조류의 순으로 분포한다. 지상(地上)식물도 빛의 양에 따라 변한다. 빛이 많아 기온이 올라가면 식물은 성장하지만 반대로 빛이 적어 기온이 내려가면 식물은 낙엽을 지우고 성장을 멈추게 된다.

| 달의 역할

지구생태계를 좌우하는 두 번째 요소는 달이다. 지구질량의 약 81%를 차지하는 달은 지구로부터 384,400km정도 떨어져 있는 행성으로서 태양계에서 모행성(母行星) 대비 위성의 질량비(質量比)가 가장 큰 위성이다. 달은 이렇게 질량이 크므로 지구에 큰 영향을 미친다. 대표적인 예로 달은 밀물과 썰물을 만드는 주원인이 되는 것으로 알려져 있다. 밀물과 썰물이라는 조석(潮汐, tide)현상은 바다생태계는 물론이고 인간 및 동물들의 감정을 움직이고 기후마저 변화시킬 수 있기 때문에 지구생태계에 상당한 영향을 미친다. 지구생태계를 한 가정에 비유하면 태양은 아버지와 같고 달은 어머니와 같다. 그래서 태양을 양의 힘, 즉 양력(陽力)이라 하고 달을 음의 힘, 즉 음력(陰力)이라 한다. 바로 그 양력과 음력이 합쳐져 지구라는 별의 생태계를 만들고 유지시켜 간다.

| 공기의 역할

지구생태계를 좌우하는 세 번째 요소는 공기이다. 공기는 지구의 생성과 동시에 생긴 것으로 만일 공기가 없다면 지구표면은 뜨거운 태양광, 태양열, 우주선(宇宙線) 및 우주진(宇宙塵)에 직접 노출될 것이므로 탄소동화작용, 질소고정작용, 호흡 등이 제대로 이루어지지 않아 생물이 존재할 수 없게 될 것이다. 또 소리도 공간에서 전파되지 않을 것이며 물체의 연소도 불가능하고 대기압이나 비바람도 존재하지 않게 될 것이다. 공기는 그만큼 생태계에 결정적인 영향을 미친다. BC500년경 그리스의 아낙시메네스(Anaximenes)는 만물의 근원은 공기라는 일원설(一元說)을 주장하였고, 엠페도클레스(Empedokles)와 아리스토텔레스도 공기를 포함시킨 4원설을 주장하였다.

이런 공기는 물질이며 따라서 무게를 가지고 있다는 사실을 처음으로 밝힌 사람은 이탈리아의 천문학자 갈릴레이(Galileo Galilei)이고 공기가 인간의 생명을 유지하는 데 중요한 역할을 한다는 사실을 실증한 사람은 독일의 물리학자 게리케(Otto von Guericke, 1602~1686년)였다. 공기 중에는 약 21%의 산소가 있는데 고도가 높아질수록 산소의 농도는 낮아지므로 고지대 사람들은 평지에 사는 사람보다 적혈구 수가 많다. 물속의 용존 산소량은 시간과 계절에 따라 달라지므로 수중생물의 분포에 큰 영향을 미친다.

▌ 토양의 역할

지구생태계를 좌우하는 네 번째 요소는 토양이다. 흔히들 흙이라고 하는데 여기서 말하는 토양이란 흙, 모래, 자갈, 바위 등, 지구표면에 퇴적되어 있는 일체의 무기물을 의미한다. 대부분의 토양은 암석의 풍화물(風化物)로써 이 풍화퇴적물질 사이에는 공기와 물이 포함되어 있다. 생태계의 일차생산자인 식물은 바로 그 퇴적물 위에 뿌리를 내리고 영양분과 수분을 흡수하며 살아간다. 그러므로 토양이야말로 식물이 생존하는 가장 중요한 요소이다. 토양을 바탕으로 하는 1차 생산자인 식물이 존재함으로 해서 2차, 3차 소비자인 동물이 살 수 있기 때문에 토양은 생명의 근원이기도 하다.

토양에는 미생물이 서식하고 있으므로 이들의 호흡에 의해 발생되는 이산화탄소는 대기 중으로 확산되고 산소는 토양 중으로 확산된다. 토양을 척박하게 하는 토양침식도 이들 인자와 밀접한 관계가 있다. 농림업에서 식물생육에 필요한 조건은 여섯 가지, 즉 빛, 산소, 물, 온도, 적당한 양분, 그리고 유해인자가 없어야 한다는 것이다. 이 중에서 빛을 제외한 다섯 가지 인자는 토양에 의해 결정된다. 식물의 뿌리는 땅속에 침투하여 양분과 수분을 흡수하므로 농림업에서는 표토보다도 근권토양(根圈土壤)이 더 중요하다. 따라서 흙의 얼굴인 토양단면(土壤斷面) 구조를 보고 특성을 알아야 한다.

토양은 나이를 지니고 있는데 오래된 토양은 토층분화(土層分化)를 일으켜 표토에서 점토(粘土)가 밑으로 이동하여 딱딱한 점토층을 형성한다. 점토층은 뿌리의 투과와 투수(透水)가 어렵기 때문에 식물생육을 저해한다. 투수가 안 되면 근권토양이 환원되어 유해물질이 생성되고 작물수확량을 감소시키며 토양의 색도 변한다. 그러므로 어느 분야건 토양의 물리성과 화학성을 잘 이해하고 주어진 분야에서 어떤 성질이 더 중요한지를 파악해야 한다. 토양은 산림녹화와 휴양 및 오락을 위해서도 중요하다. 따라서 깨끗한 국토를 보전하기 위해 토양에 대한 새로운 인식을 가져야 할 것이다.

▌물의 역할

지구생태계를 좌우하는 다섯 번째 요소는 물이다. 물은 인류는 물론이고 모든 생물의 가장 중요한 생체(生體)요소이다. 예를 들면 인체는 약 70%, 어류는 약 80%, 그 밖의 물속 미생물은 약 95%가 물로 구성되어 있다. 더욱이 생물이 지니는 생명현상도 물에 녹아 있는 여러 가지 물질의 수용액이 복잡하게 얽혀서 일어나는 화학변화라 할 수 있다. 자연 속에는 바닷물, 강물, 지하수, 우물, 빗물, 온천수, 수증기, 눈, 얼음 등의 형태로 다양한 물이 존재한다. 지구의 지각이 형성된 이래 물은 이렇게 고체, 액체, 기체의 상태로 변하면서 지구형성과 진화에 매우 중요한 역할을 해왔다. 지금도 지구 표면적의 4분의 3이 바다, 빙원(氷原), 호소(湖沼), 하천으로 뒤덮여 있는데 그 물을 모두 합하면 약 약 13억 3,000만㎦에 달한다고 한다. 여기에 지구 내부의 흙이나 바위 속에 스며있는 지하수도 약 820만㎦나 된다고 한다. 이런 해수(海水)와 육수(陸水)가 태양열을 흡수하면 수증기로 변하는데 그 양은 약 13,000㎦나 되며 그 수증기가 모여 구름과 안개가 되고 그것이 다시 비, 눈, 우박 등으로 변해 지표면으로 떨어진다. 그리고 그렇게 내린 눈, 비, 우박 등은 다시 모여 하천이 되고 호수가 되고 해양이 된다. 물은 그렇게 순환한다.

물은 그런 순환과정을 거치는 동안 때로는 폭우가 되어 강을 범람시키기도 하고 산을 깎으면서 깊은 골짜기를 만들기도 하고 단단한 바위를 침식하기도 한다. 또 밀려오는 파도는 끊임없이 해안선을 침식하여 섬이나 대륙의 모습을 변화시킨다. 물은 또 기후를 좌우하며 모든 식물의 성장기반인 토양을 만드는 주력이 되고 수력전기(水力電氣)를 일으켜 근대산업의 근원인 기계를 움직이게도 한다.

모든 생물은 서식지의 수분상태, 즉 물의 양에 따라 적응해 간다. 우기에는 습생식물과 비슷한 적응력이 있고 건기에는 건생식물과 비슷한 내한성(耐旱性)이 있다. 전생식물(轉生植物, tropophyte)은 뿌리와 저수조직이 발달해 있고 수분이 잘 공급되며 잘 자란다. 육상식물인 습생식물(濕生植物, hydrophyte)은 주로 습윤한 연못이나 늪의 주위 또는 습원에서 생육하므로 잎과 줄기에 많은 수분을 함유한다. 또 수생식물(水生植物, Hydrophytes)은 물 위에 떠서 뿌리를 물속에 내리는 개구리밥이나 부레옥잠 같은 식물, 물 밑에 뿌리를 내리고 물 위에 잎이나 꽃이 피는 수련과 같은 식물, 그리고 땅속줄기나 뿌리를 물 밑에 내리고 잎이나 줄기의 일부가 물 위로 솟아올라 꽃이 피는 붓꽃이나 부들과 같은 식물 등, 여러 가지가 있다.

이같이 수분이 지나치게 많은 토양이나 물속에서는 공기, 특히 산소 부족에 견디는 일이 중요하므로 잎이나 뿌리가 공중에 있는 수생식물은 그것으로 산소를 흡수하여 세포간극을 통하여 줄기나 뿌리 끝까지 산소를 공급한다. 또 벼, 갈대, 벗풀 같이 식물체의 일부만 물속에 있는 식물도 공기를 잎에서 뿌리로 보내는 통로가 있다. 특히 잎이 수면에 뜨면 육상식물과 달리 공기에 접하는 부분에만 기공이 발달하므로 대기 중의 이산화탄소를 빨아들여 광합성을 할 수 있다. 또 육상의 곤충은 수분 손실을 막기 위해 체표면이 키틴질로 되어 있으며 파충류는 비늘이 있다. 육상동물의 알도 수분 증발을 최대한 막기 위해 단단한 껍질로 둘러싸여 있다.

생태계를 좌우하는 위의 5대 요소는 서로 어울려 특정한 생존환경을 만드는데 여기서 특이한 점은 생물의 종은 서로 달라도 생존환경이 동일하면 종에 관계없이 생존형태와 생존양식이 비슷하다는 점이다. 생존환경은 그 만큼 생물에 큰 영향을 미친다. 동물의 경우 사는 환경에 따라 비슷한 생활 모습을 가지는데 예를 들면 개구리, 악어, 하마 등은 수중에서 눈과 콧구멍을 내놓는 성질이 있는데 이는 서로 비슷한 환경에서 살아가기 때문이다. 생물의 생존에 가장 적합한 환경을 최적조건이라 하고 생존을 불가능하게 하는 최고 및 최저 환경조건을 최고조건 혹은 최저조건이라 하며 최저조건과 최고조건 사이의 범위를 생존내성범위라 하는데 이 내성범위가 넓을수록 생물분포 범위도 넓다. 또 생물이 여러 환경요인 중 내성범위를 벗어나 생존에 제한을 받는 요소를 한정요인이라 한다.

06 우주의 물질순환

위와 같은 우주적 환경에서 물질이 순환하는 과정을 보면 우선 탄소(炭素, carbon)는 녹색식물의 광합성에 의해 이산화탄소로 변하고 다시 먹이사슬, 부식, 분해, 환원을 통해 순환하면서 이산화탄소로 되돌아온다. 질소(窒素, nitrogen)는 대기의 80%를 차지하며 생물체 내에서 아미노산, 핵산, 단백질, 세포막, ATP(Adenosine TriPhosphate) 등을 합성하는 중요한 원소로써 아조토박터(Azotobacter), 클로스트리듐(Clostridium), 뿌리혹박테리아 등의 미생물에 의해 순환한다. 인(燐, phosphorus)은 암석권(巖石圈), 수권(水圈), 생물권(生物圈)을 오가면서 서로 다른 분자형태로 저장되고 방출되면서 끊임없이 순환된다. 지구상의 모든 물질은 이렇게 무기환경과 유기환경, 즉 생물과 무생물 사이를 번갈아 오가며 서로 순환한다.

이런 우주환경의 순환과정에서 동물들의 활동은 모두 먹이확보라는 동물적 경제활동에 모아져 있다. 인간사회에서는 그런 경제활동을 하부구조라 하고 정치활동을 상부구조라 한다. 다시 말하면 물질을 대상으로 하는 대물활동은 하부구조이고 사람을 대상으로 하는 대인활동은 상부구조이다. 동물사회에서도 이런 원리는 동일하다. 동물적 대물활동은 하부구조가 되고 동물적 대인활동은 상부구조가 된다.

동물들의 대물활동은 크게 세 가지로 나누어진다. 첫째는 먹이를 구하는 구식(求食)활동이고, 둘째는 생존의 여유를 즐기는 여가(餘暇)활동이고, 셋째는 후대를 이어가는 생식(生殖)활동이다. 인간도 그렇지만 동물의 일생은 결국 이 세 가지 활동의 반복에 지나지 않는다. 야생동물의 행동반경을 살펴보면 이런 사실은 금방 확인된다. 대표적인 초식동물인 소의 하루를 생각해 보자. 야생 소인 경우 아침에 일어나면 들판으로 나가 풀을 뜯어먹고 배가 차면 들판을 노닐거나 동료 소들과 장난을 치고 논다. 그러다 다시 배가 고프면 또다시 풀을 뜯어 먹고 배가 부르면 역시 들판을 노닐거나 동료 소들과 장난을 치고 논다. 그렇게 성장하여 어른 소가 되면 발정기를 맞게 되고 그때가 되면 암수가 만나 교미를 하고 새끼를 낳고 키우게 된다. 소는 죽을 때까지 그런 일상적 생활을 반복하며 살아간다. 즉, 구식(求食)활동, 여가(餘暇)활동, 생식(生殖)활동을 반복하며 살아간다.

대표적인 육식동물인 사자의 하루도 마찬가지이다. 사자는 야행성 동물이므로 밤이 되면 사냥을 하기 위해 산야를 헤매고 다닌다. 사냥이 성공하여 먹이를 배부르게 먹게 되면 낮잠을 즐기거나 동료 사자들과 노닌다. 그리고 그렇게 성장하여 어른 사자가 되면 발정기를 맞게 되고 그때가 되면 암수가 만나 교미를 하고 새끼를 낳아 키운다. 사자 역시 죽을 때까지 그런 구식(求食)활동, 여가(餘暇)활동, 생식(生殖)활동을 반복하며 살아간다. 인간도 동물인 만큼 당연히 이와 동일한 활동을 반복하며 살아간다.

모든 동물들이 매일 같이 반복하는 구식활동, 여가활동, 생식활동은 눈에 보이는 자연물을 대상으로 하는 대물활동이다. 따라서 이 세 가지 활동은 인간사회의 경제행위와도 같다. 인간의 경우도 식품을 구하는 구식활동과 여가를 즐기는 여가활동 및 후손을 키우는 생식활동은 모두 구체적 물질을 대상으로 하는 대물활동이다. 이런 대물활동은 모두 생존을 위한 경제활동이다. 그러면 여가활동도 왜 경제활동이 되는 것일까? 여가활동에 속하는 취미활동, 문화활동, 여행활동, 예능활동은 모두 자연물이든 인공물이든 구체적인 물질을 대상으로 한다. 취미생활이 골프라고 가정해 보자. 넓고 탁 트인 골프장도 물질이고 골프공과 골프채도 물질이고 골프가방과 골프카터도 물질이다. 골프는 그런 여러 가지 물질을 가지고 골프장이라는 물질 위에서 즐기는 취미활동이다.

생식활동도 물질을 대상으로 한다. 남녀가 물질이듯 암수도 물질이다. 정자가 물질이듯 난자도 물질이다. 부모도 몸체를 가진 인간이듯 태어나는 자식도 몸체를 가진 인간이다. 생식도 이렇게 물질 대 물질 사이에서 벌어지는 대물활동이다. 그러므로 인간에게 있어서든 동물에게 있어서든 대물활동은 모두 경제활동이 된다. 하지만 그중에서도 구식활동은 가장 대표적인 경제활동이다. 그래서 경제활동이라 하면 일반적으로 구식활동, 즉 먹고 살기 위한 활동을 떠올리게 된다.

동물들의 먹이활동은 그 동물이 초식동물이냐 육식동물이냐에 따라 조금씩 달라진다. 초식동물의 먹이활동은 이동하지 않는 식물을 대상으로 하는 활동이므로 빠른 몸놀림을 필요로 하지 않는다. 그래서 비교적 느리고 한가로운 움직임으로 먹이를 확보한다. 소들이 초원에서 한가로이 풀을 뜯어 먹는 모습을 연상하면 이러한 사실은 쉽게 이해가 갈 것이다. 반면 육식동물들은 빠르고 날렵한 움직임으로 먹이를 확보한다. 육식동물들은 이동하는 동물을 대상으로 먹이를 확보하므로 빠른 몸놀림이 필수적이다. 사자가 죽을 힘을 다해 도망가는 얼룩말을 사냥하는 모습을 연상하면 이 또한 쉽게 이해가 갈 것이다. 동물들의 먹이활동은 이처럼 동물들의 특성을 결정하는 중요한 요소가 된다.

07 우주적 실상과 허상

위의 3대 변화론은 인간이 정한 인공적 이론이 아니라 자연이 정한 하늘의 선천적 이론이다. 따라서 이 우주의 3대 변화론은 실존하는 존재라면 피할 수 없는 변화론이다. 당장 인간을 놓고 이 3대 변화론의 유무를 따져보자. 인간의 삶은 제일 먼저 음식물을 섭취하여 활동에너지를 생산하고 소비하는 에너지의 작용과정이다. 이는 우주의 제1변화법칙인 기변만변론에 해당한다. 또 인간의 삶은 태어나고 죽고 하는 이진법적 변화의 과정이다. 이는 우주의 제2변화법칙인 이진변화론에 해당한다. 마지막으로 인간의 삶은 자식을 낳고 기름으로써 현존 인간이 미래 인간으로 대체되어가는 과정이기도 하다. 이는 우주의 제3변화법칙인 물질속생론에 해당한다.

인간은 이렇게 우주의 3대 변화법칙을 운명적으로 껴안고 살아가는 존재이다. 인간만 그런 것이 아니다. 우주만물 중 이 세 가지 변화법칙을 운명처럼 껴안고 살지 않는 존재는 없다. 그러므로 어떤 존재이든 자기 안에 이 세 가지 변화론을 내포하고 있으면 그것은 현존하는 실체로서의 실상(實像)이고 내포하고 있지 않으면 그것은 현존하지 않는 허체로서의 허상(虛像)이다.

08 음양일체론

　천지환경을 변화시키는 주축 요소는 음양일체론으로 축약할 수 있다. 음양일체론이란 음과 양은 떨어질 수 없는 일체라는 것이다. 우선 천지의 이치부터 그러하다. 하늘과 땅은 떨어질 수 없는 하나이다. 우주에는 하늘 없는 땅도 없고 땅 없는 하늘도 없다. 지구부터 그러하다. 지구라는 땅은 하늘이 있기 때문에 존재할 수 있다. 지구는 하늘이 낳은 수많은 별 중의 하나이므로 하늘은 지구의 모체와도 같다. 다른 행성이나 위성의 경우도 모두 마찬가지이다. 그 별들은 틀림없이 하늘과 땅(혹은 땅 같은 형체)을 가지고 있다.

　그런 음과 양은 명과 암으로 환원될 수 있다. 명은 하늘이고 암은 땅이다. 하늘은 태양이 비치는 밝은 곳이고 땅은 흙으로 뒤덮여 있는 어두운 곳이다. 그래서 동서양을 불문하고 고대부터 하늘을 양으로 보고 땅을 음으로 보았다. 또 그런 음과 양은 온(溫)과 냉(冷)으로 환원될 수 있다. 태양이 비치는 따뜻한 양지는 온이고, 차가운 물과 흙이 있는 그늘진 음지는 냉이다. 이런 이원적 요소는 인간사회에도 그대로 적용된다. 선과 악, 미(美)와 추(醜), 소(小)와 대(大), 젊음과 늙음, 화(禍)와 복(福), 죄와 벌에 이르기까지 이원적 요소가 미치지 않는 곳은 없다.

　이런 이원적 요소는 어떤 경우에도 떨어질 수 없는 일체로서만 존재할 수 있다. 밤과 낮이 떨어져 존재할 수 없고 선과 악이 떨어져 존재할 수 없고 젊음과 늙음이 떨어져 존재할 수 없다. 모두 한쪽이 없으면 다른 한쪽도 있을 수 없기 때문이다. 그러므로 우주환경, 지구환경, 생태환경 등, 모든 환경적 변화는 우주의 태생적 기본인자라고 할 수 있는 음양일체론을 주축으로 하여 변한다고 말할 수 있다.

환경변화의 주요소	
음양일체론	음양일체, 명암일체, 냉온일체의 환경변화

  그러면 이런 음양일체론을 기본 축으로 하여 지구환경이 어떻게 변해 왔는지를 다음 장에서 보다 구체적으로 알아보기로 하자.

제2장
선인사회 변화론

09 선인사회(先人社會)의 탄생

　우주만물은 집단을 이루고 존재한다. 은하는 별들이 집단을 이루고 있는 곳이고, 사막은 모래가 집단을 이루고 있는 곳이고, 갯벌은 진흙이 집단을 이루고 있는 곳이다. 이렇게 집단을 이루고 있는 우주만물의 존재모습을 인간적 시각으로 추상화하면 이는 곧 사회가 된다. 추상화된 단어로서의 사회는 무엇이든 집단을 이루고 있기만 하면 적용될 수 있는 개념이다. 동물이 집단을 이루고 있으면 동물사회가 되고 식물이 집단을 이루고 있으면 식물사회가 되고 인간이 집단을 이루고 있으면 인간사회가 된다. 인간 아닌 우주만물을 사회라는 집단으로 자리매김할 수 있느냐 하는 문제는 생태학적 관점에 볼 때 전혀 무리가 없다. 생태학은 연구관점에 따라 식물사회학, 사회생물학, 인간생태학 등, 여러 분야로 나누어지는데 이런 분류는 생물이든 무생물이든 집단을 이루고 있는 단위를 사회의 출발점으로 본다. 이렇게 볼 때 우주에는 수많은 사회가 있는 셈이다.

　우주에 있는 그 많은 사회 중에서도 인간에게 관심 있는 것은 물론 인간사회이다. 그러나 인간은 자연 속의 무수한 생물과 무생물을 떠나서 존재할 수 없는 자연계의 일개 구성원에 지나지 않으므로 인간사회를 논하기 위해서는 인류 이전의 자연사회를 논하지 않을 수 없다.

인류는 어느 날 아침, 하늘에서 뚝 떨어진 존재가 아니라 무수한 생물과 무생물들이 억겁의 세월을 거쳐 오면서 인류가 태어나고 살 수 있는 자연환경을 조성해 놓았기 때문에 탄생될 수 있었을 것이기 때문이다. 그 장구한 우주적 세월 중 인류탄생 이전의 사회를 선인사회(先人社會)라 하고 인류탄생 이후의 사회를 인간사회(人間社會)라 한다. 따라서 인간이 탄생하기 이전까지의 자연력 시대는 곧 선인사회가 존속되었던 시대가 된다.

인간을 중심으로 한 사회구분		
선인사회	인류탄생이전의 사회	자연력 시대
인간사회	인류탄생이후의 사회	원인력 시대

선인사회는 우주의 탄생으로부터 시작되었다. 우주가 없었으면 우주만물이 존재하고 진화할 공간과 시간이 없었을 것이기 때문이다. 그러면 그 우주는 어떻게 탄생되었을까?

우주천지에 힘의 작용 없이 생기는 것은 아무것도 없다. 지진이 일어나기 위해서는 용암이 끓어올라야 하고 태풍이 불기 위해서는 강한 기압차가 생겨야 한다. 이처럼 용암이 끓어 오르는 것도 강한 지열의 힘이 작용하기 때문이고, 태풍이 부는 것도 강한 기압의 힘이 작용하기 때문이다. 그런 힘은 누구도 만들어 주지 않은 자연 스스로가 가진 힘이므로 그 힘을 자연력(自然力)이라고 한다. 우주는 그 자연력을 이용하여 은하를 만들고 태양을 만들고 지구를 만들었다. 그리고 다시 지구에 산과 바다를 만들고 온갖 생물, 무생물을 만들었다. 인간이 탄생하기 전까지 지구에서 일어난 변화는 모두 그런 자연력에 의한 변화였다.

실제로 현재까지 밝혀진 지구의 역사를 보면 인간이 살아온 시간은 자연력에 의해 지구가 변해 온 시간에 비하면 약 5,000분의 1정도 밖에 되지 않는 너무나 짧은 시간이다. 자연력 시대는 그만큼 길다. 하지만 인간의 입장에서 보면 5천 배나 긴 자연의 역사보다는 5천 배나 짧은 인간의 역사가 더 중요한 의미를 지닌다. 인간이 탄생하지 않았더라면 우주의 어떤 긴 역사도 인간에게는 의미가 없을 것이기 때문이다. 따라서 자연의 역사는 인간의 역사에 종속되는 의미를 지닐 뿐이다. 즉, 인간의 역사를 연구하기 위한 하나의 수단으로 인간 이전의 역사가 동원될 뿐이다. 우리가 5천 배나 긴 자연의 역사를 문제 삼는 이유는 인류탄생의 토양이 되었던 그 긴 자연의 역사를 무시하고서는 인류의 역사를 결코 올바로 이해할 수 없기 때문이다. 이 책 제1권의 소제목을 「자연력 시대의 정경천법」이라고 정한 이유가 바로 여기에 있다.

과학자들의 연구에 의하면 우주는 약 150억 년 전, 지구는 약 46억 년 전, 그리고 인류는 1924년 남아프리카 타웅(Taung)에서 발견된 오스트랄로피테쿠스(Australopithecus)의 화석을 기준으로 할 경우 약 300~350만 년 전에 탄생되었다고 한다. 이런 수치를 놓고 볼 때 우주적 시각에서 보면 인류 역사는 무시해도 좋을 만큼 미미한 시간이다. 하지만 인간적 시각에서 보면 우주의 장구한 역사는 인간이라는 만물의 영장을 탄생시키기 위한 사전작업에 지나지 않으므로 장구한 우주역사보다 짧은 인류역사가 더욱 중요한 의미를 지닌다.

하지만 인류탄생 이전의 사회인 선인사회는 인간사회의 모태와도 같은 사회이다. 인류가 태어날 수 있었던 것은 인류 이전의 장구했던 선인사회로부터 생명 인자를 이어받았기 때문에 태어날 수 있었을 것이기 때문이다. 자연계의 한 구성원에 지나지 않는 인간이 자연환경과 아무 관계없이 태어날 수는 없지 않았겠는가? 이렇게 인류가 선인사회로부터 생명인자를 물려받았다면 인류는 선인사회의 존재양식까지도 그대로 물려받았을 것이다. 마치 부모로부터 물려받은 생명인자와 존재양식을 자식이 그대로 이어받듯 선인사회의 생명인자와 존재양식을 인간사회가 물려받았을 것임은 당연하다.

인간이 선인사회의 유전인자를 이어받아 태어났다면 선인사회와 인간사회는 동일한 유전인자를 공유하고 있는 셈이다. 먹어야 산다는 한가지 사실만 놓고 보아도 그렇다. 부모 세대도 먹어야 살고 자식 세대도 먹어야 산다. 이렇게 살아가는 존재양식에 관한 한 부모세대와 자식세대는 동일하다. 우주역사를 놓고 보면 선인사회는 부모 세대와 같고 인간사회는 자식 세대와 같다. 따라서 선인사회의 유전인자가 인간사회에 물려졌을 것임은 충분히 인정할 수 있는 일이다.

더욱이 어떤 고고학적 사실을 밝히는 첫 번째 작업은 현재 남아있는 고대의 유물이나 흔적들을 모아서 분석하는 일이듯 선인사회를 밝히는 작업도 현재 남아있는 우주적 존재와 상태를 분석하는 일로부터 시작해야 할 것이다. 현재를 통해 과거를 밝히는 그런 작업은 인간이 취할 수 있는 최선의 방법이다. 그러나 그런 일은 반드시 과학적 방법이어야 한다. 즉 현재의 과학적 지식으로 과거의 과학적 사실을 밝혀내는 작업이어야 한다. 보는 사람에 따라 그 결과가 천차만별로 달라질 수 있는 인문학적 방법은 객관적 진실을 밝히는 데 걸림돌만 될 뿐이다. 그래서 여기서는 과학적 사실을 통해 우주의 비밀을 밝혀보고자 한다.

▌ 선인사회의 유전인자

우주 최초의 사회인 선인사회가 인류에게 물려준 유전인자는 무엇일까?

첫째 유전인자는 생식(生殖)을 통해 종(種)을 존속시켜가는 생식성(生殖性)이다. 모든 존재의 활동이 추구하는 궁극적 목적은 종을 이어가는 것이다. 종을 이어가지 못하면 그 종은 자연계로부터 사라진다. 심지어 우주천체의 궁극적 목적도 별을 만들고 존속시켜가는 것이다. 우주 역시 별을 만들고 존속시키지 못하면 우주 자체가 없어질 것이기 때문이다. 우주는 유기물이 아닌 무기물이므로 종의 유지 내지 번식과는 무관하다고 주장할 수도 있다. 그러나 모든 유기물은 무기물에서 비롯되었다. 따라서 무기물은 유기물을 탄생시킨 어버이와도 같다. 이것은 과학이 밝혀 놓은 부인할 수 없는 진실이다. 생물도 분해하면 최종적으로 화학적 무기물만 남는다. 당장 풀 한 포기를 잘라 분석해 보라. 거기에는 생명이 있는 것이 아니라 산소와 수소를 비롯한 여러 화학적 요소만 있을 뿐이다. 그렇게 분해된 화학적 요소는 유기물도 생명체도 아닌 무기물일 뿐이다. 그러나 분명한 사실 하나는 그런 무기물이 있어야 유기물이 생기고 생명체가 생긴다는 것이다.

더욱이 무기물도 존재하기 위해서는 어떤 형태로든 자기 종을 이어가야 한다. 수소는 계속 수소를 만들어 가야 하고, 산소는 계속 산소를 만들어 가야한다. 어떤 경우에도 수소와 산소는 자기를 절멸시키기 위해 활동하지 않는다. 이렇게 볼 때 수소와 산소도 그들 나름대로의 생식을 통해 그들의 종을 이어간다. 아직 그들이 어떤 생식과정을 거쳐 종을 이어가는지는 밝혀지지 않고 있지만 장구한 우주적 세월에 걸쳐 소멸되지 않고 현재까지 존속하고 있다는 사실 자체가 바로 수소와 산소도 그들 나름대로의 생식활동을 통해 자기의 종을 이어왔음을 증명한다. 모든 존재는 이렇게 궁극적으로 종의 유지라는 단일목적을 가진다.

둘째 유전인자는 군집(群集)을 통해 종(種)을 존속시켜가는 군집성(群集性)이다. 종의 유지라는 궁극적 목적을 달성하기 위해 모든 존재가 가지는 최초의 구체적 전제조건은 군집성(群集性)이다. 군집성이란 동종은 동종끼리 모이는 성질을 말한다. 동종이 모여서 집단을 이루는 것은 자연계의 기본적인 존재양식이다. 산은 산끼리 모여 산맥을 이루고, 들판은 들판끼리 연결되어 대평원을 이루고, 바다는 바다끼리 연결되어 거대한 대양을 이룬다. 이는 인간이 인간끼리 모여 인간사회를 이루고, 철쭉이 철쭉끼리 모여 철쭉군락지를 이루고, 두꺼비가 두꺼비끼리 모여 두꺼비서식지를 이루는 것과 조금도 다를 바 없다.

이런 군집성은 종(種)의 존속 및 증식과 깊은 관련이 있다. 암수의 교배를 통해 종을 이어가는 유성생식의 경우 최소한 자웅(雌雄)이라는 집단이 형성되어야 종을 이어가게 된다. 암수의 구별이 없는 무성생식인 경우는 하나의 무성생식체가 없어지면 종이 전멸할 수도 있다. 그러나 양성생식인 경우는 암수가 서로 다른 유전자로 조합되어 서로 다른 면역체계를 지니므로 종 전체가 전멸할 확률이 그만큼 줄어든다. 또 바이러스는 진화과정에서 끊임없이 공격대상자의 유전자코드를 모사하여 그 면역체계를 무력화시키는데 양성생식은 주기적으로 유전자를 재조합함으로써 그런 바이러스의 공격을 이겨 내게 한다.

무성생식의 경우도 모두 군락지를 이루고 살아가므로 결국 군집성을 전제로 하여 존속하는 셈이다. 철새들이 떼를 지어 날아다니는 것도 군집성만이 그들을 보호할 수 있는 최선의 방법임을 선천적으로 알고 있기 때문이다. 이렇게 볼 때 우주가 지니는 군집성은 모든 존재의 안전한 존속과 증식을 보장하는 중요한 요소이다. 우주만물이 군집성을 전제로 하는 사회를 이루고 있는 이유는 바로 이 때문이다.

셋째 유전인자는 연계(連繫)를 통해 종을 존속시켜가는 연계성(連繫性)이다. 연계성(連繫性)이란 서로 다른 종과 종은 항상 연계되어 생존한다는 것이다. 동식물의 먹이사슬은 이종끼리의 연계성이 피할 수 없는 존재양식임을 재확인해준다. 생물이든 무생물이든 자연계에 존재하는 것이라면 그것은 먹이사슬을 벗어나 존재할 수 없다. 갯벌이라는 원시적 생존환경만 보아도 이는 쉽게 이해된다. 생물학자들의 연구에 의하면 지구상에 최초의 생물이 탄생한 것은 약 35억 년 전이고 그 최초생물이 계속 진화하여 육지로 서식지를 넓혀간 것은 고생대인 약 4억 년 전이라고 한다. 그렇게 물에서 출발한 생물들이 육지로 서식지를 확대하고 진화한 과정은 종끼리 필연적 연계관계를 가지면서 서로 경쟁해 온 결과라는 것이다. 무생물의 경우도 동일한 연계성을 지닌다. 산과 들판은 연계되어 있고 들판과 바다도 연계되어 있다. 연계성은 이렇게 우주진화의 출발점이 되는 선인사회의 중요한 요소이다.

이러한 생식성, 군집성, 그리고 연계성은 우주만물이 생존해 가는 선천적 속성이므로 이를 우주만물의 3대 생존인자라고 한다. 이는 동종끼리 서로 만나 후대를 잇고 사회를 이루며 존속해 가고, 이종끼리 공생하며 존속해 가도록 운명 지어졌음을 의미한다. 태초의 우주가 어디서 어떻게 생식성, 군집성, 연계성이라는 세 유전인자를 가지게 되었는지는 모르지만 현실적인 우주만물이 이 세 유전인자를 가지고 있음은 사실이다. 지구상에 존재하는 생물, 무생물 중 군집을 통해 대를 이어가며 서로 영향 미치고 영향받지 않는 존재는 하나도 없기 때문이다.

이처럼 하늘이 만든 선인사회는 생식성, 군집성, 연계성을 전제로 하는 사회이므로 그 유전인자를 이어 받은 인간사회 또한 생식성, 군집성, 연계성을 벗어나 존재할 수 없다. 현실적인 인간사회가 인간끼리 모여 집단을 이루고 대를 이어가는 동시에 인간 아닌 다른 생물, 무생물과 상호의존하며 필연적으로 연계되어 살아가는 곳임은 이를 입증한다.

다윈(Charles Robert Darwin, 1809년~1882년)이 『종(種)의 기원(起源)』에서 논하는 자연선택(自然選擇, Natural selection)과 생존경쟁(生存競爭, struggle for existence)은 바로 군집성과 연계성을 전제로 하는 이론이다. 뿐만아니다. 생태환경도 군집성과 연계성을 근거로 하여 육상환경과 수중환경으로 분류되고 다시 삼림환경, 초원환경, 사막환경, 강환경, 호수환경 등으로 재분류된다. 생태학자들은 선인사회가 가지는 군집성과 연계성과는 아무 상관없이 오직 연구의 편의를 위해서 그렇게 분류했는지도 모른다. 설령 그렇다 하더라도 그들은 그들도 모르는 사이에 선인사회의 유전인자를 기준으로 하여 생태환경을 연구하고 있는 셈이다. 이 또한 선인사회의 유전인자를 떠나 생태계를 연구할 수 없음을 의미한다.

│ 공존과 갈등

군집성과 연계성은 공존과 갈등을 동반하는 인자이다. 군집은 공존을 전제로 하고 공존은 갈등을 전제로 한다. 인간사회가 공존과 갈등의 굴레를 영원히 벗어날 수 없는 이유는 선인사회로부터 그런 유전인자를 물려받았기 때문이다. 역사를 더듬어 올라가 봐도 최초의 원인(原人)이 탄생한 이래 인류는 한 번도 사회적 공존과 갈등으로부터 벗어난 적이 없다. 그러므로 앞으로도 인류가 존재하는 한 영원히 선인사회가 물려준 사회적 공존과 갈등이라는 존재양식을 벗어날 수 없을 것이다.

실제로 우주만물의 존속과정은 군집성과 연계성이 만들어내는 공존과 갈등의 상호작용과정이다. 지구라는 생존공간을 공유하고 있는 수백만 종의 현존생물들은 에너지 전이(轉移), 영양분 섭취, 서식장소 등, 생존에 필요한 자원의 확보를 둘러싸고 서로 직간접적인 상호의존관계를 가진다. 그런 상호의존관계를 추적해 올라가면 생물이 필요로 하는 생존에너지의 대부분은 태양으로부터 얻어지며 생물이 섭취하는 영양분은 대부분 무기적 환경에서 취득된다는 사실을 알게 된다.

이는 생태계의 유기적 환경과 무기적 환경이 에너지의 이입과 물질순환을 통해 서로 상호의존하고 있음을 뜻한다. 이런 상호의존관계에서 무기적 환경이 유기적 환경에 미치는 영향은 절대적인 것으로 알려져 있다. 선인사회는 그런 무기적 환경과 유기적 환경이 그물처럼 얽혀 한편으로는 서로 공존하고 또 다른 한편으로는 서로 갈등하면서 존속해 가는 사회이다.

∣ 선인사회의 자생설

인간이 만들지 않은 존재나 상태를 일컬어 자연환경이라고 한다. 선인사회는 인간이 만들지 않은 존재와 상태로 이루어진 사회이므로 자연 그 자체라 할 수 있다. 그러면 인간이 만들지 않은 그 자연은 누가 만들었을까? 현재까지의 연구에 의하면 자연을 만든 자는 없으며 따라서 자연(自然)은 글자 그대로 스스로 만들고 스스로 존재하는 것이라고 볼 수 있다. 자연은 이렇게 자기가 자기를 만들었으므로 자연을 만든 창조주는 없다. 물론 이를 과학적으로 증명한 사람은 아직 아무도 없다. 그러나 먼 옛날 인류의 조상들이 자연이라는 단어를 만들었을 때부터 자연은 스스로 생겨나고 발전하는 것이라고 믿어왔고 오늘날의 인류 또한 그렇게 믿고 있다. 세계 각국의 사전에도 자연이라는 단어는 그렇게 설명되어 있다.

인류가 이렇게 자연을 스스로 생겨났다고 받아들이기까지는 자연을 그렇게 정의하는 것이 정말 옳은지 그른지를 두고 수많은 세월에 걸쳐 수많은 사람들이 수없이 묻고 답했을 것이다. 작은 벌레 한 마리의 탄생과정을 두고도 수없는 갑론을박이 계속되고 있는 현실을 감안할 때 우주만물과 천체까지 포함하는 대자연의 탄생과정을 쉽게 단정하지는 않았을 것이기 때문이다.

이런 자연은 우주만물과 천체를 포괄하는 개념이기 때문에 음양적 구분 없는 일극적(一極的) 단일체이다. 마치 작은 씨앗 하나는 그저 한 톨의 씨앗일 뿐 씨앗 속의 음양을 구분하지 않는 것처럼 자연은 그냥 일극적 단일체로서의 자연이다. 집 속에 방이 여러 개 있어도 겉에서 보면 그냥 집 한 채이듯 자연 속에 수많은 우주만물이 있어도 밖에서 바라보는 자연은 그저 하나의 자연일 뿐이다. 단순한 구경꾼의 입장에서 보면 아무 것도 없었던 맨 땅위에 어떻게 집 한 채가 들어섰는지는 몰라도 집 한 채가 들어서 있는 것은 사실이듯 영점(零點)의 무극(無極)에서 어떻게 자연이라는 실체가 생겼는지는 모르지만 자연이 일극적 실체로 인류 앞에 나타나 있는 것만은 분명하다.

자연에 대한 이러한 정의가 옳건 그르건 인간이 자연을 문제 삼는 이유는 그 자연이 실제로 존재하고 있기 때문이다. 만일 자연이 실존하지 않는다면 인간도 실존하지 않을 것이며 따라서 인간은 자연에 대해 묻지도, 문제 삼지도 않을 것이다. 아니 물을 수도, 문제 삼을 수도 없을 것이다. 없는 인간이 없는 자연을 문제 삼을 수는 없지 않겠는가? 그러므로 명백한 사실 하나는 실존하는 인간이 실존하는 자연을 문제 삼고 있다는 것이다.

10 선인사회의 구성요소

거시적 관점에서 볼 때 선인사회로서의 자연은 시간과 공간이라는 두 불변적 요소로 이루어진다. 당장 우주부터 시간과 공간으로 이루어진다. 우주를 구성하는 무수한 별들 자체가 거대한 공간이며 그 별들이 생기고 사라지는 것이 바로 시간이기 때문이다. 여기서 공간은 형상을 전제로 하고 시간은 변화를 전제로 한다. 실제로 태양계는 태양과 지구라는 거대한 공간적 형상과 이들이 만들어내는 밤과 낮이라는 시간적 변화가 존속될 때만 존재할 수 있다. 그렇기 때문에 공간적 형상과 시간적 변화를 전제로 하지 않는 자연사회, 즉 선인사회는 있을 수 없다. 공간과 시간은 이렇게 우주를 존속시키는 가장 기본적인 두 요소이므로 이를 선인사회의 2요소라 한다.

이 두 요소 중 공간적 형상은 유형성을 대변하고 시간적 변화는 무형성을 대변한다. 일반적으로 존재란 "자연 속에 실재하는 그 무엇"을 지칭한다. 자기 창조물인 자연은 무형적 시간과 유형적 공간이라는 2요소로 구성되어 있기 때문에 자연 속에 실재하는 그 무엇은 반드시 유형성과 무형성이라는 두 요소를 지니게 된다. 흙을 가진 자는 흙으로 담을 쌓고 돌을 가진 자는 돌로 담을 쌓듯 자연은 자기가 가진 유형성과 무형성이라는 두 요소로 우주만물을 만들어냈기 때문이다.

그러므로 유형성과 무형성을 가지지 않은 존재는 이미 자연 속의 존재가 아니다. 즉 공간적 형상과 그 형상의 시간적 변화를 전제로 하지 않는 존재는 이미 존재가 아니다. 인간존재는 육신이라는 공간적 형상과 생로병사라는 시간적 변화를 전제로 하고, 식물이라는 존재는 줄기와 잎이라는 공간적 형상과 자라고 열매 맺는 시간적 변화를 전제로 하고, 바위라는 존재는 거대한 돌덩이라는 공간적 형상과 비바람에 깎이고 닳는 시간적 변화를 전제로 한다. 그래서 인간도 나무도 바위도 모두 실재하는 존재가 된다.

그렇게 실재하는 존재가 지니는 공간적 형상은 유형적, 입체적, 미추적 형상이다. 유형성은 입체성을 의미한다. 어떤 존재이든 공간성을 지니는 한 그것은 입체적인 것이다. 수학적 개념의 점과 선은 입체가 아니다. 그러나 현실세계의 점과 선은 모두 입체이다. 현실세계의 점은 점이 아니고 점형(點形)의 입체이며 선은 선이 아니고 선형(線形)의 입체이다.

이러한 입체적 형상은 미추(美醜) 개념의 출발점이 된다. 꽃이 지닌 아름다움은 꽃이라는 형상이 지닌 아름다움이다. 반대로 시들고 썩어가는 추함 또한 꽃이라는 형상이 지닌 추함이다. 미와 추는 이렇게 형상을 떠나서 성립될 수 없다. 그러므로 형상이 사라지면 미(美)도 추(醜)도 모두 사라진다.

공간의 3대 개념		
유형적 형상	입체적 형상	미추적 형상

공간적 형상은 이처럼 유형적, 입체적, 미추적 형상이며 따라서 모

든 존재는 그런 세 가지 의미를 지닌 공간적 형상을 지니고 있어야 한다. 어떤 경우에도 그런 세 가지 공간적 형상을 지니지 않으면 그것은 실존하는 실체가 될 수 없다.

공간과 달리 시간적 변화는 과거와 현재와 미래를 이어가는 변화이다. 모든 존재는 반드시 질량적 에너지, 즉 힘을 가지고 있어야 한다. 벽돌은 벽돌 무게만큼 누르는 힘과 받치는 힘을 가진다. 즉 위치에너지를 가진다. 벽돌은 그런 에너지를 가지고 있기 때문에 종이가 바람에 날아가지 않도록 눌러 준다. 질량이 지니는 이러한 에너지는 존재를 변화시키는 원동력이 된다. 변화는 어떤 힘이 작용할 때만 생기는 것이기 때문이다. 말하자면 변화가 있는 곳에는 반드시 힘의 작용이 있다.

이런 변화는 시간성을 전제로 한다. 왜냐하면 시간이라는 개념은 어느 한 상태에서 다른 상태로 변해 가는 과정을 전제로 하기 때문이다. 움직이지 않는, 즉 변하지 않는 정적 존재에 시간이라는 개념은 존재하지 않는다. 과거, 현재, 미래라는 일반적인 시간개념은 오직 움직이는 동적 존재에만 적용된다. 그렇게 동적 존재에만 적용되는 과거, 현재, 미래는 다음과 같은 구체적 의미를 지닌다.

과거는 불변성, 확정성, 지속성을 지닌다. 과거는 변화가 완료된 상태이므로 더 이상 변하지 않는다. 더 이상 변하지 않기 때문에 과거는 확정성을 지닌다. 올챙이가 개구리로 변해버리면 올챙이는 더 이상 존재하지 않는다. 그리고 존재하지 않기 때문에 개구리로 변하기 전의 올챙이는 불변적 개념을 가지게 되고 불변적 개념이 되어버렸기 때문에 확정적인 것이 된다. 이렇게 불변적이고 확정적인 것은 지식이 되고 귀납적 논리의 원천이 된다. 또 과거는 지속성을 지닌다. 과거의 역사적 사실을 조작할 수는 있어도 없앨 수는 없다. 마찬가지로 씨앗이 떡잎으로 변하면 씨앗은 더 이상 존재하지 않지만 본래 씨앗이 있었다는 과거적 사실은 변하지 않고 지속된다.

그런 과거는 어디까지나 현재 속에 내재한다. 과거가 실존하지 않으면서도 존재하는 것은 그 과거가 현재 속에 내재되어 있기 때문이다. 과거 성현들의 지식과 지혜가 현재의 우리들에게 영향을 미치고 있는 것은 그들의 저작물이 현재 남아있고 그 저작물을 읽고 있는 우리들이 있기 때문이지 과거의 성현들이 현재 살아있기 때문이 아니다. 이처럼 모든 존재에 대한 판단기준은 현재에 있다. 그러므로 과거는 현재에 종속한다. 과거는 현재에 종속하기 때문에 현재는 과거를 왜곡하고 조작할 수 있다. 과거는 피치자적(被治者的) 위치에 있고 현재는 치자적(治者的) 위치에 있다. 과거는 그것이 좋든 나쁘든 현재가 그 실체를 파고들 때 조금도 숨김없이 그들이 가진 모든 것을 제공한다. 그런 의미에서 볼 때 현재가 군주라면 과거는 충직한 신하이다. 과거라는 신하는 현재라는 군주에게 그가 가진 온갖 지식, 온갖 능력, 온갖 경험을 제공한다. 그러므로 과거라는 신하의 행불행은 현재라는 군주에게 달려 있다. 현재라는 군주가 현명하면 과거라는 신하는 행복해지고 현재라는 군주가 포악하면 과거라는 신하는 불행해진다.

하지만 또 다른 한편에서 볼 때 과거는 군주의 둘도 없는 위대한 스승이기도 하다. 과거는 현재에 종속되지만 그러면서도 현재를 떠받치는 주춧돌 같은 역할을 한다. 집을 지을 때 주춧돌은 순서상 가장 먼저 놓아야하는 것이다. 가장 먼저 놓는 주춧돌은 가장 먼저 과거로 귀속된다. 가장 먼저 과거로 귀속되는 그 주춧돌이 튼튼하면 좋은 집을 지을 수 있고 그렇지 못하면 좋은 집을 지을 수 없다. 마찬가지로 과거가 튼튼하면 할수록 현재도 튼튼해지고 부실하면 할수록 현재도 부실해진다. 이렇게 과거는 현재의 예측지표가 된다.

그런 현재는 활동성을 지닌다. 현재는 어떤 활동, 즉 움직임이 진행되고 있는 상태를 의미한다. 비가 내리고 있다는 말은 빗방울이 하늘에서 땅으로 떨어지는 움직임이 현재 진행되고 있다는 말이다. 그러므로 활동하는 것은 그것이 무엇이든 과거도 미래도 아닌 현재 실존하고 있어야 한다. 현존하지 않는 것이 움직일 수는 없기 때문이다. 이렇게 현존하는 모든 존재는 활동성을 지닌다. 씨앗이 자라서 열매 맺기 위해서는 우선 씨앗이 땅속에서 부지런히 자라야 한다. 벌이 꿀을 따기 위해서도 우선 벌이 부지런히 움직여야 한다. 그러나 씨앗이 성장해 가는 활동과 벌이 꿀을 따는 활동은 시간적으로 순간적인 것이다. 어떤 활동이 진행되고 있는 상태는 시간적으로 곧 새로운 상태로 옮아가야할 과도기적 운명에 있는 상태이다. 말하자면 현재는 곧 과거에게 자리를 물려주고 미래로 옮겨 가야할 순간적인 상태에 있다. 현재는 이렇게 실존성, 활동성, 순간성을 지닌다.

미래는 과거와 반대되는 개념을 지닌다. 과거가 불변성을 지니는 반면 미래는 가변성을 지닌다. 미래는 개막되지 않은 연극과도 같다. 개막되기 전까지 연극의 내용은 얼마든지 바뀔 수 있듯 미래 또한 현재화되기 전까지는 얼마든지 바뀔 수 있다. 미래는 그렇게 가변적이다. 그런 가변성은 개방성을 동반한다. 미래는 나쁜 사람에게는 문을 닫아 버리고 좋은 사람에게만 문을 여는 것이 아니다. 미래는 아무런 편견 없이 모든 존재에게 그 문을 개방한다. 미래는 이처럼 모든 존재에게 개방되어 있기 때문에 모든 존재에게 희망을 안겨준다. 희망은 이렇게도 될 수 있고 저렇게도 될 수 있는 신축성이 있는 곳에서 싹트기 때문이다. 어떤 몸부림에도 결코 변할 수 없는 불변성은 곧 절망으로 이어진다. 그런 의미에서 가변성은 희망이고 불변성은 절망이다. 과거가 절망의 불변성을 지니는 반면 미래가 희망의 가변성을 지니는 것은 신이 내린 축복 중의 가장 위대한 축복이다. 하지만 미래가 가지는 가변성은 현재의 활동성에 의해 좌우된다. 미래의 변화는 현재의 활동을 통해서만 가능하기 때문이다. 따라서 현재는 미래의 예측지표가 된다. 이렇게 미래는 가변성, 개방성, 신축성을 가진다.

그러나 엄격한 의미에서 보면 실제로 있는 시간은 과거와 미래뿐이다. 1초 전은 과거이고 1초 후는 미래라는 시각에서 보면 아무리 짧은 시간이라도 그 전은 과거이고 그 후는 미래가 되므로 현재는 존재하지 않는다. 현재는 좌표의 0점처럼 실존하지 않는 상상 속의 시간이다. 실존하는 시간은 오직 과거와 미래뿐이다. 과거, 현재, 미래가 가지는 이런 시간개념을 표로 요약하면 다음과 같다.

시간개념의 구분			
구분	내재적 개념		
과거	불변성	확정성	지속성
현재	실존성	활동성	순간성
미래	가변성	개방성	신축성

| 공간적 형상과 시간적 변화

모든 존재는 지금까지 언급한 공간적 요소로서의 형상과 시간적 요소로서의 변화라는 두 요소를 지니고 있어야 한다. 형상과 변화라는 2요소를 가지면 존재는 성립되고 가지지 않으면 존재는 성립되지 않는다. 그리고 그 두 요소를 가진 존재는 형상의 본질에 의해 유형적, 입체적, 미추적 형상이어야 하고 변화의 본질에 의해 시간적으로 과거에서 현재를 거쳐 미래로 변해가는 것이어야 한다.

공간이 지니는 형상과 시간이 지니는 변화는 동양철학의 음양적 개념으로 변환할 수 있다. 음양학의 핵심이론은 자연계의 일체만물은 음성(陰性)와 양성(陽性)로 나누어진다는 것이다. 공간과 시간의 경우 공간적 형상은 양이고 시간적 변화는 음이다. 시간과 공간을 이렇게 음과 양으로 변환할 수 있는 이유는 음과 양이 가지는 개념적 정의에서 비롯된다.

예를 들면 인체의 겉으로 들어난 외모는 양이고 속에 감추어진 내면은 음이며, 온기는 양이고 냉기는 음이다. 또 남성은 적극적이기 때문에 양이고 여성은 소극적이기 때문에 음이며, 태양은 스스로 빛을 내는 발광체이기 때문에 양이고 달은 그 빛을 받아 반사하는 반사체이기 때문에 음이며, 낮은 만물을 활동시키는 능동적 시간이기 때문에 양이고, 밤은 만물을 쉬고 잠재우는 수동적 시간이기 때문에 음이다. 음양에 대한 이 같은 개념적 정의를 놓고 볼 때 양은 주체적, 외형적, 적극적, 온난적인 그 무엇인 반면 음은 객체적, 내면적, 수동적, 한랭적인 그 무엇이라 할 수 있다. 이런 관점에서 존재의 외형적 주체인 공간적 형상은 양의 개념을 지니고 존재의 내면적 작용인 시간적 변화는 음의 개념을 지닌다고 말할 수 있다. 또 시간개념 중에서도 불변성을 가지는 과거는 음이고 가변성을 가지는 미래는 양이라 할 수 있다.

우주만물이 지니는 공간적 양성과 시간적 음성이라는 두 요소는 서로 분리될 수 없는 하나이다. 살아있는 인간으로부터 공간적 육신과 생로병사 하는 시간적 변화를 분리할 수는 없고, 나무로부터 무성한 공간적 지엽(枝葉)과 시간적 성장을 분리할 수는 없고, 바위로부터 공간적 부피와 시간적 풍화작용을 분리할 수는 없다. 그런 일은 어떤 경우에도 불가능하며 지구가 생긴 이래 지금까지 단 한 번도 일어난 적도 없다. 자연이 지니는 유형성과 무형성이라는 2요소는 이렇게 분리할 수 없는 불이적(不二的) 하나이다.

이처럼 자연만물은 불이적 2요소를 가지므로 신이 존재한다면 신도 당연히 동일한 2요소를 지녀야 한다. 즉 공간적으로 보이는 형상을 가져야 하고 시간적으로 그 형상이 변해가야 한다. 만일 이 두 요소를 충족시키지 못하는 신이라면 그 신은 인간이 만들어 낸 인조적 신일 수는 있어도 자기가 자기를 창조한 자연물로서의 신일 수는 없다. 공간성과 시간성은 그만큼 실존하는 존재의 필수조건이다.

공간적 형상과 시간적 변화가 분리할 수 없는 불이적 일체인 이유는 공간이 없으면 만물이 존재할 수 없고 시간이 없으면 만물이 변할 수 없기 때문이다. 사람이 살기 위해서는 사람 살 공간이 필요하듯 자연 속의 그 무엇이 존재하기 위해서는 반드시 존재할 공간이 있어야 한다. 또 사람이 살기 위해서는 먹이를 구하고 만드는 시간이 필요하듯 자연 속의 그 무엇이 존재하기 위해서는 그 무엇 나름대로 생존활동을 계속할 시간이 있어야 한다.

그런데 우주만물의 지나 온 과거 역사를 보면 무형성은 항상 유형성 속에 내재해 왔다. 바위의 무형적 무게는 바위의 유형적 덩어리 속에 내재되어 있고, 아름다움이라는 무형적 미는 미인이라는 유형적 인체 속에 내재되어 있다. 이는 유형적 생명체가 있기 때문에 태어나고 성장하고 늙어가는 무형적 변화가 있는 것과도 같다. 생명체라는 유형적 개념이 없으면 태어나고 성장하고 늙어가는 무형적 변화는 있을 수 없다. 유형적 도인(道人)이 있어야 그 사람 속에 갈고 닦은 무형적 도

(道)가 있을 것이고, 유형적 기계가 있어야 그 기계속에 내재되어 있는 무형적 성능이 있을 것임은 당연하다.

공간과 시간의 경우도 마찬가지이다. 지구의 지나 온 시간은 지구적 세월을 이기고 곳곳에 남아있는 산천초목의 모습 속에 내재되어 있고, 우주적 시간은 우주 속에 남아있는 수많은 은하와 별들 속에 내재되어 있다. 이는 꽃이 있어야 피고 지는 시간적 변화가 있을 수 있듯, 또 태양과 지구가 있어야 밤과 낮이라는 시간적 변화가 있을 수 있듯 우주천체라는 공간적 형상이 먼저 있어야 우주적 시간이 있을 수 있음을 의미한다. 그러므로 유형성이 사라지면 그 속에 내재하는 무형성도 사라진다. 육신이라는 유형성이 사라지면 마음이라는 무형성도 사라지는 것처럼, 또 꽃이라는 유형성이 사라지면 향기라는 무형성도 사라지는 것처럼 공간적 유형성이 사라지면 시간적 무형성도 사라진다. 이것이 과학적 진실이다.

이런 과학적 진실을 바탕으로 하지 않는 인문적 결론은 모두 검증되지 않은 일방적 주장일 뿐이다. 공간은 없어도 시간은 있을 수 있다거나 반대로 시간은 없어도 공간은 있을 수 있다는 주장은 단순한 감성적인 말장난에 지나지 않는다. 공간과 시간은 분리할 수 없는 이원일체이므로 공간이 있는 곳에는 반드시 시간이 있어야 하고 시간이 있는 곳에는 반드시 공간이 있어야 한다. 그것도 공간이 항상 먼저 있어야 한다. 이런 이치는 간단한 예로서 증명할 수 있다. 지구과학자들이 지구의 역사를 연구할 때 제일 먼저 조사하는 것은 퇴적층이다. 퇴적층은 지층마다 당시 어떤 풍화작용, 침식작용, 퇴적작용이 있었는지를 알려주므로 지구의 역사를 밝혀주는 좋은 자료가 된다. 이는 공간적 퇴적층이 지구의 시간적 변화를 내포하고 있음을 의미함과 동시에 유형으로서의 퇴적층이 없다면 무형으로서의 지구역사도 없음을 의미한다. 그런 의미에서 육신은 사라져도 영혼은 남는다는 주장 또한 한낱 말장난에 지나지 않는다. 퇴적층 없는 곳에 지구의 영혼이 남아있을 수 없듯 육신이 없는 곳에는 영혼이 남아있을 수는 없다.

우주만물이 지니는 유형성과 무형성이라는 두 요소 중 형상을 전제로 하는 유형성은 물질세계를 대변하고 변화를 전제로 하는 무형성은 정신세계를 대변한다. 아이가 태어나고 성장하고 어른이 되는 과정은 육체적 성장이라는 유형적 변화의 과정인 동시에 정신적 성숙이라는 무형적 변화의 과정이기도 하다. 인간의 이 같은 성장과정에서도 무형성은 유형성에 내재한다. 정신이 먼저 성숙해야 밥을 먹고 육체가 성장해 가는 것이 아니라 밥을 먹고 육체가 먼저 성장해야 정신이 성숙해 가는 것이다. 인간사회는 유형적 육체의 성장이 무형적 정신의 성장으로 이어지는 그런 사람들이 모인 사회이다. 즉 물질적 성장이 정신적 성장으로 이어지는 사회이다.

시간과 공간의 차이			
공간	유형성	물질세계 대변	변화의 주체
시간	무형성	정신세계 대변	변화의 객체

이런 유무형의 성장 순서는 변하지 않는 자연의 이치이다. 인간사회의 물질적 성장은 경제적 성장이고 정신적 성장은 정치적 성장이다. 따라서 인간사회는 경제적 성장이 정치적 성장으로 이어지는 사회이다. 인류역사상 경제적 힘을 갖추지 못했던 국가가 정치적 힘을 가졌던 예는 한 번도 없다. 이는 영양실조에 걸린 힘없는 환자가 건장한 청

년을 이길 수 없는 이치와도 같다. 마찬가지로 한 사회의 경제적 영양 실조는 항상 정치적 영양실조를 동반한다.

│ 시공의 상호작용

시간과 공간은 서로 상호작용을 한다. 상호작용은 항상 상대를 전제로 한다. 대내적 상대이든 대외적 상대이든 상대가 없는 상호작용은 불가능하다. 여기서 대내적 상대와의 상호작용을 대내적 상호작용이라 하고, 대외적 상대와의 상호작용을 대외적 상호작용이라 한다. 모든 존재는 제일 먼저 대내적 상대 간에, 즉 형상과 질량 간에 상호작용한다. 형상은 스스로 변할 수 없고 오직 내부 에너지의 변화에 의해서만 변할 수 있기 때문이다. 예를 들면 얼음의 외형은 스스로 변할 수 없고 그 얼음이 지니고 있는 에너지의 작용에 의해서만 변할 수 있다. 얼음이 지닌 에너지가 외부의 열에너지에 의해 손실되면 녹을 것이고 가중되면 더욱 단단해질 것이다. 말하자면 형상은 집과 같고 질량은 그 집에서 생활하는 사람과 같다. 집은 그 속에서 생활하는 사람이 수리하거나 보수할 때에만 그 모습이 바뀔 수 있다. 따라서 실존에 관한 한 질량은 형상에 종속되지만 반대로 변화에 관한 한 형상은 질량에 종속된다. 이런 관점에서 볼 때 존재가 지니는 형상과 질량은 분리될 수 없는 불이적(不二的) 요소인 동시에 주종을 가릴 수 없는 대등적 요소이기도 하다.

또 모든 존재는 자기와 다른 존재와 상호작용을 한다. 존재는 스스로 변하는 것이 아니라 외부 에너지의 작용에 의해서만 변할 수 있다. 원자탄에서 보듯 원자는 막대한 에너지를 지니고 있고, 폭풍에서 보듯 공기도 막대한 에너지를 지니고 있다. 식물은 탄소동화작용을 할 수 있는 에너지를 지니고 있고, 동물은 먹이를 사냥할 수 있는 에너지를 지니고 있다. 모든 존재는 이렇게 질량적 에너지를 지니고 있기 때문에 정적(靜的) 존재가 아닌 동적(動的) 존재이며 동적존재이기 때문에 타존재에게 영향을 미치고 영향을 받는 상호작용을 계속하며 실존한다.

만물이 변하는 이유는 바로 이 같은 상호작용 때문이다. 바위가 풍화작용에 의해 깎여 나가는 것은 바람이라는 외부 에너지가 작용하기 때문이고, 알이 부화하는 것은 어미의 체온이라는 외부 에너지가 작용하기 때문이다. 외부 에너지, 즉 질량적 힘이 작용할 수 없는 진공상태에서는 바위가 깎여 나가지도, 알이 부화되지도 않는다. 존재의 변화는 이렇게 타자와의 공존을 전제로 하는 상호작용으로부터 생긴다.

사회가 변하는 것도 각 구성원들이 타자와 공존하면서 상호작용을 계속하기 때문이다. 이 같은 선인사회의 존재법칙은 우주만물에 예외 없이 적용된다. 그렇지 않다면 그것은 우주적 진리가 아닌 상상적 진리일 수밖에 없다. 종교는 대표적인 상상적 진리이다. 불자들은 석탄일을, 기독교인들은 성탄절을, 이슬람교도들은 라마단을 지키지 않으면 천벌을 받을 줄 알지만 그들은 서로가 목숨 바쳐 지키고자 하는 것을 서로가 지키지 않고서도 아무 탈 없이 잘만 산다. 이는 서로의 목숨을 건 지역적 믿음이 인류적 차원에서 보면 아무런 의미도 없음을 뜻한다.

인류가 종말을 고하는 것도, 지구가 종말을 고하는 것도 그렇다. 우주적 차원에서 보면 지구의 종말은 그저 모래알 크기의 작은 행성 하나가 사라지는 것이다. 그런 일은 불교와 기독교는 물론이고 이슬람교, 힌두교, 배화교, 천도교 등, 무수한 종교들과는 아무 관계없는 그저 수억 년 동안 되풀이되어온 평범한 우주활동에 지나지 않는다. 종교인이란 그런 우주적 일상 활동에 신적 의미를 부여하는 신들린 사람들에 불과하다. 이웃마을의 축제는 이웃마을사람들에게만 의미 있는 일이듯 불교적 믿음은 불자들에게만, 기독교적 믿음은 기독교인들에게만, 이슬람교적 믿음은 이슬람교도들에게만 의미 있을 뿐이다. 일부 사람들에게만 의미 있는 그런 일은 그것이 종교이든 실물이든 모두 인간이 만든 인공물이다. 산촌 사람들에게는 고기잡이배가 의미 없고, 어촌 사람들에게는 짐승포획용 덫이 의미 없는 이유는 배도 덫도 인간이 만든 인공물이기 때문이다. 인공물은 이렇게 일부 사람들에게만 의미 있을 뿐 모두에게 의미 있는 것은 아니다. 각각의 종교가 일부 사람들에게만 의미 있는 것은 바로 종교가 인공물임을 반증한다.

혹자들은 인간적 차원의 법칙을 무슨 근거로 우주적 차원의 법칙으로 승화시킬 수 있느냐고 반문할지도 모른다. 그 해답은 의외로 간단하다. 인공위성에서 지구를 내려다보면 사람들이 개미보다 더 작은 벌레처럼 보일 것이다. 나아가 수천, 수만 광년이 걸리는 우주적 거리에서 보면 인간은 나노입자보다 몇천 배 더 작은 소립자에 불과할 것이다. 하지만 그 인간은 우주의 유전자를 받아 태어난 우주의 구성원이다. 물론 인간만 우주의 유전자를 이어받은 우주의 구성원인 것은 아니다. 산천초목을 비롯한 우주 속의 모든 물질은 예외 없이 우주의 유전자를 이어받은 우주의 구성원이다. 그렇기 때문에 만물은 당연히 우주의 보편적 유전자를 지니고 태어났을 것이다. 마치 작은 머리카락 하나로 인간의 유전자를 밝혀낼 수 있듯 우주의 작은 점 하나로 우주의 유전자를 밝힐 수 있을 것임은 자명하다.

인간은 비록 우주의 작은 점 하나에 불과할지 모르지만 우주의 유전자를 이어받았기 때문에 인간의 법칙은 곧 우주의 법칙이 될 수 있다. 이러한 이치는 우주만물에 동일하게 적용된다. 티끌 하나도 우주의 유전자를 이어받은 우주의 구성원이며 따라서 우주의 생존법칙을 대변할 수 있다. 그렇기 때문에 인간의 생존법칙은 곧 미물의 생존법칙인 동시에 우주의 생존법칙이 된다.

▌형질일체와 음양일체

최초의 물질인 원자는 다음과 같은 두 가지 사실을 말해 준다.

첫째, 원자는 형질일체(形質一體)의 물질이다. 즉 원자는 앞서 언급한 선인사회의 2요소와 똑같은 유형성과 무형성을 가지고 있다. 원자가 생기기 전에 제일 먼저 생긴 것은 핵이었는데 그 핵은 공처럼 둥근 원형의 모양을 띠고 있는 것이다. 즉 형체를 가지고 있다. 비록 인간의 눈에는 그 형체가 보이지 않지만 수천 배의 현미경으로 보면 볼 수 있다. 우주 최초의 물질인 핵은 이렇게 원형이라는 형을 가지고 있었으므로 그 유전자를 이어받아 탄생된 모든 우주 물질은 예외 없이 형을 가진다. 실제로 기체, 액체, 고체를 비롯한 모든 생물, 무생물의 구성원자는 형을 가지고 있다.

하지만 핵은 형만 가진 것이 아니라 인력(引力)이라는 무형도 가지고 있다. 핵은 강한 인력으로 전자를 끌어들여 자기 주위에 머물도록 한다. 인력은 눈에 보이는 형이 아니라 보이지 않는 무형이다. 즉 질(質)이다. 질은 눈에 보이지 않는다. 남녀는 보여도 남녀의 사랑은 보이지 않고 제품은 보여도 품질은 보이지 않는다. 이렇게 그 무엇 속에 내재되어 보이지 않는 것을 질(質)이라 한다.

우주가 만든 최초의 물질인 원자는 난형이라는 형과 인력이라는 질을 동시에 가지고 있는 형질일체적 물질이었다. 따라서 난형이라는 형만 있어도 그것은 원자가 아니고 인력이라는 질만 있어도 그것은 원자가 아니다. 원자가 되기 위해서는 반드시 형과 질이 동시에 공존해야 한다. 즉 형질일체이어야 한다. 행동은 말보다 더 강한 말이듯이 우주는 말 없는 행동으로 형질일체인 원자를 가장 먼저 만듦으로써 우주 최초의 유전자가 형질일체임을 만천하에 선포했던 것이다.

여기서 한 가지 주목할 점은 원자가 가지는 형질일체성은 형과 질로 분리될 수 없는 일체성이라는 것이다. 즉 형질일체성은 곧 형질불가분성이다. 핵으로부터 인력을 분리할 수는 없다. 핵이라는 단어 속에는 난형이라는 형적 요소와 인력이라는 질적 요소가 동시에 녹아 있다. 이는 마치 물이 있는 곳에는 부력(浮力, buoyancy)이 있고 돌이 있는 곳에는 무게가 있고 인간이 있는 곳에는 정신(생각)이 있는 것과도 같다. 어떤 힘으로도 인력 없는 핵, 부력 없는 물, 무게 없는 바위, 생각 없는 인간을 만들 수는 없다. 형과 질은 그런 불가분성을 지닌다.

인간은 우주로부터 그런 형질불가분의 유전자를 이어받았으므로 인간의 영혼과 육체도 당연히 분리할 수 없는 불가분적 형질일체이다. 육체라는 형이 있으면 반드시 영혼이라는 질이 있어야 하고 반대로 영혼이라는 질이 있으면 반드시 육체라는 형이 있어야 한다. 우주의 유전자를 이어받은 인간이 우주와 다른 유전자를 가진다는 것은 논리적으로 모순되기 때문이다. 우주로부터 형질일체성의 유전자를 이어받은 모든 존재는 어떤 경우에도 분리할 수 없는 형과 질을 동시에 가지고 있어야 한다. 그것은 사라질 때도 마찬가지이다. 물이 사라지면 부력이 사라지고, 바위가 사라지면 무게가 사라지듯 육신이 사라지면 영혼도 사라진다. 육신은 죽어 없어져도 영혼은 죽지 않고 영원히 산다는 말은 단순한 말장난에 지나지 않는다.

둘째, 원자는 음양일체의 물질이다. 위에서 언급했듯이 과학적 입장에서 볼 때 원자의 핵은 양전하이고 전자는 음전하이다. 모든 원자는 양전하와 음전하라는 2요소, 즉 음과 양이라는 2요소로 구성된다. 핵이든 전자든 어느 한쪽만 있으면 결코 안정된 상태로서의 원자는 탄생되지 않는다. 원자는 반드시 그 중심부에 양전하인 핵이 있고 주변부에 음전하인 전자가 회전하고 있어야만 한다. 그런 모양은 마치 계란의 노른자위와 흰자위 모양을 연상케 한다. 핵은 노른자위처럼 중심부에 자리 잡고 전자는 흰자위처럼 주변부에 자리 잡고 있다. 모든 원자는 이처럼 음성과 양성이라는 두 성질이 모여 하나의 난형을 이루고 있는 음양일체의 물질이다.

우주만물은 그런 음양일체적 원자를 출발점으로 한다. 그렇기 때문에 지구는 물론이고 생물, 무생물도 모두 음양일체성을 지닌다. 밤만 있는 지구, 낮만 있는 지구는 이미 지구가 아니다. 그런 지구는 존재할 수 없다. 반드시 밤과 낮, 즉 음과 양을 함께 가져야 살아 있는 지구가 된다. 생겨난 존재는 반드시 소멸하고 먹은 자는 반드시 배설하고 수컷이 있으면 반드시 암컷이 있고 생산이 있으면 반드시 소비가 따른다. 우주만물은 예외 없이 그런 음과 양을 가진다. 따라서 음양일체가 아닌 것은 우주 속에 존재하지 않는다.

음양일체 역시 불가분적 일체이다. 형과 질이 분리될 수 없는 것처럼 음과 양 또한 어떤 경우에도 분리될 수 없다. 음과 양의 분리는 곧 음과 양의 동시소멸을 의미한다. 삶과 죽음이 분리되면 삶과 죽음 자체가 소멸되고 암컷과 수컷이 분리되면 암컷과 수컷 자체가 소멸되고 생산과 소비가 분리되면 생산과 소비 자체가 소멸된다. 그것은 꽃과 향기가 분리되면 꽃 자체가 소멸되고 태양과 태양 빛이 분리되면 태양자체가 소멸되는 것과 같은 이치이다.

인생도 음양일체적이다. 인간의 탄생은 양이고 죽음은 음이다. 의식주의 생산은 양이고 소비는 음이다. 행복은 양이고 불행은 음이다. 선은 양이고 악은 음이다. 이 같은 음양은 어느 것 하나 분리할 수 없다. 인간은 누구나 분리할 수 없는 음과 양의 거미줄에 걸려 살아간다. 왕은 왕대로, 종은 종대로 분리할 수 없는 음과 양을 가지고 살아간다. 사람과 지위는 달라도 자연이 부여한 삶의 무게는 이렇게 동일하다.

이런 음양의 불가분성은 입출의 불가분적 균형으로 연결된다. 투입과 산출은 정비례한다. 큰 노동을 투입하면 큰 산출이 생기고 작은 노동을 투입하면 작은 산출이 생긴다. 큰 자본을 투입하면 성공하든 실패하든 큰 결과가 생긴다. 그러므로 적은 투입으로 큰 결과를 바라는 것은 도둑심보이다. 사람은 누구나 노동을 투입한 만큼 얻을 뿐이다. 음양일체는 곧 음양균형체임을 의미하므로 투입량과 산출량은 균형을 이루기 마련이다. 결과가 금이면 금만큼 투입했을 것이고 동이면 동만큼 투입했을 것이다.

이런 법칙은 개별 가정적으로는 남녀성비가 불균형을 이룰 수 있지만 사회 전체적으로는 남녀가 균형을 이루는 것처럼 인간의 계산법으로 산출되는 것이 아니라 대자연의 계산법으로 산출되는 것이다. 따라서 인간적 시각으로 볼 때는 투입보다 산출이 적을 수도, 혹은 많을 수도 있겠지만 대자연의 시각으로 볼 때는 투입과 산출은 틀림없이 균형을 이룬다. 결코 투입되지 않은 행운 혹은 불운은 없다. 성공인생이 실패인생으로 바뀌는 이유는 성공요인 대신 실패요인을 더 많이 투입했기 때문이고 후진국이 선진국으로 바뀌는 이유는 실패요인 대신 성공요인을 더 많이 투입했기 때문이다. 그러므로 대자연적 시각에서 보면 개인과 국가의 운명을 바꾸는 길은 오직 하나뿐이다. 그것은 바로 성공요인을 더 많이 투입하는 것이다.

우주만물은 이렇게 형질일체인 동시에 음양일체인 원자를 출발점으로 하여 탄생되었기 때문에 태양이든, 지구든, 공기든, 물이든, 흙이든, 식물이든, 동물이든 그 무엇이 우주 속에 존재하는 것이라면 그 무엇은 반드시 불가분적 형질일체인 동시에 음양일체이어야 한다. 만일 그 무엇이 형질일체성과 음양일체성이라는 두 요소를 동시에 지니지 않는다면 그 무엇은 결코 우주 속에 존재하는 실체가 아니다.

그러므로 만일 우주 속에 신이 실존한다면 신 또한 당연히 형질일체인 동시에 음양일체이어야 한다. 이 두 요소를 동시에 가지고 있지 않는 신은 살아 있는 실체로서의 신이 될 수 없다. 형체 없이 권능만 있는, 그래서 형적 요소와 질적 요소, 음적 요소와 양적 요소가 분리된 그런 신은 적어도 우주 속에는 실존하지 않으며 실존할 수도 없다. 150억 년이라는 긴 세월 동안 단 한 번도 예외 없이 형질일체인 동시에 음양일체로 존속해온 우주만물이 이를 입증한다.

그런데 위에서 밝혔듯이 형은 양이고 질은 음이기 때문에 형질일체는 곧 음양일체를 의미한다. 따라서 형질일체라는 말은 이미 그 속에 음양일체라는 말을 동시에 포함하고 있다. 그렇기 때문에 형질일체라는 첫째 법칙과 음양일체라는 둘째 법칙은 굳이 구분해 사용할 필요가 없다. 하나의 법칙만으로도 충분히 두 법칙을 대변할 수 있다. 따라서 두 법칙을 하나의 법칙으로 묶으면 만물은 형질일체물이라 할 수 있다. 우주만물은 형질일체적 존재라는 이 법칙은 우주만물이 지니는 불변적 법칙이므로 이를 "만물의 존재법칙"이라고 한다.

인간의 탄생과정부터 그러하다. 양전하인 핵과 음전하인 전자가 합쳐져 원자가 탄생되는 것처럼 인간이라는 생명체가 탄생되기 위해서는 정자와 난자가 결합된 수정란이 만들어져야 한다. 그 수정란은 형과 질, 음과 양이라는 두 요소가 결합된 것이다. 즉, 수정란은 난형이라는 형과 생명이라는 질을 가지고 있는 형질일체물인 동시에 정자라는 양과 난자라는 음이 결합된 음양일체물이다. 인간은 우주가 가진 유전자를 물려받았기 때문에 형질일체와 음양일체라는 우주적 생존인자를 벗어나 존재할 수 없다. 이는 너무도 당연한 일이다. 우주의 유전자를 물려받은 인간이 어떻게 우주의 생존원리를 벗어나 존재할 수 있단 말인가?

형주질속론(形主質屬論)

| 형주질속론이란?

무형은 항상 유형 속에 내재한다. 여기서 유형은 물질적 형상을 의미하고 무형은 비(非)물질적 질료를 의미하므로 결국 이 말은 질료는 형상 속에 내재한다는 말이 된다. 바꾸어 말하면 형(形)은 질(質)을 내포한다는 말이다. 현실세계는 이를 입증한다. 형인 꽃이 먼저 있는 곳에 질인 향이 있고 형인 바위가 먼저 있는 곳에 질인 무게가 있다. 결코 질인 향이 먼저 있거나 무게가 먼저 있는 법이 없다. 형(形)은 마치 어떤 행사의 주인공처럼 항상 카메라 세례를 받는 반면 질(質)은 그 속에 숨어 조용히 자기 역할을 할 뿐이다. 물론 이는 보는 시각에 따라 다를 수 있다. 그러나 앞서 설명했듯이 사람이 있어야 인격이 있고 기계가 있어야 품질이 있듯 형적 물질이 있어야 질적 비물질이 있다는 사실을 부인하기는 어려울 것이다. 이렇게 외적 형상이 주체적 위치에 서고 내적 질료가 속체적 위치에 선다는 주장을 "형주질속론(形主質屬論)"이라고 한다.

그러나 이런 주장이 곧 물질이 전부라는 주장은 아니다. 형질일체의 원리에 의해 물질과 비물질은 선후 없는 일체이다. 다만 물질과 비물질을 구분하여 각각의 특성을 설명하고자 하는 학문적 관점에서 볼 때

외적 형상이 내적 질료를 내포한다는 것이다.

이 형주질속론의 출발점은 바로 지구이다. 지구라는 땅덩어리 자체는 형체를 가지고 있으므로 눈에 보인다. 그러나 지구가 가지는 중력은 눈에 보이지 않는다. 더욱이 인간은 태어나면서부터 그 중력에 적응되어 느끼지도 못한다. 그래서 가끔씩 우리는 지구가 거대한 땅덩어리에 불과할 뿐 엄청난 중력은 없다고 생각할 때가 많다. 아니 잊어버리고 살 때가 많다. 하지만 눈에 보이는 형상을 가진 지구가 눈에 보이지 않는 중력을 내재하고 있다는 사실만은 확실하다. 앞서 말했듯이 보이는 것은 형(形)이고 보이지 않는 것은 질(質)이므로 결국 지구 또한 눈에 보이는 형(形)과 보이지 않는 질(質)을 동시에 가지고 있는 형질일체로서의 우주존재임은 분명하다.

인간은 지구가 가지는 그 형과 질의 인자를 그대로 이어받았다. 눈에 보이는 인간의 육신은 지구 땅덩어리와 같고 눈에 보이지 않는 정신은 중력과 같다. 지구의 중력이 지구상에 있는 만물을 끌어당기는 엄청난 힘을 가지듯 인간의 정신력도 다른 사람을 끌어당기는 엄청난 힘을 가지고 있다. 하지만 지구의 중력이 지구를 떠나서 존재할 수 없듯 인간의 정신은 인간의 육신을 떠나서 존재할 수 없다. 앞서 언급했듯이 형이 사라지면 질도 사라지는 것이 우주와 지구의 불변적 법칙이다. 그런 불변적 우주법칙이 말해주는 중요한 사실 하나는 지구가 사라지면 지구가 가진 중력도 사라지듯 인간의 육신이 사라지면 인간의 정신도 사라진다는 것이다. 그러므로 과학적 입장에서 볼 때 인간의 육신은 죽어 없어져도 인간의 정신은 영원히 살아남는다는 주장은 지구는 없어져도 지구의 중력은 그대로 남는다는 주장과도 같은 황당한 주장이다.

| 형주질속론과 유물론

형주질속론은 마르크스의 사적 유물론과는 크게 다르다. 사적(史的) 유물론(historical Materialism)의 핵심은 물질적 생산 활동을 사회생활의 본질적 요소로 보고 인류역사는 물질적 생산 활동에 따라 발전해 왔다는 것이다. 예를 들면 동물들은 자연 속에 있는 먹이를 그대로 채취 혹은 사냥하지만 인간은 경작 혹은 사육을 통해 먹이를 확보한다. 따라서 경작 혹은 사육할 수 있는 생산수단을 누가 가지고 있느냐에 따라 인간사회의 모습은 크게 달라진다는 것이다. 그래서 마르크스는 생산수단의 사회적 소유관계를 기준으로 하여 인간사회를 원시공동체사회, 노예사회, 봉건사회, 자본주의 사회, 공산사회로 구분하고 공산사회가 그 발전과정의 마지막 단계라고 결론지었다. 그러나 우주만물은 형질일체이므로 물질적 생산은 질료적 생산을 떠나서 행해질 수 없다. 그런데도 마르크스는 유물론과 유심론을 분리해 보고 있다.

이에 반해 형주질속론은 변화의 핵심요소는 힘의 작용이며 따라서 인간사회는 생산수단의 소유관계가 아니라 생산하는 힘, 즉 생산력의 크기에 의해 발전한다는 시각이다. 이 점에 관해서는 뒤에 자세히 설명하겠지만 우선 간단한 한 가지 예를 들면 철기시대의 생산력이 석기시대보다 앞서는 이유는 생산수단의 소유관계가 변했기 때문이 아니라 생산수단의 생산력이 크게 향상되었기 때문이다. 또 마차시대보다 자동차시대의 생산력이 앞서는 이유도 교통수단의 소유관계가 변했기 때문이 아니라 교통수단의 생산력이 크게 앞섰기 때문이다. 이렇게 인간사회는 생산수단의 소유관계가 아닌 생산수단의 생산력에 의해 발전해 왔다.

하지만 그렇다고 하여 생산수단의 소유관계가 아무런 사회적 의미도 지니지 못한다는 말은 아니다. 생산수단의 소유관계는 계급간 투쟁의 원인이 되므로 사회적으로 무척 중요한 의미를 지닌다. 생산수단의 생산력과 생산수단의 소유관계는 서로 내포하고 있는 의미가 다르다. 생산수단의 생산력은 시대변화를 주도하는 도도한 물줄기로써 거시적 관점의 사회적 변화요인인 반면 생산수단의 소유관계는 그 도도한 물줄기 속에서 유속을 더디게 하는 어떤 장애물처럼 미시적 관점의 사회적 변화요인이 된다. 바꾸어 말하면 생산수단의 생산력은 사회변화의 주력(主力)이 되고 생산수단의 소유관계는 사회변화의 종력(從力)이 된다.

사회변화		
생산수단의 생산력	사회변화의 주력	경제의 변화
생산수단의 소유관계	사회변화의 종력	정치의 변화

예를 들면 20세기 산업사회가 21세기 정보사회로 바뀐 것은 생산수단의 소유관계가 A계급에서 B계급으로 바뀌었기 때문이 아니라 정보기기의 발전으로 생산주력이 산업기계에서 정보기기로 바뀌었기 때문이다. 시대를 바꾸어 가는 그런 도도한 물결은 오직 생산력의 변화에 의해 생기는 것이지 결코 소유관계의 변화에 의해 생기는 것이 아니다.

소유관계에 의해 생기는 것은 사회적 갈등과 투쟁이다. 정치적 여야의 구분부터 그렇다. 여당과 야당은 정권의 소유관계에 의해 구분된다. 정권을 가진 쪽은 여당이고 가지지 못한 쪽은 야당이다. 그런 여야의 구분은 정치권력을 지키고 뺏으려는 여야(與野)간의 정치적 투쟁으로 발전한다. 기업의 시장쟁탈전도 마찬가지이다. 기존시장 점유기업은 자기 시장점유율을 지키려 하고 신규진입 기업은 그 시장을 뺏으려 한다. 기업 간 시장쟁탈전은 그렇게 한편에서는 지키려 하고 다른 한편에서는 뺏으려 하는 상호투쟁이 낳은 경제전쟁이며 그런 쟁탈전의 결과 어떤 기업은 사라지고 어떤 기업은 떠오른다. 정권도 기업도 그렇게 소유권의 쟁탈과정에서 생기고 사라지고 한다.

또 유물론은 물신성(物神性)으로 연결되지만 형주질속론은 물신성과는 거리가 멀다. 마르크스는 그의 자본론에서 자본주의 사회에서는 물질적 부가 인간을 평가하는 기준이 되므로 아주 먼 옛날 고목이나 큰 바위를 신으로 숭배했던 것처럼 자본주의사회에서는 화폐적 부를 숭배하게 되는데 이를 물신성이라 했다. 자본주의사회에서는 돈이 만사를 해결해 주는 신적 권능을 가지기 때문에 돈이 신(神)처럼 여겨진다. 그래서 사람들은 돈을 신처럼 숭배하게 되는데 그러한 현상을 마르크스는 물신성이라 했다.

마르크스의 주장에 의하면 그런 물신성은 노동이라는 고귀한 행위의 가치를 은폐시킨다고 한다. 상품 속에 실제로 내재된 것은 인간의 고귀한 노동이지만 그것이 밖으로 드러날 때 노동은 은폐되고 화폐 또는 물질 자체만 의미 있는 것이 되기 때문이라는 것이다. 예를 들면 명품을 걸친 사람은 왠지 품위가 있어 보이고 유능해 보이고 범접하기 어려워 보인다. 그래서 마치 명품 속에 인격을 높이고 지위를 높이는 신(神)이 숨어 있는 것으로 착각하게 된다. 그 결과 사람들은 명품이라는 물질을 신처럼 떠받들고 숭배한다. 단순한 종이조각에 지나지 않는 돈도 그런 과정을 거쳐 신으로 변신한다. 마르크스이론이 여전히 주목받고 있는 이유는 그가 공산혁명을 외쳤기 때문이라기보다는 이렇게 자본주의사회가 지니고 있는 구조적 문제점을 탁월한 시각으로 분석했기 때문이다.

그렇다고 하여 마르크스가 최초로 물신개념을 사용했다는 말은 아니다. 마르크스는 다만 기존의 물신성을 화폐에 적용했을 뿐이다. 물신개념은 인류가 탄생되면서부터 시작되었다고 할 만큼 오랜 역사를 지니고 있다. 토테미즘을 신봉했던 고대인들은 고목이나 큰 바위에 넝쿨 같은 휘장을 둘러놓고 신령스런 기운이 있다고 의미를 부여했다. 그 결과 사람들은 그 고목과 바위 앞에 나아가 소원을 빌었다. 휘장을 두르기 전까지만 해도 그 고목과 바위는 그저 단순한 큰 나무와 큰 바위에 지나지 않았다. 그랬던 것이 휘장 하나를 두르고 나서부터 신성(神性)을 가진 신물(神物)로 변했다.

사람들은 그렇게 신물로 변한 고목과 바위 앞에서 두 손 모아 소원을 빌었고 그중에는 소원이 이루어졌다는 사람도 나타났다. 그런 소원성취가 입에서 입으로 전해지면서 그 고목과 바위는 더욱 신성을 지닌 위대한 신물로 변해갔다. 어느덧 사람들은 이제 그 고목과 바위가 신성을 지녔다는 사실을 믿어 의심하지 않게 되었으며 따라서 그 고목과 바위는 단순한 나무와 바위가 아닌 신비한 힘을 가진 물신적 나무와 바위로 변했다. 즉 나무와 바위라는 물질이 신으로 둔갑되었던 것이다.

이런 현상은 오늘날에도 변함없이 그대로 일어난다. 똑같은 사무실 빌딩인데도 십자가 하나, 부처상 하나만 갖다 놓으면 그 사무실은 신(神)이 머무는 신당(神堂)으로 둔갑된다. 이성적으로 보면 십자가나 부처상은 그저 단순한 쇠나 나무로 만든 조각품에 지나지 않는다. 그러나 신당으로 둔갑된 사무실에 걸려 있는 십자가나 부처상은 단순한 조각품이 아닌 행불행을 좌우하는 신성한 기운을 가진 신물이 된다. 그래서 그 간단한 조각품들은 신의 대접을 받는 물신성의 대상이 된다. 세계 각국에 남아 있는 신물과 신당들은 모두 이런 과정을 거쳐 단순한 물질에서 신성을 지닌 신물로 변해왔다.

또 종교적, 정치적 혹은 문화적 목적으로 건립된 여러 국가의 수많은 역사적 기념비와 기념탑도 모두 물신성에서 비롯된 것이다. 탑돌이는 대표적인 물신성이 빚어낸 종교의식이다. 순수한 이성적 입장에서 보면 탑은 그저 돌로 만든 조각물일 뿐이다. 그러나 종교적 의미가 부여된 탑은 인간의 길흉을 결정짓는 신물이 된다. 탑을 돌고 소원을 비는 이유는 바로 탑이 그런 물신성을 지닌다고 보기 때문이다. 세월이 지나면서 신적 의미가 더욱 부여되고 온갖 신적 기적담(奇跡談)이 축적되면 단순한 돌조각은 더욱 신성화된다.

거석문화도 마찬가지이다. 물리적으로 거석은 그냥 큰 돌일 뿐이다. 그러나 지푸라기 같은 간단한 휘장을 몇 개 두르고 나면 거석(巨石)은 동네지킴이가 되고 행운의 결정자가 된다. 큰 일이 생길 때마다 휘장을 두른 거석 앞에 나아가 절하고 무사안일을 기원하는 의식도 모두 물신성에서 비롯되었다. 단순한 물질이 존귀하고 거룩한 신으로 변하는 물신성은 이렇게 그 역사가 오래되었다.

그런 물신성은 비단 종교에만 국한되지 않는다. 정치도 물신성을 부추긴다. 거대한 궁전과 아름다운 치장은 그곳에 거주하는 군주를 사람이 아닌 신으로 보이게 한다. 이성적으로 보면 거대한 궁전도 아름다운 치장도 단순한 물질에 불과하다. 그러나 그런 물질은 사람이라는 보편적 생명을 신으로 둔갑시키는 물신성을 지닌다. 물질이 만들어 내는 그 물신성 때문에 일반백성들은 군주의 명령을 신의 명령으로 여기고 복종한다. 유사 이래로 정치는 그런 물신성을 가장 앞장서 부추기고 이용해 온 물신성의 대부(代父)이다.

그러나 형주질속론은 물질을 전부로 보지 않기 때문에 그런 물신성을 인정하지 않는다. 물질이 본능적 욕망의 대상임은 분명하지만 그 물질은 보이지 않는 질을 내포하고 있으므로 질을 떠나서 물질을 논할 수 없다. 백치미인은 얼굴미인일지는 몰라도 진정한 미인은 아니듯 물질적 부는 단순한 부자를 만들어 줄지는 몰라도 훌륭한 부자를 만들어 주지는 못한다. 따라서 돈이 만드는 신은 천박한 신일뿐이다. 돈이 만든 그런 단순하고 천박한 부자들이 모인 사회를 천민자본주의(Pariakapitalismus)사회라 하는데 그런 천민자본주의의 특징은 정경유착, 부정부패, 도덕성 결여, 빈부격차 등을 당연시한다는 것이다. 막스 베버는 돈이 된다면 수단과 방법을 가리지 않는, 또 돈으로 모든 것을 해결하려는 유태인의 황금만능적 배금사상을 대표적인 천민자본주의로 지목한 바 있다.

천민자본주의는 사회적 적자생존(survival of the fittest)을 당연시한다. 19세기 『종합철학체계』의 저자로 유명한 영국의 자유주의자 스펜서(Herbert Spencer, 1820~1903)는 그런 사회적 적자생존에 의해 사회가 발전한다는 사회진화론을 주장했고, 19세기 말 미국은 그의 이론에 많은 영향을 받았다. 지금도 미국의 공화당은 그런 사회적 적자생존을 당연한 자연법칙으로 받아들이는 보수우익인사들을 축으로 하고 있다. 미국의 부(富)가 천민자본주의에서 출발했다는 주장은 그래서 나온다.

스펜서에 의하면 자유시장이란 승자는 살고 패자는 죽는 냉엄한 투쟁의 장이다. 그런 투쟁은 만인으로 하여금 승자로 살아남도록 채찍질하게 되므로 사회는 점점 발전한다는 것이다. 하지만 형주질속론은 그런 천민자본주의적 주장에 동조하지 않는다. 형주질속론은 사회적 경쟁이 가져다주는 그런 긍정적 측면을 인정하면서도 동시에 만인에 대한 만인의 투쟁은 상생(相生)의 길이 아닌 상멸(相滅)의 길이라고 보기 때문에 이를 지지하지 않는다.

또 형주질속론은 형과 질은 분리할 수 없는 일체라는 사실을 전제로 하면서도 형(形)은 질(質)을 내포하므로 형(形)을 먼저 다루어야 한다는 관점이다. 이는 사람들이 처음 만날 때 서로 얼굴을 먼저 보고 인사를 나눈 뒤 대화를 통해 그 사람의 됨됨이를 알아가는 과정과도 같다. 얼굴은 형이고 사람의 됨됨이는 무형이므로 사람이 사람을 평가할 때도 항상 형은 질을 앞서게 된다. 그래서 옛날부터 사람을 평가하는 순서를 신언서판(身言書判)이라고 했다. 또 제품을 살 때도 먼저 외형적 실물이 마음에 들면 그 물건에 대한 성능을 물어보게 되는데 이도 같은 맥락이다. 이는 외형적 실물이 일차적이고 내형적 성능이 부차적이라는 말이 아니라 외형적 실물과 내형적 성능을 동시에 고려하지만 보이지 않는 성능보다는 보이는 실물이 눈에 먼저 들어오고 그래서 먼저 생각하게 된다는 말이다.

| 대물적 투쟁과 대인적 투쟁

위에서 보듯 생산수단의 소유관계를 놓고 벌이는 투쟁은 인간과 인간 사이에 벌어지는 대인적 투쟁인 반면 생산력 향상을 놓고 벌이는 투쟁은 인간과 자연 사이에 벌어지는 대물적 투쟁이다. 즉 대인적 투쟁은 인간이 인간을 정복하려는 투쟁인 반면 대물적 투쟁은 인간이 자연을 정복하려는 투쟁이다.

인간의 양대투쟁			
대물적 투쟁	인간과 자연과의 투쟁	자연정복	경제적 투쟁
대인적 투쟁	인간과 인간과의 투쟁	인간정복	정치적 투쟁

사회의 발전과정을 거슬러 올라가 보면 인간사회는 인간이 인간을 정복하는 대인적 투쟁에 의해 발전해 온 것이 아니라 인간이 자연을 정복하는 대물적 투쟁에 의해 발전해 왔다. 인간사회의 발전과정을 눈여겨보라. 채취경제에서 생산경제로 발전해 온 과정은 대인적 투쟁의 결과가 아닌 대물적 투쟁의 결과이다. 바로 이 점에서 유물론과 형주질속론은 구분된다. 유물론은 대물적 활동과 대인적 활동이라는 두 사회적 활동 중에서도 대인적 투쟁관계를 앞세우는 쪽인 반면 형주질속론은 대물적 투쟁관계를 앞세우는 쪽이다.

대인적 투쟁관계는 정치, 문화, 갈등, 종교, 사색 같은 정신적 분야에 집중되고 대물적 투쟁관계는 경제, 빈부, 생산력, 생산성, 기술개발 같은 물질적 분야에 집중된다. 이미 여러 번 지적했지만 형과 질은 서로 떨어질 수 없는 불가분적 일체이므로 사회구성원이 있는 곳에는 반드시 대인관계와 대물관계가 공존하기 마련이다. 그런데도 물신성은 물질분야에 내재된 정신분야를 지나치게 강조함으로서 마치 물신이 아닌 진정한 신이 있는 것처럼 느끼게 하는 결과를 초래하고 말았다. 말하자면 물질을 강조하기 위한 물신론이 물질을 강조하는 것이 아니라 오히려 정신을 더욱 강조함으로서 신의 영역과 역할을 돋보이게 하는 모순을 범하고 말았다.

나라마다 축제가 있고 미신이 있고 전통적 문화가 있는 것은 물질속에 내재된 정신을 만족시키기 위한 것이었다. 그러나 정신적 만족이 강조되면서 어느새 정신은 물질로부터 떨어져 나와 독립된 분야를 형성하게 되었고 신의 당위성과 절대성은 더욱 확고해졌다. 정신적 만족을 추구하는 인간에게 있어서 신은 있는 존재가 아니라 있어야 하는, 나아가 있을 수밖에 없는 존재이다. 원시종교가 사라진 곳에 현대 고등종교가 들어 선 것은 고등종교가 신을 입증했기 때문이 아니라 시대에 맞는 새로운 신을 제창했기 때문이다.

상호작용에 의해 변해가는 우주만물은 그 변화가 있는 한 불안을 느끼게 마련이고 불안이 있는 한 신은 생겨나기 마련이다. 물신성 또한 변화가 있기 때문에 생긴 것이다. 변화가 없다면 물신성도 생기지 않을 것이다. 물신성이라는 단어 자체가 물질이 있는 곳에 신성이 생긴다는 말이 아닌가?

▎선천적 지식

오늘날 인간이 지니고 있는 대부분의 지식은 자연이라는 지식창고로부터 꺼내온 것이라 해도 과언이 아니다. 인간에게 있어서 자연은 삶의 터전인 동시에 거대한 지식의 창고이다. 동식물들이 태어나면서부터 가지는 생득적 지식인 경우는 더욱 그렇다. 생득적 지식은 태어날 때부터 자연으로부터 선물처럼 물려받은 선천적 지식이다.

바다거북의 일생을 지켜보노라면 선천적 지식이 무엇인지를 새삼 깨닫게 된다. 어미거북은 바다에서 나와 해변가의 구석진 모래사장으로 기어가 커다란 구덩이를 파고 수십 개의 알을 낳은 후 파낸 모래를 다시 덮는다. 수백 년 자란 거북도 그렇게 하고 초산인 거북도 그렇게 한다. 산란에 전혀 경험이 없는 초산의 거북은 도대체 누구로부터 모래사장으로 나가 구석진 자리를 찾고 거기에 구덩이를 파고 알을 낳은 후 파묻으라는 교육을 받았을까? 어쩌면 바다에서 생활하는 동안 선배 거북들로부터 그런 교육을 받았을지도 모른다. 그러나 그렇게 교육받았을 것이라고 확신할 사람들이 과연 몇이나 될까? 오히려 그런 행위는 선천적 지식일 것이라고 생각할 사람들이 더 많을 것이다.

알에서 깨어난 새끼 거북의 행동을 보면 그런 확신은 더욱 굳어진다. 알에서 부화한 새끼 거북들은 미리 약속이나 한듯이 거친 바다를 향해 달려간다. 모래구덩이에서 갓 태어난 새끼거북들은 누가 봐도 생존교육을 받은 적이 없는 거북들이다. 학습, 경험, 시행착오 같은 단어와는 너무나 거리가 먼 새끼거북들이다. 그런데도 그 새끼거북들은 자기가 가야 할 방향과 목적지를 정확히 알고 바다를 향해 간다. 공중에서 맹금류 새들이 그들의 목숨을 노리고 저공비행을 하고 있어도 방향을 바꾸는 법이 없다. 새끼거북들은 바다로 향하는 것만이 신이 준 천명임을 분명히 알고 있다. 바다에 도착했을 때도 마찬가지다. 아무리 높은 파도가 몰아쳐도 두려워하지 않고 과감히 바다로 뛰어든다. 갓 태어난 새끼거북은 한 번도 헤엄을 쳐본 일이 없다. 그럼에도 불구하고 주저 없이 바다로 뛰어든다. 바다만이 자기가 살 수 있는 곳임을 정확히 알고 있기 때문이다. 갓 태어난 병아리도 공중에 날고 있는 매를 보면 숨을 곳을 찾는다. 갓 태어난 병아리 역시 시간적으로 천적에 대해 교육을 받거나 경험할 가능성이 전혀 없다. 그런데도 그들은 자기의 목숨을 노리는 상대방을 정확히 알고 숨기 바쁘다.

아무런 교육도, 아무런 경험도, 아무런 훈련도 받지 않은 새끼거북이나 병아리는 언제 어디서 어떻게 살기 위해서는 그런 행동을 해야 한다는 지식과 확신을 얻게 되었을까? 동물학자들은 이를 두고 유전자에 내재된 지식, 즉 유전적 지식이라고 말한다. 미시적으로 보면 유전적 지식은 부모로부터 물려받은 지식이다. 그러나 거시적으로 보면 그 지식은 결국 자연으로부터 물려받은 지식이다. 부모의 조상을 끝없이 거슬러 올라가다 보면 최후의 부모는 결국 우주라는 대자연일 수밖에 없기 때문이다.

자연이 물려주는 선천적 지식은 새끼거북의 경우에서 보듯 모두 생존활동과 관련된 지식이다. 식물의 경우는 더욱 그렇다. 움직이지 않는 정물(靜物)인 식물들은 후천적 지식을 획득할 수 있는 교육기회나 경험기회를 원천적으로 봉쇄당하고 있다. 그런데도 식물들은 저마다 어떻게 영양분을 섭취하고 어떻게 자손을 퍼뜨려 가는지를 정확히 알고 있다. 그들은 탄소동화작용을 위해 햇빛이 있는 곳으로 가지를 뻗고 수분이 있는 쪽으로 뿌리를 내린다. 또 가지를 뻗다가 장벽에 막히면 트인 공간으로 방향을 튼다. 무교육, 무경험, 무훈련 상태에서 나오는 이 같은 식물들의 생존행위는 선천적 지식이라는 단어 말고는 설명할 방법이 없는 행위이다.

선천적 지식이 자연으로부터 나온다면, 즉 자연이 생물체에 천부적으로 부여하는 지식이라면 이는 자연이 그 선천적 지식들을 이미 소유하고 있다는 말이 된다. 자기가 가지지 않은 것을 남에게 물려줄 수는 없기 때문이다. 그러면 자연은 그런 선천적 지식을 언제 어디서 어떻게 가지게 되었을까?

아직 그 해답은 밝혀지지 않고 있다. 하지만 그런 선천적 지식이 우주가 탄생된 이후 억겁의 세월을 거치면서 진화되어 나타났다는 사실은 분명하다. 그런 의미에서 선천적 지식은 우주진화가 가져다 준 자연적 지식이다. 즉 우주가 생기고 지구가 생기고 땅이 생기고 바다가 생기는 자연의 진화과정에서 생긴 지식이다.

여기서 한 가지 중요한 사실은 우주, 지구, 땅, 바다라는 자연물은 지금까지 모두 우리가 생명이 없다 하여 무생물로 분류해 온 물질이라는 사실이다. 이는 그런 무생물들이 진화하여 생명체가 생겼고 그 생명체가 다시 진화하면서 선천적 지식이 생겼음을 의미한다. 우리가 있다고 인정할 수밖에 없는 선천적 지식은 이렇게 무생물로 분류된 땅과 바다에서부터 시작된 지식이다.

땅과 바다가 인간과 동물이 지니는 선천적 지식의 원천이었다는 사실은 얼른 받아들이기 힘들지도 모른다. 그러나 그것은 물리력 시대의 여러 자연현상들이 우리들에게 가르쳐 주는 분명한 결론이다. 인간이 살고 있는 대자연의 역사를 거슬러 올라가 볼 때 물리력 시대를 출발점으로 하여 오늘날의 인간사회에 이르기까지 대자연이 진화되어 왔음은 부인할 수 없는 과학적 사실이기 때문이다.

12 우주의 생멸법칙

우주 속에 존재하는 모든 물질은 우주를 구성하고 있는 별들의 생성과 소멸과정에서 생긴 것이다. 예를 들면 DNA를 구성하고 있는 수소, 탄소, 질소, 산소, 인 등, 다섯 가지 원소(元素)는 물론이고 기타 100여 개에 이르는 천연원소들은 모두 100억 년이라는 긴 세월에 걸쳐 별들이 탄생하고 소멸하는 과정에서 만들어진 것들이다. 우라늄과 같은 아주 무거운 원소들은 초신성이 생길 때의 엄청난 고온과 충격파에 의해 만들어졌다. 그리고 그렇게 만들어진 원소들은 타고남은 재가 바람에 날려 천지사방으로 산산이 흩어지듯 넓은 우주공간으로 흩어지면서 별의 일생을 마치게 된다. 이렇게 작은 소립자로부터 탄생되었던 거대한 별은 다시 작은 소립자로 환원되어 우주 속에 흩어진다. 소립자로 와서 소립자로 돌아가는 것, 그것이 바로 우주의 생멸법칙이다.

땅에서 와서 다시 땅으로 되돌아가는 인간의 일생은 바로 이 우주의 생멸법칙을 그대로 이어받은 것이다. 상품의 경우만 봐도 그렇다. 모든 상품은 도입기, 성장기, 성숙기, 쇠퇴기라는 네 과정의 상품주기(life cycle)를 갖는다. 그러나 이 또한 크게 보면 생과 멸이라는 두 과정으로 압축할 수 있다. 왜냐하면 상품주기란 간단히 말하면 어떤 상품이 태어났다가 사라지는 과정이기 때문이다. 예를 들면 그 옛날 불을 만드는 우수한 수단이었던 부싯돌은 더 이상 불을 만드는 우수한 수단이 아니다. 부싯돌은 상품으로서의 수명을 다하고 이미 세상에서 사라지고 말았다. 짚신, 절구, 키, 초롱불, 지게, 우마차 등도 역시 그러하다. 모두 상품주기를 마치고 사라진 것들이다. 우리는 한 때 전성기를 누렸던 그러한 상품에 대해 도입기, 성장기, 성숙기, 쇠퇴기라는 복잡한 과정을 기억하는 것이 아니라 그저 생겼다 사라진 생(生)과 멸(滅)의 두 과정만 기억한다.

상품이 지닌 이러한 생멸법칙은 앞으로도 무한히 이어질 것임이 틀림없다. 흑백TV가 이미 상품주기를 마치고 사라져 갔듯 언젠가는 칼라 TV도 상품주기를 마치고 사라질 것이며 컴퓨터가 이를 대신할 것이다. 그리고 다시 그 컴퓨터도 또 다른 새로운 상품에게 주역자리를 물려주며 상품으로의 일생을 마치게 될 것이다. 왜냐하면 우주의 존재법칙이 바로 생멸과정의 반복이기 때문이다. 인간의 일생도 이와 동일하다. 인간은 누구나 태어나고 성장하고 늙고 병들어 죽는 생로병사의 과정을 거치게 된다. 그러나 이 네 과정을 요약하면 결국 살고 죽는 생사의 과정이다.

하지만 우주적 소립자의 소멸은 영원히 사라지기 위한 소멸이 아니라 다시 새로운 별로 환생되기 위한 소멸이다. 우주공간 속으로 산산이 흩어진 소립자들은 서로가 가진 인력에 의해 언젠가는 다른 물질과 결합하게 되고 그러한 결합은 또 다시 거대한 성운을 만들고 팽창과 수축으로 이어져 새로운 별로 탄생된다. 물론 A라는 별에서 떨어져 나온 소립자들이 그대로 모여 A라는 새로운 별이 되는 것은 아니다. 강한 바람에 아무렇게나 휩쓸려 날아간 먼지들이 우연히 서로 만나고 얽혀 새로운 흙을 이루듯 수많은 별의 소멸과정에서 생긴 소립자들은 초신성의 폭발력에 떠밀려 아무렇게나 우주공간 속에 흩어져 날아다니다 떠미는 힘이 약해지면 서로의 인력에 의해 가까운 소립자끼리 만나 덩치를 키워나간다. 그리고 그런 기운의 점증은 마침내 거대한 성운이 되고 별이 된다. 초신성의 폭발과 함께 소멸되는 별의 소립자들은 이렇게 영멸(永滅)로 연결되는 것이 아니라 환생(還生)으로 연결되는 출발점으로서의 소멸이다.

인간의 죽음도 지구공간에서 영원히 사라지기 위한 죽음이 아니라 몸체를 이루고 있던 수많은 원소가 산산이 분해되고 흩어져 지구 공간 속을 떠돌아다니다 서로가 가진 인력에 의해 다시 뭉쳐 새로운 생명체로 되살아나기 위한 출발점으로서의 죽음이다. 불교에서는 그런 환생을 윤회라 하지만 우주공간 속을 떠도는 수많은 별들의 수많은 소립자들이 이합집산 하여 전혀 새로운 별로 태어나는 우주적 생멸원리를 놓고 볼 때 인간의 생멸과정은 한 생명체의 단순한 변신과정을 의미하는 윤회(輪廻)과정이라기보다 여러 다른 생명체들의 다양한 원소들이 이합집산 하여 새로운 그 무엇으로 탄생되는 전회(轉廻)의 과정이라 봐야 옳을 것이다.

이는 마치 떨어진 나뭇잎이 바람에 날려 일부는 가까운 곳의 흙에 묻히고 또 일부는 보다 먼 곳의 흙에 묻혀 서로 다른 초목을 키우는 영양분이 되어 새로운 각각의 초목으로 재탄생되듯 죽은 인간의 혼백도 뿔뿔이 흩어져 일부는 가까운 곳에 있는 동식물의 영양분이 되고 또 일부는 먼 곳에 있는 동식물의 영양분이 되어 서로 다른 새로운 각각의 동식물로 태어난다. 그렇게 돌고 도는 전회의 과정이야말로 숨길 수 없는 과학적 생멸과정이다.

물론 많은 사람들이 인생에는 그런 과학적 시각으로 풀 수 없는 신비가 무수히 많다고 주장한다. 그러나 그런 신비는 어쩌면 아직 과학이 풀어내지 못했기 때문에 여전히 인간적 신비로 남아있는 그런 신비인지도 모른다. 원시인들에게 있어서 화산의 폭발은 신비 그 자체였다. 그러나 화산의 폭발은 더 이상 신비가 아니다. 또 수백 년 전만 해도 달은 신비의 땅이었다. 그러나 인공위성이 달에 착륙한 이후 달은 더 이상 신비의 땅이 아니다. 지구가 우주의 작은 모래알 하나에 지나지 않음을 감안할 때 우주에는 인간이 알지 못하는 수많은 신비가 있을 것임은 분명하다. 그러나 그 신비는 과학적 원리에 의해 만들어진 우주가 존재하기 때문에 있는 것이다. 이렇게 볼 때 우주든 지구든 어느 곳이든 신비 그 자체가 있는 것이 아니라 아직 밝혀지지 않았기 때문에 신비라고 여겨지는 그 무엇이 있을 뿐이다.

대자연의 탄생과정은 여전히 신비 중의 신비이다. 그러나 한 가지 사실만은 분명하다. 대자연은 탄생된 순간부터 진화를 거듭한 결과 마침내 인간이라는 생명체를 지구 땅에 탄생시켰다는 사실이다. 인간탄생 이전의 대자연은 곧 선인사회이므로 그렇게 진화해 온 대자연의 발전과정은 곧 선인사회의 발전과정이다. 더욱이 자세히 보면 그런 발전과정에도 일정한 법칙이 있음을 발견하게 된다. 그러면 그 법칙은 무엇이며 그 법칙들은 어떤 상호관계를 유지하고 있는지를 알아보기로 하자.

▎팽창과 수축

대폭발한 우주가 점점 더 팽창하면서 온도가 계속 내려가자 소립자들의 활동력은 더욱 약해졌고 상대적으로 소립자들의 인력은 더욱 강해졌다. 이렇게 입자들의 인력이 강해지자 이번에는 더 무거운 입자를 끌어당길 수 있게 되었다. 그 결과 수소보다 2배나 무거운 헬륨의 핵이 생기고 그 핵이 다시 전자를 끌어들임으로써 헬륨원자가 생기게 되었다. 그 헬륨원자 역시 수소원자와 마찬가지로 중심부에는 원형의 핵이 자리 잡고 주변에는 선형(扇形)의 전자가 빙빙 도는 모양이었다. 같은 원리에 의해 우주의 온도가 내려가면 갈수록 더 무거운 원자들이 탄생되었고 그 원자들은 모두 중심부에는 핵이 있고 주변부에는 전자가 회전하는 모양을 가지게 되었다. 그렇게 만들어진 수소와 헬륨 및 기타 원소들은 거대한 가스뭉치가 되었는데 그 가스뭉치들은 입자와 반입자들로 구성된 것으로써 그 중에서도 밀도가 높은 부분을 성운(星雲)이라고 한다.

각종 원자를 만드는 이러한 원리, 즉 팽창하면 온도가 내려가고 온도가 내려가면 인력이 강해져 수축하는 팽창과 수축의 반복원리는 인간사회의 호황과 불황의 반복원리와도 일치한다. 팽창은 소비의 길이고 수축은 생산의 길이다. 수축력보다 팽창력이 강하면 온도가 내려가듯 소비력보다 생산력이 강하면 팔리지 않는 물건이 창고에 쌓이면서 경제는 침체된다. 반대로 팽창력보다 수축력이 강하면 온도가 올라가듯 생산력보다 소비력이 강하면 만드는 족족 팔리게 되므로 경제는 활발해진다.

대자연, 즉 선인사회는 팽창과 수축이라는 그런 원리에 의해 탄생되었다. 그러므로 인간사회는 선인사회의 팽창과 수축의 반복원리를 벗어나 존속할 수 없다. 인간사회가 주기적으로 호황과 불황을 반복하는 이유는 바로 이 때문이다. 인간사회는 어떤 수단을 동원하더라도 또 아무리 문명이 발달하더라도 호황과 불황의 주기적 반복을 멈추게 할 수 없다. 그것은 인간의 힘으로 어찌할 수 없는 대자연의 유전인자이기 때문이다.

| 중력수축과 가속력의 원리

성운을 구성하고 있는 입자들은 서로 끌어당기는 인력을 가지고 있기 때문에 우주가 팽창할수록 성운이라는 가스덩어리는 그 인력에 의해 점차 중심부로 몰려들면서 수축(收縮)하게 된다. 그런 수축현상을 중력수축(重力收縮)이라고 한다. 성운이 중력수축 되면 성운의 중심부에는 중력에너지가 발생한다. 중력에너지란 공을 압축하면 공 내부의 온도가 올라가는 것과 같이 중력수축 때 발생하는 에너지를 말한다. 따라서 중력수축이 진행되면 성운의 내부온도는 점점 올라간다. 하지만 그 중력수축이 서서히 진행될 때는 비록 온도가 올라가더라도 열이 성운 밖으로 쉽게 빠져나가 버리기 때문에 성운의 중심부 온도는 상승하지 않는다.

그러나 중력수축이 진행될수록 두 입자 사이의 거리는 더욱 가까워지고 그 결과 서로의 당기는 힘은 이들 거리의 제곱에 반비례한다는 뉴턴의 만유인력(萬有引力) 법칙에 따라 중심부의 온도는 급격히 상승한다. 특히 성운의 중심부 밀도가 아주 높은 단계에 이르면 만유인력의 법칙에 의해 중력수축은 더욱 빠른 속도로 진행된다. 중력수축이 가속적으로 이루어지는 그러한 현상을 중력붕괴(重力崩壞)라고 한다.

가속력을 전제로 하는 중력붕괴 또한 대자연이 가지는 존재법칙 중의 하나이다. 뉴턴의 제2운동법칙에 의하면 가속도는 중력(잡아당기는 힘)에 비례하고 질량(불변 무게)에 반비례한다. 즉 질량이 작고 중력이 강하면 속도는 높아지고 질량이 크고 중력이 약하면 속도는 낮아진다. 이런 원리를 쉽게 이해할 수 있도록 한 가지 예를 들어 보자. 사람의 힘이 일정할 경우 작은 장난감 자동차 바퀴에 끈을 묶어 당기면 쉽게 끌려오겠지만 거대한 중장비 자동차 바퀴에 끈을 묶어 당기면 쉽게 끌려오지 않을 것이다. 반대로 바퀴의 무게가 일정할 경우 힘없는 어린이가 잡아당길 때 보다는 힘 있는 어른이 잡아당길 때 끌려오는 속도는 빨라질 것이다. 이 간단한 예에서 보듯 잡아당기는 힘이 동일할 경우 속도는 바퀴무게에 반비례하고 바퀴무게가 일정할 경우 속도는 잡아당기는 힘에 비례한다.

이런 우주적 이치는 인간사회에도 그대로 적용된다. 한 개인의 능력이 강하면 보다 많은 사람들이 끌려 올 것이고 약하면 보다 적은 사람들이 끌려 올 것이며 한 국가의 국력이 강하면 보다 많은 국가가 끌려 올 것이고 약하면 보다 적은 국가가 끌려 올 것이다. 인간사회의 조상격인 선인사회의 운동법칙이 "속도는 중력에 비례한다"는 것이므로 후손격인 인간사회가 그 반대가 될 수 없을 것임은 자명하다.

중력붕괴가 일어나면 중력수축에 의해 발생한 열이 미처 빠져나갈 시간이 없으므로 중력수축에 의해 발생된 열은 성운 밖으로 빠져나가지 못하고 대부분 중심부에 갇혀 내부온도를 더욱 상승시킨다. 그 온도가 약 천 만도까지 상승하면 그 높은 온도 때문에 중심부에 중력수축 되어 있던 수소들이 전자를 빼앗기면서 수소 핵끼리 부딪치는 수소 핵융합반응이 일어난다. 이 같은 핵융합반응에 의해 발생하는 에너지를 핵에너지라 부르는데 수소폭탄이 터질 때 나오는 에너지가 바로 이 수소핵융합반응에서 얻어지는 에너지이다. 그리고 그 핵에너지가 밖으로 분출되면서 뿜어내는 빛이 바로 별빛이다. 그러므로 별은 핵융합반응이 일어나고 있는 거대한 불덩어리라 할 수 있다.

❙ 가속력의 법칙

수소연료가 바닥나면서 중심부의 온도가 내려가면 그에 따라 압력도 줄어들므로 중심부에서 다시 중력수축이 일어나고 그 결과 중력에너지가 발생하여 온도는 서서히 증가한다. 그런데 이미 수소연료는 거의 고갈되어 버렸으므로 연료가 될 수 있는 것은 다음으로 많은 헬륨이다. 이 헬륨을 연료로 하여 핵융합반응을 일으키기 위해서는 수소때 보다 20배나 높은 약 2억 도 정도의 높은 온도가 필요하다.

재(再)수축에 의한 중력에너지가 내부온도를 2억 도까지 올리면 이번에는 헬륨이 타면서 핵융합반응을 일으키게 되고 그 융합반응은 더욱 높은 열과 빛을 발생시킨다. 살아있는 별들은 모두 빛을 발산하지만 그 빛은 곧 에너지를 그만큼 소모하고 있다는 의미가 되기 때문에 빛이 강할수록 별 자체의 질량은 빠르게 줄어든다. 별들이 헬륨을 태우는 시기는 인생의 장년기와도 같다. 장년기가 되면 풍부한 지식과 경륜으로 인생의 황금기를 맞듯 별들이 헬륨을 태우게 되면 수소를 태울 때 보다 더 찬란한 빛과 높은 열을 뿜어낸다.

그러나 헬륨의 양도 제한되어 있으므로 헬륨도 얼마 가지 못해 곧 소진되고 만다. 헬륨마저 소진되고 나면 이번에는 헬륨 다음으로 무거운 탄소를 태우게 된다. 이 탄소를 태우려면 헬륨 때 보다 더 높은 8억 도 정도의 온도가 필요하다. 따라서 별들은 온도를 높이기 위해 다시 중력수축을 시작하고 온도가 8억 도 정도로 높아지면 탄소가 타는 탄소핵융합반응이 일어난다. 그러나 별들이 가지고 있는 탄소의 양은 극히적으므로 탄소연료는 금방 바닥이 난다. 그러면 다시 탄소보다 무거운산소, 네온, 마그네슘, 나트륨 등의 순으로 핵융합반응을 일으키면서 별들은 근근이 생명을 이어간다. 그러나 그런 무거운 원자들을 태우기 위해서는 더욱 높은 온도가 필요하고 양도 더욱 작아 그들이 타는 주기는 가속적으로 짧아진다. 예를 들면 네온은 15억 도, 산소는 20억 도, 실리콘은 30억 도의 엄청난 온도가 있어야만 탄다.

별들의 그런 가속적인 연료소모는 별들이 가진 양식을 가속적으로 소모해 가는 과정이다. 수소처럼 별을 구성하고 있는 대량물질은 서서히 타고 서서히 소모된다. 그러나 탄소나 산소 같은 소량물질은 급격히 타고 급격이 소모된다.

별들이 가진 그런 가속도의 원리는 인간사회에 그대로 적용된다. 하루아침에 부자가 되는 사람은 없다. 근검절약하며 조금씩 돈을 모아가면 모은 돈이 쌓일수록 부는 가속적으로 증가한다. 사업을 해본 사람이라면 누구나 알겠지만 빈손으로 만 원을 벌기는 힘들어도 백만 원으로 천만 원을 벌기는 쉽다. 국가의 경제성장속도도 그렇다. 극빈국에서 중진국으로 올라서기까지의 시간은 길고도 험하다. 그러나 경제성장이 탄력을 받기 시작하면 그 속도가 가속적으로 빨라진다. 한강의 기적을 이룬 한국이 그랬고 현재 진행 중인 중국이 그렇다.

무너질 때도 역시 가속적으로 무너진다. 탄소와 산소 같은 무거운 물질들이 타기 시작하면 별들의 노쇠속도는 가속적으로 빨라지듯 개인이든 국가든 무너지기 시작하면 가속적으로 무너진다. 건물을 세우기는 힘들어도 파괴하기는 쉽듯 경제도 살리기는 힘들어도 죽이기는 너무 쉽다. 자수성가하는 시간은 영원만큼 길어도 패가망신하는 시간은 찰나처럼 짧고 선진국으로 올라서는 시간은 거북이처럼 느려도 후진국으로 내려서는 시간은 토끼처럼 빠르다. 이 모든 현상은 우주로부터 가속력이라는 법칙을 이어받았기 때문이다.

별들이 점점 무거운 원소들을 태워 가면 갈수록 별 속에는 태울 연료가 자꾸만 없어지기 때문에 온도는 다시 낮아지고 따라서 별의 중심부는 더욱 무거운 원소들을 태울 수 있는 온도에 이를 때까지 엄청난 고밀도의 중력수축이 일어난다. 이때는 중력수축의 힘이 너무도 강하여 주위의 모든 입자들을 집어삼키듯 중심점으로 빨아들인다. 이 과정에서 발생하는 엄청난 온도에 의해 지금까지 타지 않았던 나머지 무거운 원소들이 일시에 타면서 폭발하듯 빛과 열을 뿜어내며 흩어지는데 그것이 별의 마지막 불꽃이라 불리는 초신성(超新星)이다.

▎질량불변의 법칙

별에서 발생하는 핵융합반응은 항상 온도가 가장 높은 중심부에서만 일어난다. 그러므로 별의 중심온도는 수천만도 또는 그 이상으로 매우 높고 바깥쪽도 중심부의 열이 분출되어 나오므로 수천 내지 수십 만도가 된다. 그런 고온에서는 모든 물질이 원자상태로도 존재하지 못하고 원자를 이루는 핵과 전자가 모두 떨어져 나와 단순한 전하상태에 머무르게 되는데 그런 물질상태를 플라즈마(plasma)상태라 한다.

이 플라즈마는 기체, 액체, 고체와는 다른 전기적으로 중성상태를 띠는 것으로서 제4의 물질상태라고 한다. 발광성들은 바로 이 제4의 물질상태인 플라즈마 상태의 전하입자들로 구성되어 있는 별들이다. 정상적으로 빛을 내는 발광성들은 모두 이 플라즈마 유체로 이루어져 있기 때문에 그 내부와 표면이 지구처럼 단단하지 않다. 태양도 이런 핵융합반응을 일으키고 있는 하나의 거대한 플라즈마 덩어리로서 그 불덩이가 뿜어내는 열과 빛이 곧 태양열이요 태양빛이다. 모든 발광성은 이런 과정을 거쳐 탄생되며 스스로 열과 빛을 내는 이런 별들을 항성(恒星)이라고 한다.

그런데 이런 핵융합반응은 엄청난 열과 빛을 분출하므로 그 만큼 많은 연료를 소모하게 된다. 불길이 세면 보다 많은 연료가 보다 빨리 타듯 핵융합반응이 강하면 강할수록 더 많은 핵연료가 더 빨리 타게 될 것이다. 이런 관점에서 볼 때 태양이 아무리 천문학적 질량의 수소와 헬륨을 가진 거대한 덩어리라 하더라도 46억 년 동안 계속 일정한 강도로 핵융합반응을 일으키며 열과 빛을 분출하고도 여전히 50억 년 정도는 더 동일한 강도의 열과 빛을 분출할 것이라는 과학자들의 주장은 설득력이 약해 보인다. 지나온 46억 년과 다가올 50억 년을 합하면 태양은 자그마치 96억 년 동안 일정한 핵융합반응을 일으키며 존속해 갈 것이라는 말인데 이는 아무리 우주라고 하지만 일방적인 핵연료의 소모를 통해 그만큼 긴 세월을 견디기는 어려울 것이기 때문이다.

　현재로서는 비록 필자의 상상적 가설에 불과할지 모르지만 태양이 핵연료를 소모해 가더라도 일방적으로 소모만 하는 것이 아니라 마치 동물들이 무언가를 먹고 영양분을 재생산함으로써 긴 삶을 이어가듯 태양도 나름대로 성운이라는 원료를 먹고 열과 빛을 재생산함으로써 장구한 세월을 이어가는 것은 아닐까? 핵반응이 일어나고 있는 태양의 중심부는 사람의 위장과 같은 역할을 한다고 볼 때 사람이 음식물을 먹고 위에서 소화시켜 영양분을 얻음으로써 살아가듯 태양도 수천만 도로 수축된 중심부에서 성운을 태워 열과 빛이라는 강한 에너지를 재생산함으로써 긴 세월을 존속해 가는 것은 아닐까?

　지구에 질량불변의 법칙이 적용된다면 태양에도 질량불변의 법칙은 적용되어야 할 것이다. 그러므로 태양이 가진 핵연료가 일방적으로 소진되고 나면 태양은 사라지고 말 것이라는 과학자들의 주장은 자기들 스스로가 내세운 질량불변의 법칙에 어긋난다. 지구의 어떤 물질도 소멸되는 것이 아니라 새로운 모습으로 재탄생되듯 질량불변의 법칙이 옳다면 태양이 가진 핵연료 또한 일방적으로 소모되어 없어지는 것이 아니라 무언가 다른 새로운 핵연료로 태양계 속에서 재탄생되어야 할 것이다.

물론 다른 항성의 경우도 마찬가지여야 할 것이다. 인간이 살아가는 이유는 음식물이 계속 공급되기 때문이듯 태양도 존속하기 위해서는 핵연료가 계속 공급되어야 할 것이다. 우주에는 가진 것을 단순히 까먹기만 하는 존재란 없다. 만물은 반드시 재생산하면서 살아간다. 그것이 우주의 유전인자이다. 태양도 우주의 유전인자를 가진 물체인 이상 한번 가진 것을 단순히 까먹기만 하면서 존속할 수는 없다. 반드시 재생산해야 한다. 이런 관점에서 볼 때 태양이 현재 가진 수소를 모두 소진하고 나면 태양은 소멸할 것이라는 천문학자들의 주장은 선뜻 동의하기 어렵다.

▎우주의 정역학평형

탄생된 별들은 성운의 대부분을 차지하는 수소가 핵융합반응을 일으키면서 이글거리는 불꽃을 만들어 내는 동안 계속해서 찬란한 빛과 열을 내뿜게 되는데 그렇게 이글거리며 불꽃을 만들어내는 시기가 별의 전성기이다. 그런 전성기는 별의 크기에 따라 다르지만 일반적으로 수백, 수천억 년씩 된다. 전성기 동안 별들이 만들어 내는 핵융합반응은 별들이 살아가기 위한 영양분을 만드는 것과도 같다. 별들은 핵융합반응을 일으키면서 열과 빛을 발산하는 동안 살아있는 별이 되기 때문이다. 이는 인간이 음식물을 섭취하고 그것을 소화시켜 얻은 에너지의 힘으로 살아가는 것과 조금도 다를 바 없다. 별들이 핵융합반응을 일으키고 불꽃을 내뿜는 동안 살아있는 별이 되듯 인간도 음식물을 섭취하고 소화시켜 에너지를 얻는 동안 살아있는 인간이 된다.

전성기 동안 별들은 안정된 상태를 유지하며 일정한 양의 빛을 분출하는데 그 이유는 별 외부의 중력과 내부의 압력이 동일한 상태를 유지하기 때문이다. 이렇게 중력과 압력이 별 내부 어디에서 같아지는 상태를 정역학 평형상태(正力學 平衡狀態)라고 한다. 만약 중력이 압력보다 크게 되면 별은 수축하고 그 반대가 되면 별은 팽창한다. 우리가 태양을 보면 그 모습이 둥글고 언제나 같은 크기로 보인다. 이것은 현재 태양의 내부가 정역학 평형상태를 이루고 있다는 뜻이다. 역학적으로 안정된 이런 상태에서는 별의 중심부에서 일어나고 있는 핵융합반응에 의한 핵에너지의 발생률이 일정하고 또 밖으로 매초마다 방출되는 총 에너지의 양, 즉 광도도 일정하다. 이는 수소연료의 소모율이 일정할 때 별들은 건강한 상태로 존속한다는 말이다.

인간도 필요한 에너지의 생산과 소비가 평행상태를 이룰 때 건강한 모습으로 살아간다. 환자는 그런 평형상태를 잃은 자이다. 과다출혈은 피의 생산보다 소비가 많은 경우이고 복통은 활동에너지 생산에 문제가 생긴 경우이며 정신이상은 정신적 음양의 평행상태를 잃은 상태이다. 건강한 별이 살아가는 방법과 건강한 인간이 살아가는 방법은 이렇게 동일하다. 이 또한 부모격인 별의 존속인자가 자식 격인 인간에게 물려졌음을 의미한다.

또 인간세계의 평화상태도 정역학 평형상태와 같다. 중력과 압력, 즉 누르는 힘과 떠받치는 힘이 균형을 이룰 때 역학적 평형상태가 되듯 공격하는 힘과 방어하는 힘이 균형을 이룰 때 평화가 보장된다. 정치학의 핵심이론 중 하나인 세력균형론은 바로 정치 역학적 평형상태를 유지하고자 하는 이론이다. 중력과 압력 중 어느 한쪽이 강하거나 약하면 역학적 평형상태가 깨어져 반드시 팽창하거나 수축하는 것처럼 정치적으로도 어느 한쪽이 강하거나 약하면 반드시 정치역학적 평형상태가 깨어져 먹고 먹히는 정치적 투쟁이 일어나게 된다. 이는 수천 년 동안 계속되어 온 인류역사가 입증하고 있다.

사회적 안정도 사회적 역학이 평형상태를 이룰 때 가능하다. 정역학 평형상태가 무너지면 우주적 대변화가 발생하듯 빈부격차가 심해지면 빈부계급간의 사회적 역학평형이 무너져 반드시 대격변을 몰고 온다. 인류역사를 통해 발생한 민란 혹은 봉기는 모두 사회적 역학평형이 무너진 때였다. 영국의 대헌장(마그나 카르타: Magna Carta), 프랑스의 대혁명, 미국의 남북전쟁, 러시아의 볼셰비키 혁명, 한국의 동학혁명, 나아가 세계1, 2차 대전은 모두 사회적, 정치적 역학평형이 무너져 발생한 대격변이었다.

시장의 안정도 수요와 공급이 역학적 평형을 이룰 때 생긴다. 수요와 공급이라는 시장의 역학적 평형이 무너지면 한류와 난류가 부딪쳐 기후가 변하듯 득실계층의 사회적 투쟁이 격화되어 사회가 변한다. 득자(得者)는 지키려 하고 실자(失者)는 뺏으려 하기 때문이다. 대자연의 본성은 사는 길을 택하는 것이므로 지켜야 살고 뺏어야 사는 양대 계급이 지닌 자연발생적 모순은 자연발생적 변화를 초래한다. 그런 대격돌은 때로는 사회적 발전을 초래하기도 하지만 때로는 사회적 후퇴를 초래하기도 한다. 발전과 후퇴가 반복되는 그런 현상 역시 음양일체적 우주론으로 볼 때는 극히 자연스러운 일이다. 음과 양 중 어느 한쪽만 있으면 우주가 존속할 수 없듯 발전과 후퇴 중 어느 한쪽만 있으면 인간사회가 존속하지 못한다. 인간사회는 발전과 후퇴를 거듭하면서 전진해 가고 또 우주가 지닌 음양적 본질상 그럴 수밖에 없다.

개인생활의 안정도 수입과 지출이 역학적 평형상태를 이룰 때 가능하다. 수입과 지출의 균형은 개인적 행복의 출발점이다. 살면 살수록 빚만 늘어나는 적자가계는 반드시 개인적 불행을 초래한다. 범죄자의 절대다수는 그런 적자가계로부터 생긴다. 사회적 불만도 수입과 지출의 균형이 무너질 때 높아진다. 특히 불황일수록 사회적 불만은 높아진다. 호황과 불황의 판단기준은 수입과 지출의 비교에 있다. 즉 수지비교(收支比較)에 있다. 일반적으로 수입이 지출보다 많으면 호황이라 하고 지출이 수입보다 많으면 불황이라 한다. 시대를 불문하고 이 같은 수지비교에 의한 경기판단의 원칙은 변한 적이 없다. 생필품의 종류가 단순했던 고대에는 그 당시의 수지비교에 의해 경기가 판단되었고 생필품의 종류가 복잡한 현대에는 현대의 수지비교에 의해 경기가 판단된다. 개인이 적자가계를 느끼면 개인적 불황이 되고 국민다수가 적자가계를 느끼면 국가적 불황이 된다.

지나친 흑자가계도 문제다. 많은 재산은 생산의욕을 저하시키고 소비의욕을 자극한다. 그 결과 생산과 소비의 균형이 깨지고 소비일변도의 생활에 빠져들게 된다. 지나친 팽창이 수축의 원인이 되는 우주의 원리처럼 생산과 소비의 역학적 평형상태를 무너뜨리는 지나친 부는 한 인간을 망치게 하는 원인이 된다. 반대인 경우도 마찬가지이다. 극도의 수축이 팽창의 원인이 되는 것처럼 극도의 가난은 부의 출발점이 된다. 세계적 재벌들의 대부분이 극도로 가난했던 어린 시절을 보낸 사람들인 이유는 바로 이런 이치 때문일 것이다. 이는 가장 추운 겨울이 따뜻한 봄의 출발점이 되고 가장 무더운 여름이 서늘한 가을의 출발점이 되는 자연의 이치와 결코 무관치 않다. 우주가 팽창과 수축을 반복하며 대를 이어가듯, 또 지구가 한랭(寒冷)의 계절을 반복하며 시간을 이어가듯 인간도 빈부를 반복하며 대를 이어간다.

정역학평형상태를 이루고 있는 별들의 전성기는 인간의 전성기와도 같다. 인간이 젊은 시절 동안 끊임없는 활력을 쏟아내듯 별들도 전성기 동안 끝임 없이 이글거리는 열과 빛을 토해낸다. 그러나 중력수축 된 수소의 양은 일정한 한계가 있으므로 세월이 지나면 결국 수소는 모두 핵융합반응의 연료로 사용되면서 소진되어 버린다. 그 결과 중심부에 수소연료가 12% 정도 남게 되면 수소를 태워 발생하는 핵에너지의 양이 줄어들어 중심부의 온도는 떨어지기 시작하고 밖으로 나오는 빛의 양도 줄어든다. 이때부터 별은 노쇠기를 맞는다. 우주의 유전자를 이어받은 인간 역시 기력이 줄어들면 활동력도 줄어들어 점점 노쇠기를 맞게 된다.

13 선인사회의 발전

| 자연적 사회

　지구상의 모든 동물은 예외 없이 무언가를 먹고 살아간다. 먹이의 종류와 생산방법은 달라도 먹이를 먹지 않고 살아가는 동물은 없다. 송충이는 소나무의 진액을 빨아먹고 참새나 기러기는 곡식의 낟알이나 풀씨를 쪼아 먹고 미꾸라지는 모기유충을 잡아먹고 황새는 작은 물고기를 잡아먹고 뱀이나 고양이는 쥐를 잡아먹고 여우와 늑대는 작은 짐승들을 잡아먹고 사자와 호랑이는 큰 짐승들을 잡아먹는다. 또 지렁이는 썩은 유기물을 먹고 모기와 거머리는 피를 빨아먹고 사람은 육류와 채류를 동시에 먹는다. 이처럼 먹지 않고 사는 동물은 없다.

　그런데 그런 먹이는 저절로 생기는 것이 아니라 먹이를 얻기 위한 활동이 있을 때에만 생긴다. 인간사회에서는 먹이를 얻기 위한 그런 활동을 생산노동이라고 한다. 인간사회의 이 노동개념을 동물에 적용시키면 동물들도 먹이생산노동이 있을 때만 살 수 있다. 그런 동물들의 먹이생산노동은 누가 시키거나 가르쳐 주어서 행하는 노동이 아니라 본능적으로 행하는 천부적인 노동이다. 마소에게 풀을 뜯어 먹으라고 가르쳐 준 자도 없으며 사자와 호랑이에게 짐승들을 사냥해 먹으라고 가르쳐 준 자도 없다.

모든 동물들은 배우지 않고도 자기의 먹이가 무엇인지를 알고 또 어떻게 잡아먹는지 그 방법까지도 안다. 동물들이 가지는 그런 천부적 지식은 여기서 그치지 않는다. 동물들은 서로의 암수를 구분하고 어떻게 교미하고 어떻게 새끼를 키우는지, 또 어떻게 상호협력 하여 자기무리를 영위해 가는지도 잘 안다. 동물들은 그렇게 천부적으로 주어진 지식과 신체적 힘을 가지고 먹이를 생산하고 새끼를 낳고 키우며 자기무리의 동물사회를 만들며 살아간다.

그런 천부적 지식과 힘은 아무도 가르쳐주지 않은 오직 자연그대로의 원시상태에서 하늘로부터 부여받은 생득적 지식과 힘이다. 그래서 천부적으로 주어진 그 지식과 힘을 이용하여 먹이를 획득하며 살아가는 동물사회를 자연적 사회라고 한다. 그런 자연적 사회는 인간이 손대지 않은 자연 스스로가 만든 순수한 자연적 사회인 동시에 지구상에 생겨난 최초의 사회이다. 동물들은 오늘날까지도 여전히 그 자연적 사회를 그대로 유지하고 있다.

자연적 사회에서는 생산노동을 함에 있어서 자연이 부여한 천부적 지식과 신체적 힘을 제외하고는 아무런 생산도구도 사용하지 않는 특징을 지닌다. 동물과 크게 다를 바 없었던 원시인들 역시 그런 동물적 원시사회를 살고 있었을 동안에는 아무런 생산도구도 사용하지 않는 무구생산을 이어 갔을 것이다. 농경은 꿈도 꾸지 못했을 것이고 다른 동물들처럼 오직 생득적인 신체적 힘과 정신적 사고력만으로 물고기를 잡고 짐승을 사냥하고 야채를 채취했을 것이다.

아는 것이 힘이라는 말이 있듯 지식은 정신적 힘이요 활동력은 신체적 힘이다. 그래서 천부적 지식과 생득적인 신체적 힘을 합쳐 자연력이라고 한다. 동물들은 지금도 자연이 부여한 그 자연력만으로 먹이를 생산한다. 제비의 먹이생산노동은 빠른 속력과 강한 부리만으로 벌레를 잡는 것이고 모기나 거머리의 생산노동은 강한 흡인력으로 피를 빠는 것이고 벌이나 나비의 생산노동은 빨대를 통해 꿀을 빨아들이는 것이고 사자나 호랑이의 먹이생산노동은 빠른 몸놀림과 강한 이빨로 짐승을 물어뜯는 것이다. 또 멸치 같은 작은 물고기의 먹이생산노동은 떠다니는 플랑크톤을 잡아먹는 것이고 고래 같은 큰 물고기의 먹이생산노동은 큰 입으로 자기보다 작은 물고기를 삼키는 것이다.

자연력만으로 살아가는 동물사회는 인간생활의 삼대요소인 의식주(衣食住) 세 가지 중 오직 '식(食)'이라는 한 가지 요소만 필요로 한다. 비록 새들이 둥지를 짓고 여우가 굴을 파고 살기는 하지만 그런 것을 인간의 생활요소인 '주(住)'로 보기에는 무리가 있다. 왜냐하면 새들이 둥지를 짓고 여우가 굴을 파는 목적은 새끼를 키우기 위한 것이지 자기가 살기 위한 목적이 아니기 때문이다. 제비의 경우만 봐도 번식이 끝나면 평지 갈대밭에 잠자리를 마련하고 해가 질 무렵이면 수천, 수만 마리씩 떼 지어 모여든다. 그러므로 동물들의 생활요소는 '식(食)'이라는 한 가지 요소뿐이라고 해도 큰 무리가 없을 것이다.

식(食)이라는 단일요소만으로 살아가는 동물사회에는 먹이생산활동과 종족보존활동이라는 두 가지 활동뿐이다. 즉 살아가는 생존노동과 새끼를 키워 후대를 잇는 양육(養育)노동뿐이다. 새들은 자기가 살기 위해서도 벌레를 잡아야 하지만 둥지에 있는 새끼에게 먹이를 물어다 주기 위해서도 벌레를 잡아야 한다. 마소 역시 자기가 살기 위해서도 풀을 뜯어 먹어야 하지만 새끼에게 젖을 물리기 위해서도 풀을 뜯어 먹어야 한다. 사자나 호랑이 또한 자기가 살기 위해서도 사냥을 해야 하지만 새끼를 먹이기 위해서도 사냥을 하지 않을 수 없다. 물고기의 경우도 마찬가지이다. 연어는 자기가 살기 위해 바다로 나가지만 새끼를 낳아 종을 번식시키기 위해 죽음을 무릅쓰고 모천으로 회귀한다. 지구상의 모든 동물들은 이렇게 생존활동과 양육활동을 통해 자연구성원으로 살며 자기 종(種)을 이어간다.

　최초의 인류였던 원시인들은 동물적 생활을 했던 만큼 그들 역시 다른 동물들과 마찬가지로 생존활동과 양육활동으로부터 그들의 삶을 시작했을 것임은 의심의 여지가 없다. 지금까지 발굴된 화석이나 유물을 통해서 볼 때도 그렇다. 현생인류의 대표적 조상으로 여겨지는 크로마뇽인(Cro-Magnon man)의 생활모습은 이를 입증한다. 고인류학자들의 연구에 의하면 크로마뇽인들은 주로 동굴이나 둥지처럼 생긴 얕은 바위굴에서 거주했다고 한다. 이는 그들이 오늘날의 주택개념인 집을 짓고 산 것이 아니라 곰이 바위굴에서 잠을 자듯 천연의 장소를 생활공간으로 활용했음을 의미한다. 따라서 그들에게는 집을 짓거나 도로를 만들거나 다리를 놓는 등, 일체의 건설노동은 필요치 않았다. 오직 동물들처럼 먹이를 확보하기 위한 노동만 했을 뿐이다.

　크로마뇽인은 또 풍요와 다산을 소망했던 것으로 알려진다. 알타미라(Altamira) 동굴과 라스코(Lascaux) 동굴에서 발견된 사람이나 동물의 모양을 그린 벽화와 암각화는 이를 말해준다. 그 벽화와 암각화는 대부분 여성의 가슴과 엉덩이를 크게 묘사하거나 임신한 여자를 표현한 것인데 이는 다산을 기원하는 의식의 수단이었던 것으로 보인다. 또 동물모양을 그린 벽화는 풍성한 사냥을 위한 주술의식의 표현이었을 것으로 추정된다. 이들 동굴에서 발견된 벽화나 암각화는 동굴 벽과 천장의 굴곡을 따라 매우 입체적이고 정교하게 만들어져 있다. 크로마뇽인들이 남겨 놓은 그런 유흔(遺痕)들은 원시인들의 노동이 생존노동과 양육노동으로 이루어졌음을 의미한다.

생존노동과 양육노동을 통해 만들어진 동물사회는 자연이 탄생시킨 최초의 사회인 동시에 철저한 무교환사회였다. 오스트랄로피테쿠스 같은 동물적 원인들은 바로 그 동물적 무교환사회에서부터 그들의 삶을 시작했다. 다시 말하면 동물적 원인들의 사회적 출발점은 동물적 무교환사회였던 것이다. 동물적 원인들이 동물적 무교환사회를 형성하였음은 자연스러운 일이 아니겠는가? 오스트랄로피테쿠스, 호모 하빌리스, 호모 에렉투스 같은 동물적 원인들은 바로 그런 동물적 무교환사회를 이루고 살면서 생존노동과 양육노동을 계속했을 것이다.

따라서 그들의 생활은 동물의 생활과 조금도 다를 바 없었다. 오직 차이점이 있었다면 동물적 노동은 생각 없는 무의식적 활동인 데 반해 원인들의 활동은 생각하는 의식적 활동이라는 점뿐이었다. 이 차이점을 기준으로 하여 생각 없는 동물적인 무의식적 노동을 동물적 생산노동이라고 하고 생각 있는 인간적인 의식적 노동을 인간적 생산노동이라고 한다. 이렇게 동물적 생산노동과 인간적 생산노동이 생각여부에 따라 차이나는 만큼 동물적 생산노동을 통해 만들어진 사회를 동물적 무교환사회라 하고 인간적 생산노동을 통해 만들어진 사회를 인간적 무교환사회라고 한다. 이런 노동의 차이를 표로 요약하면 다음과 같다.

무교환사회의 구분		
	사회구분	노동구분
무교환사회	동물적 무교환사회	무의식적 생산노동
	인간적 무교환사회	의식적 생산노동

인류보다 여전히 동물 쪽에 더 가까웠던 원인(猿人)들의 생산노동은 동물적 생산노동에 속했으며 따라서 최초의 인류사회는 동물적 생산노동으로부터 시작되었다고 말할 수 있다. 원인(猿人)사회에서는 이성적 생각을 통한 의식적 생산보다는 여전히 자연이 부여한 천부적 힘을 통한 무의식적 생산이 더 강했을 것이기 때문이다. 지구가 물리적, 화학적 변화를 계속하여 오늘날의 살아있는 지구로 발전했듯이 동물적 무교환사회에서 출발한 인류는 시간이 흐름에 따라 점점 변하고 발전하여 마침내 오늘날의 교환사회를 탄생시켰던 것이다.

┃ 자연적 사회의 본질

동물적 무교환사회의 변화는 약육강식이라는 동물사회의 선천적 본질에서부터 시작한다. 약육강식의 출발점은 자기영역의 설정이다. 동물들은 자기생존영역을 침범하는 자를 용서하지 않는다. 동물세계에 대한 연구결과를 보면 자기영역방어는 제일 먼저 종내(種內), 즉 같은 종 사이에서 벌어진다. 호랑이, 곰, 독수리의 경우 비록 같은 종이라도 자기영역 안에 들어오면 자기의 생존터전을 지키기 위해 서로 치열하게 싸운다. 인간의 경우도 가장 무서운 경쟁자는 바로 인간이다. 남을 이용하여 자기가 살 수만 있다면 얼마든지 그렇게 할 수 있는 것이 동물적 인간이다.

아프리카의 초원에서는 그런 일이 날마다 반복되고 있다. 사바나(savanna) 초원에 사는 영양(羚羊)은 치타에게 잡아먹히지 않으려고 노력하지만 일단 치타가 공격해오면 뒤쳐진 놈이 먼저 잡아먹히므로 다른 영양보다 앞서 가기위해 자기들끼리 치열하게 경쟁한다. 인간도 다 같이 잘 살기 위해 머리를 쓰는 것이 아니라 상대방을 짓누르고 자기가 더 잘 살기 위해 머리를 쓴다. 다윈이 말한 적자생존은 이종간의 적자생존이기도 하지만 이렇게 동종간의 적자생존이기도 하다.

적자생존으로 대변되는 동물적 무교환사회는 식(食)이라는 단일 생활요소만 있는 사회이므로 사회생활 또한 아주 단순하다. 동물사회는 동종사회(同種社會)와 종간사회(種間社會)로 구분된다. 동종사회란 동종개체 간의 관계를 전제로 하여 형성되는 사회이고 종간사회란 2종 이상의 서로 다른 이종개체 간의 관계를 전제로 하여 형성되는 사회이다. 그러나 동물사회에 있어서 일반적으로 사회라 하면 보통 동종사회를 의미한다. 동종사회는 분명한 질서를 가지고 있는 집단이다.

예를 들면 일본원숭이의 서열제와 리더(leader)제, 조류의 텃세제, 개미와 꿀벌의 분업제 등이 여기에 해당된다. 서열제(序列制, dominance hierarchy)란 주로 지속적인 집단을 이루고 있는 동물의 동종사회에서 볼 수 있는 체제의 하나로써 구성원 상호간의 인지(認知)에 기초하여 우열관계를 유지하며 투쟁이나 혼란을 피하는 체제를 말한다. 노르웨이의 동물학자인 쉘데루프 에베(T. Schjelderup Ebbe)가 최초로 닭의 서열제를 연구한 이래 많은 어류, 파충류, 조류, 포유류 등의 사회에도 서열제가 존재하고 있음이 알려졌다.

그런 서열제하에서는 우위자(優位者)와 열위자(劣位者)가 정해져 있다. 그런 우열은 집단 전체의 구성원 사이에 수직적 서열관계가 매겨지는 경우도 있고 A는 B를 견제하고 B는 C를 견제하고 C는 출발점의 A를 견제하는 회전식 상호견제가 성립되는 경우도 있다. 일반적으로 우위에 있는 개체가 리더가 되고 열위에 있는 개체는 상대적으로 서열이 높은 개체에게 복종한다.

개체 간의 서열은 장소와는 상관없이 몸집의 크기나 나이, 장식의 화려함, 성(性) 등에 의해 정해진다. 일반적으로 서열결정방식은 천부적으로 정해진 룰이나 관습에 의해 변함없이 지속되지만 때로는 상호투쟁에 의해 서열이 뒤바뀌기도 한다. 또 어미세대의 서열관계가 새끼들에게 계승되는 경우도 허다하며 서열이 높은 짝을 만나면 낮은 서열의 개체도 높은 서열의 개체와 같은 취급을 받기도 한다.

이런 서열제는 늑대나 영장류 같은 사회성을 띠는 포유동물에서도 나타난다. 닭이 먹이를 쪼아 먹는 순서 역시 서열에 따라 이루어지는 것으로 알려져 있다. 이런 서열제는 사회적 개체의 먹이확보, 이성선택, 자손양육에 지대한 영향을 미치는 요인이 된다. 하지만 서열제 사회에서는 그런 계급구조를 통해 개체간의 갈등을 해결하기 때문에 직접적인 충돌은 거의 일어나지 않는다. 인간사회에서도 사회적 신분에 따라 재물의 확보, 결혼상대의 선택, 자식과 아내의 지위가 달라지는 것은 동물들이 가지는 그런 서열제에서 비롯된 것이다. 하지만 그런 서열제는 동물들이 가지는 자연적 사회체제이므로 오직 받아들이고 적응해 갈 뿐 누구도 바꿀 수 없는 것이다.

동물적 생산노동은 그런 서열제도와 깊은 관계가 있다. 당장 먹이의 확보부터 그렇다. 서열제에 얽매여 있는 동물들은 먹이를 앞에 두고도 우위자가 먼저 먹을 때까지 기다려야 한다. 종족보존의 경우도 마찬가지이다. 우위자가 암컷을 선택할 때까지 역시 기다려야 한다. 이런 우열적 지위에서 생기는 차별은 누구도 선택하지 않은 천부적, 섭리적, 자연적 현상이므로 인간이 만든 인위적 차별과는 다르다. 인간이 문제 삼는 것은 그런 섭리적 차별이 아니라 인간이 작위적으로 만든 인위적 차별이다. 예를 들면 중세 신분제하에서는 천민출신의 어떤 천재도 관직을 가질 수 없었다.

섭리적 차별은 섭리적 인지능력으로부터 시작된다. 아프리카 초원의 코끼리, 얼룩말, 누(gnu) 등은 수천, 수만 마리가 떼를 지어 이동하는데 그 많은 무리 중에서도 자기 어미와 새끼는 용케도 찾아낸다. 도대체 그런 인지능력은 어디서 생겼을까? 그것은 아무도 부여하지 않은 태생적 인지능력이기 때문에 오직 섭리적 인지능력이라고 말할 수밖에 없다.

동물학자들에 의하면 야생동물의 경우 냄새와 소리로 자기 어미나 새끼를 구분해 낸다고 한다. 특히 공간이 넓으면 넓을수록 냄새보다는 울음소리로 찾아내는 경우가 많다고 한다. 냄새보다 울음소리가 더 멀리 퍼지기 때문이다. 사람마다 목소리가 다르듯이 동물들도 개체마다 울음소리가 다르다. 어미 소가 새끼를 찾거나 새끼소가 어미를 찾는 경우 서로 크게 울부짖는 모습을 종종 보게 되는데 이는 바로 서로가 서로를 찾는 신호라는 것이다. 동물들의 이런 행위는 모두 섭리적 행위이지 결코 학습적 행위가 아니다.

동물들의 그런 천부적, 섭리적 행위는 차별이 아닌 축복으로 승화된다. 부모가 자식을 돌보고 자식이 부모를 봉양하는 것은 인간으로서의 기본 도리인 동시에 섭리이다. 신체 건강한 청년들이 노약자들에게 자리를 양보하고 무거운 짐을 들어주는 것 역시 인간으로서의 기본 도리인 동시에 섭리이다. 실제로 그런 일을 놓고 불평하는 사람은 아무도 없다. 오히려 자랑스러워하고 기뻐한다. 동물들의 경우도 마찬가지이다. 연장자나 상위자에게 먹이의 우선권이나 좌석선택의 우선권을 주는 것은 동물로서의 도리요 섭리이지 결코 차별대우가 아니다. 오히려 평화롭고 여유로운 동물사회의 아름다운 모습이다.

동물적 원인사회는 그런 동물적 섭리가 지배했던 평화롭고 여유로운 사회였다. 배가 고프면 먹을 만큼 먹이를 생산하고 잠이 오면 비바람을 피할 수 있는 자리를 찾아들어 잠을 자고 이성적 짝이 필요하면 동물적 감정이 시키는 대로 짝을 찾았다. 동물적 생활을 했던 원인들도 자연그대로의 원시적 자연환경 속에서 원시적 동물들과 어울리며 그들과 함께 자연의 한 구성원으로 공존했을 것이다. 자연적으로 주어진 생존환경 속에서 살았던 원인들은 그렇게 자연섭리에 맞는 생활을 하며 살았을 것이다.

▎사회발전의 원동력

사회를 발전시키는 일차적 원동력은 대인적 활동이 아닌 대물적 활동이다. 경쟁은 발전의 원동력이라는 측면에서 볼 때 계급투쟁도 경쟁의 산물이므로 대인적 활동도 때로는 사회를 발전시키는 추동력이 될 수 있지만 반대로 사회를 후퇴시키는 추동력도 될 수 있다. 세계 각국의 국력지수가 해마다 바뀌는 것은 바로 그런 사회적 계급투쟁이 가져다 준 발전과 후퇴의 결과물이다.

이에 반해 대물적 활동을 전제로 하는 생산력의 발전은 항상 사회적 발전으로 이어진다. 인류가 문명을 발전시켜 온 과정은 바로 생산력을 발전시켜 온 과정이다. 고대에는 간단한 도구만을 사용했기 때문에 생산력은 무척 낮았고 그랬기 때문에 미개생활을 벗어나지 못했다. 그러나 중세에 들면서 기계를 사용하기 시작하자 생산력은 크게 향상되었고 그 결과 인류생활은 크게 향상되었다. 소유관계적 측면에서 볼 때 종교가 제왕적 위치에 있었던 중세를 암흑시대라 한다. 그런 암흑시대에 어떻게 인류생활이 크게 향상되었을까? 바로 생산력이 향상되었기 때문이다. 이렇게 볼 때 인간의 사회적 삶을 결정짓는 결정인자는 마르크스가 지적한 생산관계 혹은 생산수단의 소유관계가 아니라 삶에 필요한 재화를 생산하는 생산주력이다.

선인사회의 변화과정은 이를 입증한다. 인류가 탄생하기 이전까지 자연이 변해온 과정은 자연 스스로 부단히 새로운 물질을 창출해 온 과정이다. 비록 어떤 의지가 어떻게 작용하여 무수한 새로운 물질이 창출되었는지는 몰라도 대폭발 이후 무수한 물질이 창출되면서 오늘날 같은 풍요로운 지구가 탄생되었다는 사실은 부인할 수 없는 진실이다.

| 선인사회의 변화주력

인간이 탄생되기 이전의 사회인 선인사회에는 인간이 없었기 때문에 비인간적인 것들로만 구성되었을 것임은 분명하다. 따라서 선인사회에서는 당연히 자연물과 자연물과의 관계만 성립되었다. 즉 하늘과 땅, 산과 들, 바다와 물고기, 꽃과 나비, 새와 짐승 같이 자연물과 자연물 사이의 관계만 성립되었다. 그렇게 인간 외의 물질과 물질 사이에 맺어지는 관계를 물물관계라 한다. 물물관계만 있는 사회는 당연히 물물작용에 의해 변해가므로 물물관계 뿐이었던 선인사회는 물물이 지닌 자연력의 상호작용에 의해 변해갔을 것임은 의심의 여지가 없다. 따라서 천부적 선인사회의 생산주력은 자연력이었다고 말할 수 있다.

현실적으로 우주가 변해가는 과정을 관찰해 보면 자연적 선인사회의 생산주력은 자연력이었음을 금방 알 수 있다. 앞서 보았듯이 별로 구성되는 우주사회는 성간물질의 상호작용에 의해 새로운 별이 태어나고 사라지고 하는 순환과정을 거치며 발전하고 존속해 간다. 우주사회만 그런 것이 아니다. 지구상에 있는 모든 생물, 무생물도 구성원들의 상호작용에 의해 태어나고 사라지는 순환과정을 통해 발전하며 존속한다.

땅이 적당한 수분을 함유하면 식물을 키우고 그 식물이 자라면 꽃을 피운다. 그렇게 꽃이 피면 벌, 나비의 서식환경이 좋아지므로 자연스럽게 벌, 나비의 수가 많아지고 벌, 나비가 많아지면 벌, 나비를 먹이로 하는 새들의 서식환경이 좋아지므로 새들의 수가 많아진다. 개체수를 늘여가는 그런 서식환경은 누가 만들어준 환경이 아니라 자연 스스로의 선천적 힘, 즉 자연력으로 만든 환경이다. 생물, 무생물들은 그런 자연력으로 만들어진 거대한 생태계의 순환과정을 통해 발전한다. 물론 그것은 발전인 동시에 변화이다. 변하지 않고는 발전할 수 없기 때문이다. 그래서 그런 순환적 발전과정을 발전적 변화라 할 수 있다.

생물사회든 무생물사회든 사회의 모든 발전적 변화는 우주변화의 제1법칙에 의해 힘의 작용에 의해서만 가능한데 그 변화를 일으키는 힘을 변화력이라 한다. 이 변화력은 생물이냐 무생물이냐에 따라 그 주력이 달라진다. 무생물의 변화주력은 인력(引力)이고 생물의 변화주력은 생산력이다. 무생물사회에서는 주위 물질을 끌어들이는 힘인 인력의 강약에 의해 변화가 결정된다. 사과가 나무에서 떨어지는 이유는 지구중심방향으로 끌어들이는 힘인 지구의 중력이 지구 가장자리로 밀쳐내는 힘인 압력보다 높기 때문이고 사계절이 바뀌는 이유는 태양의 복사에너지를 끌어들이는 힘의 크기에 따라 기온이 바뀌기 때문이다. 또 바위가 굴러 떨어지는 이유는 멈추게 하는 척력보다 구르게 하는 인력이 더 크기 때문이다. 이렇게 끌어들이는 인력과 밀치는 척력의 균형이 무너질 때 무생물은 변하게 된다.

그런데 인력과 척력은 서로 남남처럼 떨어져 있는 별개의 힘이 아니

　　　　　　　　정경천법(政經天法) — 제1권 자연력 시대

라 자석의 남북극처럼 모든 물질 속에 동시에 내재되어 있는 불가분적 힘이다. 그 불가분적 힘 중에서도 공격적 힘인 인력은 양에 속하고 방어적 힘인 척력은 음에 속하므로 양에 속하는 인력을 대표적인 힘으로 내세울 수 있다. 따라서 하늘, 땅, 바다 등, 일체를 포함하는 무생물사회는 변화주력인 인력의 크기에 의해 변화의 정도가 결정된다고 말할 수 있다. 인력이 크면 크게 변하고 적으면 적게 변한다.

이에 반해 식물, 동물, 인간 같은 생물사회는 무엇을 생산하고 소비하느냐에 따라 변화의 크기가 달라진다. 단세포생물들은 가장 원시적인 방법으로 먹이를 생산하고 식물들은 광합성이라는 오직 한 가지 방법으로만 먹이를 생산하고 동물들은 보다 다양한 방법으로 먹이를 생산한다. 인간은 그 중에서도 가장 다양한 방법으로 먹이를 생산한다. 생물들이 존속에 필요한 소비재를 생산하는 힘을 생산력이라고 하는데 생물사회는 변화주력인 그 생산력에 의해 발전한다. 생산력이 약하면 약하게 발전하고 강하면 강하게 발전한다.

변화주력의 구분	
사회구분	변화주력
무생물사회	인력(引力)
생물사회	생산력(生産力)

인력에 의해서든 생산력에 의해서든 변화는 일방적 힘의 작용에 의해 일어나는 것이 아니라 항상 상호작용에 의해 일어난다. 기온이 높아지면 얼음이 녹고 바람이 불면 먼지가 날리는 식의 변화는 모두 상호작용에 의한 변화이다. 기온이 왜 높아지는가? 한랭전선이 밀려나고 온란전선이 밀려들기 때문이다. 그런 밀고 밀림에 의한 변화는 바

로 상호작용에 의한 변화이다. 생물의 경우도 마찬가지이다. 식물의 잎이 태양을 향해 뻗어 오르는 것은 태양의 빛에너지가 식물에 영향을 미치고 식물이 그 영향을 받기 때문이며 동물이 먹이를 사냥하는 것도 먹고 먹히는 힘과 힘의 상호작용이 일어나기 때문이다. 인력과 생산력은 모두 그런 상호작용의해 발생한다.

힘의 상호작용이 가져다주는 변화는 변화주력의 크기에 따라 달라지므로 변화주력은 변화의 가장 핵심적 요소가 된다. 그러므로 변화주력이 무엇이냐에 따라 사회의 발전적 모습은 크게 달라진다. 그래서 각각의 사회는 변화주력을 기준으로 하여 시대를 구분하게 되는데 그 변화주력을 기준으로 할 때 선인사회는 물리력 시대, 화학력 시대, 세포력 시대, 식물력 시대, 동물력 시대로 나눌 수 있다.

▎선인사회의 중요성

우주와 인간의 역사를 변화력이라는 하나의 기준점에 올려놓고 보면 두 역사는 서로 떨어진 별개의 역사가 아니라 우주로부터 시작하여 인간으로 연결되어온 하나의 역사가 되고 우주와 인간의 진화는 서로 다른 이종계(異種系)의 진화가 아닌 동종계(同種系)의 진화가 된다. 그러므로 우리가 우주와 지구를 연구하는 것은 인간과 아무런 상관없는 우주와 지구를 연구하는 것이 아니라 인간의 직접 조상인 우주와 지구를 연구하는 것이고 인간과 상관없는 우주와 지구의 변화를 문제 삼는 것이 아니라 인간의 삶과 깊은 연관을 가진 우주와 지구의 변화를 문제 삼는 것이다.

그럼에도 불구하고 지금까지의 학문은 자연과 인간을 일체가 아닌 전혀 다른 별개로 보는 경향이 있었다. 그래서 문과와 이과는 전혀 다른 학문분야인 것처럼 여겨졌다. 실제로 우주과학자들이 문제 삼는 분야와 역사학자들이 문제 삼는 분야, 그리고 사회과학자들이 문제 삼는 분야는 크게 다르다. 우주과학자들은 순수한 자연으로서의 우주와 지구라는 천체를 문제 삼고 역사학자들은 인류라는 특정 동물의 역사만을 문제 삼고 사회과학자들은 인간으로 구성된 사회적 현상만을 문제 삼는다. 오늘날의 학문적 영역은 이렇게 구분이 뚜렷하고 따라서 각각의 학문은 서로 다른 학문영역에 별다른 관심을 가지지 않는다. 특히 산업사회에 접어들면서 분업이 보편화되자 학문의 분업도 보편화되어 다른 학문분야는 아예 손댈 생각마저 하지 않았다.

그러나 조금만 깊이 생각해 보면 각각의 학문은 매우 밀접한 관계를 지니고 있음을 알 수 있다. 우주와 지구의 역사를 밝히는 작업은 인류가 탄생하기까지의 멀고 먼 과거의 역사를 밝히는 작업이다. 그 작업은 어느 한 후손이 그의 멀고 먼 최초 조상을 찾아가는 작업과도 같다. 차이점이 있다면 시조(始祖)를 밝히는 작업은 한 개인이 자신을 낳아 준 최초의 조상을 찾아 거슬러 올라가는 작업인 데 반해 자연을 밝히는 작업은 인류라는 집단이 그들을 낳아 준 우주적 최초의 조상을 찾아 거슬러 올라가는 작업이라는 점이다.

인류학자들은 지금까지 인류의 조상을 원숭이라든지 침팬지라든지 하는 동물에서 찾아 왔다. 그러나 그것은 역사학자들의 시각에서 본 인류의 직접적 조상은 될지 몰라도 인류의 궁극적 조상이라고 볼 수는 없다. 왜냐하면 그런 동물 또한 그들의 조상이 있었을 것이기 때문이다. 그러므로 인류의 궁극적 조상을 찾기 위해서는 조상의 조상을 찾아가는 끝없는 역추적 작업을 통해 더 이상 거슬러 올라갈 수 없는 곳까지 거슬러 올라가야 할 것이다. 더 이상 역추적 해 올라갈 곳이 없는 자리, 바로 그 자리가 인류의 최초 조상일 것이기 때문이다.

그런 끝없는 조상의 역추적 작업은 현존 인류에서 출발하여 원인(原人)의 탄생, 동식물의 탄생, 지구의 탄생, 그리고 우주의 탄생으로 거슬러 올라갈 수밖에 없다. 왜냐하면 우주의 탄생이 바로 그 역추적 작업의 끝이 될 것이기 때문이다. 인간사회를 문제 삼는 사회과학이 인간이라는 생명체가 존재하지 않았던 선인사회를 문제 삼아야 하는 이유가 바로 여기에 있다.

우리가 알지도 못하는 조상을 논하지 않고는 현재의 우리를 논할 수 없는 것처럼 인간사회의 진정한 참모습을 밝히기 위해서는 인간의 궁극적 출발점인 선인사회를 논하지 않을 수 없다. 과거가 현재를 탄생시킨 산모적 역할을 하듯 선인사회는 인간사회를 탄생시킨 산모적 역할을 한다. 그렇기 때문에 인간사회를 규명하기 위해서는 먼저 인간이라는 생명체를 탄생시킨 산모적 역할을 했던 선인사회를 규명하지 않을 수 없다.

물론 사회과학적 입장에서 볼 때는 150억 년이라는 우주적 시간보다 5,000분의 1에 지나지 않는 인간적 시간이 더 중요할 것이다. 왜냐하면 사회과학은 자연을 문제 삼는 학문이 아니라 인간을 문제 삼는 학문이기 때문이다. 그러나 뿌리 없는 후손이 없다는 간단한 사실을 놓고 볼 때 그들은 뿌리 없는 학문을 했다는 비판을 면하기 어려울 것이다. 그러므로 현존하는 인간사회를 올바로 이해하기 위해서는 그 출발점인 선인사회를 연구하지 않을 수 없다. 이는 마치 한 인간의 삶을 올바로 평가하기 위해서는 그 사람이 탄생하기 이전의 가계(家系)를 먼저 연구하고 그 다음 그 사람의 일생을 연구하는 것이 바람직할 것임과도 같다. 필자가 지금까지 선인사회의 탄생과 발전과정을 살펴본 이유는 바로 이 때문이다.

14 누적발전론

　시대발전 혹은 진화과정은 과거의 시대가 없어지고 새로운 시대가 도래 하는 것이 아니라 과거의 시대를 바탕으로 하여 그 위에 새로운 시대가 도래한다는 누적발전론을 입증한다. 최초의 변화주력이었던 물리력은 우주가 탄생한 이래 지금까지 한 순간도 소멸한 적이 없다. 물리력은 화학력 시대, 세포력 시대, 식물력 시대, 동물력 시대를 거쳐 오는 동안 계속적으로 우주변화에 영향을 미쳐왔다. 화학력 또한 지금까지 한 번도 사라진 적이 없다.

　우주변화가 가속적으로 일어나는 이유는 이처럼 시대가 진전될수록 새로운 힘이 첨가되어 누적되어 가기 때문이다. 물리력 시대는 물리력 하나만이 우주를 변하게 하는 요소였지만 화학력 시대는 물리력과 화학력이 동시에 작용하여 우주를 변하게 했다. 따라서 변화의 속도도 그 만큼 빨라지게 되었다. 세포력 시대는 물리력, 화학력, 세포력 등, 세 가지 에너지가 동시에 작용하는 시대였고 따라서 우주는 더욱 빨리 변하게 되었다.

　이런 누적발전론은 인간사회도 마찬가지이다. 원인력시대는 하늘이 부여한 동물적 신체력 하나만을 사용했던 시대였지만 도구력 시대는 원인력과 도구력을 동시에 사용했던 시대이고 기계력 시대는 원인력, 도구력, 기계력을 동시에 사용했던 시대이다. 이렇게 시대발전 과정에서 새로운 변화력이 생기면 과거의 변화력은 사라지고 새로운 변화력만 작동하는 것이 아니라 기존 변화력에 새로운 변화력이 누적되어 동시에 작동한다.

시대를 거슬러 올라가 보면 이런 누적발전론의 이치를 쉽게 알 수 있다. 변화력이 사라질 때는 생긴 역순으로 사라지기 때문이다. 예를 들면 선인사회의 경우 가장 늦게 생긴 동물력이 가장 먼저 사라지고 그다음 식물력, 세포력, 화학력, 물리력 순으로 사라질 것이다. 그러므로 가장 후순위 변화력인 동물력이 사라진다 해도 식물력, 세포력, 화학력, 물리력은 여전히 존속할 것이다. 이 같은 변화력의 존속순서를 놓고 볼 때 가장 마지막까지 존속할 변화력은 물리력이다.

이런 관점에서 볼 때 상위시대는 하위시대를 없애고 생기는 것이 아니라 하위시대를 토대로 하여 그 위에 생기는 것이다. 이는 마치 건물을 지을 때는 기초부터 시작하여 상층부로 올라가지만 그 건물을 철거할 때는 상층부에서 시작하여 하층부로 내려 가야하는 이치와도 같다.

이러한 누적발전론에서 우리는 또 하나의 법칙을 발견하게 된다. 그것은 "하위력은 상위력과 공존하지 않을 수 있지만 상위력은 하위력과 공존하지 않을 수 없다"는 것이다. 쉽게 말하면 하층부가 상층부와 공존하지 않을 수는 있어도 상층부가 하층부와 공존하지 않을 수는 없다는 것이다. 예를 들면 1층 없는 2층 건물은 있을 수 없어도 2층 없는 1층 건물은 얼마든지 있을 수 있다. 만일 1층마저 소멸한다면 그것은 바로 그 건물의 소멸을 의미한다.

이런 법칙은 인간사회에도 그대로 적용된다. 사회적 상층인 관리계급이 없어져도 사회적 하층인 평민계급은 살 수 있지만 생산계급이 없어지면 관리계급은 살 수 없다. 왕조는 사라져도 백성은 사라지지 않았던 인류역사는 이를 대변한다.

  서문에서 언급했듯 우주역사를 선인시대와 인류시대로 나눈다면 우주적 변화력의 최하층력은 물리력이고 최상층력은 의인력이다. 그러므로 최하층력인 물리력이 소멸하는 날은 우주도 소멸하는 날이 되고 말 것이다. 이를 뒤집어 말하면 우주가 존속하는 한 물리력은 존재할 것이다. 물리학이 과학의 가장 기초적 학문인 이유는 이 때문이다. 우주가 존재하는 한 물리학은 만학의 기초가 될 것이며 또 될 수밖에 없을 것이다. 우주변화를 논함에 있어 가장 먼저 우주의 출발점이라고 믿어지는 물리력 시대의 특성과 그 의미를 되짚어 보는 이유가 바로 여기에 있다.

15 선인사회와 자연법

인간세상의 모든 경제적, 사회적, 정치적, 문화적 문제들은 그런 진화적 탄생과 소멸 속에서 피고 지는 꽃과도 같다. 화무십일홍(花無十日紅)이듯 사라지지 않는 생명체는 없다. 인간세상의 일 역시 그것이 무엇이든 아무리 활짝 핀 꽃 같아도 언젠가는 반드시 사라지고 만다. 인간세상은 그렇게 경제의 꽃, 사회의 꽃, 정치의 꽃, 문화의 꽃이 피고 지는 현장이다.

특히 그 현장은 앞서 말한 생존활동과 생식활동이 거대한 물줄기처럼 이어져 가는 현장이다. 인간 세상의 행위는 예외 없이 생존활동과 생식활동을 벗어날 수 없기 때문이다. 동물들도 그러하다. 앞서 보았듯 동물들은 그들 나름대로 경제의 꽃, 사회의 꽃, 정치의 꽃, 문화의 꽃을 피우고 지우며 한세상을 살아간다. 아니 인간보다 훨씬 앞서 동물들이 그런 꽃들을 피우고 지우며 한평생을 살아 왔기 때문에 인간 역시 그렇게 살아간다.

이런 우주의 생존원리는 자연법의 출발점이 된다. 동물사회에는 어떤 성문법도 없다. 문자가 없으니 성문법이 있을 리 없다. 그러나 동물사회에도 인간사회 못지않은 법을 가지고 있다. 동물사회가 가지는 법은 바로 자연법(自然法, Natural law)이다. 지구상의 모든 생명체는 그냥 살아가는 것이 아니라 일정한 법칙하에서 살아간다. 자연환경에 맞추어 살아가는 것부터 그렇다. 새는 숲을 떠나서 살 수 없고, 물고기는 물을 떠나서 살 수 없다. 새와 물고기는 그런 생존법칙을 어기는 순간 자연계에서 사라지고 만다. 암컷은 새끼를 낳고 수컷은 암컷과 새끼를 돌본다는 것도 거의 예외 없는 동물들의 생존법칙이다.

약육강식으로 대표되는 정글(jungle)의 법칙은 움직일 수 없는 동물사회의 자연법적 생존법칙이다. 그러나 정글의 법칙에는 먹고 먹히는 약육강식의 무자비한 법칙만 있는 것이 아니다. 개나 고양이를 키우는 사람이라면 동물들도 그들만의 감정이 있고 그 감정을 표현할 줄 안다는 사실을 잘 알고 있을 것이다. 무언가를 잘못해 야단맞을 때의 기죽은 표정, 원하는 것을 얻고자 할 때의 초롱초롱 빛나는 눈빛, 기분 좋을 때의 신나는 얼굴, 기분 나쁠 때의 토라진 얼굴 등은 모두 동물들이 가지는 자연적 감정이다. 이처럼 동물들도 사람과 똑같이 기쁨, 슬픔, 고통, 분노, 절망 같은 감정을 느끼며 살아간다.

동물들도 그런 감정을 가지기 때문에 동물도 자살할 수 있다는 주장은 오래전부터 대두되었다. 미국 스탠포드대학의 동물행동학자 스테판 수오미(Stephen Suomi) 박사의 연구에 의하면 동물들도 우울증을 앓으며 인간이 심한 우울증을 앓을 때 자살할 수 있는 것처럼 동물들도 심한 우울증을 앓을 때 자살할 수 있다고 한다. 동물도 사람처럼 기쁨, 슬픔, 불안, 분노 같은 감정을 느낄 수 있는데 왜 자살할 수 없겠느냐는 것이다. 그래서 동물들의 떼죽음이 집단자살과 관련이 있다고 주장하는 학자도 있다.

고래는 폐렴에 걸려 스스로가 죽어간다는 사실을 인식하고 자기 폐렴을 물속의 다른 동료들에게 옮기지 않기 위해 뭍으로 올라와 죽는다고 한다. 인간과 마찬가지로 동물들에게도 다양한 질병이 있는데 그 질병에 걸려 스스로 죽음이 가까이 왔음을 느낄 때 자살을 한다는 것이다. 또 어떤 해양학자들은 견딜 수 없는 소리가 인간을 미치게 하듯 해군 및 어선들이 사용하는 음파탐지기의 음파가 고래들을 견딜 수 없게 만들어 집단자살을 하게 한다며 음파탐지기 사용을 자제해 달라고 주장하기도 한다.

자연법의 위력은 동물사회의 여러 곳에서 나타난다. 도덕적 행위는 고도의 지능을 가지고 있는 동물만이 할 수 있다는 것이 정설이다. 하지만 이 주장은 생존적 행위와 도덕적 행위는 분리될 수 없는 하나라는 전제가 무시되고 있다. 미국의 저명한 진화생물학자 마크 베코프 (Marc Bekoff) 콜로라도대학 교수의 주장에 의하면 개도 옳고 그른 것을 구분할 수 있는 도덕적 능력을 갖추고 있다고 한다. 그에 의하면 개들도 도덕적 지능을 가지고 있으므로 옳고 그른 것을 분별할 수 있을 뿐만 아니라 사람들처럼 친구를 사귀고 원한을 품고 당황해하고 심지어 웃기까지 한다는 것이다.

오랫동안 개, 늑대, 코요테 같은 개과 동물의 심리상태와 행동을 연구해온 베코프 교수는 그런 동물들이 뛰노는 모습을 관찰해 보면 그들이 도덕적 행위를 하고 있음을 알 수 있다고 한다. 또 물거나 쫓아내는 반발적 행동은 그 동물들의 사회적 규범에 따라 이루어지는 것이라고 한다. 즉 그런 동물들은 모두 자연법에 따라 그들의 삶을 이어간다는 것이다.

그에 의하면 동물사회의 자연법적 사회규범에 따르지 못하는 개체는 반드시 그 동물사회에서 쫓겨나게 되고 따라서 그 동물은 죽을 가능성이 다른 동료보다 4배나 높아진다는 것이다. 동물사회의 자연법적 규범은 그만큼 중요하다. 집단생활을 하는 야생늑대들도 공정한 룰이 없으면 그 무리는 쉽게 해체된다고 한다. 그런 관점에서 볼 때 동물들이 지니는 도덕적 행위는 생존수단과 같다고 강조한다. 나아가 그는 그런 동물들의 도덕성은 개과 동물에만 국한되는 것이 아니라 생쥐에서 코끼리에 이르기까지 모든 동물들은 그들 나름대로의 법을 가지고 있음이 틀림없다고 주장한다.

동물들이 자연법을 가진다는 사실은 동물들도 인간 못지않은 사고(思顧)를 한다는 말이다. 모든 법은 생각하고 판단하고 유추할 수 있는 사고를 통해서만 생길 수 있기 때문이다. 인간이 현세적 희로애락을 느끼고 동시에 내세적 종교를 만들어내는 이유도 바로 감정적 사고가 있기 때문이다. 동물사회에서도 감정적 사고가 만들어내는 것은 현세적 세상만이 아니다. 누에가 실을 자아내듯 감정적 사고는 수많은 상상의 세상을 자아낸다. 현세적 삶의 고통을 벗어나고 싶어 했던 인간의 감정이 종교를 만들고 내세(來世)라는 상상의 세계를 만들어내었듯이 동물들도 감정을 가지는 한 그들의 종교를 만들고 내세라는 상상의 세계를 만들어 낼 가능성은 충분하다.

인간이 상상 혹은 유추를 통해 만들어낸 내세는 모두 천당과 지옥이라는 이분법으로 구성된다. 그러면 내세는 왜 천국과 지옥으로 양분되는 것일까? 사랑이라는 단어는 언제 어디서나 사용되는 약방의 감초 같은 단어이다. 그런 단어는 자세한 설명을 붙이면 붙일수록 오히려 그 깊은 뜻을 전달하지 못한다. 넓은 의미를 지니는 단어일수록, 또 복잡 미묘한 의미를 지니는 단어일수록 오히려 추상화된 하나의 단어로 단순화하는 것이 효과적이다. 예를 들면 우주이치는 천만년을 설명해도 끝나지 않을 이치이다. 그러나 우주는 하늘과 땅, 즉 음과 양으로 구성된다고 단순화하면 누구나 쉽게 이해한다. 천당과 지옥이라는 개념도 백년, 천년을 설파해도 끝나지 않을 개념이다. 아무도 가보지 않은, 또 아무도 갈 수 없는 내세를 복잡하게 설명하는 것은 오히려 그 내세를 이해시키지 못하는 결과를 가져온다. 미지의 세상인 내세는 그래서 천당과 지옥으로 양분화되어 나타난다.

　그러나 아무리 단순화시켜도 있는 것은 있는 것이고 없는 것은 없는 것이다. 어제가 있었으니 내일이 있을 것임은 확실하다. 마찬가지로 이 세상이 있으니 저 세상이 있을 것임도 확실하다. 그러나 내일은 어제와 크게 다를 바 없는 내일이듯 저 세상은 이 세상과 크게 다를 바 없는 세상일 것임도 확실하다. 비록 어제의 가난뱅이가 내일은 부자로 변할 수도 있고 어제의 노예가 내일은 주인으로 변할 수도 있지만 그들의 본질적 생활은 변할 게 없다. 가난뱅이였든 어제도 무언가를 먹고 무언가를 하고 무언가를 즐기며 지냈듯이 부자가 된 내일도 무언가를 먹고 무언가를 하고 무언가를 즐기며 지낼 것이다. 가난뱅이였던 어제도 때로는 웃고 때로는 울고 때로는 화내며 지냈듯, 부자가 된 내일도 때로는 웃고 때로는 울고 때로는 화내며 지낼 것이다.

　어제는 현세적 세상과 비유되고 내일은 내세적 세상과 비유될 수 있다. 그런 비유를 전제로 할 때 내일은 어제와 크게 다를 바 없는 내일이듯 내세적 세상도 현세적 세상과 크게 다를 바 없는 세상일 것이다. 산 너머 산이 있고 강 너머 강이 있듯 세상 너머 세상이 있을 것임은 자명하다. 오늘의 세상을 넘어 내일의 세상이 있듯 현세적 세상을 넘어 내세적 세상이 있을 것임도 자명하다. 현세적 세상에 행복과 불행이 공존하듯 내세적 세상에도 천당과 지옥이 공존할 것임은 당연하다. 현세적 세상에서 행복한 자가 있고 불행한 자가 있듯 내세적 세상에서도 천당 가는 자가 있고 지옥 가는 자가 있을 것임은 분명하다. 동시에 현세적 세상에서 어제의 가난뱅이가 내일은 부자가 되듯 내세적 세상에서도 어제의 가난뱅이가 내일은 부자가 될 수 있을 것이며 따라서 어제의 지옥 생활자가 내일은 천당 생활자로 변할 수도 있을 것이다. 변하는 것이 우주의 본질이거늘 저세상도 그 본질을 벗어날 수 없을 것임은 분명하다.

▎선천적 순환이치

고대인들도 그런 숙명적, 선천적 두 요소의 순환이치를 잘 깨닫고 있었을 것이다. 처음에는 대자연에서 일어나는 모든 변화가 신비로웠을 것이다. 육지와 바다, 산과 강, 동물과 식물, 꽃과 나무, 화산과 지진, 비바람과 홍수처럼 자연이 스스로 변하면서 환경을 바꾸어가는 것이 너무도 경이롭고 신비스러웠을 것이다. 그런 대자연의 신비로움에 대한 인식은 곧 신(神)으로 연결되었다. 신이 아니고서는 그런 신비로운 일을 할 자가 없다고 생각했기 때문이다. 원시인들이 신으로 숭배했던 대상이 모두 거목(巨木), 거석(巨石), 거산(巨山), 거해(巨海) 같은 자연물이었음은 이를 입증한다. 더욱이 고대인들이 보았던 모든 자연물은 마치 여성처럼 생명을 탄생시키는 신비한 힘을 지니고 있었다. 고대 신화에 나타나는 태초의 신들이 모두 여신이라는 공통점을 가지는 이유는 바로 이 때문이다.

실제로 인류의 역사는 여신의 역사로부터 시작한다. 지금으로부터 약 1만 년 전, 마지막 소빙하기가 끝나고 선사시대가 시작되었을 무렵 중국과 유럽 및 남태평양 일부 지역에서 발견된 구석기 시대의 거석(巨石)문화 유적에서는 대지모신(大地母神)이 등장하는데 이는 당시의 고

대인들이 땅의 여신을 숭배하고 있었음을 의미한다. 또 4~5천 년 전의 고대문명들, 즉 초기 그리스, 메소포타미아, 수메르, 이집트, 터키, 이란, 인도, 중국 같은 고대문명지역의 유물과 유적에서 여신의 신전(神殿), 여신의 신상(神像) 등이 많이 발견되고 있는데 이런 점으로 미루어 보더라도 고대는 여신(女神)과 여사제(女司祭)가 중심이 되었던 모계사회였음을 알 수 있다. 고대에는 창조주를 여신으로, 즉 어머니 하느님으로 숭앙했다. 특히 수메르와 중국 신화에 공통적으로 등장하는 남무여신(Nammu女神: 원시 바다를 의인화한 수메르의 여신)과 여와신(女媧神: 여호와 신의 시조(始祖))은 우주 질서를 바로잡고 하늘, 땅, 만물을 창조한 여신(女神)으로 전해져 온다. 이처럼 1만여 년 전의 석기시대는 모계제 여신시대였다. 따라서 우주의 창조주 하느님은 위대한 모신(母神)으로 인식되었다. 즉, 여신시대에는 인간과 우주만물이 곧 위대한 어머니 신의 몸에서 탄생한 자식 같은 존재로 인식되었다.

여신을 모셨던 원시 모계사회가 부계사회로 전환된 것은 신석기에서 청동기시대로 넘어오면서부터였다. 이런 시대적 전환점은 문화사적으로 여신(女神) 신화시대에서 남신(男神) 신화시대로 넘어온 시기와도 일치한다. 서양사에서 청동기시대에 이르면 여신 신화는 사라진다. 그 주된 이유는 태양을 숭배하는 남신 신앙을 가진 부족들에 의해 여신을 숭배했던 부족들이 정복당했기 때문이다. 물론 지역에 따라 청동기 후반까지도 남신과 여신이 공존했던 곳도 있다. 하지만 시간이 흐름에 따라 여신은 남신에 종속되거나 소멸되었다. 그리하여 본격적으로 부족국가가 성립되고 부계사회가 자리 잡았던 청동기 후기부터 우주의 창조주 하느님은 남신으로 완전히 바뀌게 되었다.

특히 고대의 서양문화, 즉 수메르문명이 부흥했던 중동 지역에서는 그런 현상이 뚜렷이 나타난다. 서양문명의 뿌리인 메소포타미아와 수메르, 그리고 유대문명이 자라난 현재의 중동 지역에서는 기원전 2천여 년경 이미 여신숭배에서 남신숭배로 바뀌었다. 그 변천과정에서 수메르의 여신 이난나(Inana)는 전쟁의 여신으로, 또 수메르왕국의 여와신(女媧神)은 여신이었지만 남신으로 둔갑하였으며 그밖에도 고대 중동의 여신 모두가 다산과 창조라는 모성적 성격이 희석되고 전쟁과 힘이라는 남성적 성격으로 변모되었다. 설령 여신이 그대로 남아 있었다 하더라도 창조의 여신에서 전쟁의 여신으로 의미가 왜곡되기 시작했다. 또 그리스 신화에서는 여신이 남신에 종속되었고 구약성경에 나오는 히브리 신화에서는 아예 여신을 없애버리거나 악마로 탈바꿈시켜 버렸다. 그 결과 지난 5천여 년간 그런 억음존양(抑陰尊陽)의 신화, 즉 여성적 음(陰)을 억제하고 남성적 양(陽)을 존중하는 가부장제 신화가 인류의 정신세계를 지배해 왔다.

음양적 사고가 가장 강하게 지배했던 곳은 물론 동양이다. 고대 이집트에서는 동양적 사고와는 반대로 누트(Nut)라는 하늘 신을 여신으로, 게브(Geb)라는 땅의 신을 남신으로 표현하였고, 수메르 신화에 등장하는 남무(Nammu) 여신은 하늘과 땅을 동시에 낳았다고 전해지며 이난나 여신은 하늘과 땅을 모두 지배한 우주의 여왕으로 인식되었다. 이는 순수 동양적 사고와는 차이가 있다. 동양의 음양적 사고에 의하면 일반적으로 하늘은 남성, 땅은 여성에 비유되었다. 그런 음양적 역(易)철학은 5,500여 년 전 고대중국의 태호 복희(伏羲)씨가 창시한 것으로 알려져 있는데 실질적인 고대 신성시대의 출발점이 약 6천 년 전에서 5천 년 전 사이였음을 감안할 때 남성 신이 등장한 시기는 동양이 서양보다 훨씬 앞서는 것으로 판단된다. 청동기시대의 출발 연대도 동양이 훨씬 앞서고 있는 점을 감안할 때 이 같은 결론은 설득력이 있다.

이에 반해 서양문명의 뿌리라 일컬어지는 유대문명은 약 4천 년 전 아브라함 시대로부터 출발한다. 아브라함을 중심으로 한 유대민족은 수메르가 완전히 망한 다음 그들이 살던 우르(Ur)를 떠나 유목민이 되어 사막을 떠돌면서부터 가부장적 남신 중심의 여호와 하느님을 섬겼다. 루마니아의 세계적인 종교학자 엘리아데(Mircea Eliade)는 그의 저서 『세계종교사상사』에서 "야훼(여호와)신앙은 목축을 주로 하던 유목민 환경 속에서 등장하여 사막에서 발전했다"고 주장했다. 이러한 주장을 근거로 할 때 서양의 남성중심 신앙개념은 동양보다 훨씬 뒤진다고 볼 수 있다. 동양은 서양 보다 훨씬 앞선 약 5500년 전부터 하늘은 아버지, 땅은 어머니라는 남성 중심의 신적 개념을 완성시킨 것으로 알려져 있기 때문이다.

시기의 선후를 불문하고, 또 동서양이라는 지역을 불문하고 고대인들은 이렇게 우주를 하늘과 땅으로 양분하고 하늘은 남성, 땅은 여성으로 자리매김했다. 그러면 고대인들은 왜 하늘은 남성, 땅은 여성이라는 천남지녀(天男地女)사상을 가지게 되었을까? 그것은 그들이 보고 관찰한 사실을 그대로 반영했기 때문이다. 그들이 볼 때 하늘이 하는 일은 바람을 몰고 이곳저곳을 다니며 비를 뿌리고 대지를 적시며 생명을 잉태시키는 것이었다. 남성 또한 이곳저곳을 헤치고 다니며 양식을 생산하고 새로운 후손을 만들었다. 반면 땅은 하늘이 뿌리는 비를 받아 동식물을 키우고 대지를 살찌우는 것이었다. 여성 또한 남성이 가져다주는 양식을 받아 가족을 먹이고 후손을 키웠다. 그런 자연적 사실을 바탕으로 할 때 남성은 하늘, 여성은 대지에 비유할 수밖에 없었다. 즉 하늘과 땅이 가지는 역할을 고스란히 인간사회에 접목시켰던 것이다.

그것은 어쩌면 너무도 당연한 일이었을 것이다. 우주 속에 인간이 존재하는 것이지 인간 속에 우주가 존재하는 것은 아니므로 우주이치가 인간이치로 이어지는 것은 자연스러웠을 것이다. 그것은 누가 가르쳐 주어서 알게 된 사실이 아니라 고대인들 스스로가 그들의 삶을 통해 몸소 터득한 지식이었다. 이진법은 고대인들이 깨달았던 바로 그 하늘과 땅이라는 우주의 두 요소를 출발점으로 한다.

▎이진법의 탄생

이진법(二進法, binary notation)은 우주천체는 물론이고 세상만물의 생존을 관통하는 기본원리이다. 수학적 이진법은 0과 1이라는 두 종류의 숫자, 즉 ON과 OFF라는 두 표기를 나타내는 방식이다. 우리가 일반적으로 사용하는 수는 0에서 9까지 10개의 숫자를 가지는 십진법인데 이를 이진법과 대비하면 십진법의 1은 이진법에서는 1이 되고, 십진법의 2는 이진법에서는 10이 되고, 십진법의 3은 이진법에서는 11이 된다. 컴퓨터의 기본 연산법인 디지털 신호는 이 이진법 수들의 나열로 만들어지기 때문에 컴퓨터시대인 현대에 들어와서 이진법의 중요성은 더욱 커졌다. 십진법에서는 9를 넘어야 위로 자리올림을 하지만 이진법에서는 1만 넘으면 자리올림을 한다. 따라서 이진수에서는 십진수보다 자리수가 빠르게 늘어난다. 그래서 이진법으로 큰 수를 나타내기 위해서는 긴 자리수를 필요로 한다. 그럼에도 컴퓨터에서 이진법이 사용되는 이유는 논리의 조립이 간단하고 컴퓨터에서 사용하는 소자(素子)가 이진법의 수를 나타내는 데 편리하기 때문이다.

이진법의 최초 발명자는 독일의 유명한 수학자 라이프니츠로 알려져 있다. 1700년에 베를린 과학아카데미를 설립하고 초대원장을 지냈던 라이프니츠(Leibniz Gottfried Wilhelm Leibniz)는 미적분법을 창시하고 미적분 기호를 창안하는 등, 해석학 발달에 큰 공을 세웠다. 그는 철학자, 수학자, 과학자, 법학자, 신학자, 언어학자로 불릴 만큼 다양한 분야에 능통한 만능지식인이었다. 그는 또 역학(力學)에 "활력"의 개념을 도입하였고, 위상(位相) 해석의 창시자이기도 하며 파스칼의 계산기를 개량하여 사칙연산이 가능한 계산기를 만들기도 했다. 그래서 "신은 계산할 때 창조한다"는 유명한 명언을 남긴 인물이기도 하다.

이진법을 발명한 사람은 라이프니츠이지만 그가 이진법을 발명하기 전부터 우주 속에는 이진법이 내재되어 있었다. 별이 생기고 사라지는 법칙부터 그러하다. 생기는 것은 1이고 사라지는 것은 0이다. 즉 생기는 것은 "ON"이고 사라지는 것은 "OFF"이다. 우주는 별이 생겼다 사라졌다하는 이진법을 통해서 유지되고 존속된다. 우주의 ON과 OFF라는 이진법은 다시 당기는 힘인 인력과 밀치는 힘인 척력으로 환원되어 동일한 이진법으로 나타난다. 그러므로 인력과 척력이 교차하는 이진적 작용이 없으면 별들도 생기지 않는다.

태풍이 생기고 사라지는 데도 이진법이 작용한다. 태풍은 고기압과 저기압이 강력히 대치하는 위도 5~25도 해역에서 해면 부근의 기온이 27도 이상일 때만 발생한다. 열대지방의 해수면이 더워지면 뜨거운 수증기가 증발하여 하늘로 올라가게 되고 그러면 하늘로 올라간 수증기만큼 새로운 찬 공기가 아래로 내려와 채우게 된다. 한편 하늘로 올라간 뜨거운 수증기는 식으면서 많은 비를 품게 되고 식을 때 나오는 잠열은 상승기류를 가속화시킨다. 이때 상승기류를 타고 올라가는 공기의 양은 하강기류를 타고 내려오는 새로운 공기의 양보다 많으므로 중심부는 공기가 희박해져서 강한 열대성 저기압으로 변한다.

　바로 그 강한 열대성 저기압이 지구자전의 영향을 받아 시계반대방향으로 회전하면서 태풍을 몰고 온다. 쉽게 말하면 열대해양에서 공급되는 고온다습한 공기가 저기압의 중심부근에서 상층으로 빨려 올라가면 비가 되는데 이때 발생하는 잠열(潛熱, 숨은 열)은 상승기류를 더욱 가속화시켜 태풍을 일으킨다. 태풍도 이렇게 상승기류와 하강기류라는 두 이진적 요소가 순환적 소용돌이를 만들면서 발생한다.

　모든 생물 세계가 그러하듯 후손을 낳고 세대를 이어가는 인간세상사도 이진법으로 이루어진다. 세균류나 규조류(硅藻類, diatom)같은 하층생물이 개체를 늘려가는 가장 대표적인 방법은 분열법이다. 즉 하나가 둘이 되는 이진법이다. 인체도 마찬가지이다. 나무가 기둥과 지엽이라는 두 요소로 구성되듯 인체도 기둥역할을 하는 강한 뼈대구조와 지엽역할을 하는 약한 내장 및 피부로 양분되는 이진법적 구조이다. 철학적으로 볼 때도 인체는 몸과 마음이라는 이진법적 두 요소로 구성되어 있다. 뿐만아니다. 인간의 사고도 선과 악이라는 이진법적 두 요소를 가지고 세상을 바라보는 관점도 일원론과 이원론이라는 두 요소로 나누어진다.

▎일원론과 이원론

　일원론(一元論, monism)이란 우주만물이 지니는 궁극적 요소는 하나라는 것이다. 사회적 일원론은 사회문화현상을 자연현상과 동일시하는 실증주의적 탐구방법이다. 즉 사회나 문화현상에도 자연현상과 동일한 인과법칙이 존재한다는 것이다. 일원론(一元論)이라는 말은 독일의 천문학자 볼프(Wolf)가 처음 사용한 말로써 물질이든 정신이든 오직 하나의 실체만 있다는 것이다. 예를 들면 데카르트는 정신과 육체를 별개의 것으로 보았기 때문에 이원론자이지만 스피노자는 정신과 육체를 같은 실체의 표리(表裏)로 보았기 때문에 일원론자이다. 일원론은 다시 관념론적 일원론과 유물론적 일원론으로 나누어지지만 이 두 가지 일원론은 결국 우주만물과 인간사회는 근본적으로 하나이며 모든 것은 그 하나에서 전개되므로 모든 대립은 최종적으로 하나로 환원된다고 보는 점에서 일치한다.

이에 반해 이원론(二元論, dualism)은 사회문화현상을 자연현상과 다르게 보는 해석학적 탐구방법이다. 즉 사회나 문화현상은 자연현상과 달리 인간의 의식과 의지를 바탕으로 하여 이루어진다는 것이다. 이 이원론의 원조는 데카르트이다. 그는 사유를 하기 위해서는 사유의 주체와 대상이라는 두 요소가 있어야 한다고 보았다. 그렇게 나눠서 분석적으로 보는 것이 이원론이다. 서양철학에서는 이 이원론적 방법론을 주로 사용한다. 반면 일원론은 주로 동양적인 사고방법으로서 서양의 경우 유물변증법에서 일원론의 근거를 찾을 수 있다. "정→반→합"으로 이어지는 변증법은 모든 것이 하나로부터 시작되어 필연적 관계를 가지며 확대되어 간다고 본다. 하나인 "합(合)"에서 출발하여 "정(正)"과 "반(反)"으로 나누어지면 다시 "합"으로 되돌아와 하나가 된다는 것이 바로 변증법이다.

미국의 기상학자 에드워드 로렌츠(E. Lorentz)가 말하는 나비효과(butterfly effect)도 일원론적 사고방식이다. 나비효과란 태평양 상공에서 나비가 날갯짓을 하면 반대편인 대서양에서 태풍이 발생한다는 이론이다. 즉 나비의 날개 짓과 태풍은 따로 떨어진 별개의 현상이 아니라 상호인과관계를 가지는 연관된 현상이라는 것이다. 이는 사물을 유기체로 보느냐, 무기체로 보느냐는 인식관점과 연관이 있다. 유기체적 관점은 서로가 필연적 관계를 가지기 때문에 둘을 따로 떼어서 생각할 수 없다는 관점이고 무기체적 관점은 서로의 성상과 본질이 다르기 때문에 둘을 별개의 것으로 보아야 한다는 관점이다.

인간사회는 일원론적 관점을 바탕으로 한다. 사회적 일원론은 강자와 약자가 서로 떨어진 별개의 계층이 아니라 서로 떨어질 수 없는 필연적 연관관계를 가지는 동질적 계층이라는 사실을 바탕으로 한다. 만일 지배층과 피지배층, 서민층과 귀족층, 빈민층과 부유층이 서로 배타적 관계만 가진다면 그 사회는 끝없는 대립으로 자멸하고 말 것이다.

자연환경과 인간사회를 보는 관점도 동일하다. 만일 인간사회와 자연환경을 서로 무관한 별개의 것으로 본다면 인간은 자연을 마음대로 파괴해도 좋을 것이다. 아무런 관계없는 자연을 파괴하기 때문에 그 파괴로 인해 인간사회가 영향 받을 일은 없을 것이기 때문이다. 그러나 현실은 그렇지 않다. 자연환경의 파괴는 곧 인간사회의 파괴로 직결된다. 따라서 자연환경과 인간사회는 떼려야 뗄 수 없는 필연적 연관을 가지는 불이적(不二的) 하나이다.

우리 몸을 보는 관점도 일원론과 이원론은 크게 다르다. 일원론은 몸과 마음은 하나이며 서로 떨어져 작동하지 않는다고 본다. 그러나 이원론은 몸과 마음은 서로 다르며 따라서 몸은 사라져도 마음은 사라지지 않는다고 본다. 나무가 사라지면 탄소동화작용도 사라지듯 인간 몸체가 사라지면 인간사고도 사라진다고 보아야 할 것이다. 따라서 인간사회를 보는, 아니 보아야 할 관점은 이원론보다 일원론이 더 설득력을 가진다 하겠다.

하지만 일원론과 이원론은 엄격히 말하면 말의 장난에 지나지 않는다. 일원론과 이원론은 별개의 이론이 아니라 사물의 전개과정을 단편적으로 잘라서 보는 것에 불과하다. 예를 들면 지구가 자전하는 주기를 기준으로 하여 보면 하루는 그저 한 주기일 뿐이다. 따라서 자전주기를 전제로 하는 하루는 일원론적 하루이다. 그러나 밤과 낮이라는 두 요소를 대입시켜 놓고 보면 그 하루는 밤과 낮이 교차하는 이원론적 하루가 된다. 하지만 현실적 하루는 밤과 낮을 기준으로 하는 이원적 하루이든, 자전주기를 기준으로 하는 일원적 하루이든 둘 다 동일한 24시간을 가지는 똑같은 하루일뿐이다.

이런 관점에서 볼 때 이원적 요소는 처음부터 이원적 요소였던 것은 아니다. 또 끝까지 이원적 요소로 남는 것도 아니다. 우주의 존속원리는 0과 1, ON과 OFF의 이진적 전개이므로 우주만물은 반드시 한 번은 하나가 되고 또 한 번은 둘이 된다. 어린 아이는 남자아이와 여자아이로 구분된다. 따라서 어린 시절의 남과 여는 이진적 두 요소이다. 그러나 결혼을 하면 남과 여는 둘이면서도 둘이 아닌 합쳐진 하나가 된다. 여기서 남녀가 합쳐진 하나에 초점을 두면 일원론이 되고 남과 여가 서로 떨어진 둘에 초점을 두면 이원론이 된다. 더욱이 인간사회가 성립되는 근원인 촌수관계를 놓고 볼 때 부부는 무촌이고 부모자식은 일촌이다. 인간사회는 그런 무촌(0)과 일촌(1)이 무한히 전개되면서 형성된다. 이렇게 볼 때 인간사회의 구성 원리는 일원론도 아니고 이원론도 아니다. 일원론과 이원론이 하나로 합쳐진 태원론(太原論)일 뿐이다. 주역에서 태초의 하나를 태극(太極)이라 명명한 이유가 바로 여기에 있다.

이원론은 두 개의 원리가 별개로 존재한다는 뜻이 아니다. 주역(周易)

은 음양(陰陽)이라는 두 개의 원리로 구성되지만 그 두 원리는 때로 서로 대립하고 때로 서로 융합하면서 상호영향을 미친다. 그런 상호영향은 서로가 서로를 변화시켜가면서 조화롭고 균형 있는 중용상태를 찾아간다. 그런 시각을 비이원론(非二元論, Nondualism)이라 한다. 비이원론에서는 두 원리가 각각 독립된 별도의 원리가 아니라 한 원리 속에 있는 두 개의 극성(極性)일 뿐이다. 이는 자석의 남극과 북극이 두개의 원리가 아니라 하나의 원리 속에 있는 두 극성인 것과도 같다. 그래서 비이원론은 궁극적으로 일원론과 맥을 같이 한다.

힌두교는 브라흐마(Brahma), 비슈누(Vishu), 시바(Shiva)를 3대 신으로 모시고 있는데 그 세 신은 각각 창조자, 보존자, 파괴자를 상징하는 신이다. 힌두교도들은 그 세 신을 합쳐 힌두교의 삼위일체인 트리무르티(Trimurti)라 한다. 그 힌두교의 삼위일체에서 창조와 파괴의 두 대립 원리는 각각 서로 독립적인 원리로 존재하지 않고 신의 한 양상으로 존재한다. 창조되면 파괴되고 파괴되면 다시 창조되는 순환적인 세계관이 바로 그들의 사상이며 이는 일원론적 견해이다. 독일의 신학자인 야콥 뵈메(Jakob Böhme: 1575~1624)는 그의 저서『천국과 지옥에 대하여(Of Heaven and Hell)』에서 천국과 지옥은 따로 떨어져 존재하는 별개의 세계가 아니라 동일한 영혼 속에 있는 별개의 속성일 뿐이라고 주장함으로서 일원론적 견해를 표명하였다.

또 스위스의 의사이자 심리학자인 칼 융(Carl Gustav Jung: 1875~1961)도 일원론적 입장을 표명하였다. 그는『죽은 자들에게 보내는 7가지 설법(The Seven Sermons to the Dead)』이라는 책에서 모든 대립물이 하나로 결합되어 나타난 신이 아브라삭스(Abrasax)이며 아브라삭스는 기독교의 신과 사탄이라는 대립적 개념보다 한 차원 높은 신의 개념이라고 주장했다. 이 책은 죽은 자들이 질문을 하고 융이 대답하는 형식으로 되어 있다. 그는 이 책에서 전체성을 강조했고 여러 가지를 포괄할 수 있는 넓은 그릇 같은 개념을 적용했다. 그가 프로이트와 결별한 것도 프로이트의 정신발달이론이 지나치게 독단(獨斷, dogma)으로 흐르고 있다는 생각이 들었기 때문이다. 융은 개인이 가지는 몇 가지의 무의식이 모여 하나의 집단체로 나타나는 현상을 콤플렉스(Complex)라고 불렀다. 그에 의하면 콤플렉스는 마치 전체인격에서 분리된 작은 부분적 인격처럼 독립적이며 자체추진력을 가진다. 어떤 사람이 콤플렉스를 가지고 있다는 말은 그의 마음이 무언가에 사로잡혀 있어 다른 일은 거의 생각할 수 없음을 의미한다. 하지만 그 콤플렉스는 항상 개인의 현실 생활을 방해하는 것만은 아니다. 반대로 특정한 분야에서 뛰어난 업적을 쌓는데 필요한 고도의 영감과 욕망의 원천이 되기도 한다.

융은 인간의 정신세계에는 설명 가능한 부분만 있는 것은 아니라고 주장했다. 특히 자아 속에 있는 이성은 대단히 불완전한 것이기 때문에 인간의 이성으로는 정신세계의 전체를 결코 파악할 수 없다고 보았다. 그는 인간이 무의식의 세계를 의식하면 의식할수록 더 값진 삶을 살 수 있다고 보았다. 이성적 의식을 통해서만 세상을 보는 사람들에게는 무의식의 세계가 신화적 세계로 비칠 수도 있다. 그러나 이성적 의식을 넘어선 신화 같은 무의식적 세계에 대한 성찰 없이는 결코 진정한 세상을 얻을 수 없을 것이라고 주장했다. 오직 이성만을 믿고 이성의 왕국으로만 전진하려는 현대인들은 자기도 모르는 사이에 막대한 손실을 지불하고 있는지도 모른다고 그는 경고했다.

융의 주장에 의하면 현대문명은 합리성에 의하여 바벨탑을 축조하였다. 견고한 탑의 벽돌 하나하나에 깃들어 있는 합리성이라는 질료는 비합리성을 신화로 매도해 버렸다. 왜냐하면 바벨탑의 세계에서는 설명되지 않는 것은 존재하지 않는 것이라고 믿기 때문이다. 현대는 그렇게 비합리성이 절멸한 시대이다. 그렇다면 실제로 비합리성은 존재하지 않는가? 이 질문에 대한 해답은 간단하다. 비합리성이 존재하지 않는다는 주장은 어두운 밤하늘에는 오직 눈에 보이는 별들만 존재한다는 주장과 다를 바 없을 것이기 때문이다. 안 보이는 것과 없는 것과는 다르다. 깊고 어두운 곳에 은폐되어 있거나 불가해한 존재는 모르는 존재이지 없는 존재가 아니다. 비합리적인 것 역시 합리적으로 인식되지 않았을 뿐이다. 그래서 융은 보이지 않고 설명되지 않는 세계가 우리 가까이에 있고 그 세계가 우리에게 큰 영향을 미칠 수 있다고 역설한다.

헤르만 헤세(Hermann Hesse, 1877~1962)도 그의 소설 『데미안(Demian)』에서 칼 융과 마찬가지로 아브라삭스에 대해 일원론적인 견해를 표명하였다. 아브라삭스(Abrasax)라는 말은 나스틱파(Gnostic)의 바실리데스(Basilides)의 철학체계에서 사용된 단어로 신비적인 의미를 띄는 단어이다. 아브라삭스는 바실리데스의 나스틱 철학체계에 있는 365영역들 중 제1인자인 위대한 아르콘, 즉 위대한 최고의 지배자를 의미한다. 그리스어로 아브라삭스(ΑΒΡΑΣΑΞ)는 7개의 문자로 구성되어 있는데 이 7개의 문자는 각각 나스틱파의 우주론에 나오는 고대의 7행성인 태양, 달, 수성, 금성, 화성, 목성, 토성을 의미한다. 아브라삭스라는 단어는 특정한 고대의 보석들에도 새겨져 있는데 그 때문에 그 보석들을 아브라삭스 보석들(Abrasax stones)이라 한다.

나스틱주의는 나스티시즘 혹은 그노시즘(Gnosticism)이라고도 하는데 이 사상은 고대인들이 여러 신들을 합쳐 신의 세계를 만들고 그 신의 세계를 지배하는 최고의 신을 설정했던 혼합주의적 종교운동의 하나이다. 그리스어로 신비적이고 계시적인 깨달음이라는 의미를 지니고 있는 그노시스라는 단어로부터 시작되었기 때문에 그런 사상을 추종하는 사람들을 그노시스파라고 하며 영적 세계에 대한 지식을 추구하는 사람들의 주장이라는 의미에서 영지주의(靈知主義)라고 한다. 영지주의는 다양한 신앙체계로 구성되어 있지만 우주는 데미우르고스(demiourgos)라 불리는 불완전한 신이 창조했으며 이때 데미우르고스는 가장 높은 신의 성령, 즉 프뉴마(pneuma)를 가졌던 신이었다는 점에서는 분파와 상관없이 일치된 견해를 보인다.

데미우르고스는 플라톤의 우주생성론에서 창조신으로 등장한다. 데미우르고스는 선량한 선성(善性)을 본성으로 하고 있어 우주만물이 자신을 닮을 것을 희망했던 신이다. 그래서 태초의 무질서와 부조화에 질서를 부여하고 영원불변의 이데아를 지향함으로써 세상을 하나의 혼(魂)을 가진 살아 있는 이성적 세계로 창조하였다고 전해진다. 그러나 세상은 이데아가 아닌 질료(質料)로부터 탄생되므로 데미우르고스의 세상창조는 한계를 가질 수밖에 없었다. 영지주의자들은 데미우르고스를 아브라함계통의 종교적 신과 동일한 신으로 생각하며 플레로마(Pleroma, 선한 영혼의 원천이라는 뜻)같은 상위의 세계와 동일시한다. 하지만 데미우르고스에 대한 견해는 분파들마다 큰 차이를 나타낸다. 어떤 분파는 데미우르고스가 악의 물질적 화신이라고 주장하는 반면, 또 어떤 분파는 선한 신적인 존재라고 주장한다.

영지주의는 헬레니즘 철학과 유대교 및 기독교와 영향을 주고받았다. 영지주의는 본래 이원론적인 종교운동이었으나 발렌티누스주의(Valentinianism)와 같은 후대의 영지주의 운동은 일원론적인 세계관을 가졌다. 발렌타인데이의 유래가 된 인물로 알려진 발렌티누스(Valentinus)는 3세기 무렵 고대 로마의 초대교회 순교자 가운데 한 사람이었다. 데미우르고스에 대한 다양한 견해와 함께 이러한 세계관의 다양성은 영지주의 운동에 여러 가지 다양한 주장들이 공존하였음을 의미한다. 영지주의 운동가들은 그노시스(gnosis, 깨달음)를 통해 인간의 참된 출발점은 지고한 신성에 있다는 점을 깨닫고 그 깨달음을 통해 인간의 영혼은 물질세계로부터 벗어나 자유로워진다고 주장했다. 따라서 영지주의 운동가들은 그노시스, 즉 신비적 깨달음을 물질세계로부터 해방되고자 하는 인간이 갖추어야 할 필수적인 요소라고 여겼다. 영지주의 운동가들은 인간을 영적 인간, 정신적 인간, 물질적 인간이라는 세 부류의 인간으로 구분하고 그 세 부류의 인간 중 영적 인간과 정신적 인간만이 깨달음에 이를 수 있으며 물질적 인간은 결코 깨달음에 도달할 수 없다고 믿었다. 그들은 물질에 몰입하면 수준 높은 실체에 다가가기 어렵다고 생각했던 것이다.

영지주의자들처럼 신과 자연, 정신과 물질, 빛과 어둠, 선과 악, 영혼과 육체, 영성과 물성 등의 주요한 이원적 원리들은 보는 관점에 따라 대립과 투쟁이 아닌 통합적 관점을 가질 수 있다. 예를 들면 완전한 존재인 신과 불완전한 존재인 자연이 서로 대립할 경우 결국에는 신이 자연을 이기고 신의 의지가 실현된다는 관점을 가진다면 이는 이원론적 견해이다. 반면 자연은 신까지도 포함하는 실체이므로 아무리 신이라 하더라도 자연을 통해서만 신의 뜻을 펼칠 수 있다고 보는 관점을 가진다면 이는 일원론에 해당한다. 이 같은 일원론적 견해가 바로 범신론(汎神論, pantheism)이다.

정신과 물질에 대해서도 동일한 원리를 적용할 수 있다. 정신과 물질은 완전히 다른 개념으로써 서로 대립하고 투쟁하여 어느 한 원리가 다른 한 원리를 누르고 승리한다는 관점을 가지다면 그것은 이원론적 견해이다. 반면 정신은 물질에 영향을 미치고 물질은 정신에 영향을 미치는 상호작용을 통해 서로가 서로를 성장시키고 균형지게 하며 우주적 법칙과 의지를 실현해 간다는 관점을 가진다면 그것은 일원론적 견해이다.

신분사회의 기초를 이루었던 중국의 성리학(性理學)은 이원론적 견해로 유명하다. 성리학은 12세기 남송(南宋)의 주희(朱熹)가 집대성한 유교의 주류학파이다. 성리학이라는 말은 주희가 주창한 성즉리(性卽理)를 축약한 데서 나온 말인데 성리학을 집대성한 주자(주희)의 이름을 따서 주자학이라고도 한다. 주자(朱子)는 북송(北宋)에서 일어난 신학문을 전면적으로 받아들여 그것을 절충하고 체계적으로 집대성했다. 성리학의 핵심은 이기론(理氣論)이다. 특히 이기론 중에서도 이기이원론(理氣二元論)이다. 이기론은 정이천(程伊川)의 2원론(二元論)을 계승하여 더욱 체계화한 것으로서 형이상적(形而上的)논리와 형이하적(形而下的) 논리를 철저히 구분하고 있다. 그래서 성리학을 이원론으로 본다. 또 주돈이(周敦頤, 1017~1073)의 태극론(太極論)을 받아들여 우주는 태극에서 시작하여 음양→오행→남녀→만물의 순으로 발전한다고 보았다. 즉 우주만물은 음(陰)과 양(陽)이 교차하면서 생성되고 변화하고 소멸한다는 것이다. 이렇게 우주만물의 출발점이 똑같은 태극이므로 우주생성의 원리와 인간의 도덕원리는 같다고 보았다.

성리학과 반대로 양명학(陽明學)은 일원론적 견해를 가진다. 양명학은 중국 명나라 중기에 태어난 양명(陽明) 왕수인(王守仁)이 정립한 새로운 유가철학(儒家哲學)이다. 양명학은 기본적으로 성리학과는 대립되는 견해로서 이기일원론(理氣一元論)을 주장한다. 왕양명은 처음에는 성리학(性理學)을 공부하였으나 주자의 성즉이설(性卽理說)과 격물치지설(格物致知說)에 회의를 느끼고 유학자 육상산(陸象山, 1139~1192)의 심즉이설(心卽理說)을 받아들여 지행합일설(知行合一說)을 주장하였다. 쉽게 말하면 효심과 효행을 구분되지 않는 하나로 인식하여 이를 지행합일설로 표현한 것이다. 마음은 기(氣)이고 마음이 갖춘 도덕성은 이(理)라고 한 주자의 견해에 반하여 만물은 일체이며 마음이 곧 이(理)라고 하였다. 따라서 그에게는 인식과 실천이 둘 아닌 하나일 수밖에 없었고 앎과 행함 역시 분리할 수 없는 하나였다. 그의 지행합일설(知行合一說)은 이런 논리체계로부터 도출되었다.

일원론은 서구의 기계주의(機械主義, machinism)와도 맥을 같이 한다. 기계주의란 세상에 존재하는 일체의 존재는 거대한 기계와 같은 구조와 운행원리를 가지기 때문에 서로 뗄 수 없는 연관성을 가진다고 믿는 이데올로기이다. 기계주의자들은 기계의 모든 부품들이 서로 뗄 수 없는 연관관계를 가지고 돌아가듯 세상만물 역시 서로 뗄 수 없는 인과관계를 가지면서 상호작용을 한다고 본다. 환원주의(還元主義, reductionism)도 일원론과 맥을 같이 한다. 환원주의란 복잡하고 추상적인 다양한 현상을 기본적인 하나의 원리나 요인으로 설명하려는 시각이다. 특히 과학철학에서는 관찰이 불가능한 이론적 개념이나 법칙을 직접적으로 관찰이 가능한 경험적 사실로 바꾸어 놓으려는 실증주의적 경향을 가리킨다.

그런 과학적 실증주의의 대표적인 인물은 오스트리아의 과학자 에른스트 마하(Ernst Mach, 1838~1916)이다. 그는 인간의 감각을 통해 인식할 수 없는 것은 인정할 수 없다고 주장했다. 그는 확실하지도 않은 원자의 존재를 인정하지 않고도 여러 물리적 성질을 충분히 설명할 수 있다고 주장한 사람들 중의 대표적인 인물이었다. 그는 소리의 속도보다 더 빠른 속도로 달리는 물체는 음속폭음(音速爆音)으로 번역되는 "소닉 붐(sonic boom)"의 효과를 낸다는 것을 처음으로 밝힌 사람이기도 하다. 흔히 전투기 같은 아주 빠른 비행속도를 나타내는 수를 마하(Mach) 수라고 하는데 이는 그의 이름에서 따온 단위이다.

마하는 자연과학에서 감각기관을 통해 경험할 수 없는 모든 요소를 제거하려고 애쓰는 한편 경험적으로 증명할 수 없는 개념을 적극 반대했다. 그는 과학은 관측된 현상만을 기초로 하여 일반화하는 귀납법을 통해서만 살아남을 수 있다고 확신했다. 마하는 죽을 때까지 세상이 맨눈으로 볼 수 없는 원자와 같은 극소단위로 구성된다는 사실을 인정하려 들지 않았다. 그랬기 때문에 분자나 원자를 통계적으로 다루는 방법을 정립한 볼츠만(Ludwig Eduard Boltzmann, 1844~1906)은 마하를 정면으로 비판했다. 원자의 존재를 두고 벌어진 두 사람의 감정싸움은 1895년에 볼츠만이 빈 대학의 이론물리학 주임교수직을 사직하고 라이프치히로 옮겨갈 정도였다. 1901년에 마하가 오스트리아의 국회의원이 되어 철학과 주임교수 자리를 사직하자 볼츠만은 그때서야 빈으로 돌아와 마하의 자리를 차지했다. 그 같은 마하의 실증주의는 후일 논리실증주의에 큰 영향을 미쳤다.

독일의 철학자 리하르트 아베나리우스(Richard Heinrich Ludwig Avenarius, 1843~1896)도 대표적인 실증주의자였다. 그는 인간의 인식작용을 생물학적으로 분석하고 그에 입각하여 전적으로 순수한 경험에 의해서만 세계를 일원적(一元的)으로 설명하려 하는 순수경험(純粹經驗)철학과 경험비판론을 제창하였다. 그의 그러한 사상은 마하와 함께 현대 논리실증주의 철학에 큰 영향을 미쳤다. 그래서 레닌은 그를 변증법적 유물론의 중요한 논적(論敵)의 한 사람으로 간주하기도 하였다.

아베나리우스가 중시했던 생물학은 모든 생명현상은 직접적인 감각에 의하여 인식되며 그것은 환원 가능한 것이어야 한다는 사실을 바탕으로 한다. 생물학자들은 물리적, 화학적 이론이나 법칙을 통해서는 생명현상을 충분히 설명할 수 없다고 주장하면서 생기론(生氣論)을 내세운다. 17세기 이후부터 일부 생리학자나 철학자들이 제창했던 생기론(生氣論)은 생명현상은 물리적 요인과 자연법칙만으로는 설명할 수 없으며 원리적으로 전혀 다른 초경험적인 생명력의 운동에 의하여 생명은 창조되고 존속되고 진화된다는 이론이다. 생기론자들은 생물에는 무생물과 달리 목적을 실현하는 특별한 생명력이 존재한다고 주장한다. 따라서 물리학이나 화학을 바탕으로 해서는 생명현상의 본질을 충분히 설명하지 못하기 때문에 참된 생명현상을 설명하기 위해서는 환원 가능한 생물학적 시각을 통해서 설명되어야 한다는 것이다.

제3장
물리력 시대의 변화

01 물리력 시대의 탄생

물리력 시대란 물리적 힘을 변화 주력으로 하여 광대한 우주를 창조했던 시대를 말한다. 우주라는 거대한 공간과 무한한 시간을 탄생시킨 최초의 변화 주력은 앞서 말했듯이 인력(引力)이었다. 우주 속에 존재하는 모든 별들은 끌어당기는 힘인 인력의 상호작용에 의해 탄생되었다. 물론 그 인력은 척력을 포함하는 인력이다. 인력(引力)과 척력(斥力)은 동전의 앞뒤와도 같은 관계이기 때문에 그 둘은 나누어 말하지 않아도 함께 존재하는 것이다.

거대한 우주가 인력과 척력이라는 두 가지 물리적 힘의 작용에 의해 탄생되었다는 사실은 참으로 놀랍다. 자동차 한 대를 생산하는데도 2만여 가지의 부품이 필요하다는 사실을 감안할 때 우주처럼 상상할 수 없는 거대한 공간을 생산하기 위해서는 상상할 수 없는 다양한 요소가 작용했을 것 같다. 그러나 우주는 그런 복잡한 요소에 의해 탄생된 것이 아니라 인력과 척력, 즉 수축력과 팽창력이라는 너무도 간단한 두 가지 힘의 작용에 의해 탄생되었다. 참으로 위대한 진리는 참으로 간단하다는 말은 이를 두고 하는 말인지도 모른다.

인력과 척력이라는 두 가지 물리력은 아무도 만들어 준 자가 없다. 우주의 탄생 이전에는 아무것도 존재하지 않았으므로 그 두 힘을 만들어 줄 존재가 없었을 것임은 자명하다. 물론 신학자들은 신이 그 두 힘을 만들었다고 주장할 수 있다. 그러나 그것은 신학자들의 일방적인 주장일 뿐 과학적으로 입증되지 않은 주장이다. 그러면 그 두 힘은 어디서 나왔을까? 과학적 관점에서 볼 때 우주는 스스로 그 두 힘을 만들었다고 말할 수밖에 없다. 왜냐하면 그 두 힘이 어디서 생겼는지는 모르지만 두 힘이 우주 속에 존재하고 있다는 사실만은 분명하기 때문이다. "자연"이라는 단어는 "스스로 존재하는 것"이라는 뜻인데 광활한 우주를 두고 대자연이라고 이름을 붙인 이유는 예부터 우주는 스스로 존재하는 것이라고 믿었기 때문이다.

우주의 경우처럼 만든 자를 알지는 못하지만 실존하고 있음은 사실인 경우 인간이 선택할 수 있는 사고의 방향은 두 가지 뿐이다. 하나는 스스로 만들었다고 가정하는 것이고, 다른 하나는 만든 자가 있다고 가정하는 것이다. 과학은 확인되지 않은 사실을 사실로 인정할 수 없다는 관점에서 스스로 만들었다고 가정하는 쪽을 선택했고, 종교는 만든 자가 있다고 가정하고 그 만든 자를 신(神)이라고 명명했다. 그래서 과학적 관점에서 보면 우주는 스스로 만든 자연 세계이고, 인문적, 종교적 관점에서 보면 우주는 절대자에 의해 만들어진 신의 세계이다. 필자는 과학적 관점을 존중하여 처음부터 끝까지 우주는 스스로 만든 자연 세계라는 입장을 견지할 것이다.

과학적 자연관에서 볼 때 우주사회를 출범시킨 변화 주력은 물리력이었다. 왜냐하면 팽창과 수축이라는 물리력의 반복적 작용에 의해 별이 생겨나고 은하가 만들어지고 마침내 거대한 우주가 탄생되었기 때문이다. 태양 역시 팽창과 수축이라는 물리력이 만들어 낸 천체이고, 지구 또한 동일한 물리력이 만들어 낸 수많은 천체 중의 하나이다. 이 물리력 시대는 우주 역사 중에서도 가장 긴 시간으로써 지구가 탄생하기 이전까지를 기준으로 할 경우 약 105억 년 정도 지속되었다.

약 105억 년이라는 장구한 물리력 시대의 출발점은 대폭발(大爆發, Big Bang)이다. 빅뱅으로 우주가 탄생되고 수많은 별들이 생겼을 때 우주 속에는 오직 물리적 힘에 의해 모이고 흩어지는 물질들만 있었다. 일반적으로 물리적 힘, 즉 물리력은 중력, 전자기력, 강력, 약력이라는 네 가지 힘으로 나누어진다. 중력(重力, gravity)이란 지구가 물체를 중심 방향으로 잡아당기는 힘을 말한다. 바로 이 중력이 작용하기 때문에 사람을 비롯한 모든 생물, 무생물이 공중에 떠다니지 않고 지구표면에 붙어있게 된다. 인공위성을 타고 달나라로 올라간 사람들이 위성 속에서 둥둥 떠다니는 것을 볼 수 있는데 이는 물체를 지구중심방향으로 끌어당기는 중력이 없기 때문이다.

▎우주팽창설

빅뱅(Big Bang)설을 확고한 이론으로 정립시킨 일등 공로자는 바로 에드윈 허블(Edwin Powell Hubble, 1889~1953년)이었다. 러시아의 프리드만(Friedemann, 1888~1925년)이 우주팽창론을 발표한 2년 후인 1924년, 미국 캘리포니아 주의 팔로마(Paloma)산 천문대에서 일하던 미국의 천문학자 허블은 멀리 있는 은하가 지구로부터 멀어지면 멀어질수록 더 빨리 지구로부터 멀어져 간다는 사실을 발견하게 되었다. 그는 또 은하들이 지구로부터 멀어져 가는 속도 역시 프리드만 방정식이 주는 이론적 수치와 일치한다는 사실도 확인했다. 이것이 "은하는 멀어지면 멀어질수록 더 빨리 멀어져 간다"는 허블의 법칙이다. 허블의 이 법칙은 프리드만의 우주팽창론을 강력히 뒷받침하는 것이었다. 그 결과 1931

년 아인슈타인은 빌렘 드 지터(Willem de Sitter)에게 우주변화의 계산식에서 우주상수를 없애는 것이 옳다는 편지를 보내게 되었다. 프리드만이 주장하고 허블이 입증한 우주팽창설은 다음과 같은 세 가지 물리적 결론을 내리게 한다.

첫째, 우주가 팽창하고 있다면 그 팽창의 시간을 거슬러 올라갈 경우 모든 물질이 한 점에 모였던 우주의 탄생시점에 이를 수 있다는 결론이다.

둘째, 우주의 팽창속도는 빛의 속도보다 빠를 수 없지만 은하가 지구로부터 멀어지면 질수록 팽창속도는 증가하게 되므로 어느 한계 거리에 이르면 은하의 후퇴속도와 빛의 속도가 일치하게 되므로 우주의 끝을 알 수도 있다는 결론이다.

셋째, 엔진의 실린더(cylinder)처럼 온도가 높았던 시간에 만들어진 열복사선이 지금도 우주의 도처에 남아 있을 수 있다는 결론이다. 실제로 이 열 복사선은 우주 곳곳에 존재하고 있음이 확인되었고 이를 학계에서는 우주배경복사선(宇宙背景輻射線)이라고 부른다.

1965년 발견된 우주배경복사선은 대폭발설을 대표적인 우주론으로 정착시키는데 결정적 역할을 했다. 이 우주배경복사선을 발견한 미국 벨연구소의 두 공학자 펜지아스(Arno Allan Penzias)와 윌슨(Robert W. Wilson)이 1970년대에 우주학 분야에서는 정말 받기 힘든 노벨상을 수상한 것만 보아도 그 위력은 짐작된다. 펜지아스와 윌슨은 인공위성과 지상 교신국 간의 송수신 상태를 점검하는 과정에서 이상한 배경 잡음을 포착했다. 처음에 그들은 그 잡음의 원인이 기계에서 나타나는 것으로 알고 모든 기계의 배선상태를 다 뜯어보고 다른 시설을 재점검했다. 그러나 그 잡음들은 어느 한계까지만 줄일 수 있었을 뿐 절대로 완전히 없앨 수 없었다. 그런 과정을 거치면서 그들은 그 잡음이 우주 자체에서 생기는 것이라는 결론에 도달했다. 그들이 밝혀 낸 배경 잡음의 정체는 절대온도인 섭씨 영하 270도로 식어 버린 열 복사선이었고 이는 안테나의 방향에 상관없이 모든 방향에서 일어나고 있었다.

우주배경복사선이 입증하는 대폭발설은 우주탄생의 비밀을 풀어주는 열쇠가 된다. 관측된 은하가 지구로부터 멀어져 가는 속도, 즉 우주의 평균 팽창률을 바탕으로 과거 모든 물질이 한 점에 모여 있을 때까지의 시간을 환산해 보면 대략 150억 년이 된다. 이는 우주가 150억여 년 전 시공간이 하나로 결집된 작은 점에서 탄생되었음을 의미한다. 그렇다면 우주탄생점 이전에는 무엇이 있었을까? 이 질문에 답할 수 있는 사람은 아직 아무도 없다. 그 해답은 현대과학으로도 풀지 못하는 신비의 난제로 남아 있다.

다만 대폭발 이전에는 시간이 멈추고 공간적 부피가 사라진 상태였을 것이라고 짐작할 뿐이다. 시간이 멈춘 상태란 마치 달리든 기차가 멈춘 상태와도 같고 공간이 사라진 상태란 물리적으로 점입자 상태와도 같다. 물리적 점입자란 위치는 있지만 공간적 부피는 없는 특수한 상태를 지칭한다. 이는 참으로 이상한 상태이다. 어떻게 부피 없는 물체가 존재할 수 있단 말인가? 그 명확한 답을 제시한 사람은 없으나 그 특별한 속성에 대해서는 수십 년 전부터 연구되고 있다.

허블이 관측한 우주의 팽창현상은 은하의 움직임을 통해 알 수 있다. 예를 들면 M81이라는 아주 거대한 나선(螺線)은하(큰곰자리에 있는 나선은하)는 초당 약 100km로 지구로부터 멀어져 가고 있는데 지구와 이 은하 사이의 거리는 약 1천만 광년이다. 또 처녀자리 은하단(The Virgin cluster of galaxies)은 초당 약 1,000km의 속도로 지구로부터 멀어져 가고 있는데 이 은하의 지구로부터 거리는 대략 1억 5천만 광년이다. 히드라 은하단(The Hydra Cluster of Galaxies)은 초당 약 60,000km의 속도로 지구로부터 멀어지고 있는데 이 은하는 지구로부터 무려 수십억 광년 이상 떨어져 있다. 지금까지 관측된 우주물체 중 지구로부터 가장 멀리 떨어진 물체는 퀘이사(quasar)라는 유사 은하로 지구로부터 멀어지는 후퇴속도가 초당 24만km에 이르는 것으로 알려져 있다.

┃ 천동설과 지동설

우주의 신비를 가장 먼저 풀어보고자 했던 인물은 2세기경 활동한 것으로 알려진 그리스의 천문학자 프톨레메우스(Claudius Ptolemaeus, 서기 85?~165?)였다. 그는 고대의 위대한 과학자로서 지구 가까이 있는 모든 별은 지구를 중심으로 돌고 있다는 천동설(天動說, Geocentric theory)을 주장한 인물이다. 그의 주장에 의하면 지구는 우주의 중심으로서 우주의 모든 별들은 지구의 영향을 받는다는 것이다. 그것이 바로 천동설이다. 그는 그런 그의 주장을 증명하기 위해 수학적 원을 동원했다.

그에 의하면 우주는 거대한 원이고 지구는 그 원의 중심에 있기 때문에 절대로 움직이지 않는다는 것이었다. 말하자면 콤파스로 원을 그릴 때 중심점은 고정되어있는 것처럼 지구는 우주의 중심점으로서 움직이지 않는 항성이고 그 지구를 중심으로 하여 태양을 비롯한 수성, 금성, 화성, 목성 등등의 행성들이 일정한 궤도를 그리며 움직인다고 주장했다.

그는 그런 전제하에 수학적으로 행성의 움직임을 정확히 계산하고 일식과 월식의 날짜까지 예견했다. 또 그는 바빌로니아 시대 이후로 누적되어 온 일식과 월식의 기록을 자신의 이론에 적용시켜 우주의 크기는 지구 크기의 2만 배라는 결론을 내리기도 했다. 이 수치는 오늘날 알려진 지구와 태양 간의 거리에 해당하는 거리로써 약 1억 5천만 km에 이르는 것이다. 망원경이 발명되기 이전에 그가 이렇게 정확한 계산을 해냈다는 것은 정말 놀라운 일이 아닐 수 없다.

그의 천동설은 오직 원이라는 간단한 기하학적 모형 하나만으로 행성의 갖가지 복잡한 운동을 명쾌히 설명하고 있다. 그런 기하학적 완벽성 때문에 천동설은 무려 1,400여 년간 진리로 받아들여져 왔다. 그랬기 때문에 니콜라이 코페르니쿠스(Nicolaus Copernicus, 1473~1543년)의 지동설이 발표되었을 때 지동설을 지지하는 사람보다 오히려 비판하는 사람들이 더 많았다. 천체물리학의 아버지라 불리는 케플러마저도 처음에는 천동설의 수학적 오류를 찾을 수 없었다고 했다. 그래서 후일 행성의 궤도가 원이 아닌 타원형임을 발견한 순간 그는 평생의 작업이 헛수고였다고 탄식했다는 것이다. 어쨌든 그의 천동설은 중세 암흑시대 동안 교황청에 의해 받아들여짐으로써 코페르니쿠스의 지동설이 나오기까지 천문학은 무지의 암흑 속에 갇혀 있어야만 했다.

수학적으로 빈틈이 없었던 천동설이 무너지기 시작한 것은 망원경을 통해 우주를 관측했던 갈릴레이가 지동설을 주장하면서부터였다. 갈릴레이는 망원경을 통해 우주를 관찰한 결과 프톨레마이오스의 천동설은 잘못이며 코페르니쿠스의 지동설이 옳다는 사실을 깨닫게 되었고, 그로써 무려 1,400여 년 동안 진리로 받아들여졌던 천동설은 막을 내리고 말았다.

오늘날 가장 신뢰성 있는 이론으로 받아들여지고 있는 빅뱅(대폭발) 이론은 아인슈타인과 당대의 유명한 수학자 드 지터(de Sitter, Willem, 1872~1934년)의 우주 모형에서 비롯되었다. 그들은 휘어진 4차원 공간,

정경천법(政經天法) — 제1권 자연력 시대

즉 리만(Rieman)공간[2] 내에 어떤 물질이 존재할 때 그 공간의 시간적 변화가 만들어내는 우주방정식의 수학적 답을 구함으로써 우주의 출발점을 찾고자 했다. 그 결과 그들이 찾아낸 결론은 우주는 살아 있는 생물처럼 나이를 먹어 감에 따라 커지기도 하고 줄어들기도 한다는 것이었다.

우주가 인간처럼 나이를 먹으면서 커지기도 하고 적어지기도 한다는 사실은 그 당시로서는 참으로 받아들이기 힘든 충격적인 사실이었다. 왜냐하면 그들은 우주란 어제도 오늘도 똑같은 모습을 지닌 영원불멸한 것이라고 믿었기 때문이다. 그래서 그들은 수학적으로는 아무런 하자가 없으면서도 물리적으로는 다른 의미를 가질 수 있는 "우주상수"라는 새로운 항을 하나 끼워 넣게 되었고 그렇게 함으로써 그들이 처음 가정했던 대로 팽창과 수축이 없는 수학적으로 영원한 우주를 탄생시킬 수 있었다.

하지만 그들이 우주상수를 끼워 넣어 우주를 영원한 것으로 만든 날로부터 3년 후 아인슈타인은 33세에 불과한 러시아의 젊은 과학자 프리드만(Alexander Friedmann, 1888~1925년)이라는 사람으로부터 한 통의 편지를 받게 되었다. 그 편지 내용은 아인슈타인과 드 지터가 잘못된 계산식으로 잘못된 물리적 해석을 내렸다는 것이었다. 프리드만은 우주가 팽창하는 정확한 물리적 속성을 아주 쉬운 예를 들어 설명하면서 우주가 팽창할 수 있다고 주장함과 동시에 1922년 권위 있는 학술지에 대폭발이론과 함께 우주팽창론에 대한 연구논문을 발표했다.

---

2) 리만(Rieman)공간이란 부분적 작은 공간에서는 각 점의 길이가 직선처럼 보이지만 공간 전체를 놓고 보면 휘어져 있는 곡선처럼 보이는 것을 말한다. 즉, 넓은 원형경기장을 1미터씩 잘라놓고 보면 직선처럼 보이지만 경기장 전체를 놓고 보면 곡선으로 연결되어 있는 것과 같은 이치를 말한다.

그러나 그 논문은 1925년, 그가 죽기 전까지 아무도 주목하지 않았다. 서구사회에 대폭발이론이 본격적으로 소개되기 시작한 것은 1927년 벨기에 천문학자 게오르게 A. 르메트르(Lemaitre, Abbe Georges, 1894~1966)가 그다지 알려지지 않은 학술지에 거의 비슷한 내용의 논문을 발표하면서부터였고 그래서 지금도 서구 학계에서는 르메트르(Lemaitre)를 대폭발이론의 아버지로 손꼽고 있다. 즉, 르메트르는 우주가 무한히 작은 점, 즉 "원시 원자"에서 출발했다고 주장함으로써 현대적 빅뱅이론의 시조(始祖)로 인식되고 있다.

지동설을 인정하지 않았던 교회의 이러한 잘못은 오늘날도 반복되고 있는지 모른다. 교회는 예수가 탄생되기 이전에도 이미 하나님은 존재했으며 바로 그 하나님이 우주만물을 창조했다는 창조론을 여전히 고수하고 있다. 그 결과 교회는 지금도 우주만물은 진화의 결과 탄생된 것이라는 진화론을 거부하고 있다. 그러나 한 가지 분명한 사실은 진화론은 과학적으로 입증되고 있는 사실인 반면 창조론은 인문학적 상상론에 지나지 않는다는 것이다. 더욱이 빅뱅이론 같은 물리적 현상을 두고 우주를 만들기 위한 신의 행위로 단정하고 있는 것은 받아들이기 어렵다. 만유인력에서 보듯 사과가 떨어지는 것은 신의 계시가 아닌 단순한 물리적 작용일 뿐이다.

| 우주생명체론

과학적 우주론은 생명론을 출발점으로 한다. 즉 우주공간 속에 존재하는 것은 그것이 무엇이건 생명활동을 하는 생명의 주체라는 우주생명론에서부터 시작한다. 천문학자들이 과학적으로 입증하고 있는 것처럼 별은 단순한 가스덩어리가 아니라 태어나고 소멸하는 생명 덩어리이다. 마찬가지로 그런 별의 생명인자를 이어받은 모든 우주만물은 그것이 바위나 흙 같은 무생물이든, 식물이나 동물 같은 생물이든 모두 나름대로의 생명활동을 하며 그들의 일생을 살아간다. 그러므로 생과 사는 인간사회 혹은 동식물사회의 전유물이 아니라 우주만물이 공통적으로 가지고 있는 우주사회의 공유물이라는 것이다. 즉 살고 죽는 생멸현상은 우주만물이 공유하고 있는 보편성이다. 은하도 생멸하고, 별도 생멸하고, 무생물도 생멸하고, 생물도 생멸한다.

또 생물체만 의식을 가진다는 주장도, 생물체만 영혼을 가진다는 주장도 어리석기 짝이 없는 주장이다. 우주만물은 모두 생명활동을 하는 생명체이고 생명체이기 때문에 그 유전자를 이어받은 인간이 생명체일 수 있는데 어떻게 동일한 생명활동을 하는데도 불구하고 별과 무생물은 의식이 없고 의식이 없기 때문에 영혼이 없다고 단정할 수 있단 말인가? 인간에게 영혼이 있다면 인간에게 생명인자를 물려준 최초의 조상인 별들 또한 영혼을 가지고 있어야 한다. 별들이 가지고 있지 않은 것을 인간에게 물려줄 수는 없었을 것이기 때문이다. 그런 의미에서 물리력 시대는 단순한 무기물 시대가 아닌 의식과 영혼을 가진 선인사회의 출발점이었다고 볼 수 있다.

| 열린 우주와 닫힌 우주

우주가 팽창하고 있다면 그 우주는 영원히 팽창할 것인가? 아니면 언젠가 대(大)수축을 통해 소멸하고 말 것인가? 현재까지 알려진 바에 의하면 물질의 양이 일정 기준치 이하이면 우주는 영원히 팽창하고 그 이상이면 언젠가 어느 한 점으로 수축되어 소멸해 버린다고 한다. 그래서 영원히 팽창하는 우주를 열린 우주라 하고 수축되어 소멸해 버리는 우주를 닫힌 우주라 한다. 현재로서는 우주가 영원히 팽창할지 혹은 소멸할지 누구도 단언할 수 없다. 다만 천체망원경을 통해 찾아낸 물질의 양을 기준으로 할 때 우주는 계속 팽창할 것이라고 믿어진다.

| 물질요동

우주에는 물질이 고르게 분포되어 있지 않다. 즉 물질의 밀도는 우주의 곳곳에서 장소에 따라 평균 밀도보다 큰 곳도 있고 작은 곳도 있다. 이런 밀도변동을 "물질요동"이라고 한다. 1922년 미국 버클리대학의 입자천체물리그룹은 이 물질요동을 포착하는 데 성공했다. 이러한 요동을 찾기 위해 특별히 제작 발사된 코비(Cobe)라는 인공위성을 통해 우주복사선이 지닌 10만 분의 6정도의 통계적 요동을 잡아낸 것이다. 이 코비위성의 덕택으로 우주의 나이가 10만여 년이었을 때 현재 은하나 별들의 모체가 될 수 있는 조그만 물질 요동의 씨앗들이 정말로 존재했다는 사실을 알게 되었다.

하지만 이러한 미소요동의 발견은 새로운 과제를 안겨주고 있다. 우주의 나이가 10만여 년이었을 때 존재했던 10만 분의 6 정도의 통계적 물질요동이 어떻게 지난 150억 년 동안 현재 밤하늘에 보이는 은하, 은하군, 별, 성단 등의 응축물질로 변할 수 있었느냐는 것이다. 물론 중력이 있으니 그러한 물질 요동들은 만유인력으로 주변물질들을 끌어모으며 천천히 커 온 것이라 대답할 수 있다. 그러나 문제는 그렇게 커가는 속도가 너무 느린 데 있다. 우주 나이 150억 년이란 시간은 초기 10만 분의 6 정도의 요동들이 별이나 은하로 자라기에는 너무나 짧은 시간이기 때문이다.

02 물리력 시대의 생산주력

물리력 시대는 문자 그대로 물리력에 의해 우주가 변해갔던 시대이다. 따라서 물리력 시대의 생산주력은 당연히 물리력이 될 것이다. 물리력, 즉, 물리적 힘이란 모두 손에 잡히는 물질적 힘이다. 정신적 힘은 어떤 경우에도 그런 물리적 힘을 이길 수 없다. 예를 들면 산사태가 무너지면 어떤 정신적 힘으로도 무너져 내리는 그 흙더미를 막아낼 수 없다. 전쟁의 경우도 마찬가지이다. 어떤 정신력으로도 선비가 총칼로 무장한 병사를 이길 수는 없다.

물리력 시대는 정신이 통하는 시대가 아니라 그런 물리력이 통하는 시대였다. 물리력이 작용하면 변하고 그렇지 않으면 변하지 않는 아주 단순한 시대였다. 강한 물리적 태양열이 작용하면 계절이 바뀌고 그에 따라 만물이 바뀌어 갔다. 태풍이라는 강한 물리적 힘이 작용하면 강이 생기고 호수와 하천이 생겼다. 지진이라는 강한 물리적 힘이 작용하면 바다가 솟아오르고 산이 무너져 내렸다. 원시지구는 그런 물리력에 의해 점점 새로운 모습으로 변해갔던 것이다. 물리력을 우주 변화의 첫걸음으로 보는 이유는 바로 이 때문이다.

03 물리력 시대의 구성요소

┃ 시간과 공간

물리력 시대가 만들어 낸 가장 위대한 작품은 시간과 공간이다. 정지된 공간은 시간을 만들지 못한다. 우주의 나이가 약 150억 년이라는 말속에는 우주라는 거대한 형체를 전제로 하는 공간개념과 150억 년이라는 길고 긴 시간개념을 전제로 하는 것이다. 달력이 만들어진 역사를 보면 이를 쉽게 이해할 수 있다. 태양과 지구라는 공간이 상호작용을 하며 존속하기 때문에 일 년 365일이라는 시간이 생겼다. 만일 태양과 지구라는 공간이 없어지고 따라서 그들의 상호작용에 의한 공전과 자전의 주기가 없어진다면 달력의 시간도 사라지고 말 것이다.

공전과 자전의 주기란 바로 공간의 변화주기이다. 따라서 공간이 있는 곳에는 시간이 있고, 반대로 공간이 사라진 곳에는 시간도 사라진다. 시간은 마치 물체의 그림자처럼 공간이 있는 곳에는 반드시 존재하는 공간의 필연적 종속물이다. 그런 의미에서 시간과 공간은 둘로 나눌 수 없는 시공일체이다. 공간적 형체를 가진 사람이 있기 때문에 시간적 나이를 먹듯 우주라는 공간적 형체가 있기 때문에 우주적 시간이 존재한다. 태양이 발산하는 빛이 없고 지구가 만들어 내는 비바람이 없고 그래서 생물이 존재하지 않는다면 태양적 시간도, 지구적 시간도 모두 존재하지 않을 것이다.

시간과 공간을 합쳐서 부르는 시공간(時空間, space-time)이론을 보아
도 그렇다. 겉으로 보면 고전물리학적 시공간과 아인슈타인 이후의
물리학적 시공간은 서로 다르다. 고전물리학에서는 뉴턴역학을 근거
로 하여 시공간을 절대적인 것으로 보고 따라서 시공간은 보편성, 균
일성, 객관성을 지닌다고 보았다. 하지만 아인슈타인의 상대성이론이
제기된 후에는 시공간도 상대적인 것으로 보고 따라서 시공간은 보편
성, 균일성, 객관성을 가지지 않는다고 본다.

상대성이론에 의하면 모든 공간적 현상의 추이시간(推移時間)은 그 현
상이 펼쳐지는 공간이 가지는 중력의 영향을 받으므로 관측자에 대
한 상대운동도 당연히 그 영향을 받게 된다. 그러므로 엄밀한 의미에
서 보편성, 균일성, 객관성을 갖춘 절대적 시간은 존재하지 않는다.
하지만 시공간이 절대적이든 상대적이든 분명한 한 가지 사실은 그런
논란이 문제되기 위해서도 먼저 시공간 자체가 존재해야 한다는 것이
다. 없는 시공간을 놓고 절대적이냐 상대적이냐를 문제 삼을 수는 없
기 때문이다. 물리력은 바로 그 논란의 출발점이 되는 시공간을 만든
장본인이다.

물리력이 만들어 낸 우주의 여러 별은 크게 3가지로 나누어진다. 스
스로 태양처럼 빛을 내는 별을 항성(恒星)이라 하고, 지구처럼 항성의
주위를 도는 별을 행성(行星)이라 하고, 달처럼 행성의 주위를 도는 별
을 위성(衛星)이라 한다. 그리고 이 같은 여러 종류의 별들을 모두 거
느리고 있는 거대한 별의 집단을 은하라고 한다. 이렇게 보면 항성은
은하의 지배를 받고 행성은 항성의 지배를 받고 위성은 행성의 지배
를 받는다고 볼 수 있다. 물론 그 외에도 소행성과 혜성 같은 별들이

있기는 하지만 우주에서 차지하는 비중은 극히 미미하다. 이 같은 별들의 지배와 종속관계는 중앙정부가 지방정부를 거느리고 지방정부가 시·도를 거느리는 인간사회의 지배와 종속관계를 그대로 대변한다. 이 또한 인간사회가 선인사회인 대자연의 유전인자를 그대로 이어받았음을 입증한다.

▎거리와 상호영향력

인간이 살고 있는 지구의 지배자라 할 수 있는 태양의 지름은 139만km로서 지구 지름의 109배에 이르고 태양의 겉넓이는 지구의 12,000배에 이른다. 이는 지구를 130만 개나 골고루 쪼개 넣은 것과도 같은 크기이다. 또 태양의 무게는 지구의 333,000배에 달한다. 그런 태양은 8개의 행성을 거느리고 있다. 그 8개의 행성들은 태양과 떨어져 있는 거리에 비례하여 태양 주위를 도는 주기가 달라진다.

태양으로부터 가장 가까이 있는 수성은 태양으로부터 약 6,000만km 떨어져 있고 태양의 주위를 한 바퀴 도는 데는 88일이 걸린다. 두 번째 가까이 있는 금성은 태양으로부터 약 1억km 떨어져 있고 태양의 주위를 한 바퀴 도는 데는 224일이 걸린다. 세 번째로 멀리 떨어져 있는 지구는 태양으로부터 약 1억 5,000만km 떨어져 있고 태양의 주위를 한 바퀴 도는 데는 365일이 걸린다. 네 번째로 멀리 떨어져 있는 화성은 태양으로부터 약 2억km 떨어져 있고 태양의 주위를 한 바퀴 도는 데는 687일이 걸린다. 다섯 번째로 멀리 떨어져 있는 목성은 태양으로부터 약 8억km 떨어져 있고 태양의 주위를 한 바퀴 도는 데는 12년이 걸린다. 여섯 번째로 멀리 떨어져 있는 토성은 태양으로부터 약 14억km 떨어져 있고 태양의 주위를 한 바퀴 도는 데는 30년이 걸린다. 일곱 번째로 멀리 떨어져 있는 천왕성은 태양으로부터 약 30억km 떨어져 있고 태양의 주위를 한 바퀴 도는 데는 80년이 걸린다. 여덟 번째로 가장 먼 곳에 있는 해왕성은 태양으로부터 약 45억km 떨어져 있고 태양의 주위를 한 바퀴 도는 데는 164년이 걸린다. 과거에는 태양으로부터 약 60억km 떨어져 있고 태양의 주위를 한 바퀴 도는 데 무려 250년이 걸리는 명왕성도 태양의 제9행성으로 분류하였으나 2006년에 국제천문연맹(IAU)이 지구형 행성이나 목성형 행성의 특징을 가지고 있지 않다는 결론을 내림으로써 이후부터는 행성이 아니라 세레스(Ceres), 이리스(Iris)와 함께 왜소행성(dwarf planet)으로 새롭게 분류되었다.

태양의 영향을 받는 행성들의 이 같은 공전주기는 한 가지 사실을 말해준다. 위에서 보듯 태양으로부터 가까우면 공전주기가 빨라지고 멀면 공전주기가 길어지는데 이는 태양과 가까울수록 태양의 영향을 많이 받고 멀수록 적게 받기 때문이다. 여기서 우리는 한 가지 과학적 결론을 내릴 수 있다. 그것은 "상호작용은 거리에 정비례한다"는 것이다. 즉 떨어져 있는 거리가 가까우면 가까울수록 상호영향력은 커지고 멀면 멀수록 작아진다. 수성은 가장 가까운 곳에 있기 때문에 가장 많은 영향을 받아 공전주기가 제일 빠르고 해왕성은 가장 먼 곳에 있기 때문에 가장 적은 영향을 받아 공전주기가 가장 느리다.

이러한 법칙은 우주적 차원에서만 일어나는 것이 아니다. 지구와 지구 위에 존재하는 일체만물과의 관계에서도 동일한 법칙이 성립한다. 뉴턴의 만유인력 법칙에서 보듯 사람이 땅 위를 서서 걸어 다니는 것은 지구라는 거대한 땅덩어리가 강력한 힘으로 사람을 꽉 붙잡아 주고 있기 때문이다. 땅덩어리가 사람 발목을 잡고 있기 때문에 사람이 땅위를 걸어 다닌다는 사실은 언뜻 받아들이기 힘든 일일 수도 있다. 생명 없는 무생물인 땅덩어리가 어떻게 사람을 잡아당긴단 말인가? 그러나 과학적 관점에서 보면 이는 거부할 수 없는 진실이다. 마치 자석 끝에 쇠막대를 갖다 대면 쇠막대가 자석에 달라붙어 꼿꼿이 서 있듯이 지구라는 거대한 자석이 사람이라는 인간막대기를 꼿꼿이 세워 놓고 있는 것이다.

지구가 이렇게 사람을 비롯한 지구만물을 지구 위에 꼿꼿이 서 있게 하는 것은 바로 지구가 중력이라는 끌어당기는 힘을 가지고 있기 때문이다. 단순한 흙덩어리에 불과한 지구가 끌어당기는 강한 힘을 가지고 있다는 사실은 참으로 흥미롭다. 일반적으로 우리는 눈에 보이는 모래알 하나 혹은 흙덩이 하나는 아무런 힘도 없는 고체 덩어리에 불과하다고 생각한다. 하지만 과학적 눈으로 보면 그것은 지구만물을 지구 위에 머물게 하는 강력한 힘을 가진 생명체인 동시에 비바람을 일으키는 진원지가 된다. 우주물질이 서로 끌어당기는 인력에 의해 서로 뭉쳐 지구가 만들어진 만큼 인력이라는 우주의 법칙이 지구에도 동일하게 적용될 것임은 너무도 당연한 일이다.

또 끌어당기는 인력이든 밀치는 척력이든 가까울수록 강하게 영향 미친다는 우주의 법칙은 인간사회에 그대로 적용된다. 부부는 무촌(無寸), 즉 인간관계의 영순위적 출발점이므로 서로에게 가장 많은 영향을 주고받는 일차적인 대상이다. 그래서 부부는 가장 사랑하는 대상인 동시에 가장 미워하는 대상이다. 자식은 1촌이므로 그다음으로 가까운 거리에 있고 따라서 그다음으로 사랑하고 미워하는 대상이다. 형제는 2촌이므로 1촌 다음으로 애증을 일으키는 주체이다. 이렇게 인간사회에서도 상호작용은 거리에 정비례한다. 가까울수록 상호작용은 강해지고 멀수록 상호작용은 약해진다. 세상을 살아 본 사람이라면 우리를 기쁘게 하는 대상도, 슬프게 하는 대상도 항상 우리들 가까이 있다는 사실을 모를 사람은 없을 것이다. 부부간의 사랑은 서로를 너무 기쁘게 하지만 부부간의 미움은 서로를 너무 슬프게 한다. 자식과의 관계도 그렇다. 부자(父子)간의 사랑은 서로를 더 없이 기쁘게 하지만 부자간의 미움은 서로를 더 없이 슬프게 한다. 이 작은 하나의 원리에서도 우리는 선인사회와 인간사회가 전혀 다른 별개의 사회가 아님을 다시 한번 깨닫게 된다.

여덟 개의 행성들은 대부분 작은 위성들을 몇 개씩 거느리고 있는데 수성, 금성, 해왕성, 명왕성은 위성을 거느리지 않는 별이다. 지구는 달을 거느리고 있고 화성은 두 개의 위성을 거느리고 있고 목성은 12개의 위성을 거느리고 있고 토성은 밀짚모자 챙처럼 생긴 둥근 모양의 아름다운 고리를 가지고 있고 천왕성은 5개의 위성을 거느리고 있다. 이 같은 태양계는 인간사회의 가족체계와도 동일하다. 태양은 부모와 같고 8개의 행성은 자식과 같고 행성이 거느리고 있는 위성은 손자와 같다.

04 물리력 시대의 불변법칙

❘ 환경적응설

인간은 누구나 광활한 들판을 걸으며 시원한 공기를 마실 때 자유를 느낀다. 그러나 지구의 끌어당기는 힘인 중력을 놓고 볼 때 그 자유는 태어나면서부터 지구의 끌어당기는 힘에 적응되어 끌림 현상을 느끼지 못하는 자유일 뿐이다. 인간이 느끼는 자유는 그렇게 환경에 적응된 자유에 불과하다.

이런 이치는 모든 인간생활을 지배하고 있다. 인간이 느끼는 맛도 환경에 적응된 맛이다. 한국인에게는 된장이 최고의 맛이지만 서양인에게는 치즈가 최고의 맛이다. 그러나 그 최고의 맛은 환경에 적응된 맛이지 결코 절대적 최고의 맛이 아니다. 백인, 황인, 흑인의 피부색도 환경에 적응된 피부색이지 절대적인 최고의 피부색이 아니다. 어부에게는 고기 잡는 기술이 최고의 기술이고 농부에게는 농사짓는 기술이 최고의 기술이며 사냥꾼에게는 사냥하는 기술이 최고의 기술이다. 그런 기술 또한 절대적 최고의 기술이 아닌 환경에 적응된 기술일 뿐이다. 인간은 어떤 경우에도 그런 지구적 환경을 벗어나 존재할 수 없다. 오직 환경에 적응하며 살아갈 뿐이다.

| 인간사회의 물리적 법칙

지구가 가지는 중력이 인간에게 가르쳐 주는 또 하나의 분명한 사실은 변화는 물체가 지니는 힘에 의해 생긴다는 것이다. 별이 지니는 인력은 별의 크기에 비례한다. 태양의 무게는 지구보다 33만 배 이상 크기 때문에 그만큼 더 큰 인력을 가지며 그렇기 때문에 8개의 행성을 거느린다. 지구는 태양보다 작은 인력을 가지기 때문에 겨우 달이라는 위성 하나만 거느린다. 이는 어떤 이론으로도 부인할 수 없는 엄연한 물리적 법칙이다.

인간은 그런 우주적 법칙을 이어받은 존재이므로 그 우주적 법칙을 떠나서 존재할 수 없다. 쇠망치로 유리판을 내려칠 때 유리가 깨지는 것은 쇠망치의 힘이 유리판의 저항력보다 크기 때문이다. 마찬가지로 강대국이 약소국을 공격하면 약소국은 무너지기 마련이다. 이런 우주 법칙에 의해 힘없는 정의는 항상 불의가 된다. 이는 인간의 어떤 기도로도 돌이켜 놓을 수 없는 분명한 물리적 법칙이다. 만일 그런 분명한 물리적 법칙을 종교적 힘, 혹은 기도의 힘으로 바꾸어 놓을 수 있다고 외치는 자가 있다면 그 자는 누가 봐도 정상인이 아닌 정신병자이다.

물리적 변화의 출발점인 중력은 별의 질량에 비례한다. 질량이 큰 별은 큰 중력을 지니고 질량이 작은 별은 작은 중력을 지닌다. 지구가 태양의 주위를 도는 행성인 이유는 태양의 무게가 지구보다 약 33만 배나 많아 그만큼 큰 힘을 지니기 때문이다. 말하자면 지구를 끌어당기는 태양의 힘이 너무 강하기 때문에 지구가 아무리 발버둥을 쳐도 떨어져 나갈 수 없기 때문이다.

국가 간의 관계도 마찬가지이다. 무력적 힘이 약한 약소국은 어떤 위대한 신을 섬겨도 강대국의 식민지가 되고 무력적 힘이 강한 강대국은 아무런 신을 섬기지 않아도 약소국을 집어삼키고 만다. 별이 가지는 인력의 크기에 따라 거느리는 별의 숫자가 달라지듯 한 국가의 국력에 따라 식민지를 거느리는 숫자도 달라진다.

국력은 국민이 믿는 신의 권능에 정비례하는 것이 아니라 국가가 가지는 물리적 힘에 정비례한다. 국가가 믿는 신과는 아무 상관없이 활로 무장한 국가는 총으로 무장한 국가를 이기지 못한다는 사실이 이를 입증한다. 우리의 역사도 이를 증명한다. 고려가 몽고의 침입을 받았을 때 팔만대장경의 힘으로 몽고군을 물리치려 했지만 그 결과는 오히려 소용없는 일에 국력을 낭비함으로써 패망을 재촉한 것뿐이었다. 팔만대장경을 만들었던 그 비용과 정성으로 군대를 양성하고 무기를 개발했더라면 아마 하루라도 더 항쟁할 수 있었을 것이다. 아무리 믿음이 하늘에 닿아도 인간은 결코 흘러내리는 화산의 용암을 막을 수 없듯 약소국의 믿음이 아무리 하늘에 닿아도 강대국의 침략을 막을 수 없다. 이것은 우주의 물리적 유전인자를 이어받은 인간 세상의 엄연한 현실이다.

또 젊은 별은 활기찬 힘을 가지고 늙은 별은 노쇠한 힘을 가진다. 갓 태어난 신생별은 강한 불꽃을 일으키며 적색거성이 될 때까지 서서히 열기를 높여 간다. 그러나 적색거성이 되면서부터는 서서히 열기가 식으면서 백색왜성으로 추락한다. 마치 모닥불을 피울 때 서서히 불꽃이 높아지면서 열기가 높아지다가 불꽃이 절정에 이르면 이번에는 불꽃이 서서히 식으면서 하얀 재가 쌓이고 열기도 서서히 식어가는 이치와도 같다. 이렇게 불꽃의 크기와 불꽃이 뿜어내는 열기는 비례한다. 불꽃이 강하면 강한 열기를 뿜어내고 불꽃이 약하면 약한 열기를 뿜어낸다. 여기서 불꽃은 인간의 육신에 비유되고 열기는 정신

정경천법(政經天法) ─ 제1권 자연력 시대

에 비유될 수 있다.

유형적 불꽃이 강할 때는 강한 열기가 나오고 유형적 불꽃이 약할 때는 약한 열기가 나오듯 유형적 신체가 강할 때는 강한 정신이 나오고 유형적 신체가 약할 때는 약한 정신이 나온다. 인간이 태어나서 죽는 과정을 보면 이를 쉽게 이해할 수 있다. 갓 태어난 아기는 신체적으로 미약한 만큼 정신적으로도 미약하다. 그런 아기가 시간이 지나면서 점점 신체적으로 강한 젊은이가 되면 정신적으로도 강한 젊은이가 된다. 맨손으로 호랑이라도 때려잡을 강한 체력을 가지면 못할 일이 없을 것 같은 강한 정신력도 동시에 가진다. 그러나 나이가 들면서 신체적으로 쇠약해지면 정신적으로도 쇠약한 노인이 된다. 쇠약해진 신체만큼 만사에 자신이 없고 의욕이 식어간다. 이러한 인간의 일생은 신체적 생성쇠멸은 정신적 생성쇠멸을 동반한다는 사실을 입증한다. 불꽃이 사라지면 불이 뿜어내던 열기도 사라지는 것처럼 육신이 쇠약해지면 육신이 지닌 정신도 쇠약해진다. 이는 질량이 사라지면 중력도 사라지는 물리력 시대가 말해주는 우주의 확고한 법칙이다.

05 물리력 시대의 발전

지금까지 살펴본 바와 같이 물리적 힘을 변화주력으로 하여 우주가 생성되었던 물리력 시대는 다음과 같은 변화의 법칙을 동반하고 있다.

첫째, 별은 중력과 압력, 즉 인력과 척력의 상호작용에 의해 생멸한다. 이미 설명했듯이 우주만물이 지니는 에너지는 당기는 힘인 인력과 밀치는 힘인 척력으로 나누어진다. 우주 속의 모든 별은 바로 이 두 에너지의 상호작용에 의해 생성되고 소멸된다. 우주의 탄생과정에서 보았듯이 우주는 작은 소립자가 대폭발하여 팽창하면서부터 시작되었다. 어떤 힘이 어떻게 작용하여 그 작은 입자를 대폭발시켰는지는 알 수 없으나 무한온도의 작은 입자가 엄청난 속력으로 몸집이 팽창하면서 거대한 우주가 시작되었음은 빅뱅이론에 의해 밝혀지고 있다. 우주는 그렇게 팽창했다가 수축되고 수축되었다가 다시 팽창되는 인력과 척력의 반복적 상호작용에 의해 별이라는 자식을 낳고 키우며 존속해 간다. 우주를 탄생시킨 그런 인력과 척력은 분리할 수 없는 하나의 힘이다. 물이 수증기로 변하는 것은 수소와 산소가 각각 서로 끌어당기는 인력보다 서로 밀치는 척력이 강하기 때문이다. 서로 끌어당기는 인력이 강하면 물이라는 액체가 되고 서로 밀치는 척력이 강하면 수증기라는 기체가 된다. 물이 되느냐 수증기가 되느냐는 바로 인력과 척력의 상호작용, 즉 에너지의 상호작용에 달려 있다.

별의 생멸과정은 이를 입증한다. 별을 탄생시키는 제1차적 과정인 중력수축이 일어나기 위해서는 수소 원자끼리 서로 결합해야 하는데 그 결합은 서로 끌어당기는 힘, 즉 인력이 작용하기 때문에 가능한 것이다. 인력이라는 에너지가 없으면 중력수축은 일어나지 않는다. 이와는 반대로 척력이라는 에너지가 없으면 별은 팽창하지 못한다. 이처럼 우주의 모든 변화는 인력과 척력이 상호작용할 때에만 가능하다. 별은 그런 이원적 에너지가 있으면 변하고 없으면 변하지 않는다. 즉 힘이 있으면 변하고 힘이 없으면 변하지 않는다. 좋게 변하기 위해서도 힘이 있어야 하고 나쁘게 변하기 위해서도 힘이 있어야 한다.

인력과 척력의 작용은 그 한계가 명확하지 않은 경우도 많다. 별의 생성쇠멸과정은 이를 잘 설명해 주고 있다. 별은 생성기, 전성기, 노쇠기, 소멸기라는 네 과정, 즉 생성쇠멸이라는 네 과정을 반복하며 존속해 간다. 이 네 과정 중 생성기와 전성기는 인력에 의해 태어나고 성장하는 과정이므로 이를 합쳐서 인력작용과정, 즉 생의 과정이라 할 수 있고, 노쇠기와 소멸기는 척력에 의해 노쇠하여 소멸되는 과정이므로 이를 합쳐서 척력작용과정, 즉 멸의 과정이라 할 수 있다. 이는 마치 하루를 아침, 낮, 저녁, 밤이라는 네 과정으로 나눌 수 있지만 크게 보면 결국 인력작용과정인 밤과 척력작용과정인 낮으로 나누어지는 것과 같다. 그러므로 별들의 생성쇠멸과정도 크게 보면 결국 인력과정과 척력과정, 즉 생의 과정과 멸의 과정으로 나누어진다.

에너지가 하나의 힘만으로 구성되는 것이 아니라 인력과 척력이라는 정반대되는 두 종류의 이원적 힘으로 구성되고 있다는 사실은 음양 상호작용과 깊은 관계가 있다. 별의 탄생과정에서 설명했듯이 척력이 강하면 별은 팽창하고 팽창하면 온도는 내려간다. 반면 인력이 강하면 별은 수축하고 수축하면 온도는 올라간다. 그렇게 척력은 냉기를 동반하고 인력은 온기를 동반한다. 바꾸어 말하면 온도가 높으면 높을수록 상대적으로 물질의 이산력(離散力)이 강해지고 낮으면 낮을수록 상대적으로 물질의 결집력(結集力)이 강해진다. 이것이 에너지의 법칙이다.

이런 에너지법칙 중, 인력은 결집력으로 연결되므로 양(陽)이고 척력은 이산력으로 연결되므로 음(陰)이다. 별이 탄생하는 과정에서 보았듯이 인력은 주위 물질을 끌어들여 덩치를 키우고 수축하여 핵융합 반응을 일으킴으로써 뜨거운 열기와 찬란한 빛을 뿜어내는 별로 태어나게 한다. 인력은 이렇게 별이라는 존재를 만들어 우주가 보다 다양하고 풍성하도록 하는 핵심요소이다. 이는 인간세상의 경제에 해당한다. 인간은 경제활동을 통해 의식주생활에 필요한 재화를 생산함으로써 존속해 가고 우주는 인력의 힘을 통해 우주구성원인 별들을 만들어 감으로써 우주를 존속해 간다.

이에 반해 척력은 팽창하여 흩어지게 함으로써 차가운 냉기를 몰고 오고 마침내 별들을 소멸하게 한다. 척력은 이렇게 별이라는 존재를 사라지게 하는 핵심요소이다. 이는 인간세상의 정치에 해당하는 요소이다. 인간은 정치활동을 통해 서로 반목하고 갈등한 결과 마침내 전쟁을 일으키고 서로가 서로를 죽이는 반면 우주는 척력을 통해 차가운 냉기를 만들어 냄으로써 우주구성원인 별들을 소멸시켜 간다. 이를 표로 요약하면 다음과 같다.

물리력의 구분					
물리력	인력	수축력	온기의 원천	경제와 연계	생산
	척력	이산력	냉기의 원천	정치와 연계	소비

위의 표에서 보듯 인력이라는 우주적 요소는 경제력이라는 인간적 요소에 비유되고 척력이라는 우주적 요소는 정치력이라는 인간적 요소에 비유된다. 따라서 우주적 인력과 척력의 상호작용, 즉 인척(引斥) 상호작용은 인간적 경제와 정치의 상호작용, 즉 정경상호작용으로 환치될 수 있다. 인간사회가 경제활동과 정치활동의 상호작용에 의해 변해가듯 우주사회는 경제활동에 준하는 인력작용과 정치활동에 준하는 척력작용에 의해 변해간다. 인간사회의 정경상호작용은 이처럼 그 형태만 진화되었을 뿐 선인사회의 출발점인 물리력 시대의 인척상호작용을 그대로 물려받은 것이다. 150억 년 전, 우주의 탄생과 더불어 시작된 물리력 시대의 그 같은 인척상호작용은 인간과는 아무 관계 없는 오직 하늘만이 관계되는 진정한 하늘의 법칙이었다. 인간사회의 정경(政經)이 하늘의 법칙인 천법에 의해 변하는 이유는 바로 천법에 의해 변하는 우주사회의 인척(引斥)변화의 법칙을 그대로 이어받았기 때문이다. 그래서 우주사회의 인척(引斥)변화의 법칙을 선인사회의 정경천법(政經天法)이라 한다.

우주의 자식인 인간은 당연히 우주의 법칙인 이 인척상호작용의 법칙, 즉 에너지의 법칙을 벗어날 수 없다. 독재가 폭동이나 혁명을 부르는 이유는 우주의 에너지 법칙이 적용되기 때문이다. 독재가 심하면 사회가 얼어붙게 되므로 사회적으로 냉기가 서리게 된다. 반면 선정이 베풀어지면 사회가 활기를 회복하게 되므로 사회적으로 온기가 서리게 된다. 사회적 냉기가 강해지면 에너지법칙에 의해 결집력이 커지므로 사회적 핵융합반응이 생긴다. 폭동이나 혁명은 철권통치가 부른 사회적 냉기 때문에 사회구성원들이 결집한 결과 사회적 중력수축이 일어나 마침내 폭발하는 것이다. 반대로 사회적 활기가 과도하게 넘치면 에너지 법칙에 의해 이산력이 커지므로 개인주의가 만연하고 도덕과 질서가 무너지고 상호반목이 깊어진다. 따라서 사회는 힘을 잃고 무너져 간다.

둘째, 인력과 척력은 자기모순에 의해 생멸한다. 별들이 팽창과 수축을 반복할 수밖에 없는 근본적인 이유는 외부에 있는 것이 아니라 자기 내부에 있다. 우주의 무한팽창을 가로막는 자는 바로 우주 자신이다. 팽창은 냉기를 동반하므로 팽창이 어느 한계에 이르면 너무 추워 스스로 팽창할 힘을 잃어버리고 만다. 그렇게 되면 팽창은 멈추게 되고 반대로 추위를 견디지 못한 우주의 물질들은 서로의 체온에 의지하기 위해 서로를 끌어안기 시작한다. 이렇게 서로를 끌어안는 과정이 바로 수축이다. 서로를 더욱 단단하게 끌어안으면 안을수록 추위는 녹아내리고 온도는 높아지기 시작한다. 그러나 그 온도 또한 무한대로 높아질 수 없다. 수축이 어느 한계에 이르면 이번에는 온도가 너무 높아 스스로 불덩이가 되므로 그 더위를 견딜 수 없어 잡았던 손을 뿌리치고 뛰쳐나오게 된다. 즉 불덩이가 불덩이를 뿌리치게 된다. 그것이 핵융합반응이다. 이처럼 팽창의 경우에도 스스로 그 추위를 견딜 수 없어 멈추게 되고 수축의 경우에도 스스로 그 더위를 견딜 수 없어 멈추게 된다. 우주는 이처럼 자기가 가든 길을 언젠가는 자기 스스로 멈출 수밖에 없는 자기모순의 법칙에 의해 제약받는다.

이 같은 우주 에너지의 자기모순법칙은 지구상의 모든 동식물에게 매우 중요한 의미를 지닌다. 왜냐하면 궁극적으로 지구상의 모든 만물은 우주의 자식이므로 어떤 경우에도 이 법칙을 벗어날 수 없기 때문이다. 현실세계에서 볼 수 있는 모든 생명현상은 이 법칙을 따르고 있다. 하늘을 찌를 듯한 거대한 고목나무도 작은 씨앗으로부터 시작되고 거대한 몸집의 맹수들도 미세한 수정체에 의해 탄생되며 인간 역시 그러하다. 더욱이 그 작은 수정체의 팽창속도는 상상을 초월한다. 인간의 경우 배아(胚芽)를 형성한 날로부터 불과 10개월이면 그 배아보다 수만 배나 큰 아기가 탄생된다. 다른 동식물의 경우도 동일하다. 이렇게 세상만물은 항상 작은 것의 확대로부터 시작된다. 그러나 어느 시점이 되면 그 확대, 즉 성장은 반드시 한계에 이르게 되고 다시 축소되면서 소멸하고 만다.

사회나 국가의 운명 또한 그러하다. 별들이 팽창과 수축을 반복하면서 변하듯이 사회나 국가도 흥과 망을 계속하면서 변한다. 인류 역사를 되돌아볼 때 지금까지 탄생한 국가 중 망하지 않은 국가는 없다. 불과 이십여 년 전까지만 해도 미국과 쌍벽을 이루었던 초강대국 소련이 무너진 것처럼 미국이 지금은 세계의 최강국이지만 언젠가는 무너질 것이고 대한민국 또한 언젠가는 무너지고 새로운 국가로 거듭날 것이다. 왜냐하면 그것이 자기모순의 법칙에 의해 우주가 생멸해 가는 원리이기 때문이다.

자기모순의 법칙은 사회체제에도 그대로 적용된다. 마르크스에 의하면 자본주의는 자본주의 자신이 안고 있는 자기모순 때문에 결국 무너지고 만다는 것이다. 즉, 잉여가치를 추구하는 자본주의는 갈수록 빈부의 격차가 심해지고 계급 간 모순이 격화되어 스스로 무너지고 만다는 것이다. 우주의 자기모순법칙을 감안할 때 이는 당연하다. 자본주의만 자기모순의 법칙에 의해 무너지는 것이 아니다. 사회주의 혹은 공산주의도 모두 자기모순의 법칙에 의해 무너진다. 인위적 평등을 중시하는 사회주의는 생산성을 저하시킴으로써 갈수록 빈곤의 공유를 초래하고 그러한 빈곤의 공유는 불평등한 풍요를 오히려 동경하게 하는 자기모순을 안고 있다. 소련이 무너지고 중국이 경제적 공산제도를 포기한 것은 바로 이 때문이다. 그러므로 앞으로 어떤 새로운 사상이 대두된다고 하더라도 그 사상은 그 시대 상황의 해결자는 될 수 있을지 몰라도 영원불멸한 해결자는 결코 될 수 없을 것이다. 왜냐하면 생겨난 것은 반드시 자기모순의 법칙에 의해 사라지는 것이 우주의 법칙이기 때문이다.

우주가 지니는 이러한 자기모순의 법칙으로부터 우리는 한 가지 새로운 변화의 법칙을 깨닫게 된다. 그 변화의 법칙이란 "만물은 소(小)에서 대(大)로, 대(大)에서 소(小)로 변한다"는 법칙이다. 즉 작은 점에서 시작하여 점점 커지다가 그 크기가 최고점에 이르면 다시 역순으로 점점 작아지는 변화를 반복한다는 법칙이다. 우주는 고도로 응축된 작은 점이 대폭발하면서 시작되었다. 그리고 그 점이 점점 팽창하여 더 이상 팽창할 수 없을 만큼 커지자 다시 수축하면서 작아지기 시작하여 고도로 응축된 본래의 모습으로 되돌아가고 되돌아가면 다시 팽창하여 커지기 시작한다. 앞서 언급한 바와 같이 우주는 바로 그 간단한 팽축(膨縮)의 반복에 의해 존속해 간다.

우주의 변화법칙이 그러하므로 그 변화인자를 이어받은 우주만물은 당연히 그 변화의 법칙을 가지게 된다. 지구상에 존재하는 삼라만상을 되돌아보라. 작은 물방울 수증기 입자가 모여 거대한 구름을 이루고 작은 골짜기 물이 흘러 거대한 강을 이루며 작은 벽돌이 모여 거대한 빌딩을 이룬다. 인생의 성공법칙도 그러하다. 한 글자씩 배워 거대한 학문을 이루고 한 가지씩 기술을 익혀 거대한 기계를 만들며 한 사람씩 세금을 내어 거대한 국가를 운영한다. 이러한 이치는 우주가 존속하는 한 억겁의 세월이 지나도 변하지 않을 불변의 법칙이다.

| 팽축의 자기모순

위에서 보듯 대폭발에서 중력붕괴에 이르는 일련의 과정은 팽창에서 수축으로 이어지는 반복적 변화과정이다. 대폭발로 인해 너무 빠른 속력으로 너무 많이 팽창한 결과 폭발 시의 열기가 그 속력만큼 빨리 식어 다시 움츠러드는 과정의 반복이 팽창과 수축의 반복과정이다. 그 과정은 누가 명령하고 시킨 과정이 아니라 자기모순에 의해 스스로 팽창하고 수축하는 과정이다. 팽창할수록 열기는 식어 들고 열기가 식어 들면 그만큼 움츠러들며 수축한다. 하지만 수축하면 할수록 열기는 다시 살아나고 중력붕괴처럼 급속히 수축하면 더욱 강한 열기가 생겨나며 그 강한 열기는 다시 폭발로 이어져 팽창하게 된다. 우주는 이렇게 팽창과 수축이라는 반복적 변화과정을 통해 별이라는 구성원을 탄생시키고 소멸시키며 수십, 수백억 년이라는 긴 세월을 존속해 왔다.

인간 또한 우주의 유전자를 이어받았으므로 인간의 일생도 팽창과 수축을 반복하며 명멸하는 별들의 일생과 동일하다. 정자와 난자가 합쳐진 수정란은 급속히 팽창하여 불과 10개월이면 그 수정란의 수천만 배에 이르는 아기가 태어난다. 그 아기는 20여 년 동안 다시 팽창을 거듭하여 거대한 몸집을 가진 성인이 된다. 그런 성인의 몸집으로 왕성한 활동을 하며 40여 년을 살면 그때부터 서서히 노령으로 접어들면서 활동력이 수축된다. 그렇게 20~30여 년간 활동력이 수축되면 어느 날 중력붕괴가 일어나듯 활동력이 급속히 무너지면서 생을 마감하게 된다. 인간의 일생은 그런 성장과 쇠멸의 반복과정이다. 이는 팽창과 수축의 반복을 통해 태어나고 사라지는 별들의 일생과 조금도 다를 바 없다.

우주의 생멸과정이 팽창과 수축의 반복적 변화과정이므로 그 변화인자를 이어받은 우주의 모든 존재는 동일한 반복적 변화과정을 통해 생멸(生滅)한다. 별들의 생멸 과정에서 팽창한 것은 반드시 수축하고 수축한 것은 반드시 팽창하듯 우주만물 역시 생겨난 것은 반드시 번성하고 번성한 것은 반드시 쇠멸한다. 밤은 순식간에 오는 것이 아니라 점점 깊어진다. 하지만 그 밤이 깊어지고 깊어지면 반드시 아침이 된다. 강물은 순식간에 사라지는 것이 아니라 서서히 증발하여 사라지고 증발하면 할수록 그 수증기는 다시 빗물이 되어 새로운 강물을 이룬다. 태어난 생명체들 역시 순식간에 성장하는 것이 아니라 서서히 자라며 자라면 자랄수록 성장은 끝나고 서서히 쇠퇴해 간다.

이렇게 볼 때 팽창도 언젠가는 스스로 멈추고 수축도 언젠가는 스스로 멈추는 참으로 모순된 활동들이다. 즉, 팽창은 그 속에 수축의 씨앗을 가지고 있고 수축은 그 속에 팽창의 씨앗을 가지고 있는 참으로 모순된 팽축이다. 우주와 지구는 지금까지 단 한 번의 예외도 없이 그런 자기모순에 의한 생성쇠멸을 반복하며 존속해 왔다. 그 자기모순의 법칙이 바로 만물이 가지는 한계수명의 진원지이다.

셋째, 인력과 척력은 양성과 음성의 출발점이다. 생산적 힘은 양성이고 소비적 힘은 음성이다. 인력은 별을 만드는 생산적 힘이므로 양성이고 척력은 별을 소멸시키는 소비적 힘이므로 음성이다. 별은 그와 같은 양성력과 음성력의 상호작용에 의해 태어나고 소멸된다. 우주만물의 생멸현상도 이와 같다. 에너지는 열에너지, 빛에너지, 운동에너지, 전기에너지 등, 여러 형태로 변형될 수 있지만 결국 모든 에너지는 양성과 음성으로 양극화된다. 에너지의 양극화 현상이 나타나면 음성과 양성으로 성징(性徵, sex character)이 강하게 나타나는데 성징이 강해지면 동성끼리는 밀치고 이성끼리는 서로 당기는 특징이 생긴다. 그런 양극화현상이 정점에 달하면 성이 다른 두 존재의 에너지는 접촉에 의해 중화(中和)되며 그 결과 새로운 물질 혹은 생명체가 탄생된다. 말하자면 음양이 양극화되었다가 다시 하나로 중합되는 것, 그것이 자연의 존속법칙이다.

자연의 모든 생물은 봄이 되어 계절이 양성으로 바뀌면 양극화현상이 활발해져 식물은 꽃을 피우고 암술과 수술로 양극화된다. 그리고 그런 양극화현상이 극에 달하면 수정(受精)되어 열매를 맺는다. 동물들도 새끼 때는 암수의 성정이 거의 없지만 자라면서 암수의 성정이 점점 강해지는데 그런 암수 양극화 현상이 극에 달하면 교접함으로써 후대를 생산하게 된다.

인간의 경우도 동일하다. 남녀가 만나 결혼을 하고 자식을 낳는 과정은 이러한 자연에너지의 법칙에 기인한다. 남녀는 자연의 양극화 법칙에 의해 서로를 끌어당기고 서로가 맞붙게 되면 양성에너지의 중합현상이 생겨 새 생명을 탄생시킨다. 그리고 그 중합체인 새 생명은 성장하면서 다시 양극화현상을 겪게 되고 그 결과 동성은 밀치고 이성은 끌어당기는 에너지 법칙에 의해 다시 남녀가 만나게 되고 교접하게 되며 그래서 새 생명이 또 다시 탄생된다. 이렇게 볼 때 양극화는 중합을 위한 일시적 현상으로써 항상 안정적인 중합상태로 되돌아가고자 한다. 그러므로 자연은 부분적 혹은 일시적인 양극화현상에 의해 큰 변화를 겪으면서도 전체적으로는 양극을 조화시켜 균형을 유지해 간다. 자연에너지는 그렇게 자기 조절되어 간다.

넓은 의미에서 볼 때 모든 물질은 그런 양극화 현상을 지닌 에너지의 결집체이다. 동양의 기철학(氣哲學)에서 언급되는 것처럼 생과 멸은 에너지가 모였다 흩어지는 취산(聚散)현상에 불과하다. 예를 들면 어떤 물질이 만들어질 때는 에너지를 흡수하고 반대로 어떤 물질이 사라질 때는 에너지를 방출한다. 여기서 에너지를 흡수하여 물질을 만드는 과정을 반(反)엔트로피현상이라 하고 만들어진 물질이 점진적으로 분해되어 파괴되는 과정을 엔트로피현상(entropy phenomenon)이라 한다. 그래서 반(反)엔트로피현상에는 항상 에너지가 공급되어야 하는 반면 엔트로피현상에는 반드시 에너지가 방출되어야 한다. 그러므로 우주에서 어떤 물질이 생성된다 함은 다른 물질의 엔트로피현상에서 방출되는 에너지를 그 물질이 받아들인다는 뜻이 되고 소멸된다 함은 자신이 가졌던 에너지를 다른 물질에게로 방출시킨다는 뜻이 된다. 우주의 생멸현상은 이런 에너지의 생멸현상에 불과하다.

인간의 생멸현상도 이와 동일하다. 자식은 부모의 엔트로피현상에 의해 출생하고 출생한 후에는 어머니의 엔트로피현상에 의해 만들어지는 젖을 먹고 자라며 다시 식품의 엔트로피현상에 의해 방출되는 에너지를 취득하여 우리 몸이 필요로 하는 에너지를 얻게 된다. 이렇게 부모와 식품이 방출한 에너지를 받아 어른이 된 자식은 이번에는 자기 자신이 다시 자식을 낳고 키우며 자신의 에너지를 소모해 간다. 그리고 그 에너지의 소모가 일정수준을 넘어서면 죽는다. 이런 엔트로피와 반엔트로피 현상이 바로 인간의 생과 멸이다.

시간과 계절이 변하는 원리도 이와 같다. 밤에는 동화작용(반엔트로피작용)으로 에너지가 축적되고 낮에는 이화작용(엔트로피작용)으로 에너지가 소모되는 것이 하루의 변화이다. 또 추운 계절에 에너지를 축적(반엔트로피)했다가 더운 계절에 발산(엔트로피)하는 것이 계절의 변화이다. 심지어 숨을 들이쉴 때는 에너지가 축적되는 동화작용이 일어나고 내쉴 때는 에너지가 소진되는 이화작용이 일어난다.

또 원자가 생성되고 파괴되는 과정도 에너지가 생성되고 파괴되는 과정이다. 핵이 전자를 끌어들여 원자를 만드는 과정은 막대한 에너지를 흡수하는 과정이고 핵분열을 통해 원자가 파괴되는 과정은 막대한 에너지를 방출하는 과정이다. 이 막대한 에너지의 분출과정을 이용한 것이 바로 원자탄이다. 우주만물은 이처럼 모두 에너지의 이동에 의해 생겼다 사라졌다 한다. 비록 원자의 차원, 세포의 차원, 생물의 차원, 나아가 우주의 차원같이 그 차원은 다르지만 그들은 모두 에너지를 취했다 버렸다 하면서 그들 나름대로의 생멸활동을 계속한다는 점에서는 동일하다.

넷째, 음양 양성은 상호작용한다. 우주만물은 양성인 핵과 음성인 전자로 구성되는 원자가 모여 생성된다. 따라서 우주만물은 모두 음양이라는 양성을 지니게 되며 음양 양성을 지니지 않는 물질은 우주 어디에도 존재하지 않는다. 그것은 빗방울도 물이고 그 빗방울이 모여 만들어진 거대한 강물도 똑같은 물인 것과도 같은 이치이다. 우주의 최소구성단위인 원자도 음양 양성이고 우주를 구성하고 있는 세상만물도 음양 양성이다. 그러므로 밤과 낮, 명과 암, 형과 질, 생과 사 같은 양성은 우주의 본질인 동시에 우주의 존재법칙이다.

▎양성론(兩性論)

서양과학만 우주가 음양 양성으로 구성되었다고 보는 것은 아니다. 우주변화에 관한 동양의 고전인 주역(周易) 또한 음양 양성을 우주의 본질로 보고 있다. 우주가 대폭발하기 전에는 양전하도 없었고 음전하도 없었다. 즉 음양이 없는 무성(無性)의 상태였다. 주역에서는 이를 무극(無極)이라고 한다. 수학적으로 말하면 부피도 길이도 없는 0(zero) 혹은 점(·)이라 할 수 있다. 0은 (+)도 (-)도 아닌 수이다. 0은 그래서 상상(想像)의 수이다. 0은 없기 때문에 0이다. 그러나 동시에 0은 있기 때문에 0이라고 표시하게 된다. 0이 없다면 0이라고 명명할 수조차 없다. 이처럼 0은 없으면서 있는 것이기 때문에 무극이다. 무극인 0이 있으면 (+)와 (-)가 생기게 된다. 왜냐하면 0을 축으로 할 때 (+)와 (-)라는 양극이 생길 수 있기 때문이다.

음양이 없는 무성상태, 즉 0에서 팽창되었던 가스들이 냉각되면서 양전하인 핵이 생기고 다시 음전하인 전자가 생겨 물질의 기본단위인 원자가 생성되었다. 주역에서는 이를 태극(太極)이라 한다. 수학적으로 말하면 길이와 부피를 가진 체(體) 혹은 란(卵)이라 할 수 있다. 사물이 실존하기 위해서는 0이 아닌 (+)와 (-) 개념을 가지는 체(體)라야 한다. 태극은 바로 그 (+)와 (-) 개념을 가진 면(面) 혹은 체(體)를 의미한다. 서양과학이 밝힌 원자는 태극과 같은 체이기 때문에 점이 아닌 선이고 일극(一極)이 아닌 양극(兩極)이며 일방(一方)이 아닌 전후좌우가 있는 다방체(多方體)이다. 동양의 태극 또한 체이기 때문에 원자와 똑같이 점이 아닌 체이고 일극 아닌 양극이며 일방이 아닌 전후좌우가 있는 다방체이다.

수학의 집합에서도 이러한 이치는 그대로 적용된다. 수학에서 0은 원소를 가지지 않는 집합이라 하여 공집합(空集合)이라 하고 이를 ϕ 라는 기호로 나타낸다. 이 ϕ 는 있으면서도 있지 않는 것이다. 실제로는 어떤 범위도 차지하지 않는, 그래서 존재하지 않는 것이지만 집합의 출발이 되는 상상의 수이다. 이에 반해 1은 집합 $\{\phi\}$가 된다. 이것은 범위를 정할 수 있는 실존의 수(數)임을 의미한다. 2는 집합$\{0, 1\}$이 된다. 이것은 집합의 범위가 1보다 2배나 넓어졌음을 의미한다. 3

은 집합 {0, 1, 2}이 된다. 이것은 집합의 범위가 1보다 3배나 넓어졌음을 의미한다.

여기에서도 알 수 있듯 모든 자연수는 일정한 범위를 가지고 있는 실존하는 수인 반면 0은 범위를 가지지 않는 실존하지 않는 수이다. 그러면서도 0은 수학의 출발점이 되는 수이다. 이는 실존하지 않는 그 무엇이 실존하는 그 무엇의 출발점이 됨을 의미한다. 주역에서 무극이 유극이라는 말은 바로 이런 이치에서 비롯된 말이다. 무극은 없는 극이면서도 있는 극, 즉 유극으로 가는 출발점이 되는 극이다.

물질세계를 다루는 자연과학은 수학을 기초로 하고 있다. 그 수학이 실존하는 자연수를 출발점으로 하는 것이 아니라 실존하지 않는 상상의 수, 즉 무(無)자연수를 출발점으로 한다는 것은 모든 자연과학이 실존하는 자연 상태에서 출발하는 것이 아니라 실존하지 않는 무자연 상태에서 출발함을 의미한다. 그러나 자연과학이 무자연 상태, 즉 아무것도 없는 무의 상태에서 출발한다는 말은 잘 새겨들어야 할 말이다. 왜냐하면 이 말은 실제로 무의 상태에서 출발하는 것이 아니라 가정된 무의 상태에서 출발한다는 말이기 때문이다. 가정법의 원리를 생각하면 이를 쉽게 이해할 수 있다. 가정법은 현실적으로 있지 않는 상태를 가정하는 데서부터 시작한다. 그러므로 가정법상의 내용은 모두 실제로는 없는 것이다. 그러나 그 가정된 내용은 학문적으로는 있는 것과 똑같이 취급된다.

여기 풀 한 포기가 있다고 가정해 보자. 그 풀은 있다고 머릿속에서 가정된 풀이기 때문에 실제로는 없는 풀이다. 그러나 그 풀은 없으면서도 가정된 세계에서는 있는 풀이다. 이렇게 풀 한 포기가 있다고 가정하면 그 가정된 풀은 어디에선가 옮겨와 심었거나 아니면 씨앗이 날아와 싹이 났을 것이다. 이런 가정법은 풀이 없는 상태에서 풀이 있는 상태로 변해가는 동적 변화를 설명해 주는 훌륭한 수단이 된다. 하지만 그 출발점은 없는 무의 상태를 가정한데서부터 시작한다. 그래서 유극을 설명하기 위해서는 무극에서부터 시작할 수밖에 없는 것이다. 결국 무는 유를 설명하기 위한 가정법적 출발점인 셈이다. 우주가 무극에서 출발하여 유극으로 변해왔다는 말은 이런 전제를 두고 하는 말로 해석해야 옳을 것이다.

한편 유극의 출발점인 원자를 구성하고 있는 음과 양이라는 양성(兩性) 중 양인 핵은 음인 전자보다 항상 먼저 생긴다. 핵은 스스로의 힘에 의해 만들어지는 것인 반면 전자는 먼저 생긴 핵이 주위의 물질을 끌어들임으로써 만들어진다. 다시 말하면 양인 핵은 능동적으로 음인 전자를 끌어들이는 반면 음인 전자는 양인 핵이 끌면 마지못해 끌려가 주위를 감싸고도는 수동적 역할을 한다. 이처럼 원자가 만들어지는 과정에서 양전하를 띤 핵이 먼저 생기고 음전하를 띤 전자가 나중에 생겼다는 사실은 매우 중요하다. 왜냐하면 그 탄생순서가 바로 음과 양의 역할을 대변하기 때문이다. 먼저 생긴 양은 태양 같은 능동적 발광체로서 자생력을 가지고 있지만 나중에 생긴 음은 지구나 달 같은 수동적 반사체로써 타생력을 가지고 있을 뿐이다. 음인 전자는 자생력이 없기 때문에 원자에서 양인 핵이 사라지면 음인 전자는 뿔뿔이 흩어지고 만다.

인간사회도 마찬가지이다. 적어도 인간사회가 우주 속에 존재하는 한 우주가 지닌 음양 양성의 법칙은 피할 수 없다. 치자와 피치자, 노예주와 노예, 영주와 농노, 자본가와 노동자라는 정반대되는 사회적 양성(兩性)은 그 형태와 기능은 달라질 수 있어도 결코 없어질 수는 없다. 더욱이 우주가 부여한 음양의 역할이 있듯 아무리 시대가 바뀌어도 사회적 양자(陽者)는 능동적으로 법과 제도를 만들어 갈 것이고 사회적 음자(陰者)는 수동적으로 그들이 만든 법과 제도를 따라갈 것이다. 그러므로 사회적 양자인 능동적 역할자가 먼저 뜻을 세우고 길을 정하는 것이 중요하다. 그들이 정하면 그 정해진 곳으로 사회적 음자인 수동적 역할자들이 모여들 것이다. 사회적 양자가 바르게 정하면 사회적 음자는 바른 곳으로 모여들 것이고 사회적 양자가 그르게 정하면 사회적 음자는 그른 곳으로 모여들 것이다.

뿐만아니라 음양 양성 우주론에서 볼 때 홀수는 변화의 수가 되고 짝수는 안정의 수가 된다. 핵이라는 양성 하나만 있으면 그 핵은 음성인 전자를 끌어들이기 위해 부단히 몸부림친다. 그리고 그러한 핵의 몸부림은 전자라는 음성의 물질이 완전히 보완될 때까지 계속된다. 다시 말하면 핵 하나만을 의미하는 1은 부단히 움직이는 동적 개념의 수이고 핵과 전자 둘을 의미하는 2는 안정된 상태에 있는 정적 개념의 수이다. 이렇게 홀수는 동적 수이고 짝수는 정적 수이다. 모든 수는 그 숫자가 아무리 높아도 결국 홀수와 짝수라는 두 수의 반복일 뿐이다. 그리고 홀수는 동적, 가변적 수이므로 홀수 상태는 오래 지속될 수 없다. 반면 짝수상태는 정적, 안정적 수이므로 오래 지속될 수 있다.

수의 구분				
홀수	동적 수	핵	변화의 수	양성
짝수	정적 수	전자	안정의 수	음성

인간세상도 그러하다. 양성에 속하는 남성만 있거나 음성에 속하는 여성만 있으면 인간 세상은 부단히 방황하는 미완성의 세상이 되고 말 것이다. 양성인 남성은 끝없이 음성인 여성을 찾아 방황하게 될 것이고 음성인 여성은 끝없이 양성인 남성을 찾아 헤맬 것이기 때문이다. 남녀가 결합하여 가정을 이루고 자식을 낳고 기르는 것은 모두 우주가 물려준 자연이치를 그대로 승계한 것이므로 인간으로서는 아무리 발버둥 쳐도 벗어나려야 벗어날 수 없는 우주가 물려준 숙명이다.

이런 우주적 원리에서 볼 때 국내정치는 물론이고 국제정치에 있어서도 일극체제보다는 양극체제가 더 안정되고 오래가는 체제라 할 수 있다. 동적 상태인 일극체제는 정적 상태인 양극체제로 가기 위한 과도적인 체제에 지나지 않는다. 왜냐하면 우주는 항상 음양이라는 양극체제를 반복할 뿐이기 때문이다. 이런 관점에서 볼 때 다극체제도 오래 지속될 수 없다. 다극체제 역시 민주진영 대 공산진영같이 보다 큰 양극체제로 재편되기 위한 과도적 체제에 불과하다.

양극체제가 안정적이고 오래가는 체제이긴 하지만 그렇다고 하여 양극체제가 영원히 지속된다거나 되어야 한다는 말은 아니다. 아니 영원히 지속되려야 될 수도 없다. 우주변화의 기본법칙은 확축을 반복하는 것이므로 일극체제와 양극체제도 반복할 수밖에 없다. 마치 홀수와 짝수가 반복되면서 무수한 수를 만들어가듯 일극체제와 양극체제가 반복되면서 무수한 인류역사를 만들어간다. 지금 세계인들은 구소련의 붕괴로 민주진영과 공산진영이라는 양극체제가 무너지고 미국을 중심으로 하는 일극체제가 자리 잡게 되었다고 한다. 그러나 이런 우주적 법칙에 의하면 일극체제는 변화의 체제이므로 미국 중심의 일극체제는 얼마가지 못할 것이다. 틀림없이 머지않은 장래에 새로운 양극체제로 재편되고 말 것이다.

다섯째, 핵융합반응은 항상 주변부가 아닌 중심부에서 일어난다. 핵융합반응이 일어나는 곳은 온도가 낮은 별의 주변부가 아니라 온도가 상대적으로 높은 별의 중심부이다. 핵융합반응은 이렇게 중심부에서 일어나므로 에너지 또한 중심부에서 가장 강하게 나타난다. 구운 고구마를 먹을 때 그 고구마가 식어가는 경우를 생각해 보면 이러한 사실은 쉽게 이해된다. 군고구마는 외피에 해당하는 가장자리가 제일 먼저 식고 속으로 들어갈수록 늦게 식는다. 전쟁의 경우에도 동일한 이치가 적용된다. 전쟁을 결정하는 사람은 후방의 최고사령관이지만 총알받이로 가장 먼저 죽어가는 사람은 일선 전투에 나서는 병사들이다.

동식물의 경우도 그렇다. 핵융합반응이 별의 중심부에서 일어나듯 열매가 열리는 꽃의 수정은 꽃의 주변부인 가장자리 꽃잎에서 일어나는 것이 아니라 암술과 수술이 모여 있는 꽃의 중심부에서 일어난다. 꽃에 있어서도 중심부는 종을 번식시켜 가는 핵심이요 최후의 보루인 셈이다. 동물의 경우도 암수를 불문하고 새끼를 만들어 내는 생식기관은 신체 중 보호막이 가장 튼튼한 중심부에 자리 잡고 있다. 별을 낳는 핵융합반응이 수축된 성운의 중심부에서 발생하듯 새로운 생명체를 탄생시키는 동식물의 생식작업도 항상 그들의 중심부에서 일어난다. 이는 결코 우연의 일치가 아니라 우주의 탄생법칙이 동식물에게도 전해진 결과라 할 수 있다. 별을 탄생시키는 핵융합반응이 중심부에서 일어나듯 동식물의 생식활동이 중심부에서 일어나는 것은 너무도 당연할 것이다.

인간사회의 경우도 마찬가지이다. 권력중심부가 권력주변부보다 더 막강한 힘을 가지는 것은 당연하다. 사회적 중심부인 지배세력이 사회적 주변부인 피지배세력보다 더 큰 힘을 가지는 것 또한 당연하다. 엘리트이론은 모든 사회적 힘이 중심부인 엘리트로부터 나온다는 사실을 전제로 하고 있다. 종속이론 역시 중심부는 강한 힘을 가지는 반면 주변부는 힘없이 중심부에 끌려다니게 된다는 사실을 전제로 하고 있다. 엘리트이론이든 종속이론이든 그 이론이 규명하고자 하는 대상은 다를지 몰라도 그 이론이 나타내고자 하는 본질은 모두 우주의 법칙인 강한 중심부론과 약한 주변부론이다.

제4장
화학력 시대의 변화

01 화학력 시대의 탄생

　화학력 시대란 46억 년 전 지구가 탄생한 순간부터 약 35억 년 전 세포라는 유기물이 생길 때까지 화학적 힘을 변화주력으로 하여 천연원소를 만들고 육지와 바다 같은 지구환경을 일구어 놓았던 시대이다. 즉 물리력이 만들어 놓은 지구상에 수많은 원소와 무기물을 만들고 지구의 초기 모습을 갖추어 놓았던 시대이다.

　지구를 탄생시킨 힘은 인력과 척력으로 대변되는 물리력이었지만 지구를 변화시킨 힘은 화학적 원소들이 지닌 화학력이었다. 화학력은 지구상에 수소와 헬륨을 비롯하여 탄소, 질소, 산소와 같은 92가지의 천연원소를 만들고 그 원소들을 결합시켜 무수한 무기물을 생산했다. 토양이 생기고 산과 바다와 강이 생기면서 지구의 기초 환경이 갖추어진 것은 모두 화학력이 만들어 낸 결과였다. 그러면 화학력 시대는 어떤 과정을 거쳐 지구의 기초 환경을 조성했는지 지금부터 그 숨겨진 비밀을 밝혀 보기로 한다.

　오늘날의 지구가 형성되기까지 화학력 시대가 공헌한 가장 중요한 일은 크게 세 가지로 나눌 수 있다. 첫째는 대지(大地)를 만든 것이고, 둘째는 대기(大氣)를 만든 것이고, 셋째는 바다를 만든 것이다. 화학력 시대가 이루어 놓은 이 세 가지는 오늘날의 지구가 있도록 기초를 다진 가장 핵심적인 일이었다. 그러면 먼저 화학력이 어떻게 대지를 형성시키게 되었는지부터 알아보자.

화학력 시대는 문자 그대로 화학적 힘에 의해 지구가 변해 갔던 시대이다. 따라서 화학력 시대의 생산주력은 당연히 화학력이 될 것이다. 일반적으로 화학력이란 미세한 원소들의 작용을 의미한다. 물리력이 손에 잡히는 물질의 힘인 데 반해 화학력은 손에 잡히지 않는 화학원소가 가지는 힘이다. 발효음식인 김치는 아무도 손대지 않아도 화학작용에 의해 깊은 맛을 낸다. 포도를 따서 밀봉해 놓아도 화학적 힘이 작용하여 맛있는 포도주를 빚어낸다. 쇠가 녹스는 것도 산소가 화학적 작용을 일으키기 때문이고 오래된 나무가 썩는 것도 화학적 힘이 작용하기 때문이다.

물리력에 의해 어느 정도의 형체를 잡아갔던 지구는 화학적 힘에 의해 보다 미세한 변화가 일어나기 시작했다. 수소와 헬륨뿐이었던 대기에 산소가 생기고 세포가 생기고 단세포 생물 및 다세포 생물이 생긴 것은 모두 화학력 덕분이었다. 물리력에 의해 창출되었던 무기물로서의 죽은 지구는 화학력에 의해 살아 숨 쉬는 유기물로서의 지구로 변모하게 되었던 것이다. 이렇게 화학력을 생산주력으로 하여 지구는 무기물 시대에서 유기물 시대로 진입하게 되었던 것이다.

02 대지의 형성

화학력 시대가 만든 첫 번째 작품은 대지(大地)였다. 약 50억 년 전 초신성의 잔해를 함유한 가스와 먼지구름이 모여들기 시작하면서 중력 작용에 의해 중심부분이 부풀어 오르고 그것이 회전하면서 평원반 모양의 성운이 형성되었다. 그것이 바로 태양의 성운(星雲: solar nebular)이다. 그 평원반의 직경은 무려 2광년의 거리나 되는 끝없이 긴 것이었다. 그런 긴 태양의 성운은 회전 시 발생하는 중력(重力)과 구심력(求心力)에 의해 중심으로 수축되어 갔고 일정한 시간이 지나자 그 직경은 절반 이상으로 줄어들었다. 이 같은 수축과정에서 부풀어 오른 중심부분은 태양이 되고 그 주변을 형성하고 있던 헝클어진 가스 및 먼지구름은 그들대로 따로 모여 작은 행성(行星: planet)이 되었다. 이때 태양이 된 중심부분은 가스기체 및 먼지구름이 수축될 때 발생한 충격과 압력에 의해 온도가 높이 올라간 반면 이로부터 멀리 떨어진 행성의 온도는 많이 내려갔다.

그러나 그런 행성의 주위에는 여전히 많은 가스 및 먼지구름들이 산재해 있었고 이것들은 각각이 지닌 중력과 인력에 의해 주변의 물질 혹은 보다 작은 소행성들을 끌어들이게 되었다. 그 결과 보다 질량이 크고 밀도가 높은 행성의 모습을 갖추게 되었다. 그렇게 생긴 행성 중의 하나가 지구라는 땅덩어리이다. 이처럼 원시지구는 우주먼지와 가스가 모여 형성된 단단한 하나의 덩어리에 불과하였다. 그런 지구에 우주를 떠돌고 있던 무수한 소행성과 운석들이 우박처럼 날아와서 부딪치기 시작했고 그 결과 지구는 점점 더 커지면서 지구표면의 온도는 올라갔다.

지구가 형성될 무렵 태양계에는 약 100억 개 정도의 소행성들이 성운의 중심부를 회전하며 떠돌고 있었던 것으로 추측된다. 지구는 그런 소행성들의 일부가 서로 충돌하고 합쳐져 만들어졌을 것이다. 지구의 크기가 현재의 반 정도 되었을 때 지구표면은 그런 충돌에너지로 인해 녹아내리는 용암으로 뒤덮이게 되었다. 이때 액체 마그마는 점성(粘性)이 매우 약해 그 내용물이 쉽게 유동할 수 있었으므로 철과 니켈 같은 무거운 물질들은 가라앉고 규산염 같은 가벼운 물질은 표면 위로 떠 오르게 되었다. 그 결과 중심부로 가라앉은 철이나 니켈 등은 지구의 핵을 형성하고 표면으로 떠오른 규산염 등은 지각을 형성하게 되었다. 이러한 지구변천사는 오늘날 우리들이 쉽게 발견할 수 있는 암석 속에 고스란히 기록되어 있다.

지구에 무거운 물질이 많은 이유는 태양으로부터 떨어진 거리와 관계가 있다. 태양 가까이 있으면 태양의 높은 온도에 영향을 받아 행성을 구성하고 있는 가스의 온도가 올라가면서 수소나 헬륨 같은 가벼운 원소들은 빠르게 움직이기 때문에 행성의 중력으로부터 쉽게 빠져나가게 된다. 따라서 수성, 금성, 지구 등, 태양 가까이 있는 행성에는 가벼운 물질들이 적은 대신 무거운 물질들이 많다. 이에 반해 태양으로부터 멀리 떨어져 있는 목성, 토성, 천왕성과 같은 행성은 온도가 낮기 때문에 행성의 중력이 강하게 작용하므로 수소 및 헬륨 같은 가벼운 원자들의 활동력이 약하게 되어 행성을 구성하는 가스덩어리로부터 쉽게 빠져나가지 못한다. 그러므로 이들 행성은 거의 대부분 수소와 헬륨으로 구성되어 있다. 우주질량의 대부분을 차지하고 있는 수소와 헬륨이 지구에 적은 것은 이처럼 지구형성기에 그런 가벼운 원자들이 높은 태양열에 의해 외부로 빠져나갔기 때문이다.

지구라는 땅덩어리는 이처럼 태양계를 떠돌아다니던 가스 및 먼지 구름들이 모여 회전하면서 평원반 모양의 성운이 뭉쳐 거대한 덩어리를 이루면서 시작되었고 그렇게 시작된 지구에 태양계를 떠돌던 무수한 소행성과 운석들이 우박처럼 날아와서 부딪치고 용해되어 그 크기가 점점 늘어나면서 지구라는 거대한 덩어리를 형성하게 되었다. 주지하다시피 지구는 난형에 가까운 구형체(球形體)로서 극반지름이 6,356km이고 적도반지름이 6,378km로 적도 쪽이 20km 정도 더 긴 타원체이다. 이런 수치는 중력분포(重力分布)를 측정하거나 측지선(測地線)을 관측한 결과 얻어진 수치이다. 또 1960년대 미국과 소련의 인공위성이 관측한 결과에 의하면 지구는 북극방향으로는 16km 정도 튀어나오고 남극방향으로는 반대로 16km 정도 들어간 모양이라고 한다. 이런 결과는 지구가 완전한 강체(剛體)가 아니고 강성(剛性)과 탄성(彈性)을 가짐과 동시에 변형을 일으키는 점성(粘性)도 함께 가진 점탄성체(粘彈性體)임을 증명한다.

지구가 점탄성을 지니고 있다는 사실은 여러 면에서 입증되고 있다. 지진파가 줄어들거나 분산되는 것은 그 대표적인 예이다. 지진파가 감소하거나 분산되는 자유진동현상은 1952년 11월 캄차카 앞바다에서 발생한 지진과 1960년 5월 칠레 앞바다에서 발생한 지진에서도 관측되었다. 또 스칸디나비아반도의 빙하 위치가 상승하는 속도와 북아메리카대륙의 대염호(大鹽湖)가 상승하는 속도 및 암염층(岩鹽層)이 변해가는 모양 등으로부터도 지구의 각 부분이 점성상태에서 유동하고 있음을 입증한다. 지구가 살아서 움직이고 있다는 가장 뚜렷한 증거는 대륙이동이나 해저확장운동에서 찾아 볼 수 있는데 그런 경우를 보면 지구는 점탄성체라기보다 단순한 점성유체(粘性流體)라 해야 할 것이다. 이런 여러 사실들을 종합해 볼 때 지구는 수천만 년에 걸쳐 서서히 변해온 고체라 할 수 있다.

▌ 지구의 내부구조

지구가 화학적 힘에 의해 초기모습을 갖추어 갔을 것이라는 사실은 오늘날의 지구가 입증한다. "현재는 과거가 남긴 증거물"이라는 말이 있듯 현재의 지구는 과거의 지구가 남겨 놓은 많은 증거물을 가지고 있다. 지구의 내부구조는 그 대표적인 증거물이다. 지구는 크게 볼 때 내핵(內核), 외핵(外核), 맨틀(mantle)이라는 세 가지 다른 층으로 구성되어 있다. 지구중심부인 내핵은 아주 높은 고온이지만 압력 또한 너무 높기 때문에 용해되지 않은 고체 상태를 유지하고 있다. 그러나 바깥쪽인 외핵은 내핵보다 압력이 높지 않기 때문에 용해된 상태로 머문다. 운석(隕石)이나 운철(隕鐵)을 분석한 결과를 바탕으로 할 때 내핵과 외핵은 각각 80%의 철과 20%의 니켈로 구성되어 있는 것으로 보이며 따라서 전기 전도도(傳導度)는 아주 높은 것으로 생각된다.

지구의 내핵과 외핵의 상태가 그럴 것이라고 짐작되는 이유는 다이너모이론(dynamo theory)이 설명해 준다. 다이너모이론이란 지구자기장을 설명하는 이론으로 지구외핵은 전기전도도가 큰 철과 니켈로 구성된 유체이기 때문에 핵 내의 상하 온도차에 의해 발생하는 대류운동으로 외핵의 상태는 수시로 변할 수 있고 그런 외핵 내의 대류운동 때문에 외핵물질이 이동하면 외부 자기장의 영향을 받아 유도전류가 생기고 그 유도전류는 자기장을 만들기 때문에 지구의 회전축을 따라 자기장이 형성된다. 이를 쉽게 설명하면 화학적 유체활동이 지구자기장을 일으킨다는 말이다. 즉 화학적 힘이 지구자기장을 만들며 지구의 모습을 조금씩 변화시켜간다는 말이다.

외핵 다음 층에 해당하는 맨틀의 내부는 지각구조 못지않게 복잡하며 따라서 그 성분과 물리적 성질을 고려하여 B층(깊이 33~413km), C층(413~984km) 및 D층(984~2,900km)으로 나눈다. 맨틀이 B층에서부터 시작하는 이유는 A층은 지각으로 자리매김 되었기 때문이다. 맨틀 중에서도 가장 깊은 내부에 위치한 D층은 고체로 생각되며 정역학 및 열역학 방정식에 의해 계산되는 물리량이 관측량과 거의 일치하기 때문에 물리적, 화학적 평형이 유지되고 있는 것으로 여겨진다. 그러나 B층과 C층, 특히 지각과 가장 가까운 C층은 평형이 유지되고 있다고 보기에는 여러 가지 의심되는 점들이 많다. 지구물리학자 불렌(Keith Edward Bullen, 1906~1976)은 맨틀 내부의 C층에 해당하는 부분은 물리적, 화학적으로 불안정한 전이층(轉移層)에 해당한다고 주장한 바 있다.

물리량은 지구 내부의 깊이에 따라 그 수치가 달라진다. 일반적으로 깊이가 100km 정도에 이르면 지진파의 속도는 극히 저조해지고 400km 깊이에서는 전기전도도가 상당히 증가하며 400~1,000km 깊이에서는 급격히 증가하는 경향이 있다. 이런 사실을 근거로 할 때 100km 깊이에서 지진파의 속도가 느린 이유는 그 깊이에 있는 맨틀의 온도가 융해점에 가깝거나 융해점에 이르렀다는 추측을 가능케 한다. 또 400km 깊이에서 맨틀의 구조가 달라지는 이유는 압력이 높아

짐에 따라 맨틀의 주성분인 규산염이 더욱 작은 크기의 결정체로 바뀌고 깊이가 더욱 깊어지면 압력이 더욱 증대되면서 더욱 치밀한 결정체로 바뀌기 때문이다. 다시 말하면 맨틀의 구조가 B, C, D층으로 나누어지고 층마다 다른 구조를 가지고 있는 이유는 깊이가 달라짐에 따라 발생하는 압력과 온도의 차이에 의해 각 층을 구성하고 있는 주 물질의 결정구조가 변하기 때문이다.

지구지각에 틈새가 생기고 해저구릉, 활모양의 호상열도(弧狀列島) 및 해저의 지구자기 줄무늬가 생기는 것은 맨틀의 대류운동과 해저확장운동에 기인한다. 예를 들면 태평양 지역은 미국 서해안 앞바다에서 맨틀 지각이 솟아올라 수평으로 밀린 대표적인 단층인 샌 앤드레이어스 단층(San Andreas fault) 밑에서 역방향인 동쪽으로 이동하여 캄차카, 일본, 중국해로 이어지고 있다. 솟아오른 곳은 지각이 양쪽으로 뻗어나가는 것처럼 둘로 갈라지므로 얕은 곳에서 지진이 발생하는 경우가 많고 따라서 지각의 열류량도 많다. 맨틀과 함께 솟아올라 서쪽으로 이동하는 지각은 지표로 나와 냉각됨과 동시에 지구자기장의 잔류자기(殘留磁氣)를 얻고 시대에 따라 지구자기장의 방향이 정반대로 바뀜에 따라 자기화의 방향이 변하기 때문에 지구자기의 줄무늬가 달라진다.

하와이제도의 여러 섬들은 맨틀지각이 동쪽에서부터 솟아올라 점점 서쪽으로 이동해 간 것으로 추정된다. 아시아대륙과 부딪치는 곳에서 맨틀이 솟아오르면서 지각의 일부가 꺼져 해저구릉이 만들어진 것으로 보이며 그런 변형과정에서 발생한 마찰에 의하여 지진이나 열극(裂隙, 틈새, fracture, Bruch)이 생기고 화산이 폭발한 것으로 여겨진다. 그렇게 발생한 화산들은 전체적으로 연결되어 호상열도군(弧狀列島群)을 형성한다. 호상열도(island arc)란 해구에서 대륙 쪽으로 약 100~400km

떨어진 곳에 화산활동으로 만들어진 섬들이 활모양의 호(弧)를 이루고 있는 것을 의미한다. 알류산열도, 마리아나열도, 통가열도가 대표적인 호상열도들이다. 이런 곳에서는 지각을 구성하고 있는 물질 중 용해되기 쉽거나 가벼운 물질이 지각상부로 분출되어 대륙지괴를 형성하며 따라서 대륙은 점차 확장되어간다.

지구의 내부구조와 지구의 활동 역사를 이렇게 장황히 설명하는 이유는 바로 그 구조와 활동의 역사가 모두 지구를 구성하고 있는 각각의 원소가 지닌 화학적 힘에 의해 일어난 것들이기 때문이다. 당장 대지의 형성에 가장 큰 영향을 미치는 일부 맨틀의 경우만 해도 물리적, 화학적 평형이 이루어지지 않아 계속해서 유동하고 있기 때문에 지구자기장이 일어나고 그 결과 지진과 화산이 분출하면서 지구의 모습을 변화시키고 있다. 바다가 융기하여 육지 혹은 산으로 변하고 반대로 육지 혹은 산이 꺼져 바다가 되고 했던 지구의 역사는 바로 이런 변화를 입증한다.

또 위의 설명에서 보듯 지구구조는 크기만 다를 뿐 계란의 구조와 동일하다. 지구핵은 계란의 노른자위에 해당하고 맨틀은 흰자위에 해당하고 지각은 껍질에 해당한다. 이렇게 그 구조가 일치하는 것은 어찌 보면 당연한 일이다. 지구가 가진 유전인자를 그대로 물려받아 수많은 생물이 태어났으므로 그 생물이 지구와 동일한 구조를 가지는 것은 당연할 것이기 때문이다. 실제로 모든 생명은 알에서부터 시작한다. 동식물의 암수 수정체는 예외 없이 난형이다. 지구 자체가 난형이므로 지구가 물려줄 수 있는 유전인자도 난형일 수밖에 없다. 그러므로 계란의 구조가 지구의 구조를 닮은 것은 당연을 넘어 필연이라 해야 할 것이다.

┃ 성상시대와 지질시대

지구역사를 크게 나누면 지각이 형성되기 이전인 성상(星狀)시대와 그 이후인 지질(地質)시대로 구분된다. 대지에서 발견된 가장 오래된 암석은 38억 5천만 년 전에 생긴 것으로 추정되고 또 땅속에서 발견된 광물 중 가장 오래된 것은 42억 년 전에 형성된 것으로 추정되므로 지질시대는 어림잡아 40억 년 전쯤에 시작되었던 것으로 여겨진다. 따라서 지구의 나이를 46억 년이라고 하면 별의 형상을 갖추고 있었던 성상(星狀)시대는 약 6억 년 동안 계속되었다고 볼 수 있다.

지질시대는 다시 암석 속에서 발견되는 여러 물질들을 분석한 결과를 놓고 볼 때 화석이 극히 적게 발견되거나 거의 없는 시대인 은생누대(隱生累代)와 화석이 많이 발견되는 현생누대(顯生累代)로 구분된다. 이런 시대구분 중 생물이 출현하기 이전의 시대로 알려진 성상(星狀)시대를 화학력 시대라 할 수 있다. 왜냐하면 그때까지는 생물다운 생물이 출현하지 않았으므로 순수한 화학적 힘에 의해 지구가 변해갔을 것이기 때문이다. 이렇게 볼 때 암석은 생물의 출현 시기를 연구함에 있어서 매우 중요한 역할을 한다.

오늘날 지구 곳곳에서 볼 수 있는 암석은 46억 년의 지구역사를 푸는 중요한 열쇠가 된다. 지구의 지각은 각 층마다 그 층이 어떻게 형성되었는가를 알 수 있게 하는 고유한 퇴적물을 간직하고 있으며 따라서 그 층이 안고 있는 퇴적물을 분석하면 수백, 수천만 년에 걸친 지구 대지의 역사를 고스란히 읽을 수 있다. 한 층씩 형성된 퇴적암은 바로 그런 지구의 역사를 읽을 수 있는 대표적인 박물관이다.

암석은 생성된 형태에 따라 크게 퇴적암, 변성암, 화성암으로 나누어진다. 먼저 퇴적암(堆積岩, sedimentary rock)은 운반작용을 하는 물이나 바람 같은 수단에 의해 운반된 광물이 지표의 낮은 압력과 낮은 온도 하에서 퇴적되어 만들어진 암석이다. 그런 퇴적암은 대기와 바다가 만들어진 후에 생성된 것으로 추정된다. 왜냐하면 대기와 바다는 물질의 우수한 운반수단이며 또 바다 밑이 대부분 퇴적암으로 이루어져 있기 때문이다. 이 퇴적암은 크게 두 종류로 나누어지는데 하나는 잘게 부서진 여러 물질들이 퇴적되어 만들어진 쇄설성(碎屑性) 퇴적암이고 다른 하나는 화학적 물질들이 침전되어 만들어진 화학적 퇴적암이다. 화학적 작용에 의해 처음 생성된 지각은 시간이 지나면서 풍화되고 침식되어 점차 그 크기가 줄어든 반면 퇴적암은 증가하였다. 그 결과 현재는 대륙의 약 80%와 바다의 대부분이 퇴적암으로 덮여 있다.

변성암이나 화성암인 경우는 높은 온도와 압력의 영향을 받아 형성 당시의 환경을 나타내주는 구조나 화석이 모두 변해버렸기 때문에 현재 남은 것이 거의 없지만 퇴적암은 지표에서 형성된 것이므로 퇴적된 당시의 환경을 그대로 보존하고 있고 지층의 상하도 구분할 수 있다. 예를 들면 지층 표면의 물결모양을 지칭하는 연흔(漣痕, ripple mark)은 얕은 물 밑에서 만들어졌고 굳지 않은 진흙질의 퇴적물이 수분을 잃고 수축될 때 만들어지는 여러 모양의 균열을 의미하는 건열(乾裂, sun cracks)은 건조한 기후에서 만들어졌으며 층리면에 일정한 각도를 가지고 발달한 일차 퇴적구조를 의미하는 사층리(斜層理, cross bedding)는 바람이나 유수의 흐름을 나타낸다.

퇴적암(堆積岩, sedimentary rock)은 수백만 년씩 나이를 먹은 것들로서 대단한 규모를 자랑하는 것들이 많다. 해저나 대지는 솟아오르기도 하고 가라앉기도 하기 때문에 퇴적암은 오늘날의 해수면보다 훨씬 높은 곳에서 발견되는 경우가 많다. 알프스산맥, 로키산맥, 히말라야산맥에서 발견되는 퇴적암은 그 대표적인 것들이다. 퇴적암 중에서도 독특한 것은 독일의 유명한 관광지 중 하나인 카이저슈툴(Kaiserstuhl) 지대를 덮고 있는 황토퇴적암이다. 그 퇴적암은 바다 속에서 퇴적된 것이 아니라 빙하시대 말기 풍화된 고운 입자들이 바람에 날려 와 퇴적된 것이다. 고운 암석가루가 바람에 날리다 높은 산이라는 장애물이 생기자 그 자리에 침전되어 단단한 황색퇴적암이 되었던 것이다. 그러므로 퇴적암은 지질시대의 환경과 지구의 역사를 연구하는 데 무척 중요한 역할을 한다.

변성암(變成岩, metamorphic rock)은 높은 온도와 압력에 의해 퇴적암이 용암 같은 액체로 변하지 않고 본래의 고체상태에서 바로 다른 암석으로 변화된 암석이다. 기존의 암석이 높은 온도와 압력을 받게 되면 그 암석은 액체상태가 아닌 고체상태에서도 새로운 화학적 구조를 가지게 되며 따라서 그렇게 변한 암석은 전혀 새로운 암석이 된다. 지표면의 암석 중 약 17% 정도는 이런 변성암이 차지한다. 하지만 지표에서 조금 더 깊게 들어가면 대부분 변성암으로 되어있다. 그 이유는 지각 외의 나머지 맨틀 부분은 높은 압력과 온도를 가지기 때문에 암석의 조직과 광물이 그 영향을 받아 변할 수밖에 없기 때문이다. 그런 영향 때문에 암석을 이루고 있는 광물의 배열이 바뀌기도 한다. 즉 암석 내의 광물들이 평행하게 배열될 때는 지층이 생성될 때의 환경적 특성을 나타내주는 층상(層相)이나 원래의 퇴적상태를 보여주는 엽리(葉理, foliation)가 만들어진다. 그런 엽리가 있는 대표적인 암석은 편암(片岩, Schist)과 편마암(片麻岩, gneiss)이고 엽리가 없는 대표적인 암석은 석회암에서 변성된 대리암(大理岩, marble)과 사암(砂岩, sandstone)에서 변성된 규암(硅岩, quartzite)이다.

화성암(火成岩, igneous rock)은 화(火)라는 글자 자체가 의미하듯 화산 폭발 시 분출되는 뜨거운 용암과 관련이 있다. 용암은 하부지각 밑의 맨틀 부분에서 생성되며 높은 고온에서 녹은 규산염(SiO_2)과 휘발성의 가스로 이루어져 있다. 맨틀 부분에서 용융(熔融)된 마그마는 주변 물질보다 밀도가 낮아 위로 상승하게 되는데 그렇게 상승하다 밀도가 같은 곳에 이르면 서서히 굳어지면서 결정체로 변하게 된다. 그런 과정을 거쳐 결정된 암석이 바로 화성암이다. 용암이 지표면에서 빠르게 식으면 입자의 크기가 작은 화산암이 되고 지각 깊은 곳에서 천천히 식으면 입자의 크기가 큰 심성암(深成岩, plutonic rocks)이 된다. 석영(石英, quartz)과 장석류(長石類, feldspars)를 주성분으로 하는 화강암(花崗岩, granite)도 여기에 속한다. 화강암은 색깔이 다양하고 아름다운 무늬가 많아 건축자재로 인기가 높다. 화강암의 어원은 중국 남부의 화강(花崗)이라는 곳에서 이 암석이 많이 생산된 데서 유래한다고 한다.

현무암(玄武岩, basalt)은 화학적 암석 구성상 심성암에 속하는 반려암(斑糲岩, gabbro)과 유사한 암석으로서 규산염을 50% 정도 함유하고 있는 화성암이다. 현무암(玄武岩, basalt)이라는 이름은 철을 함유하는 돌이라는 뜻을 가진 에티오피아어(語) "basal"에서 유래한 것으로 알려져 있다. 현무암은 마그마가 지표면 위로 분출하지 않고 지각 내에서 굳어져 만들어진 암석으로서 암상(岩相)이나 암맥(岩脈)이 분출관의 모양을 닮은 관입암체(貫入巖體)로 되어있다. 용암 한 겹의 두께는 일반적으로 수십 미터 이하에 불과하지만 용암이 반복적으로 분출되는 경우가 많기 때문에 1천 미터 이상 겹쳐져 있는 경우도 있다. 지금은 현무암도 건축자재로 쓰이는 경우가 많지만 과거에는 둥근 머릿돌 모양의 포석(鋪石)으로 애용되었다.

| 조산운동과 조륙운동

화학적 힘에 의해 거대한 가스 덩어리였던 지구 위에 산과 들판이 생기기 시작한 것은 지형이 형성되면서부터였다. 지형변화는 지구 내부에서부터 시작되었다. 산과 산맥이 만들어지는 과정을 조산운동(造山運動, orogeny)이라고 하는데 이 조산운동은 지구 내부의 단층과 마그마가 상호작용하면서 화산활동을 일으키기 때문에 발생한다. 화산이 분출하면 지층이 심하게 일그러지고 어느 시점에 이르면 지반이 강하게 융기되어 산과 산맥이 생기게 된다.

그런 조산운동은 대부분 퇴적층이 두꺼운 얕은 바다 혹은 내륙호수의 경사진 지향사(地向斜, geosyncline)에서 일어난다. 지향사가 생기는 이유는 퇴적층의 두께가 증가됨에 따라 지반이 아래쪽 방향으로 심하게 굴곡 되고 따라서 굴곡 된 부분의 지하가 고온, 고압 상태에 놓이게 됨으로써 지층이 심하게 요동치기 때문이라는 설과 판구조론적 입장에서 판 모양의 지각이 서로 마주쳐 충돌하면서 생긴다는 설이 있다. 히말라야나 알프스 같은 산맥은 이런 조산운동의 결과 생성된 것이다. 우리나라의 관악산이나 북한산같이 화강암이 많은 산은 조산운동 시 지하에서 뿜어져 나온 마그마가 굳어져 생성된 것으로 추정된다. 화강암의 분포가 띠 모양(帶狀)을 이루는 것도 조산운동 시 가로로 압력을 받아 일정한 방향으로 쪼개진 지각의 틈을 따라 마그마가 유입되었기 때문이다.

현재까지 알려진 바에 의하면 첫 번째 조산운동은 약 36억 년 전 북아메리카, 그린란드, 아프리카 및 시베리아 등을 만들면서 일어났고, 두 번째는 약 30억 년 전 거의 비슷한 지역에서 일어났으며, 세 번째는 28억~27억 5천만 년 전 염기성 현무암을 뿜어낸 화산활동으로 거의 모든 대륙에서 일어났다. 또 시생대 말기인 27억~25억 년 전에는 화강암이 될 용암이 광범위하게 솟아올랐다. 원생대에 들어와서도 그 초기인 18억 5천만 년 전과 17억 년 전에 걸쳐 두 번의 큰 조산운동이 있었고 중기에도 15억~14억 년 전과 12억 년 전 역시 두 번에 걸쳐 광범위한 조산운동이 일어났다. 최초의 지향사는 원생대 초기에 형성되었고 중기에는 대륙의 주변부를 따라 두꺼운 퇴적층의 지향사들이 발달되었다. 그런 과정을 거쳐 원생대 중기인 11억 5천만 년 전에는 모든 대륙이 원시초대륙(原始超大陸: Proto-Pangaea)이라고 하는 거대한 하나의 대륙을 이루게 되었다.

산이 만들어진 또 다른 과정은 조륙운동이다. 이 조륙운동(造陸運動, epeirogeny)은 지각이 크게 부딪치지 않은 상태에서 상하운동을 하는 경우로서 대부분 넓게 발생하는 것이 특징이다. 이 같은 조륙운동 역시 조산운동의 경우와 마찬가지로 지각판의 움직임에 그 원인이 있다. 러시아대륙이나 콜로라도고원 같은 넓은 평원과 높은 고원은 대부분 조륙운동에 의해 생성된 것이다. 이런 넓은 평원과 높은 고원은 선(先)캄브리아기(Precambrian age)의 조산운동에 의해 만들어진 기반암을 바탕으로 지각의 조륙운동이 일어나면서 생기게 되었다.

미국의 콜로라도(Colorado) 고원(高原)을 예로 들면 그랜드 캐년(grand canyon)의 깊은 계곡에서 보듯 상부의 중, 고생대 지층은 심하게 교란되지 않고 마치 시루떡 모양으로 쌓여 있지만 그 하부에는 선캄브리아기에 생성된 습곡(褶曲, fold) 같은 암석들이 많이 나타난다. 물론 상부의 중, 고생대 지층과 하부의 캄브리아기의 암석은 불일치(unconformity)하므로 문외한의 눈에도 상하 간에 서로 다른 지질의 역사를 겪었다는 사실을 알 수 있다. 이런 곳은 선캄브리아기에 조산운동이 일어나 현재의 기반암을 만든 후 그다음부터는 단지 조륙운동만을 받았기 때문에 그 같은 두꺼운 퇴적층을 가진 광대한 고원이 생겨난 것으로 이해된다.

그런 조륙운동이 일어난 이유는 로키산맥을 기준으로 하여 두 개의 지각판이 서로 부딪치면서 크게 움직였기 때문이다. 그래서 로키산맥은 조산운동을 받아 장대한 습곡산지를 이루었으며 콜로라도고원은 낮은 평원으로부터 밀려 올라가 해발 2,300m에 달하는 장대한 고원을 이루게 되었던 것이다. 또 그런 과정에서 콜로라도강은 하부로 깊숙이 내려앉아 그 깊이가 1,600m에 달하는 계곡도 만들게 되었다. 지질학자들의 조사에 의하면 콜로라도고원은 과거 천만 년 동안 연간 0.3mm씩 융기하였다고 한다. 그밖에도 조륙운동의 예로는 북아메리카 북부 및 스칸디나비아반도 일대에서 대륙빙하가 소멸된 이후 일어난 지반융기나 제3기 마이오세(Miocene Epoch) 이래 일어난 한반도의 융기 등을 들 수 있다.

조산운동과 조륙운동에 의한 지각의 변화는 인간에게 많은 점을 깨닫게 한다. 수십억 년 동안 계속되어온 그런 지각의 변화에는 한 가지 법칙이 있다. 즉 지각의 높낮이는 항상 변해왔다는 사실이다. 바다가 육지로 변하고 육지가 바다로 변하는 때도 있었고 평원이 산맥으로 변하고 산맥이 평원으로 변하는 때도 있었다. 그러나 어떤 경우에도 지각의 높이가 100% 동일했던 적은 없다.

인간사회도 마찬가지이다. 인류가 탄생한 이래 인간 세상은 수없이 바뀌어왔다. 그러나 단 한 번도 모든 인간이 평등했던 적은 없다. 인간이 탄생되기 이전 지구지각의 높이가 이미 평등했던 적이 없었으니 인간이 평등했던 적이 없었음은 당연하다. 이는 앞으로도 영원히 변함없을 것이다. 아무리 세월이 지나고 아무리 큰 변화가 생겨도 지구 지각의 높이도 평등해지지 않을 것이며 인간의 지위도 평등해지지 않을 것이다. 높고 낮은 곳이 칡넝쿨처럼 얽혀 있는 곳이 지구이듯 높고 낮은 서로 다른 지위를 가진 인간이 칡넝쿨처럼 얽혀 살아가는 곳이 바로 인간 세상이다. 이것은 우주와 지구의 유전인자를 이어받은 인간 세상의 변하지 않을 숙명이다.

지각운동은 지반의 수직적 혹은 수평적 이동과 그로 인해 발생하는 암석 및 지질구조의 변형을 통하여 지형발달에 큰 영향을 미친다. 예를 들면 우리나라의 경우 쥐라기(Jurassic Period) 말엽에 있었던 후대동기 조산운동(後大同期 造山運動)이나 그 이전 트라이아스기(Triassic Period)에 있었던 송림변동(松林變動, Songrim disturbance)으로 지각변동이 생기면서 구조선(構造線, tectonic line)과 더불어 산지가 생겨났을 것으로 추정된다. 그러나 산지들은 그 후 지면이 계속 침식되면서 평활한 지형으로 변모되었고 그 결과 구조선만 남게 되었다. 이후 제3기에 이르러 지반이 융기될 때 침식에 약한 구조선들을 따라 하천침식이 활발하게 진행되어 구조선 방향과 일치되는 골짜기가 생겨났으며 그 골짜기 사이에 놓인 지역은 산지로 남게 되었다. 소위 중국 방향 혹은 랴오뚱(遼東) 방향의 산지들이 그런 것들이다. 따라서 이 산지들의 주향은 대체로 구조선 및 하곡의 방향과 일치된다. 이런 예에서 보듯 지반운동이 직접 지형의 변화에 영향을 주기도 하지만 지반운동 시에 생겨난 지질구조가 다시 지형발달에 영향을 주기도 한다.

대부분의 지구지형은 정도의 차이는 있지만 내부적 원인에 의한 지형작용과 외부적 원인에 의한 지형작용을 동시에 받으면서 형성되었다. 그중 대규모 지형은 대부분 내부적 작용에 의해 형성되었고 소규모 지형은 외부적 작용에 의해 형성되었다고 볼 수 있다. 지형형성과정을 조각에 비유하면 땅의 큰 덩어리를 잘라내 조각의 기본 틀을 만드는 과정은 내부적 작용이고 그 기본 틀을 섬세한 모습으로 다듬는 작업은 외부적 작용이라 할 수 있다.

| 지형변화의 주요원인

지형변화의 주요 원인은 화산이다. 화산섬인 제주도에 가면 돌하루방 같은 기공(氣孔)이 많은 암석을 볼 수 있는데 그런 기공은 용암이 흐르는 동안 채 굳기 전에 기체가 빠져나올 시간적 여유가 많았음을 의미한다. 화산이 폭발한 윗부분은 뾰족하지만 순상화산(楯狀火山, aspite)의 윗부분은 천천히 분출되기 때문에 옆으로 퍼지는 경향이 있다, 그래서 위에는 분화구가 형성되고 거기에 물이 담기면 백록담 같은 호수가 된다.

화산이 폭발하는 이유는 지하 깊은 곳의 마그마가 지각의 약한 부분을 뚫고 올라올 때 마그마가 가진 휘발성분으로 인해 내부압력이 커지면서 지면 밖으로 분출되기 때문이다. 이때 나오는 분출물은 크게 화산 가스, 화산 쇄설물, 용암으로 나누어진다. 그 중 화산 가스의 60~90%는 수증기이고 나머지는 이산화탄소, 질소, 아황산가스 등으로 구성되어 있다. 이렇게 화산 가스는 많은 수증기를 함유하고 있기 때문에 대기권에서 냉각되어 큰비로 변할 수 있으며 비가 내리면 염소의 일부는 바다로 녹아든다. 지구 초기에는 화산폭발이 많았으므로 그렇게 흘러간 염소가 바다의 염분을 높이는 원인이 되었을 것이다. 또 화산 가스는 지구탄생 이래 수권(水圈)과 기권(氣圈)을 형성하는 데도 큰 역할을 했다.

화산 쇄설물은 크기에 따라 화산탄, 화산암괴, 화산력(火山礫), 화산
재 등으로 구별할 수 있으며 화산재는 그 크기가 매우 작고 미세하기
때문에 대기 중에 떠돌아다니면서 햇빛을 차단하여 기후에 영향을 준
다. 일반인들은 화산이 폭발하면 이산화탄소로 인해 온도가 올라갈
것이라고 생각하지만 화산재로 인해 햇볕의 통과율이 낮아지기 때문
에 기온은 오히려 내려간다. 요즘엔 화산재를 이용한 미용 팩도 나오
고 있다.

화산의 폭발은 지구생태계를 크게 변화시킨다. 용암이 흐르면 주변
지역이 매몰되고 또 뜨거운 온도 때문에 주변 환경이 많이 변하기도
한다. 그러나 길게 보면 좋은 점도 없지 않다. 용암과 화산 쇄설물에는
식물의 성장을 도와주는 여러 가지 영양분이 많이 들어있다. 그래서
용암과 화산 쇄설물로 새롭게 형성된 지형은 식물이 자라기 좋은 기름
진 토양이 된다. 또 화산폭발로 여러 가지 독특한 지형이 새로 생기게
되어 제주도처럼 유명한 관광지가 되기도 한다. 뿐만아니라 화산지대
의 지하 암석은 온도가 매우 높아 이를 잘 이용하면 지열발전소도 세
울 수 있고 온천 관광지를 만들 수도 있다. 더욱이 화산활동은 지하의
물질이 순환하는 과정이므로 그 과정에서 마그마 속에 녹아있던 물질
들이 솟아 나와 인간에게 다양한 지하자원을 제공하기도 한다. 화산
은 그렇게 지형의 높낮이를 변화시키고 토양의 질을 변화시키면서 지
구를 새롭게 만들어간다.

화산활동으로 지구가 그렇게 변해가듯 인간 세상도 강대국과 약소
국이 자리를 바꾸어가며 변해간다. 고대 문명의 발상지로 찬란한 문
명과 막강한 권력을 자랑했던 메소포타미아, 그리스, 이집트 지역은
이제 세계에서도 가장 낙후된 지역으로 손꼽히고 있다. 화산이 폭발

하고 용암이 분출되는 한 지구의 높고 낮은 지형이 뒤바뀔 수밖에 없듯 인간사회의 상호투쟁이 계속되는 한 강대국과 약소국의 정치 지형은 바뀔 수밖에 없다. 이 또한 지구의 유전인자를 이어받은 인간 세상의 피할 수 없는 숙명이다.

화학력 시대가 제일 먼저 한 일이 땅덩어리를 굳히고 대지를 만든 것이라는 사실은 우리에게 한 가지 중요한 점을 깨닫게 한다. 왜냐하면 지구 지형이 가장 먼저 형성되었다는 말은 앞장에서 밝힌 형주질속론(形主質屬論)의 타당성을 다시 한번 증명하고 있기 때문이다. 앞장에서 밝혔듯이 형주질속론에 의해 형은 항상 질보다 앞서게 된다. 화학력 시대가 증명하듯 실제로 지구라는 형이 먼저 만들어지고 나서 대기권과 바다가 형성되고 생물이 탄생되면서 지구의 질적 향상이 이루어졌던 것이다. 이 순서는 결코 거꾸로 될 수 없다.

03 대기의 형성

화학력 시대가 만든 두 번째 작품은 대기(大氣)이다. 대기는 오늘날의 지구를 있게 한 중요한 요소였다. 그러면 그 중요한 대기는 어떻게 형성되었을까? 지구가 원시행성이었을 때 가지고 있었던 가스와 얼음은 지구가 굳어지는 동안 우주공간으로 빠져나가 버렸기 때문에 원시 지구에는 대기가 없었다. 하지만 그 후 지구 내부에 포함되어 있던 가스가 빠져나와 지구 주위를 감싸게 되었고 그것이 원시대기를 형성하게 된 출발점이었을 것으로 추정된다.

| 대기권 형성이론

지구가 대기권을 형성하게 된 과정에 대해서는 두 가지 이론이 있다. 하나는 자체 발생설이고 다른 하나는 외부 작용설이다. 자체 발생설에 의하면 지구탄생 직후 수많은 화산이 폭발하고 그로 인해 많은 용암(lava)이 분출되면서 엄청난 양의 가스가 동시에 분출돼 나와 대기권을 형성하게 되었다는 것이다. 또 외부 작용설에 의하면 지구 주위를 맴돌고 있던 얼음과 가스로 이루어진 혜성들이 날아와 지구에 부딪쳐 떨어짐으로써 바다와 대기권이 형성되었다는 것이다. 지구의 대기권은 이 두 과정을 거쳐 형성되었는데 이런 사실은 금성과 화성의 경우도 비슷하다.

원시지구의 대기는 오늘날과 같이 동식물이 살 수 있는 산화(酸化)된 상태가 아니라 다른 행성의 대기와 마찬가지로 대부분 수소로 뒤덮여 있었고 그 수소는 다른 많은 원소들과 결합된 불안정한 상태였다. 즉 산소는 대부분 수증기 속에, 질소는 암모니아 속에, 그리고 탄소는 메탄 속에 포함되어 있었으며 탄화수소와 황화수소 등도 많이 섞여 있었다. 그러나 그런 대기는 곧 순화되었다. 태양열이 수증기를 산소와 수소로 분리시켰고 산소는 메탄과 반응하여 탄산가스와 물을 생성하게 되었으며 태양열은 암모니아로부터 질소를 분리시켰다. 그 결과 탄산가스와 질소를 주성분으로 하는 대기가 생겨나게 되었다. 현재 대기의 약 20%를 차지하는 산소는 대부분 지구상에 녹색식물이 출현한 후에 생긴 것이다. 녹색식물은 광합성의 부산물로 대기 중에 산소를 방출하기 때문이다. 대기가 생기게 된 이런 과정에서 보듯 지구는 여러 화학적 원소들이 서로 상호작용하면서 서서히 그 모습을 갖추게 되었다. 현재의 지구환경이 형성되기 시작했던 출발 초기를 화학력 시대로 규정하는 이유가 바로 여기에 있다. 여러 화학적 요소들의 상호작용이 없었더라면 오늘날의 지구는 존재하지 않았을 것이기 때문이다.

대기의 형성은 지구를 독립된 별이 되도록 하는 데 결정적 역할을 했다. 지구를 둘러싸고 있는 대기권(大氣圈, atmosphere)이 형성됨으로 해서 지구는 다른 별에 크게 영향을 받지 않고 독자적인 순환운동을 할 수 있게 되었기 때문이다. 대기권의 권역은 지상에서 약 1,000km까지 올라가지만 전체 공기의 대부분은 지상 30km 이내에 존재한다. 대기권은 기온 분포에 따라 크게 대류권(對流圈), 성층권(成層圈), 중간권(中間圈), 열권(熱圈)으로 나누어진다.

대기권은 지구에 생명체가 살 수 있도록 하는 보호막 역할을 한다.

태양이나 외계에서 지구로 들어오는 해로운 빛을 흡수하고 운석이 충돌하는 것을 막아 주기 때문이다. 또 지구 표면에서 나오는 열의 일부를 흡수하여 보관하기 때문에 지구온도를 유지시켜 주며 대류현상으로 열을 고르게 퍼뜨려 지구 전체의 온도가 크게 차이나지 않도록 한다. 더욱이 동식물이 호흡하는 데 꼭 필요한 산소를 품고 있다.

지구의 대기권은 각국의 국경에 비유될 수 있다. 대기권이 형성됨으로 해서 지구는 독립된 별이 되었기 때문이다. 물론 지구는 여전히 태양과 다른 행성의 영향을 받는다. 이는 독립국이 다른 세계 각국, 특히 강대국의 영향을 받는 것과도 같다. 하지만 그런 영향에도 불구하고 독립국은 국경이 있기 때문에 최소한의 독자적인 생활권을 가지고 있듯 지구도 대기권이 있기 때문에 태양의 영향을 받으면서도 최소한의 독립적 순환계를 가지고 있다. 이렇게 볼 때 국경과 국경 내의 자주권은 지구의 유전인자를 이어받은 인간사회의 당연한 결과일 것이다.

대기권의 형성과정은 또 지구와 대기권이 둘 아닌 하나임을 말해준다. 자체 발생설의 경우 지구 속의 가스가 분출돼 나와 대기가 되었으므로 그 근원이 하나이며 외부 작용설의 경우도 지구와 결합하는 과정에서 생긴 충돌로 인해 생긴 것이므로 그 근원 역시 하나이다.

이런 대기권은 크게 균질권과 비균질권으로 구분된다. 지상에서 약 80km까지의 균질권에서는 공기의 운동으로 상하의 공기가 잘 혼합되어 이산화탄소와 오존을 제외한 다른 기체들은 조성비가 일정하다. 해면 고도에서 수증기를 제외한 건조공기의 성분을 부피 비율로 따지면 질소가 약 78%, 산소가 약 21%, 아르곤이 약 0.9%이다. 그 외 이산화탄소가 약 0.03% 있고 나머지는 미량의 네온, 헬륨, 크립톤, 제논, 오존 등으로 구성된다. 또 수증기의 90%는 지표면으로부터 불과 몇 킬

로미터 이내에 밀집되어 있고 지표 부근의 공기는 소량이긴 하지만 늘 수증기를 포함하고 있다. 그런 수증기는 잠열을 방출 또는 흡수하기 때문에 기상변화에 중요한 역할을 한다.

이에 반해 비균질권에서는 올라갈수록 공기가 희박해지므로 분자끼리의 충돌보다는 확산이 강해져 기체의 무게별로 층이 나누어지게 된다. 즉 가장 무거운 기체 분자는 가장 아래쪽에, 가장 가벼운 분자는 가장 위쪽에 분포한다. 그 순서를 보면 아래로부터 질소, 산소, 헬륨, 수소 등으로 층을 이루고 있다.

┃ 대기 에너지의 원천

대기의 근본적인 에너지원은 태양이다. 대기 상부에서 대기층을 통해 내려오는 태양에너지는 구름, 오존, 수증기 등에 의하여 일부 흡수되기도 하지만 대부분은 지면에서 흡수된다. 지면에서 외계로 방출되는 지구복사는 장파이기 때문에 바로 외계로 빠져나가기도 하고 대기의 온실기체에 의해 흡수되어 지면으로 되돌아오기도 한다. 일반적으로 저위도지방은 흡수되는 태양 에너지양이 방출되는 지구복사 에너지양보다 많기 때문에 온도가 올라가고 고위도지방은 반대가 되므로 온도가 내려간다.

대기권 중 가장 아래쪽에 자리 잡고 있는 대류권은 지표면에서 제일 가까운 대기층이다. 대류권은 지표면의 복사열에 의해 가열되므로 고도가 높아질수록 온도는 낮아진다. 즉 높은 온도의 공기가 아래쪽에 있는데 이는 열역학적으로 매우 불안정한 상태이므로 쉽게 난류가 발생한다. 대류권에는 무거운 공기 분자가 모여 있으며 전체 대기질량의 약 80%를 차지한다. 대류권의 영역은 극지방에서는 지면으로부터 약 10km 정도까지, 적도지방에서는 약 18km 정도까지의 영역이다.

그 다음 높은 층인 성층권은 대류권과 반대로 지상에서 올라갈수록 온도가 상승한다. 성층권의 온도가 올라가는 원인은 오존 때문이다. 오존은 태양으로부터 자외선을 흡수하기 때문에 고도가 높아질수록 온도는 상승하게 된다. 높은 온도를 지닌 공기가 위에 있으면 열역학적으로 안정된 상태가 되며 그렇기 때문에 난류가 발생하지 않아 비행기 고도로 이용된다. 성층권은 대류권 위쪽에 위치하며 대략 지면으로부터 50km 정도까지의 영역이다.

세 번째 높은 층인 중간권은 고도가 높아질수록 온도가 감소한다. 이곳에서도 대류현상이 발생하기는 하지만 수증기가 거의 없어 구름이 만들어지지 않으므로 기상변화는 사실상 일어나지 않는다. 기상변화는 수증기가 있을 때 생기는데 중간권은 태양에너지의 영향을 강하게 받으므로 수증기가 남아있지 않기 때문이다. 이 중간권은 지상에서 발사한 전파가 반사되는 영역이기 때문에 장거리 통신이 가능하다. 중간권의 영역은 지상 50km에서 80km까지의 높이이며 야광운(夜光雲, noctilucent clouds)이 생기기도 한다.

가장 위쪽에 자리 잡고있는 열권은 중간권 위에 있는 층으로 올라갈수록 기온이 상승한다. 그 이유는 열권의 밀도가 매우 낮기 때문에 적은 열로도 온도가 크게 올라가기 때문이다. 그래서 밤과 낮의 온도차가 매우 크다. 또 다른 이유는 태양에 좀 더 가까이 있으므로 태양열을 더 많이 받기 때문이지만 이것을 온도상승의 주요 원인으로 보기는 어렵다. 이곳은 강력한 태양풍의 영향으로 원자가 전리화(電離化, ionization)되기 때문에 전리층이라 부르기도 한다. 강한 전리층은 전파를 반사하기 때문에 그런 반사 현상을 이용하여 원거리 무선통신을 하기도 한다. 이 영역은 지상 80~90km에서 시작하여 500~1000km까지의 높이에 해당하는 영역이며 오로라(aurora)가 생기기도 한다.

그 외 대기권을 벗어난 외기권은 지구 대기의 최고 외곽으로 우주공간과 접하는 영역이다. 이곳에 존재하는 대부분의 가스는 수소 및 헬륨으로 이들은 우주공간으로 빠져나가기도 한다. 외기권은 500~1000km 상공에서 시작하며 끝나는 지점은 특별한 의미는 없지만 약 10,000km 정도까지로 추정된다.

이와 같이 네 겹의 층으로 이루어진 대기권은 지구의 독립적 순환계를 보장하는 방패막이가 된다. 바람이 부는 과정을 보면 그 이유를 쉽게 이해할 수 있다. 바람은 기압 차에 의해 생기는데 기압 차가 생기는 원인은 여러 가지가 있지만 가장 중요한 원인은 전향력(轉向力)이다. 전향력이란 원심력(遠心力)과 마찬가지로 회전하는 물체 위에서 그 운동을 보는 경우 나타나는 가상적(假想的)인 힘으로 그 크기는 운동체의 속력에 비례하고 운동 방향에 수직으로 작용한다. 예를 들어 북극에 진자(振子)를 놓았다고 가정하면 그 진동면(振動面)은 태양에서 보면 일정하지만 지상에서 보면 하루에 360°씩 회전한다. 따라서 지상에서 이 진자를 볼 때는 진동면이 끝없이 변하고 있는 것으로 여겨진다. 또 태풍의 소용돌이가 북반구에서는 시계반대방향으로 생기고 남반구에서는 시계방향으로 생기는 현상도 지구의 자전(自轉)운동에 의한 전향력 때문이다. 뿐만아니라 이 힘을 전제로 하면 어떤 지점의 바로 위에서 지상으로 낙하하는 물체는 북반구에서는 그 지점보다도 오른쪽으로 쏠리고 남반구에서는 왼쪽으로 쏠리게 된다. 이 전향력은 회전 각도가 가장 적은 적도에서 가장 작고 가장 큰 극지에서 가장 크며 물체의 속도에 비례한다.

바람이 생기는 또 다른 거시적 원인은 극지방과 적도 지방의 기온이 차이 나기 때문이다. 지리적으로 위도의 영점을 지나는 적도지방은 사계절 모두 다른 지역에 비해 태양의 고도가 높고 일조시간이 길기 때문에 지구의 평균 온도보다 높다. 반대로 극지인 경우는 고도가 낮고 일조시간이 짧기 때문에 지구의 평균 온도보다 낮다. 하지만 극지도 계절에 따라 기온은 차이난다. 북극은 바다에서 상승하는 공기의 흐름 때문에 겨울에는 보통 영하 30~40도까지 내려가지만 여름에는 영상10도에 이를 정도로 비교적 따뜻하다.

반면 남극은 연평균 온도가 영하 23도에 이를 만큼 추운 곳이다. 더욱이 남극대륙의 중심부는 연평균 영하 55도에 이를 만큼 매우 추운 곳이다. 심지어 최저기온이 영하 89도까지 내려간 적도 있다고 한다. 남극과 북극의 얼음도 생성과정과 성질이 서로 다르다. 남극의 얼음은 오랜 세월에 걸쳐 쌓인 눈이 엄청난 압력으로 압축돼 만들어진 빙하이지만 북극의 얼음은 바닷물이 얼어 만들어진 것이다. 이렇게 적도지방과 극지방의 기온이 차이 나기 때문에 그에 따라 기압 역시 차이 나게 되므로 바람이 분다.

그러나 국지적인 좁은 영역을 대상으로 하는 미시적 입장에서 보면 바람은 기압의 높낮이에 의해 생긴다. 바람은 항상 기압이 높은 곳에서 낮은 곳으로 분다. 가장 약한 바람은 태양에 의해 바다와 육지의 따뜻해지는 정도가 달라지는 수열량(受熱量)의 차이에 의해 생기는 바람이다. 똑같은 양의 태양에너지를 받아도 데워지는 정도가 다르고 또 밤에 식는 정도가 다르다. 바로 그런 차이 때문에 공기가 더운 곳에서 찬 곳으로 이동하면서 바람이 생긴다.

거시적 입장이든 미시적 입장이든 바람이 생기는 궁극적 원인은 지구가 독립적 순환계를 가지기 때문이다. 만일 더운 공기가 끝없이 올라가 우주 속으로 흩어져 버린다면 고기압과 저기압의 상호작용이 불가능하기 때문에 바람이 생기지 않을 것이다. 고기압이든 저기압이든 대기권이라는 두꺼운 테두리에 갇혀 더 이상 갈 곳이 없으므로 그 내부에서 서로 맞물려 올라갔다 내려 갔다를 반복하기 때문에 바람이 부는 것이다. 대기권은 그래서 독립된 순환계를 보장하는 방패막이가 된다.

바람이 불고 그에 따라 기후가 변하는 현상이 저기압과 고기압이라는 두 요소의 상호작용에서 생긴다는 사실은 이진법의 위대함을 또 한 번 입증한다. 고기압은 양에 비유될 수 있고 저기압은 음에 비유될 수 있다. 따라서 고기압과 저기압의 상호작용은 음양상호작용으로 환치될 수 있다. 우주가 인력과 척력의 이진법적 상호작용에 의해 형성되었듯이 날씨도 고기압과 저기압의 이진법적 상호작용에 의해 변해간다. 우주의 모든 현상이 이렇게 이진법적으로 변해가므로 인간 또한 이진법적 변화를 벗어나 살 수 없을 것임은 자명하다. 인간세상은 지금까지도 그랬지만 앞으로도 남과 여, 정의와 불의, 선과 악, 미와 추, 정과 동 같은 이진법적 요소의 상호작용에 의해 변해 갈 것임은 확실하다.

태풍은 열대저기압에 의해 생긴다. 남북위 5~25도의 해상에서 발생하는 저기압을 열대저기압이라고 하는데 그 중 풍속이 초당 17미터 이상일 때를 태풍이라고 한다. 열대저기압의 에너지원은 따뜻한 해수로부터 증발되는 수증기가 응결할 때 방출되는 잠열(潛熱)이다. 태풍은 그런 잠열에 의해 해수면 온도가 섭씨 27도 이상으로 올라가는 곳에서만 발생한다.

| 기후의 변화요인

기후가 변하는 요인은 크게 지구 외부적 요인, 지구 내부적 요인, 그리고 인간적 요인으로 구분할 수 있다. 외부적 요인으로는 태양복사열이나 지구의 궤도에 변화가 생기는 경우이다. 외적 요소에 의한 기후변화의 대표적인 예로는 화산폭발에 의한 성층권의 에어로졸 증가, 태양활동의 변화, 태양과 지구의 천문학적인 위치변화 등이 있다.

내부적 요인은 해양이나 만년설 같은 지구의 일부분에 변화가 생기는 경우이다. 지구가 이렇게 내부적으로 변하는 과정을 이력(履歷)현상이라고 하는데 이력현상은 기후가 언제 어디서 어떻게 변하기 시작하여 어디까지 도달했는지를 나타낸다. 예를 들면 가뭄이 지속되면 땅이 메말라 사막화가 가속화되고 사막화의 가속화는 다시 강우의 감소로 이어져 사막화는 더욱 가속화된다. 최근의 연구에 의하면 지난 5억 년간 이산화탄소의 증가로 인한 온실효과 때문에 기후가 변해왔다고 한다. 온실역할을 하는 기체가 열을 가두어 놓음으로 해서 온도가 상승하는 온실효과는 지구의 온도를 높이는 데 결정적인 역할을 한다.

인간적 요인 중 가장 큰 요인도 화석연료의 사용에 의한 이산화탄소(CO_2)의 증가이고 냉각효과가 있는 에어로졸과 시멘트 생산이 그 다음으로 중요한 요인이다. 농지경작, 오존발생, 축산활동, 산림벌채 같은 일도 기후에 영향을 준다.

이 밖에도 기후는 자연적으로 변할 수도 있다. 대기권, 수권, 빙권, 지권, 생물권으로 구성된 기후시스템의 각 요소들이 서로 상호작용하여 끊임없이 변하기 때문이다. 하지만 방사성 동위원소를 이용하여 기후변화의 이력을 추적해 가는 만큼 구체적인 원인을 정확히 규명하기는 쉽지 않다.

04 바다의 형성

    화학력 시대가 만든 세 번째 작품은 바다였다. 모든 물이 있는 곳을 합쳐 수권(水圈)이라 부르는데 넓은 바다는 당연히 수권의 대부분을 차지한다. 지구 위에 바다가 형성된 과정도 화학적 힘이 작용했기 때문이다. 원시지구에 운석이 날아와 부딪치면서 높은 열이 발생했고 그 열에 의해 운석 내부에 있던 물과 이산화탄소가 증발했다. 증발한 수증기는 운석의 충돌이 끝나고 지구의 온도가 내려가기 시작하자 구름으로 변해 비를 내리게 되었다. 원시 바다는 그렇게 내린 비로 채워졌다. 따라서 당시의 바닷물은 지금보다 훨씬 적었고 염분도 지금처럼 많지 않았다. 그러나 계속 화산이 폭발하고 비가 내리면서 광물 중 가장 흔한 나트륨이 풍화작용으로 녹아 바다로 흘러들게 되었다. 그 결과 바다는 짠맛을 가진 염화나트륨, 즉 소금의 함량이 점점 많아지게 되었다. 현재 바다에 녹아 있는 염분의 평균농도는 3.5% 정도이지만 대서양이나 인도양 같은 큰 바다는 그 농도가 3.3~3.7%로 다양하다. 오늘날도 빗물은 땅속의 소금을 녹여 바다로 흘려보낸다. 그래서 바닷물은 계속해서 염분을 함유하게 된다.

    이 같은 바다의 형성과정은 진화론의 당위성을 다시 한번 입증한다. 위에서 보듯 바다도 하루아침에 만들어지지 않았고 바다의 염분도 하루아침에 만들어지지 않았다. 오늘날의 바닷물이 형성되기까지는 수십억 년에 걸친 진화의 과정이 있었다. 원시대기를 채우고 있던 수증기가 식으면서 비가 되었고 그 비가 지구 내부의 염분을 쓸어 바다로 흘러들었으며 그 염분이 여러 화학작용을 거쳐 염화나트륨으로 변하여 오늘날의 바닷물이 형성되었던 것이다. 이런 복잡한 과정은 누가 봐도 진화의 과정이지 창조의 과정은 아닐 것이다. 우주에 흩어져 떠돌던 먼지구름이 모여 별로 거듭난 과정 자체가 바로 진화의 과정이었으므로 그 진화의 인자를 이어받은 지구의 바닷물이 진화의 산물임은 너무도 당연할 것이다.

▎바다의 영역 구분

바다는 그 위치, 크기, 형상, 해수의 특성에 따라 대양과 부속해(附屬海)로 나누어진다. 대양으로는 태평양, 대서양, 인도양이 있으며 그 밖의 바다는 모두 이들 3대 대양에 부속된 해(海)이다. 3대 대양은 전체 바다 넓이의 89%를 차지할 만큼 규모가 크며 각각 독립된 해류계를 가진다. 남극해는 지리적으로 태평양, 대서양, 인도양과 연결되는 일부분에 불과하지만 남극대륙을 둘러싸고 있는 바다이기 때문에 남극해라는 이름이 붙게 되었다. 대양보다 작은 규모의 해(sea)는 대양의 한 부분으로 육지에 의해 완전히 차단되지 않아 독특한 해양학적 특성을 지닌 바다를 말한다. 지중해(Mediterranean Sea), 베링해(Bering Sea), 카리브해(Caribbean Sea) 그리고 우리나라 동해(East Sea) 등이 대표적인 해이다.

지구 표면은 바다가 약 70%이고 육지가 약 30%로 구성되어 있지만 해양의 비율이 높은 남반구는 바다의 비중이 약 80%이고 육지의 비중이 높은 북반구는 약 60%에 불과하다. 대양의 깊이는 평균 4km 정도인데 이는 무척 깊은 것처럼 생각되지만 대양의 폭이 5,000~15,000km 정도임을 감안할 때 대양의 넓이에 비해 깊이는 그리 심하지 않은 셈이다.

태양계의 행성 중에서 바다를 가지고 있는 행성은 지구뿐이다. 금성은 표면온도가 높아 물이 액체로 존재할 수 없으며 표면온도가 낮은 화성에는 액체인 물은 없고 얼음이 있을 뿐이다. 지구에 바다가 있는 이유는 태양으로부터의 거리와 크기가 물을 지속적으로 보존하기에 적합하기 때문이다. 금성은 크기와 밀도가 지구와 상당히 비슷하지만 기압은 90헥토파스칼(hPa)정도로 매우 높다. 또 금성 대기의 96%는 이산화탄소이기 때문에 온실효과가 높아 금성의 표면온도는 매우 높다. 지구도 처음에는 금성과 같은 대기를 가졌던 것으로 추측된다. 지구대기 중에 이산화탄소가 거의 존재하지 않는 것은 바닷물이 이산화탄소를 흡수한 뒤 석회석이나 탄산염으로 변하여 지각 속에 굳어졌기 때문이다.

▎바다의 역할

바다는 생물을 탄생시킨 원천이다. 바닷물에 함유된 여러 가지 화학성분은 환경의 급격한 변화를 완화시킬 수 있었기 때문에 생물의 탄생과 생존이 가능했을 것으로 짐작된다. 한국이나 북아메리카의 동부 해안은 여름에 고온다습한 반면, 북유럽이나 북아메리카의 서부해안은 겨울에 따뜻하고 여름에 시원하다. 이런 현상은 이들 지방이 대양의 동쪽에 있느냐 서쪽에 있느냐에 의해 결정되는데 인간 생활은 고대로부터 바다가 지배하는 그런 기후조건과 풍토의 영향을 많이 받아왔다. 고대에는 바다가 육지보다 훨씬 중요한 교통로 역할을 했다. 유럽 문화는 바다를 통해 메소포타미아평원에서 지중해 연안을 거쳐 멀리 북유럽까지 전파되었다. 그 선구적 역할을 담당했던 사람은 고대 페니키아(Phoenicia)인들이었다. 그러나 그들은 배의 항로를 철저히 비밀에 부쳤기 때문에 해도(海圖)나 문서가 남아 있지 않으며 극히 일부가 그리스에서 구전되어 올뿐이다.

BC5세기 때 헤로도토스(Herodotos)의 저서에는 이미 대서양의 이름이 나오며 유럽과 아시아대륙도 나온다. 그런 교역에 의해 각지의 문물은 활발히 교류되었는데 바다는 그 교류의 주요 통로 역할을 했다. 또 바다는 예부터 중요한 식량자원의 보고였다. 바다는 육지보다 2배나 넓으며 수천 미터의 심해까지 생물이 서식하고 있으므로 풍부한 수산자원을 가지고 있다.

바다에서 얻을 수 있는 또 다른 중요자원은 해저광물이다. 현재 가장 많이 이용되는 것은 식염이지만 암염과 석유도 모두 그 출발은 바다에서 시작되었다. 오늘날은 해저 탐사기술이 발달되어 수천 미터 해저에 있는 광물까지 찾아낼 수 있다. 예를 들면 깊은 해저에 망간이 많이 분포하고 있는 것으로 알려지고 있어 그 채취에 관심이 집중되고 있다. 하지만 그런 해저자원이 무한대로 있는 것은 아니기 때문에 인류의 합리적인 개발이 있어야 할 것이다.

또 최근 들어 크게 문제되고 있는 것은 해양오염이다. 특히 기름유출에 의한 해양오염은 생물을 죽이고 생태계까지도 파괴할 수 있다. 더욱이 그런 해양오염을 회복하는 데는 수십 년이 걸리며 심한 경우 회복이 불가능할 수도 있다. 또 원자력 개발에 의한 바다의 방사성오염도 문제가 된다. 이런 여러 가지 해양오염은 단순히 식량 보고를 잃는 것으로 끝나는 것이 아니라 기후를 변화시키는 요인이 되므로 인류 생활을 근본적으로 바꾸어 놓는 원인이 될 수도 있다.

해저는 기반암과 그 위의 퇴적물로 이루어진다. 해저퇴적물이란 해수에 의해 운반된 물질이 해저에 쌓여 생긴 것으로서 육상의 풍화물이 하천을 통해 바다로 운반되는 경우도 있고 바람에 의해 바다 위로 날려 와 바다 밑으로 가라앉는 경우도 있다. 또 육상생물이나 해중생물의 유각(遺殼) 혹은 유체(遺體) 등도 포함된다. 200m보다 얕은 대륙붕의 해저에는 육지에서 흘러들어온 비교적 굵은 입자의 육성(陸性)퇴적물이 있고 깊이가 200m 이상인 대륙사면에는 주로 플랑크톤의 유해로 이루어진 원양성 퇴적물과 입자가 가는 육원(陸源)의 진흙을 함유한 아양성(亞洋性) 퇴적물이 있다. 가장 깊은 대양의 밑바닥에는 매우 미세한 생물의 유체로 생성된 진흙이 퇴적층을 이루고 있다.

▮ 해수운동

해수운동은 해류(ocean current), 파랑(wave), 그리고 조석(tide) 등, 여러 종류가 있지만 크게 나누면 거의 변하지 않는 불변적인 바다와 주기적으로 변화는 가변적인 바다로 나누어진다. 해류는 불변적 바다에 해당하고 조랑(潮浪), 조류, 해일, 풍랑, 놀, 내부파 등은 가변적 바다에 해당한다. 해류란 수괴(水塊, water mass)라 불리는 물리적, 화학적으로 특성이 유사한 물의 덩어리가 한 지점에서 다른 지점으로 일정한 방향과 속도로 이동하는 현상을 말한다.

해면 표층수와 해저 심층수는 서로 밀접한 관계를 가지고 순환한다. 지역에 따라 표층수가 해저 깊은 심층 쪽으로 가라앉기도 하고 반대로 해저 깊은 곳에 있는 심층수가 얕은 표층으로 올라오기도 하는데 전자를 침강류(down welling)라 하고 후자를 용승류(up welling)라 한다. 또 해류는 바람에 의해 생기는 풍성 순환(wind driven circulation)과 압력에 의해 생기는 열염분 순환(熱鹽分循環, thermohaline circulation)으로 나누어지는데 전자는 해수 표면에서 수평적으로 이루어지는 해류(ocean current)이고 후자는 수직적으로 이루어지는 대류(convection current)이다. 이런 해류에 의해 해양은 항상 지구적 순환(global circulation)을 계속한다.

파랑(Wave)은 해양에서 일어나는 파동운동으로 해수상태가 물결모양을 이루며 움직이는 현상을 말하지만 해수자체가 이동하는 것은 아니다. 그저 파랑에너지가 전달될 뿐이다. 파랑은 상태를 변화시키려는 교란력과 원상태로 되돌리려는 복원력에 의해 이루어진다. 파동현상을 교란력을 기준으로 하여 구분하면 바람에 의한 풍랑(sea wave), 달과 태양의 인력에 의한 조석파(tidal wave), 지진, 화산, 지각 변동 등에 의한 쓰나미(tsunami) 등으로 나누어지고, 복원력을 기준으로 하여 구분하면 표면장력파(capillary wave), 중력파(gravity wave) 등으로 나누어진다. 파랑은 파장(波長, wavelength), 파고(波高, wave height), 주기(週期, period)의 3요소로 이루어지며 물결의 높은 곳을 파정(波頂, crest)이라 하고 낮은 곳을 파곡(波谷, trough)이라 한다. 물입자는 표면에서 아래로 내려갈수록 작아지는데 깊이가 파장의 반 이하이면 물입자는 1/32 이하로 작아져 파랑의 영향을 거의 받지 않는다.

조석이란 해수면이 하루 1~2회씩 상승과 하강을 반복하는 현상을 말하는데 이런 현상은 달과 태양의 인력 때문에 발생한다. 조석에 의해 해수면은 수평적으로 오가게 되는데 그런 주기적인 해수의 흐름을 조류(tidal current)라 한다. 조석에 의해 변하는 수면의 높이를 조위(tidal level)라 하며 조위가 증가하는 상태를 밀물(flood)이라 하고 감소하는 상태를 썰물(ebb)이라 한다. 그리고 조위가 가장 높은 순간을 만조(滿潮, high water)라 하고 가장 낮은 순간을 간조(干潮, low water)라 한다. 만조와 간조 때의 조위 차이를 조차(潮差, tidal range)라 하며 조차는 달의 공전주기에 따라 변한다. 보름 혹은 그믐 때 조차는 최대가 되는데 이때를 대조(大潮, spring tide)라 하고 상현 혹은 하현 때 조차는 최소가 되는데 이때를 소조(小潮, neap tide)라 한다.

또 연속되는 간조와 만조 사이의 시간을 조석주기라 하며 이 조석주기가 평균 12시간 25분인 경우를 반일주조(半日週潮, semidiurnal tide)라 하고 그 주기가 24시간 50분인 경우를 일주조(日週潮, diurnal tide)라 한다. 우리나라의 서해와 남해는 전형적인 반일주조현상을 나타내고 있다. 이런 해수운동은 단기적으로는 일상생활에 영향을 미치고 장기적으로는 기온, 수온, 염분 등의 분포에 영향을 미친다. 그런 영향의 결과 기후, 풍토, 생물의 상태가 바뀌며 종국적으로는 인류의 생활환경과 문명까지도 바뀔 수 있다.

| 강의 형성

바다가 형성된 것과 마찬가지로 강이 형성된 원인도 화학력의 작용이었다. 강은 상류로 올라갈수록 폭이 좁고 경사가 급하며 유속이 빠르고 폭포가 있다. 그래서 상류에는 뾰족하고 날카로운 돌들이 많고 강폭도 넓지 않다. 또 상류의 물은 오염이 거의 없는 1~2급수의 깨끗한 물이므로 산천어, 민물가재, 플라나리아(Planaria)같은 1급수 생물들이 산다.

중류는 상대적으로 폭이 넓고 경사가 완만하며 유속이 느리고 자갈이 많다. 중류의 물은 2~4급수로 약간 오염되어 있지만 여기서부터 사람들이 산다. 하류는 폭이 매우 넓으며 경사가 거의 없고 유속이 아주 느려 고운 모래와 둥근 자갈이 많다. 하류의 수질은 비교적 불량한 편이지만 바닷물과 맞닿기 때문에 중상류에서 밀려 내려온 퇴적물들이 강과 바다가 만나는 하류에 쌓이게 된다. 삼각주는 그래서 형성되는데 그렇게 형성된 삼각주는 땅이 기름져 농사가 잘 된다. 우리나라의 대표적인 삼각주는 낙동강 삼각주이다.

화학력 시대의 구분

화학력 시대는 크게 은생누대(隱生累代, Cryptozoic Eon)라고도 불리는 선캄브리아대(Precambrian Eon)와 현생누대(顯生累代, Phanerozoic Eon)로 나누어지고 선캄브리아대는 다시 원시시대(原始時代), 시생대(始生代, Archaeozoic Era), 원생대(原生代, Proterozoic Era)로 나누어지며 현생누대는 다시 고생대(古生代, Paleozoic Era), 중생대(中生代, Mesozoic era), 신생대(新生代, Cenozoic Era)로 나누어진다.

화학력 시대의 구분	
대분류	중분류
은생누대 (선캄브리아대)	원시시대(原始時代, primitive ages)
	시생대(始生代, Archaeozoic Era)
	원생대(原生代, Proterozoic Era)
현생누대 (顯生累代)	고생대(古生代, Paleozoic Era)
	중생대(中生代, Mesozoic era)
	현생대(新生代, Cenozoic Era)

▎선캄브리아대

지구의 최초 출발점은 은생누대(隱生累代)라고도 불리는 선캄브리아대이다. 선캄브리아대는 다시 원시시대(原始時代), 시생대(始生代, Archaeozoic Era), 원생대(原生代, Proterozoic Era)로 나누어진다. 원시시대는 지구가 탄생된 46억 년 전부터 38억 년 전까지 8억 년간의 불확실한 시대를 지칭한다. 시생대는 38억 년 전부터 25억 년 전까지로서 이 시기의 지층에서는 주로 박테리아 화석과 해조류 화석 등이 발견되고 있다. 원생대는 25억 년 전부터 고생대 전까지를 지칭한다. 이 시기에는 다세포 동물이 출현했으며 다세포 동물화석은 호주 에디아카라(Ediacara) 언덕에서 처음 발견되었기 때문에 발견 장소의 이름을 따서 에디아카라 동물군(Ediacaran fauna)이라고 한다.

| 고생대

원생대 다음은 고생대(古生代, Paleozoic Era)로 이어진다. 고생대 지층은 순상지(楯狀地, shield) 주변에 주로 퇴적되었으며 고생대 초기에는 해성층(海成層, marine deposit)이, 후기에는 육성층(陸成層, continental sediments)이 주로 퇴적되었다. 이는 고생대 후기로 갈수록 지각이 융기하여 육지로 변한 지역이 증가했음을 의미한다.

고생대는 다시 캄브리아기(Cambrian period), 오르도비스기(Ordovician Period), 실루리아기(Silurian Period), 데본기(Devonian period), 석탄기(石炭紀, Carboniferous period), 페름기(Permian Period)로 나누어진다. 캄브리아기라는 이름은 이 시기에 쌓였던 지층이 영국의 웨일즈(Wales)지역에서 처음으로 발견되었기 때문에 웨일즈의 옛 이름인 캄브리아(Cambria)를 따서 붙여졌다.

이 시기에는 기온의 상승으로 해수면이 높아졌으며 따뜻하고 얕은 바다가 형성되었다. 오르도비스기라는 이름은 로마제국 시대에 웨일

즈에 살던 종족 이름에서 따온 것이라고 한다. 이 시기에는 육지가 낮았고 높은 산맥이 없었으며 삼엽충과 완족류(脘足類)는 캄브리아기와 마찬가지로 번성하였으나 그 대부분은 새로운 종으로 바뀌었다. 실루리아기는 수생식물이 육상으로 올라오기 시작한 시기로서 이 시기에 와서 석회암이 많이 퇴적되었고 산호가 세계적으로 많이 분포되었던 점을 감안하면 이 시기의 중엽까지는 기후가 온난했던 것으로 생각된다. 하지만 말엽에는 건조한 기후로 변한 곳이 많았던 것으로 추정된다.

데본기에는 삼엽충이 크게 쇠퇴하고 대신 새로운 종들이 많이 나타났다. 완족류(腕足類, Brachiopod), 산호(珊瑚, coral), 두족류(頭足類, Cephalopod) 등이 번성하였으며 어류가 크게 번성했다. 그래서 데본기를 어류시대라고도 한다. 데본기 말에는 양서류(兩棲類, Amphibia)가 출현했으며 양치식물이 번성하기 시작했다.

석탄기는 문자 그대로 석탄이 많이 형성되었던 시기이다. 영국에서는 석탄층을 이루고 있는 지층이 일찍부터 발견되었으며 코니베어(William Daniel Conybeare, 1787~1857)가 1822년에 이를 Carboniferous System이라고 부른 것이 석탄기라는 명칭의 유래가 되었다. 이 시기에는 온난다습하였으며 날개가 달린 곤충이 출현하였고 삼엽충과 완족류가 쇠퇴하기 시작하고 양서류가 번성하였다.

페름기(Permian Period)라는 이름은 러시아 우랄산맥의 페름지방에서 이 시대의 지층이 많이 발견되었기 때문에 붙여진 이름이다. 고생대는 바다에 살았던 무척추동물의 90%가 멸종한 시대로 삼엽충은 완전히 멸종하고 바다 백합도 대부분 절멸하였다. 대신 암모나이트(Ammonitida: 바다에 서식하던 화석동물)가 발달하기 시작했으며 어류 또

한 거의 멸종하기 시작했고 석탄기와 더불어 양서류가 번성하던 시기였다.

| 중생대

고생대 다음으로 이어진 시대는 중생대(中生代, Mesozoic era)였다. 중생대는 지각과 생물계에 큰 변화를 가져온 시대였다. 지구 여러 곳에서 습곡산맥(褶曲山脈, folded mountains)이 형성되고 대륙이 갈라지는 등, 큰 지각 변동이 일어났고 생물계의 경우 고생대에 비하여 고등생물이 급격히 증가하여 번성하다가 중생대 후기에 절멸하거나 쇠퇴하였다. 중생대는 다시 트라이아스기(Triassic Period), 쥐라기(Jurassic Period), 백악기(白堊紀, Cretaceous period)로 나누어진다.

트라이아스기까지 지구상의 대륙은 하나의 광대한 대륙, 즉 판게아(Pangaea, 超大陸)를 이루고 있었다. 이 시기의 표준화석으로는 암모나이트가 있다. 쥐라기부터 대륙이 갈라져 나가기 시작했고 트라이아스 중기 이후에 파충류로부터 진화한 공룡이 번성하였으며 하늘에는 시조새와 익룡(翼龍)이, 바다에는 암모나이트가 번성했다고 한다. 백악기에는 따뜻하고 습기 있는 기후가 계속되었고 공룡(恐龍)들의 전성기였다. 알베토 사우르스(Albertosaurus)와 티라노사우르스(Tyrannosaurus)같은 공룡들이 번성했었는데 이렇게 번성하던 생물들이 백악기 후기에 갑자기 절멸했다고 한다. 그 원인을 설명한 가설은 상당히 많은데 그중 가장 유력한 학설이 운석충돌설이다.

| 신생대

그 다음으로 이어진 시대는 신생대(新生代, Cenozoic Era)이다. 신생대라는 이름은 1841년 J. 필립스가 명명한 이름으로써 중생대와 함께 많은 생물이 멸종하면서 신생대에는 새로운 동물이 나타나 크게 번성했다. 그 대표적인 예가 포유류인데 중생대에 나타났으나 두각을 나타내지 못했던 포유류가 신생대에 이르러 번성하게 되었다. 신생대는 제3기와 제4기로 나누어진다.

제3기는 크게 고(古) 제3기와 신(新) 제3기로 나누어지며 다시 5개의 세(世)로 분류된다. 세상의 새로운 지배자로 등장한 포유류는 신생대가 시작되고 불과 1,000만 년 만에 빠르게 번져나갔다. 팔레오세(Paleocene Epoch: 약 6,500만 년 전~5,660만 년 전)와 에오세(Eocene epoch: 5,660만 년 전~3,500만 년 전)와 올리고세(Oligocene epoch: 약 3,500만 년 전~2,300만 년 전)를 합쳐서 고(古)제3기라하고 나머지 마이오세(Miocene Epoch: 약 2,300만 년 전~500만 년 전)와 플라이오세(Pliocene Epoch: 약 500만 년 전~165만 년 전)을 합쳐 신(新)제3기라 한다.

제4기는 약 180만 년 전부터 1만 년 전까지의 지질 시대였던 플라이스토세(Pleistocene)로서 홍적세(洪積世) 또는 갱신세(更新世)라고도 한다. 홀로세(Holocene)는 약 1만 년 전부터 현재까지의 지질 시대로서 충적세(沖積世) 또는 현세(現世)라고도 한다. 플라이스토세 동안에는 빙하가 몇 차례 내습하여 빙하시대라고도 부른다. 이 시기에는 이미 대륙의 외형이 거의 완성되었기 때문에 해륙의 분포상태는 현재와 상당히 비슷했다고 한다. 인류의 선조라 할 수 있는 오스트랄로피테쿠스는 플라이스토세 전기에 등장했다. 이렇게 구분되는 시대를 표로 요약하면 다음과 같다.

시대구분			
시대구분		존속기간	출현 동식물
시생대		38억 년 전~25억 년 전	단세포생물
원생대		25억 년 전~5억4000만 년 전	연질 무척추동물, 해조류
고생대	캄브리아기	5억4000만 년 전~5억500만 년 전	삼엽충출현, 무척추동물번성
	오르도비스기	5억500만 년 전~4억3800만 년 전	필석류 번성, 갑주어 등장
	실루리아기	4억3800만 년 전~4억800만 년 전	육상식물, 폐어류출현
	데본기	4억800만 년 전~3억6000만 년 전	양서류 출현
	석탄기	3억6천만 년 전~2억8600만 년 전	파충류, 대형곤충류, 양서류
	페름기	2억8600만 년 전~2억4500만 년 전	포유류, 유사파충류,겉씨식물 등장
중생대	트라이아스기	2억4500만 년 전~2억800만 년 전	공룡 출현
	쥐라기	2억800만 년 전~1억4400만 년 전	암모나이트, 시조새, 겉씨식물
	백악기	1억4400만 년 전~6600만 년 전	속씨식물 등장, 공룡절정
신생대	제3기 팔레오세	6600만 년 전~ 5800만 년 전	영장류 출현
	에오세	5800만 년 전~3600만 년 전	말, 무소, 낙타의 선조 출현
	올리고세	3600만 년 전~2300만 년 전	코끼리의 출현
	신제3기 마이오세	2300만 년 전~530만 년 전	초식성 포유류의 번성과 발전
	플라이오세	530만 년 전~160만 년 전	인류의 조상 출현
	제4기 홍적세	160만 년 전~1만 년 전	현생인류의 출현
	충적세	1만 년 전~현대	

06 화학력 시대의 발전

┃ 화학력 시대의 초기

지금까지 발견된 화석을 기준으로 할 때 화학력 시대의 초기라 할 수 있는 시생대에 대해서는 거의 알려진 것이 없다. 태고를 입증해 줄 만한 화석이나 암석이 거의 발견되지 않았기 때문이다. 말하자면 39억 년 전까지의 지구 초기역사에 대해서는 확실히 알려 주는 자료가 사실상 없다. 태고의 것으로 믿어지는 것 중 현재까지 발견된 가장 오래된 암석으로는 캐나다 서북부지역, 남아프리카, 그린란드 등에서 발견된 것들로서 약 39억 년 전인 시생대 초기의 것으로 추측된다. 그런 암석을 통해 지구가 약 46억 년 전에 탄생되었을 것이라는 사실이 밝혀졌다.

고생대에 형성된 해저분지에서 발견된 시생대 퇴적암 속의 화석에 의하면 시생대는 약 25억 년 전에 끝나고 그 다음에는 원생대가 시작되었던 것으로 추측된다. 지질학자들은 출토된 화석들의 획기적인 차이에 따라 지질학적 연대를 정하는데 시생대와 원생대 간의 경계는 이 차이에 따라 정확히 구분되지 않는 유일한 경우이다. 이 시기에 생성된 암석들에서는 대체로 화학적 구성성분이 그 후의 여러 영향으로 인해 변화된 경우가 많기 때문이다.

▌화학력 시대의 중기

화학력 시대의 중기라 할 수 있는 원생대는 약 20억 년 동안 계속되었다. 원생대 초기부터 지구 역사에서 가장 오래된 유명한 빙하기가 시작되었던 것으로 보인다. 이 원생대 동안 공기 중의 산소함량이 증가하여 지구에 여러 생물이 생겨나기 시작했다. 이 시대의 암석을 분석해 보면 이 시대 초기에 지구 전체가 최초의 빙하시대를 맞았던 것을 알 수 있다. 오늘날 캐나다 휴런(Huron) 호(湖)에 있는 약 23억 년 된 퇴적암의 구조가 알프스의 여러 빙하호수에서 1년 만에 생성되는 퇴적층의 구조(여름에 생성되는 밝은 층과 겨울에 생성되는 어두운 층이 있음)와 유사하다는 사실에서 지질학자들은 그런 결론을 내리게 되었다. 빙하의 이동속도가 느리면 퇴적물이 생기게 되는데 그 퇴적층의 구조가 빙하기를 입증하기 때문이다. 두 번째 빙하기는 원생대 말경인 약 8억 5천만 년 전부터 6억 년 전 사이에 있었던 것으로 알려져 있다.

▌화학력 시대의 말기

화학력 시대의 말기라 할 수 있는 현생대는 새로운 형태의 생물들이 나타난 시기이다. 지구의 생물 층서(層序)를 분석해 보면 이러한 사실을 잘 알 수 있다. 그런 생물 층서에 따라 현생대는 대(ft, era), 기(期, period), 세(世, epoch)로 세분된다. 현생대를 세분하는 이런 여러 복잡한 용어들은 해당시대의 암석과 화석이 빈번히 출토되는 지질학적 장소에 따라 정해졌다. 카본이라는 명칭은 라틴어로 석탄을 의미한다. 약 3억 5,500만 년 전부터 2억 9,900만 년 전 사이에 유럽, 아시아, 북아메리카에서 석탄이 풍부하게 생성되었기 때문에 그 시대를 카본기라고 한다. 그 뒤를 이어 페름기가 왔는데 이는 우랄산맥 서쪽에 있는 러시아의 행정구역인 "페름(Perm)"에서 유래한 말이다. 그곳에는 페름기 (Permian Period)의 전형적인 광물인 암염이 풍부하다. 옛날에는 페름기를 이첩기(二疊紀, dyas), 즉 둘로 나누어진 시기라 불렀다. 왜냐하면 그 시대에는 완전히 대조적인 두 가지 암석층이 나오기 때문이다. 아래에는 페름기 초기에 생성된 붉은 층이 있고 그 위에는 암염층인 체흐슈타인(Zechstein)[3]이 있다. 또 백악기라는 명칭은 분필용 석회에서 유래되었다. 분필용 석회는 백악기의 전형적인 퇴적물이다. 이렇게 시대가 바뀔 때마다 지구에는 거대한 변혁이 일어났다. 특정 동물이 대량으로 죽거나 공룡처럼 일부가 멸종되기도 했다. 혜성과 소행성이 지구와 부딪치면서 기온이 급격히 변했는데 수많은 생물들이 이를 견뎌내지 못했기 때문이다.

3] 체흐슈타인(Zechstein)이란 북부 독일 체흐슈타인미어에 있는 두께가 수백 미터나 되는 2억 5천만년 정도 된 암염층(岩鹽層)을 말한다.

07 화학력 시대의 의의

　위에서 보듯 화학력 시대는 지구지각과 대기와 물을 만들면서 원시 지구를 오늘날의 지구 모습으로 바꾸어 놓은 중요한 시대였다. 화학력 시대 동안 지표면에 물과 공기와 얼음이 생기고 연이어 생물이 나타남으로써 지구는 살아 숨 쉬는 별이 되어 갔다. 그렇게 살아 숨 쉬는 지구의 공중(空中), 지중(地中), 수중(水中)에서 산소를 호흡하며 살아가는 생물은 지구 전체생물의 약 90%를 차지한다. 그중에는 섭씨 120도까지 올라가는 땅속 깊은 곳의 열악한 환경에서 사는 심층 생물들도 있다. 이런 변화는 모두 화학력 시대를 그 출발점으로 한다.

　지구와는 달리 달은 형성 초기의 모습을 거의 그대로 간직하고 있다. 달에는 대기가 없으므로 본래의 모습이 거의 변하지 않고 그대로 보존되어 있기 때문이다. 그래서 달 표면에 있는 분화구들은 오랜 세월의 역사를 소리 없이 증언한다. 달의 분화구는 대부분 46~35억 년 전에 형성된 것들로서 달이 형성될 때 수많은 운석들의 충돌이 있었음을 보여주는 흉터와도 같다. 우주비행사들이 달에서 채집해온 암석들을 방사성 연대측정법으로 분석한 결과 이러한 사실을 알게 되었다. 지구는 형성된 이래 끊임없이 대기와 물이 상호작용하면서 원시의 모습을 변형시켜 왔기 때문에 지구의 물질로서는 태양계의 역사를 측정하기 힘들다. 그래서 달은 지구가 말해주지 못하는 태양계의 생성 비밀을 말해주는 증인과도 같다.

화학력 시대가 만든 대기와 물은 지구의 역사를 바꾸는 데 결정적인 역할을 했다. 왜냐하면 지구에 생명이 생기게 된 것은 바로 대기와 물이 있었기 때문이다. 원시지구는 거대한 불덩어리와도 같았기 때문에 초기에는 어떤 기체가 있었건 모두 흩어지고 말았을 것이다. 그러나 지각이 굳어지고 대기와 물이 생기자 상황은 달라졌다. 대기는 지구의 중력에 사로 잡혀 지구 주위를 맴돌게 되었고 그렇게 맴돌던 대기는 태양의 강한 복사열에 의해 변하기 시작했다. 지구는 다행히 탄소, 물, 질소, 그 밖의 몇몇 원소들을 스스로 합성함으로써 생명의 기본물질을 얻는데 태양으로부터 가장 적합한 거리에 있었다. 생명은 그런 화학적 원소들의 자연적 결합에 의해 탄생되었던 것이다. 하지만 현재 지표면에 남아있는 암석들에서는 생명을 탄생시켰던 그런 화학적 결합의 흔적을 거의 찾아볼 수 없다. 화산폭발, 조산운동, 조육운동 등에 의해 지각판이 여러 차례 융기되고 침식되면서 지구는 원시지각, 원시대기, 원시 바다의 본래 흔적을 찾아볼 수 없을 만큼 변형되고 변화되었기 때문이다.

화학력 시대는 발효음식의 숙성기와도 같은 시대라 할 수 있다. 포도주나 김치를 담그면 제맛이 날 때까지 일정기간 숙성시켜야 하듯 물리력 시대가 만들어 놓은 지구도 지구로서의 형상을 제대로 갖추기까지는 일정한 화학적 숙성기간이 필요했다. 숙성기간과도 같은 화학력 시대를 거치는 동안 지구가 변해온 모든 과정은 진화의 과정이었다. 대지도, 대기도, 바다도 모두 하루아침에 생기지 않았다. 거북이 걸음처럼 느린 행보로 수십억 년에 걸쳐 일어난 진화의 결과였다. 수억 년에 걸쳐 먼지구름이 모이고 그 먼지구름이 또 다른 수억 년에 걸쳐 수축하고 팽창한 결과 지구가 탄생되었다. 마찬가지로 수억 년에 걸쳐 화산이 폭발하고 행성이 부딪치며 수증기가 증발하고 증발한 수증기가 비가 되어 내린 결과 대기가 생기고 바다가 생겼다. 이는 누가 봐도 어느 날 아침 닭이 불쑥 알을 낳듯 하루아침에 신이 불쑥 만들어낸 창조물이 아니라 억겁의 세월을 거치면서 조금씩 발전한 진화의 결과물이었다.

흔히들 창조라 하면 생명 창조를 떠올린다. 그러면 신이 창조했다는 생명이 태어나는 과정을 살펴보자. 정자와 난자가 수정되면 자궁벽에 착상되고 세포분열을 시작한다. 세포분열이 시작되면 매주마다 태아는 무럭무럭 자라고 3개월 정도 지나면 머리, 몸통, 팔, 다리 구분이 확실해지며 피부도 투명해진다. 또 손발이 발달하고 손가락도 생기면서 대략적인 인간 형태를 갖추게 된다. 4개월이 지나면 손발을 움직이기 시작하고 얼굴에는 보송보송한 솜털이 생기며 남녀 성별을 구별할 수 있을 만큼 생식기도 발달한다. 5개월이 지나면 손가락을 빨기 시작하고 온몸에 점점 솜털이 나기 시작한다. 또 양수 안에서 활발하게 손발을 움직이며 손에는 지문이 생기고 손가락도 쪽쪽 빤다. 6개월이 지나면 자궁 상태나 태아가 모두 안정되므로 태아의 움직임이 크고 활발해진다. 7개월이 지나면 몸에 점점 살이 붙고 양수 안에서 활발하게 헤엄을 치며 즐겁게 논다. 가끔씩 거꾸로 서기도 할 만큼 태아는 배 속의 여유와 자유를 만끽한다. 8개월이 지나면 피하지방이 붙기 시작하고 근육과 신경계가 발달하면서 한층 더 활발하게 움직인다. 9개월이 지나면 태아의 신장은 45cm, 체중은 2kg에 달하며 피부 표면에 붙어 있던 하얀 태지가 양수 속에 녹아 없어지고 장밋빛의 탄력 있는 피부가 드러난다. 장기도 대부분 생기고 눈의 망막 세포도 성숙해져 조산을 하더라도 큰 문제가 없을 정도이다. 또 태아의 잘 때와 깨어 있을 때가 확실히 구분되기 시작한다. 마지막 10개월에 접어들면 태아는 세상 밖으로 나갈 준비를 한다. 머리 부위가 골반속으로 들어가기 시작하며 피부의 주름이 점차 없어지고 솜털도 거의 사라진다. 겉모습뿐만 아니라 태아의 오장육부가 완벽히 발달하여 스스로 호흡을 조절하고 노폐물을 배출하는 등, 세상에 나와 혼자 살아갈 준비를 마친다. 태아는 그런 과정을 거쳐 세상에 태어난다.

수정란에서 태아가 탄생 되기까지의 그런 과정은 창조의 과정인가 진화의 과정인가? 수정란이 세포분열을 일으키는 과정, 세포분열 된 수정란이 월별로 조금씩 성장해 가는 그 미세한 과정은 창조의 과정인가 진화의 과정인가? 그런 생명의 탄생과정은 육상에서 날려간 먼지가 바다에 가라앉아 거대한 퇴적암을 이루는 과정과 조금도 다를 바 없다. 수억 년에 걸쳐 육상에서 날려간 먼지가 바다에 가라앉아 거대한 퇴적암을 이루는 과정은 창조인가 진화인가?

얼른 생각하면 닭은 어느 날 아침 불쑥 알을 낳는 것처럼 보이지만 깊이 생각하면 그 알이 태어나기까지는 수정체의 형성, 세포분열, 생명체의 형성, 생명체의 성장 같은 수많은 과정을 거친 결과라는 사실을 알게 된다. 수억 년에 걸쳐 그런 무수한 과정을 거쳐 탄생되는 생명이 과연 창조일까?

생명의 탄생이 창조냐 아니냐를 문제 삼기 이전에 한 가지 확실한 것은 위에서 보듯 모든 생명은 일정한 시간에 걸쳐 무수한 과정을 밟아야만 탄생될 수 있다는 것이다. 식물이든 동물이든 수정되고 세포분열되고 성장하고 성숙하고 완성되는 과정을 거치지 않고 태어나는 생명은 적어도 이 우주에는 없다. 우주 자체가 수없는 세월에 걸쳐 수없는 과정을 밟고 탄생된 만큼 그 우주 속에 존재하는 만물이 동일한 과정을 거쳐 탄생될 것임은 자명하다. 이 명명백백한 사실에 이의를 제기할 사람이 있을까? 만일 있다면 깜깜한 무지의 세계에서만 존재하는 신을 지금도 있다고 확신하는 미개인들 뿐은 아닐까?

　화학력 시대는 지구가 신의 창작물이 아니라 눈에 보이지도 않는 미세한 원소의 거대한 집합과 상호작용의 산물임을 입증한다. 미세한 원소들의 거대한 집합이 거대한 우주적 구름 덩어리를 만들고 그 덩어리들이 수억 년 동안 회전하며 밀도를 좁히고 좁혀 단단한 땅을 만든 과정, 그 높은 밀도와 엄청난 두께 때문에 땅속이 부글부글 끓어오르면서 마그마가 생기고 화산이 폭발한 과정, 땅 밖으로 치솟은 용암이 기체와 수증기를 내뿜으면서 비를 만들고 대기를 만든 과정, 그 비가 모여 바다를 이루고 그 바다에 염분이 배어든 과정, 수십 억 년에 걸쳐 일어난 이 모든 과정은 누가 봐도 진화과정임이 틀림없다.

08 화학력 시대의 업적

    화학력 시대가 만들어 놓은 대지와 대기와 바다는 인류 생활에 절대적인 영향을 미친다. 인간은 자연환경에 적응할 수 있을 뿐 자연환경을 변화시키는 데는 한계가 있다. 세상을 바꾸려 하는 자는 실패하고 자기를 바꾸려 하는 자는 성공한다는 말이 있는데 이는 자연과 인간에게 딱 들어맞는 말이다. 자연을 바꾸려 하는 자는 실패하고 인간 자신을 바꾸려 하는 자는 성공할 것이기 때문이다.

    자연에 비하면 인간은 고비사막에서 불어오는 황사먼지 한 톨보다 못한 참으로 보잘것없는 존재이다. 그런 인류가 감히 자연을 바꾸려 드는 것은 계란으로 태산을 무너뜨리려는 시도보다 더 어리석은 짓이다. 인류는 아주 먼 옛날부터 자연 앞의 인간은 태풍 앞의 촛불보다 보다 못한 미미한 존재임을 잘 알고 있었다. 화학력 시대가 만들어 놓은 거대한 대지와 대기와 바다는 자연의 위대함을 인정하지 않을 수 없게 하는 동시에 인간의 초라함을 확인시켜 주는 증거물이 되고도 남는다.

    옛사람들은 자연의 위대함을 입증하는 그런 일체의 증거물들이 신에 의해 만들어졌다고 믿었다. 인력과 척력이라는 두 요소가 별을 만들고 저기압과 고기압이라는 두 기후적 요소가 태풍을 일으키며 지구의 내부 용암과 외부 지각이라는 두 요소의 상호작용이 화산을 일으킨다는 이진법적 변화를 몰랐던 그들은 신이 아니면 그런 엄청난 일들을 해낼 자가 없다고 믿었기 때문이다. 그러나 현대인은 다르다. 현대인들 중 별을 만드는 자, 태풍을 일으키는 자, 화산을 폭발시키는 자가 신이라고 믿을 사람은 아무도 없을 것이다. 이렇게 볼 때 신은 그 무엇을 모르는 자들이 만들어 낸 허상에 불과하다.

　신이 바뀌어져 온 역사는 이를 증명한다. 신은 있다가 없어진 것이 아니다. 본래 없었던 것이 없는 것으로 밝혀졌을 뿐이다. 46억 년 전의 지구나 지금의 지구나 그 형체와 질량은 조금 달라졌을지 몰라도 지구가 있다는 사실 자체는 전혀 달라진 것이 없다. 하지만 신의 경우는 다르다. 고대 인간이 있는 곳이면 어디에나 다 있었던 별을 만드는 신, 태풍을 몰고 오는 신, 화산을 일으키는 신은 이제 모두 죽었다. 정확히 말하면 그런 신은 죽은 것이 아니라 없었던 신이 없는 신으로 그 진실이 밝혀졌다. 당시의 인류가 몰랐을 뿐이지 만 년 전이나 지금이나 별은 팽창운동에 의해 탄생되고 태풍은 기압의 고저운동에 의해 탄생되고 화산은 용암의 분출에 의해 탄생된다. 이렇게 과학적 사실에는 달라진 것이 아무것도 없다. 달라진 것은 오직 인간의 무지가 만든 허상이 과학적 지식이 만든 실상으로 대체된 것뿐이다. 따라서 앞으로 인간의 과학적 지식이 더욱 발전하면 오늘날 전 인류가 믿고 있는 신은 또 한번 동일한 최후를 맞을 것이다.

　인간이 만든 신은 항상 어두운 곳을 좋아한다. 신은 깜깜한 무지가 천지사방을 뒤덮고 있는 곳에서만 활보한다. 태풍이 불어도, 화산이 터져도, 중병에 걸려도 모두 신이 노했다고 생각하는 그런 깜깜한 무지의 세상에 신은 진짜 신처럼 좌정하고 앉아 신의 대접을 받는다. 동서양의 동화와 전설에 나오는 귀신은 모두 밤에만 활동한다. 신데렐라에게 유리구두를 내밀면서 요정이 당부한 말은 반드시 밤 12시 이전에 무도회장을 빠져나와야 한다는 것이었다. 이는 요정의 힘은 깜깜한 어둠 속에서만 작동한다는 고백과도 같다. 우리나라의 경우도 전설의 고향에 나오는 귀신이나 학교괴담에 나오는 귀신은 모두 밤에만 활동한다.

그런 어두운 곳에서 대접받던 신은 이제 대부분 사라졌다. 신데렐라의 유리구두를 요정이 실제로 주었다고 믿는 사람은 거의 없다. 암 같은 죽음에 이르는 병이 신의 힘에 의해 낫는다고 믿는 사람도 거의 없다. 어두운 무지의 세계가 점점 사라져가고 대낮처럼 밝은 과학적 지식이 점점 떠오르기 때문이다. 물론 아직도 어두운 무지의 세계에서 신으로 대접받고 있는 신이 전혀 없는 것은 아니다. 하지만 그런 신도 이제 곧 자리를 잃고 사라질 날이 머지않아 올 것이다. 불과 100년 전만 해도 간질병이나 정신병에 걸리면 무당을 불러 굿을 하는 사람들이 많았다. 그러나 이제 그런 사람은 아무도 없다. 모두 병원으로 간다. 신들린 무술(巫術)의 능력보다 과학적 의술의 능력을 더 믿기 때문이다. 깜깜한 어둠에 쌓인 무당굿보다 밝고 명확한 과학적 치료가 더 옳은 길이라 믿기 때문이다.

천문학자들은 종종 우주를 연구하면 할수록 신의 존재를 더욱 느끼게 된다고 말한다. 생물학자들도 생명의 근원을 캐 올라가면 갈수록 더욱 신의 존재를 느낀다고 말한다. 그러나 그렇게 말하는 그들도 이제 별과 태풍과 화산을 신이 만들었다고 믿지 않는다. 신은 그렇게 우리도 모르는 사이에 과학적 지식에 밀려 소리 소문없이 인간세상으로부터 점점 밀려나고 있다. 그렇게 신이 밀려난 출발점은 화학력에 의한 화학적 변화였다. 화학적 변화는 공간적으로는 지구라는 거대한 행성에서 일어난 변화이고 시간적으로는 46억 년이라는 장구한 세월에 걸쳐 일어난 변화이다. 그런 화학적 변화에 의해 땅덩어리가 생기고 대기가 생기고 바다가 생김으로써 지구는 본격적으로 진화하기 시작했다.

09

화학력 시대의 발전법칙

화학력 시대와 물리력 시대의 결정적 차이점은 화학적 결합과 물리적 결합의 차이에 있다. 물리적 결합의 핵심은 분자 간 결합이 끊어지는 데 있고 화학적 결합의 핵심은 분자 내 결합이 끊어지는 데 있다. 분자 간 결합이 끊어지면 물질의 상태가 변한다. 즉 고체가 액체가 되거나 액체가 기체가 된다. 하지만 그런 변화는 회복 가능한 변화이다. 물이 얼면 얼음이 되지만 열을 가하면 다시 물로 원상회복된다. 물리력 시대는 별의 생성쇠멸 과정에서 보았듯 별이 노쇠하면 초신성으로 변하여 먼지구름으로 흩어지고 흩어진 그 먼지구름들은 다시 모여 별이 되는 식의 변화를 반복한 시대였다.

이에 반해 분자 내 결합이 끊어지면 회복되지 않는 전혀 다른 물질로 변한다. 예를 들면 물 분자를 전기 분해하면 분자 내 결합이 끊어지면서 새로운 물질인 산소와 수소가 생긴다. 이렇게 화학적 결합으로부터 서로 떨어져 나온 산소와 수소는 온도가 내려가든 올라가든 자연 상태에서는 물로 되돌아가지 않는다.

만일 지구에 본래의 상태로 되돌아가는 물리력 시대만 계속되었더라면 지구는 다른 행성들처럼 그저 단순한 불덩어리 혹은 땅덩어리에지나지 않았을 것이다. 왜냐하면 아무리 수축과 팽창을 반복한다 하더라도 결국은 본래의 상태로 되돌아갈 뿐이기 때문이다. 따라서 그런 물리력 시대의 변화는 단순한 변화의 반복에 지나지 않는다. 오늘날 지구상에 무수한 생물, 무생물이 있게 된 이유는 한번 변하면 다시는 본래상태로 되돌아가지 못하는 화학력 시대가 있었기 때문이다.

무기물로만 덮여 있었던 원시지구에 생명체의 근원인 유기물이 생기기 시작한 것은 지구상에 풍부한 에너지가 생기면서부터였다. 원시지구의 대기에는 오존층이 형성되지 않아 태양으로부터 복사되는 열과 빛이 그대로 지구까지 전달되었고 화산폭발이나 운석의 충돌 등으로 인해 많은 에너지가 생기게 되었다. 그런 풍부한 에너지는 수소를 지구 대기권 밖으로 밀어냈고 따라서 대기 내의 수소는 점점 줄어들었다. 그 결과 환원성 무기물만으로 꽉 차 있었던 대기의 환원 상태가 약화되면서 무기물에서 원시 생명체를 구성할 수 있는 유기물이 생성되기 시작했다.

무기물에서 유기물의 생성이 가능하다는 이론을 최초로 제시한 사람은 러시아의 생화학자 오파린(Aleksandr Ivanovich Oparin, 1894~1981년)이었다. 오파린은 여러 가지 화학실험을 통해 유기물 진화설(organic evolution)을 제시하였다. 그의 주장에 의하면 세포가 생길 당시의 원시지구는 생물이 존재할 수 있는 알맞은 환경조건을 갖추고 있었다고 한다. 대기 중의 수증기가 결집되면서 액체가 되었고 그 양이 점점 증가하면서 원시 바다를 이루게 되었다. 또 비가 내리면서 대기 중의 여러 물질들이 바다로 씻겨 내려가게 되었고 씻겨 내려간 그 물질들은 화학반응을 일으키면서 유기화합물로 변했다. 그리고 바다에서 생긴 그 유기화합물들이 축적되면서 원시 생명체를 구성하는 유기물로 발전했다는 것이다.

이러한 오파린의 가설은 1953년 미국의 생화학자 스탠리 밀러(Stanley Miller, 1930~2007)에 의해 다시 입증되었다. 밀러는 에너지원인 전극(電極)을 꽂은 플라스크에 원시대기의 주성분이었던 수증기, 메탄, 암모니아, 수소 등의 기체를 산소가 없는 장치에서 순환시키면서 전극을 이용하여 방전(放電)시켰다. 그 결과 일주일 뒤에 단백질의 구성단위인 글리신(glycine), 알라닌(alanine), 글루탐산(glutamic acid)같은 아미노산과 당류, 그리고 간단한 유기물들이 합성된다는 사실을 발견하게 되었다.

또 1969년 호주의 뮤치슨(Muchison) 지방에 떨어진 운석(隕石)을 분석해 본 결과 밀러의 실험에서 합성된 생성물과 비슷한 유기물이 발견되었으며 더욱이 지구상에 살고있는 생물에서는 전혀 볼 수 없었던 여러 가지 아미노산이 발견됨으로써 무기물의 유기물화 이론은 더욱 굳어졌다.

무기물의 유기물화 이론은 생명체 모두가 중합체(重合體)로 이루어져 있다는 사실을 증명한다. 위의 설명에서 보듯 원시 생명체는 화학적 중합반응의 결과 탄생된 것이다. 즉 환원성 기체인 무기물이 화학합성을 통하여 저분자(低分子) 유기물을 만들고 이들이 다시 중합반응을 거쳐 고분자(高分子) 유기화합물을 만들고 그 고분자 화합물들이 DNA, RNA, ATP(아데노신3인산, Adenosine Triphosphate) 같은 유전정보 및 에너지 전달물질을 다시 합성함으로써 생명체가 탄생되었다는 것이다. 그런 일련의 화학적 과정을 화학진화(chemical evolution)라고 한다. 그런 화학진화의 결과 100여 개에 이르는 원소가 탄생되었고 그 원소들이 모여 지구상의 모든 생물, 무생물들이 만들어졌다.

실제로 유기물은 무기물에서 형성될 수 있다. 유기물과 무기물은 모두 분자로 구성되어 있다. 분자로 구성되어 있다는 말은 곧 원자의 결합물이라는 말이다. 유기분자는 일반적으로 무기분자에 비해 훨씬 크고 구조도 복잡하다. 예를 들면 무기분자는 2~3개의 원자가 결합된 것에서부터 기껏해야 25개의 원자로 결합된 것이다. 그러나 유기분자는 수천, 수백만 개의 원자가 결합되어 만들어진다. 이렇게 작고 단순한 무기원자가 크고 복잡한 구조의 유기분자로 변하기 위해서는 그런 변화를 뒷받침할만한 충분한 에너지가 필요하다. 지금까지 지구는 그 에너지를 태양으로부터 계속 받아 왔다.

화학진화에 의해 무기물뿐이었던 지구에 생명의 물질인 유기물이 생겨난 것은 지구를 천지개벽시켜 놓은 일대 사건이었다. 왜냐하면 유기물이 탄생됨으로 인해 죽음의 땅이었던 지구가 생명의 땅으로 탈바꿈할 수 있었기 때문이다. 즉 화학력 시대는 지구를 무기물 시대에서 유기물 시대로 바꾸어 놓은 혁명적인 시대였다. 그러므로 지구상에 화학적 유기물을 탄생시킨 화학력 시대는 지구의 제1혁명기라 할 수 있다.

화학적 힘을 변화주력으로 하여 지구를 혁명적으로 바꾸어 놓았던 화학력 시대는 다음과 같은 발전법칙을 동반한다.

첫째, 모든 화학적 원소는 물리적 변화로부터 탄생되었다. 거대한 수소와 헬륨 덩어리에 지나지 않았던 원시지구에 100여 가지의 다양한 화학적 원소들이 등장하게 된 것은 지구의 물리적 인력이 주위의 작은 먼지구름과 행성들을 끌어들여 결합하는 과정에서 지구표면의 온도가 올라가고 그에 따라 수소와 헬륨 같은 가벼운 원소들은 태양의 높은 온도에 영향을 받아 쉽게 빠져나가 버리고 무거운 원소들만 차곡차곡 쌓였기 때문이다. 이렇게 지구에서 발생한 모든 화학적 변화의 출발점은 물리적 작용이었다. 다시 말하면 물리적 작용이라는 과거를 바탕으로 화학적 작용이라는 현재가 탄생되었던 것이다.

　과거를 바탕으로 현재가 탄생된다는 이 우주적 법칙은 인간사회에도 그대로 적용된다. 과거세대 없는 현재 세대는 불가능하다. 부모라는 과거세대가 있어야 자식이라는 현재 세대가 탄생된다. 마찬가지로 한 사회의 과거는 현재를 탄생시키는 변화의 주력이다. 즉 과거 역사가 만들어 놓은 사회적 환경은 현재 사회를 건설하는 토대가 된다. 토양이 없는 곳에 식물이 자랄 수 없듯 다져놓은 사회적 지반이 없는 곳에는 사회적 힘이 생길 수 없다. 로마는 하루아침에 생기지 않았듯 개인적 부귀영화도 결코 하루아침에 생기지 않는다. 잡초가 자라는 데는 자랄만한 이유가 있고, 병이 생기는 데는 생길만한 이유가 있듯 현재의 모습이 있는 데는 그만한 이유가 있다. 강한 현재는 강하게 살아온 과거를 의미하고 약한 현재는 약하게 살아온 과거를 의미한다. 그러므로 우리의 현재를 책임질 사람은 오직 우리들 자신뿐이다. 우리가 그 동안 진정으로 강한 힘을 축적해 왔다면 우리의 현재는 분명히 강할 것이고 약한 힘밖에 축적하지 못했다면 어쩔 수 없이 약할 것이다. 이것은 우주의 변화과정이 우리들에게 가르쳐 주는 불변의 생존법칙이다.

　둘째, 물체 간의 상호작용은 거리에 정비례한다. 물체 간의 거리가 가까우면 상호작용도 강해지고 거리가 멀면 상호작용도 약해진다. 지구를 뒤덮고 있었던 가벼운 물질인 수소와 헬륨이 쉽게 빠져나간 것은 지구가 태양과 비교적 가까운 위치에 있었기 때문에 태양의 영향을 그만큼 강하게 받았기 때문이고 목성, 토성, 천왕성 같은 행성들이 여전히 수소와 헬륨 같은 가벼운 물질들로 뒤덮여 있는 것은 그 별들이 지구보다 태양으로부터 훨씬 멀리 떨어져 있기 때문에 그 만큼 태양의 영향을 적게 받았기 때문이다.

태양과 가까운 행성에는 무거운 물질이 많은 반면 멀리 떨어진 행성에는 가벼운 물질이 많다는 우주적 사실은 거리와 상호작용의 강도는 비례한다는 우주적 법칙을 재확인시켜준다. 잔잔한 호수에 돌을 던지면 돌이 떨어진 자리에 가장 강한 파문이 생길 것이고 그 자리로부터 멀어질수록 파문은 약해질 것이다. 또 폭탄을 떨어뜨리면 폭탄이 떨어진 자리로부터 가까울수록 파괴력이 클 것이고 멀어질수록 파괴력은 약해질 것이다. 혁명이나 정변이 일어나도 그 발생점으로부터 가까울수록 피해는 크고 멀어질수록 피해는 적어진다. 이 모든 현상은 바로 "거리와 상호작용의 강도는 비례한다"는 우주적 법칙으로부터 생겨난 것이다.

개인의 삶도 이와 같다. 가까운 사람일수록 보다 강하게 영향을 미치고 먼 사람일수록 약하게 영향을 미친다. 그런 의미에서 볼 때 좋은 영향이든 나쁜 영향이든 한 개인에게 가장 큰 영향을 미치는 첫 번째 사람은 가장 가까이 있는 가족이고, 그 다음은 친지, 동료, 선후배, 선생님 같이 그 다음으로 가까이 있는 사람들이다. 아무리 세계가 일일 생활권이 되었다고 해도 지구 반대편에 있는 아프리카 사람들이나 남미 사람들이 우리의 삶에 영향 미칠 가능성은 가족과 친지들이 영향 미칠 가능성보다 훨씬 적을 것임은 의심의 여지가 없다. 전쟁과 동맹 역시 거리와 밀접한 관련이 있다. 전쟁과 동맹은 인접국일수록 많이 발생하고 원격국일수록 적게 발생한다.

셋째, 무거운 물질은 중심부로 가라앉고 가벼운 물질은 주변부로 떠오른다. 수소와 헬륨 같은 가벼운 물질은 지구의 주변부에 해당하는 하늘로 떠오르고 철과 니켈 같은 무거운 물질은 지구의 중심부에 속하는 땅속으로 가라앉는다. 이렇게 가벼운 물질은 떠오르고 무거운 물질은 가라앉는 이유는 우주적 차원의 물리적 힘이 작용하기 때문이다. 수소와 헬륨 같은 가벼운 원소는 무거운 원소보다 상대적으로 척력이 강한 반면 철이나 니켈 같은 무거운 원소는 가벼운 원소보다 상대적으로 인력이 강하다. 척력이 강하면 물리적 비중이 낮아져 위로 떠오르고 인력이 강하면 물리적 비중이 높아 아래로 가라앉는 것이 우주적 차원의 물리적 작용이다. 그것은 마치 물보다 비중이 낮은 나무는 물 위에 뜨고 물보다 비중이 높은 돌은 물속으로 가라앉는 이치와도 같다.

무거운 물질은 가라앉고 가벼운 물질은 떠오른다는 중침경부(重沈輕浮)의 법칙은 인간사회에도 그대로 적용된다. 사회적 주변부라 할 수 있는 생산현장은 항상 힘없고 무지한 서민들의 차지이고 사회적 중심부라 할 수 있는 권력현장은 항상 힘 있고 똑똑한 엘리트들의 차지이다. 전쟁이 나도 최일선에서 몸으로 싸우는 자는 힘없는 병사들이고 진지 깊숙한 곳에서 입으로 싸우는 자는 힘 있는 지휘관들이다. 흉년이 들 때도 굶어 죽는 사람은 힘없는 사회적 약자들이고 끝까지 잘 먹고 잘사는 자들은 힘 있는 사회적 강자들이다. 인간사회도 이처럼 비중이 약하고 가벼운 일반백성들은 항상 생존전쟁의 현장인 사회적 변두리로 떠밀려 나오고 비중이 강하고 무거운 지도층 인사들은 항상 깊숙하고 은밀한 사회적 중심부로 내려앉는다. 지구 땅에 인류가 탄생된 이래 사회적 주변부에는 다수의 서민이 자리하고 사회적 중심부에는 소수의 지도층이 자리하는 이 같은 중침경부(重沈輕浮)의 현상은 단 한 번도 변한 적이 없다. 물론 앞으로도 변하지 않을 것이다.

동물과 인간이 어울려 살아가는 지구생태계에서도 중심부와 주변부의 상호작용은 동일하다. 지구생태계에서 미약한 식물이나 곤충들은 먹이사슬의 최하층에 자리하고 인간을 비롯한 강한 동물은 최상층에 자리한다. 하지만 서민이든 지도층이든 인간적 감정이 다르지는 않을 것처럼 하층생물이든 상층생물이든 그들의 생명활동에는 차이가 없다.

생명활동에 차이가 없다는 사실은 암수 간의 성행위에서도 증명된다. 지금까지 성행위 자체를 즐기는 동물은 인간이 유일한 것으로 알려져 왔다. 그러나 최근 연구에 의하면 동물들도 쾌감을 느끼며 섹스를 즐긴다고 한다. 미국의 동물행동 학자인 조너선 밸컴(Jonathan Balcombe) 박사의 연구에 의하면 많은 동물들이 단순한 번식 목적이 아니라 성교의 즐거움을 위해 접촉한다는 것이다. 또 동물도 그들이 처한 상황과 현실에 대해 생각하고 희로애락의 감정을 가지며 비록 제한적이긴 하지만 그들만의 언어로 감정을 표현한다고 한다. 이러한 사실은 모든 생명활동은 본질적으로 큰 차이가 없음을 의미한다.

또 우리는 동물과 인간의 교류에 대해 전혀 의심하지 않는다. 그런 동물과 인간 간의 교류는 근본적으로 동물도 생각하기 때문에 가능한 것이다. 동물도 생각한다는 사실은 많은 연구가 입증하고 있다. 미국 뉴욕 주립대학의 에밀 멘젤(Emile Menzel) 박사는 침팬지 실험을 통해 동물도 생각한다는 사실을 입증했다. 그는 먹이를 우리 속 한 곳에 숨겨 놓고 침팬지 한 마리에게만 장소를 알려 준 뒤 그 침팬지가 어떤 행동을 취하는지를 관찰했다. 그 관찰 결과에 의하면 먹이 있는 곳을 아는 침팬지는 자기보다 서열이 높은 침팬지가 있을 때는 먹이 근처에 가지도 않았다는 것이다. 먹이를 빼앗길 수도 있다는 두려움이 앞섰기 때문이다. 그 침팬지는 언제나 혼자일 때 몰래 먹이를 꺼내 먹곤 했다는 것이다.

야생 침팬지 연구에 평생을 바친 영국의 유명한 동물연구가 제인 구달(Jane Goodall) 박사의 실험에서도 침팬지의 놀라운 사고능력은 증명되었다. 그녀는 한 침팬지에게 혼자서는 다 먹을 수 없을 만큼 많은 바나나를 주자 그 침팬지는 그 많은 바나나를 자기만 아는 곳에 숨겨 놓고 조금씩 꺼내 먹더라는 것이다. 심지어 다른 침팬지들이 바나나를 찾아 나서자 반대 방향을 가리키며 동료들을 그쪽으로 보낸 뒤 혼자 맛있는 바나나를 꺼내먹는 영리함까지 보였다는 것이다. 동물들의 이러한 행동 역시 동물의 삶과 인간의 삶이 크게 차이 나지 않는다는 사실을 입증한다. 그러므로 인간만이 생각하고 감정을 느낀다는 우월감은 인간의 일방적 오만에 불과할 뿐이다.

물리력 시대와 화학력 시대는 생명의 시대보다 앞서 있었던 시대이므로 여전히 베일에 싸인 추측의 영역에 속한다. 따라서 아직은 생명이 어떻게 시작되었는가를 정확히 알 수는 없다. 다만 생명은 물질의 변형과정에서 태동되었을 것이라고 짐작할 뿐이다. 즉 자연 상태에 있던 화학적 원소들이 수억 년에 걸쳐 상호작용하는 동안 우연히 결합하여 생명의 계(界)를 만들었을 것이라고 추측할 뿐이다. 그 결합의 비밀을 밝히는 일은 아직도 요원하다. 그런 일은 마치 암흑 속에서 모래 알갱이를 세는 일 만큼이나 불가능할지도 모른다.

그러나 한 가지 사실만은 분명하다. 핵과 전자, 즉 음과 양이라는 두 요소가 결합하여 원소를 만들고 그 원소들이 다시 결합하여 물질을 만들었다는 사실이다. 그리고 그렇게 탄생된 보이는 물질은 형주질속론에 의해 보이지 않는 질로서의 힘을 내재하고 있다. 따라서 보이는 물질은 물물관계로 이어지고 보이지 않는 힘은 역력(力力)관계로 이어진다. 여기서 화학력 시대의 물물활동은 인간사회의 대물적 경제활동에 비유될 수 있고 역력활동은 대인적 정치활동에 비유될 수 있다. 따라서 우리는 화학력 시대도 결국은 정(政)과 경(經)이라는 두 요소의 상호작용법칙, 즉 선인사회의 정경천법(政經天法)에 의해 발전되고 진화되었음을 알 수 있다.

제5장
세포력 시대의 변화

01 세포력 시대의 탄생

세포력 시대란 세포적 힘을 변화주력으로 하여 지구상에 수많은 변화가 일어났던 시대를 말한다. 화학력 시대 동안 탄생된 수많은 무기물들은 이합집산을 계속한 결과 마침내 세포, 즉 유기물을 탄생시켰다. 최초의 유기물은 단세포 박테리아였으며 그 단세포 박테리아가 지구상에 출현한 시기는 약 35억 년 전이었다. 단세포박테리아는 다시 진화하여 다세포 박테리아가 되고 연이어 곰팡이류를 탄생시켰다.

| 유기물의 출발점

유기물의 출발점은 탄소이다. 단일결합, 이중결합, 삼중결합이 가능한 탄소는 사슬형과 고리형의 구조를 형성한다. 다양한 공유결합을 가능하게 하는 이 탄소원자의 특성 때문에 탄소는 수백만 종의 물질을 만들어 내는 기본이 되며 따라서 생체분자의 기본요소로 사용되는 데 아주 적합하다. 이런 탄소는 대기 중에서는 이산화탄소나 메테인(methane) 같은 기체 상태로, 암석권에서는 탄산염 형태로, 그리고 물 속에서는 탄산이온의 형태로 존재한다.

탄소가 순환하는 과정을 보면 우선 녹색식물은 뿌리에서 흡수한 물과 잎에서 빨아들인 이산화탄소를 원료로 하여 빛과 결합시켜 포도당과 전분을 만든다. 동물들은 식물이 저장해 놓은 그 양분(포도당과 전분)을 먹고 소화하고 흡수시켜 일부는 몸체를 구성하는 데 사용하고 일부는 몸체를 움직이는 에너지원으로 사용한다. 그리고 죽은 후에는 여러 미생물에 의해 분해되어 땅속의 양분이 되거나 화석연료가 되어 대기 중의 이산화탄소로 다시 되돌아가는데 이를 탄소의 순환이라고 한다.

생명체의 시원(始原)인 시아노박테리아(cyanobacteria, 藍藻類)도 탄소에서부터 시작되었을 것임은 분명하다. 지구가 형성될 초기에는 우주를 떠돌던 여러 운석들이 날아와 부딪쳤으므로 그런 운석들로부터 선물처럼 날아든 탄소도 있을 수 있었을 것이다. 그러나 지구가 완성된 이후에는 독립된 순환계를 가지게 되었으므로 모든 생명활동이 지구 자체 내의 진화에서 비롯되었을 것임은 의심의 여지가 없다.

무기물에서 유기물이 생성되었을 것이라는 증거, 즉 생명 없는 무생물에서 생명 있는 생물이 생겼을 것이라는 증거는 여러 가지가 있다. 생명체란 문자 그대로 살아 움직이는 물질이다. 살아 움직인다는 말은 에너지를 얻고 소비하며 성장하고 소멸하며 자신과 동일한 자손을 생산하며 진화해 간다는 말이다. 그러나 그런 구분이 명확하지 않은 경우도 있다. 주로 단백질과 핵산으로 구성된 바이러스는 살아있는 숙주(宿主)에 의지하지 않고는 스스로 재생되지 않는다. 또 선충류인 아펠렌쿠스(aphelenchus)는 물이 있을 때는 몸을 움직이며 기어 다니는 것이 보이므로 확실히 살아 있다. 그러나 가뭄이 심해 연못이 마르면 이 선충도 동시에 말라비틀어져 코일형태로 변해 훅 불면 작은 먼지처럼 공중에 흩어진다. 그러나 연못에 다시 물이 차면 이 선충은 감긴 코일을 풀면서 새로 태어난 생명체처럼 비틀거리며 움직인다.

이 선충이 먼지와 다를 바 없을 때 이것은 살아있는 생물인가 무생물인가? 생물과 무생물은 이렇게 구분하기 쉽지 않은 경우도 있다. 생물과 무생물의 구분이 이렇게 쉽지 않다는 사실은 무생물에서 생물로 진화했다는 방증이 된다. 화학력 시대까지만 해도 지구상에 살아 움직이는 생물이 없었음은 분명하며 따라서 무생물뿐이었던 지구에 생물이 생겼다면 그것은 무생물로부터 진화되었다고 볼 수밖에 없다.

| 최초의 생명체

원시대기는 생물이 탄생되면서 크게 변했다. 원시 바다는 메탄과 질산암모니아(ammonium nitrate)를 함유한 강한 산성의 바다였다. 원시 바닷물이 산성이었던 이유는 용암 속에 포함되어 있던 강한 산성이 수증기와 함께 증발하여 비가 되어 내렸기 때문이다. 그런 산성비로 채워진 바다에 있던 간단한 유기물이 결합하여 아미노산이 만들어지고 그것이 다시 인지질(燐脂質, phospholipid)과 결합하여 단백질을 형성하게 되었다. 최초의 생명은 그런 복잡한 진화의 과정을 거쳐 생겨나게 되었다.

가장 먼저 생긴 생명체는 시아노박테리아(cyanobacteria)라는 남조식물(藍藻植物)이었다. 시아노박테리아는 지구로 하여금 무생명의 무기물 시대를 마감하고 생명의 유기물 시대를 열게 한 장본인이다. 왜냐하면 생명체의 기원에 대한 비밀은 스트로마톨라이트(stromatolite)가 밝혀주고 있는데 스트로마톨라이트란 시아노박테리아를 비롯한 생물의 광합성에 의해 생긴 줄무늬가 단층을 이루고 있는 암석이기 때문이다.

오늘날의 남조류로 추정되는 시아노박테리아는 성장속도가 매우 느리기 때문에 지구생명의 기원과 탄생의 역사를 밝힐 수 있는 열쇠로 알려져 있다. 원시대기는 생물이 살기 어려운 상태였다. 그러나 생물의 광합성이 시작되면서 산소가 생기게 되었는데 바로 그 광합성을 시작한 원핵 미생물이 시아노박테리아이다. 시아노박테리아가 최초로 광합성을 했을 것이라고 믿어지는 이유는 스트로마톨라이트(stromatolite) 때문이다. 스트로마톨라이트란 시아노박테리아의 흔적이 고스란히 남아있는 퇴적층이다. 이 스트로마톨라이트는 시아노박테리아를 비롯한 생물의 광합성 작용에 의해 생기게 되는데 스트로마톨라이트가 생기는 데는 두 과정이 있다.

첫째는 시아노박테리아의 표면에 형성되는 점질층에 물속의 부유물이 달라붙어 누적되기 때문이다. 시아노박테리아의 표면은 대부분 다당류를 비롯한 점성물질로 된 층으로 둘러싸여 있다. 따라서 물속을 떠다니는 미립자가 시아노박테리아의 점성물질에 달라붙어 쌓임으로서 표면이 암석모양으로 변하게 된다.

둘째는 광합성(光合成, photosynthesis)에 의해 석회화 현상이 생기기 때문이다. 시아노박테리아가 광합성을 위해 이산화탄소를 흡수하면 그 일부는 알칼리가 되는데 그 알칼리 성분에 탄산칼슘(calcium carbonate)이 달라붙어 퇴적되면서 암석으로 변해 간다. 또 점성물질의 표면에 탄산칼슘 미립자가 달라붙으면 그것이 핵이 되어 주변의 탄산칼슘을 끌어들인다. 그런 과정을 거치면서 시아노박테리아가 있는 주변은 탄산칼슘 콜로니(colony, 덩어리)로 변한다. 그런데 시아노박테리아는 항상 빛을 향해 자라는 성질이 있으므로 그렇게 형성되는 퇴적층보다 언제나 위쪽에 자리하면서 광합성을 하게 된다. 그런 광합성은 낮과 밤에 큰 차이를 보이므로 단층모양의 줄무늬가 생기게 된다. 또 계절에 따라서도 광합성은 차이가 나므로 그 줄무늬는 나무의 나이테와 같은 주기를 나타낸다.

주로 10~20억 년 전의 지층에서 발견되고 있는 스트로마톨라이트의 성장 속도는 매우 느리다. 100년 동안 불과 몇 mm 정도 자랄 뿐이다. 일 년에 1㎜도 자라지 못할 만큼 느리게 자란다. 따라서 지름 50~100㎝의 스트로마톨라이트가 있다면 그것은 1000년이 넘는 세월에 걸쳐 형성된 것이다. 오늘날 오스트레일리아의 서부 샤크(Shark)만에 있는 하메린풀에서 스트로마톨라이트가 활동하는 모습을 볼 수 있다.

| 원핵생물

세포란 모든 생물의 생존기능과 구조를 형성하는 기본 단위이다. 세포는 핵막(核膜, nuclear envelope)과 세포소기관(細胞小器管, organelle)의 유무에 따라 원핵세포와 진핵세포로 나누어진다. 원핵세포(原核細胞)는 핵막이 없기 때문에 핵물질이 세포질에 그대로 퍼져 있고 세포소기관도 존재하지 않는다. 반면 진핵세포(眞核細胞)는 핵막이 있기 때문에 핵물질과 세포질이 구분되고 세포질에는 세포소기관들이 존재한다. 이 두 세포 중 원핵세포를 가진 생물을 원핵생물이라 하고 진핵세포를 가진 생물을 진핵생물이라 한다. 남조류와 세균 등은 원핵생물에 속하고 아메바와 동식물을 비롯한 대부분의 생물은 진핵생물에 속한다.

최초의 생명체가 탄생된 이래 지구상에는 약 20억년 동안 원핵생물만 있었을 것으로 추측된다. 원핵생물인 남조류(藍藻類, Cyanobacteria)가 그 긴 세월 동안 번성할 수 있었던 이유는 광합성능력을 가졌었기 때문이다. 남조류 이후에 탄생된 인간을 비롯한 모든 지구생명체는 시아노박테리아가 가진 그 광합성능력에 크게 빚지고 있다. 남조류의 광합성에 의해 지구는 녹색환경으로 점차 바뀌어 갔기 때문이다.

지구상에 최초로 등장한 생명체로 알려진 단세포 박테리아는 세월이 흐르면서 진화를 거듭한 결과 원핵생물(原核生物, prokaryote)을 탄생시켰다. 지구상에 태어난 최초의 생명체였던 원핵생물은 약 20억 년간 홀로 지구를 지켰다. 그리고 20억 년이라는 길고 긴 세월 동안 다시 진화를 계속하여 마침내 핵막으로 둘러싸인 핵을 가진 진핵생물(眞核生物, eukaryote)을 탄생시키게 되었다. 원핵생물이 진화하여 최초의 진핵생물이 탄생된 시기는 약 21억 년 전으로 알려지고 있다. 최초의 진핵생물은 몇몇 원핵생물과의 공생에 의해 생겼을 것으로 추정된다. 어쨌든 진핵생물의 탄생으로 원핵생물에서는 찾아볼 수 없었던 다세포생물이 등장하게 되었음은 분명하다.

이 시기를 현재로부터 역산해 보면 진핵생물이 지구상에 나타난 시기는 지금으로부터 약 10억 년 전일 것으로 추정된다. 원핵생물로부터 진핵생물이 탄생되기까지는 이처럼 오랜 세월이 소요되기는 했지만 원핵생물시대에서 진핵생물시대로의 변화는 지구의 모습을 과거와는 전혀 다른 새로운 모습으로 바꾸어 놓는 계기가 되었다. 왜냐하면 진정한 핵을 가진 생물이 탄생됨으로서 모든 동식물의 구성단위인 진핵세포가 생기게 되었기 때문이다. 이 세포의 탄생은 지구를 오늘날과 같이 수많은 생명체로 가득 채워놓는 사실상의 출발점이 되었다. 그러므로 세포의 탄생은 지구의 모습을 천지개벽시켜 놓은 지구의 제2혁명이라고 할 수 있다.

생물분류학적으로 가장 하등생물에 속하는 박테리아는 대부분 핵막이 없는 핵을 가진 원핵세포인 모네라(Monera)계에 속하는 생물로서 생명체 중에서는 가장 번식이 왕성한 생물이다. 흙이나 물속 같은 외부환경에서도 살지만 동물의 위나 장같이 다른 생물의 장기에서 살기도 한다. 대부분의 병원성 균은 박테리아로써 그 크기가 0.5μm부터 0.5mm까지 다양하다. 세균의 구조 중에 가장 주목해야 할 것은 세포벽인데 박테리아는 세포벽의 화학적 구성성분을 기준으로 두 가지로 나눌 수 있다. 하나는 펩티도글리칸(peptidoglycan)을 가진 세균이며 다른 하나는 바깥쪽에 지질다당체(脂質多糖體, lipopolysaccharide)를 가지고 있고 세포벽과 세포막 사이에 펩티도글리칸을 가지고 있는 세균이다. 전자를 그람양성균(Gram positive bacillus), 후자를 그람음성균(Gram negative bacillus)이라 부르기도 한다. 이러한 구분은 백신개발 등을 할 때 매우 중요한 구분이 된다.

고등생물과 달리 박테리아는 종류에 따라 물질을 대사하는 방법이 다양하다. 박테리아는 크게 혐기성 세균과 호기성 세균으로 나눌 수 있는데 혐기성 세균은 산소를 매개로 에너지를 만드는 것이 아니라 발효를 통해 에너지를 생산하면서 부산물로 알코올과 같은 산화물을 배출한다. 이러한 혐기성 세균들을 이용하여 김치나 된장과 같은 발효식품을 만들거나 술을 담그기도 한다. 호기성 세균은 고등생물과 마찬가지로 산소를 매개로 한 호흡을 통해 에너지를 얻는다. 어떤 세균은 환경에 따라 호기성 세균이 되기도 하고 혐기성 세균이 되기도 한다.

모두가 알고 있듯 박테리아는 생명체 중에서는 가장 단순하고 가장 작은 미생물이다. 그러나 그 미생물도 비록 작지만 육신과 정신을 가지고 있다. 우선 현미경으로 볼 수 있으니 육신이 있음은 의문의 여지가 없다. 그러면 박테리아도 정신을 가지고 사유 활동을 한다는 사실은 무엇으로 증명한단 말인가? 인간의 질병을 진화론적 관점에서 바라보는 다윈의학(Darwinian Medicine)자들의 연구에 의하면 병원균의 독성은 전염되는 과정에 따라 진화하는 정도가 다르다고 한다. 예를 들면 감기 바이러스는 감염된 사람이 너무 아파 외부 출입을 못하는 것보다는 다소 불편하더라도 다른 사람들과 어울려 다닐 수 있어야 다른 숙주로 옮아갈 기회를 가지게 되며 그래야만 자기 종을 더 많이 번식시켜 갈 수 있다. 바이러스는 숙주가 없으면 살 수 없기 때문이다.

이에 반해 말라리아 병원균은 감염된 사람이 중간 숙주인 모기를 쫓아낼 기력조차 없을 정도로 아프게 만드는 게 더 유리하다. 그래야만 모기가 더욱 많이 살아남아 자기가 숙주 할 자리가 계속 생기기 때문이다. 감기에 걸려 죽는 사람은 별로 없어도 말라리아에 걸려 죽는 사람이 많은 이유는 이 때문이라고 한다. 바이러스마저도 이렇게 자기가 가장 잘 살수 있는 방법을 찾아다닌다는 것이다. 이렇게 볼 때 인간이 잘 먹고 잘살 수 있는 방법을 찾아다니는 것이나 바이러스가 잘 먹고 잘살 수 있는 방법을 찾아다니는 것이나 조금도 다르지 않다.

보다 좋은 생존방법을 찾아다니는 이런 일은 생각이 없는 생물로서는 불가능하다. 바이러스마저 자기가 잘살 수 있고 자기 종을 왕성하게 번식시킬 수 있는 길을 찾아다닌다는 사실은 바이러스도 고도의 사유 활동을 통하여 자기 생명과 자기 종을 보존해 가는 방법을 찾는다는 말이다. 이는 바이러스에 국한된 문제가 아니다. 식물이나 동물도 마찬가지이다. 바람의 힘으로 꽃가루를 수정하는 식물은 바람이 많이 부는 계절에 꽃을 피우고, 벌 나비를 통해 수정하는 식물은 벌 나비가 많이 돌아다니는 계절에 꽃을 피운다. 또 탄소동화작용을 하는 식물은 항상 햇빛 있는 곳으로 줄기와 잎을 키워간다. 이 모든 행위는 그들 나름대로 가지고 있는 고도의 사고를 통하여 자기의 살길은 물론이고 자기 종을 번식시켜갈 최선의 길을 찾는다는 사실을 입증한다.

동물들도 예외가 아니다. 철새들은 그 대표적인 예이다. 보다 좋은 생존환경을 찾아 수만 리 길을 마다않고 여행한다. 아프리카의 얼룩말이나 코끼리 떼는 건기가 되면 수백 리를 이동하며 물 있는 곳을 찾아 대장정을 시작한다. 이런 생존행위는 아무도 시키지 않은 본능적 행위, 즉 우주적 유전자에 내재되어 있는 본성이다. 왜냐하면 우주 및 지구가 생긴 이후에 바이러스가 생기고 박테리아가 생기고 식물, 동물, 인간이 생겼으므로 이들의 본능적 행위는 그 출발점인 우주 및 지구가 지닌 원초적 유전자를 떠나서 생각할 수 없기 때문이다. 그런 본능적 행위는 어떤 신의 힘으로도 결코 막을 수 없는 원초적 절대력이다.

아무리 단순한 생명체일지라도 생명체가 지니는 정신작용은 모두 동일하다는 연구결과도 주목할 만하다. 스위스의 거대제약회사 치바가이기(Ciba-Geigy AG: 지금의 Novartis)그룹의 연구원이었던 유명한 물리화학자 구이도 에프너(Guido Ebner)와 하인츠 쉬르히(Heinz Schürch)의 실험에 의하면 박테리아도 스트레스를 느낀다고 한다. 이들은 홍해에 분포하는 호염성 박테리아를 채취하여 영양분이 풍부한 조리용 소금용액에 넣고 끓이기 시작했다. 그러자 처음에는 활발한 증식 활동이 포착되었다. 하지만 그 투명용액을 8~14일 동안 전기장 속에 넣어두자 놀랍게도 피처럼 붉은색으로 변색되었다. 그렇게 변색된 이유는 호염성 박테리아가 광합성에 필요한 태양에너지를 채워 넣기 위해 정전기장 속에서 빛을 감지하는 색소인 로돕신(rhodopsin)을 생산해 내었기 때문이라는 것이다. 로돕신은 붉은 색의 빛을 감지하는 단백질이다. 이 로돕신이 높아졌다는 사실은 호염성 박테리아가 핏빛으로 변할 만큼 강한 스트레스를 받았음을 의미한다. 박테리아마저 스트레스를 받으면 핏빛으로 변한다는 사실은 박테리아도 그만큼 정신활동을 하고 있음을 의미한다. 박테리아도 인간과 조금도 다름없이 정신과 육신을 가지고 있으며 스트레스를 받는다는 이 놀라운 실험 결과는 모든 우주의 생명체가 동일한 우주의 유전자에서 비롯되었음을 입증하고도 남는다.

대장균 같은 세균은 플라스미드(plasmid)라고 하는 원형 DNA를 가지고 있다. 이 DNA는 대장균의 원래 DNA와는 다른 부수적인 것으로 자체적으로 복제가 가능하며 다른 세포로도 이동할 수 있다. 이러한 성질을 이용하여 원하는 유전자를 플라스미드에 끼워 넣고 대장균을 배양하면 그 유전자를 대량으로 얻을 수 있는데 이를 유전자 재조합기술이라고 한다. 이 기술은 여러 유전학 실험실에서 많이 사용되고 있으며 항생제나 의약품 생산에도 널리 쓰인다.

지구상에 나타난 최초의 세포는 여러 세균들로 가득 찬 수중 혹은 습지의 어느 한 곳에서 빛을 이용하여 이산화탄소로부터 탄소를 얻음으로써 나타났을 것이다. 그 과정은 화학적으로 탄소와 산소를 쪼개는 과정이었을 것이다. 왜냐하면 그렇게 탄생된 세포는 부산물로 산소를 생성시켰기 때문이다. 세포가 뿜어낸 그 산소는 지구를 천지개벽시켜 놓은 장본인이었다. 지각이 뭉쳐 현재의 대지를 만들었을 때쯤 세균들은 서로 협력하여 부지런히 광합성을 하면서 그 대지 위에 생명의 층을 쌓음으로써 생물의 역사를 열었다. 광합성을 통해 방출된 산소는 서서히 대기를 변화시켰고 그 결과 생명이 살 수 없었던 대기환경은 점점 생명이 살 수 있는 환경으로 바뀌어 갔다. 그에 따라 세포가 세포를 낳는 속도도 가속적으로 높아졌다. 광합성을 하는 세균이 광합성 전담 세포소기관으로 변하면서 단일 악기 같았던 단세포는 갑자기 오케스트라 악단 같은 다세포가 되었다. 생명의 발전 속도를 놓고 논쟁을 벌일 수는 있겠지만 이렇게 세포에서 출발한 원시적 생명이 더 다양해지고 더 복잡해졌다는 데에는 논쟁의 여지가 없다.

여기서도 단순성에서 복잡성으로 변해가는 우주의 진화법칙은 그대로 적용되고 있다.

▎단세포 생물

생명체의 기원으로 알려져 있는 최초의 유기물은 모두 하나의 세포로만 이루어진 단세포(單細胞) 생물들이었다. 현재 우리들이 볼 수 있는 단세포 생물 중에는 대장균, 세균, 짚신벌레, 아메바 같은 원생동물이 있는데 이 단세포생물들은 세포분열을 통해 대를 이어간다. 단세포생물은 다세포생물에 비해 생존과정이 단순하고 많은 단세포생물이 고등 동식물에 기생하여 살아가지만 일부 원생생물 중에는 형태가 매우 변화무쌍하고 0.1mm 이상의 큰 것도 있으며 엽록소 등을 이용한 광합성, 편모 · 섬모 · 위족 등을 이용한 운동, 세포구나 수축포 · 식포를 이용한 식음작용을 하는 것들도 있다.

단세포 생물을 생명체의 기원으로 보는 이유는 이 생물들이 살아 움직이는 최초의 생명체로 인식되기 때문이다. 단세포 생물이든 다세포 생물이든 세포 표면에는 여러 가지 단백질 수용체들이 있는데 특정 분자나 물리적 자극에 의해 그 단백질의 구조가 변형되거나 활성화된다. 만일 세포 내에 특정 신호분자가 활성화되거나 농도가 증가하면 다른 분자도 활성화된다. 세포는 그런 신호기작(信號機作)에 의해 세포 자신을 유지하고 외부의 자극에 반응한다. 단세포, 즉 원핵세포의 경우 세포 내 원형질의 분화에 의해 생기는 일정한 구조와 기능을 가진 세포소기관(細胞小器管)이 없는데도 불구하고 움직이는 것은 이런 신호기작에 반응하기 때문이다.

단세포 생물인 세균이나 바이러스도 끊임없이 진화해왔다. 그런 단세포 생물들은 주로 공기를 통해 전파되고 진화된다. 티푸스(typhus)성 질환을 일으키고 식중독의 원인이 되는 살모넬라(salmonella)균 같은 소극적인 세균은 그런 세균에 이미 감염된 달걀 등을 먹었을 때 사람에게 전염되지만 말라리아나 페스트는 숙주동물인 모기나 벼룩 등을 매개로 하여 사람에게 옮겨진다. 그러나 극성맞은 인플루엔자는 환자에게 기침이나 재채기를 유도하고 콜레라는 심한 설사를 동반함으로써 다음 피해자를 찾아다닌다.

인간에게 여러 가지 병을 옮기는 바이러스(virus)는 단세포 생물 중에서도 가장 초보적인 생명체에 해당한다. 바이러스는 전자현미경을 사용하지 않으면 볼 수 없는 작은 입자이다. 이 바이러스는 핵산과 소수의 단백질만을 가지고 있으므로 그 밖의 모든 것은 숙주세포에 의존해 살아간다. 결정체로 된 바이러스도 있기 때문에 바이러스는 무생물로 분류해야 한다는 의견도 있지만 증식과 유전이라는 생물의 기본 성질을 가지고 있기 때문에 일반적으로 생명체로 간주한다.

이런 바이러스는 크기가 일반 세균의 100분의1 정도인 10~300nm(nm=10억분의1m)에 불과하고 숙주세포 밖에서는 성장도, 번식도 할 수 없지만 모든 생명체 내에는 바이러스가 있다고 할 정도로 엄청난 감염력과 생명력을 지니고 있다. 바이러스는 1898년 담배모자이크 바이러스가 발견된 이래 지금까지 5천여 종류가 보고되고 있으며 일반 감기에서 독감(인플루엔자), 에볼라 바이러스, 에이즈(AIDS, 후천성면역결핍증)에 이르기까지 인간 질병을 일으키는 바이러스도 수없이 많다. 바이러스는 생존에 필요한 DNA나 RNA로 된 유전물질과 이를 둘러싼 단백질 정도로 구성돼 있어 생명체라기보다는 감염성 물질에 가깝다.

이런 간단한 구조의 바이러스는 사람과 돼지, 조류 등, 숙주의 세포에 존재하는 수용체와 결합하여 세포 속으로 침투하며 일단 침투하고 나면 바이러스 유전물질이 세포 내로 흘러나와 숙주세포의 유전물질과 뒤섞여 증식하게 된다. 바이러스의 숙주가 되는 동물은 저마다의 세포가 가지고 있는 수용체 단백질이 달라 동물 고유의 바이러스는 일반적으로 다른 동물에는 잘 감염되지 않는다. 문제는 이들 바이러스가 매우 쉽게 유전자 변이를 일으킨다는 점이다. 바이러스는 DNA나 RNA를 구성하는 하나하나의 염기가 다른 것으로 바뀌는 유전적 부동(浮動)이라는 현상을 통해 고유동물 외의 다른 동물을 감염시키거나 항(抗)바이러스제(劑)에 저항성이 있는 변종으로 바뀌게 된다.

일반 감기바이러스의 경우 변이가 너무 쉽게 일어나 예방백신 개발 자체가 불가능하며 독감도 해마다 유행할 것으로 예상되는 바이러스를 정해 백신을 만들 뿐 근본적인 예방책은 없다. 사람 세포의 수용체는 돼지와 다르기 때문에 일반적으로 돼지 인플루엔자 바이러스도 사람에게 잘 감염되지 않지만 수많은 변이가 일어나면서 사람을 감염시키는 변종도 생겨나게 된다. 사람에게 감염되는 돼지인플루엔자 바이러스나 조류인플루엔자 바이러스가 또다시 변이를 일으켜 사람 간의 감염이 가능해지면 돼지인플루엔자 사태와 같이 인류 보건에 큰 문제가 될 수 있다. 특히 돼지는 돼지인플루엔자 바이러스뿐만 아니라 사람과 조류인플루엔자 바이러스에도 감염될 수 있어 동물에서 유래한 인플루엔자 바이러스가 사람에게 감염되는 중간 기지역할을 한다. 그래서 돼지가 이들 인플루엔자 바이러스에 감염되면 세포 내에서 유전물질이 뒤섞이면서 새로 만들어지는 변종 바이러스에 사람인플루엔자 바이러스의 유전물질이 포함돼 사람 간의 전염이 가능한 변종이 만들어진다.

지구최초의 생명체인 시아노박테리아 역시 단세포 생물이다. 남조류는 세균처럼 핵막이 없고 엽록소와 남조소를 가지고 있어 광합성을 하면서 이분법으로 번식한다. 이처럼 최초의 생물이 이분법으로 번식한다는 사실은 그냥 지나칠 일이 아니다. 앞서 지적했듯이 이진법은 우주의 생성이치인 동시에 진화의 이치이기 때문이다. 우리는 앞으로 펼쳐지는 모든 생물의 탄생과 죽음이 이진법적 변화의 과정에 지나지 않는다는 사실을 곧 확인하게 될 것이다. 팽(膨)과 축(縮)이라는 이진법을 벗어나 탄생되는 별이 없듯 있음(有)과 없음(無)이라는 이진법을 벗어나 존재하는 생물은 하나도 없다.

▌RNA와 DNA

이진법적으로 번식하는 세포는 하루아침에 생긴 것이 아니다. 세포가 생기기 전에 RNA가 있었을 것이다. RNA(ribonucleic acid)는 뉴클레오티드(nucleotide)의 긴 사슬로 연결된 분자형태이며 각각의 뉴클레오티드는 염기(鹽基, base), 펜토스(pentose), 인산(燐酸, phosphoric acid)의 분자가 각각 하나씩 결합하여 만들어진다. 이 구성성분에서 펜토스의 당이 리보스(ribose)일 때는 RNA라 하고 디옥시리보스(deoxyribose)일 때는 DNA라 한다.

RNA를 구성하는 뉴클레오티드의 4가지 염기는 아데닌(adenine: A), 구아닌(guanine: G), 사이토신(cytosine: C), 유라실(uracil: U)이다. 따라서 RNA의 뉴클레오티드에도 A, G, C, U를 가진 네 가지가 있게 된다. A, G, C, U의 염기를 가진 네 가지 뉴클레오티드의 배열순서는 아주 다양하다. 수많은 종류의 RNA가 있는 이유는 이 때문이다. 대부분의 생물 유전자는 DNA이지만 식물에 기생하는 바이러스와 약간의 동물성 바이러스 그리고 세균성 바이러스는 RNA가 유전자 구실을 한다. 세포 내에서는 주로 리보솜(ribosome)에 들어있고 일부는 핵 속에, 그리고 인에도 들어있다.

DNA(deoxyribonucleic acid)란 자연에 존재하는 2종류의 핵산 중에서 디옥시리보오스(deoxyribose)를 가지고 있는 핵산(核酸, nucleic acid)이다. 유전자의 본체를 이루며 디옥시리보 핵산(Deoxyribonucleic acid)이라고도 한다. DNA가 유전물질이라는 것은 20세기에 들어와서야 밝혀졌다. 19세기까지는 염색체의 단백질 안에 유전정보가 들어있는 것으로 믿었다. 그런 결론을 얻게 된 이유는 영국의 세균학자 그리피스(Frederick Griffith, 1877~1941년)가 실험을 통해 S형 폐렴균은 생쥐에 폐렴을 일으키지만 R형 폐렴균은 폐렴을 일으키지 않는다는 사실을 밝혀냈기 때문이다. 열을 가해 죽인 S형 폐렴균을 생쥐에 주입했을 때는 폐렴에 걸리지 않았으나 살아 있는 R형과 열을 가해 죽인 S형 폐렴균을 섞어서 쥐에 주입했을 때는 폐렴에 걸린다는 사실을 발견함으로서 죽인 S형의 어떤 물질이 R형을 S형으로 형질 전환시켜서 생쥐가 폐렴에 걸린다는 사실을 밝혀냈던 것이다.

DNA가 세포의 기본적인 유전물질이라는 사실은 1944년 미국의 세균학자 에이버리(Oswald Avery, 1877~1955)의 실험에 의해 밝혀졌다. 에이버리는 그리피스의 실험결과를 토대로 하여 실험을 계속한 결과 S형의 DNA가 비감염성 R형의 DNA에 전이되어 감염성 S형으로 형질 전환 된다는 사실을 재확인했던 것이다. 여기서 한 걸음 더 나아가 1950년에 허시(Alfred Day Hershey)와 체이스(Chase)는 대장균에 감염되는 박테리오파지(bacteriophage)를 이용한 실험을 통해 DNA가 유전물질임을 결정적으로 밝혀내었다. 파지(phage)란 DNA와 단백질로 이루어진 바이러스로써 세포 내에서만 증식하는 바이러스이다. 이 파지는 숙주인 대장균을 감염시켜서 새로운 파지를 만들어 내는데 그런 사실을 기초로 허시와 체이스는 2가지 종류의 파지를 만들어 실험했다.

한 종류는 방사선 동위원소로 파지의 단백질을 표지하고 다른 종류는 파지의 DNA를 표지했다. 즉 방사성 동위원소 32P를 함유하는 배지(培地, culture medium)와 35S를 함유하는 배지에서 각각 대장균을 배양한 다음 각각의 대장균에 파지를 감염시켜 단백질이 35S로 표지된 파지와 DNA가 32P로 표지된 파지를 얻은 다음 각각의 파지를 보통 배지에서 배양한 대장균에 감염시킨 결과 35S로 표지된 파지를 감염시킨 대장균의 체내에서는 35S가 검출되지 않았으나 32P로 표지된 파지로 감염시킨 대장균의 체내에서는 32P가 검출되었다. 그들은 이 실험을 통해 파지의 단백질 껍질은 대장균의 표면에 붙어 남아있고 대장균 속으로 들어간 것은 파지의 DNA라는 것을 밝혀냈다.

이런 실험에 의해 새로운 파지의 증식에 필요한 모든 유전정보는 대장균 속으로 들어간 파지의 DNA가 지니고 있다는 사실이 밝혀짐으로서 파지의 유전물질이 DNA라는 것이 명확하게 입증되었던 것이다. 말하자면 35S로 표지된 부분은 파지의 껍질부분이고 32P로 표지된 부분은 파지의 DNA인데 각각 표지된 파지로 감염시킨 대장균에서 32P만 발견되었기 때문에 32P가 대장균 속에 들어가 파지를 증식시키는 물질, 즉 유전자라는 것이 입증된 것이다. 이 DNA는 거의 모든 생물의 유전물질이지만 레트로바이러스(retrovirus)와 같은 여러 종류의 바이러스는 DNA가 아닌 RNA를 유전물질로 가지고 있다.

단세포 생물이든 다세포 생물이든 모든 생명체는 DNA에 자기 역사를 밝힐 수 있는 단서를 담고 있다. 즉 DNA는 자신에 대한 모든 기록을 안고 있는 생명체의 블랙박스와도 같다. 그만큼 생명체의 모든 현상은 DNA의 지배 하에 있다. DNA의 정보에 따라 구조단백질과 기능단백질이 합성되고 그 단백질이 유전자로 작용하여 또 다른 단백질을 합성한다. 그런 과정에서 환경의 영향을 받을 수도 있기 때문에 DNA의 아미노산 배열이 조금씩 바뀌게 되고 또 생존 과정에서 일부는 취사선택 될 수도 있어 오랜 세월이 지나면 그런 작은 변화가 큰 변화로 이어진다. 그러므로 모든 생명의 변화 속에는 DNA가 기록계처럼 자리 잡고 있다.

DNA가 자기 역사를 기록하고 있는 블랙박스와 같다는 말은 곧 모든 생명체는 역사성을 가진다는 말이다. 역사성을 가진다는 말은 하루아침에 생기고 소멸하는 생명체는 없다는 말이다. 역사성은 시간성이고 물질성은 공간성이다. 따라서 DNA가 역사성을 지닌 물질이라는 말은 곧 세포가 시간성과 공간성의 산물이라는 말이다. 이렇게 볼 때 세포를 출발점으로 하는 우주 만물은 시간성과 공간성의 산물이라고 말할 수 있다. 그러므로 시간성과 공간성을 전제로 하지 않는 초월적 존재는 적어도 우주 속에는 없다.

특히 공간성으로 볼 때 마음은 공간적 뇌의 작용에 의해 생기는 것이므로 뇌가 기숙하는 몸이 죽으면 마음은 소멸한다. 하지만 마음의 궁극적 근원인 DNA는 죽은 몸속에 여전히 남아 있으므로 몸이 죽으면 마음도 금방 사라진다고 말하기는 어렵다. 생선이나 닭을 요리할 때 머리를 잘라내도 몸체나 꼬리나 다리가 움직이는 것은 뇌는 사라져도 DNA는 몸체 구석구석에 그대로 남아 움직이고 있음을 입증한다. 그러나 DNA라는 핵산도 오래되면 결국 분해되어 사라지고 마는 것이므로 몸이 죽으면 언젠가는 마음도 사라질 수밖에 없다. 이를 한 마디로 요약하면 몸은 마음을 창출하고 마음은 몸을 총괄하지만 마음을 창출한 몸이 사라지면 그 몸을 총괄하는 마음도 언젠가는 사라지고 만다고 결론 내릴 수 있다. 몸과 마음은 그렇게 분리될 수 없는 하나이다. 따라서 몸을 떠나 홀로 존재하는 마음은 있을 수 없으며 마음이 사라지면 마음속의 영혼 또한 홀로 존재할 수 없다. 이것이 현대과학이 내리고 있는 결론이다.

02 바다와 생명체

| 생명체의 탄생

우리 눈앞에 있는 수많은 생명체는 어디서 어떻게 시작되었을까? 지구상에 나타난 최초의 생명체는 바다에서 시작되었을 것으로 믿어진다. 왜냐하면 태고의 바다는 생명 활동에 가장 적합한 조건을 갖추고 있었던 것으로 믿어지기 때문이다. 오늘날 지구상의 모든 동물이 지니는 체액의 염분과 농도는 태고의 바다 상태와 거의 일치한다. 이는 외부환경을 떠나 생명체가 발생할 수 없다는 원칙을 놓고 볼 때 지구상의 모든 생명체는 바다에서 탄생된 이래 그 몸체의 기본 구성과 농도가 크게 변하지 않았음을 의미한다. 따라서 생명체를 연구하기 위해서는 무엇보다 먼저 유기물의 진원지로 믿어지는 바다의 생태환경을 연구할 필요가 있다. 바다가 생긴 과정과 바다가 가진 물질의 종류는 생명체의 탄생과 떼려야 뗄 수 없는 인과관계를 가지고 있을 뿐만아니라 현재도 바다는 수많은 생물이 활동하는 곳이기 때문이다.

과학자들의 주장에 의하면 지구생태계를 유지하기 위해 꼭 필요한 5가지 생물의 종은 영장류, 박쥐, 벌, 균류, 플랑크톤이라고 한다. 유인원은 지금껏 확인된 394종 중 114종이 멸종 위기에 처하긴 했지만 영장류는 과일 등을 따 먹고 배설해 열대 및 아열대 우림의 존속을 가능케 하므로 영장류가 없으면 지구의 허파인 숲을 보존할 수 없다고 한다. 지구상에 1,100종이 있는 것으로 알려진 박쥐는 5종 가운데 1종이 멸종 위기에 처했지만 박쥐는 망고, 바나나, 추야자 등, 중요한 상업용 작물들의 수분(受粉)에 큰 역할을 하고 해충을 잡아먹어 수백만 달러어치 살충제와 맞먹는 효과를 낸다고 한다. 현재 2만 여종이 있는 벌은 기후변화 등으로 개체 수가 80%이상 줄긴 했지만 세계 최대의 꽃가루 매개자인 벌이 사라지면 수분을 전적으로 벌에게 의존하는 아몬드, 복숭아, 살구 등도 함께 사라진다.

멸종될 염려가 거의 없는 약 150만 종에 달하는 균류(菌類, fungi)는 식물이 흙에서 영양분과 수분을 섭취할 수 있도록 청소부 역할을 한다. 바다에 약 5만종이 있는 플랑크톤은 수십억 해양생물의 먹이가 되며 바다 표면 근처에 서식하는 식물성 플랑크톤은 광합성을 통해 지구 산소의 절반을 생산해 낸다. 이렇게 중요한 5대 생물 중에서도 모든 생명의 시작은 플랑크톤이라고 한다.

바다의 주요 원시 생물은 대부분 고생대 초기 캄브리아기에 출현하였으며 원시적인 갑주어(甲冑魚)를 비롯한 일반어류는 이보다 조금 늦은 오르도비스기(Ordovician Period)에 출현하였다. 바다의 생물이 육지로 옮겨 살게 된 것은 실루리아기(Silurian Period)이다. 바다의 생물 중에는 현화식물(顯花植物, flowering plant)인 거머리말이나 포유류인 고래, 바다 물범류 등과 같이 육상에서 진화한 후 다시 바다로 생존의 무대를 옮겨 진화를 계속한 것도 있다.

현화식물(flowering plant, 顯花植物)이란 꽃을 생식기관으로 하며 밑씨가 씨방 안에 들어있는 식물군의 하나로 속씨식물 또는 피자식물(被子植物, Angiospermae)이라고도 한다. 약 1억4천만 년 전인 중생대에 처음 지구상에 나타났으며 1억여 년 전 백악기에 널리 확산되었다. 이 피자식물은 가장 많은 종(種)을 포함하고 있는 식물군으로 전체식물의 약 80%를 차지한다. 진화과정에서 매우 다양한 방식으로 환경에 적응하여 그 크기와 형태, 서식지, 생활방식 등이 매우 다양하다. 이런 피자식물은 떡잎의 수에 따라 외떡잎식물강(Liliopsida: monocotyledons)과 쌍떡잎식물강(Magnoliopsida: dicotyledons)이라는 2강으로 나누어진다.

　바다는 생명의 탄생과 성장에 중요한 역할을 하는 곳이므로 바다 환경에 대해 좀 더 살펴보기로 하자. 바다의 생물은 크게 플랑크톤(plankton, 부유생물), 벤토스(benthos, 저생생물), 넥톤(nekton, 유영생물)의 3가지로 구별된다. 플랑크톤이란 바닷속을 떠다니며 살기는 하지만 그들 자체의 능력으로는 이동할 수 없는 것을 말한다. 벤토스는 해저 표면이나 저토(底土) 속에서 사는 생물군을 가리킨다. 넥톤은 강한 유영능력을 가지고 물속에서 살아가는 생명체로서 어류나 오징어 같은 문어류, 새우류, 수생 포유류 등이 이에 속한다. 물론 세 가지 생존 형태 중 두 가지 이상의 범주에 들어가거나 중간적인 것도 있다. 그런 세 가지 종류의 바다생물의 생태순환과정은 대형동물이 소형어류를 먹고 소형어류는 동물 플랑크톤을 먹으며 동물 플랑크톤은 식물 플랑크톤 또는 생물의 죽은 잔해가 분해되면서 생긴 데트리터스(detritus, 生物殘渣)를 먹는 과정이다. 즉, 바다는 "3차 소비자→2차 소비자→1차 소비자→생산자"로 연결되는 먹이사슬을 가진 생물생태공간이다.

　이런 바다생물의 먹이사슬은 생명체와 생명체가 지닌 영혼이 어떤 상호관계를 가지는 지를 잘 말해주고 있다. 바다생명체의 최초 생산자는 위에서 말했듯 식물성 플랑크톤이다. 그 식물성 플랑크톤은 1차 소비자인 동물성 플랑크톤의 먹이가 되고 1차 소비자인 동물성 플랑크톤은 2차 소비자인 작은 물고기의 먹이가 되며 2차 소비자인 작은 물고기는 3차 소비자인 큰 물고기의 먹이가 된다. 그리고 3차 소비자인 큰 물고기는 자연사하여 분해자에 의해 분해되어 다시 식물성 플랑크톤이 탄생하는 환경을 만들어 준다.

바다 먹이사슬만 그런 것이 아니다. 숲의 먹이사슬도 마찬가지이다. 진딧물은 작은 나뭇가지의 수액을 빨아먹고 그 진딧물은 거미의 먹이가 된다. 다시 거미는 박새와 같은 작은 새의 먹이가 되고 또 박새는 참매 같은 큰 새의 먹이가 된다. 뿐만아니라 지렁이는 개똥지빠귀와 같은 작은 새의 먹이가 되고 개똥지빠귀는 다시 참매의 먹이가 된다. 이렇게 숲에서도 다양한 먹이사슬이 형성된다. 이에 반해 분해자는 먹이를 섭취하는 것이 아니라 죽은 사체를 분해함으로써 에너지를 얻는다. 분해자는 동식물 같은 생물체를 무기물로 분해하고 최초 생산자인 식물은 그 무기물을 광합성하여 영양을 얻는 먹이사슬을 구성한다. 그러므로 분해자는 먹이피라미드의 일정한 위치를 차지하는 것이 아니라 동물이든 식물이든 생물이 있는 곳이라면 어디든 서식하는 만능 서식자이다.

│ 생물의 시원점(始原點)

지구상에 생물의 원조인 남조류와 해조류 등이 등장한 것은 약 31억 년 전으로 알려져 있다. 31억 년 전의 온페르바히트(Onverwacht) 층에서 남조화석이 발견되었기 때문이다.

남조류(藍藻類, cyanobacteria)는 단세포 생물로서 세균처럼 핵막은 없지만 엽록소와 남조소(藍藻素, phycocyan)를 가지고 있어 광합성을 하며 이분법으로 번식한다. 대부분의 남조류는 플랑크톤에 속하는 것으로서 어류의 먹이가 된다. 흙, 바위, 나무, 바다, 연못, 수영장 또는 수도꼭지 등, 물이 있는 곳이면 어디든 널리 분포되어 있는 남조류는 지구가 탄생한 이후 약 5억7천만 년 간 진행되었던 선캄브리아대(Precambrian Eon)에 유리산소(free oxygen)를 생산하여 산소적 환경을 만든 것으로 알려져 있다. 이렇게 단세포 혹은 다세포가 지구환경을 바꾸어 놓았던 시대를 세포력 시대라고 한다.

지구상에 세포라는 최초의 생명이 등장한 시기는 약 38억 년 전인 것으로 파악된다. 지금까지 발굴된 자료 중 서(西)그린란드에서 발견된 약 38억 년 전의 퇴적암 속에 들어있는 탄소가 최초의 유기물로 판단되었기 때문이다. 또 서(西)오스트레일리아에서는 약 34억6천만 년 전의 시아노박테리아 화석이 잘 보존된 상태로 발견되기도 했고 남아프리카 스와질랜드(Swaziland)에 있는 한 퇴적암(堆積岩)에서는 약 33억5천만 년 전의 것으로 추정되는 원시 미생물인 세균류와 남조류(藍藻類)의 화석이 발견되기도 했다. 이런 여러 자료들을 종합해 보면 지구의 탄생이 약 46억 년 전이므로 지구는 최소 8~12억 년이라는 기나긴 무기물 시대를 거쳐 마침내 유기물 시대를 열었던 것으로 추정된다.

┃ 해양과 육상

최초의 생물이 육상이 아닌 해양에서 시작되었다는 사실은 많은 것을 암시하고 있다. 해양환경과 육상환경의 차이점을 살펴보면 우선 바다는 서식공간으로서의 매질(媒質)이 공기가 아니라 물이다. 물은 공기보다 밀도가 약 900배 이상 높으므로 상대적으로 생물의 비중이 주위와 비슷하게 된다. 따라서 생물이 서식(棲息)할 수 있는 범위가 3차원적이며 부유(浮遊) 또는 유영(遊泳)하는 생물의 존재가 가능하다. 뿐만아니라 해수는 밀도가 높기 때문에 유기물 입자가 해수 내에 함유될 수 있고 해수는 끊임없이 움직이기 때문에 생물이 먹이를 찾으러 다니지 않고 한 장소에 머물러 정착할 수 있다.

또 물은 빛을 흡수하는 능력이 매우 크고 빛의 파장에 따라 그 흡수 능력이 다르다. 따라서 해수면에 도달한 빛은 해저로 전달되면서 급격히 광량(光量)이 감소하여 수심(水心) 수십, 수백 미터 이하에는 빛이 도달되지 않는다. 결국 빛이 존재하는 유광층(有光層, euphotic zone)에서만 광합성이 가능하므로 무광층(無光層, aphotic zone)에서는 식물의 성장이 불가능하다. 유광층 내에서도 파장별로 침투하는 깊이가 달라서 단파인 청색광이 장파인 적색광보다 더 깊이 침투한다. 또 빛의 침투 깊이는 부유물질의 종류와 양에 따라 달라지기도 한다. 따라서 대부분의 해양 생물들은 유광층에 한정되어 서식하고 있다.

바다는 또 중력의 영향이 육상과 다르게 나타난다. 육상의 경우 중력을 견디기 위해서는 튼튼한 골격구조가 필요하며 운동에 있어서도 항상 중력과 반대되는 방향의 힘이 필요하기 때문에 많은 에너지를 저장해야 한다. 그 기본적인 저장물질은 탄수화물이다. 그러나 해양에서는 육상처럼 중력의 영향이 크지 않기 때문에 골격의 필요성이 적게 된다. 또 부유(浮游)를 위해서는 밀도가 낮아야 하므로 주요 구성 물질이 단백질이다. 더욱이 바다에는 빛이 침투하는 깊이가 한정되어 있고 미약하지만 중력이 작용하므로 광합성을 하는 식물이 표층에 머물러 있기 위해 부유기작(浮遊機作)을 발달시켰다. 큰 입자는 작은 입자에 비해 침강 속도가 빠르기 때문에 부유성 식물은 대부분 현미경적 크기의 단세포 생물들이며 부수적으로 부유하기 위한 돌기나 기낭(氣囊, air sack)과 유사한 기관을 갖기도 한다. 따라서 해수에 부유하는 생물은 대부분 크기가 작고 크기가 큰 생물의 경우는 바닥에 서식하거나 헤엄칠 능력을 가지고 있다.

03 생물의 번식방법

단세포 생물이든 다세포 생물이든 세포를 축으로 하는 생물이 번식하는 방법은 크게 무성생식과 유성생식으로 나누어진다.

┃ 무성생식

무성생식(無性生殖)에는 분열, 출아, 포자생식, 영양생식 등이 있다.

첫째, 분열법(分裂法)이란 한 개체가 둘 또는 그 이상으로 나누어져 각각 새로운 개체가 되는 생식법이며 짚신벌레나 아메바처럼 몸이 둘로 갈라지는 2분법과 말라리아 원충처럼 몸이 여러 번 핵분열 한뒤 일시에 다수의 개체를 만드는 다분법(多分法)으로 구별된다.

둘째, 출아법(出芽法)이란 단세포 생물인 효모와 다세포 생물인 해면(海綿)이나 히드라(Hydra)처럼 몸의 일부에 싹을 낸 뒤 분리하여 새 개체가 되는 것을 말한다.

셋째, 포자생식(胞子生殖)이란 균류, 조류, 이끼류, 양치식물 등의 몸체 일부에서 포자라고 하는 생식세포가 생겨 이것이 발아하여 새로운 개체가 되는 것을 말한다. 미역 같은 바닷말의 포자는 편모가 있어서 유주자(遊走子)라고 한다.

넷째, 영양생식(營養生殖)이란 양딸기처럼 생식세포를 통하지 않고 가

정경천법(政經天法) ─ 제1권 자연력 시대

는 줄기에서 뿌리와 싹이 나서 번식하거나 감자처럼 덩이줄기에서 싹이 나서 번식하는 것을 말한다. 농업에서 널리 이용하고 있는 꺾꽂이, 휘묻이, 접붙이기 등도 이에 속한다.

❘ 유성생식

유성생식(有性生殖)이란 암수의 생식세포(정자와 난자)가 수정되어 새로운 생명체를 탄생시키는 경우를 의미하는데 식물의 경우는 씨앗을 통한 유성생식과 영양번식을 통한 무성생식이 둘 다 가능하다. 하지만 유성생식이 어려운 식물도 있다. 난(蘭) 종류가 그 대표적인 예이다. 난은 개화가 된 이후에는 수정이 잘 안되고 수정이 되어 열매가 맺혀도 배유(胚乳, 씨젖)가 없어서 발아가 안 된다. 이런 식물들은 주로 영양생식을 통해 번식된다.

씨앗이 맺히지 않거나 싹이 잘 트지 않기 때문에 주로 무성생식으로 번식을 하는 식물로는 난, 딸기, 개나리, 튤립, 히아신스, 수선화 등이 있다. 씨앗이 잘 맺히고 싹이 잘 터서 유성생식을 주로 하는 식물은 콩, 수박, 호박, 봉선화, 해바라기 등이 있다. 무성생식의 방법은 삽목, 접목, 휘묻이, 꺾꽂이, 포기나누기, 구근(球根) 번식 등이 있는데 주로 활용되는 것은 삽목과 포기나누기이다. 나무 종류는 유성생식도 되지만 빨리 열매를 맺도록 하기위해 주로 무성생식을 한다.

❘ 전형성 능력

전형성능력이란 수정란은 모든 종류의 세포를 다 만들 수 있는 능력을 가지고 있음을 의미한다. 식물이 동물보다 오히려 위대하다고 평가받는 점 중 하나는 전형성 능력(全形成能力, Totipotency)이다. 인간을 포함한 모든 생명체는 하나의 세포 즉 수정란에서 시작하는데 그 최초의 수정란은 전형성능력을 가지고 있다. 수정란이 분열을 시작하여 2개, 4개, 8개의 세포로 2배씩 분열해도 각각의 세포는 여전히 모든 세포를 만들 수 있는 전형성 능력을 가진 세포라고 한다. 그래서 체외수정을 통해 임신할 때 시험관의 최초 수정란이 8세포기가 되면 그중 세포 하나를 떼 내 유전자 검사를 하고 나머지 7개의 세포로 된 배아를 자궁에 착상시키면 온전한 몸체를 가진 아기가 태어날 수 있다. 동물의 종류에 따라 몇 세포기까지 전형성 능력을 유지하고 있는지는 각각 다르지만 세포 분열이 진행될수록 각각의 딸세포(daughter cell: 새롭게 분열되어 만들어진 세포)는 각자의 고유한 기능을 가진 다양한 세포로 분화하게 된다. 물론 그중에는 여전히 전형성능력을 잃지 않은 세포도 있다. 이런 세포를 우리는 줄기세포라고 부른다.

최초의 수정란이 전형성 능력을 지닌다는 사실은 많은 것을 깨닫게 한다. 상식적으로 생각해도 수정란 속에 완벽한 인간이 될 수 있는 모든 구체적 조직이 다 들어있지 않다면 그 수정란이 아무리 분열해도 완벽한 인간으로 태어날 수는 없을 것이다. 마치 거대한 부피의 솜을 엄청난 압력으로 압착해 놓으면 작은 콩알처럼 되겠지만 그 콩알을 다시 물에 넣고 불리면 본래의 엄청난 부피로 되돌아갈 것처럼 수정란은 우주가 지닌 천문학적 압력으로 인간의 모든 조직을 수정란이라는 작은 세포에 압축해 넣어 놓은 것과 같다는 것이다. 쉽게 말하면 수정란은 곧 세포 단위의 극미한 인간이라는 것이다.

인간이 곧 작은 우주라는 말은 여기서 나왔다. 전형성능(全形成能, Totipotency)이란 한 마디로 온갖 것을 다 만들 수 있는 전지전능한 능력을 의미한다. 황사 먼지보다 수천 배 작은 수정 세포가 완벽한 인간을 만들어 낼 수 있는 이유는 그 작은 세포가 완벽한 인간을 만들 수 있는 전지전능한 능력을 가지고 있기 때문이라는 것이다. 그러면 세포가 지니는 그 전형성 능력은 어디서 생겼을까? 우주가 생긴 후에 세포가 생겼으니 당연히 우주에서 생겼을 것이다. 따라서 세포가 지니는 전형성능은 우주가 지니는 전형성능 유전자를 그대로 이어받은 것이라 볼 수 있다. 바꾸어 말하면 세포의 전형성능은 곧 우주의 전형성능이다. 이렇게 볼 때 인간만 작은 우주가 아니라 세포도 이미 작은 우주이다.

모든 생물은 그 작은 우주로서의 세포가 성장하여 만들어진다. 고도로 압축된 우주로서의 세포가 서서히 불어나면서 압축되기 이전의 상태로 복원되는 과정이 곧 성장 과정이다. 즉 수축과 팽창이라는 두 과정이 곧 세포의 생멸 과정이다. 물리력 시대에서 설명했듯이 수축과 팽창이 우주를 생멸시키는 두 요소이듯 세포를 생멸시키는 두 요소도 똑같은 수축과 팽창이다. 우주 만물 중 수축과 팽창이라는 두 요소를 가지지 않은 존재가 하나도 없는 이유는 바로 이 때문이다.

퇴적암이 말해주듯 바위는 먼지가 고도로 수축된 상태이고 먼지는 바위가 고도로 팽창된 상태이다. 씨앗은 꽃나무가 고도로 수축된 상태이고 꽃은 고도로 팽창된 상태이다. 알은 새들이 고도로 수축된 상태이고 부화는 고도로 팽창된 상태이다. 우주 만물 속에 내포된 작은 세포는 그렇게 우주의 유전자를 발현시킬 수 있는 전형성 능력을 가지고 있다. 이것은 무성생식이든 유성생식이든 현재까지 생식과정을 연구한 과학자들의 일치된 결론이다.

04 생명체의 진화

| 생명체의 진화과정

남조류나 세균류와는 달리 동식물이 지니는 세포는 모두 진핵세포이기 때문에 핵과 세포질이 구분되고 세포소기관도 있지만 동식물에 따라 모양과 구성성분은 조금씩 다르다. 식물세포는 세포막 주변을 세포벽이 둘러싸고 있어 모양이 비교적 고정적이고 다면체를 이루고 있는 반면 동물세포는 세포벽이 존재하지 않아 모양이 유동적이며 대체로 구형을 이루고 있다. 예를 들면 식물의 세포벽을 구성하고 있는 성분은 셀룰로즈(纖維素, cellulose)이다. 인체는 셀룰로즈를 분해하는 효소가 없어 잘 분해되지 않으며 장(腸)내를 자극하여 장(腸)운동을 촉진시키는 역할을 하기도 한다.

원핵세포이든 진핵세포이든 세포가 구성되기 위해서는 제일 먼저 물질을 반응시키는 데 없어서는 안 되는 효소가 있어야 한다. 효소(酵素, enzyme)란 자신은 변하지 않으면서 화학반응의 속도를 빠르게 하는 단백질을 말한다. 즉, 단백질로 만들어진 촉매라 할 수 있다. 생물체 내에서 일어나는 화학반응도 촉매에 의해 속도가 빨라진다. 효소는 단백질로 이루어져 있기 때문에 무기촉매와는 달리 온도나 pH(수소이온 농도) 등, 환경요인에 의해 크게 영향을 받는다. 일반적으로 모든 효소는 35~45℃에서 가장 활발하게 작용한다. 이 범위를 넘으면 효소의 단백질 분자구조에 변형이 생겨 촉매 기능이 떨어진다. 또 효소는 pH가 일정 범위를 넘어도 기능이 급격히 떨어진다. 효소작용은 특정 구조를 유지하고 있을 때에만 나타나는데 단백질의 구조가 그 주변 용액의 pH변화에 따라 달라지기 때문이다.

(1) 미생물의 탄생

지구가 탄생한 지 5억년 후 최초의 생명체인 미생물이 생겼다는 사실은 놀라운 일이 아닐 수 없다. 처음 4억년 간은 너무 뜨거워 생명체가 살기 불가능했을 것이라는 점을 감안하면 불과 1억 년 사이에 미생물이 탄생했다는 말이다. 우주적 시간으로 볼 때 이렇게 짧은 시간 내에 유기 분자에서 생명체가 탄생되었다는 사실은 생명체 분자가 혜성이나 운석을 통해 지구에 떨어졌을 수도 있음을 뒷받침한다. 혜성 꼬리의 먼지 입자들은 수천 개의 미네랄 핵으로 구성되어 있는데 이 핵들은 크기가 수백만 분의 1mm에 불과하고 냉동가스로 둘러싸여 있다. 그 핵 속에는 다양한 분자들이 있는데 생명으로 탄생할 분자도 그 속에 포함되었을 수 있다.

운석 또한 그런 유기 분자가 유입된 경로가 될 수 있다. 운석은 주로 암석과 금속으로 구성되어 있지만 아미노산(amino acid), 카르복시산(carboxylic acid), 아민(amine), 아미드(amide), 케톤(ketone), 퀴논(quinone) 같은 화합물을 함유하고 있는 것들도 많다. 케톤이나 퀴논은 그 구조가 햇빛을 화학에너지로 바꾸어주는 식물세포의 엽록소와 비슷하다. 아미노산 하나만 보더라도 70가지의 다른 종류가 운석에서 발견되었고 그중 20가지는 살아있는 세포의 단백질 분자로 합성될 수 있는 것들이다.

생명체에 관한 한 가장 확실한 한 가지 사실은 생명의 진원지는 유기화합물이라는 것이다. 유기화합물은 그 종류가 아주 다양하지만 모두 탄소라는 화학원소가 결합된 것이다. 생명이 탄생되기 위해서는 수소, 산소, 질소 등도 필요하지만 탄소는 가장 중요한 기본물질이다. 탄소는 생명의 기초가 되는 화학화합물의 뼈대를 형성하기 때문이다. 앞서 언급한 아미노산, 알코올, 퀴논 같은 유기화합물도 모두 탄소화합물이다. 탄소 원자는 사슬이나 고리의 형태를 만들어 끝없이 자기 자신과 결합할 수 있고 거기다 계속 가지치기를 하며 결합해 가는 능력을 가지고 있다. 그렇기 때문에 탄소는 다양한 유기물질을 형성할 수 있다.

하지만 탄소 자체는 생명 없는 무기물이다. 그런 무기물, 즉 죽은 물질에서 어떻게 생명이 탄생되었는 지는 아직 아무도 알지 못한다. 그러나 대부분의 학자들은 생명은 스스로 창조되었다는 데 의견을 같이하고 있다. 생명체는 어떤 신비적 힘이 아닌 생화학적 물질을 매개로 하는 화학적 기초위에서 탄생되었다고 믿기 때문이다. 물론 화학적 기초위에서 어떻게 생명이 탄생 되었는지 그 과정에 대해서는 명확히 알수 없다. 하지만 두 가지 사실만은 분명하다. 모든 생명체는 세포로 이루어졌다는 것과 그 세포는 수억 년에 걸쳐 원시적 단세포에서 복잡한 다세포로 진화되었다는 것이다. 생명 없는 물질이 어느 날 갑자기 결합하여 초목이 되고 동물이 되고 인간이 되었을 리는 없다. 생명이 탄생하기 이전에 생명의 최저단위인 세포가 있었고 그 세포가 결합하여 다세포가 되었을 것임은 틀림없다. 따라서 식물이건 동물이건 인간이건 그 생명체를 구성하고 있는 기본단위는 세포라는 동일한 단위이다.

세포의 구성요소 중 가장 중요한 것은 단백질과 핵산이다. 이 두 물질은 세포질과 세포핵을 구성하는 기본물질이다. 어떻게 무기물에서 유기 단백질과 핵산이 생겼는지는 아직 알지 못하지만 여러 무기원자가 모여 유기단백질과 핵산을 만들었을 것이라는 추측은 얼마든지 가능하다. 세포질의 단백질도 세포핵의 핵산도 수백만 개의 원자를 가진 거대한 분자로 이루어져 있기 때문이다. 무기분자가 어느 한 순간에 갑자기 완벽한 단백질 분자나 핵산 분자로 결합되었을 리는 없다. 무기물에서 단백질과 핵산이라는 유기화합물이 생기기까지는 수없이 많은 과정을 거쳤을 것임은 분명하다.

살아 있는 유기체도 아주 작은 구성요소로 분해해 들어가면 결국은 물리적 세계에 해당하는 원자에 귀착된다. 원자 세계에는 생명의 법칙이 아닌 오직 물리적 법칙만이 통용된다. 이렇게 생명의 특성을 전혀 가지고 있지 않은 무기 원자 덩어리에서 어떻게 생명이 탄생될 수 있었을까? 이는 논리적으로는 연결이 불가능한 참으로 모순된 일이다. 현대생물학은 생명체가 지니는 이 모순을 "분자는 일종의 정교한 기계와 같다"는 논리로 극복하고자 한다.

유전물질인 DNA의 이중 나선구조는 유기적 기계라는 이론을 제일 먼저 제시한 인물은 1962년 노벨 생리의학상을 수상한 바 있는 영국의 분자생물학자 프랜시스 크릭(Francis Harry Compton Crick, 1916~2004년)이다. DNA가 유전물질을 전이한다는 사실은 수많은 실험에 의해 입증되었다. DNA안에 유전 가능한 생명의 특성이 모두 저장되어 있으며 모든 유기체 세포는 자기의 세포핵 속에 그런 정보를 담고 있다.

(2) 생물의 탄생

단세포 생물에서 다세포생물로의 진화는 놀랄 만큼 빠른 속도로 이루어졌다. 그 진화는 약 6억 년 전에 시작되어 5억3천만 년 전에 끝난 것으로 알려져 있다. 30억 년 동안 단세포 생물뿐이었던 지구에 불과 7천만 년 동안에 다세포 생물이 등장했다는 것은 정말 놀라운 사실이 아닐 수 없다. 놀라운 사실은 그뿐만이 아니다. 캄브리아기 이후 자연은 기존 생물의 숫자를 늘리거나 줄이기만 했을 뿐 새로운 생명의 창출은 거의 하지 않았다. 자연은 30억 년 동안 단세포 생물이라는 한 종만 가지고 있다가 불과 5백만 년 사이에 수많은 다세포 생물을 쏟아 내었던 것이다.

생명체가 가지는 인지능력이나 영혼은 신비적 통로를 통해 몸체로 들어오는 것이 아니라 생명체 내부에 중앙신경시스템이 형성됨으로써 발현되는 것이다. 따라서 인간의 대뇌기능이 사라지면 영혼도 더 이상 남지 않는다. 물론 대뇌피질이 어떻게 영혼을 만들어 내는지는 아직 아무도 모른다. 어쩌면 영혼은 세포가 탄생하면서부터 시작되었는지도 모른다. 그들도 인지능력이 있음은 사실이기 때문이다. 만일 세포가 탄생되면서부터 영혼이 생겼다면 모든 유기체는 영혼을 가지고 있을 것이다. 즉 단세포 영혼, 식물 영혼, 동물 영혼, 인간 영혼이 가능할 것이다. 생명 있는 곳에 영혼과 정신도 함께 있기 때문이다. 따라서 생명의 형태가 복잡해질수록 영혼과 정신도 복잡해질 것이다.

단세포 생물이 진화하여 다세포생물을 탄생시킨 시기는 약 6억 년 전으로 추정된다. 6억 년 전부터 캄브리아기가 시작될 때까지의 생물들은 뼈와 껍질이 없는 연한 몸체를 가지고 있었던 것으로 믿어지는데 그런 생물들은 지구 여러 곳에서 다양하게 발견되고 있다. 그런 무골

무각(無骨無殼)의 생물들을 에디아카라(Ediacara) 생물군 또는 벤드(vend) 생물군이라고 부른다. 딱딱한 껍질을 가진 생물은 그런 연체 생물들이 태어난 후 상당한 시간이 지난 후에 나타난 것으로 추측된다.

다세포생물은 약 5억5천만 년 전에 갑자기 폭발적으로 증가했는데 그런 현상을 "생물진화의 대폭발" 혹은 "캄브리아기의 폭발(Cambrian explosion)"이라 부른다. 그러나 몇몇 이상한 다세포생물은 캄브리아기의 놀라운 폭발 이전에 존재하였던 것으로 믿어진다. 이들 생명체의 화석은 1947년에 발견되었는데 화석들이 발견된 호주 남부의 에디아카라(Ediacara) 마을의 이름을 따서 에디아카라 동물군(Ediacaran fauna)으로 불리며 6억 년 전의 것으로 알려져 있다. 이런 수치에서 보듯 우주적 진화는 그 속도 또한 천문학적 단위의 느린 걸음으로 진행되었음을 알 수 있다. 그래서 다윈(Darwin)은 "진화는 수많은 연속적 작은 변화들의 점진적인 축적에 의해 느리게 일어난다."고 말한 바 있다.

(3) 벼락과 생명

과학자들의 연구에 의하면 생명의 기원과 벼락은 밀접한 연관이 있다고 한다. 왜냐하면 벼락이 떨어진 곳의 흙에 생명체와 관련된 희귀한 화학물질이 풍부하게 들어있는 것으로 밝혀졌기 때문이다. 벼락이 떨어진 곳에는 다른 곳에서 찾아보기 힘든 화학물질인 아인산염(HPO3)과 차아인산염(H2PO2) 성분이 풍부하다는 것이다. 지구 표면에는 초당 44회 정도로 끊임없이 번개가 치고 있으며 그 결과 모래와 흙이 녹아 유리질의 관 모양 암석인 섬전암(閃電岩, fulgurites)을 형성하게 된다. 번개가 칠 때의 온도는 약 섭씨 30만도로 충분히 토양이나 모래를 녹여 암석을 만들 수 있다는 것이다. 벼락이 떨어질 때 모래에 형성되는 그 섬전암에 대해 연구한 미국 아리조나대학의 과학자들은 그 속에 아인산염(phosphites, 산화된 인산염 분자)이 다량 함유되어 있다는 사실을 밝혀냈다.

연구진에 의하면 해마다 낙뢰로 생기는 그런 화합물의 양은 2~3톤에 불과하지만 오늘날의 박테리아가 여전히 아인산염을 먹을 수 있는 것을 보면 아인산염과 생명체가 깊은 관계를 가진다는 것이다. 박테리아 속에는 아인산염을 산화시켜 인산염으로 만드는 특정 유전자가 들어있는데 그런 유전자는 E. 콜리(E. coli) 박테리아를 비롯한 많은 토양 박테리아에 들어있다. 이 박테리아의 역사가 얼마나 오래되었는지는 정확히 알 수 없지만 매우 오래된 것만은 사실이다. 수십억 년 전 지구에는 아인산염과 차아인산염 성분을 함유한 수많은 운석들이 우박처럼 쏟아졌는데 이 두 종류의 화합물은 인산염보다 쉽게 물에 녹아 최초의 생명체가 먹기 좋은 상태였을 것이라고 연구진은 추정했다.

그들의 주장에 의하면 아인산염(phosphite, 亞燐酸鹽)과 차아인산염(Hypophosphite, 次亞燐酸塩)은 초기 미생물들의 필수적인 양분이었을 것이며 훗날 유기체들이 암석에 들어있는 풍부한 인산염과 접촉하면서 먹이를 바꾸긴 했지만 그래도 미생물들은 여전히 인산염을 먹는 능력을 가지고 있는 것으로 보고 있다. 박테리아에서부터 인간에 이르기까지 오늘날의 생명체들은 모두 옛날과 마찬가지로 인산염이 있어야만 살 수 있다. 인간의 뼈 구조와 대사 작용, DNA는 모두 인산염 이온(PO_4)을 화학적 기초로 삼고 있으며 우리가 먹는 모든 물질의 1%는 인산염이다. 인(燐)은 초기생명체의 생존에 필수적인 요소였을 뿐만 아니라 오늘날까지 그 중요성이 변하지 않은 생물학적 특성을 가지고 있다.

(4) 생명체의 공통점

세포는 살아있는 모든 생명체의 기본단위이다. 모든 생명체를 구성하고 있는 세포의 구조를 보면 중심에는 핵이 있고 그 핵을 중심으로 세포질(細胞質)이 둘러싸고 있다. 그리고 맨 가장자리는 세포가 한 개의 독립된 개체로 존재할 수 있도록 다시 세포막(細胞膜)이 둘러싸여 있다. 말하자면 가운데 노란 자위가 있고 그 주위에 흰자위가 있고 맨 바깥에 껍질이 있는 계란과 동일한 모양을 띠고 있다. 다세포생물인 경우는 이 같은 세포들이 여러 개 모여 조직을 이루고 그 조직이 모여 기관을 이루며 그 기관이 다시 여러 개 모여 하나의 생명체가 된다.

지구상의 모든 생물들은 세포가 지닌 이런 특성, 즉 중심에는 세포핵, 주변에는 세포질, 그리고 외벽에는 세포막이 자리 잡고있는 세포의 구조를 이어받아 태어났다. 동물이든 식물이든 표피는 항상 성벽이나 막처럼 딱딱하지만 피하(皮下) 층은 부드럽고 속살은 더욱 부드럽다. 사과, 참외, 수박, 토마토 등을 보라. 표피는 마치 비닐 필름을 덮어 놓은 듯 매끈하고 딱딱하다. 그러나 껍질을 깎아내고 속살로 들어가면 갈수록 과육은 점점 더 부드러워진다. 더욱이 종(種)의 보존을 위해 가장 중요한 씨앗은 세포의 핵처럼 가장 안전한 중심부에 자리 잡고 있다. 인간을 비롯한 포유동물들 역시 세포핵처럼 자리 잡은 신체의 가장 깊고 안전한 자궁에서 새 생명의 씨를 키운다.

인간사회도 세포가 지닌 이러한 특성을 그대로 이어받고 있다. 각 개인은 독립된 세포처럼 사회를 구성하는 독립된 개체이며 따라서 여러 세포가 모여 다세포 생물체가 되듯 여러 개인이 모여 복잡다단한 국가사회가 된다. 왕은 권력의 핵심이므로 가장 중요하다. 그렇기 때문에 왕은 항상 이중, 삼중의 보호막이 있는 구중궁궐 속에 파묻혀 있다. 왕은 세포막 같은 거대한 담장과 세포질 같은 경계 군사들이 가득 찬 궁궐의 한 가운데 세포핵처럼 자리 잡고있는 것이다. 여왕벌도 세포막 같은 병정개미와 세포질 같은 일개미들을 거느리고 세포핵 같은 깊고 안전한 개미집의 내부에 터를 잡고 있다. 모든 생명체는 우주가 물려준 유전자를 세포로부터 그대로 물려받았기 때문에 그들이 존재하는 한 이런 생존방식은 영원히 변하지 않을 것이다.

핵(nucleus)은 세포 중에서도 가장 중요한 것으로써 세포의 활동을 지배한다. 핵은 대개 세포의 중앙에 위치하며 핵을 둘러싸고 있는 핵막은 단위막이 두 겹으로 되어 있는 이중막이다. 핵막 안은 핵질 (nucleoplasma)이라 불리는 용액으로 가득 채워져 있는데 이 용액에는 유전자의 본체인 DNA가 염색사(染色絲)의 형태로 존재한다. 핵은 세포의 활동에 필요한 모든 정보를 유전자의 형태로 가지고 있다. 유전자 정보는 단백질 합성에 의해 나타나는 것이므로 세포의 특성은 세포에서 합성된 다양한 단백질의 특성에 의해 결정된다.

세포의 구조는 근본적으로 원자의 구조를 닮고 있다. 원자가 핵과 전자라는 두 구성요소를 가지듯 세포는 핵과 핵질(核質)이라는 두 구성요소를 가진다. 원자와 세포의 구조가 본질적으로 동일한 것은 결코 우연한 일이 아니다. 앞서 보았듯이 우주의 최초물질인 무기물이 음양(陰陽) 양성의 결합에 의해 탄생되었기 때문에 그 무기물이 변해 만들어진 세포가 핵과 핵질이라는 양성(兩性)으로 이루어지는 것은 당연한 일이다.

세포가 가지는 이런 양성원리는 물질대사의 원리로 이어진다. 우주가 지니는 첫 번째 원리는 움직임이고, 두 번째 원리는 수축과 팽창이다. 물리력 시대에서 이미 밝힌 대로 우주는 움직이되 그냥 움직이는 것이 아니라 수축과 팽창을 반복하며 움직인다. 만물은 그렇게 움직이기 때문에 존재한다. 따라서 움직이지 않는 것은 이미 존재하지 않는 것이다. 만물이 지니는 움직임, 즉 운동을 물질대사라고 하는데 생명은 그런 물질대사로부터 생기기도 하고 사라지기도 한다. 따라서 삶도 죽음도 대자연이 지니는 그런 물질대사의 한 현상일 뿐이다.

물질이 팽창하거나 수축하거나 혹은 액체화, 기체화, 고체화되는 것도 모두 물질대사 과정에서 필연적으로 생기는 응집력과 분산력이라는 두 에너지의 상호작용에서 비롯된다. 우주가 지니는 그런 에너지 생성 메커니즘을 두고 볼 때 생명의 원천은 에너지대사라고 할 수 있다. 에너지가 없으면 어떤 물질대사도 불가능하기 때문이다. 그런데 물질이 지니는 에너지는 항상 안정된 상태를 유지하려고 한다. 만일 불안정 상태에 있게 되면 그 물질은 파괴되어 새로운 안정 상태로 이동하려 한다. 우주 만물의 물질대사는 이렇게 언제나 불안정 상태에서 안정 상태로 가고자 하는 본원적 목적을 지향하고 있다. 선반 위의 물건이 떨어지면 이리저리 뒹굴다가 곧 멈춰 서게 되는데 이는 불안정 상태에서 안정 상태로 이동하는 과정이다. 또 상처가 나도 시간이 지나면 어떤 형태로든 자연치유 되는데 이 또한 불안정 상태에서 안정 상태로 이동하는 과정이다.

세포가 물질대사를 반복하는 기본과정은 확산이다. 기체나 액체 분자는 매우 강한 활동성을 지니고 있다. 따라서 어떤 공간의 한 부분에 일정한 기체나 액체의 농도가 일시적으로 높아지더라도 시간이 지나면 그 기체나 액체의 농도는 공간 전체적으로 균일해진다. 이처럼 어떤 공간 내의 농도가 시간이 지남에 따라 점점 균일해져 가는 현상을 확산이라고 한다. 방안에 꽃을 꽂아 두면 처음에는 꽃이 있는 부근에만 향기가 나지만 시간이 지남에 따라 방 전체에 꽃향기가 골고루 퍼지게 되는데 이는 바로 확산의 원리가 작용하기 때문이다. 확산의 결과 공간 전체에 기체나 액체의 분자가 균일하게 분포될 때 이를 확산평형(擴散平衡)이라고 한다.

일반적으로 생물체 내의 모든 물질은 이 확산에 의해 이동하며 그 이동은 확산평형에 도달할 때까지 계속된다. 쉽게 설명하면 물속에 색소를 한 방울 떨어뜨리면 그 색소는 물속으로 확산돼 나간다. 그런 확산은 사람들이 몰려 있는 곳에서 빈자리가 있는 곳으로 서서히 이동하는 원리와도 같다. 예를 들어 어느 극장 입구에 구경꾼들이 운집하고 있다고 가정하자. 입장 시간이 되면 그 운집한 구경꾼들은 자기 자리를 찾아 서서히 흩어질 것이다. 그리고 그런 흩어짐은 구경꾼 모두가 자기 자리를 찾아 앉을 때까지 계속될 것이다. 이처럼 확산이란 밀집된 곳에 있는 액체나 기체가 들어갈 빈 공간이 있는 곳으로 파고 들어가는 현상이다.

사회적 부가 분배되는 과정도 확산의 원리에 준한다. 메마른 논에 물을 대면 입구에서부터 서서히 메마른 논바닥 전체로 퍼져가듯, 또 찬방에 불을 지피면 아궁이 쪽에서부터 서서히 방 전체로 불기운이 번져 가듯 사회적 부는 가진 쪽에서 못 가진 쪽으로 서서히 이동한다. "선(先)생산 후(後)분배"를 주장하는 자본주의자들이 대표적으로 내세우는 이론이 바로 이 확산이론이다. 누가 가지고 있든 사회적 부가 축적되면 그 부는 사회 전체로 서서히 확산된다는 것이다. 누진세 제도는 국가적 차원에서 이루어지는 사회적 부의 확산현상이다. 누진세 속에는 많이 가진 자의 부를 적게 가진 자에게로 이동시켜 사회적 확산평형을 이루고자 하는 의도가 깔려 있다.

하지만 세포의 경우 확산은 세포막이라는 물질의 이동 차단막 때문에 제약을 받게 된다. 세포막은 반투과성막(半透過性膜, semipermeable membrane)으로써 어떤 물질은 잘 통과시키고 어떤 물질은 잘 통과시키지 않는 독특한 성질을 가지고 있다. 예를 들면 농도가 진한 세포 내 용액과 농도가 연한 토양 중의 용액이 세포막에서 접하게 되면 두 용액은 그 농도의 차이 때문에 토양 중의 용액이 세포 내로 빨려 들어가게 된다. 쉽게 말하면 반투막이란 큰 고기는 걸리고 작은 고기는 빠져나가는 분자 단위의 아주 작은 거물 망이다. 물과 같은 용매는 분자의 크기가 작지만 소금과 같은 용질은 분자의 크기가 크다. 그래서 반투막을 사이에 두면 물처럼 분자 크기가 작은 용매는 자유롭게 반투막을 드나 들지만 소금처럼 분자 크기가 큰 용질은 통과하지 못하고 그대로 남게 된다. 이렇게 농도가 약한 곳에서 강한 곳으로 용액이 이동하는 현상을 삼투(滲透, osmois)라고 한다.

이 삼투현상은 1867년 독일의 화학자 트라우베(Moritz Traube, 1826~1894년)가 처음으로 발견한 이래 1877년에는 페퍼(Pfeffer, 1845~1920년)가 삼투압(osmotic pressure)을 수치로 측정하였다. 그 후 1886년 반트호프(Van't Hoff, 1852~1911년)는 삼투압의 원인을 밝혔다. 그에 의하면 삼투압이 생기는 이유는 용액 속에 녹아 있는 물질의 분자가 기체분자와 같은 법칙으로 운동하면서 반투막에 압력을 미치기 때문이라고 한다. 삼투작용에서 농도가 높은 용액을 고장액(高張液, hypertonic solution)이라고 하고 농도가 낮은 용액을 저장액(低張液, hypotonic solution)이라고 하며 양쪽의 농도가 같아지는 것을 등장액(等張液, isotonic solution)이라고 한다. 용액의 삼투는 저장액 쪽에서 고장액 쪽으로 이동하는 현상을 말하며 용액의 삼투압은 용액의 농도가 높을수록 크다.

삼투현상은 이처럼 연한 곳에서 진한 곳으로, 작은 곳에서 큰 곳으로, 부서진 곳에서 뭉쳐진 곳으로 이동하는 현상이다. 이러한 삼투현상은 역으로 일어날 수도 있다. 반투막을 통과하지 못하는 큰 분자가 있는 쪽에 압력을 가하면 그 힘에 의해 반투막을 통해 뭔가가 이동해야 하는데 분자의 크기가 커서 이동할 수 없으므로 압력은 점점 높아진다. 그러면 그 압력 때문에 큰 분자가 잘게 부서지게 된다. 즉 깨에 강한 압력을 가해 기름을 짜듯이 꽉 눌러 잘게 부순 후 망을 빠져나오게 하는 것이다. 이런 현상을 역삼투현상이라고 한다. 삼투현상은 비단 세포에만 국한되는 현상이 아니다. 앞서 강조한 것처럼 세상만물은 우주의 유전자를 이어받아 태어났기 때문에 인간보다 앞서 태어난 세포가 가지는 삼투현상은 인간도 반드시 가지게 된다.

그러면 인간사회의 삼투현상은 어떤 것인가? 도시가 발달할수록 농촌인구는 도시로 몰려든다. 도시는 사람 있고 돈 있고 권력 있는 곳이므로 사람들은 그런 것이 적은 농촌에서 그런 것이 많은 도시로 몰려든다. 직업도 돈벌이가 좋다고 소문나면 사람들은 그 분야로 몰려간다. 상품도 인기가 있으면 너도나도 그것을 사려 한다. 심지어 어떤 노래, 어떤 패션, 어떤 농담이 유행하면 앞다투어 그 대열에 동참하려 한다. 이 모든 현상은 농도가 연한 곳에서 농도가 진한 곳으로 몰려가는 사회적 삼투현상이다. 세포의 삼투현상과 인간사회의 삼투현상은 이렇게 그 대상만 다를 뿐 근본 이치는 조금도 다르지 않다.

삼투 혹은 역삼투현상이 생기는 이유는 자연의 존재원리가 자유와 평등에 바탕을 두고 있기 때문이다. 삼투작용은 저농도 용액과 고농도 용액이 동일한 농도가 될 때까지, 즉 평등해질 때까지 저농도 용액이 자유롭게 반투막을 통과하여 고농도 용액 쪽으로 이동하는 현상이다.

자연은 그렇게 서로의 질량이 평등해질 때까지 자유롭게 이동한다.

먹이사슬은 이런 삼투 혹은 역삼투현상을 그대로 반영하고 있다. 먹이사슬이란 결국 서로가 생존하기 위해 자유롭게 뺏고 빼앗기는 사슬이다. 그런 먹이사슬은 동물의 왕국에서만 생기는 것이 아니다. 인간사회에도 그대로 생긴다. 흉년이 들면 도둑이나 강도가 활개를 친다. 국력이 차이나면 뺏고 빼앗기는 전쟁이 벌어진다. 세포가 지닌 삼투 및 역삼투현상을 그대로 물려받은 인간사회인 만큼 이런 먹이사슬은 근본적으로 변할 수 없는 사슬이다.

이러한 사회적 삼투현상은 도둑행위, 강도행위, 전쟁행위에만 국한되는 것이 아니다. 인간생활 전반에 걸쳐 발생한다. 사회적 부는 주로 유통을 통해 분배된다. 유통은 곧 교환을 의미하므로 사회적 부는 교환을 통해서 분배된다. 사람은 누구나 그런 교환을 통해서 남의 것을 더 많이 뺏어오려고 한다. 농부와 어부는 서로의 생산물을 교환할 때 서로 높은 값을 받고자 온갖 수단을 동원한다. 그런 교환경쟁에서 만일 어느 한쪽이 높은 값을 받는다면 그것은 낮은 값을 받은 쪽의 부를 뺏어오는 행위가 된다. 농부와 어부만 그런 것이 아니다. 환자에게 비싼 진료비를 받는 병원, 사건의뢰자에게 비싼 수임료를 받는 변호사, 하는 일보다 보수가 더 많은 관료 및 의원들, 작은 뇌물로 큰 이득을 챙기고자 하는 기업인들에 이르기까지 모든 교환자는 예외 없이 교환을 통해 남의 것을 더 많이 뺏어오려는 마음을 가지고 있다. 이렇게 교환이라는 사회적 분배 수단 속에는 자신도 모르는 사이에 타인의 부를 빼앗고자 하는 사회적 삼투 심리가 작용하고 있다.

삼투현상에는 세포용액이 외부용액을 빨아들이는 경우와 외부용액이 세포용액을 빨아들이는 두 경우가 있다. 전자의 경우 외부용액이 세포 안으로 빨려 들어가면 저장액을 흡수한 세포는 팽창한다. 그러나 세포에는 세포막이 있기 때문에 팽창을 잘 견디어 낸다. 이렇게 세포가 팽창하면서 세포막에 가하는 힘을 팽압(膨壓, turgor pressure)이라고 한다. 그리고 그 팽압에 대항하여 세포막이 세포 내 원형질의 팽창을 저지시키는 힘을 막압(膜壓, wall pressure)이라고 한다. 막압이 생기는 경우는 외부용액의 농도가 세포 용액보다 높은 경우로써 세포 내부의 수분이 밖으로 빠져나간다. 그 결과 팽압은 감소되고 세포액의 긴장도 약해지면서 세포는 수축하게 된다. 세포질이 더욱 수축하여 세포벽과 세포질 사이의 응집력이 깨지면 세포질은 벽에서 떨어져 원형질분리(形質分離, plasmolysis)를 일으킨다. 원형질분리를 일으킬 수 있는 최저농도를 원형질분리 한계농도라고 한다. 원형질분리가 일어난 세포를 저장액 속에 넣어두면 다시 수분을 흡수하면서 세포질과 세포벽이 접착하게 되는데 이를 원형질 복귀(deplasmolysis)라고 한다.

위와 같은 세포의 활동 과정을 자세히 들여다보면 생명에 관한 한 우리는 한 가지 결론을 얻을 수 있다. 즉, 생명은 우주의 산물이므로 우주 천체가 생명의 산실이라는 것이다. 우주 속에 존재하는 생명이 우주에서 태어났을 것임은 당연하다. 하지만 그 생명이 처음부터 있었던 것은 아니다. 원시지구는 생명 없는 지구였다. 우주에 생명이 존재하기 위한 기본조건은 두 가지다. 하나는 유기 생명체가 존재하기 위해서는 단백질 분자의 결합과 같이 복잡한 유기 분자의 결합이 전제되어야 한다는 것이고, 다른 하나는 대부분의 생명체는 상당히 좁은 범위의 온도내에서만 생존이 가능하다는 것이다. 단백질 분자는 섭씨 100도가 넘으면 더 작은 분자로 해체되고 3~4천 도가 넘으면 원자로 해체된다. 또 0도 이하가 되면 생화학적 생멸 과정이 너무 느리게 되어 생명체의 존립이 사실상 불가능하다.

생명이 탄생하기 위한 적정 온도는 25~45도 사이이다. 지구상에 살고 있는 일반적인 고등동물의 체온도 이 범위를 넘어서지 않는다. 따라서 생명 없는 지구에서 화학적 진화가 계속되는 동안 적당한 온도가 조성되자 고분자물질이 합성되고 결합되면서 생명을 구성하는 최초의 구조체가 만들어졌을 것이다. 그리고 수많은 세월이 지나면서 그 구조체가 다시 복잡한 생명체로 진화되었을 것이다. 물론 이는 지금까지 밝혀진 과학적 사실을 근거로 한 추정일 뿐이다. 따라서 실제로 어떤 과정을 통해 지구상에 생명체가 탄생되었는 지는 정확히 알 수 없다. 그러나 현재 우리 눈앞에 수많은 생명체가 존재하고 있음은 엄연한 사실이다.

(5) 영육일체론

몸과 마음이 떨어질 수 없는 일체라는 사실은 고등동물에 국한되지 않는다. 원생생물은 뇌가 없으니 마음이 있을 리 없다. 하지만 마음의 역할을 하는 그 어떤 원형은 있을 수 있다. 왜냐하면 원핵생물에 속하는 집신벌레나 아메바도 외부자극을 감지하고 인지하며 나름대로 환경에 적응하며 살아가기 때문이다. 더욱이 근원적인 시각에서 보면 원핵생물의 신경세포나 내분비세포는 생명세포의 원형이라 할 수 있다. 이는 원핵생물도 기억이나 학습 같은 정보처리능력을 가지고 있으며 따라서 과거의 경험을 토대로 새로운 행동패턴을 보일 수도 있음을 의미한다. 어쩌면 그런 일은 단세포 생물체가 가지는 선천적 생득성과 후천적 습득성의 본질일 수도 있다. 기억이나 학습능력을 가진 다세포생물, 나아가 고등생물의 세포도 그런 단세포 생물이 가진 생득성과 습득성을 떠나 생길 수는 없기 때문이다.

마음의 근원이 되는 뇌라는 것도 결국은 그런 특성을 가진 세포 덩어리, 즉 분자의 결합체에 지나지 않는다. 분자의 세계는 유기화합물과 무기화합물로 나누어진다. 유기 분자는 이름이 말해주듯 살아있는 유기체나 죽은 유기체에서 발견된다. 나무토막과 설탕은 유기물이지만 살아 있지는 않다. 하지만 나무 토막은 한 때 생명체였던 나무의 일부분이다. 설탕 역시 살아 있는 생명체는 아니지만 살아 있었던 사탕수수나 사탕 무의 일부였다. 이와 반대로 물과 소금은 무기물이다. 이 둘은 생명 있는 유기체 안에도 들어 있지만 유기체에서만 발견되는 것은 아니며 또 유기체에서만 추출되는 것도 아니다.

위에서 보듯 세포도, 식물도, 작은 멸치 한 마리도 나름대로의 생존 능력과 혈족을 보호하려는 따뜻한 영혼을 가지고 있다는 연구 결과는 인간에게 많은 것을 시사한다. 앞서 언급했듯이 바이러스와 박테리아도 자기가 살고 자기 종을 번식시키는 최선의 길을 찾아 행동하고 단세포 생물인 짚신벌레나 아메바도 그러하다. 과학이 입증하고 있는 이러한 사실은 어떤 미물이든 생명 있는 것은 모두 나름대로의 정신과 영혼을 가지고 자기의 삶을 개척해 감을 의미한다. 동시에 정신과 영혼이 머물고 있는 그 생명체가 사라지면 정신과 영혼도 함께 사라짐을 의미한다. 죽어 없어진 바이러스나 박테리아가 사유 능력과 정신을 가지고 있을 리는 없기 때문이다. 자연과학은 이렇게 영육일체설(靈肉一體說)의 정당성을 입증하고 있는 반면 영육분리설(靈肉分離說)을 일축하고 있다.

만일 영육분리설이 주장하듯 생명체와 그 생명체가 가지는 영혼이 별개로 존재하는 것이라면 46억 년 전 지구가 탄생한 이래 지금까지 존재하다 죽어간 수 없이 많은 바이러스, 박테리아, 단세포 생물, 다세포 생물, 식물, 동물의 영혼은 지금 어디를 떠돌고 있단 말인가? 만일 그 영혼들이 대지 혹은 대기에 머물고 있다면 어쩌면 46억 년 동안 살다 간 천문학적 수의 영혼으로 대지와 대기가 이미 포화상태가 되고도 남았을 것이다. 그러나 그런 포화상태는 지구 어디에도 보이지 않는다. 오직 변함없는 공간이 지속되고 있을 뿐이다. 이렇게 대지와 대기가 변함없는 공간을 유지하고 있는 것은 영혼을 포함한 우주 만물이 생겼다 사라졌다를 반복하며 변함없는 공간을 유지하기 때문일 것이다. 이런 사실은 앞으로 수십, 수백억 년이 지나도 변하지 않을 것이다. 결코 생명체로부터 떨어져 나와 우주공간을 떠도는 영혼이 하늘을 가득 채우는 날은 오지 않을 것이다.

사유능력을 가진 단세포, 다세포, 식물, 동물의 영혼이 몸체와 분리된 별개의 것으로 존재할 수 없다면 인간의 영혼도 당연히 인간 육신으로부터 분리된 별개의 것으로 존재할 수 없다. 그럼에도 불구하고 이 당연한 사실이 유독 인간사회로 넘어오기만 하면 천지개벽하듯 달라진다. 대부분의 인간은 육신은 죽어도 영혼은 영원히 살아남는다는 데 공감한다. 그래서 육신은 죽어 없어져도 영혼은 남아 지옥도 가고 천국도 간다고 믿는다. 그렇다면 그 지옥과 천국은 도대체 어디에 있단 말인가? 지구에서 지옥과 천국을 보았다는 사람은 없으니 지구에 없음은 확실하다. 지구에 없다면 어디에 있단 말인가? 250만 광년이나 떨어져 있다는 안드로메다은하에 있는가? 안드로메다은하도 물리력이 미치는 우주의 한 공간일 뿐이다. 따라서 그곳은 지옥도 천국도 아닌 단순한 우주공간일 뿐이다. 우주공간은 수축과 팽창을 반복하는 공간이다. 수축과 팽창이 반복되는 공간은 지옥과 천국이 아닌 단순한 별에 불과할 뿐이다.

영혼은 사유의 산물이므로 육신의 사유 능력이 사라지면 영혼도 사라진다. 지구 역사상 죽은 생명체가 사유 능력을 가진 예는 한 번도 없다. 따라서 죽은 생명체가 영혼을 가진 적도 없다. 죽은 자의 영혼은 산 자의 영혼 속에 남을 뿐이다. 죽은 자의 한이 서린 영혼이 남아 있기 때문에 그 영혼을 달래기 위해 씻김굿을 하는 것이 아니라 산 자의 마음속에 죽은 자에 대한 회한이 남아있기 때문에 죽은 자의 영혼을 달래는 씻김굿을 하는 것이다. 죽은 자의 영혼은 가족이든 친구든 오직 산 자의 마음이 있는 동안에만 살아 있을 뿐이다. 바이러스나 박테리아는 영혼이 없기때문에 죽어서 천국을 못가는 것이 아니라 그런 미물들은 영혼이 없다고 생각하는 인간이 있기 때문에 인간이 만들어 놓은 천국에 들여보내 주지 않을 뿐이다. 이런 맥락에서 볼 때 미물들은 미물들 나름대로 그들의 천국과 지옥을 만들고 죽으면 그 천국과 지옥에 간다고 믿을 것이다.

미물도 인간과 똑같은 우주의 구성원이다. 아니 미물로부터 생명이 시작되었으므로 미물은 인간의 시원적 조상인 셈이다. 조상의 영혼이 못 가는 곳을 후손의 영혼이 갈 수는 없다. 우리가 우리의 영혼이 천국을 갈 수 있다고 믿는 것은 앞서 돌아간 조상의 영혼이 그곳에 먼저 가 있다고 믿기 때문이다. 우리가 죽은 사람을 놓고 "저 세상에서 다시 만나자"거나 "고통과 불행이 없는 세상에서 영면하시라"고 기원하는 것은 바로 조상의 영혼이 이미 가 있는 저 세상이 있다고 믿기 때문이다. 인간이 그렇게 믿는다면 인간의 시원적 조상인 바이러스나 박테리아도 그렇게 믿을 것이다. 왜냐하면 그런 미물도 인간과 똑같이 그들 나름대로 최선의 삶을 찾아 살아가는 의식 있는 생명체이기 때문이다.

거짓이든 환상이든 사후세계가 있다는 믿음이 인간의 삶에 도움이 된다면 그것은 있을 것이요 삶에 도움이 되지 않는다면 없어질 것이다. 진화론이 입증하듯 필요한 것은 존속되고 필요 없는 것은 퇴출되는 것이 우주 세계가 지닌 원초적 본성이기 때문이다. 그러므로 사후세계는 죽은 자를 위한 세계가 아니라 산 자를 위한 세계이다. 우주는 음양의 산물이므로 살아 있는 생명체는 모두 음양의 희비 쌍곡선을 벗어날 수 없다. 따라서 산 생명체의 최대소원은 그 희비 쌍곡선으로부터 벗어나 환희의 불변세계로 들어가는 것이다. 그러나 우주구성원으로 있는 한 그런 일은 영원히 불가능하다. 그 불가능을 가능하게 만드는 길은 마음속에 환상적 세상을 만드는 길뿐이다. 천국과 지옥은 그래서 탄생된 마음속의 환상이다. 죽으면 천국에 간다는 희망이 없기보다는 있는 편이 보다 행복한 삶을 사는 데 도움이 되기 때문에 살아 있는 유기 생명체가 만든 마음속의 환상이다. 만일 사후세계에 대한 환상이 현실적 삶에 결정적 방해가 된다면 자연적 본성에 의해 인간은 지금까지 사후세계를 믿어오지 않았을 것이다.

　수천 년 전부터 전해 내려오는 사후세계의 개념을 보면 그것이 환상의 세계임을 금방 알 수 있다. 사후세계의 특성을 분석해 보면 이 세상에서 부귀영화로 인식되는 항목들은 천국의 특성이 되고 천대와 고통으로 인식되는 항목들은 지옥의 특성이 되어 있다. 종교시설 어디를 가도 왕궁 같은 고대광실에서 임금같이 호의호식하며 양귀비 같은 미녀를 데리고 노는 생활은 천국으로 그려져 있고 돼지우리 같은 누추한 집에서 거지처럼 굶주리며 노역에 시달리는 생활은 지옥으로 그려져 있다. 인간은 사후세계를 그렇게 인간 세상을 기준으로 하여 이분법적으로 추상화시켜 놓았다.

그런 추상화는 동식물의 종류에 따라서 얼마든지 달라질 것이다. 지렁이에게는 시궁창이 천국이고 화려한 빌딩이 지옥이다. 따라서 만일 지렁이가 천국을 그린다면 악취 나는 시궁창이 가는 곳마다 즐비하고 썩은 음식 찌꺼기가 산처럼 쌓여 있는 곳일 것이고, 반대로 지옥을 그린다면 황궁 같은 화려한 건물과 멋진 자동차와 깨끗한 포장도로가 숲처럼 우거져 있는 번화한 도시일 것이다. 추상화 능력을 가진 모든 생명체들은 그렇게 자기의 현실세계를 선악으로 추상화하여 사후세계를 설정해 놓을 것임은 의심의 여지가 없다. 다른 동식물과 마찬가지로 인간도 그런 식으로 스스로 그린 사후세계를 상상하며 산다.

추상화를 통해 육신적 부분에 해당하는 뇌가 정신적 작용에 해당하는 천국을 만들어 가는 과정은 사후세계가 추상화의 산물임을 더욱 강하게 입증한다. 카메라 속에는 어디에도 영상이 들어있지 않다. 오직 복잡한 기계구조만 있을 뿐이다. 카메라가 만들어 내는 사진과 영상은 바로 그 복잡한 기계 구조물이 만들어 내는 것이다. TV의 경우도 마찬가지이다. TV속 어디에도 화려한 동영상과 감미로운 음악은 들어있지 않다. 오직 그물망보다 촘촘한 전자회로가 얽혀 있을 뿐이다. TV의 속을 뜯어보면 그것은 누가 봐도 한낱 차디찬 기계 뭉치 혹은 전자회로에 지나지 않는다. 그러나 거기에 전기라는 에너지를 공급하면 살아 움직이는 듯한 화려한 동영상이 펼쳐진다. 따라서 전기에너지가 없는 TV는 쓸데없는 기계 덩어리일 뿐이다. 그렇기 때문에 만일 전기라는 에너지가 없다면 사람들은 그 TV를 모두 내다 버리고 말 것이다.

인간의 뇌가 온갖 복잡한 감정을 만들어 내는 과정도 이와 같다. 인간의 뇌는 TV 속의 전자회로보다 수십만 배 복잡한 유기회로에 지나지 않는다. 그 유기회로는 감정과 생각과 소망을 만들어 내도록 정교하게 설계된 회로이다. 다시 말하면 마치 TV가 전기에너지 공급에 의해 화려한 영상을 생산하도록 설계된 무기회로이듯 뇌는 음식 에너지에 의해 온갖 감정과 생각과 소망을 만들어 내도록 설계된 유기회로이다. 그러므로 전기에너지가 단절된 TV는 죽은 TV이듯 음식에너지가 단절된 뇌는 죽은 뇌이다. 전기 없는 죽은 TV가 화려한 영상을 만들 수 없듯 음식 에너지 없는 죽은 뇌도 복잡한 감정을 생산할 수 없다. 앞으로 과학이 더욱 발전하여 뇌만큼 정교한 유기회로를 설계할 수 있다면 그 기계는 뇌적 기능을 수행할 것이다. 그러나 그런 뇌도 전기든 음식이든 에너지가 공급되지 않으면 소용없는 죽은 기계가 되고 말 것이다.

TV와 뇌는 이렇게 회로를 통해 환상을 제공한다는 점에서 동일하다. 다만 차이점이 있다면 TV 회로는 무기회로인 데 반해 뇌는 유기회로라는 것이다. 무기회로든 유기회로든 그 회로가 작동하기 위해서는 두 가지 조건이 필요하다. 첫째는 그 회로가 완벽해야 한다는 것이고, 둘째는 에너지가 공급되어야 한다는 것이다. TV의 무기회로가 끊어지면 TV영상은 더 이상 볼 수 없듯 뇌의 유기회로가 끊어지면 감정과 생각과 영혼은 더 이상 생산되지 않는다. 또 전기에너지가 공급되지 않으면 TV가 작동되지 않듯 음식 에너지가 공급되지 않으면 뇌는 작동되지 않는다. 이는 곧 회로가 고장 나면, 또 에너지가 단절되면 그 회로는 작동하지 않음을 의미한다. 이런 관점에서 볼 때 육신이 죽으면 음식 에너지의 생산도 그치기 때문에 결과적으로 뇌도 죽는다. 그리고 뇌가 죽으면 뇌가 생산하는 영혼도 죽을 것임은 자명하다. 이렇게 뇌와 영혼, 아니 궁극적으로 육신과 영혼은 결코 둘이 아닌 하나이다. 살아도 같이 살고 죽어도 같이 죽는 하나이다.

이런 분명한 이성적, 과학적 판단에도 불구하고 사람들은 감정적 판단을 앞세우는 경우가 많다. 인간은 누구나 위험에 처하면 자신도 모르게 신에게 구원을 기도한다. 그런 구원의 기도는 신이 있느냐 없느냐와는 아무 관계가 없다. 그저 위기를 벗어나고 싶은 사람의 입에서 자신도 모르게 나오는 말일 뿐이다. 평생을 살면서 사람들은 누구나 한두 번씩 환영(幻影) 혹은 환청(幻聽)을 겪게 된다. 환영은 실제 모습이 아니고 환청도 실제 소리가 아니다. 하지만 그 환영과 환청을 겪은 사람은 그것이 실제 모습이고 실제 소리라고 우겨댈 수 있다. 하지만 그런 일방적 주장은 기껏해야 개인적 진실은 될 수 있어도 객관적 진실은 될 수 없다.

　마찬가지로 소수의 종교인들이 아무리 영혼과 육신은 별개의 것이라고 우겨도 그것은 그들의 진실은 될 수 있어도 인류의 진실은 될 수 없다. 심지어 전 인류를 종교인으로 만들어 그들의 주장을 진실로 믿게 한다 해도 그것은 인류의 진실일 뿐 우주의 진실은 될 수 없다. 영혼과 육신은 떨어질 수 없는 일체라는 것이 과학적 진실이기 때문이다. 세포가 죽으면 세포의 인지능력도 죽는 우주적 본질이 이를 증명한다.

(6) 먹이순환사슬과 영혼순환사슬

　영육은 일체이므로 먹이의 순환사슬은 영혼의 순환사슬이기도 하다. 동물성 플랑크톤이 식물성 플랑크톤을 잡아먹는 순간 식물성 플랑크톤의 영혼은 동물성 플랑크톤의 영혼으로 변이될 것이다. 인간이 소고기를 먹는다고 해서 소의 영혼이 인간의 영혼 속에 계속 남아 있지 않을 것처럼 동물성 플랑크톤이 식물성 플랑크톤을 먹는다고 해서

식물성 플랑크톤의 영혼이 동물성 플랑크톤의 영혼 속에 계속 남아 있을 리 없고 개똥지빠귀가 지렁이를 잡아먹는다고 하여 지렁이의 영혼이 개똥지빠귀의 영혼 속에 남아 있을 리 없다.

인간 영혼의 경우도 마찬가지이다. 어린아이가 어른으로 성장하기 위해서는 수많은 먹이를 섭취해야 한다. 그중에는 식물성먹이도 있고 동물성먹이도 있다. 식물성먹이든 동물성먹이든 그 먹이들이 살아 있었을 때는 그들의 영혼을 가졌을 것임이 분명하다. 즉 배추는 배추의 영혼을, 무는 무의 영혼을, 소는 소의 영혼을, 돼지는 돼지의 영혼을, 생선은 생선의 영혼을 가졌을 것이다. 그러나 우리들중 어느 누구도 인간이 그런 생물을 먹이로 취하였다 하여 그 생물의 영혼이 인간의 몸속에 남아 인간 영혼의 일부를 구성한다고 믿는 사람은 없다. 반대로 오직 인간 영혼만이 인간 육신 속에 머문다고 믿는다. 이는 인간이 배추나 무, 소나 돼지, 오징어나 명태를 먹이로 취함과 동시에 그들의 영혼은 사라지고 인간의 영혼으로 거듭남을 의미한다. 이는 다른 동식물의 경우도 동일하다. 독수리가 인간의 죽은 사체를 뜯어 먹는다고 해도 독수리의 몸속에 인간의 영혼이 있는 것이 아니라 독수리의 영혼이 있을 것이고 한 포기의 풀이 한 줌 흙으로 돌아간 인간의 육신으로부터 영양분을 빨아올렸다 해도 그 풀 속에는 인간의 영혼이 있는 것이 아니라 풀의 영혼이 있을 것이다. 그러므로 먹이사슬은 자연생태계를 보장하는 사슬인 동시에 영혼 순환계를 보장하는 사슬이기도 하다.

바다는 그 자연생태계와 영혼생태계의 출발점이었다. 바다 먹이사슬의 출발점인 식물성 플랑크톤이 광합성을 하기 위해서는 태양광이 필요하므로 광합성 생물은 바다 중에서도 태양광이 들어가는 곳에서만 산다. 식물성 플랑크톤은 빛이 해면조도의 1%에 이르는 유광층(有

光層) 깊이 내에서만 분포하며 해조류는 일반적으로 2~30m의 깊이에 분포한다. 바다의 식물성 플랑크톤에 의한 광합성 생산량은 1만㎡당 약 1.0~4.5톤 정도이며 해역에 따라 조금씩 다르다. 식물성 플랑크톤의 광합성능력은 해수 중의 무기 영양염(營養鹽, nutrient)에 의해 좌우되는데 특히 인산염과 질산염의 양에 따라 생산량이 좌우되는 경우가 많다. 영양염이 풍부한 연안해역의 생산량은 영양염이 빈약한 지역보다 몇 배 더 높으며 해저의 영양염이 유광층까지 솟아오르는 용승류(湧昇流) 해역에서는 생산량이 한층 더 높다. 또 산호초(珊瑚礁, coral reefs)에서는 산호 층의 육질부에 공생하는 갈충조류(蝎蟲藻類, zooxanthella)나 죽은 산호 표면에 붙어 있는 미소조류(微小藻類, microalgae)에 의한 광합성이 대부분이며 그 생산량도 아주 높은 것으로 알려져 있다.

바다 먹이사슬의 무대 중 하나인 해저환경은 깊이에 따라 얕은 쪽에서부터 조간대, 아조간대와 상부표층, 대륙붕과 하부표층, 대륙붕 사면과 점심층(漸深層), 심해저와 심해층, 그리고 해구로 구분된다. 생물은 이 구분 층에 따라 각각 다른 생물군집을 형성한다. 해저에 사는 벤토스(benthos)는 깊이가 깊어짐에 따라 대형화된 종류가 많은 반면 어류는 깊어질수록 오히려 소형화되고 외양이 독특한 종류가 많으며 또 빛을 내는 발광기를 가진 생물도 많다. 심해의 수온은 1년 내내 1~4℃의 낮은 온도를 유지하며 따라서 생물의 성장도 아주 느린 편이다. 대신 수명이 길어 소형인 이매패(二枚貝, bivalves)는 100년 넘게 사는 것으로 추측된다.

유광층보다 더 깊은 바다에는 생산자가 없으므로 주로 상층의 유광층에서 공급되는 데트리터스(detritus)나 동물의 사해(死骸)를 먹고 영양을 취하는 것과 그런 것들을 먹는 육식성 동물 및 박테리아가 살아간다. 그러므로 얕은 바다에 비해 생물량이나 개체 수는 상대적으로 적지만 종의 다양성은 오히려 크다. 이런 현상은 "시간 안정설"로 설명되고 있다. 최근의 조사에 의하면 태평양의 갈라파고스 해령 등, 여러 곳의 마그마 용출구 부근에 황박테리아의 화학합성을 기초생산으로 하여 살아가는 심해생물들이 상당히 풍부한 것으로 알려져 있다.

▎생명체의 물질대사

식물들이 생명력을 유지하기 위해서는 그 생명력을 유지시킬 수 있는 힘의 원천, 즉 에너지가 있어야 한다. 그러면 그 에너지는 어디에서 생기는 것일까? 생명을 지탱하는 에너지는 모두 물질대사를 통해서 얻어진다. 살아 있는 생명체는 모두 대사작용(代謝作用, metabolism)을 한다. 대사작용이란 생물체와 생존환경 사이에 물질과 에너지가 교환되는 작용, 혹은 생물체 내에서 물질과 에너지가 이동하는 작용을 의미한다. 유기물이 다른 유기물로 전환되는 것도, 에너지가 다른 에너지로 변환되는 것도, 에너지의 일부가 생명을 존속하는 데 사용되는 것도 모두 물질대사의 결과이다. 물질대사는 한 마디로 에너지 운동이다. 그러므로 물질대사가 일어나지 않으면 모든 생명체는 그날로 생명을 잃고 만다.

생명체에서 일어나는 일체의 화학작용을 의미하는 물질대사(metabolism)는 동화작용과 이화작용의 반복에 의해 이루어진다. 물질대사 중 동화작용(同化作用, anabolism)은 저분자를 고분자로 합성해 가는 과정이고 이화작용(異化作用, catabolism)은 반대로 고분자를 저분자로 분해해 가는 과정이다. 다시 말하면 동화작용은 소(小)에서 대(大)로 커져 가는 과정이고 이화작용은 대(大)에서 소(小)로 작아져 가는 과정이다. 또 에너지 측면에서 보면 동화작용은 에너지를 축적하는 과정이고 이화작용은 에너지를 발산하는 과정이다. 모든 생물은 이 두 작용으로 대변되는 물질대사가 순조롭고 원만하게 이루어질 때만 정상적으로 살아갈 수 있다.

물질대사가 동화작용과 이화작용이라는 두 작용의 반복에 의해 이루어진다는 사실은 이진법적 진화와 밀접한 관계가 있다. 동화작용은 양이고 이화작용은 음이다. 따라서 동화작용과 이화작용이라는 두 요소에 의한 물질대사는 양과 음이라는 두 요소의 상호작용이 된다. 식물도 이렇게 음과 양이라는 두 요소의 상호작용이 없으면 물질대사 자체가 불가능하므로 당연히 존재할 수 없다. 다시 말하면 동화작용은 이화작용으로 연결되고 이화작용은 다시 동화작용으로 연결되는 이진법적 상호작용이 반복되지 않으면 식물은 존재할 수 없다. 우주가 팽창과 수축이라는 이진법적 반복에 의해 존속되고 지구가 온기와 냉기의 반복이라는 이진법적 반복에 의해 존속되며 세포가 무기물과 유기물의 상호작용이라는 이진법적 반복에 의해 존속되는 만큼 그 유전인자를 이어받아 태어난 식물이 동화작용과 이화작용이라는 이진법적 반복에 의해 존속됨은 너무도 자연스러운 일일 것이다.

또 동화작용은 생산이고 이화작용은 소비이다. 식물은 동화작용을 통해 생산한 영양분을 이화작용을 통해 소비하면서 살아간다. 여기서 생산은 양이고 소비는 음이므로 모든 식물은 생산과 소비의 반복, 즉 음과 양의 반복에 의해 살아가는 셈이다. 식물만 그런 것이 아니다. 지구상의 모든 유기체는 생산과 소비의 반복을 통해서 존속한다. 비록 생산과 소비의 형태는 달라도 생산과 소비를 통하여 살아간다는 근본적인 생존 법칙에는 조금도 차이가 없다. 단세포 생명체도 생산과 소비의 반복을 통해 살아가고, 다세포 생명체도 그렇다. 인간의 삶이 생산과 소비의 반복에 의해 존속되는 것도 결코 우연이 아니다. 인간도 결국 세포와 식물의 기본생존 법칙을 벗어나 살아갈 수 없다. 왜냐하면 그들이 바로 인간을 탄생시킨 지구적 조상이기 때문이다.

(1) 탄소동화작용

동화작용 중에서 가장 대표적인 것은 탄소동화작용이다. 탄소동화작용이란 식물들이 탄산가스를 흡수하여 유기물로 전환시키는 작용으로써 탄소동화작용에는 광합성과 화학합성이 있다. 광합성(光合成, photosynthesis)이란 태양으로부터 지구표면에 전달되는 복사에너지를 화학에너지로 전환하여 유기물을 축적하는 작용이고, 화학합성(化學合成, chemosynthesis)이란 무기물을 산화할 때 얻어지는 산화에너지를 이용하여 탄산을 고정하여 유기화합물을 축적하는 작용이다. 생물은 태양에너지를 그대로는 생존 활동에 이용할 수 없으므로 탄소동화작용을 통해 유기탄소화합물을 생산하여 생활에 필요한 에너지를 얻는다.

탄소동화작용(carbon dioxide assimilation)은 지구상의 모든 생물들을 먹여 살리는 거대한 우주의 화학공장이다. 탄소동화작용에 의해 1년간 지구상에 환원되는 탄소의 양은 2 x 10의 11자승 톤인데 그 중 약 90%는 해수 및 담수에서 살아가는 조류(藻類)들에 의해 환원되고 나머지 10%는 육상식물들에 의해 환원된다. 이 같은 수치는 자연생태계의 먹이사슬(food chain)에 매우 중요한 의미를 지닌다. 왜냐하면 탄소동화작용을 하는 하층생물들이 지구상의 모든 상층생물들을 먹여 살리는 1차 소비재(먹이)가 되기 때문이다. 무게를 기준으로 할 때 지구상에 살아있는 생물 중 99%는 식물이고 약 1%만 동물이다. 바로 99%

를 차지하는 그 식물들이 광합성이나 화학합성을 통해 태양의 복사에너지를 유기물로 변환시킴으로써 지구상의 모든 생물들이 살아갈 수 있다. 따라서 이들의 생산을 기초생산, 즉 1차 생산(prime production)이라고 한다.

이 1차 생산은 지구환경에 절대적인 영향을 미친다. 모든 생명체가 삶을 유지하기 위해서는 어떤 형태로든 외부로부터 에너지를 얻어야 한다. 그 에너지란 인간에게 있어서의 음식과도 같은 것이다. 먹지 않고 사는 사람이 없듯 에너지를 소비하지 않고 살아가는 생명체는 없다. 인간 같은 동물들은 먹이를 소비함으로써 생존에 필요한 에너지를 얻는 반면 독립영양생물인 식물은 대부분 탄소동화작용을 통해 에너지를 얻게 된다. 따라서 식물이 살아남기 위해서는 빛을 찾아다녀야 한다. 대부분의 식물들이 태양이 비치는 곳에 서식하고 있는 이유는 이 때문이다. 곡기(穀氣)를 끊는 날은 인간이 죽는 날이듯 광합성을 멈추는 날은 식물이 죽는 날이다.

(2) 세포의 감지능력

세포는 원시적 감지능력을 가질 뿐만 아니라 고등생물의 뇌와 같은 기능을 가진다는 사실은 세포의 거부반응(拒否反應, rejection)이 잘 대변하고 있다. 세포의 거부반응은 세포가 생각하는 생물인 동시에 정치적 사고 또한 가지고 있다는 사실을 뒷받침한다. 의사들이 장기를 이식할 때 가장 염려하는 것 중의 하나가 거부반응이다. 거부반응이란 조직이나 기관을 이식받은 사람의 면역체계가 이식된 조직이나 기관을 외부물질로 인지하고 공격하는 현상이다. 외부물질이란 세균이나 바이러스뿐만 아니라 이식된 조직이나 기관도 해당되기 때문에 기존의 면역체계는 이식된 조직이나 기관을 외부물질로 생각하고 이를 공격하게 된다. 이런 거부반응은 장기이식의 경우에만 생기는 것이 아니다. 수혈하는 경우도 거부반응이 생기는데 그런 혈액의 거부반응은 사실상 세포의 거부반응이다.

거부반응은 초급성 거부반응(超急性拒否反應, Hyperacute rejection), 급성 거부반응(急性拒否反應, Acute rejection), 만성거부반응((晩性拒否反應,Chronic rejection)으로 나누어지는데 초급성거부반응은 면역체계의 구성요소 중 보체(補體, complement)에 의해 일어나는 거부반응이다. 이 반응은 수혜자가 이식된 기관에 대한 항체(抗體, antibody)를 이식 전에 이미 가지고 있는 경우에 일어난다. 대표적 예는 혈액형에 관한 항체를 들 수 있다. 이런 초급성 거부반응은 불과 수 분 안에 심각한 염증과 급격한 혈액 응고를 야기하므로 즉시 이식된 기관을 제거해야 한다. 이를 사전에 예방하기 위해서는 반드시 장기이식 혹은 조직이식 전에 수혜자가 이식할 기관에 대한 항체를 가지고 있는지를 확인해 봐야 한다.

급성 거부반응(Acute rejection)은 면역체계의 구성요소 중 T세포(T-cell)에 의해 일어나는 반응을 의미한다. T세포는 외부 물질 중 단백질을 인지하고 그에 대한 항체를 만들어 내는 기능을 가진 세포이다. 따라서 이식된 기관을 구성하는 단백질 중 일부를 기존의 T세포가 항원으로 잘못 인지하고 항체를 만들게 되며 그렇게 만들어진 항체가 이식된 기관을 공격한다. 급성 거부반응은 이렇게 항원을 인지하고 항체를 생산하는 과정이 있기 때문에 이식 후 며칠씩 지난 뒤에 일어난다. 일란성 쌍둥이끼리 장기를 이식하는 경우를 제외하면 대부분의 이식수술에서 어느 정도의 급성 거부반응은 반드시 일어난다. 하지만 강력한 면역억제제가 개발되어 있기 때문에 이를 사용하면 대부분 예방할 수 있다. 면역억제제의 사용으로 처음에는 거부반응이 나타나지 않더라도 몇 달이나 몇 년이 지난 후 급성 거부반응이 나타날 수도 있다. 그럴 경우에도 바로 발견하고 치료하면 큰 문제가 되지 않는다. 하지만 적절한 치료를 하지 않으면 이식된 장기는 크게 손상된다.

T세포에 의한 면역반응에는 주조직 적합복합체(主組織 適合性複合體, major histocompatibility complex: MHC)라는 단백질이 중요하다. 이 단백질은 T세포가 항원을 인지하는 것을 도우며 T세포가 외부물질을 구분해 내는 것을 돕는다. 주조직 적합복합체란 세포 표면에 있는 단백질로써 이를 구성하고 있는 아미노산은 사람에 따라 조금씩 다르다. 바로 이 다른 점을 이용하여 T세포는 다른 세포와 접촉할 때 그 세포의 주조직 적합복합체를 검사한다. 검사한 주조직 적합복합체가 자신이 가지고 있는 것과 동일하면 외부물질로 판단하지 않고 다르면 외부물질로 판단한다. 만일 이런 자체 내 검사에서 외부물질로 판단되면 그 복합체는 항체를 만들기 시작한다. 즉 주조직 적합복합체는 면역체계의 차이를 나와 남을 구분하는 기준으로 삼는다. 주조직 적합복합체를 구성하는 아미노산은 유전자에 의해 결정되기 때문에 모든 유전자가 같은 일란성 쌍둥이의 경우 조직이나 기관을 서로에게 이식해도 T세포에 의한 거부반응은 일어나지 않는다. 실제로 최초의 성공적인 기관이식은 조지프 머리 박사(Dr. Joseph Edward Murray)가 보스턴에 있는 브링햄 여성병원(the Peter Bent Bringham Hospital)에서 일란성 쌍둥이 간에 실시했다. 이 업적으로 그는 1990년에 노벨생리의학상을 받았다.

만성 거부반응(Chronic rejection)은 수개월에서 수년에 걸쳐 이식된 기관이 기능을 잃어가는 것을 말한다. 만성 거부반응은 치료하기 힘들고 다시 정상으로 돌아갈 수도 없다. 유일한 방법은 재이식하는 것이다. 이런 거부반응을 막는 유일한 방법은 기관을 이식할 때 기관을 제공하는 사람의 골수(骨髓, bone marrow)를 같이 이식하는 것이다. 골수는 면역세포를 생산하는 곳이며 이식 시 거부반응을 일으키지 않는 유일한 조직이다. 장기를 이식받은 사람이 그 장기를 제공해준 사람의 골수까지 이식받을 경우 면역체계도 동시에 받게 되므로 거부반응을 막을 수 있다. 하지만 이 경우 이식된 골수에서 만들어진 면역세포가 이식받은 사람의 조직과 기관을 외부물질로 판단하고 공격할 수 있는 위험이 따른다.

미국식품의약국(Food and Drug Administration: FDA)에서 승인한 싸이렉스(Cylex)사의 면역기능검사(immune function test)는 환자의 면역기능에 대한 정보를 의사에게 제공하여 면역억제제 사용량을 결정하는 데 도움을 준다. 너무 많은 양을 사용하면 환자의 면역력을 심각하게 떨어뜨려 세균감염을 초래하고 적은 양의 사용은 거부반응을 일으키게 한다. 의사는 이 검사를 통해 환자의 면역기능을 조사하고 적절한 양의 면역억제제를 사용함으로써 면역억제제의 과용으로 인한 부작용을 줄일 수 있다.

장기나 조직이나 피까지도 위와 같은 거부반응을 일으킨다는 사실은 그런 신체의 일부마저 자기 판단력을 가진 독립된 개체라는 말이다. 피는 뇌의 명령을 받고 거부반응을 일으키는 것이 아니라 피 자체의 판단으로 거부반응을 일으킨다. 장기와 조직도 마찬가지이다. 우리는 지금까지 뇌만이 판단능력이 있고 생명력을 가진 것으로 잘못 알고 있었다. 실제로 어떤 짐승이든 뇌가 있는 머리를 잘라내면 살 수 없다. 물론 사람도 그렇다. 그래서 뇌만이 생명력과 판단능력을 가지는 것으로 인지해 왔다. 하지만 장기와 조직과 피의 거부반응은 세포적 차원의 작은 부분도 나름대로 판단능력과 생명력을 가지고 있음을 의미한다.

(3) 세포의 생존전략

세포는 물론이고 식물도 인지능력과 생존전략을 가지고 있다는 사실은 여러 가지로 입증되고 있다. 독일 바이로이트대학(University of Bayreuth) 연구팀에 의하면 에콰도르(Ecuador)의 열대우림 지역에 "칼라디움 스테우드네리폴리움(Caladium steudneriifolium)"이라 불리는 식물이 있는데 이 식물은 병든 척 엄살을 부림으로써 벌레 등의 공격을 피한다고 한다. 즉 건강한 잎에 스스로 얼룩을 만들어 자신을 나방 등, 벌레로부터 보호한다는 것이다. 그 이유는 얼룩진 식물의 잎을 벌레가 먹지 않는다는 사실을 알고 그런 엄살을 부린다는 것이다. 연구팀은 식물의 잎에 물감 등으로 인공 얼룩을 만들었는데 얼룩이 있는 잎은 실제로 나방의 공격을 훨씬 덜 받았다고 한다. 여러 식물에서 볼 수 있는 얼룩 현상은 단순한 얼룩이 아니라 이렇게 병든 척 엄살을 부림으로써 자기를 보호하기 위한 수단이라는 것이다.

또 이미 보편적인 사실이 되어 버렸지만 토마토 같은 과일도 감미로운 음악을 틀면 보다 잘 자라고 시끄러운 소음을 틀면 병이 심하고 시드는 잎이 많다고 한다. 이는 식물도 감미로운 음악과 귀창 떨어지는 소음을 구분하고 그 음악의 아름다운 운률을 즐길 수 있는 의식이 있음을 의미한다. 하늘을 나는 작은 새도 인간의 눈으로는 구분 불가능한 자기 새끼를 구분하고 수십리 떨어진 먼 곳에서 먹이를 잡아도 정확히 자기 둥지를 찾아와 새끼에게 먹인다. 꿀벌도 먼 곳에서 꿀을 따지만 정확히 자기 집을 찾아 든다. 식별 불가능할 것 같은 자기 새끼를 구분하고 하늘을 훨훨 날아다니면서도 자기의 작은 둥지를 정확히 찾아내는 이런 일은 인지능력을 가지지 않는 생물로서는 불가능한 일이다.

식물의 인지능력에 관한 또 다른 최근의 연구에 의하면 군락을 이루며 식물적 혈연관계를 가지고 있는 야생 쑥들은 서로를 인지할 뿐만 아니라 동물에게 먹히지 않으려고 서로 의사를 소통하고 협력까지 한다는 사실이 밝혀졌다고 한다. 미국 데이비스 캘리포니아 대학과 일본 교토대학 연구진은 야생 쑥의 일종인 아르테미시아 트리덴타타(Artemisia tridentata)의 포기를 나누어 한 그룹은 모체 곁에, 또 다른 한 그룹은 유전적 관련이 없는 야생 쑥 옆에서 자라도록 한 후 각각의 그룹에 마치 메뚜기가 뜯어 먹은 것과 같은 상처를 내고 각 그룹이 성장해 가는 과정을 관찰했다. 1년 후 연구진은 유전적으로 똑같은 쑥 옆에서 자라는 야생 쑥은 혈연관계가 없는 쑥 옆에서 자라는 야생 쑥에 비해 동물의 피해를 42% 적게 입었음을 발견했다. 이는 상처 입은 야생 쑥이 유전적 관계를 가진 이웃 쑥에게 공격이 임박했음을 알리고 그런 경고를 받은 쑥은 갖은 방법으로 스스로를 보호한 결과로 이해되고 자신과 혈연관계가 없는 이웃 쑥에는 그런 경고를 하지 않은 것으로 이해된다. 에콜로지 레터스(Ecology Letters) 최신호에 실린 이 연구 결과는 식물도 동물처럼 혈연관계가 없는 경우 보다는 있는 경우 서로 도울 가능성이 더 높음을 보여 준다. 암사자들도 전혀 혈연관계가 없는 새끼들보다는 자기 새끼이거나 혈연관계에 있는 다른 새끼들을 더욱 잘 보호하는 것으로 알려져 있다. 이처럼 많은 동식물들은 유전적으로 관련 있는 경우 훨씬 우호적인 관계를 유지하는 것으로 나타났다.

연구진은 이런 결과에 크게 놀랐다고 한다. 왜냐하면 이는 식물이

상당한 인지능력과 사유능력을 가지고 상호 의사소통하고 있음을 입증하는 것이기 때문이다. 식물들의 그런 의사소통은 화학물질을 통해 이루어지는 것으로 추측된다. 어느 한 포기가 꺾이거나 동물의 공격을 받으면 특수 화학물질을 공중에 방출함으로써 주위의 친척들이 잎에 독성물질을 채우거나 줄기 혹은 잎이 공격에 노출되지 않도록 방어 자세를 취하도록 경고한다는 것이다. 식물들이 내뿜는 꽃향기나 풀향기마저도 단순히 벌나비를 불러 모으기 위한 향기가 아니라 서로의 의사소통을 위한 수단으로도 사용될 수 있다고 한다. 인간은 물론이고 동물 세계에서도 혈연관계에 있는 개체끼리의 협력이 강화되듯 식물 세계에서도 동일한 현상이 일어난다는 사실은 그들이 인간과 동일한 혹은 비슷한 인지능력 및 사유능력을 지니고 있음을 의미한다.

또 같은 에콜로지 레터스는 멸치 같은 작은 물고기를 특수 환경에 놓고 6세대에 걸쳐 관찰한 보고서를 게재했는데 그 보고서에 의하면 그런 작은 어종도 생존환경에 따라 나름대로 살아갈 방법을 찾는 것으로 밝혀졌다. 연구진은 평균 수명이 1년에 불과한 대서양 멸치류를 대상으로 지난 1998년 연구를 시작했다. 이들은 뉴욕주 그레이트 사우스 베이(Great South Bay)에서 약 7,000마리의 멸치를 잡아 두 개의 수조(水槽)에 나누어 넣고 키우면서 한 수조에서는 작은 것만 잡아내고 다른 수조에서는 큰 것만 잡아내는 실험을 계속했다. 적자생존설에 의하면 크고 힘센 자만 살아 남아야 한다. 하지만 큰 것만 잡아낸 수조에서는 적자생존 이론과는 정반대로 많은 물고기들이 더욱 작고 연약해졌다고 한다. 그 이유는 큰 것만 잡아내기 때문에 자기가 살 수 있는 길은 더욱 작아지고 연약해지는 길이기 때문이라는 것이다. 작은 멸치도 그렇게 자기의 살길을 찾아 변해간다는 것이다. 또 멸치는 거대한 무리를 이루고 다니는데 이는 자신의 왜소한 몸집을 감추고 거대한 몸집으로 위장함으로써 공격자들로부터 자신을 보호하기 위해서이다. 어쩌면 이런 행위는 멸치의 의식적 생존전략이기 이전에 모든 생물의 유전적 생존본능일 것이다.

(4) 환상의 생산공장

그동안의 생물학적 연구에 의하면 우리가 자아나 인격이라고 부르는 것은 뇌의 자기 환상, 즉 상상된 현실, 상상된 이미지에 불과하다는 것이다. 그래서 뇌를 환상의 생산 공장으로 보고 뇌가 그런 환상을 만들어내는 기계적 구조와 작업방식을 알아내고자 하는 것이 현대 생물학의 과제이다. 뇌는 다양한 방법으로 객관적으로 존재하지 않는 현실이 있는 것처럼 우리를 속인다. 사랑에 빠진 사람은 사랑하는 사람이 옆에 있기만 하면 어떤 육체적 고통도 이겨낼 수 있다고 느낀다. 또 부모는 자식의 고통을 자기 것으로 느낀다. 상징적 의미의 고통이 아니라 실제로 신체적 통증을 느낀다.

이런 환상과 기만은 신체감각에만 국한되는 것이 아니다. 세계적인 뇌과학 권위자인 인도의 신경과학자 라마찬드란(Vilayanur S. Ramachandran) 박사는 신앙심, 즉 초자연적인 것에 대한 믿음도 결국은 우리 두뇌 속에 입력되어 있는 환상에 불과하다고 결론 내렸다. 그에 의하면 신앙심은 귀 뒤쪽에 있는 대뇌피질의 한 부위인 측두엽에서 생긴다고 한다. 그 증거로써 지극히 정상적인 인간의 측두엽을 전기로 자극할 경우 마치 신과 대화를 나누듯이 지금까지 전혀 알지 못했던 신비로운 체험에 대해 말하는 느낌에 사로잡힌다고 한다. 말하자면 측두엽을 자극하면 머릿속에서 형이상학적 환상이 생긴다는 것이다. 인간의 뇌 속에는 이처럼 종교를 담당하는 특수한 공간이 설정되어 있다. 따라서 인간이 뇌 속에 그런 공간을 가지고 있는 한 영혼과 종교는 사라질 수 없다. 모든 시대의 모든 민족이 종교를 가졌던 이유는 이 때문이다. 하지만 인간이 종교를 가지게 된 것은 어떤 면에서 보면 두려움 때문이라고도 볼 수 있는데 그 두려움 역시 뇌에서 생긴다. 이처럼 종교도 두려움도 모두 인간의 두개골 밑에 자리한 환상의 공장에서 생산된 제품이라는 것이 그의 결론이다.

인간의 정신이 뇌에서 생기고 그 뇌는 신경세포로 구성되어 있다면 신경세포를 인간정신의 기원으로 보는 것은 전혀 무리가 없다. 하지만 신경세포는 전기충격을 받아 활동하기 때문에 결국 인간정신의 근원은 전기(電氣) 혹은 자기(磁氣)의 충격이라 할 수 있다. 그렇다면 전자는 정신을 구성하는 극소립자가 된다. 철학자들은 의식이란 순전히 망상이며 손으로 붙잡지도 측량하지도 설명할 수도 없는 것이라고 말할 수 있다. 그러나 과학적 타당성을 가지고 입증해야 하는 자연과학자들은 그렇게 말할 수 없다. 하지만 한 가지 사실만은 확실하다. 물질로부터 완전히 독립된 정신은 없다는 것이다. 따라서 죽음 이후에도 홀로 존재하는 정신이나 영혼은 있을 수 없다. 물론 물질을 계속 쪼개다보면 물질개념은 전혀 남지 않는다. 물질은 물질로 구성되는 것이 아닌 것이다. 물리학자들의 주장에 의하면 물질을 쪼개고 쪼개 나가면 최후적으로는 비물질적인 것, 말하자면 순수 에너지 혹은 정신적인 것으로 변한다고 한다. 그 의미는 마지막까지 쪼개진 물질 저편에는 수학적으로 계산할 수 없는 정신, 이념, 추상, 영혼, 에너지가 같은 비물질이 있을 수 있다는 것이다.

모든 생명은 원자에 기초를 두고 있기 때문에 양자(陽子, proton) 세계와 생명 세계 사이에는 깊은 관련이 있다. 방사능을 이용한 우라늄 분열과정을 자세히 검토해 보면 양자 차원에서도 일종의 정신이나 이성이 존재할 수 있다는 사실을 알게 된다. 우라늄의 각 원자들은 분열되고자 하는 시간, 즉 당장 분열할지 수억 년 후에 분열할지를 스스로 결정할 수 있다고 한다. 이는 원자도 이성을 가지고 있으며 그래서 자기 문제를 자기가 자유롭게 결정할 수 있음을 의미한다.

인간은 그동안의 연구를 통해 세포를 연결하는 시냅스(synapse)가 뇌 활동의 중심적 역할을 한다는 사실을 알고 있다. 따라서 시냅스의 리드미컬한 점화에서 전자차원의 뇌활동을 설명하는 수학적 모델을 만들어 낼 수 있을 것이다. 전자란 단적으로 말하면 소립자나 작은 파동이라 할 수 있다. 소립자 차원에서 볼 때 뇌는 컴퓨터, 정확히 말하면 양자 컴퓨터와 다를 바 없다. 뇌의 칩은 현재의 컴퓨터 칩보다 십만 배 더 작은 개별분자로 구성되어 있다. 그러므로 뇌는 정상 컴퓨터보다 십만 배나 성능이 뛰어난 컴퓨터라 할 수 있다.

┃ 생명체의 진화법칙

세포가 단세포에서 출발하여 다세포로 발전했다는 사실은 모든 우주물질은 단순에서 복잡으로 진화해 간다는 사실을 다시 한번 입증하고 있다. 앞서 보았듯이 물리력 시대보다는 화학력 시대 때 우주물질은 더욱 복잡해졌다. 물리력 시대 동안은 우주의 먼지구름들이 단순히 수축하고 팽창하면서 거대한 불덩어리로서의 별을 만들었다. 현재의 태양이 그러하듯 그렇게 해서 탄생된 별 속에는 오직 플라즈마상태의 뜨거운 열기와 불꽃 밖에 없다. 그러나 화학력 시대는 그 열기와 불꽃을 92개의 자연원소로 변하게 하고 대지와 대기와 바다를 만들어내면서 수십 배 복잡한 지구환경으로 바꾸어 놓았다. 우주는 출발부터 그렇게 단순성에서 복잡성으로 진화하는 유전자를 안고 있었다. 물리력 시대와 화학력 시대를 거쳐 탄생된 세포력 시대가 그런 우주의 진화적 유전인자를 이어받았을 것임은 의심의 여지가 없다. 단세포에서 다세포로 발전한 과정 자체가 바로 단순에서 복잡으로 발전한 과정이기 때문이다.

단순에서 복잡으로 변해가는 것이 우주의 진화적 유전자라는 사실은 "닭이 먼저냐 계란이 먼저냐"라는 질문에 분명한 해답을 제시한다. 결론부터 말하면 계란이 먼저다. 왜냐하면 닭보다는 계란이 단순하기 때문이다. 계란은 크게 볼 때 노란 자위, 흰자위, 그리고 껍질로 구성되어 있다. 반면 닭은 머리, 몸통, 꼬리, 깃털, 피부, 두뇌, 내장, 심장, 항문 등, 수많은 요소로 구성되어 있다. 단순한 통나무가 없으면 복잡한 가구를 만들 수 없듯 무엇이든 단순한 것에서 출발하지 않고는 복잡한 것으로 넘어갈 수 없다.

과학자들의 연구도 계란이 먼저라는 사실을 뒷받침하고 있다. 캐나다 캘거리대학과 티렐 박물관 과학자들은 최근 7,700만 년 전에 살았던 공룡의 알둥지에서 알이 먼저라는 단서를 찾았다고 발표했다. 이들은 1990년대 미국 몬타나(Montana)주 북부 강가 모래톱에서 발견한 공룡 알둥지에서 5~12개의 화석을 발견했는데 발견된 화석의 알은 길이가 12㎝ 정도로 새 알처럼 한쪽이 뾰족한 형태를 이루고 있었다. 그런 알의 모양으로 보아 그 둥지에 알을 낳았던 주인공은 타조처럼 생긴 공룡인 시아나그나티드이거나 혹은 맹금류의 초기 형태를 띤 드라메오사우리드인 것으로 추정된다는 것이다. 이 조류들은 둘 다 공룡치고는 몸집이 작고 발생학적으로 오늘날의 새와 근접해 있다고 한다. 과학자들은 새의 조상으로 볼 수 있는 공룡도 알을 낳았다는 사실로 미루어볼 때 닭보다는 알이 먼저 존재했을 것이라고 추정했다. 이들에 의하면 "닭이 먼저냐, 알이 먼저냐"라는 본질적인 질문에 정확한 답을 제공할 수는 없지만 적어도 닭을 비롯한 새가 공룡으로부터 진화하기 훨씬 전부터 육식 공룡들은 새 둥지와 같은 둥지를 만들고 새의 알과 유사한 알을 낳은 것이 분명하다는 것이다.

동물들이 새끼를 낳은 과정도 단순에서 복잡으로 진화하는 과정이다. 난자와 정자가 결합하여 아주 단순한 수정란을 만들지 않으면 복잡한 구조를 가진 새끼는 탄생될 수 없다. 혹자들은 성인 남녀가 없으면 수정란도 없지 않느냐고 반문할 것이다. 그러나 그 질문은 출발부터 잘못된 질문이다. 앞서 설명했듯이 생명체인 유기물은 무생명체인 무기물에서 생겼다. 즉 태초의 생명은 생명이 낳은 것이 아니라 무생명이 낳은 것이다. 그것도 아주 작고 단순한 단세포 생물을 낳은 것이다. 무기물에서 단세포 생물이 생겼다는 말은 닭에서 계란이 생긴 것이 아니라 무기물에서 세포가 생기고 세포에서 계란이 생겼다는 말이다.

인간의 경우도 동일하다. 닭이 먼저냐 계란이 먼저냐는 질문처럼 어른이 먼저냐 아이가 먼저냐는 질문이 가능하다. 이에 대한 대답 역시 아이가 먼저다. 어떤 과정을 거쳐 인간이 탄생되었는 지는 정확히 알 수 없어도 "무기물→유기물→단세포→다세포→식물→동물"의 과정을 거쳐 인간으로 진화되었을 것임은 의심의 여지가 없기 때문이다. 즉 처음부터 어른이 아이를 낳은 것이 아니라 아이가 어른으로 성장한 후 그 어른이 아이를 낳았을 것이다.

단순에서 복잡으로 진화하는 이 우주의 법칙은 단 한 곳에도 예외가 없다. 기계를 만들 때도 단순한 기계에서 복잡한 기계로 진화한다. 자동차도 처음부터 각종 자동전자장치가 붙고 음향장치가 설치되고 에어백 같은 안전장치가 장착된 것이 아니다. 최초의 자동차는 엔진과 바퀴만 있는 아주 단순한 것이었다. 그런 단순한 자동차가 발전되어 오늘날과 같은 첨단시설을 갖춘 첨단 자동차가 되었다. 기차도 지하철도 모두 동일한 과정을 거쳐 발전되었다. 컴퓨터 역시 286, 386, 486 모델을 거쳐 수십, 수백 기가(giga)에 이르는 오늘날의 첨단 컴퓨터가 탄생되었다. 휴대전화도 삐삐로 불리는 단순한 호출기에서부터 시작하여 복잡한 기능을 가진 오늘날의 휴대전화로 발전되었다. 앞으로도 어떤 기계, 어떤 장치 혹은 어떤 새 생명이 탄생되든 그 모든 것 또한 단순에서 복잡으로 진화될 것임은 확실하다. 무기물에서 유기물로, 다시 유기물에서 세포로 진화되어 온 우주의 역사가 이를 입증한다.

┃ 생명체의 존속법칙

　독립영양생물이건 종속영양생물이건 이들이 존속하는 데는 한 가지 불변적 법칙이 있다. 그것은 에너지의 교환 혹은 이동작용이 없으면 어떤 생물도 살지 못한다는 것이다. 이는 곧 생물의 생존활동은 에너지의 교환 혹은 이동 활동임을 의미한다. 이런 법칙은 비단 생명체에만 국한되는 것이 아니다. 무생물의 경우도 에너지의 교환 혹은 이동활동이 없으면 존속하지 못한다. 대기는 고기압과 저기압이 서로 교차되기 때문에 존속하고 바닷물은 해류가 쉼 없이 이동하기 때문에 존속한다. 무생물 역시 이렇게 에너지의 작용이 계속되기 때문에 존속한다. 말하자면 에너지 작용이 없으면 어떤 만물도 존재하지 않는다. 이 책에서 시대를 구분하면서 힘(에너지)을 기준으로 하여 선인사회를

"물리력 시대→화학력 시대→세포력 시대→식물력 시대→동물력 시대"로 오분(五分)한 이유도 바로 여기에 있다. 무생물이든 생물이든 어떤 에너지, 즉 어떤 힘(力)이 그 시대를 변화시켜 간 주력이었느냐에 따라 그 시대가 규정되어야 함은 에너지가 지니는 자연적 본성과 이치로 볼 때 너무나 당연하기 때문이다.

그런데 여기서 한 가지 주목할 점은 독립영양생물은 먹이사슬의 하층에 자리 잡는 대신 종속영양생물은 상층에 자리 잡는다는 사실이다. 먹이 생산에 관한 한 독립성이 강하면 하층생물이 되고 종속성이 강하면 상층생물이 된다. 이러한 사실은 인간사회에도 그대로 적용된다. 인간사회의 생산자는 농부, 어부, 공부(工夫) 같은 일선 노동자이다. 공무원이 아무리 많아도, 변호사가 아무리 많아도, 예술가, 음악가, 경찰, 군인 등이 아무리 많아도 쌀 한 톨, 생선 한 마리도 생기지 않는다. 그들이 먹는 밥과 고기는 농부와 어부가 생산한 생산물이다.

만일 어느 일국의 생산업이 30%이고 서비스업이 70%라면 그 나라 사람들은 30%가 생산한 것을 100%가 나누어 먹는 셈이다. 그런데 이상하게도 선진국일수록 생산업의 비중은 줄어들고 서비스업의 비중은 늘어난다. 이는 국가가 발전할수록, 또 선진국일수록 직접 생산자보다 간접생산자가 더 많다는 말이다. 즉 자기가 생산하여 자기가 먹는 독립생존자보다 남이 생산한 것을 뜯어 먹는 종속생존자가 더 많다는 말이다. 자본주의적 빈부격차는 이렇게 자기가 생산하지 않고도 뜯어 먹을 수 있는 비율이 높은 국가에서 더욱 심하게 나타난다. 그 이유에 대해서는 다음 장인 교환사회에서 자세히 설명하도록 하겠다.

▎에너지의 운동법칙

에너지 운동은 두 가지 법칙을 지닌다. 첫째는 에너지보존의 법칙이다. 서로 다른 형태의 에너지는 서로 교환이 가능하다. 예를 들면 빛에너지는 열에너지로 전환될 수 있고 운동에너지는 전기에너지로 전환될 수 있다. 그러나 어떻게 교환되든 에너지의 전체량은 변하지 않는데 이를 에너지보존의 법칙이라 한다. 이는 우주의 에너지는 교환될 수는 있어도 창조될 수는 없음을 의미한다. 이 법칙에 의해 무생물과 마찬가지로 생명체 또한 에너지를 창조할 수 없다. 생명체든 무생물체든 결국 똑같은 에너지법칙을 가지기 때문이다.

에너지가 가지는 둘째 법칙은 엔트로피는 평행상태에 도달할 때까지 계속된다는 법칙이다. 엔트로피(entropy)란 우주의 무질서가 확산되는 상태를 의미한다. 엔트로피가 낮으면 질서가 높아지고 엔트로피가 높으면 무질서가 높아진다. 따라서 엔트로피가 높으면 높을수록 그 물질이 가지고 있는 특성을 구분하기 어려워진다. 예를 들면 맑은 물에 잉크를 한 방울 떨어뜨리면 그 잉크는 물과 완전히 혼합될 때까지 잉크로서 가진 질서를 깨고 무질서하게 물속을 파고들 것이다. 그리하여 완전히 혼합되고 나면 그것이 물인지 잉크인지 구분할 수 없게 될 것이다. 이렇게 엔트로피가 두 물질의 특성을 구분할 수 없을 정도로 최고점에 이른 상태를 평행상태(equilibrium)라 한다. 이 평행상태는 외부의 다른 에너지가 작용하지 않는 한 변하지 않는다. 생명체가 탄생될 때도 엔트로피현상은 나타난다. 수정란이 태아로 성장할 때 그 개체를 구성하는 단백질, 탄수화물, 지질, 핵산의 엔트로피는 감소하고 대신 질서는 높아진다. 이는 모든 생명체가 고도의 질서를 가진 조직체임을 의미한다.

엔트로피 현상이 가져오는 평형상태는 별이 탄생하는 과정에서 생기는 물리적 정역학평형상태와 그 본질이 동일하다. 별은 정역학평형상태에 있는 동안 가장 안정된 별이 되듯 생명체도 엔트로피가 평행상태에 있는 동안 가장 안정된 생명체가 된다. 정역학평행상태는 팽창력과 수축력이 평행을 이루는 상태이고 엔트로피의 평행상태는 주고받는 에너지의 교환력이 평행을 이루는 상태이다. 여기서 팽창과 수축도 음과 양으로 환원될 수 있고 주는 일과 받는 일도 음과 양으로 환원될 수 있으므로 결국 음과 양의 평행상태가 별과 생명체를 존속시키는 근본이라는 말이 된다. 이는 별도, 지구도, 생명도 모두 음과 양이라는 이진법을 통해서 탄생되었음을 의미하며 동시에 물리력 시대, 화학력 시대, 세포력 시대가 모두 동일한 이진법적 진화에 의해 전개되었음을 의미한다.

입력이 없으면 출력도 없는 것이 에너지 법칙이므로 지구상의 모든 생명체가 에너지 대사활동을 하기 위해서는 우선 어디로부터인가 에너지를 공급받아야 한다. 공급받은 에너지가 없으면 교환하거나 변환시킬 에너지도 없기 때문이다. 그러면 생명체는 최초의 에너지를 어디서 받을까? 생명체는 태양으로부터 전해지는 열에너지와 빛에너지를 받아 이를 질서 있게 조합된 분자로 전환하여 다른 생명체에 에너지를 공급하거나 다른 생명체가 가진 에너지와 교환한다. 그러나 대부분의 지구생명체는 태양으로부터 제공되는 에너지를 직접 이용할 수 없다.

태양에너지를 직접 이용할 수 있는 생명체는 광합성(光合成, photosynthesis)이라는 작업과정을 거칠 수 있는 녹색식물, 광합성 세균, 화학 합성세균 등이다. 이런 광합성 생명체는 태양으로부터 제공되는 빛에너지를 이용하여 낮은 에너지의 무기분자를 높은 에너지의 유기물질로 변형시킨다. 이렇게 독자적으로 유기물질을 생산하는 생명체를 독립영양생물(獨立營養生物)이라 하고 광합성이 불가능한 생명체를 종속영양생물(從屬營養生物)이라 한다. 인간을 비롯한 여러 종속영양생물은 독립영양생물들이 생산한 유기물질을 이용하며 살아간다.

지구의 원시대기는 독립영양생물인 식물박테리아가 광합성을 하면서 빠르게 변해갔다. 물론 그 변화는 수억 년에 걸친 변화였다. 광합성식물이 늘어나면서 대기 중 산소의 농도는 짙어졌고 동물박테리아와 동물성 플랑크톤이 생기면서 대기는 다시 빠르게 변해 현재와 같은 대기를 이루게 되었다. 산소농도가 짙어지면서 산소와 자외선이 만나는 일이 많아졌고 그에 따라 산소분자(O_2)가 둘로 쪼개져 산소원자(O)가 생성되었다. 다시 그 산소원자가 다른 산소원자와 결합하여 오존(ozone, O_3)을 만들었다. 그런 변화의 과정을 거치면서 생물은 점점 진화하여 마침내 육상생물이 출현하게 되었고 대기도 현재와 같은 질소:산소=3:1의 비율을 가지게 되었다.

05 세포력 시대의 발전법칙

　세포적 힘을 변화주력으로 하여 지구상에 단세포 및 다세포 생물이 생성되었던 세포력 시대는 다음과 같은 변화의 법칙을 동반하고 있다.

　첫째, 세포의 수가 많을수록 생물의 체계도 복잡해진다. 생물 중에는 세포자체가 곧 생명체인 단세포 생물도 많지만 지구상에 있는 대부분의 동식물은 여러 개의 세포로 구성되는 다세포생물이다. 이 다세포 생물들은 세포가 더욱 많은 세포로 늘어나는 세포 다수화를 통해 성장해 가며 세포수가 늘어날수록 생물의 체계도 복잡해진다. 세균과 아메바는 하나의 세포로 이루어져 있는 단세포 생물인 반면 사람은 약 100조 개의 세포로 구성되어 있는 다세포 생물이다.

　단세포 생물이 다세포 생물로 진화한다는 이 변화의 법칙은 인간사회에 지대한 영향을 미치고 있다. 인간사회의 발전법칙도 단순에서 복잡으로 변해가는 것이기 때문이다. 실제로 인간이 개발한 제품은 모두 단순에서 복잡으로 진화했다. 최초에 개발된 시계는 시침과 분침만 있는 단순한 시계였다. 그러나 지금은 시간, 날짜, 온도, 혈압은 물론이고 계산 기능까지 첨부된 참으로 복잡한 시계가 나오고 있다. 최초의 전화기 역시 단순히 말을 주고받는 도구였다. 그러나 지금 생산되고 있는 휴대전화기는 대화는 물론이고 계산 기능, 화상전달 기능, 촬영 기능, 문자 교환기능, 컴퓨터기능 등, 참으로 복잡한 기능을 가진 전화기다. 주택의 구조도 그렇다. 원시시대의 집은 아주 작고 단순한 움막이었다. 그러나 중세에 들어서면서 그 단순했던 집은 조금 더 크고 복잡한 초가로 변했고 다시 현대에 들어서면서 아주 크고 복잡한 저택으로 변했다. 이처럼 인간이 만들어 내는 것은 모두 단순에서 복잡으로 변한다. 이는 단순에서 복잡으로 진화하는 자연의 유전자가 그대로 인간에게 이어졌기 때문이다.

둘째, 조직을 구성하는 세포는 조직을 떠나면 기능을 발휘하지 못한다. 다세포 생물인 경우 그 세포는 조직중의 하나이기 때문에 구조적으로는 독립된 단위이지만 생리적으로는 결코 독립된 존재가 아니다. 고등동물의 조직에서 단 한 개의 세포를 떼 내어 시험관에서 배양하면 그 세포는 본래의 기능은 발휘하지 못한다. 왜냐하면 다세포 생물의 세포는 반드시 여러 개의 세포가 모여 있을 때 그 기능을 발휘할 수 있기 때문이다. 즉, 조직을 이루고 있으면서 상호작용을 할 때에만 세포로서의 기능을 발휘하게 된다.

세포조직이 사라지면 세포기능도 사라진다는 둘째 법칙은 중요한 의미를 지닌다. 지난 수천 년 동안 종교인들은 인간이라는 세포조직체와 영혼이라는 정신기능은 전혀 별개로 존재한다고 역설해 왔다. 고문은 그런 종교적 주장이 얼마나 근거 없는지를 잘 대변한다. 고문은 육신이라는 세포조직체를 괴롭히는 것이다. 그러나 고문주체가 진실로 괴롭혀 얻고자 하는 것은 육신이 아닌 영혼이다. 영혼을 팔아 이념과 사상 혹은 의리와 도리를 포기하고 동료를 고발하거나 배신함으로써 비인간적인 길을 가게 하는 것이다. 만일 영혼이라는 정신기능이 육신이라는 세포조직체와 완전히 별개로 동떨어진 것이라면 아무리 세포조직체를 괴롭혀도 영혼은 영향 받지 않을 것이다. 하지만 육신의 고통을 통해 정신의 배신을 유도하고자 하는 시도 속에는 영과 육은 둘 아닌 하나이며 따라서 육신의 괴로움은 반드시 정신의 괴로움으로 직결되어 틀림없이 정신이 무너지고 영혼을 팔게 된다는 확신이 깔려 있다.

조직체를 떠난 세포는 단순 세포일 수는 있어도 조직적 기능을 수행하는 세포는 아니라는 세포의 생존법칙은 집합체의 일원은 집합체를 벗어나 기능할 수 없음을 의미한다. 예를 들면 비행기 생산라인에 배치된 노동자 집합체는 거대한 비행기를 만들 수 있지만 흩어진 개인은 결코 만들 수 없다. 군인, 공무원, 경찰 같은 다른 조직체도 그렇다. 군이라는 조직체를 벗어난 개인은 전쟁을 일으킬 수 없고 정부라는 조직체를 떠난 공무원은 국가를 다스릴 수 없고 경찰이라는 조직체를 떠난 사람은 치안을 유지할 수 없다. 사회적 동물인 인간이 사회를 벗어나 살 수 없음은 이런 이치와 결코 무관하지 않다.

셋째, 고등동물일수록 세포의 크기는 작고 개수는 많다. 세포의 크기는 동식물마다 다르다. 일반적으로 볼 때 고등동물의 조직세포는 식물의 조직세포보다 그 크기가 작다. 다시 말하면 하등생물일수록 세포의 크기는 크고 고등생물일수록 세포의 크기는 작다. 이는 기술이 발전할수록 기계의 크기는 줄고 기능은 높아지는 것과 같다. 또 생물체의 크고 작음은 개개 세포의 크기에 의해 결정되는 것이 아니라 세포 수가 많고 적음에 의해 결정된다. 마찬가지로 한 사회 혹은 국가의 크기도 구성원인 개개인의 신체적 크기에 의해 결정되는 것이 아니라 인구수에 의해 결정된다. 중국과 인도는 땅도 넓지만 인구가 많기 때문에 국력을 가진 나라이지 개개인의 신체적 크기나 능력이 빼어나기 때문에 국력을 가진 나라가 아니다. 물론 국력이 인구수라는 한 가지 요인에 의해 결정되는 것은 아니지만 적은 인구를 가진 국가가 큰 국력을 가질 수 없을 것임은 자명하다.

세포의 수가 많으면 많을수록 고등동물이 된다는 이러한 세포의 원리는 모든 구성체의 기본원리가 된다. 우주만물은 원자라는 개체가 모여 분자라는 전체가 이루어지고 그 분자라는 개체가 모여 고분자라는 전체가 이루어지며 다시 그 고분자라는 개체가 모여 더 큰 물질을 이룬다. 마찬가지로 한 개인이 모여 마을을 이루고 마을이 모여 지방을 이루고 지방이 모여 국가가 되며 국가가 모여 국제사회가 된다. 이처럼 물질에서도, 인간사회에서도 하나는 개체인 동시에 전체이다. 개체가 모여 전체가 되고 그 전체는 다시 더 큰 전체를 구성하는 개체가 된다.

공산품의 경우도 이런 원리는 그대로 적용된다. 자동차는 약 2만 여개의 부품으로 조립되고 비행기는 약 20만 여개의 부품으로 조립된다고 한다. 이는 세포가 많을수록 조직체가 복잡하고 조직체의 기능이 우수하듯 부품수가 많을수록 기계가 복잡하고 기능이 우수함을 의미한다. 여기서 기계가 복잡하다는 말은 무기회로의 수가 많다는 말과 같다. 라디오보다 텔레비전이 더 복잡하다는 말은 라디오의 회로보다 텔레비전의 회로가 더 복잡하다는 말이기도 하다. 이는 바로 단세포 생물보다 다세포 생물의 유기회로가 더 복잡하다는 말이 되기도 한다. 세포의 수와 세포가 만드는 유기회로의 수는 이렇게 그 생명체의 위상을 결정하는 중요한 기준이 된다.

로봇의 성능도 그런 회로의 수가 많으냐 적으냐에 따라 결정된다.

보다 인간에 가까운 로봇을 만들기 위해서는 보다 인간에 가까울 만큼 복잡한 회로를 만들어야 한다. 초기 로봇과 첨단로봇을 비교해 보면 이런 사실은 금방 알 수 있다. 로봇 팔처럼 단순한 제어장치를 가지고 단순기능만 수행할 수 있었던 초기의 산업용 로봇은 그 기능만큼이나 단순한 회로를 가지고 있었다. 그러나 인간지능에 도전하고 있는 현대의 첨단로봇은 그 회로가 무척 복잡하다. 그리고 단순회로에서 복잡회로로 변해가는 속력만큼 인간지능 로봇의 성능도 높아질 것임은 확실하다.

최근 물리학계의 관심을 끌고 있는 인류원리(anthropic principle)는 세포 같은 작은 단위의 구성원리가 얼마든지 세상 전체의 구성 원리를 대변할 수 있다는 좋은 예가 될 것이다. 인류원리란 현존하는 분명한 사실을 출발점으로 하여 과거의 사실을 역추적 해가는 작업이다. 인간이 존재하는 것은 의심의 여지가 없는 명백한 현재적 사실이다. 그 명백한 현재적 사실을 출발점으로 하여 인류는 언제 어떻게 왜 생겼는가라는 질문으로 거슬러 올라감으로써 우주의 물리적 현상을 밝히고자 하는 작업이 바로 인류원리의 핵심이다.

인류원리를 처음으로 제기한 사람은 카터(Brandon Carter, 1973)였다. 그에 의하면 지구는 왜 태양으로부터 1억5천만km나 떨어져 있을까라는 의문을 가질 경우 인류원리적 입장에서 본다면 만일 지구가 그 보다 더 멀거나 가까이 있었다면 인간 같은 고등동물이 태어날 수 있는 자연환경이 조성될 수 없었을 것이므로 설령 세포라는 유기체가 있었다 하더라도 그 세포가 인간으로 진화하지 못했을 것이라는 주장이 가능하다는 것이다. 모기는 그냥 생기는 것이 아니라 고인 물이라는 모기의 서식환경이 조성되었기 때문에 생기는 것이듯 인간도 그냥 탄생된 것이 아니라 인간이 탄생될 수 있는 자연환경이 조성되었기 때문에 탄생되었을 것이다. 인류원리는 이렇게 인간을 출발점으로 하여 그 탄생 환경을 역추적 해감으로써 우주초기의 물리력 현상까지 밝혀내고자 하는 작업이다.

그러면 인간의 탄생 환경은 무엇이었을까? 걸어 다닐 수 있는 땅이 있고 먹을 수 있는 물이 있고 숨 쉴 수 있는 공기가 있고 배를 채울 수 있는 먹이가 있어야 했을 것이다. 그렇다면 땅과 물은 어디서 어떻게 생겼고 공기와 먹이는 또 어디서 어떻게 생겼을까? 그 중에서도 제일 먼저 생긴 것은 무엇이고 마지막으로 생긴 것은 무엇일까? 인류원리에 입각한 역추적 작업은 이렇게 그 의문이 끝없이 이어진다. 그런 끝없는 역추적의 질문을 계속해 올라가면 물리력 시대에서 보았듯이 제일 먼저 생긴 것은 지구라는 땅덩어리였고 두 번째로 생긴 것은 대기라는 공기였고 세 번째로 생긴 것은 바다라는 물이었고 마지막으로 생긴 것은 세포라는 유기물과 그 세포를 출발점으로 하는 동식물들이었다. 즉 인간이 걸어 다닐 수 있는 땅 덩어리가 제일 먼저 생겼고 먹이에 해당하는 동식물은 제일 나중에 생겼다. 이는 지금까지 과학이 밝혀놓은 엄연한 사실이다.

이런 과학적 사실을 연대별로 순서화해 기록해 보면 우주는 태양과 지구라는 별을 만들고 지구라는 별은 땅과 공기와 물을 만들고 연이어 세포를 만들고 식물과 동물을 만든 다음 마지막으로 인간이라는 생명체를 탄생시켰다고 말할 수 있다. 이는 우주가 하루아침에 인간을 만든 것이 아니라 150억년이라는 장구한 세월에 걸쳐 거북이걸음보다 수만 배 더 느린 속도로 조금씩 진화하면서 마침내 인간이라는 생명체를 탄생시켰음을 의미한다. 이러한 사실은 인간이라는 생명체는 신비적 탄생물이 아닌 우주의 진화적 산물임을 다시 한 번 입증하고도 남는다.

앞장에서 이미 지적했듯이 그 진화의 과정은 음과 양이라는 이진법적 진화의 과정이었다. 물리력 시대는 수축과 팽창이라는 두 요소의 상호작용에 의한 진화가 지속되었던 시대였고 화학력 시대는 핵과 전자라는 두 요소의 상호작용에 의한 진화가 지속되었던 시대였고 세포력 시대는 세포핵과 세포질이라는 두 요소의 상호작용에 의한 진화가 계속되었던 시대였다. 더욱이 각 시대는 시대별 진화의 특성을 지니고 있다. 물리력 시대는 본질은 바뀌지 않으면서 오직 상태만 변하는, 즉 최초의 본질로 되돌아가는 변화를 통한 진화였다. 물질이 원자나 분자 조성의 변화 없이 고유의 성질을 유지하면서 그 상태만 변하는 현상을 물리적 변화라고 한다. 예를 들면 상온에서 H_2O라는 분자는 물이 된다. 하지만 이 분자에 열을 가하면 물 분자는 수증기로 변한다. 또 물을 냉각시켜 분자 내의 에너지를 없애면 얼음이 된다. 여기서 다시 얼음에 압력을 가하거나 온도를 높이면 물이 되지만 그런 변화의 과정을 거쳤다고 해서 물이 가진 고유의 성질을 잃는 것은 아니다. 이처럼 압력이나 열력에 의해 물→수증기→얼음으로 상태가 변해가지만 H_2O라는 화학적 조성은 변하지 않고 외형적 상태만 변하는 현상을 물리적 변화라고 한다. 물리력 시대는 이런 물리적 변화를 거듭하면서 별을 만들고 지구를 만들면서 진화를 계속했던 시대였다.

이에 반해 화학력 시대의 변화는 물질의 본질을 바꾸어 놓는 변화이다. 백설탕은 단맛을 가진 하얀 가루이지만 그 백설탕을 태우면 쓴맛을 내는 시커먼 덩어리가 된다. 이렇게 변화 전의 물질과 변화 후의 물질이 서로 달라지는 현상을 화학적 변화라고 한다. 대표적인 화학적 변화는 원유를 가공하여 여러 종류의 기름을 뽑아내는 것이다. 원유에 열을 가하면 원유의 주성분인 탄화수소의 혼합물은 끓는 점의 차이에 따라 기체로 변하는데 그 기체를 냉각시키면 다시 액체가 된다. 그런 정제과정을 통해 얻은 액체가 우리들이 사용하는 각종 유류제품이다. LPG는 $-42℃~1℃$에서, 휘발유 및 나프타는 $30℃~120℃$에서, 등유는 $170℃~250℃$에서, 경유는 $230℃~350℃$에서, 중유는 $350℃$에서 각각 기체화되므로 정제공정에 투입된 원유를 각각의 비등점에 맞추어 정제하면 다양한 종류의 유제품이 얻어진다. 이 같은 원유정제과정은 모두 화학력을 이용한 과정이다. 원유자체도 탄화수소라는 화학적 물질이고 정제과정에 투입되는 열도 가스라는 화학적 물질의 가열에서 생기는 것이고 원유를 기체화시켰다가 다시 액체화시키는 것도 모두 화학적 반응을 이용하는 것이다.

뿐만 아니다. 연꽃잎 위의 물방울이 둥근 이유도 화학적 현상에서 비롯된다. 세상의 모든 물질은 자신과 같은 분자끼리는 응집하고자 하는 화학적 본성을 지니고 있다. 연꽃잎의 분자와 물의 분자는 서로 다르므로 연꽃잎 위에 떨어진 물은 물 분자끼리 뭉치려 하므로 동그란 모양을 가지게 된다. 지구 온난화도 화학적 현상에서 비롯된다. 프레온가스는 공기 중에서 분해되지 않고 오존층에 침투하여 오존(O_3)을 파괴한다. 오존이 파괴되면 태양의 자외선이 지구로 마구 쏟아져 들어와 지구가 더워진다. 화학력 시대는 이처럼 두 번 다시 되돌아오지 못할 강을 건너도록 하는 변화를 통해 진화가 이루어졌던 시대이다.

세포력 시대는 물리력 시대와 화학력 시대가 이루어 놓은 기초적인 진화의 결과를 바탕으로 하여 무기체를 유기체로 변화시킨 혁명적 시대였다. 즉 죽은 물질 뿐이었던 지구에 살아 있는 생명을 탄생시켰던 시대이다. 원자라는 무기체뿐이었던 지구에 세포라는 유기체가 탄생됨으로 해서 그 때까지 죽어 있었던 지구는 살아 숨 쉬는 지구로 탈바꿈 되었던 것이다. 세포력이 만들어 낸 그런 탈바꿈은 자연환경을 혁명적으로 바꾸어 놓는 탈바꿈이었다. 만일 생명의 출발점이었던 유기체가 탄생되지 않았더라면 지구는 지금도 화성이나 목성처럼 거대한 가스덩어리 상태에 머물러 있을지도 모른다. 세포의 탄생은 그 만큼 녹색지구를 만든 일등공신이었다. 그래서 지구상에 살아 숨 쉬는 생명을 탄생시킨 세포력 시대를 지구의 제2혁명기라 할 수 있다.

시대별 변화의 특성		
시대구분	변화의 본질	변화 결과
물리력 시대	물질 상태의 변화	동질성 유지
화학력 시대	물질 본질의 변화	이질성 창출
세포력 시대	무기체를 유기체로 변화	이체성 탄생

인류적 시각에서 보면 지구가 물리력 시대에서 화학력 시대로 진화하고 다시 세포력 시대로 진화한 것은 인류라는 고도의 지적 생명체를 탄생시키기 위한 기초 작업과도 같다. 구름이 모여 비가 오는 것은 단순한 자연현상이지만 농부의 입장에서 보면 가뭄에 내리는 비는 농사를 지으라고 하늘이 내리는 축복이듯 지구의 시대변화와 그에 따른 지구환경의 진화는 단순한 자연현상이지만 인류원리적 측면에서 보면 그런 변화와 진화는 인류라는 지적생명체를 탄생시키기 위해 하늘이

적절한 기초 환경을 만들어가는 과정이었다. 이런 관점에서 볼 때 인류원리는 아전인수적인 시각으로 평가절하 될 수도 있지만 그래도 현존하는 인류가 언제 어느 때 왜 어떻게 태어났는지를 밝히기 위한 하나의 중요한 수단이 될 수도 있음은 사실이다.

지구의 물리적 및 화학적 환경조성과 인간 생명체의 탄생을 인류원리적 측면에서 풀어나가려는 시도는 종교적 관점에서는 무척 매력적인 시각이다. 모든 종교는 우주 속의 인간이 아닌 인간 속의 우주를 문제 삼고자 한다. 한쪽 다리가 부러지면 다른 쪽 다리가 부러지지 않은 것을 감사하라는 식의 종교적 감사철학은 자아(自我)를 우주의 중심에 놓고 보는 철학이다. 우주적 관점에서 보면 강한 바람이 나뭇가지를 부러뜨리듯 우연한 사고로 그저 한 쪽 다리가 부러졌을 뿐이다. 그것은 원망해야할 일이지 감사해야할 일은 아니다. 따라서 종교적 감사는 되 돌이킬 수 없는 엄연한 현실 앞에 무너져가는 자신을 붙잡기 위한 궁여지책으로서의 자기위로에 지나지 않는다. 하지만 자아를 우주의 중심에 세워 놓으면 모든 우주적, 지구적 행위는 자기를 위해서 이루어진다. 들판에 곡식이 자라는 것도, 숲속에 짐승이 뛰노는 것도, 물속에 고기가 헤엄치는 것도 자기를 배불리 먹도록 하기 위한 하늘의 배려이고 바람이 부는 것도 눈비가 오는 것도 태양이 비치는 것도 모두 자기를 행복하게 살도록 하기 위한 하늘의 배려이다. 모든 종교는 어떤 형태로든 그런 아전인수적 인류원리를 바탕으로 하고 있다.

물론 이런 종교철학적 시각은 물리학계가 관심을 가지는 인류원리의 본질은 아니다. 물리학계가 관심을 가지는 인류원리는 지구의 탄생과 지구가 가지는 제반 물리적 현상을 풀어나가기 위한 수단이다. 그러나 그 기본적인 논리는 사용자의 의도에 따라 얼마든지 원용될 수 있다. 화두를 출발점으로 하여 성불하고자 하는 불교의 수행방법도 어떤 면에서 보면 물리학의 인류원리와 동일하다. 예들 들어 어느 불자가 "네가 누구냐?"라는 화두를 가졌다고 가정하자. 그 화두는 문자 상으로는 아주 간단한 화두이다. 그러나 그 화두를 붙잡고 늘어지면 질수록 그 간단한 한 마디는 광대한 우주로 나아가는 드넓은 관문이 되고 삼라만상과 뒤엉키는 복잡한 끈이 된다. 그렇게 간단한 화두 하나에서 출발하여 광대무변한 우주와 접하고 삼라만상과 엮이면서 실타래를 풀듯 삶의 진리를 하나씩 풀어나가 마침내 성불하는 것이 바로 화두를 통한 돈오(頓悟)의 과정이다.

세포력 시대의 주인공인 세포 또한 형의 세계와 무형의 세계로 나누어진다. 세포는 유형적 형상과 무형적 질료를 동시에 가진 물질이다. 세포핵, 세포질, 세포막으로 구성되는 세포는 보이는 유형적 형상이고 세포가 지니는 감각, 반응, 의식은 보이지 않는 무형적 질료이다. 원자가 보이는 유형적 형상과 보이지 않는 무형적 질료를 가지듯 세포도 이렇게 유형적 형상과 무형적 질료로 이루어진다. 그리고 무형적 질료를 내포하는 유형은 반드시 생멸을 반복한다. 즉 한 때 있었다가 한때 없어지기를 반복한다. 이는 세포도 원자와 같이 결국은 유형과 무형, 있음과 없음이라는 동일한 이진법적 진화를 계속함을 의미한다.

그런 이진법적 진화는 앞서 언급한대로 유와 무의 이진법적 진화인 동시에 음과 양의 이진법적 진화이다. 있음은 유이고 없음은 무이다. 따라서 유형적 형상은 유이고 무형적 질료는 무이다. 그러므로 세포라는 유형과 세포반응이라는 무형의 반복은 유와 무의 반복이다. 또 유는 양이고 무는 음이다. 따라서 유와 무의 이진법적 진화는 양과 음의 이진법적 진화이다. 그러므로 유형과 무형으로 이루어지는 세포는 음과 양이라는 이진법적 진화를 계속하는 물질이다.

　인간세상에서의 유형은 경제이고 무형은 정치이다. 이런 인간세상의 원리를 세포적 차원에 적용하면 세포의 유형적 영역은 인간세상의 경제 활동에 비유될 수 있고 세포의 무형적 영역은 인간세상의 정치활동에 비유될 수 있다. 따라서 세포의 생존원리도 결국은 인간세상의 정경원리와 조금도 다를 바 없다. 아니 인간세상의 정경원리는 인간보다 앞서 태어난 세포의 생존원리에서 비롯되었다고 해야 할 것이다. 이렇게 볼 때 자연과학과 사회과학은 그 뿌리가 하나이며 따라서 결코 동떨어진 별개의 학문이 될 수 없다. 필자가 자연과학과 사회과학을 접목시켜 통합된 하나의 생존원리를 정립하고자 하는 이유가 바로 여기에 있다.

제6장
식물력 시대의 변화

01 식물력 시대의 탄생과정

　세포력 시대 다음으로 등장한 시대는 식물력 시대였다. 식물력 시대란 탄소동화작용 같은 식물적 힘을 변화주력으로 하여 죽은 지구를 살아 숨 쉬는 지구로 변화시켜 놓았던 시대를 말한다. 이 식물력 시대 동안 실질적인 생물시대의 문이 열리고 지구생태계가 형성되었다. 지구 땅에 최초로 식물이 생기기 시작한 것은 단세포생물이었던 녹조류가 진화하여 육상에 적응하면서부터라고 한다. 지구는 약 13억 년 간의 단세포박테리아 단계를 벗어나 드디어 다세포박테리아의 단계에 접어들게 되었고 그 다세포박테리아는 원생생물체(Protist)로 진화되었다. 그런 기초적인 진화로부터 곰팡이(fungi), 식물(plant)등으로 다시 진화를 거듭함으로써 본격적인 식물력 시대가 열리게 되었던 것이다.

　물론 식물과 동물은 선후를 구분하기 힘들 정도로 거의 동시에 탄생한 것으로 알려져 있다. 최초의 생명체로 여겨지는 플랑크톤만 보아도 식물성 플랑크톤과 동물성 플랑크톤은 거의 동시대에 탄생했다. 그러나 식물은 자생영양생물이기 때문에 타생영양생물인 동물보다 순서상 앞서야 할 것이다. 예를 들면 타생영양생물인 동물성 플랑크톤은 자생영양생물인 식물성 플랑크톤을 잡아먹고 산다. 따라서 식물력 시대를 동물력 시대보다 앞세우는 것은 당연할 것이다.

일반적으로 식물이라 함은 세포벽과 엽록소가 있어 독립적으로 광합성을 하여 영양분을 얻는 생물로써 이동활동을 하지 않는 생명체를 의미한다. 지상식물의 출발점인 최초의 식물은 콜레오체이트(Coleochaete)로 알려져 있다. 깨끗한 물에 사는 녹조(綠藻)식물이던 콜레오체이트가 육상으로 올라와 육상식물이 되면서 지상의 식물 세계는 시작되었다고 한다.

육상에 적응하여 나타난 최초의 식물은 약 4억5천만 년 전에 생긴 것으로 여겨지는 이끼 같은 선태류(蘚苔類, bryophyte)였다. 그 선태류가 진화하여 수액의 통로가 되는 가도관(假導管, tracheid)이 생기고 그 가도관 조직이 다시 진화하여 식물을 꼿꼿이 서 있도록 하는 지지(支持)조직이 생겨나게 되었다. 그때부터 이끼류는 고사리 같은 양치류(羊齒類, Filices)로 진화하면서 잎을 받치는 줄기가 생기기 시작했다. 이렇게 줄기를 가지는 식물을 관속식물(管束植物)이라고 하는데 관다발이 있는 모든 식물군은 이에 속한다. 식물들은 일반적으로 녹색식물만 관다발이 발달되어 있으므로 녹조류에서 이끼류로 진화하고 다시 관속식물로 진화했다고 믿어진다. 이는 1813년 스위스의 식물학자 드 캉돌(A. P. De Candolle)이 식물계를 세포식물과 관다발식물로 분류한 것에서 비롯된다.

지지조직과 영양분을 나르는 통도조직(通導組織)을 가진 씨앗 없는 관속식물은 우수한 번식력으로 지구 위를 급속히 뒤덮어 나갔다. 그러나 수 차례의 빙하기를 거치면서 씨앗 없는 포자(胞子)로는 식물 스스로 살아남기 힘들게 되자 식물은 다시 진화하여 원시적 종자를 탄생시키게 되었다. 그 원시종자의 탄생으로 나자식물(裸子植物)들은 아무리 추운 날씨라도 일단 살아남을 수 있게 되었다. 겉씨식물이라고도 불리는 나자식물은 꽃에 화피(花被)가 없고 암꽃과 수꽃이 따로 피어 주로 바람에 의해 수정됨으로서 씨앗을 만들게 된다.

지구가 오늘날과 같은 무성한 숲으로 뒤덮이게 된 것은 속씨식물 (angiosperms)이 생기면서부터였다. 현화식물(顯花植物)이라고도 불리는 속씨식물은 밑씨가 씨방 안에 들어있는 식물로서 약 1억4천만 년 전으로 추정되는 중생대 때 지구상에 처음 나타난 것으로 알려지고 있으며 그 후 약 1억년전인 백악기에 이를 때까지 무수히 확산되어 현재는 전체식물의 약 80%를 차지하는 대표적인 식물이 되었다. 이렇게 이끼류에서부터 시작하여 속씨식물에 이르기까지 진화하면서 지구를 녹색의 땅으로 바꾸어 놓았던 시대가 바로 식물력 시대이다.

식물력 시대를 개막한 시초식물이라 할 수 있는 해조(海藻, algae)와 해초류(海草類, seaweed)가 등장한 것은 약 10억 년 전이었다. 물론 식물성 플랑크톤도 식물이며 따라서 식물력 시대를 플랑크톤이 탄생된 시기로 보아야 한다는 의견도 있을 수 있다. 그러나 플랑크톤은 단세포 생명체였기 때문에 다세포 조직체로서의 식물이라기보다는 세포라 보아야 할 것이다. 플랑크톤을 앞장의 세포력 시대에서 다룬 이유도 이 때문이다. 일반적으로 식물이라 함은 세포벽과 엽록소가 있어 독립적으로 광합성을 하여 영양분을 얻는 생물로써 이동활동을 하지 않는 생명체를 의미한다.

물론 식물에 대한 이 같은 정의(定意)에는 많은 예외가 있다. 예를 들면 유글레나(Euglena)같은 단세포 조류(藻類)는 식물의 특징인 세포벽이 없고 유영(遊泳) 생활을 하기 때문에 원생동물의 편모충류로 취급되기도 하며 곰팡이나 버섯 같은 균류는 엽록소를 가지고 있지 않아 종속 영양생활을 하므로 식물로 분류하기 어렵다. 또 다수의 단세포식물들은 편모(鞭毛)만을 가지고 물속을 헤엄쳐 다니는 이동활동을 하고 있다. 이러한 예외에도 불구하고 아리스토텔레스 이래로 식물의 구분기준으로 정해진 위의 원칙은 그대로 받아들여지고 있다.

지상식물의 출발점인 최초식물은 콜레오체이트(Coleochaete)로 알려져 있다. 깨끗한 물에 사는 녹조(綠藻)식물이던 콜레오체이트가 육상으로 올라와 육상식물이 되면서 지상의 식물 세계는 시작되었다고 한다. 육상으로 올라온 콜레오체이트가 지상에서 자라면서 형성한 최초의 모습은 선태식물의 모습이었다. 그래서 콜레오체이트는 선태식물의 최초 조상으로 여겨지고 있다. 물은 공기보다 약 1,000배나 점성이 높아 산소의 확산이 매우 느릴 뿐만 아니라 물에는 용존산소량이 제한되어 있지만 공기 중에는 산소가 약 20%나 되므로 광합성이 빠르고 따라서 성장이 빠른 것은 당연하다. 더욱이 선태류(蘚苔類, mosses)는 체표(體表)를 덮고 있는 큐티클(cuticle: 생물의 체표를 덮고 있는 세포)층이 있어 수분의 손실을 줄일 수 있다. 그래서 가뭄이 있을 때도 선태식물은 잘 자란다.

특히 선태류는 물관과 체관 비슷한 하이드로이드(hydroid)[4]와 렙토이드(leptoid)[5] 조직이 발달해 있다. 가도관(假導管: 헛물관)과 가체관(假體管)에 비할 바는 아니지만 그래도 수송조직이 탄생한 것이다. 그래서 최근 들어 선태식물을 진정한 비관다발식물로 규정하기 힘들다는 식물학자들도 있다고 한다.

물에서 육상으로 올라온 과정은 틀림없이 민물에서 육상으로 올라

4] 하이드로이드(hydroid)란 선태식물의 통도세포를 말한다.
5] 렙토이드(leptoid)란 선태식물의 통도조직에서 얇은 세포벽을 가진 신장 세포를 말한다.

왔을 것이다. 해양에서 올라오기 위해서는 삼투차이를 극복해야 했을 것이므로 쉽지 않았을 것이다. 특히 해양에서는 지금도 선태식물이 발견되지 않고 있는데 이는 선태류의 민물진화설을 뒷받침해주는 근거가 될 수도 있다.

물에서 육상으로 올라 온 선태식물이 번지면서 방산진화가 시작되었다. 방산진화(放散進化, evolutionary radiation)란 같은 종류의 생물이 새로운 환경조건에 적응하면서 다양하게 분화하여 비교적 짧은 시간 내에 다수의 다른 계통으로 갈라져 나가는 현상으로써 영국의 생물학자 오스본(H. F. Osborn)이 최초로 제창하였다. 육지에서 자라기 시작한 선태류(蘚苔類)도 그런 방산진화에 의해 어느 날 가도관과 가체관이 생기게 되었을 것으로 추정된다. 가도관과 가체관이 생기면 여러 가지 장점이 있다. 그중에서도 특히 중요한 두 가지 장점은 다음과 같다.

첫째, 식물이 성장하는데 필요한 물질을 수송하는 데 큰 도움이 된다. 비록 선류(蘚類)가 하이드로이드와 렙토이드 조직을 가지고 있다고는 하지만 그것은 어디까지나 선류에만 존재할 뿐이고 또 상대적으로 역할이 미미하다. 게다가 각태류(角苔類)와 태류(苔類)는 그것마저 없어 산소 공급률이 낮으므로 다습한 환경에서만 살 수 있다. 그래서 그런 것들을 이끼라고 부른다.

둘째, 가도관 조직이 발달하면 개체의 지지를 담당할 조직이 생겨나게 된다. 이것은 엄청난 변화이다. 이 지지조직 덕분에 그때까지 땅바닥에 붙어살았던 선태류와는 달리 지상에서 하늘로 자라 오르는 석송류(石松類), 솔잎란류, 속새류, 양치류 등이 생기게 되었다. 만일 지지조직이 생기지 않았더라면 수십 미터씩 자라 오르는 나무들은 생길 수 없었을 것이다. 지지조직이 없으면 바람이 조금만 불어도 무너지게 되므로 키가 자랄 수 없을 것임은 말할 필요도 없다.

　일반적으로 학자들은 비종자 관다발식물이 선류에서 진화했다는데 의견의 일치를 보고 있다. 식물이 진화해온 이런 과정을 요약하면 곧 "태류(苔類, liverwort)→각태류(角苔類, hornwort)→선류(蘚類, moss)→비종자(非種子) 관속식물(管束植物, vascular plants)"로 진화한 것이라 할 수 있다.

　선태식물에서 관속식물로 진화한 것은 약 5억 만 년 전으로 알려지고 있으며 관속식물에서 다시 비(非)종자식물과 종자식물로 진화한 시기는 약 3억6천만 년 전으로 알려져 있다. 관속식물은 다시 포자(胞子, spore)로 번식하는 비종자관속식물과 종자로 번식하는 종자관속식물로 나누어진다. 비종자관속식물의 대표적인 것은 석송, 쇠뜨기, 솔잎난, 그리고 고사리가 있다. 종자 관속식물은 종자가 노출되어 있는 나자식물(裸子植物)과 꽃을 피우는 현화식물(顯花植物)로 나누어진다. 나자식물로는 소철, 은행나무, 소나무가 대표적이고 현화식물은 지구상에 가장 많은 식물로서 잔디, 백합, 난, 떡갈나무, 버드나무, 제비꽃, 해바라기 등, 수없이 많다.

　종자식물이란 씨를 가지고 있는 식물을 말하는데 꽃과 열매를 맺는 피자식물(被子植物, 속씨식물)은 적응력이 뛰어나 크게 번성하여 현재 종자식물의 90%를 차지하고 있다. 최초의 종자식물은 씨가 밖에 노출되어 있는 나자식물 이었으나 약 1억3천만 년 전 피자식물로 분화하게 된 것으로 추정된다. 피자식물은 싹이 나올 때 나오는 떡잎 수에 따라 단자엽(외떡잎) 식물과 쌍자엽(쌍떡잎) 식물로 나누어지며 단자엽 식물은 쌍자엽 식물에서 분화한 것으로 믿어진다.

　또 고생대에는 양치식물(羊齒植物, Pteridophyta)이 크게 번성했던 것으로 알려져 있는데 그런 것들이 변형된 화석이 바로 석탄이다. 비종자

관다발식물의 시조는 현재는 사라지고 없는 무엽(無葉) 광합성 식물이었던 라이니아(Rhynia) 문(門)이다. 그런 비종자 관다발식물은 지지조직도 있고 통도조직(通導組織)도 있어 번식이 왕성했으므로 단기간에 거의 전 지구를 덮어버리게 되었다.

비종자 관속식물이 지구환경에 미친 가장 중요한 역할은 마침내 우수한 포자체(胞子體, sporophyte) 세대가 생겼다는 것이다. 초기식물들은 수 차례의 빙하기를 거치면서 그 추운 기온에 버티기 어렵게 되자 추운 곳에서도 버틸 수 있는 새로운 생식체계의 필요성이 절실했다. 포자는 그런 필요성이 낳은 결과였다. 포자형태의 씨앗은 눈 속에 파묻혀도 쉽게 죽지 않는다. 그래서 종자식물이 나타나면서부터 겨울 추위와 빙하기를 이기고 식물력 시대는 꽃을 피우게 되었다.

지구상의 생물이 번식하는 방법을 보면 식물의 경우는 꽃, 열매, 그리고 씨앗을 통해서 번식하고 조류, 파충류, 양서류의 경우는 알을 낳아 번식하고 포유류의 경우는 체내수정을 통해 새끼를 낳아 번식하고 물속에 사는 어류의 경우는 체외수정을 통해 번식한다. 그외 곰팡이나 박테리아 같은 원핵 혹은 진핵생물은 복제를 통한 이분법이나 출아법 등을 통하여 번식한다. 이들은 자기복제를 통하여 자기와 완벽히 똑같은 생명체를 만들어낸다. 그래서 이분법의 경우 누가 부모인지 자식인지 혹은 부모가 사라지고 자식만 남은 것인지 모를 정도로 환경만 갖추어지면 무수히 복제해 나간다.

식물의 생육과 기후환경과는 밀접한 관계가 있으므로 식물화석은 고대 기후를 조사하는데 좋은 지표가 된다. 식물 분포를 결정하는 기후요인은 주로 온도와 습도이므로 식물 화석군은 화석 온도계 혹은 우량계(雨量計) 역할을 한다. 예를 들면 백악기에서 현생대 제3기 전반기까지는 북극이나 남극 주변에도 훌륭한 삼림이 존재하였고 수림이 성장하는 데 충분한 강수가 있었으며 현재의 온대에 해당하는 기온이었음을 식물화석으로 알 수 있다. 극지에 삼림이 있는가 없는가에 따라 태양광선의 흡수나 반사가 달라진다. 따라서 당연히 지구적인 기후에도 영향을 미친다. 식물은 환경에 따라 진화해 왔지만 때로는 식물 자신이 환경에 영향을 주고 나아가 진화해 왔다는 사실을 화석은 분명하게 말해주고 있다.

02 식물의 분류

식물에는 다양한 종류가 있다. 그 다양한 종류는 크게 다음과 같이 분류된다.

첫째, 번식방법을 기준으로 할 경우 종자식물(種子植物, Spermatophyte)과 포자식물(胞子植物, sporic plant)로 분류된다. 종자식물은 씨로 번식하는 식물이고 포자식물은 포자로 번식하는 식물이다.

둘째, 떡잎을 기준으로 할 경우 쌍떡잎식물과 외떡잎식물로 분류된다. 쌍떡잎식물은 떡잎이 2장 있는 식물로써 잎맥이 그물맥이고 관다발이 규칙적으로 배열되어 있다. 외떡잎식물은 떡잎이 1장 있는 식물로써 잎맥이 나란한 맥이고 관다발이 불규칙적으로 배열되어 있다.

셋째, 꽃의 유무로 분류할 경우 꽃식물(종자식물)과 민꽃식물(포자식물)로 분류된다. 꽃식물은 꽃이 피고 열매가 맺는 식물이고 민꽃식물은 꽃이 피지 않고 포자로 번식하는 식물이다.

넷째, 씨의 위치로 분류할 경우 속씨식물(현화식물)과 겉씨식물(나자식물)로 분류된다. 속씨식물은 씨가 씨방에 있는 식물이고 겉씨식물은 씨가 밖에 노출되어 있는 식물이다.

식물의 분류는 여기서 그치지 않는다. 식물에 대한 연구가 시작된 초기에는 식물을 흔히 목본(木本)과 초본(草本)으로 구분하거나, 약용(

藥用), 식용(食用)등 유용식물(有用植物)인지 아닌지 구분하기도 하였으며 꽃 열매 종자의 모양과 특징에 따라 구분하기도 하였다. 그러나 현미경이 만들어지고 식물의 미세구조가 밝혀지면서 꽃이 피는 고등식물뿐만 아니라 단세포로 된 하등식물까지 그 특징이 자세히 알려지면서 각각의 식물은 서로 상당히 긴밀한 관계를 맺고 있음을 알게 되었다.

현재 지구상에는 약 35만여 종의 식물이 살고 있는데 이들은 대략 조류(藻類) 30,000여 종, 선태식물(蘚苔植物) 22,500여 종, 양치식물(羊齒植物) 10,500여 종, 겉씨식물 800여 종, 속씨식물 250,000여 종으로 분류된다. 따라서 이와 같은 방대한 식물군을 분류하는 방법도 여러 가지로 다를 수밖에 없다. 그 중 대표적인 분류체계를 들여다보면 다음과 같다.

첫째, 남조식물(藍藻植物, Cyanophyta)은 박테리아와 함께 원핵생물(原核生物)로 불리는 식물군이다. 대부분이 단세포 또는 군체(群體)를 이루지만 다세포의 사상체(絲狀體, trichome)인 것도 있다. 남조소(藍藻素, phycocyan), 홍조소(紅藻素, phycoerythrin)등의 피코빌린(phycobilin)을 가지고 있으며 광합성(光合成)을 하고 독립영양생활을 한다. 동화산물(同化産物, assimilation products: 동화작용에 의해 생성된 물질)은 덱스트린(dextrin)이며 물, 공기, 토양 속이나 또는 암석 위 등, 어디에서나 볼 수 있고 지의류(地衣類, lichens)와 공생하는 것도 있다. 이분법, 절단법 또는 포자법 등에 의한 무성생식을 하며 생식세포에 의한 유성생식은 알려진 바가 없다. 이 식물군은 현재 약 160속 1,400여종이 있다.

둘째, 홍조식물(紅藻植物: Rhodophyta)은 단세포로부터 진화하여 다양한 다세포체를 이루고 있는 식물로써 남조류와 깊은 관계를 가지고 있다. 대부분 바다에서 살고 엽록소 A와 D, 홍조소 및 남조소 피코빌린계의 피코시아닌(phycocyanin)을 가지고 있어 광합성을 한다. 동화산물(同化産物)은 홍조녹말(紅藻綠末, floridean starch)이다. 김, 우뭇가사리 등과 같이 우리 생활과 깊은 연관을 가진 종류도 있고, 산호말류(coralline algae)처럼 석회질을 다량으로 함유한 채 바위에 붙어 고착생활을 하고 있는 종류도 있어 식물이라고 보기 힘든 경우도 있다. 무성생식은 사분포자(四分胞子)에 의하고 유성생식은 암수 배우자가 결합하여 만들게 되는 과포자(果胞子)에 의한다. 이런 식물의 생식세포는 편모도 없고 운동성도 없다. 현재 지구상에는 이런 종류의 식물이 약 500속 4,000여종이 있다.

셋째, 황조식물(黃藻植物: Xanthophyta)은 부동성의 단세포체, 군체, 사상체, 낭상체(囊狀體)등을 하고 있으며 주로 이중적인 셀룰로오스 벽을 이루고 있는 식물이다. 편모는 1~3개이고 엽록소 A와 C가 있으며 동화산물은 류코신(leucosin)이다. 주로 바다에 살며 육상의 습지에 사는 것도 있다. 갈색식물 문(門)에 속하는 규조류(硅藻類, diatom)가 여기에 포함된다. 운동성이 있는 것은 편모충류로 분류하기도 하며 이런 종류의 식물은 현재 약 300속 10,000여종이 있다.

넷째, 황적조식물(黃赤藻植物: Pyrrhophyta)은 단세포체, 군체, 사상체 등을 하고 있고 주로 엽록소 A와 C 및 크산토필(xanthophyll)계의 색소를 가지며 광합성을 하는 식물을 말한다. 동화산물은 유지와 녹말 등이다. 세포에는 염주모양으로 연결된 염색질을 가진 핵이 있고 여러 조각으로 나누어지며 돌기를 이루기도 하는 세포벽과 이 세포벽의 홈을 따라 가로 세로로 뻗은 2개의 편모가 있는 것이 특징이다. 2분법적 무성생식을 통해 증식한다. 이들은 많은 종류가 바다에 살며 식물플랑크톤(phytoplankton)의 구성원이 되는데 때로는 폭발적인 증식으로 적조(赤潮)현상을 일으키기도 한다. 운동성이 있는 것은 편모충류로 분류하기도 하는데 현재 지구상에는 약 150속 1,000종이 있다.

다섯째, 황갈조식물(黃褐藻植物: Chrysophyta)은 단세포로 된 조류로써 엽록소 A와 종류에 따라서는 C를 함유하고 있는 식물이다. 갈조소 같은 크산토필계 색소를 가지고 있으며 광합성을 한다. 동화산물은 류코신이며 녹말은 만들지 않는다. 이들은 흔히 편모가 1개 또는 2개 있고 펙틴질 또는 규산질의 세포벽에 싸여 있는데 편모가 없거나 나출된 것도 있다. 일반적으로 세포 분열에 의한 무성생식을 하지만 유성생식을 하는 종류도 있는 것으로 알려져 있다. 학자에 따라 갈색식물에 포함시키기도 하는데 현재 지구상에는 약 300속 6,000여 종이 있다.

여섯째, 갈조식물(褐藻植物: Phaeophyta)은 체제상으로는 조류(藻類) 중에서 가장 고등식물이고 모두 다세포체이며 현미경적 크기에서부터 수십 미터에 달하는 거대한 종류도 있다. 대부분 바다에 사는데 엽록소 A와 C, 그리고 갈조소를 가지고 광합성을 하며 동화산물은 라미나린(laminarin: 세포벽 속에 들어있는 탄수화물)이다. 추운 한해(寒海)에서 자라는 미역, 모자반처럼 식용 가능한 종류가 많고 알긴산(alginic acid: 갈조류(褐藻類)의 세포막을 구성하는 다당류)의 원료 등, 산업적으로 이용되기도 한다. 포자에 의한 무성생식과 배우자에 의한 유성생식 둘 다를 통해 증식하며 현재 약 240속 1,500종이 있다.

일곱째, 유글레나 식물(Euglenophyta)이라고도 불리는 녹충식물(綠蟲植物)이다. 유글레나로 대표되는 이 식물들은 편모를 가진 단세포 식물로써 대부분 민물에서 산다. 엽록소 A와 B를 가지고 있어 광합성을 하고 독립영양생활을 하지만 환경조건에 따라서는 유기물을 섭취하기도 한다. 동화산물은 조류(藻類)와 편모충류에 존재하는 녹말과 비슷한 물질인 파라밀론(paramylon)이다. 몸의 앞 끝에 안점(眼點)이 있고 편모를 가지는 등, 동물적인 특성이 있어 편모충류로 분류하기도 한다. 이분법에 의한 무성생식을 하며 유성생식은 하지 않는 것으로 알려져 있는데 현재 약 25속 400종이 있다.

여덟째, 녹조식물(綠藻植物: Chlorophyta)은 단세포체, 군체, 다세포체, 사상체, 비세포성 다핵체에 이르기까지 여러 종류가 있다. 육상식물과 같이 엽록소 A와 B를 가지고 있어 광합성을 하며 녹말을 만든다. 민물에 살며 포자 등에 의한 무성생식과 체세포의 접합 또는 생식세포의 결합에 의한 유성생식을 하며 현재 약 500속 5,000종이 있다.

아홉째, 차축조식물(車軸藻植物: Charophyta)은 민물에 사는 다세포식물로서 쇠뜨기와 비슷한 모양을 하며 색소의 조성과 동화산물이 같아 녹조류와 비슷하지만 영양체의 성장과 생식법이 다르다. 또 유성생식 기관이 특이하다. 엽록소 A와 B, 카로틴(carotene), 크산토필(xanthophyll) 등의 색소를 가지며 동화산물은 녹말이다. 차축조속(Chara), 니텔라속(Nitella) 등이 여기에 속하는 대표적인 속(屬)이다.

열째, 선태식물(蘚苔植物: Bryophyta)은 보통 이끼류라고 불리는데 이 식물은 물속생활을 하는 녹조식물과 육상생활을 하는 양치식물의 중간 형태로서 엽상(葉狀)이다. 줄기, 잎의 분화가 없는 태류(苔類)와 뿌리, 줄기, 잎의 구별이 뚜렷한 선류(蘚類)로 크게 나뉜다. 이들은 포자에 의한 무성생식과 배우자에 의한 유성생식을 번갈아 한다. 생식하는 대표적인 과정은 배우체이며 그 위에 포자체가 기생적으로 부착되어 있다.

열한째, 양치식물(羊齒植物: Pteridophyta)은 보통 고사리류라고 한다. 생식기관이 선태식물과 유사하며 장란기(藏卵器, archegonium), 장정기(藏精器, antheridium)에서 만들어지는 암수 배우자의 수정으로 유성생식을 한다. 배우체는 전엽체(前葉體)라고 불리는 현미경적인 크기의 개체로서 무척 특이하다. 양치식물부터 관다발이 발달하여 물관과 체관을 통하여 수분과 양분이 몸의 각 부분으로 이송된다. 과거 지질시대 때 이 양치식물은 거대한 목초로 번성하였으나 지금은 대부분 절멸되어 화석(化石)으로 남아 있다. 현재 약 320속 1만 여종이 있다.

　열두째, 종자식물(種子植物: Spermatophyta)은 꽃을 피우고 열매를 맺는 고등식물로 현화식물(顯花植物)이라고도 한다. 이에 반해 양치식물 이하의 식물군을 은화식물(隱花植物)이라 한다. 밑씨가 씨방 속에 있는 속씨식물(Angiospermae)과 밑씨가 씨방 밖에 나출되어 있는 겉씨식물(Gymnospermae)로 크게 나누어지지만 경우에 따라서는 이들을 각각 독립된 문(門)으로 분류하기도 한다. 속씨식물은 백악기 중기에 출현하여 제3기 및 제4기를 거치면서 진화 발전하여 현재에 이르고 있고 겉씨식물은 과거 지질시대에 크게 번성하였다가 지금은 쇠퇴하고 있는 식물군이다. 현재 약 1만2,000속 200,000여 종이 있다.

　위에 열거한 여러 식물의 탄생은 지구를 다시 한번 천지개벽시켜 놓는 계기가 되었다. 식물이 탄생됨으로 해서 그때까지 사실상 벌거벗은 알몸으로 있었던 지구는 푸른 녹색천지로 변하고 오늘날과 같은 완벽한 지구의 모습을 갖추게 되었다. 다시 말하면 식물의 탄생이야말로 죽어 있던 지구를 살아 숨 쉬는 지구로 만든 일등공신이었다. 그렇기 때문에 식물의 탄생은 지구의 제3혁명이라 할 수 있다.

| 양지식물과 음지식물

식물은 살아가는 장소에 따라 양지식물과 음지식물로 구분하는데 양지식물(陽地植物, sun plant)은 내음성(耐陰性)이 약하고 양지에서 잘 자라는 식물을 말한다. 수목의 경우는 양수(陽樹)라고 하며 소나무, 일본잎갈나무, 자작나무 등이 이에 속한다. 이런 양지식물은 태양이 잘 비치는 곳에서만 자란다. 양지식물은 광포화점이 높아 빛이 강할수록 광합성능력이 좋아지기 때문이다. 전형적인 양지식물의 잎은 모두 양엽(陽葉)으로 음엽(陰葉)은 만들지 않는다. 대부분의 1년생 식물이나 중요한 농작물은 양지식물에 속한다.

음지식물(陰地植物, shade plant)은 광포화점이 비교적 낮아 그늘에서도 잘 자라는 내음성(耐陰性)이 강한 식물을 말한다. 그늘에서 잘 자라는 이끼, 메밀, 잣나무, 밤나무, 양치류 등이 이에 속한다. 음광(陰光)식물 혹은 음영(陰影)식물이라고도 하는 음지식물은 삼림이 우거져 빛이 잘 들지 않는 약광(弱光) 조건에서도 건강하게 잘 자란다. 이런 음지식물은 식물의 성장에 필요한 최소한의 빛을 의미하는 최소수광량(最小受光量)이 양지식물보다 훨씬 적다.

음지식물의 중요한 특징 가운데 하나는 호흡속도가 느리다는 것인데 그 때문에 조명도(照明度)가 낮은 환경 하에서도 동화작용에 의한 정상적인 순생산량(純生産量)을 유지할 수 있다. 음지식물은 대부분 건조(乾燥)하거나 빛이 지나치게 강하면 오히려 견지지 못한다. 전나무, 측백나무, 식나무, 사스레피나무, 애기괭이밥, 맥문동 등이 이런 음지식물에 속하는데 이런 여러 음지식물 중에서도 나무인 경우는 양수(陽樹)와 대비하여 음수(陰樹)라고 한다.

▎수생식물과 육상식물

식물은 또 물에서 사느냐 땅에서 사느냐에 따라 수생식물과 육상식물로 구분한다. 수생식물(水生植物, Hydrophytes)은 물속에서 살아가는 식물을 말한다. 수생식물에는 물 위에 떠서 뿌리를 물속에 내리는 개구리밥이나 부레옥잠 같은 식물과 뿌리는 물밑에 내리고 물 위에 잎이 나고 꽃이 피는 수련 같은 식물, 그리고 뿌리와 밑둥은 물 밑에 있고 잎이나 줄기의 일부가 물 위로 솟아올라 꽃이 피는 붓꽃이나 부들 같은 식물 등, 여러 가지가 있다.

일반적으로 잎과 뿌리가 수상에 있는 수생식물은 공기 중에 나와 있는 잎과 뿌리로 산소를 흡수하여 줄기나 뿌리 끝까지 산소를 공급한다. 벼, 갈대, 벗풀 같이 몸체의 일부만 물속에 있는 식물도 공기를 잎에서 뿌리로 보내는 통로가 있다. 한편, 조류와 같이 완전히 물속에 들어가 있는 식물이나 수련 같은 수생식물은 잎이 완전히 물속에 들어가 있을 때는 체표면에 있는 투과성 막으로부터 물속에 녹아 있는 이산화탄소를 흡수한다. 특히 잎이 수면에 뜨면 육상식물과 달리 공기에 접하는 부분에만 기공이 발달하므로 대기 중의 이산화탄소를 빨아들여 광합성을 할 수 있다. 이렇게 수생식물은 각자 물속에서도 살아갈 수 있는 생존기능을 가지고 있다.

육상식물(陸上植物, land plant, terrestrial plant)은 육상에서 살고 있는 식물을 말한다. 육상에 살고 있는 종자식물의 대부분은 이에 속한다. 1908년 F.O. 바우어(Bauer)가 처음 사용한 용어로서 식물분류학상 정식 분류군 명칭은 아니다. 육상에 살고있는 선태식물과 관다발식물을 포함한 종자식물 중 대부분이 이에 속한다. 오늘날 지구상에 살고있는 육상식물 중 가장 많은 종류는 피자식물(속씨식물)로서 모두 25만여 종에 이르며 기타 식물은 34,000종 가량 된다.

서식장소별 식물의 구분	
서식장소	식물종류
양지식물	소나무, 일본잎갈나무, 자작나무 같이 내양성(耐陽性)이 강한 양수(陽樹)식물
음지식물	이끼, 메밀, 잣나무, 밤나무, 양치류 같이 내음성(耐陰性)이 강한 음수(陰樹)식물
수생식물	개구리밥, 부레옥잠 같은 부유(浮游)식물
	수련, 부들 같은 수근(水根)식물
육상식물	포자식물(겉씨식물)
	피자식물(속씨식물)

　진화적 관점에서 볼 때 육상식물의 출현은 바다와 육지가 만나는 곳에 처음 녹조류가 나타남으로써 시작되었다. 시간이 지나면서 이들 녹조류 중 일부가 건조한 환경에 적응하여 살아갈 수 있게 되었고 고생대(古生代) 실루리아기(Silurian Period) 말에 이르러 건조한 땅에서 살 수 있는 식물들이 생겨나 새로운 환경에 정착하기 시작한 것이 육상식물의 출발이다. 최초의 육상식물은 솔잎난류였고 그 뒤를 이어 선태식물과 나자식물(겉씨식물)이 출현하였으며 중생대 쥐라기(Jurassic Period)에 이르러 피자식물이 등장하였다. 생태학에서 말하는 육상식물은 수생식물에 상대되는 식물군이다.

　생태학적으로 육상식물계는 몇 가지 변화단계를 거쳐 완성되었다. 가장 첫 단계는 화산 폭발이나 토사의 퇴적 등, 여러 가지 원인으로 새로운 육지가 만들어지면서 시작되었는데 먼저 이끼류나 지의류 등이 땅을 덮고 그 뒤에 일년생 풀의 씨앗이 날아와 싹을 틔워 초원을 형성한다. 그 다음 양지에서 자라는 참억새나 오이풀 등의 다년생 풀이 나타나 야생의 양생초본군락(陽生草本群落)을 만들고 이어서 소나무, 굴밤

나무 같은 나무들로 이루어진 양수림(陽樹林)이 들어선다. 나무들이 크게 자라 양수림이 두터워지면 군락의 내부가 어두워지면서 고사리 등, 음지에서 자라는 음지식물들이 자라나게 된다. 또 햇볕이 부족해지면서 키가 작은 어린 양수들은 자라지 못하고 그 대신 너도밤나무, 가문비나무와 같은 음수들이 자라나 음수림(陰樹林)을 형성한다.

수생식물이든 육상식물이든 둘 다 온몸으로 수분을 흡수하지만 대부분 뿌리가 흡수하며 잎이나 줄기 등은 그 흡수량이 극히 미미하다. 수생식물과 육상식물의 뿌리는 크게 다르다. 육상식물은 뿌리가 강하지만 수생식물은 굳이 그럴 필요가 없다. 그저 물살에 쓸려가지 않을 정도만 되면 되기 때문이다. 줄기도 마찬가지이다. 육상식물은 쓰러지지 않도록 줄기가 강해야 하지만 수생식물은 흐느적거리거나 매우 약하다. 수생식물 중에는 갈대처럼 억센 식물도 있지 않느냐고 주장할 수 있지만 갈대는 물을 좋아할 뿐이지 수생식물로 분류되지 않는다. 육상식물은 공기 중에 있는 반면 수생식물은 물속에 잠겨있기 때문이다.

지상에 있는 육상식물은 지구의 중력과 바람, 그 외 다른 환경적 요인들과 싸워야 하지만 물속의 수생식물은 물속에 있으므로 그러한 영향이 훨씬 적다. 부평초나 물옥잠 등, 수면을 떠다니는 부유식물의 경우도 마찬가지다. 같은 뿌리라 할지라도 육상식물은 수분흡수가 주목적이지만 수생식물은 양분흡수가 주목적이다. 이는 육상식물의 경우 뿌리를 어느 정도 잘라내고 물에 두어도 살지만 수생식물의 경우는 뿌리를 자르면 식물의 전체적인 형태나 빛깔이 크게 달라지는 것만 보아도 알 수 있다.

┃ 식물의 생존방법

식물은 가뭄, 폭우, 폭설, 한파 등, 험악한 자연환경 속에서도 살아남아야 하고 초식동물의 무자비한 공격 속에서도 살아남아야 한다. 따라서 식물들도 그런 자연적 재해나 인간 혹은 동물들의 습격으로부터 살아남기 위하여 그들 나름대로의 생존방법을 가지고 있다.

남아메리카의 베네수엘라 로라이마(Roraima) 고원지대는 매우 습한 곳으로 비가 자주 내리기 때문에 영양분들이 물줄기에 휩쓸려 내려간다. 그래서 이곳에 사는 식물들은 무기물을 농축시키는 특별한 법을 터득하고 있다. 예를 들면 어떤 식물은 동물을 잡아먹기도 한다. 로라이마 끈끈이주걱은 잎사귀 표면 섬모에서 반짝이는 점액을 분비하여 곤충들을 유인한 뒤 끈끈한 점액에 달라붙으면 수많은 섬모들이 잽싸게 오므려 들어 잡아먹는다.

또 남아프리카 나미브사막(Namib Desert)에 사는 화살통 나무는 알로에의 일종으로 극심한 가뭄이 지속되면 자신의 일부를 스스로 잘라 버려 수분을 확보한다. 잎이 돋아난 가지 끝 밑 부분을 스스로 조여 가늘게 한 뒤 그 가지 끝이 떨어져 나가면 잘라진 부분이 아무는 방법으로 체내 수분의 발산을 최대한 억제한다. 뿐만아니다. 시속 40km 이상의 강풍과 영하 30도의 극한적인 기후에도 적응하면서 살아가는 식물도 있다. 식물 가운데 가장 강인한 생명력을 지닌 지의류는 어떤 생물도 생존이 불가능한 험준한 산꼭대기뿐 아니라 태양이 작열하는 사막의 바위에서도 살 수 있다. 자라는 속도가 너무 느려 거의 에너지를 쓰지 않기 때문에 어떤 것은 "시간을 녹슬게 하는 식물"이라는 별명이 붙을 정도이다. 동아프리카 케냐 산(Kenya Mt.)에 사는 이끼는 낮에는 적도의 불같은 태양의 열기를 이겨내야 하고 밤에는 영하의 기온을 이겨내야 하는데 그러기 위해 선택한 생존방법은 흙에 뿌리를 내리지 않고 공모양을 이루어 바람이 부는 대로 굴러다니는 것이다.

북극지방에 서식하는 버드나무는 거센 바람에 쓰러지지 않기 위해 몸을 지면에 바짝 밀착시키면서 수평으로 자라고 북극 양귀비꽃은 항상 해를 향해 꽃을 피움으로서 태양열을 흡수한다. 여름철에도 밤 기온이 영하로 내려가는 고산지대의 식물들은 표면을 담요처럼 덮은 털로 최악의 추위를 견딘다. 암벽의 갈라진 틈에 사는 에델바이스는 양철처럼 털이 돋아난 잎사귀가 작은 꽃들을 둘러싸고 히말라야의 식물 사우수레아(Saussurea)는 털이 몸체를 완전히 둘러싸고 있어 잎사귀를 구별하기 어렵다. 심지어 부족한 영양소와 광물질을 동물의 죽은 시체에서 얻는 식물도 있다. 바람에 날려 온 씨앗들이 죽은 사향소의 거대한 두개골 안이나 갈비뼈 속에 떨어지기도 하는데 그렇게 되면 그 씨앗들은 그런 동물 잔해에서 싹을 틔워 자라기도 한다. 또 화학물질을 내뿜어 자신을 보호하는 식물도 있다. 예를 들면 커피 열매가 가지고 있는 카페인은 딱정벌레를 불임시키고 홍차는 탄닌(tannin)으로 곤충의 내장을 파괴한다.

식물이 화학물질의 발산을 통해 자신을 보호한다는 주장은 호주에서 가장 먼저 제기되었다. 호주에서는 1940년대부터 클로버를 과다섭취한 양들의 사산률과 불임률이 해마다 증가하는 현상이 벌어졌다. 처음에는 사산되는 양의 숫자가 늘어나더니 점차 암컷 양들이 제대로 수태하지 못하는 불임률이 높아졌다. 사태가 악화되고 대부분의 양들이 불임하게 되자 호주에서는 과학자들을 총동원해 그 진상을 조사하게 되었다. 그 조사를 통해 얻어진 결론은 15년 전에 들여온 지중해산 클로버가 식물에스트로겐을 분비하기 때문에 그 풀을 뜯어 먹은 양들이 불임하게 되었다는 것이다.

식물에스트로겐은 콩, 클로버, 알팔파 등, 주로 콩과 식물에 함유되어 있는 것으로 인체에 잔류하지는 않지만 여성호르몬인 에스트로겐과 유사한 작용을 하는 것으로 알려져 있다. 지중해산 클로버의 경우 포르모노네틴(formononetin)이라는 물질이 양들의 위장에서 분해되어 여성호르몬인 에스트로겐과 똑같은 생물학적 효과를 나타내는 식물성 에스트로겐(pytoestrogen)으로 변한다는 것이다. 이러한 식물 에스트로겐은 체내에서 여성 호르몬과 유사한 작용을 하기 때문에 그런 식물을 뜯어 먹는 양에서 태어난 2세는 생식기에 이상이 생기고 내분비계 장애를 일으켜 양의 불임을 가져오게 한다는 것이다. 이런 현상은 식물이 자신을 보호하기 위한 수단으로 비록 자신은 뜯어 먹히지만 자신을 먹은 가축에게 여성호르몬을 주입함으로써 다음에 태어날 가축의 생산력을 낮추어 훗날 자신의 후손이 가축의 포식으로부터 벗어나게 하려는 고도의 자기 방어형태로 볼 수 있다는 것이다.

식물의 자기 생존력과 번식력은 여기서 그치지 않는다. 활동시간과 휴식시간을 인식하는 식물의 시간인식 능력은 식물의 생존과 성장에 상당한 영향을 미친다. 최근 스페인 카스티야라망차대학(University of Castilla-La Mancha)의 연구팀은 분자 관점에서 식물의 체내시계에 대해 연구한 결과 분명한 생태학적 암시를 발견했다고 한다. 연구팀은 식물의 광합성과 관련된 유전자 및 기후에 대한 적응(adapting)상태를 연구했는데 식물 유전자의 약 90%가 체내시계에 의해 제어되고 있음을 알게 되었다고 한다. 즉 식물의 체내시계가 꽃을 피울 시기와 발아할 시기를 알려준다는 것이다. 식물의 체내시계는 그만큼 물리적 환경에 적응해 가는 우수한 수단이라는 것이다.

또 식물의 체내시계에 대해 본격적으로 연구한 스페인 중부지방 카스티야 라 만챠(Castilla-La Mancha) 지방에 있는 UCLM(Universidad de Castilla-La Mancha)대학 환경과학부(Environmental Science Department)의 빅터 디오스(Victor Resco de Dios) 연구원에 의하면 시간을 알 수 없도록 설정한 실험실에서 식물을 재배할 경우 생존 자체가 어렵고 또 생존해도 생식능력이 크게 떨어진다는 사실을 확인할 수 있었다고 한다. 체내시계를 갖춘 식물은 태양이 뜨기 한 시간 전에 이미 일할 시간이 다가왔음을 알고 광합성(photosynthesis)을 위한 사전 준비를 시작한다는 것이다.

식물의 체내시계는 식물로 하여금 기후변화와 생존환경의 변화에 적응해 살아가도록 하는 선천적 유전자라 할 수 있다. 열대우림의 경우 만일 빛, 습도, 기온 등의 환경조건이 일정하다고 가정하면 오전 6시부터 10시 사이에 일어나는 광합성은 균일하다고 예측할 수 있다. 그러나 식물은 체내시계를 가지고 있기 때문에 마치 자동차가 저속에서 출발하여 서서히 속도를 높여가듯 해가 뜨는 시간에 광합성을 시작하여 그 작업량과 속도를 서서히 높여 간다는 것이다. 체내시계는 그렇게 기후조건에 따라 작업량과 속도를 조절해 가는 능력을 가지고 있기 때문에 식물은 기후가 변하고 생존환경이 변해도 잘 적응한다는 것이다.

식물은 또 생존을 위한 나름대로의 보호장치를 가지고 있다. 평소에는 나타나지 않다가 극한 상황에 처하면 구조와 기능이 전혀 다르게 나타나는 티오레 독(thioredoxin)계열 단백질(AtTDX)이 그런 역할을 한다. 그런 단백질을 샤페론 단백질(Chaperon Protein)이라고 하는데 샤페론은 식물 생체 내에서 경호원과 같은 역할을 한다. 위험한 상황에 처하면 경호원의 수가 많을수록 좋듯 식물도 샤페론 단백질이 많을수록 어려운 환경을 무난히 잘 이겨낼 수 있다. 이 단백질은 스트레스가 없는 평상시에는 산화하고 환원하는 과정의 촉매가 되어 일반적인 기능을 수행하지만 기온이 너무 높아지거나 가뭄이 심해지는 등, 환경적 스트레스를 받으면 흩어져 있던 단백질 수백 개가 순식간에 모여 마치 축구공처럼 거대한 분자를 형성한다. 이 과정에서 샤페론은 특수기능을 발휘해 스트레스로 죽어가는 수많은 생체 내 고분자들의 변성을 막고 자신을 보호하게 된다고 한다.

샤페론 단백질의 이런 특수한 성질을 지구환경개선에 이용하고자 하는 시도도 활발해지고 있다. 스트레스 저항성 유전자인 샤페론 단백질을 분리해 가로수나 잔디 같은 유용식물에 주입하면 고온, 저온, 건조, 염해 같은 환경스트레스에 강한 저항성을 가지는 맞춤형 식물을 만들 수 있다. 따라서 이렇게 만들어진 스트레스 저항성 나무나 잔디를 사막화가 빠르게 진행되고 있는 곳에 심는다면 사막화도 막고 식량문제도 해결할 수 있다는 것이다.

물론 그런 사업에 대한 우려가 없는 것은 아니다. 유전자 조작 콩을 원료로 하는 두부나 콩나물에 대한 갑론을박이 많듯 그런 인공기술 뒤에 숨겨져 있는 부작용은 아직 아무도 모른다. 인공적인 대체식물의 개발과 그로인한 환경의 변화가 오직 장점만을 가져다 줄 것이라는 보장은 없기 때문이다.

어쨌든 식물학자들은 선인장이나 알팔파(alfalfa) 같이 건조한 지역에 자생하고 있는 식물의 유전자를 연구해 사막화 현상을 해결하는 방안을 모색 중이다. 또 환경스트레스에 대응하는 다양한 식물의 개발에도 박차를 가하고 있다. 예를 들면 중금속 저항성이 강한 식물을 폐광촌 등, 중금속 오염이 심한 곳에 심으면 일반식물이 자연스럽게 이산화탄소를 흡수하듯 중금속을 흡수해 오염을 줄일 수 있을 것이다. 동일한 원리를 적용해 세계 도처에서 질병 저항성 식물, 제초제 저항성 식물 등, 다양한 기능성 식물들이 개발되고 있으며 제초제 저항성 식물은 이미 세계적으로 상용화되고 있다. 이렇게 식물을 이용하는 환경정화 기술을 파이토레미데이션(phytoremediation)이라고 하는데 현재 전 세계적으로 이 기술에 대한 연구개발이 활발히 전개되고 있다.

03 식물의 역할

식물의 생장은 태양, 공기, 수분 같은 지구환경적 요인에 의해 크게 좌우된다. 이는 식물이라는 생명체가 존속하는데 필요한 에너지가 그런 요소들의 합성에 의해 생산된다는 말이다. 식물은 바로 그런 요소들을 원료로 하여 에너지를 생산하는 공장이다. 공장을 영어로 식물(plant)이라고 하는 이유는 바로 이 때문이다. 태양이라는 원료, 공기라는 원료, 수분이라는 원료 등을 자연으로부터 조달하여 에너지라고 하는 제품을 생산하는 공장이 바로 식물이다. 오늘날 세계 선진국들은 자연최초의 공장인 식물공장의 개념을 진화시킨 거대한 인조공장을 짓기 위해 세계 각국으로 플랜트수출에 열을 올리고 있다. 식물이 지구환경을 유지해가는 제1차 생산자인 것처럼 그런 인조적 공장들은 인간생활을 유지해가는 제1차 생산자이다.

여기서 우리가 한 가지 명심해야할 점이 있다. 제1차 생산자인 식물이 없으면 지구환경이 존속될 수 없을 것처럼 제1차 생산자인 공장이 없으면 인간세상이 존속될 수 없다. 제1차 생산자의 역할은 그 만큼 중요하다. 어떤 경우에도 1, 2차 산업의 중요성이 간과되어서는 안될 이유가 바로 여기에 있다. 흔히들 경제가 발전하면 생산의 사회적 역할은 줄어들고 소비의 사회적 역할은 늘어난다고 한다. 현대사회에

들어와 등장한 소비자가 왕이라는 말이 이를 증명한다고도 한다. 하지만 식물을 제1차 생산자로 떠받들고 있는 선천적 자연환경은 생산보다 앞서는 요소는 없음을 소리높이 외치고 있다. 의식주와 관련된 1차 생산이 해결되지 않은 곳에는 어떤 경우에도 소비가 미덕이 될 수 없다. 먹고 마시고 노래하고 춤추는 소비는 생산이라는 든든한 배경이 있는 곳에서만 가능하다. 소비는 생산이라는 기름진 토양위에서만 피어나는 꽃이다.

┃ 식물의 생식

모든 생명이 그러하듯 식물의 생존도 당연히 대를 이어 갈 때만 가능하다. 대를 잇지 못하는 식물은 더 이상 존재할 수 없기 때문이다. 식물이 대를 이어가는 생식(生殖)방법은 인간이 대를 이어가는 생식방법과 조금도 다를 바 없다. 정자와 난자가 결합하여 인간이라는 생명체가 탄생되는 것처럼 식물도 암수가 결합하여 후손을 탄생시킨다. 아이들이 부모의 보살핌을 받으면서 자라나듯 식물의 열매와 싹도 보호를 받으며 성장해 간다. 성인이 되면 부모 곁을 떠나 분가하는 것처럼 식물의 열매도 성숙하면 새로운 싹을 틔워 독립개체로 거듭난다. 분가한 자식들이 열심히 일하며 사회구성원으로 성장해 가는 것처럼 독립한 식물 개체들도 주어진 자연환경과 힘겨운 투쟁을 벌이며 싹을 틔우고 성장해 간다. 분가한 자식들이 독립생활을 영위하기 위해 부지런히 경제활동을 하듯 독립개체가 된 식물도 홀로 살아가기 위해 부지런히 광합성을 하며 영양분을 생산하고 모은다.

│ 자연적 제약과 인위적 제약

식물은 위에서 보듯 자체적으로 영양분을 생산하며 살아가는 독립 영양생물임은 틀림없지만 그렇게 살아가는 데는 일정한 제약을 받는다. 식물이 받는 제약은 자연적 제약과 인위적 제약으로 나눌 수 있다. 자연적 제약이란 아무도 손대지 않고 가만히 놔두어도 식물이 자라고 번식하는 과정에서 생기는 제약이고 인위적 제약이란 인간이 식물을 이용하는 과정에서 생기는 제약이다.

모든 생물이 그러하듯 식물도 자연수명을 가진다. 일년생 식물이니 다년생 식물이니 하는 것은 모두 자연수명을 기준으로 하여 분류된 식물군이다. 또 초식동물이나 곤충들은 식물의 천적과도 같다. 누에는 뽕잎을 먹고 송충이는 솔잎을 먹고 초식동물은 풀이나 잎을 뜯어 먹는다. 따라서 뽕잎이 아무리 무한대로 자라고 싶어도 누에가 끈질기게 따라 다니며 그 성장을 방해하고, 소나무가 아무리 무한대로 자라고 싶어도 송충이가 소나무의 성장을 방해하며, 들풀이 아무리 무한대로 자라고 싶어도 초식동물이 이를 뜯어먹고 죽인다. 그런 제약은 어느 누구도 어찌 하지 못하는 자연의 섭리이다. 그런 자연의 섭리가 바로 자연적 제약이다.

그러나 그런 자연적 제약은 종의 종말을 고하는 제약이 아니라 종의 존속을 보장하는 제약이다. 그런 자연적 제약에 의해 기존의 생명은 죽어 없어져도 새로운 생명이 생겨나기 때문이다. 인간의 삶도 그런 자연적 제약을 벗어날 수 없다. 인간이 아무리 건강하게 오래 동안 장수하고 싶어도 온갖 질병이 건강한 삶을 방해하고 100년 안팎이라는 자연적 수명이 삶을 마감시킨다. 동식물들이 자연적 제약을 벗어날 수 없듯 인간 또한 사회가 아무리 발전해도 결국 이런 자연적 제약을 벗어날 수는 없을 것이다.

인위적 제약은 인간이 인간 아닌 다른 동식물에게 가하는 제약이다. 인간은 보다 안락한 삶을 위해 도시를 개발하고 도로를 확충한다. 그러나 그런 개발과정에서 본의 아니게 자연환경을 훼손하고 동식물의 삶에 영향을 미친다. 예를 들면 도로를 만들기 위해서는 어쩔 수 없이 산과 들을 무너뜨리고 터널을 뚫고 강을 가로지르는 다리를 놓게 된다. 그러나 그런 훼손을 통한 건설은 짐승들의 이동통로를 없애고 물고기들의 서식처를 빼앗는 역할을 하게 된다. 심지어 바람이나 물의 흐름을 방해하여 기존의 자연환경을 크게 훼손하는 경우도 있다. 이런 자연파괴는 순전히 인간의 욕심을 채우기 위한 자연 파괴이므로 동식물들에게는 인위적 제약이 된다.

인간 세상도 인위적 제약을 가진다. 바로 사회라는 집단이 그것이다. 사회가 있는 곳에는 반드시 그 사회를 유지하기 위한 법이 있다. 그 법은 다른 동식물은 가지고 있지 않는 오직 인간만이 가지는 법이다. 동물의 왕국에서 보듯 자연계는 거대한 약육강식의 세계이다. 인류는 오래 전부터 그런 자연계의 삶과 다른 약강공존사회를 지향해 왔고 그런 사회를 만들기 위한 최선책으로 등장한 것이 법치사회이다. 그러나 법치사회는 다른 한편으로는 인위적 제약이 되어 왔다. 법을 만들고 집행하는 소수는 항상 강자의 위치에 있었고 법에 따라야 하는 다수는 약자의 위치에 있었다. 따라서 법치사회는 강자가 약자를 억압하는 인위적 제약사회가 되고 말았다. 인류역사를 보면 법이라는 이름으로 인권을 유린하고 억울한 죽음을 강요한 경우가 한 둘이 아니다. 자연적 제약을 벗어나고자 했던 인간은 이렇게 법이라는 또 다른 인위적 제약에 갇힌 사회를 만들고 말았다.

인위적인 자연파괴를 최소화하고 인간이 자연구성원인 동식물과 공존하기 위해서는 무엇보다 먼저 제1생산자인 식물의 생존 공간 즉 숲을 보장해야 한다. 숲은 자연계의 영원한 고향과도 같다. 유엔이 거대한 아마존 밀림지역을 지구의 허파라고 지칭하며 보호하고 나서는 것만 보아도 자연계를 유지하는데 숲이 얼마나 중요한 역할을 하는지는 짐작하고도 남는다. 숲은 전체 지구면적의 약 9.4%, 육지 면적의 약 30%를 차지하고 있으며 물의 순환과 토양의 생성 및 보존에 심대한 영향을 미친다. 또 많은 생물의 서식지가 되기도 한다. 그러므로 숲은 지구 생물에게는 없어서는 안 될 중요한 요소이다. 온대나 열대에서는 속씨식물의 활엽수가 숲의 주종을 이루고 냉대와 한대에서는 구과식물의 침엽수가 주종을 이룬다. 그런 숲은 1헥타르당 44명이 숨 쉴 수 있는 산소를 제공하며 1년에 68톤 정도의 먼지를 걸러낸다.

04
식물의 기능

대부분 식물로 구성되는 숲은 산소생산 공장과도 같다. 숲이 인간생활에 미치는 중요한 영향을 열거해 보면 공기를 정화시키고 여름철에는 시원한 바람을 제공하는 에어컨의 역할을 하며 겨울철에는 가습기의 역할을 하고 어떤 식물은 음이온을 발생시킴으로써 건강을 증진시키고 향기를 방출하여 기분을 좋게 하고 심리적 안정감을 주며 짐승이나 적의 공격 시 은폐물의 역할을 하고 작업능률을 올림과 동시에 스트레스를 감소시키고 건축용 목재를 제공하고 주변 소음을 경감시키고 아늑하고 자연스러운 차광효과를 제공하고 휴식장소를 제공하고 폭우 시 산사태를 막아주고 물을 머금어 가뭄을 해소하고 무엇보다 인간이 살아가는 데 없어서는 안 될 산소를 공급해 준다.

숲은 수많은 나무와 풀이 모여 사는 식물사회라 할 수 있다. 개체가 모여 사는 곳을 사회라 하므로 그런 관점에서 볼 때 식물사회인 숲은 생명체가 만든 최초의 자연사회인 셈이다. 그런 숲은 일반적으로 경제적 기능, 환경적 기능, 문화적 기능으로 나누어 평가된다.

첫째, 경제적 기능이란 인간에게 목재 및 부산물을 제공함으로써 인간의 경제적 욕구를 충족시켜 주는 것을 말한다. 우리나라의 경우 1995년 임업총생산은 9,798억 원에 달하며 이는 국민 총생산의 0.3%

에 해당한다. 그중 버섯, 종실류(種實類) 등의 생산액이 대부분을 차지하며 용재 생산액은 676억 원 정도이다.

둘째, 환경적 기능이란 인간이 살아가는데 필요한 물을 함양하고 산소를 공급하며 휴식처를 제공하는 등, 기본환경을 제공하는 것을 말한다. 최근 급속한 산업화, 도시화로 각종 공해가 발생함에 따라 깨끗한 물, 맑은 공기, 아름다운 경관 등, 공익 기능에 대한 요구가 폭발적으로 증가하고 있다. 산림은 토사의 유출 및 붕괴를 막고 낙석, 산사태 등을 방지하는 기능을 발휘한다. 또 숲은 동식물들의 서식지로서 종의 보존기능은 물론이고 탄소동화작용으로 범세계적 문제인 지구온난화를 완화시켜 주고 오염된 대기를 정화시켜 주며 정신문화의 교육장 역할을 하기도 한다.

셋째, 문화적 기능이란 인간의 정신건강에 도움을 주는 문학과 예술과 종교를 탄생시키고 발전시키는 모태적 역할을 하는 것을 말한다. 훌륭한 자연경관은 훌륭한 심성을 배양시키는 토양과도 같다. 심신을 수련하고자 하는 사람은 예외 없이 경치 좋은 산야를 찾아다니며 마음을 수양한다. 세상살이에 찌든 도시민들도 주말이면 명산대찰을 찾아 육체적, 정신적 건강을 높이고 스트레스를 해소한다. 숲은 이렇게 인간에게 마음의 쉼터를 제공하고 자연과 호흡할 수 있는 기회를 제공한다.

숲이 가지는 이런 기능들을 더욱 세분해보면 다음과 같다.

첫째, 휴양기능이다. 숲이 제공하는 공익적 기능 중 현대사회가 요구하는 가장 중요한 기능은 휴양기능이다. 산업화가 빠르게 진행되고 도시인구가 급증하면 할수록 숲이 주는 휴양기능은 더욱 중요시된다. 울창한 숲은 풍요롭고 쾌적한 생활환경을 제공하며 마음의 안정을 가져다주는 효과가 대단히 크다. 숲은 피톤치드(phytoncide)라는 방향성 물질을 발산하기 때문에 육체적 건강에도 큰 효과가 있다. 대부분의 도시인들은 바쁜 도시생활에서 오는 심신의 피로를 달래는 최고의 휴식처로 숲을 꼽고 있다.

둘째 대기정화기능이다. 최근 심각하게 제기되고 있는 지구온난화 문제를 해결하기 위한 효과적인 수단으로 산림자원의 활성화가 검토되고 있다. 온실효과를 감소시키기 위해서는 이산화탄소의 발생량을 줄이거나 녹색식물의 보급을 늘려 발생한 이산화탄소를 최대한 제거해야 한다. 하지만 선진국이든 개도국이든 이산화탄소의 배출량은 국가의 경제발전과 직결되기 때문에 그 배출량을 줄이기는 쉽지 않다. 과학기술을 동원하여 이산화탄소의 배출량을 줄이는 것도 그 비용이 만만치 않으므로 역시 쉽지 않다. 따라서 현재로서 가장 경제적이고 효과적인 방법은 녹지를 넓혀 탄소동화작용이 보다 많이 일어나도록 하는 것이다. 한 연구에 의하면 0.5kg의 나무무게가 증가하는 동안 수목은 약 0.75kg의 이산화탄소를 흡수하고 0.6kg 정도의 산소를 방출한다고 한다. 이런 연구결과를 바탕으로 산림청이 보고한 우리나라 산림의 산소공급총량은 연간 35,676천 톤에 달하는데 이 양은 1억3천만 명이 호흡할 수 있는 양이라고 한다. 또 30m 높이의 나무에 20만 개의 잎이 있다고 가정할 때 성장이 왕성한 계절에는 토양으로부터 약 42m³의 물을 흡수하여 공기로 내뿜는다고 한다. 그러므로 거대한 숲은 지구를 식혀주는 거대한 에어컨 역할을 담당한다.

셋째, 수자원 보호기능이다. 숲은 빗물을 머금었다가 서서히 흘려보내는 인공 댐과 같은 기능을 한다. 그래서 숲을 녹색 댐이라고 부르기도 한다. 숲이라는 녹색 댐은 많은 비가 내릴 때는 유량을 감소시키는 홍수조절기능을 하고 반대로 비가 오랫동안 오지 않을 때는 계곡의 물이 마르지 않게 하는 갈수완화기능을 하며 수질을 깨끗하게 하는 수질정화기능도 한다. 우리나라의 경우 연간 산림지역에 내리는 물의 양은 수자원 총량의 약 65%에 해당하는 823억 톤에 달하고 이 가운데 수목의 잎이나 가지 또는 지표면에서 증발되는 손실량은 수자원 총량의 약 45%인 567억 톤에 달하며 하천으로 유출되는 양은 약 55%인 700억 톤에 달한다. 건강한 산림은 민둥산에 비해 3.4배나 많은 물을 토양 내에 침투시키는 역할을 하며 또 건강한 산림은 빈약한 산림보다 토양 내에 물을 저장할 수 있는 능력이 약 2.5배나 크다고 한다.

넷째, 숲의 보건기능이다. 숲은 건강을 보호하고 질병을 예방하는 기능을 가지고 있다. 어떤 학자들은 삼림욕 시 숲의 나무에서 발산되는 피톤치드가 직접적인 치료효과를 제공한다고 하지만 숲이 가지는 다양한 물리적 환경은 피톤치드 못지않게 놀라운 효과가 있다. 숲은 눈에 보이지 않는 많은 무형적인 가치를 지닌다. 숲의 싱그러움, 숲이 뿜어내는 녹색향기, 숲이 지니는 차분함과 평안함, 아름다운 경관, 일상으로부터 벗어나게 하는 해방감, 숲과 태양이 어우러져 만들어내는 신비한 색감 등, 이 모든 것이 인간의 감각기관을 자극하여 심신을 건강하게 한다. 실제로 숲속환경과 도시환경에서 동공의 반응속도를 비교해 보면 숲속환경에서는 도시환경에서보다 동공이 3배나 빨리 반응한다고 한다.

음이온이 건강에 도움을 준다는 사실은 모두가 알고 있는 상식이다. 그런 음이온은 식물이 광합성을 하는 곳이나 폭포, 계곡물, 분수같이 물 분자의 활동이 활발한 곳에서 다량 생산된다. 즉 지속적으로 물이 흐르고 물방울이 튀어 오르는 계곡이 있는 숲에서는 풍부한 음전하가 발생하므로 삼림욕의 효과가 더 커지게 된다. 포장된 도로를 걷는 것은 숲길을 걸을 때보다 훨씬 피곤하다. 아스팔트나 시멘트 포장도로는 딱딱하고 탄력이 없어 부딪힐 때의 충격을 흡수하지 못한다. 발바닥과 도로가 마찰할 때 발생하는 충격이 그대로 발목과 무릎에 전달되고 오랫동안 걷게 되면 무리가 생긴다. 이는 척추까지 영향을 미칠수 있다. 딱딱한 길, 딱딱한 의자, 차고 딱딱한 건물로 이루어진 도시생활은 인체 공학적으로 무리한 요소가 많다. 그래서 버스나 지하철을 탈 때 서 있는 경우 발뒤꿈치를 들고 있으라고 충고하는 의사들도 있다. 버스나 지하철의 움직임이 그대로 발로 진해져 그 충격이 척추를 타고 뇌에까지 이를 수 있다는 것이다.

그러나 숲길은 흙 그대로의 길이다. 더욱이 낙엽이 쌓여 푹신푹신하기까지 하다. 자연히 충격이 흙으로 흡수되어 발목이나 무릎에 오는 충격이 약하다. 길에 있는 울퉁불퉁한 돌은 오히려 발을 자극하여 지압 효과까지 낸다. 그래서 숲을 걷는 것 자체가 건강을 위한 운동이다. 특히 숲은 자연적인 오르막길과 내리막길이 형성되어 있고 길 양쪽으로 각종 식물들이 자라고 있어 기분도 좋으며 쉽게 지루해지지도 피곤해지지도 않는다. 따라서 숲길을 리듬 있게 걷고 뛰면 발의 지압효과와 심폐기능이 크게 증진되어 기분이 좋아진다. 또 숲에서 생기는 피로는 쉽게 풀린다. 걷다가 잠시 쉬고 나면 몸이 다시 거뜬해진다. 이것은 숲 환경이 지니는 다양한 기능 때문이다. 온도가 높아지면 기체의 활동이 활발해져 상대적으로 산소의 밀도가 감소한다. 그래서 높은 온도에서 호흡할 때는 적은 양의 산소를 들이마시게 되는데 상대적으로 서늘한 숲 속은 산소 밀도가 높다. 따라서 숲에서는 운동을 하더라도 충분한 양의 산소를 마실 수 있으므로 피로감이 적다.

숲속의 부드러운 바람은 몸의 온도를 일정하게 조절하여 체온이 고온상태로 지속되거나 급격히 감소하는 경우가 드물다. 피톤치드의 약리효과뿐만 아니라 운동량 증가에 대한 효과도 주목할 만하다. 삼나무, 소나무와 같은 침엽수에서 특히 많이 생성되는 알파 피넨(α-pinene)이라는 테르펜계 물질은 대뇌피질을 자극하여 집중력을 증가시키며 운동량을 증가시킨다. 뿐만아니라 숲속의 나무 등걸이나 흙은 살아 있는 기(氣)를 지니고 있어 인체의 기와 교감작용을 할 수 있다고 한다. 정형외과 의사들은 숲에서 휴식할 때 차가운 바위 위에 앉지 말고 맨땅이나 나무 등걸에 앉으라고 충고한다. 따뜻한 생체의 기와 탄성은 척추에 대한 무리를 줄여 척추디스크나 허리디스크의 발병률을 낮추기 때문이다.

다섯째, 야생동물 보호기능이다. 산림은 야생동물에게 서식처를 제공하고, 야생조류는 여러 해충을 잡아먹으므로 산림이나 농작물에 끼치는 피해를 감소시켜 준다. 이렇게 야생 조류는 숲의 조성에 크게 이바지한다. 야생조류는 식물의 종자를 먹이로 먹고 배설하는 방법으로 식물의 종자를 퍼뜨린다. 또 동박새나 직박구리는 꽃에 있는 꿀을 먹을 때 자기도 모르는 사이에 식물의 수분(授粉)을 도와 준다. 딱따구리들이 나무를 쪼아 늙어가는 나무의 분해를 촉진하는 것도 산림의 건강한 세대교체와 성장에 도움을 준다. 따라서 식물과 야생조류는 서로 의존적인 관계에 있음을 알 수 있다. 일본의 경우 새들에 의한 씨앗의 이동비율은 잡목의 경우는 35%, 교목의 경우는 76%에 달하며 보르네오섬에서는 40%, 나이지리아 열대림에서는 71%나 된다고 한다.

우리나라는 국토 면적의 3분의 2가 산림으로 덮여 있는 산림국이며 지하자원이 부족한 점을 감안할 때 산림자원은 매우 중요한 부존자원이다. 산림자원은 그 속에 나무뿐만 아니라 풀과 곤충, 그리고 야생동물을 포함하고 있어 그야말로 매우 포괄적인 자연자원이다. 숲이 1년 동안 베푸는 혜택은 국민총생산의 10%에 이르며 국민 한 사람에게 돌아가는 혜택은 78만원에 상당하는 것으로 알려져 있다. 이러한 자연자원을 어떻게 이용할 것인가 하는 문제는 기존 세대는 물론이고 차세대의 삶에도 큰 영향을 미친다. 인간의 삶에 이렇게 많은 도움을 주는 숲의 주구성원은 단연 식물인데 그 식물의 구조를 보면 크게 잎, 줄기, 뿌리로 나누어진다. 식물의 이 3대 구조별 기능을 살펴보면 다음과 같다.

▎잎의 기능

식물의 구조를 형성하는 제1요소인 잎은 광합성 작용, 호흡작용, 증산작용이라는 3대 기능을 지닌다. 광합성 작용이란 이미 앞에서 설명한 것처럼 빛에너지를 이용하여 숨구멍으로 빨아들인 이산화탄소와 뿌리에서 흡수한 물로 녹말이나 포도당 같은 양분을 만드는 작용을 말한다. 잎에 있는 엽록체 속의 엽록소가 양분을 만들고 만들어진 양분은 잎과 줄기 열매에 저장되며 일부는 체관을 통해 뿌리로도 간다.

호흡작용(呼吸作用)이란 밤에는 광합성을 하지 않고 호흡만 하기 때문에 산소를 흡수하고 이산화탄소를 내보내는 작용을 말한다. 또 광합성작용으로 축적된 유기물과 산소를 산화시켜 생명활동에 필요한 물, 이산화탄소, 에너지를 얻는 작용을 의미한다. 생물은 생명을 유지하기 위하여 저분자화합물을 양분으로 흡수하여 고분자화합물을 합성하는데 이때 필요한 에너지는 ATP(adenosine triphosphate, 아데노신 3인산)로서 대부분 호흡작용에 의해 생성된다. 즉 생물체가 체외로부터 산소를 흡수하여 체내에서 당류 및 그 밖의 유도체를 산화하여 ATP를 생성하고 체외로 CO_2와 H_2O를 배출하는 현상을 말한다.

증산작용(蒸散作用, transpiration)이란 뿌리에서 올라온 물이 잎의 뒷면에 있는 기공을 통해 기체상태로 식물체 밖으로 빠져나가는 작용을 말한다. 즉 식물체 내의 물이 증기처럼 변하여 식물체 밖으로 흩어져 나가는 작용을 증산작용이라고 한다. 잎에서 광합성이 일어나기 위해서는 반드시 물이 필요하다. 따라서 뿌리에서 흡수된 물은 줄기의 물관부를 통해 잎까지 전달되어야 하는데 이때 증산작용은 물을 끌어올리는 원동력이 된다. 잎의 기공을 통해 세포 속에 내재하던 물이 공기 중으로 증발하면 물을 보충하기 위해 잎은 증산작용을 통해 잎맥의 물관에 연결되어있는 물 분자를 끌어올리게 된다. 즉, 물 분자는 서로 잡아당기는 응집력이 있어 모세관현상으로 물관의 벽을 따라 올라오게 된다. 이렇게 물이 증발할 때는 식물이 가진 열도 함께 빼앗기므로 더운 여름날에도 식물들은 잘 견디게 된다. 예를 들면 해바라기의 경우 여름철 하루에 약 1kg의 물을 수증기로 전환하여 밖으로 내보낸다. 온도가 높거나 빛이 강할 때 그리고 습도가 낮을수록 기공이 크게 열려 증산작용은 더욱 활발하게 일어난다. 이런 세 가지 작용을 가지는 잎의 정밀한 구조는 다음과 같다.

첫째, 표피는 잎을 둘러싸고 있는 일개 층의 세포로서 바깥쪽의 세포벽이 안쪽의 세포벽보다 두꺼우며 이들 세포는 엽록체가 없는 비닐처럼 투명한 층으로 광합성을 하지 못하며 잎 표면의 껍질 부분으로서 뒷면에는 많은 기공이 있다.

둘째, 책상조직은 겉쪽 표피조직의 안쪽에 위치하고 있으며 한 층 혹은 그 이상의 층으로 된 길쭉한 세포들로 이루어져 있다. 여러 세포가 규칙적으로 배열되어 틈이 거의 없는 책상조직은 수많은 엽록체를 함유하고 있어 여기서 대부분의 광합성이 일어난다.

셋째, 해면조직은 책상조직의 아래에 위치하고 있으며 세포는 둥글고 불규칙한 모양을 하고 있다. 세포와 세포 사이에 공간이 있어 기체나 수증기가 통과할 수 있으며 이 조직에도 엽록체가 있어 광합성을 하지만 책상조직보다 세포의 수가 적어 광합성은 적게 일어난다.

넷째, 기공은 잎의 뒷면 표피에 많이 있는데 호흡이나 광합성을 할 때 산소 및 이산화탄소가 드나들거나 식물체 내의 수분이 수증기가 되어 빠져나가는 곳이다.

다섯째, 공변세포(孔邊細胞, guard cell)는 기공을 둘러싸고 있는 반달 모양의 세포로서 표피세포가 변해 생기며 엽록체가 있어 광합성이 일어난다. 안쪽의 세포벽은 두껍고 바깥쪽의 세포벽은 얇다.

여섯째, 잎맥은 물관과 체관으로 구성된 물과 양분의 이동 통로이다. 비교적 굵은 관으로 된 물관이 위쪽에 있고 체관은 아래쪽에 있다. 잎맥을 다시 세분하면 주맥(主脈, nerve), 측맥(側脈, lateral vein), 평행맥(平行脈, parallel vein), 우상맥(羽狀脈, penniveins), 장상맥(掌狀脈, palmiveined), 망상맥(網狀脈, netted venation)으로 나누어진다. 주맥은 잎의 한가운데 있는 가장 큰 잎맥이고, 측맥은 주맥에서 갈라져 나온 잎맥이고, 평행맥은 잎자루에서 잎 몸의 끝까지 나란히 줄지어 있는 잎맥이고, 우상맥은 한가운데 있는 주맥을 따라 좌우에 새깃 모양으로 뻗어 있는 가느다란 잎맥이고, 장상맥은 잎자루의 끝에서 여러 개의 주맥이 뻗어 나와 손바닥 같은 모양을 하고있는 잎맥이고, 망상맥은 그물 모양을 한 잎맥이다.

| 줄기의 기능

식물의 구조를 형성하는 제2요소인 줄기(stem)는 아래로는 식물의 뿌리와 연결되고 위로는 잎과 연결되는 식물체의 영양기관으로서 관다발 안의 물관과 체관으로 이루어진다. 식물의 씨는 적당한 환경적 조건이 갖추어지면 발아하게 되는데 이때 뿌리가 먼저 나오고 그 다음으로 씨 속에 들어 있는 어린줄기가 나온다. 어린줄기는 줄기의 맨 끝에 있는 눈에서 생장을 시작하는데 그 주위의 조직들이 발달함으로서 줄기의 길이는 점점 길어진다. 이때 줄기의 마디에서 곁눈과 잎이 나와 자란다. 하나의 마디에서 나오는 잎의 수는 외떡잎식물인 경우는 1개이고 쌍떡잎식물인 경우는 2개이다. 떡잎이 생장을 마치면 그 잎은 떨어지지만 줄기에는 여전히 흔적이 남는다. 그 흔적은 잎과 줄기를 연결하는 관다발이 끊어지면서 생기는 흔적이다. 줄기는 식물체를 지탱하고 잎이 떨어지지 않도록 하며 줄기에 있는 관다발을 통해 잎에서 합성한 양분을 다른 조직으로 운반해주고 물관을 통해 광합성에 필요한 물과 무기이온을 잎까지 운반해준다. 또 줄기는 양분과 물을 저장하기도 하는데 양분을 저장하는 줄기에는 덩이줄기(감자), 비늘줄기(양파), 알줄기(토란), 뿌리줄기(연, 아이리스)가 있으며 선인장류의 줄기는 물을 저장한다.

| 뿌리의 기능

식물의 구조를 형성하는 제3요소인 뿌리(root)는 식물의 몸이 쓰러지지 않도록 지탱하고 땅속의 물이나 무기염류를 흡수하여 식물이 잘 자라도록 하는 관다발식물의 영양기관 가운데 하나이다. 뿌리가 물을 흡수하는 과정에는 삼투압이 작용한다. 물은 농도가 옅은 쪽에서 짙은 쪽으로 이동하는 특성이 있는데 외부의 물은 농도가 옅고 뿌리세포의 농도는 짙으므로 외부의 물이 농도가 짙은 뿌리세포 쪽으로 이동한다. 이것이 바로 삼투작용이다.

뿌리의 횡단면을 보면 줄기나 잎과 마찬가지로 표피계의 표피, 기존 조직계의 피층, 관다발 조직계의 관다발이라는 3개의 조직계를 가지고 있다. 그중 표피는 일개 층으로 되어있고 뿌리 쪽 끝에는 표피세포가 변형된 뿌리털이 있어 물과 무기양분을 흡수한다. 그리고 곁뿌리는 뿌리털의 위쪽에서 생겨난다. 피층에는 카스파리선(casparian strip)이 있어서 물이 다시 토양으로 빠져나가는 것을 방지하며 그 안쪽에 관다발이 있다. 뿌리에는 물관부와 체관부가 서로 고리모양으로 늘어서 있으며 그 고리모양의 층이 점점 성장하여 뿌리가 굵어진다. 뿌리의 조직은 생장점의 활동에 의해 만들어지며 뿌리골무가 생장점을 둘러싸 외부충격으로부터 보호한다. 생장점의 윗부분에는 세포의 신장이 활발한 신장대가 있다. 겉씨식물과 쌍떡잎식물은 배에서 자란 원뿌리와 곁뿌리의 구분이 뚜렷한 곧은 뿌리를 가지는 반면 외떡잎식물은 원뿌리가 일찍 죽는 대신 가늘고 많은 수염뿌리가 생긴다.

또 공기뿌리, 저장뿌리, 균뿌리, 물뿌리같이 특수한 형태와 기능을 가지는 뿌리도 있다. 공기뿌리는 뿌리가 지상으로 나와 있는 것으로 그 기능에 따라 호흡뿌리, 버팀뿌리, 붙음뿌리. 기생뿌리, 저장뿌리, 균뿌리, 물뿌리로 나눈다. 호흡뿌리는 공기 중에 뿌리를 뻗어 호흡을 하는 것으로 대표적인 것은 열대 지방의 해변가 진흙에서 자라는 맹그로브이다. 이 맹그로브는 진흙이나 수면보다 위쪽으로 뿌리를 뻗어 진흙 속의 부족한 산소를 흡수한다. 버팀뿌리는 옥수수나 수수처럼 아래쪽 줄기 마디에서 나온 뿌리가 땅 속 깊숙이 뻗어 줄기를 지탱하는 버팀목역할을 하는 뿌리이다. 붙음뿌리는 담쟁이덩굴이나 마삭나무처럼 주위 물체에 달라붙기 위해 줄기의 군데군데에서 나오는 작은 뿌리이다. 기생뿌리는 다른 식물의 줄기나 뿌리로 파고들어가 그곳에서 양분을 흡수하는 뿌리로 겨우살이나 새삼 등에서 볼 수 있다. 저장뿌리는 땅 속에 묻힌 채 굵고 커져서 그 속에 양분을 저장하는 뿌리로서 당근이나 무처럼 원뿌리가 저장뿌리로 변하는 것도 있고 고구마나 다알리아처럼 곁뿌리가 커서 덩이뿌리로 변하는 것도 있다. 균뿌리는 균류가 뿌리에 혹을 만들어 공생하는 뿌리로서 주로 콩과 식물에서 볼 수 있다. 물뿌리는 물속에 늘어져 있는 뿌리로서 물속에 녹아 있는 양분을 흡수함과 동시에 식물이 뒤집히지 않도록 균형을 잡아준다. 개구리밥, 마름, 부레옥잠 등이 여기에 속한다.

지구에 탄생한 생명체 중 사실상 최초의 생명체라 할 수 있는 식물이 위에 언급한 세 가지 조직요소를 가진다는 사실은 우리에게 많은 점을 시사해 준다. 최초의 생명체는 그 후 탄생한 모든 후대생명체의 조상이라 볼 수 있다. 바로 그 조상인 식물이 잎, 줄기, 뿌리라는 삼대조직요소를 가졌다는 사실은 모든 후대생명체들이 동일한 삼대조직요소를 가진다는 사실과 결코 무관치 않다.

식물 이후 탄생된 모든 후대생명체를 보라. 그들 또한 예외 없이 삼대조직요소를 가지고 있다. 모든 동물은 잎에 해당하는 머리와 줄기에 해당하는 몸통과 뿌리에 해당하는 다리를 가지고 있다. 인간 역시 예외가 아니다. 생명체를 구성하는 이런 삼대조직요소는 앞으로 어떤 새로운 생명체가 탄생되든 변하지 않을 것이다. 이러한 사실은 모든 생명체가 가지는 기본조직은 그 외적 모양과 형태는 달라도 자연이 원초적으로 부여한 생명조직의 범위를 벗어날 수 없음을 의미한다.

05 식물의 인지력

┃ 굴성(屈性)

식물은 위에서 언급한 3대 조직요소를 최대한 활용하며 생장해 간다. 생장이란 식물이 세포분열을 통해 공간적으로 커져가는 현상을 말한다. 이러한 생장운동 중에서도 식물체의 일부가 외부환경으로부터 어떤 자극을 받을 때 일정한 방향으로 굽는 성질을 굴성(屈性, tropism)이라고 한다. 이 굴성은 외부자극 시 일부 조직이 다른 조직보다 민감하게 자극을 받아 빠르게 생장하기 때문에 일어난다. 굴성운동은 자극의 종류에 따라 그 방향이 달라지는데 자극의 방향과 같은 방향으로 굽는 운동을 양성굴성운동이라 하고 자극의 방향과 반대되는 방향으로 굽는 운동을 음성굴성운동이라고 한다.

예를 들면 식물에 빛을 투여하면 줄기는 빛이 들어오는 방향으로 굽어지지만 뿌리는 빛과 반대되는 방향으로 뻗어나간다. 이런 현상은 줄기는 양(陽)굴성을 가지고 뿌리는 음(陰)굴성을 가지기 때문이다. 식물의 줄기는 위를 향해 자라고 뿌리는 땅속을 향해 자라는 이유는 이 때문이다. 또 식물의 운동가운데는 자극의 방향과는 관계없이 자극의 강도에 따라 움직이는 경우도 있다. 햇볕이 있는 낮에는 피고 어두워지면 오므라드는 민들레나 선인장 꽃은 그 좋은 예가 된다. 또 튤립은 낮

동안 온도가 약 20℃로 올라가면 피고 밤이 되어 10℃ 이하로 내려가면 오므라든다. 이같이 꽃이 피고 오므라드는 것은 꽃잎 기부(基部)의 생장속도가 자극의 변화에 따라 안쪽과 바깥쪽이 달라지기 때문이다. 식물의 이 같은 생장운동은 직접적으로는 식물의 생장호르몬에 의해 유발된다. 즉, 식물체의 어떤 부분에 자극이 가해지면 그 부분에서 생장호르몬이 생기고 그렇게 생긴 호르몬이 다시 식물세포의 생장을 유발한다. 식물의 이러한 생장 호르몬에는 여러 가지가 있는데 이들을 통틀어 옥신(Auxin)이라고 한다.

옥신(Auxin)이란 줄기의 신장에 관여하는 식물생장호르몬의 일종이다. 이 옥신은 인돌아세트산(Indole Acetic Acid)으로 트립토판(tryptophan)이라는 아미노산으로부터 합성된다. 식물에서 트립토판이 합성되지 않을 경우는 옥신의 전구체인 인돌(indole)을 생성하는 생합성경로를 통해 옥신을 생성하여 옥신의 결핍을 방지한다. 옥신은 생장이 왕성한 줄기와 뿌리 끝에서 만들어지며 세포벽을 신장시킴으로써 길이 생장을 촉진한다.

옥신이 세포 안으로 들어오면 세포 안에 있던 수소이온들을 세포막 밖으로 내보내기 때문에 세포 밖은 pH가 낮아져서 산성을 띄게 된다. 이렇게 pH가 낮아져야만 생장할 수 있는 조건이 된다. 실제로 완충용액을 처리하면 옥신이 있어도 생장하지 않는다. 이렇게 산성화가 되면 세포벽의 셀룰로오스의 결합을 이완시킬 수 있으며 세포막 안쪽에서는 액포 속에 원형질이 아니라 물을 채움으로써 세포가 팽창되면서 커지게 되어 세포벽이 늘어나게 되므로 길이 생장이 일어나게 된다. 식물은 동물보다 성장속도가 매우 빠른데 그것은 세포분열과 더불어 옥신에 의해 이 같은 세포 체적 증가가 이루어지기 때문이다. 옥신의 농도가 과도하게 높은 경우에는 오히려 세포의 성장을 저해하는 에틸

렌의 합성을 촉진시켜 성장이 억제된다.

▌팽압운동

식물의 운동 중에는 또 팽압(膨壓)운동이라는 것이 있다. 팽압운동이란 열이나 빛의 자극에 의해 식물조직의 일부세포가 가지는 팽압이 변하는 것을 의미한다. 예를 들면 미모사의 잎을 살짝 만지면 잎이 갑자기 접히고 잎자루가 아래로 처지는데 이것은 접촉이라는 자극에 의해 잎자루와 잎의 기부에 있는 잎바늘(葉針) 부분의 팽압이 갑자기 달라지기 때문이다. 이런 팽압운동은 잎이 자극을 받으면 잎바늘 부분의 아래쪽에 있는 세포와 위쪽에 있는 세포의 팽압이 달라지고 그에 따라 잎이 열리거나 접히게 되는데서 생기는 운동이다. 잎의 뒷면에 있는 기공(氣孔)이 낮에는 열리고 밤에는 닫히는 것도 팽압운동에 의한 것이다.

▌자극반응

식물도 빛이나 온도와 같은 외부자극을 느끼고 이에 반응하는 감각을 지니고 있다. 물론 식물이 지니는 그런 감각은 동물이 지니는 생리학적 자극기관과는 크게 다른 것이므로 엄밀한 의미에서의 동물적 감각을 지닌다고 말할 수는 없다. 하지만 식물도 단순한 자극을 받아들이고 반응하는 부분이 있음은 사실이다.

우선 식물은 앞서 언급했듯이 빛에 대해 반응하는 굴광성을 가진다. 귀리의 자엽초(子葉鞘)는 빛을 향해 굽는데 이때 빛을 가장 민감하게 느끼는 부분은 잎의 끝 쪽에 있는 극히 일부분이다. 여러 가지 빛의 파장에 대한 굴곡을 조사하여 가로축에 파장을 잡고 세로축에 굴곡을 잡아 파장의 변화를 그래프로 나타낸 것을 작용스펙트럼이라고 하는데 굴광성의 작용스펙트럼은 카로티노이드(carotinoid)나 플라빈(flavin)의 흡수곡선과 비슷하며 이러한 색소가 굴광성을 일으키는 광자극(光刺戟)을 받아들이는 데 관여하는 것으로 알려져 있다. 어떤 녹조류는 하나의 세포에 큰 평판상(平板狀)의 엽록체를 내포하고 있는데 그 엽록체는 빛에 따라 빛과 평행이 되도록 위치를 바꾸어 간다. 이런 운동을 일으키는 것은 적색광이며 그러한 광자극 반응을 일으키는 것은 색소단백질인 피토크롬(phytochrome)이다.

식물은 중력자극(重力刺戟)에도 반응한다. 중력의 감수부위는 빛의 자극처럼 좁지는 않지만 광자극시와 마찬가지로 뿌리의 경우 끝 부분의 약 10mm 정도가 그런 감수성을 가진다. 그런 중력자극에 대해 아주 민감한 쑥 뿌리는 불과 30초 정도만 중력의 방향을 바꾸어도 반응이 일어난다. 그런 굴지성을 가지는 세포는 세포 내에 아밀로플라스트(amyloplast)라는 작은 녹말 알갱이를 함유한 엽록체 또는 백색체를 지니고 있기 때문에 세포의 위치가 바뀌면 그것이 중력의 방향으로 이동한다. 중력자극은 그래서 발생한다.

온도자극(溫度刺戟)에 반응하는 식물도 있다. 온도차에 민감하게 반응하는 튤립이나 사프란은 온도의 차이에 따라 개폐운동을 한다. 사프란은 온도가 불과 0.2℃, 튤립은 1℃만 상승해도 꽃을 피우기 시작한다. 식물이 외부자극에 이처럼 빠르게 반응하는 작용을 경촉반응(傾觸反應, Thiogmonastic response)이라고 하는데 이 경촉반응은 오랫동안 많은 사람들을 매혹시켜 왔다. 이 반응 메카니즘은 수면운동처럼 엽침에서 팽압이 변하는 것이다.

미모사(Minosa pudica)에는 많은 소엽이 있는데 이들 중 어떤 것을 만

지거나 누르면 잎들이 거의 발작 증세를 일으키는 것처럼 갑자기 소엽이 포개지고 잎자루가 처지는 반응을 보인다. 그런 반응에 대해 어떤 학자들은 동물이 뜯어먹지 못하도록 방해하기 위한 목적이라고 주장하기도 하고 다른 학자들은 무덥고 건조한 바람이 불 때 물의 지나친 손실을 막기 위한 식물의 자기보호책이라고 주장하기도 한다. 미모사는 접촉 시에도 반응을 보이지만 열을 가해도 반응을 보인다는 사실이 두 번째 주장의 타당성을 뒷받침한다. 어쨌거나 미모사의 그런 경촉반응은 엽침기동세포(葉枕起動細胞, pulvinus bulliform cell)에서 일어나는 팽압 변화와 관련이 있다.

미모사의 자극전달 형태에서 흥미로운 점은 자극전달이 측정 가능한 전기적 흐름에 의해 이루어진다는 것이다. 관다발 조직의 유족직 세포를 통해 흐르는 이 전류는 동물의 신경자극에서 볼 수 있는 전기적인 특징과 매우 유사하다. 성냥불로 미모사의 소엽 하나를 자극하면 그 반응은 관다발 조직의 유족직 세포를 통해 하나의 잎자루에서 다음 잎자루로 전달되어 식물전체에 차례로 옮겨가는데 그 옮겨가는 흐름이 바로 전기적 흐름과 일치한다는 것이다. 전기적 자극이 엽침에 도달하면 전기적 교란이 칼륨이온과 관련된 팽압의 변화를 일으켜 소엽이 그에 반응하는 메커니즘이다.

외부자극에 대한 식물의 반응형태와 동물의 반응형태가 매우 유사하다는 이런 사실은 모든 생명체가 지니는 반응조직이 크게 다르지 않음을 의미한다. 다시 말하면 식물이든 동물이든 생명체가 반응하는 기본메커니즘은 유사하다는 것이다. 즉 미모사의 잎을 건드리면 전기신호를 일으켜 잎자루를 따라 전달시키는데 이 전기신호는 화학신호로 바뀌어 잎자루 밑의 두꺼운 엽침이라는 곳의 특수한 유세포(기동세포)에서 칼륨이온과 기타 이온들이 세포막을 잘 통과하도록 한다. 그 래서 기동세포 밖으로 이온이 이동하면 주변세포 바깥 공간의 수분함 유량을 감소시키게 되고 삼투압에 의해 기동세포 밖으로 물이 갑자기 빠지면서 기동세포를 쭈그러들게 하여 잎이 오므라든다. 미모사는 잎 을 먹으러 온 동물이 건드리면 잎을 접어 보이지 않게 만들어 시든 것 처럼 위장하는데 잎을 접는 것을 자세히 보면 마치 도미노 게임을 보 는 듯 맨 끝의 잎을 건드리면 전체 잎을 차례로 접는다.

브라질이 원산지인 이 관상식물은 원산지에서는 다년초이지만 한국 같은 추운 지방에서는 일년초이다. 전체에 잔털과 가시가 있고 높이 가 30cm에 달한다. 잎은 어긋나고 긴 잎자루가 있으며 보통 4장의 깃 꼴겹잎이 손바닥 모양으로 배열되어 있다. 깃꼴겹잎이란 잎자루의 양 쪽에 새의 깃 모양을 하고 있는 작은 복엽을 말한다. 등나무 잎과 같은 1회 우상복엽, 자귀나무 잎과 같은 2회 우상복엽이 있다. 꽃은 7~8월 에 연한 붉은색으로 피고 꽃대 끝에 주상꽃차례(capitulum)를 이루며 모 여 달린다. 주상꽃차례란 꽃이삭을 중심으로 하여 여러 꽃이 모여 한 송이처럼 보이는 것을 말한다. 두상화서(頭狀花序)라고도 한다. 하부에 총포(總苞)가 없어 겉으로 보면 한 송이 꽃처럼 보인다. 꽃받침은 뚜렷 하지 않으며 꽃잎은 4개로 갈라진다. 수술은 4개이고 길게 밖으로 나 오며, 암술은 1개이고 암술대는 실 모양이며 길다. 열매는 협과(莢果)이 고 마디가 있으며 겉에 털이 있고 3개의 종자가 들어 있다. 한방에서 는 뿌리를 제외한 식물체 전부를 함수초(含羞草)라는 약재로 쓰는데 장 염, 위염, 신경쇠약으로 인한 불면증, 신경과민으로 인한 안구충혈과 동통에 효과가 있고 대상포진이 생기면 찧어 환부에 붙이기도 한다. 외부자극에 대한 식물의 반응형태와 동물의 반응형태가 매우 유사하다는 이 사실은 모든 생명체가 지니는 반응조직이 크게 다르지 않음을 의미한다. 다시 말하면 식물이든 동물이든 생명체가 반응하는 기본메커니즘은 유사하다는 것이다.

인간은 자신을 일반 동식물과는 다른 최고 고등생명체로 자리매김하고자 하는 경향이 있다. 만물의 영장이라는 말은 바로 그런 바람을 뒷받침한다. 그러나 위에서 보듯 모든 동식물의 반응조직은 크게 다르지 않다. 조직은 기본 틀과도 같다. 붕어빵틀이든 국화빵틀이든 기본 틀이 다르지 않는 한 거기서 나오는 결과물도 당연히 크게 다르지 않다. 마찬가지로 인간의 반응조직이 다른 동식물과 크게 다르지 않는 한 인간의 반응결과도 다른 동식물과 크게 다르지 않다. 좋은 환경은 좋은 자극을 제공한다. 그래서 좋은 환경에서 자라는 동식물은 나쁜 환경에서 자라는 동식물보다 건강하게 잘 자란다. 인간의 경우도 이와 조금도 다르지 않다. 그러므로 인간은 만물의 영장이기 이전에 인간 이전에 탄생한 동식물의 유전인자를 그대로 물려받은 자연의 일개 구성원임을 잊어서는 안 될 것이다.

그런데 식물이 지니는 감각에 대해 논할 때 우리는 한 가지 의문을 가지게 된다. 그 의문이란 빛, 기온, 중력, 온도 등에 반응하는 식물의 감각기관은 도대체 언제, 어디서, 어떻게 생겼을까하는 것이다. 우리는 앞서 단세포생물도 외부자극에 반응한다는 사실을 언급한 적이 있다. 그러나 식물력 시대의 주인공은 단세포 생물이 아니라 다세포 생물이다. 수생식물과 육상식물에서 보았듯이 수많은 다세포식물이 탄생됨으로 해서 지구에 녹색혁명이 일어났기 때문이다. 따라서 우리가 문제 삼는 식물의 감각기관도 당연히 다세포식물의 감각기관이다.

진화적으로 볼 때 다세포생물은 단세포생물로부터 진화되었을 것임은 의심의 여지가 없다. 이렇게 볼 때 다세포생물이 가지는 감각기관도 단세포생물로부터 전해졌을 것임은 의심의 여지가 없고 인간의 감각기관도 단세포생물로부터 전해졌을 것임은 분명하다. 인간은 지금이라도 인간인지력의 발원점인 단세포생물에 고마움을 전해야 되지 않을까?

┃ 진복법칙(進複法則)

단세포식물에서 다세포식물로 진화하면서 식물의 감각기관이 발전해 온 과정을 일별하면 거기에도 한 가지 법칙이 존재함을 알게 된다. 식물플랑크톤 같은 단세포식물이 "태류(苔類, Hepaticae)→각태류(角苔類)→선류(蘚類, mosses)→비종자(非種子)관속식물→종자(種子)관속식물"로 진화해 온 과정은 소(小)에서 대(大)로 진화해 온 과정이며, 단순에서 복잡으로 진화해 온 과정이다. 즉 작은 이끼 같은 태류에서 참나무, 소나무 같은 거대한 수목으로 진화해 온 과정인 동시에 단순조직이 복잡조직으로 진화해 온 과정이기도 하다. 이렇게 단수에서 복수로 진화해 가는 것을 진복법칙(進複法則)이라 한다. 지구상의 모든 동식물은 바로 이 진복법칙에 의해 변한다. 왜냐하면 진복법칙은 아무도 만들지 않은 우주자체가 지닌 원초적 법칙이므로 우주만물은 이 법칙에 종속될 수밖에 없기 때문이다.

우주의 원초적 법칙인 이 진복법칙을 놓고 볼 때 식물의 감각기관 또한 소에서 대로, 단순에서 복잡으로 진화해 왔을 것임은 충분히 짐작할 수 있다. 따라서 식물이 가지는 내적 감각능력은 식물의 외적 형태가 진화할 때마다 같은 비율로 진화해 왔다고 말할 수 있다. 이는 식물의 내적 감각기관이 탄생의 산물이 아니라 식물의 외적 형태와 마찬가지로 진화의 산물임을 입증한다. 다시 말하면 그런 감각기관은 하루아침에 생긴 것이 아니라 수십 만 년의 세월에 걸쳐 조금씩 진화하면서 생긴 것이다. 진화는 시간을 전제로 하는 일이다. 시간을 전제로 하는 진화법칙은 인간사회에도 그대로 적용된다. 로마는 하루아침에 생기지 않았다는 말은 바로 시간을 전제로 하는 진화법칙을 바탕에 깔고 있다.

| 보상진화법칙

진화법칙은 또 보상법칙이기도 하다. 어떤 식물이 수십만 년을 생존해 왔다는 말은 시시각각으로 변하는 지구적 환경을 극복하기 위해 수십 만 년에 걸친 생존투쟁을 계속 해왔다는 말이다. 그런 의미에서 진화된 새로운 식물의 탄생은 그런 계속된 생존투쟁에 대한 보상이라 할 수 있다.

한 여름의 뙤약볕을 이기며 부지런히 논밭을 가꾼 농부에게 수확이라는 보상이 주어지듯 수없는 세월을 이기고 들어선 울창한 밀림은 비바람과 눈보라를 이기고 수천 년을 견디어 온 식물에게 주어지는 보상이다. input(투입)없는 output(산출)없다는 인간세상의 법칙도 진화가 불러오는 이런 보상의 법칙을 그대로 물려받은 것임은 의심의 여지가 없다. 이렇게 볼 때 인간사회는 식물사회와 전혀 다른 별개의 고등사회가 아니라 식물사회의 진화처럼 원시사회에서 시작하여 한 걸음 한 걸음 진화한 결과 탄생한 또 하나의 생명사회라 할 수 있다.

인간사회가 진화된 생명사회라는 사실은 인간과 식물이 가지는 공생관계를 보면 더욱 뚜렷해진다. 먼저 식물은 기후조건을 떠나서 존재할 수 없다. 인간 또한 기후조건을 떠나서 존재할 수 없다. 오늘날 인간사회가 세계적 차원에서 지구환경을 논하고 개선책을 모색하는 것은 인간의 생존을 보장하는 노력인 동시에 인간에게 숨 쉴 산소를 공급하고 허기진 배를 채울 먹이를 제공하는 식물의 생존을 보장하고자 하는 고육책이기도 하다. UN이 정한 기후변화협약은 바로 그런 목적을 가지고 있는 협약이다. 이산화탄소 등, 지구기온을 상승시키는 온실가스의 배출을 억제함으로써 지구온난화로 인한 해수면상승, 홍수피해, 생태계 파괴 등의 지구환경피해를 방지하기 위한 협약이 바로 기후변화협약이기 때문이다.

해양환경관련협약도 마찬가지이다. 해상오염은 물론이고 육상에서 발생한 오염이 해상으로 이전되는 것을 최대한 막고자 하는 것이 바로 해양환경협약이다. 그 외에도 지구생태계를 살리기 위한 환경관련협약은 수없이 많다. 유해폐기물의 발생을 억제하고 발생된 폐기물에 대해서는 친환경적으로 처리하며 개발도상국 내에서 발생되는 폐기물은 반드시 적정하게 처리하도록 규정하고 있는 바젤협약, 잔류성 유기오염물질(POPs)의 생산, 수출 및 수입, 폐기 및 사용에 관한 사항을 규정하고 있는 스톡홀름조약, 환경관련 상품 및 환경서비스에 대한 관세, 비관세 장벽의 폐지를 주요 골자로 하는 환경무역연계협정인 도하개발아젠다(DDA)협상, CFC(Chlorofluorocarbon), 할론(Halon), 메틸브로마이드(methyl bromide)등, 오존 파괴물질의 범세계적인 생산을 축소하고 소비를 감축하며 궁극적으로 그런 물질의 완전한 폐기를 통해 파괴된 오존층을 회복함으로써 인체 및 환경에 미치는 유해 자외선의 피해를 최소화하고자 하는 오존층파괴물질에 관한 몬트리올 의정서, 기상이변과 산림황폐 등으로 심각한 가뭄과 사막화로 고통받고 있는 아프리카 국가들 및 다른 국가들의 사막화를 방지하기 위한 사막화방지협약, 종의 보호에 대한 인식을 제고하고 멸종위기에 처한 야생 동식물의 불법거래 및 지나친 국제거래를 규제하기 위한 멸종위기에 처한 야생동식물의 국제거래에 관한 협약, 국제적으로 중요한 습지의 상실과 침식을 억제하여 물새가 서식할 수 있는 습지를 범지구적으로 보호하기 위한 람사협약, 다양한 생물종을 보존하고 그 생물종에서 생기는 유전자원의 상업적 이용에 의해 생기는 이익을 공동분배 하기 위한 생물다양성협약 등은 모두 지구가 가진 선천적 환경자원을 보호함으로서 인간의 삶을 보상하고자 하는 노력이다. 말하자면 인간의 환경보호라는 노력은 안전한 삶이라는 보상으로 돌아오는 보상진화의 과정과도 같다.

│ 지구유기체설

환경보호노력은 지구가 시시각각으로 변하는 유기체와도 같다는 사실을 전제로 하고 있다. 지구는 처음부터 생물체가 살기에 적합한 환경은 아니었다. 생물이 살아가기 위해서는 산소가 필요하다. 그러나 원시지구에는 산소가 거의 없었다. 지구가 탄생되었을 때의 원시대기는 수소와 헬륨으로 가득 찼던 것으로 추정된다. 그러나 세월이 지나면서 지구 내부에서 터져 나온 화산가스와 온천가스로 대기가 채워지고 원시해양에 이산화탄소가 녹아들고 광합성으로 산소가 만들어지면서 지금과 같은 대기를 구성하게 되었다.

그렇게 산소가 생기면서부터 유기분자가 생기기 시작했고 연이어 단세포생물이 생기게 되었다. 이처럼 식물이 광합성이라는 획기적인 에너지 생산방법을 터득하면서 지구에는 산소농도가 증가하기 시작하여 마침내 오늘날과 유사한 지구대기가 형성되게 되었다. 오늘날의 지구는 수십 억 년에 걸친 그런 진화의 과정을 밟아 탄생된 유기체라 할 수 있다. 지구를 살아 있는 별이라고 보는 것 자체가 곧 지구는 유기체라는 말이다.

06 식물의 진화

| 식물의 진화과정

식물력 시대의 등장은 진화의 산물이었다. 녹조류에서 선태류로, 선태류에서 양치류로, 양치류에서 포자류로, 포자류에서 종자류로 변해온 과정은 수증기의 증발과정처럼 아무도 느끼지 못하고 보지 못하는 미미한 속력으로 소리 없이 진화되어 온 과정이었다. 진화의 과정은 그렇게 미미했지만 수천만 년 동안 퇴적되어 나타난 진화의 결과물은 마치 순간적인 창조처럼 전혀 다른 식물류를 탄생시켰던 것이다.

인간사회의 발전도 그렇다. 어제와 오늘의 변화는 누구도 느끼기 어려운 변화이다. 봉급생활자들은 어제도 아침에 출근하여 저녁에 퇴근했고 오늘도 그렇다. 선생님들은 어제도 학생들을 가르쳤고 오늘도 그렇다. 공장근로자들은 어제도 공산품을 생산했고 오늘도 그렇다. 의사들은 어제도 환자를 치료했고 오늘도 그렇다. 이렇게 인간사회의 어제와 오늘은 전혀 차이 없는 동일한 일과의 반복일 뿐이다. 그러나 1년이 지나고 2년이 지나면 자신도 모르는 사이에 어느새 사람들의 생각이 변해있고 사회상이 변해있고 생활 형태가 변해있음을 알게 된다. 물리력 시대, 화학력 시대, 세포력 시대, 식물력 시대로 변해 온 지구적 자연환경의 진화과정과 인간사회가 변해 가는 과정은 그 진화의 주체만 다를 뿐 이렇게 조금도 차이 없는 동일한 진화의 과정이다. 이는 인간사회가 지구적 환경을 떠나서 탄생되지 않았음을 다시 한번 입증하는 좋은 예가 된다.

| 식물의 수분방법

식물의 진화과정은 식물이 대를 이어 살아 온 과정이다. 식물이 대를 이어 살아 온 방법은 앞서 지적한 것처럼 암수양성의 수분(受粉)에 의해 새로운 씨를 만들고 퍼뜨리는 것이었다. 식물들은 풍매화, 충매화, 조매화, 수매화 등, 식물마다 고유의 수분방법을 가진다.

풍매화(風媒花, anemophilous flower)란 꽃가루가 바람에 날려 수분이 이루어지는 꽃으로 일반적으로 꽃이 작고 화피는 단일 녹색으로 눈에 띠지 않으며 향기와 꿀샘이 없는 것이 많다. 이 방법은 주로 침엽수에 적용되지만 그 외에도 자작나무나 버드나무처럼 한 나무에 암꽃과 수꽃 중 어느 하나만 피는 꽃이 주로 이 풍매화 방법에 의해 대를 이어간다.

충매화(蟲媒花, entomophilous flowers)란 벌, 나비, 나방, 파리 같은 곤충류의 매개에 의해 꽃가루가 운반되어 수분에 이르는 꽃으로 일반적으로 꽃이 아름답고 향기가 좋다. 꿀을 먹으러 오거나 화분을 모으러 오는 곤충의 주둥이 형태와 꿀이 존재하는 꽃의 구조 사이에는 밀접한 관계가 있다. 주둥이가 짧은 곤충은 얕은 곳에 꿀을 가지고 있는 꽃을 찾고 띠호박벌처럼 주둥이가 긴 곤충은 깊은 곳에 꿀을 가지고 있는 꽃을 찾는다. 식물의 입장에서 보면 그런 매개충이 오지 않으면 수분이 되지 않고 따라서 결실도 되지 않으므로 충매화에 속하는 식물들은 그런 매개충을 유혹하기 위해 대부분 꽃이 아름답고 향기가 좋다.

조매화(鳥媒花, ornithophilous flower)란 벌새, 태양조, 홍작(紅雀) 같은 조

류에 의해서 꽃가루가 암술에 옮겨져 수분이 이루어지는 꽃으로 꽃의 구조는 새가 꿀을 빨아먹기 좋도록 진화되었다. 조매화(鳥媒花)가지는 마르크그라리아 네펜토이데스(Marcgraria nepenthoides)를 보면 둥근 꽃이 삭의 중앙에 긴 대롱으로 연결된 많은 꿀샘이 밑으로 처져 있는데 새들이 그 꿀을 빨아먹을 때 꽃가루가 새의 등에 떨어져 붙음으로써 다른 꽃으로 옮겨갔을 때 수분이 이루어지게 된다. 국내에서는 동박새가 동백나무의 꽃가루를 옮기는 것이 대표적인 조매화에 의한 수분이다.

수매화(水媒花, water pollination)란 물을 매개체로 하여 수분되는 꽃으로 붕어마름처럼 화분(花粉)이 물속에 흩어져서 수분되는 것과 나자스말(Najadaceae)처럼 암꽃이 물 밑에서 꽃을 피우면 수꽃의 화분이 가라앉아 수분하는 것이 있다. 또 별이끼와 나사말(Vallisneria natans) 같은 꽃은 수꽃이 피면 모체에서 떨어져 나와 물에 뜨고 암꽃은 꽃대가 길게 자라 물 위에 뜬 화분을 받아 수분한다.

위에서 보듯 각각의 식물은 수분방법에 따라 그에 합당하도록 진화되었다. 수분방법이 풍매화인 경우는 꽃가루가 바람에 잘 날리도록 진화되었고, 충매화인 경우는 곤충들을 유혹하고 곤충들의 몸에 잘 들러붙도록 진화되었고, 조매화인 경우는 새들의 몸에 잘 떨어지도록 진화되었으며, 수매화인 경우는 물에 잘 뜨거나 흐르도록 진화되었다.

이런 식물의 진화는 얼른 보면 아무도 가르쳐주지 않은 자연적 진화이기도 하지만 또 다른 한편에서 보면 그것은 고도의 의식적 진화이기도 하다. 풍매화인 경우 꽃가루가 바람에 잘 날릴수록 수분이 잘 이루어지는데 풍매화 식물은 도대체 그런 사실을 어떻게 알고 스스로 그런 방향으로 진화를 해 갔을까? 인간사회가 채취사회에서 농경사회로 발전한 것은 채취보다는 농경이 보다 풍성한 식단을 보장한다는 사실을 깨닫고 많은 시간과 노동을 투입하여 농경을 발전시켜간 결과일 것이다. 이렇게 인간이 자신의 강력한 의지로 새로운 세상을 열어가는 결과 생기는 변화를 자변(自變)이라 하고 외부적 요인에 의해 생기는 변화를 타변(他變)이라고 한다.

일반적으로 스스로 변하는 자변은 인간사회에서만 가능한 것으로 알려져 있다. 그래서 채취사회에서 농경사회로 옮겨간 인간의 자기 의지적 발전은 아무도 문제 삼지 않는다. 왜냐하면 인간은 그만한 사고와 의식을 가지고 있기 때문에 보다 나은 세상을 만들기 위해 얼마든지 노력할 수 있다고 믿기 때문이다. 하지만 식물이 인간과 동일한 사고와 의지를 가지고 보다 나은 수분법을 개발하고 실용화함으로서 자신을 발전시켜 간다는 사실은 받아들이기 어렵다. 그래서 식물은 자체의 의식적 진화가 아닌 자연이 가진 선천적 진화에 의해 발전한다고 단정하기 쉽다. 즉 식물은 자기 자신의 강력한 의지로 자신의 미래를 개척한 것이 아니라 자연적 변화에 의해 자신의 미래가 수동적으로 결정되었다고 생각하기 쉽다. 그러나 그것은 어디까지나 인간의 일방적인 생각일 뿐이다. 식물이 거쳐 온 수분방법의 진화과정에서 우리는 식물 스스로의 강력한 의지에 의해 식물도 진화되었을 것이라는 사실을 추측할 수 있다. 왜냐하면 식물의 생존환경에 따라 수분방법도 그에 합당하도록 변해왔기 때문이다.

풍매화, 충매화처럼 수분방법이 변해온 경우와 인간의 피부색이 변해온 경우를 생각해 보자. 인간의 피부색은 생존환경에 따라 변해왔다. 햇빛을 많이 받는 곳에 산 사람은 흑인이 되었고 적게 받는 곳에 산 사람은 백인이 되었으며 중간 정도 받는 곳에 산 사람은 황인이 되었다. 또 넓은 초원에 산 사람은 유목민이 되었고 농지가 많은 곳에

산 사람은 정착민이 되었다. 어떤 사람들은 흑인이 북극에 가서 산다
고 백인이 되는 것은 아니지 않느냐고 반문할지 모른다. 그러나 그런
주장은 너무도 짧은 단기적인 시각이다. 지구가 변해 온 과정은 우주
적 시간을 전제로 하고 있음을 명심해야 한다. 우주적 시간개념으로
볼 때 천만년은 거의 찰나적 시간에 불과하다. 오늘날의 흑인이 북극
으로 건너가 그 찰나적 시간인 천만년만 살아 보라. 분명 피부색은 백
인으로 변할 것이다. 반대로 백인이 적도지방에 가서 천만년을 살아
보라. 피부색은 틀림없이 흑인으로 변할 것이다. 그런 일은 인간의 어
떤 의지로도 막을 수 없는 인간사회의 헌법과도 같은 대자연의 원초
적 법칙이다.

식물의 경우도 인간의 생존과 조금도 다를 바 없이 주어진 환경에 적
응하며 살아간다. 바람이 많은 곳에 사는 식물은 바람을 이용하여 대
를 이어가는 풍매화 방법을 발전시켰고 곤충이 많은 곳에 사는 식물은
곤충을 이용하는 충매화 방법을 발전시켰다. 또 더운 열대지방에 사
는 식물은 잎을 마음껏 펼치는 활엽수목으로 진화했고 추운 한대지방
에 사는 식물은 추위를 이기기 위해 작고 좁은 잎으로 살아가는 침엽
수목으로 진화했다. 이렇게 인간이든 식물이든 주위환경에 적응하며
생존하고 발전해온 과정은 조금도 다르지 않다.

식물들이 대를 이어가는 수분(受粉)도 그 기본은 암수 양성생식을 하
는 동물과 비슷하다. 식물의 암술과 수술은 감수분열을 통해 생식세
포를 형성하는데 암술에서는 난세포를 형성하고 수술에서는 화분을
형성한다. 종자식물이 수정되기 위해서는 우선 수분되기 전에 화분이
암술머리로 옮겨져야 한다. 그런 수분이 일어나면 암술머리로 옮겨진
화분은 암술대 안으로 화분관을 만들며 자라서 배낭에 이르게 된다.

화분관 안에는 1개의 화분관핵 외에 2개의 정핵을 가진다. 배낭(胚囊)에 도달하면 2개의 정핵 중 1개는 난세포의 핵과, 나머지 1개는 2개의 극핵과 각각 수정한다. 정핵과 수정한 난세포는 발육하여 배(2n)가 되고, 2개의 극핵과 정핵이 수정한 후 배젖(3n)이 된다. 종자식물은 이렇게 난세포와 극핵이 동시에 두 개의 정핵에 의해서 수정(受精)되기 때문에 이를 중복수정(重複受精, double fertilization)이라고 한다.

수정이 끝나면 서서히 꽃이 지면서 밑씨는 씨앗으로 성숙하고 그 주위를 둘러싸고 있는 씨방은 과육으로 성숙하여 식물체가 자라는데 필요한 양분을 공급해주는데 바로 그 밑씨와 씨방이 합쳐진 전체구조가 열매이다. 속씨식물은 이렇게 밑씨가 씨방에 둘러싸여 있기 때문에 붙여진 이름이고 겉씨식물은 반대로 밑씨가 밖으로 노출되어 있기 때문에 붙여진 이름이다. 일반적으로 속씨식물의 꽃은 대부분 화피를 가지고 밑씨는 씨방 속에 있기 때문에 중복수정을 하며 배젖은 그 다음에 형성된다. 떡잎은 1개 또는 2개이며 물관부에 도관이 있다. 아주 드문 경우이기는 하지만 물관이 아닌 헛물관이 있는 경우도 있다.

겉씨식물은 나자식물(裸子植物)이라고도 한다. 종자식물 중의 원시적인 식물군으로서 지질시대의 석탄기에 나타나 페름기에서 쥐라기까지 번성하였다. 그 뒤 점차 쇠퇴하여 오늘날에는 전세계에 약 62속 670여종이 남아있다. 심피가 씨방을 만들고 그 속에 밑씨가 들어 있는 속씨식물과는 근본적으로 다르다. 중복수정을 하지 않고 수정 전에 밑씨가 생기는 것, 물관부에 헛물관만 있고 물관이 없는 것 등이 대표적인 특징이다.

겉씨식물의 생식기관은 축(軸)의 끝에 작은 포자엽과 큰 포자엽이 착생하여 이루어진다. 큰 포자엽은 기능적으로 속씨식물의 암술을 닮았으나 생식내용이 다르다. 양치식물의 생식기관인 포자낭이삭은 포자엽과 포자낭 턱으로 이루어져 있으며 포자생식을 한다. 이처럼 겉씨식물과 양치식물을 제외한 속씨식물의 생식기관을 좁은 뜻의 꽃이라 하고 넓은 뜻으로는 소철류, 은행나무류, 소나무류의 생식기관도 포함한다. 꽃은 꽃자루의 끝에서 피고 모양과 빛깔이 여러 가지이며 식물의 종류에 따라 각각 특징이 다르다. 겉씨식물은 꽃에 화피가 없고 밑씨가 나출되며 수정 전에 배젖이 형성되고 중복수정을 하지 않는다. 떡잎은 몇 개에서 다수가 있고 물관부에는 헛물관이 있다.

속씨식물이건 겉씨식물이건 수정을 통해 피는 꽃은 암꽃과 수꽃이 같이 있는 양성화(兩性花)와 암꽃과 수꽃이 따로 있는 단성화로 나누어진다. 대부분의 동물은 암컷과 수컷이 따로 있지만 식물은 암술과 수술이 한 꽃에 같이 있는 경우가 많다. 자웅동체(雌雄同體)의 동물처럼 암술과 수술이 이렇게 한 꽃에 있는 양성화를 자웅동화 혹은 자웅동주(雌雄同株: monoecious)라 부르기도 한다. 양성화는 그 종류가 아주 많다. 꽃을 피우는 식물의 약 70% 정도가 이에 속한다. 식물의 경우 이처럼 양성화가 많은 것은 동물처럼 움직이지 못하고 한 곳에서 성장하기 때문인 것으로 짐작되지만 그러나 진화적 관점에서 볼 때 여기에는 많은 의문이 뒤따른다. 왜냐하면 암수가 함께 있을 경우 근친교배(近親交配, inbreeding)의 폐해로부터 벗어나기 어렵기 때문이다.

동물의 경우 근친교배는 생존상 불리한 열성유전자가 나올 가능성이 많은 것으로 알려져 있다. 동물이든 식물이든 암수교배에 의한 후손의 번식은 선천적 법칙이므로 근친교배가 동물에게 폐해를 준다면 동일한 선천적 법칙에 구속되는 식물에게도 폐해를 줄 것이다. 연구에 의하면 양성화는 그런 근친교배의 폐해를 최소화하기 위해 유전적인 다양성이 필요할 때에는 자기 꽃가루와의 수정을 거부하고 수분매개체인 곤충을 적극 이용하여 서로 다른 꽃으로 꽃가루를 실어 나르도록 하고 빠른 번식이 필요할 때는 자기의 꽃가루로 직접 자기가 수정하는 선택적 교배능력을 가지는 방향으로 진화했다고 한다. 이런 자웅동주 식물에는 벚꽃, 진달래, 무화과, 쐐기풀, 수박, 밤나무, 자작나무 등이 있다.

종의 번식이 왕성할 때는 우성유전자를 지키기 위해 자기 꽃가루와의 수정을 거부하고 대신 곤충이 날라다 주는 멀리 있는 다른 꽃의 꽃가루를 받아들여 수정하고 종의 번식이 미미할 때는 종의 빠른 확산을 위해 가까이 있는 자기 꽃가루를 받아들여 수정하는 식물의 선택적 교배능력은 도대체 어디에서 생긴 것일까? 어쩌면 인간보다 훨씬 앞서는 감각과 판단에서 나온 것은 아닐까? 동물보다 식물이 하등생명체라는 확증은 아무데도 없다. 오히려 식물이 가진 이런 생존력을 동물이 물려받았다고 해야 할 것이다. 식물을 먹고 사는 초식동물이 식물의 유전자를 이어받는 것은 어쩌면 당연할 것이다.

마찬가지로 초식동물을 먹고 사는 육식동물이 초식동물의 유전자를 가지는 것도 당연할 것이다. 대부분의 초식동물은 온순하지만 육식동물은 무서운 맹수인 것만 보아도 이는 짐작이 간다. 식물은 정물화처럼 한 곳에 서 있는 정적 생명체인 반면 동물은 바람처럼 떠다니는 동적 생명체이다. 따라서 정적 생명체인 식물을 먹이로 하는 초식동물이 그만큼 유순한 반면 동적 생명체인 동물을 먹이로 하는 육식동물이 그만큼 포악한 것은 당연할 것이다. 실제로 초식동물인 원숭이, 다람쥐, 소, 말, 코끼리, 토끼, 사슴, 기린 등은 비교적 유순한 편인데 반해 육식동물인 사자, 호랑이, 고양이, 독수리, 상어, 살쾡이, 올빼미, 스라소니 등은 비교적 포악하다. 이는 정적 유전자는 정적 행동을 낳고 동적 유전자는 동적 행동을 낳는다는 사실을 입증한다.

식물도 이런 유전적 인과관계를 가진다는 사실은 쉽게 믿어지지 않을 수도 있다. 그러나 식물의 약 70%는 양성화(兩性花, hermaphrodite flower/bisexual flower)이고 30%가 단성화(單性花, unisexual flower)라는 사실은 식물이 지니는 유전적 인과관계를 설명하는 또 하나의 단서가 된다. 앞서 언급한대로 식물은 지구상의 모든 생명체를 먹여 살리는 제1생산자이다. 만일 제1생산자인 식물이 사라진다면 지구상의 모든 생명체는 먹이가 없어 자연히 죽고 말 것이다. 식물은 이처럼 지구상의 모든 생명체를 살아가도록 하는 든든한 양식이다. 양식은 풍족할수록 좋다. 그러므로 지구상에 양식이 풍부해지기 위해서는 양식의 역할을 하는 식물이 빠르게 번식하고 빠르게 자라야 한다.

위에서 보았듯 양성화는 빠른 번식에 도움이 된다. 초식동물들이 아무리 씹어 삼켜도 부족하지 않은 양식을 공급할 만큼 빠른 성장과 번식을 필요로 하는 식물이 바로 양성화이다. 양성화가 근친교배의 단점을 잘 알면서도 근친교배를 선택하고 있는 이유는 이런 선천적 필요성 때문은 아닐까? 또 양성화가 70%의 절대적인 비중을 차지하는 것도 어쩌면 지구상의 모든 생명체를 살려가고자 하는 우주의 강력한 의지는 아닐까?

수정과정이 양성화와 전혀 다른 단성화(單性花)는 암술과 수술 중 어느 하나만 가지는 꽃이다. 그래서 단성화는 암술만 있는 암꽃과 수술만 있는 수꽃으로 구분된다. 암꽃과 수꽃이 각각 따로 피는 이런 식물을 자웅이주(雌雄異株: dioecious)라고 하는데 이 자웅이주식물에는 은행나무, 버드나무, 뽕나무, 옻나무, 물푸레나무, 소철, 시금치 등이 있다. 단성화는 양성화에 비해 그 종이 적기 때문에 꽃을 피우는 식물 중 약 30%에 불과한 것으로 알려져 있다. 또 양성화도 단성화도 아닌 양성화와 단성화가 동시에 있는 복성화 식물도 있다. 이런 복성화 식물을 양성동주(兩性同株)라고 하는데 암꽃과 양성화가 같이 있는 경우도 있고 수꽃과 양성화가 같이 있는 경우도 있으며 암꽃과 수꽃과 양성화가 모두 함께 있는 경우도 있다.

또 양치식물처럼 종자로 번식하지 않고 홀씨로 번식하는 식물은 무성세대와 유성세대를 번갈아 가는 세대교번을 통하여 번식한다. 세대교번은 오직 양치식물에서만 일어날 뿐 종자식물에서는 일어나지 않는다. 뿌리, 줄기, 잎이 있고 관다발이 있다는 점에서 양치식물과 종자식물은 매우 유사하지만 양치식물은 배우체(配偶體)가 독립생활을 하므로 세대교번(世代交番)을 이루어 가는데 반해 종자식물은 배우체의 체제(體制)가 간단하며 자성배우체(雌性配偶體)는 독립되어 있지 않고 포자체(胞子體)에 기생하는 형태를 취하므로 세대교번이 뚜렷하지 않다. 종자식물이 양치식물보다 한 차원 진화된 식물임을 감안할 때 암술과 수술이 서로 독립적으로 존재하면서 수정을 통해 번식하는 종자식물은 동물적 생존방식의 기초를 제공했다고 볼 수 있다.

양치식물이든 종자식물이든 식물도 수없이 멸종해 간다. 멸종의 가장 중요한 원인은 생존환경의 변화이다. 생존환경이 변하는 경우는 크게 두 가지로 나눌 수 있다. 하나는 이상기후와 천재지변 같은 자연적 생존환경의 변화이고 다른 하나는 개발이라는 이름으로 벌어지는 인공적 생존환경의 변화이다. 여기서 자연적 생존환경의 변화는 인간이 손댈 수 없는 영역이므로 인간의 힘으로 막을 수는 없다. 그러나 첨단 과학기술을 자랑하는 현대에 들어오면서 인공적 생존환경의 변화가 자연적 생존환경의 변화로 이어지는 악순환은 오히려 증가하고 있다.

07 식물력 시대의 발전법칙

지금까지의 설명에서도 알 수 있듯이 광합성과 화학합성으로 녹색 지구를 만들었던 식물력 시대는 화학력 시대보다 훨씬 빠르고 다양하게 지구를 바꾸어 놓았다. 그렇게 식물적 힘을 변화주력으로 하여 지구를 푸른 초원으로 만들었던 식물력 시대는 다음과 같은 변화의 법칙을 동반하고 있다.

첫째, 동화작용과 이화작용은 비례한다. 동화작용은 식물의 생산과정이고 이화작용은 식물의 소비과정이다. 식물들은 동화작용으로 생산한 에너지를 이화작용으로 남김없이 소비한다. 그런 생산과 소비의 반복을 통해 식물은 성장하고 열매를 맺는다. 그것은 동물이나 인간이 생산과 소비를 통해 성장하고 후손을 남기는 것과 조금도 다르지 않다. 소나 말이 풀을 뜯어 먹는 과정은 식물의 동화작용과 같고 되새김질 하면서 그 풀을 소화시키는 과정은 식물의 이화작용과 같다. 또 인간이 음식을 먹는 과정은 동화작용과 같고 소화시키는 과정은 이화작용과 같다. 비록 생산과 소비의 구체적인 방법은 조금씩 다를지라도 이렇게 무언가를 먹고 소화시키면서 영양분을 섭취하는 과정은 모든 생물이 가지는 공통점이다. 따라서 적어도 이 지구상에는 생산과 소비라는 두 과정을 반복하지 않고 생존하는 생명체는 있을 수 없다.

인간의 실제생활을 보자. 낮에는 일터에 나가 무언가를 생산하고 밤에는 그 생산한 것을 가족들과 함께 나누어먹고 즐기며 살아간다. 만일 낮 동안의 그런 생산이 없다면 가족들은 소비할 것이 없으므로 살수 없을 것이다. 이는 식물들이 햇빛이 있는 낮 동안 탄소동화작용을 하여 영양분을 생산하고 밤 동안 이화작용을 통해 이를 소비하는 것과 조금도 다를 바 없다. 그런 생산과 소비는 항상 균형을 이루게 된다. 인간사회도 마찬가지다. 가난한 집의 곡식은 먹어 소비되지만 부자 집의 남아도는 곡식은 썩어 없어져 소비된다. 먹어서 소비되든 썩어서 소비되든 생산된 곡식이 소비되어 없어지기는 마찬가지이다. 자연계의 생산과 소비는 이처럼 어떤 형태로든 균형을 이루며 반복된다.

모든 생명체는 이런 생산과 소비의 반복을 통해 생존하고 진화한다. 이는 모든 생명체의 생존과 진화가 이진법을 바탕으로 한다는 사실을 다시 한 번 입증한다. 생산을 양이라 하고 소비를 음이라 하면 생산과 소비의 반복은 곧 양과 음의 반복이 된다. 모든 생명체는 바로 그 양과 음의 이진법적 반복을 통해 생존하고 진화한다. 생산과 소비가 반복되지 않으면 생존할 수 없고 생존하지 못하면 진화할 수 없기 때문이다.

둘째, 모든 생명체는 스스로 자연적 균형을 회복한다. 모든 생명체는 스스로 체내상태를 조절함으로써 일정한 생체내부 환경을 계속 유지하고자 하는 성질을 가지고 있는데 이를 미국의 생리학자 캐논(Waltor Bradford Cannon, 1871~1945년)은 항상성(恒常性, homeostsis)이라고 했다. 체내에 세포구성물이 많을 때에는 생성물의 생산이 감소되거나 중단되고 반대로 세포내 에너지의 공급이 부족할 때는 보다 많은 에너지를 제공하게 된다. 갑자기 뜨거운 것에 닿았을 때 반사적으로 손을 움츠린다든지 강한 빛이 들어오면 자동적으로 눈조리개가 좁아지는 것도 항상성을 유지하려는 조절작용이다. 시간이 지나면 저절로 피가 멈추고 더우면 저절로 땀이 나고 추우면 저절로 땀구멍이 좁아지는 것도 같은 이치이다. 모든 생명체는 이처럼 체계적이고 효율적인 자기조절기능을 가지고 있기 때문에 항상 일정한 내부 환경을 유지하며 살아간다.

이 항상성은 바꾸어 말하면 균형성 혹은 안정성이다. 지구상의 모든 생명체는 새로운 변화에 대해 이런 항상성을 유지하려는 본성을 지니고 있다. 즉 균형과 안정을 유지하려는 본성을 지니고 있다. 확산현상과 삼투현상 역시 생물들이 자신의 생명조건에 맞는 항상성을 유지하려는 본성에서 생긴 현상이다. 넘치면 반드시 멈추게 하고 부족하면 반드시 채우게 하여 항상 안정된 상태를 유지하도록 하는 것이 우주의 원리이다. 별의 생멸(生滅)과정에서 보았듯이 너무 팽창하면 온도가 비례적으로 낮아져 움츠리게 하고 너무 수축하면 온도가 비례적으로 높아져 다시 팽창하게 하는 것도 항상성을 유지하기 위한 우주의 섭리이다.

인간사회도 마찬가지이다. 갈등이 증폭되면 전쟁이 일어나지만 그 전쟁은 언젠가는 반드시 끝나고 만다. 사회적 폭동, 민중봉기, 혁명도 마찬가지이다. 그런 비상상황은 절대로 오래 가지 않는다. 어떤 형태로든 사회적 균형과 안정을 찾고 평화를 유지하게 된다. 더욱이 우주의 팽창과 수축이 자기모순에 의해 생기듯 그런 사회적 균형 또한 자기모순에 의해 생긴다. 끝없는 전쟁은 스스로 끝없는 저주를 낳음으로서 종결되고 끝없는 자유는 스스로 끝없는 방종을 낳음으로서 종결되고 끝없는 독재는 스스로 끝없는 적을 만듦으로서 종결된다.

항상성을 유지하려는 조절작용 또한 이진법적 산물이다. 물을 끓이면 증발한다. 증발이란 물분자가 뜨거운 곳에서 찬 곳으로 이동하는 현상이다. 여기서 뜨거운 곳을 양이라 하고 차가운 곳을 음이라 하면 증발은 곧 양에서 음으로 이동하는 이진법적 현상이다. 또 인간세상은 전쟁과 평화가 반복되면서 만들어져 온 세상이다. 여기서 평화를 양이라 하고 전쟁을 음이라 하면 인간세상은 양과 음이 반복되면서 만들어진 이진법적 세상이다. 삶과 죽음도 그렇다. 삶을 양이라 하고 죽음을 음이라 하면 삶과 죽음을 반복하며 세대를 이어가는 모든 생명체는 양과 음을 반복하며 살아가는 이진법적 생명체이다.

셋째, 하층생물의 수는 상층생물의 수보다 많다. 직접 생산자인 먹이사슬의 하층은 피식자(먹히는 자)가 되고 간접생산자인 상층은 포식자(먹는 자)가 된다. 피식자의 수는 반드시 포식자의 수보다 많아야 한다. 그래야만 먹이사슬이 유지될 수 있기 때문이다. 앞에서 지적했듯이 광합성과 화학합성을 통해 유기물을 생산하는 식물은 99%이고 그 식물을 먹이로 하는 동물은 1%에 지나지 않는다. 이처럼 생물의 먹이사슬은 아래로 내려 갈수록 넓어지고 위로 올라 갈수록 좁아지는 삼각형 먹이사슬이다. 이 원리는 인간사회에도 그대로 적용된다. 어떤 사회든 다수의 생산자와 소수의 착취자로 구성되는 것은 자연의 법칙이다.

이렇게 착취자와 피착취자로 구성되는 사회는 이진법적 사회이다. 자연계에서 생산자인 피식자를 양이라 하고 소비자인 포식자를 음이라 하면 자연계는 피식과 포식이 반복되는 이진법적 사회가 된다. 인간사회 역시 그렇다. 피착취를 양이라 하고 착취를 음이라 하면 인간사회는 양과 음이 반복되며 존속하는 이진법적 사회가 된다. 착취가 강하면 항상성을 유지하려는 자연원리에 의해 피착취자의 저항이 강해지고 저항이 강해지면 살길을 잃은 착취자가 다시 자기방어에 나서면서 서로는 맞붙게 된다. 그래서 생기는 것이 혁명이요 전쟁이다. 착취와 피착취의 갈등이 한 사회 내에서 폭발하면 혁명이 되고 국제사회에서 폭발하면 전쟁이 된다.

이렇게 모든 생명사회는 포식자와 피식자 간의 먹고 먹히는 필연적 인과관계를 가진 이진법적 사회이다. 먹이사슬의 상층에 있는 육식동물은 언젠가는 죽어 한 줌 흙으로 돌아가 식물을 키우는 거름이 된다. 그 거름은 먹이사슬의 하층에 있는 식물의 양식이 되어 피식자인 식물을 키우고 그렇게 성장한 식물은 다시 포식자인 초식동물의 먹이가 되며 그 초식동물은 또 다시 육식동물의 먹이가 된다. 자연계의 먹이사슬은 바로 그런 피식과 포식이 이진법적으로 반복되며 만들어지는 사슬이다.

넷째, 먹이사슬의 하층생물이 사라지면 상층생물도 사라진다. 탄생 순서로 볼 때 먹이사슬의 하층생물은 선순위 생물이고 상층생물은 후순위 생물이다. 어떤 경우에도 후순위 생물이 선순위 생물을 절멸시키는 경우는 없다. 언제나 후순위생물은 선순위생물이 절멸되기 전에 먼저 절멸된다. 호랑이는 산 속의 동물을 다잡아먹기 전에 자신이 먼저 산에서 사라지고 고래는 작은 물고기의 씨가 마르기 전에 자기가 먼저 그 바다에서 사라진다.

인간사회도 동일하다. 가난한 백성은 하층생물과도 같고 포악한 군주는 상층생물과도 같다. 그래서 군주는 착취자가 되고 백성은 피착취자가 된다. 하지만 하층생물에 비유되는 백성은 선순위 존재이고 상층생물에 비유되는 군주는 후순위 존재이기 때문에 포악한 군주는 항상 백성을 다 죽이기 전에 자신이 먼저 죽는다. "백성이 없으면 군주도 없다"는 한 마디는 바로 이를 두고 하는 말이다. 그것이 역사의 증명이요 자연의 법칙이다.

식물은 생명계의 유일한 생산자이다. 따라서 식물은 생명계의 최하층에 자리한다. 초식동물은 그 다음 층에 자리하고 육식동물은 최상층에 자리한다. 생물의 이런 위계구조는 생물의 탄생과 진화와 절멸의 구조이기도 하다. 풀을 먹고 사는 초식동물은 식물이 없으면 살 수 없으므로 당연히 식물 다음에 탄생했을 것이고 초식동물을 먹고 사는 육식동물은 초식동물이 없으면 살 수 없으므로 당연히 초식동물 다음에 탄생했을 것이다. 이렇게 종의 탄생순서를 놓고 볼 때 식물이 가장 먼저 생겼고 그 식물이 어떤 형태로든 진화하여 초식동물이 생겼고 다시 그 초식동물이 진화하여 육식동물이 생겼을 것이다. 반대로 종이 절멸할 때는 그 역순이 된다. 털옷을 짤 때의 순서와 풀 때의 순서가 정반대되는 것처럼 탄생의 순서와 절멸의 순서는 서로 정반대될 것이기 때문이다.

이런 탄생과 절멸의 순서법칙으로 볼 때 생산자인 식물은 소비자인 인간보다 먼저 태어난 생물이므로 앞선 식물의 존속원리가 뒷선 인간의 존속원리로 대물림되었다고 말할 수 있다. 이런 관점에서 볼 때 인간사회의 원리는 곧 식물사회의 원리이다. 이렇게 식물사회의 존속원리가 반영된 인간사회에서 경제는 생산을 문제 삼고 정치는 소비를 문제 삼는다. 경제는 어떻게 하면 인간이 필요로 하는 물질적 가치를 최대한 생산할 수 있느냐를 문제 삼는데 반해 정치는 그렇게 해서 생산된 물질적 가치를 어떻게 하면 사회전체인구가 골고루 소비할 수 있도록 하느냐를 문제 삼는다.

이처럼 인간사회에서 생산은 경제의 대상이고 소비는 정치의 대상이므로 생산과 소비를 반복하는 식물사회도 결국 인간사회의 경제적 개념과 정치적 개념을 떠나서 존속할 수 없는 사회이다. 즉 식물사회도 인간사회의 정경천법(政經天法)을 떠나서 존재할 수 없는 사회이다. 아니 인간사회의 정경천법은 식물력 시대가 물려준 유산이라 해야 할 것이다. 인간사회의 정경천법을 논함에 있어 시대를 거슬러 올라가 식물력 시대를 되돌아보는 이유가 바로 여기에 있다.

제7장
동물력 시대의 변화

01 동물력 시대의 탄생

동물력 시대란 동물적 힘을 변화주력으로 하여 지구상에 수많은 변화가 일어났던 시대를 말한다. 푸른 초원뿐이었던 지구에 살아 움직이는 생명체로써의 동물이 탄생된 것은 지구를 다시 한 번 천지개벽시켜 놓는 계기가 되었다. 엄격한 관점에서 보면 식물도 움직인다. 시야를 더욱 크게 넓히면 식물뿐만 아니라 살아있는 생명체는 모두 움직인다. 비록 움직이는 방법과 정도에 차이가 있기는 하지만 어떤 형태로든 움직이지 않는 생명체는 없다. 생명체들의 생식, 성장, 쇠멸, 식음, 이동, 도주 등은 모두 움직이는 행위들이다. 식물의 움직임은 그런 움직임 중에서도 원형질 유동(cytolysis)이나 줄기와 뿌리의 성장, 나아가 개화(開花)같이 매우 느린 움직임들이기 때문에 마치 움직이지 않는 것처럼 보이기도 한다. 그러나 식물이 자라고 꽃피고 열매 맺는 행위는 분명 움직임이다. 식물들의 움직임은 그처럼 제자리에서 성장하고 쇠멸하는 비이동적 움직임이기 때문에 지구의 환경을 능동적으로 바꾸어 놓을 수 없었다.

그러나 위치를 마음대로 옮길 수 있는 이동성 동물이 탄생함으로써 지구의 환경은 획기적으로 바뀌었다. 이동성 없는 식물은 바람의 도움을 받아 겨우 먼 곳까지 씨를 뿌렸다. 남성의 외도를 바람에 비유하는

444

관습은 식물이 바람의 도움을 받아 여기 저기 씨앗을 퍼뜨리고 다니는 데서 연유한다. 그러나 식물이 바람의 도움을 받아 씨앗을 멀리 퍼뜨리는 데는 한계가 있다. 동물의 탄생은 그런 한계를 넘어서도록 하는 결정적인 계기가 되었다. 동물들이 식물의 열매를 먹이로 먹고 먼 곳으로 이동하여 배설하게 되자 식물의 분포범위는 무한히 넓어졌다. 그래서 동물의 탄생은 지구의 제4혁명이라고 할 수 있다.

지구상에 최초의 동물이 생기기 시작한 것은 약 5억8천만 년 전부터 2억2,500만 년 전까지 이어져 온 고생대(古生代, Paleozoic Era)로 알려져 있다. 동물은 1개의 세포로만 이루어지는 원생동물에서 시작하여 다세포로 이루어지는 후생동물로 진화해 왔다. 최초의 단세포 동물로 알려진 아메바 같은 원생동물(原生動物, Protozoa)은 바닷물이나 민물 혹은 흙속 또는 썩은 유기물이나 식물에서 살며 동물에 기생하는 것도 있다. 그런 원생동물은 단체(單體) 또는 군체(群體)를 이루며 자유롭게 떠다니기도 하고 한 곳에 붙어 고착생활을 하기도 한다. 대부분 극히 작은 것으로써 현미경으로 봐야 보일 만큼 몸길이가 3~300마이크론(μm)에 불과하지만 육안으로 볼 수 있는 것도 있다.

후생동물 중 가장 단순한 것은 중생동물(中生動物)로서 한 층의 체피(體皮)세포와 내부의 축세포로 이루어진 것으로서 주로 낙지나 오징어의 신장이나 편형동물(扁形動物) 또는 거미불가사리 등의 체내에 붙어 기생한다. 후생동물의 실질적 출발점은 강장동물(腔腸動物, Coelenterate)이다. 강장동물은 다세포동물이기는 하지만 신체의 구조가 간단하고 중추신경과 배설기관이 없으며 소화계와 순환계가 분리되어 있지 않는 원시적 동물로서 대부분 바다에 산다. 강장동물 다음으로 나타난 것은 편형동물이다. 편형동물(扁形動物, Platyhelminthes)은 강장동물보다 한층 진보된 동물군으로 대부분 좌우대칭을 이루며 바다나 민물 혹은 땅 위에서 서식한다. 크기 또한 대부분 몇mm에서 5cm정도로 작지만 1m이상 되는 촌충도 있다. 이러한 원시적 동물들은 다시 연체동물, 절지동물을 거쳐 마침내 마지막으로 등장한 동물은 척추동물(脊椎動物, Vertebrata)이다. 척추동물은 지느러미와 아가미를 가지는 어상강(魚上綱)과 네 다리와 폐를 가지는 사지상강(四肢上綱)으로 나누어지는데 어상강은 무악어(無顎魚: 먹장어, 칠성장어), 판피어(板皮魚: 모두 화석종임), 연골어(軟骨魚: 상어류, 홍어 등), 경골어(硬骨魚: 폐어, 철갑상어, 청어 등)의 4강(綱)으로 나누어지고, 사지상강은 양서류, 파충류, 조류, 포유류의 4강(綱)으로 나누어진다.

지구상에 포유동물이 출현하기 시작한 것은 약 2억 년 전의 일이고 하늘을 나는 새들이 나타나기 시작한 것은 약 1억 년 전의 일이다. 동물력 시대의 기초를 닦은 초식동물들은 한편으로는 식물의 천적이기도 했지만 다른 한편으로는 식물의 씨앗과 열매를 이동시켜 식물들이 보다 더 넓게 분포되도록 하는 공생자이기도 했다. 동식물간의 그런 공생을 출발점으로 하여 육식동물, 잡식동물 같은 보다 진화된 동물들이 탄생되었다.

지구상에 탄생 된 최초의 동물은 해면과 해파리 같은 연체동물들이었다. 지금부터 7~8억 년 전쯤 다세포 박테리아가 진화해 길쭉한 줄기 모양으로 변하게 되었는데 그 줄기에 파이프 모양의 연결통로가 생겨나기 시작했다. 그 통로는 일방통행이어서 한쪽 끝은 먹이를 빨아들이는 입구가 되고 다른 쪽 끝은 빨아들인 먹이를 소화시킨 다음 배설물을 내보내는 항문 역할을 했다. 또 입구 혹은 입 주변에는 독을 가진 촉수가 돋아 나와 먹이를 잡거나 적을 물리치는 역할을 했다. 이들이 바로 해면(sponge)과 해파리(coelenterate)들로써 동물의 시작이었다. 그리고 2억 년 전 무렵에는 포유동물(mammalian womb)이 나타나기 시작했고 1억 년 전에는 하늘을 나는 새들이 출현했다.

그런 동물들이 탄생하기까지의 여정은 참으로 긴 여정이었다. 우주의 탄생 시기는 약 145억 년 전이고 태양과 지구가 탄생된 시기는 약 46억 년 전이며 모든 생명현상을 관장하는 단백질의 기본단위인 아미노산의 탄생은 약 40억 년 전이다. 그런 억겁의 진화과정을 거쳐 유전인자(DNA)가 생긴 시기는 약 39억 년 전이고, 세포가 생긴 시기는 약 38억 년 전이며, 초록의 조류(藻類)가 탄생된 시기는 약 32억 년 전이다. 그런 탄생의 과정은 계속 이어져 세포핵은 약 14억 년 전, 바이러스는 약 13억 년 전, 원생동물은 약 12억 년 전, 해면동물은 약 9억 년 전, 조개는 약 6억5천만 년 전, 게·새우·가재 등은 약 5억5천만 년 전, 낙지·오징어 등은 약 5억5천만 년 전, 물고기는 약 5억 년 전, 지네는 약 4억2천만 년 전, 양서류는 약 3억 9천만 년 전, 곤충류는 약 3억5천만 년 전, 파충류는 약 3억4천5백만 년 전, 포유동물 및 공룡은 약 2억2천5백만 년 전, 캥거루는 약 1억3천6백만 년 전, 코끼리는 약 1억 년 전, 쥐는 약 6천만 년 전, 토끼는 약 5천 5백만 년 전, 새는 약 1억9천5백만 년 전, 원숭이는 약 6천5백만 년 전에 탄생한 것으로 알려지고 있다. 지구는 이렇게 기나긴 여정을 통해 여러 동물들을 탄생시킴으로써 오늘날과 같은 지구적 생태환경을 완성시키게 되었던 것이다.

동물이 탄생되기까지의 오랜 시간에 걸친 이러한 진화과정은 단순에서 복잡으로 진화한다는 진화의 법칙을 다시 한번 일깨워준다. 생명체의 출발점이라 할 수 있는 단백질의 기본 구성단위인 아미노산은 참으로 극미하고 단순한 유기화합물이었다. 다음 단계로 나타난 DNA 는 아미노산보다 한 차원 크고 복잡한 유기물이었다. DNA 다음으로 생긴 것은 실질적 생명체라 할 수 있는 세포이다. 세포는 DNA보다 더욱 크고 복잡한 생명체였다. 그 세포는 다시 단세포에서 다세포로, 즉 단순에서 복잡으로 진화했다. 동물 역시 단세포동물에서 다세포동물로 진화하였다. 이렇게 지구에서 벌어진 모든 진화는 단순에서 복잡으로 전개되었다. 인간사회에서도 모든 것이 단순에서 복잡으로 발전해 가는 이유는 바로 이런 우주적 이치에 연유한다.

같은 생물이라도 동물과 식물은 구분된다. 식물은 엽록체를 가지고 광합성을 하며 이동하지 않는 특성을 지닌 다세포생물인 데 반해 동물은 다른 생물을 먹이로 취하고 근육수축에 의해 신체를 움직이는 다세포생물이다. 동물들은 또 식물보다 외부자극에 빨리 반응하며 물질대사의 속도가 빠르고 세포조직 및 기관이 더욱 분화되어 있다. 이렇게 식물과 다른 특성을 가진 동물은 기본적으로 유성생식을 하며 이런 동물계는 크게 2개의 아계(亞系)로 나누어진다. 즉 단세포로 되어있는 원생동물아계(Subkingdom Protozoa)와 다세포로 되어있는 후생동물아계(Subkingdom Metazoz)로 나누어진다.

또 곡형동물문(kamptozoans, 曲形動物門)은 몸이 악부(萼部), 병부(柄部), 주근(走根)으로 되어 있으며 항문이 촉수관 안에 열리고 원신관(原腎管)이 있으며 체강이 없다. 대부분 바다에 산다. 추형동물문(箒形動物門, Phoronida)은 몸에는 촉수관(觸手冠)이 있으며 관 속에서 산다. 소화관은 체강 속에 있고 혈관계는 폐쇄형이며 모두 바다에 산다. 태형동물문(苔形動物門, Bryozoa)은 주로 군체(群體)를 형성하고 다른 동식물이나 바위 위에 부착해 살아가는 동물이다. 군체는 나무 모양, 덩어리 모양,

넓은 평면 모양 등 여러 가지가 있다. 보통 충실(蟲室)이 변하여 된 조두체(鳥頭體)와 편상체(鞭狀體)가 있다. 근육은 주로 촉수에 발달해 있고 신경절은 입과 항문 사이에 위치해 있고 배설계와 혈관계는 없고 중배엽은 위서(胃緖)로 되어 생식선을 지지한다. 자웅동체이며 출아법에 의한 무성생식을 한다. 완족동물문(緩足動物門, Brachipoda)은 몸의 등과 배 쪽에 2장의 껍데기가 있다. 촉수관이 있으며 껍데기 안면에 외투막이 덮여 있다. 현서종(現棲種)은 수가 적으나 화석종(化石種)은 3만여 종이 알려져 있으며 바다에 살고 무관절강과 유관절강으로 나뉜다. 성구동물문(星口動物門, Sipunculans)은 몸이 원통 모양이고 구문부(口吻部)와 동부로 구분된다. 구문부는 촉수를 지니며 몸속을 드나들고 소화관은 심하게 꼬여 있다. 순환계는 퇴화되었고 배설기는 후신관 1쌍이 있고 자웅이체로서 모두 바다에 산다. 새예동물문(鰓曳動物門, Priapulida)은 몸이 구문부(prosome)와 동부(胴部, metasome)로 구분되며 꼬리 위쪽 부속기(附屬器)를 가지는 것도 있다. 몸 표면은 소돌기로 덮여 있으며 체강은 진체강으로 발달되어 있고 소화관은 인두가 발달되어 있다. 배설기는 원신관(原腎管, protonephridium)이고 자웅이체이며 바다에 산다. 연체동물문(軟體動物門, Mollusca)은 많은 종류가 껍데기를 가지며 몸은 머리, 내장낭, 발 및 외투막이라는 4부분으로 이루어져 있다. 바다, 민물, 육상에 살며 경제적으로 매우 중요한 동물군이다. 의충동물문(螠蟲動物門, Echiura)은 몸이 구문부와 동부로 되어있고 항문은 몸의 뒤에 열리며 모두 바다에 산다.

환형동물문(環形動物門, annelida)은 몸의 안팎으로 체절성(體節性)이 뚜렷하다. 체벽에는 환상근(環狀筋)과 종주근(縱走筋)이 있어 몸의 신축성이 크다. 체표는 표피와 하표피에서 분비된 엷은 큐티클(cuticle)로 덮여 있으며 자웅동체 또는 자웅이체이고 바다, 민물, 육상에 산다.

오구동물문(五口動物門, Pentastomida)은 몸이 기다란 혀 모양이고 몸 앞쪽에 5개의 돌기물이 있으며 체내수정을 한다. 모두 기생성이며 척추동물의 폐나 비도(鼻道) 등의 호흡계에 기생한다. 완보동물문(緩步動物門, Tardigrada)은 몸이 짧고 뭉툭하며 원통형이다. 몸길이 0.5~1mm이고 배 쪽에 4쌍의 다리가 있는데 끝에는 4~8개의 발톱이 있다. 물기가 많은 이끼류나 말류에서 사는 것이 많지만 바다에도 산다. 유조동물문(有爪動物門, Onychophora)은 몸길이 1.4~15cm의 원통상의 동물이다. 머리에 환절로 된 1쌍의 더듬이가 있고 몸통에는 여러 쌍의 짧은 다리가 있는데 끝에 1쌍의 발톱이 있다. 열대, 아열대 지방의 육상에 산다. 절지동물문(節肢動物門, Arthropoda)은 가장 많은 종류를 포함하는 문이다. 체절성이 뚜렷하고 관절이 있는 다리를 가진다. 몸은 부위에 따른 분화가 뚜렷하며 바다, 민물, 육상에 산다.

고생대에는 삼엽충이 번성하였다. 모악동물문(毛顎動物門, Chaetognatha)은 몸이 두부(頭部), 동부(胴部), 미부(尾部)로 구분되며 옆 지느러미와 꼬리 지느러미를 가진다. 머리에 안점이 있고 키틴질의 이와 악모(顎毛)들이 돋아있다. 자웅동체이며 모두 바다에 산다. 유수동물문(有鬚動物, Pogonophora)은 몸이 전체, 중체, 후체로 구분되며 전체에 긴 촉수가 나 있다. 깊은 바다에서 관상의 집을 짓고 살며 1951년 새 문으로 설정되었다. 반색동물문(半索動物門, Hemichordata)은 몸이 구문부(口吻部), 금부(襟部), 동부(胴部)의 3부분으로 구분되며 자유생활을 하는 것과 고착생활을 하는 것이 있다. 극피동물문(棘皮動物門, Echinodermata)은 어린 시절은 좌우대칭이지만 성체가 되면 방사대칭이 된다. 몸속에는 골편이나 골판이 있으며 표면에 가시가 있는 것이 많다. 수관계라는 특별한 구조가 있어 운동, 순환, 배설 작용을 한다. 감각기관이 발달되어 있지 않으며 모두 바다에서 산다. 척색동물문(脊索動物門, Chordata)은 일생 또는 어릴 때 척색이라는 몸의 지지구조를 가지며 몸의 등 쪽에 관상의 신경색이 있다. 미색동물(尾索動物), 두색동물(頭索動物), 척추동물(脊椎動物)의 3아문(三亞門)으로 나뉘며 미색동물은 유생(幼生) 때 꼬리에 척색을 가지며 해초강(海草綱), 탈리아강(Thaliacea綱), 유형강(幼形綱)으로 나뉜다. 두색동물은 일생 동안 꼬리에서 머리에 이르기까지 척색을 가지고, 척추동물은 골격의 주축을 이루는 등뼈와 두개(頭蓋)를 가지며 어상강과 사지상강(四肢上綱)으로 나뉜다.

지금까지 서술한 동물들의 힘을 변화주력으로 하여 지구상에 지적 생물을 출현시켰던 동물력 시대는 다음과 같은 변화의 법칙을 동반하고 있다.

첫째, 모든 동물은 생산과 소비의 반복을 통해 존속한다. 어떤 생명체가 살아간다는 말은 물질대사를 계속한다는 말이다. 그 물질대사는 바로 생산과 소비의 반복이다. 모든 동물은 나름대로 먹이를 생산하고 생산한 먹이를 소비함으로써 살아간다. 더욱이 그런 생산과 소비는 일회성으로 끝나는 것이 아니라 살아 있는 한 지속적으로 반복되어야 한다. 여기서 생산은 에너지를 얻는 과정이고 소비는 에너지를 잃는 과정이다. 동물들의 생산과 소비는 식물의 동화작용과 이화작용을 그대로 닮고 있다. 에너지를 축적해 가는 식물의 동화작용은 동물들의 생산과정에 비유될 수 있고 에너지를 잃어 가는 이화작용은 동물들의 소비과정에 비유될 수 있다. 그러나 그 생산과 소비는 반드시 한계를 가진다. 동화작용과 이화작용이 스스로 한계를 가지듯 동물들의 생산과 소비도 스스로 한계를 가진다. 인간이 무언가를 생산하기 위해서는 체내에너지를 소비해야 한다. 따라서 생산이 계속되면 언젠가는 체내에너지가 완전 소모되어 더 이상 생산할 힘이 없어지고 만다. 이렇게 생산할 에너지가 없어지면 저절로 생산은 멈춰지고 체내에너지를 얻기 위한 소비가 시작된다. 음식의 소비는 다시 체내에너지를 회복시켜주므로 생산을 재개하게 한다. 그러나 소비 또한 무한대로 계속될 수 없다. 소비는 생산물을 소모시키는 일이므로 생산물이 완전 소모되고 나면 소비하고 싶어도 소비할 생산물이 없게 되므로 소비는 저절로 멈추게 된다. 이렇게 인간의 생산과 소비는 누가 명령해서 시작되고 멈춰지는 것이 아니라 자기모순에 의해 저절로 시작되고 저절로 멈춰진다. 말하자면 우주의 수축과 팽창이 자기모순에 의해 시작되고 멈추어지는 것처럼 인간의 생산과 소비도 자기모순에 의해 시작되고 멈춰진다. 모든 생명체는 이 같은 자기모순을 반복하며 살아간다. 왜냐하면 그것이 하늘이 정한 모든 생명체의 생존법칙, 즉 생존천법이기 때문이다.

둘째, 생태계의 먹이사슬에는 예외가 없다. 지구상의 모든 생명체는 서로가 서로에게 먹고 먹히는 먹이사슬(food chain)을 형성하고 있다. 먹이사슬에는 두 가지 기본형이 있는데 하나는 녹색식물에서 시작하여 초식자와 육식자로 이어지는 채식먹이사슬(grazing food chain)이고 다른 하나는 생물의 사체(死體)에서 영양분을 취하는 미생물과 하이에나 같은 잔재식자(detritivores) 내지 포식자로 이어지는 잔재먹이사슬(detritus food chain)이다. 여기서 채식 먹이사슬은 생존으로 이어지는 먹이사슬로서 녹색식물은 초식자를 살리고 초식자는 육식자를 살린다. 반면 잔재 먹이사슬은 멸존으로 이어지는 먹이사슬로서 하이에나는 사체를 먹음으로서, 또 미생물은 사체를 분해함으로써 생명체를 사라지게 한다. 먹이사슬은 이렇게 생(生)의 사슬과 멸(滅)의 사슬로 나누어진다.

인간사회도 생태계의 먹이사슬과 동일한 먹이사슬을 형성하고 있다. 농업, 임업, 수산업, 광업, 공업, 제조업 같은 생산업에 종사하는 직접 생산자들은 독립영양생물에 비유될 수 있고 금융, 보험, 경영, 법률, 예술 같은 서비스업에 종사하는 간접생산자들은 종속영양생물에 비유될 수 있다. 이렇게 볼 때 생태계에서 생산자가 사라지면 소비자는 자동적으로 사라지듯 인간사회에서도 직접 생산자들이 사라지면 간접생산자들은 자동적으로 사라진다. 그러므로 한 국가 내에 직접 생산자가 줄어들면 먹이사슬을 빼앗긴 간접생산자들은 하는 수 없이 그들의 먹이가 될 수 있는 해외의 직접 생산자들을 찾아 나서게 된다. 다시 말하면 서비스업은 간접생산업으로서 농수산업, 제조업 같은 직접 생산업이 있는 곳이라야 붙어먹고 살 수 있는데 그런 직접 생산업이 줄어들면 붙어먹고 살 기회가 원천적으로 봉쇄되므로 하는 수 없이 그런 직접 생산자가 많은 곳으로 이동해 가게 된다. 이런 먹이사슬의 법칙으로 볼 때 해외 진출은 국내에서 붙어먹을 생산업이 줄어들 때 새로운 먹이인 해외의 생산업을 찾아 나서는 것이라 볼 수 있다.

셋째, 모든 생물은 진화한다. 약 30억 년 전 지구상에 최초의 생물이 생긴 이래 지금까지 생물은 환경변화에 끝없이 적응해 왔다. 지구의 자연환경이 다양해짐에 따라 생물도 다양한 종으로 분화되어왔다. 그 결과 현재 지구상에는 약 150여만 종의 생물이 존재하는 것으로 알려져 있다. 이 150여만 종의 생물들은 저마다 살아남기 위해 서로 끊임없는 생존경쟁을 벌이게 되는데 그 생존경쟁의 결과 기존의 종과는 크게 다른 다양한 돌연변이들이 생기게 된다. 그리고 그 돌연변이들 중 주어진 환경조건에 가장 잘 적응하는 최적자(最適者, the fittest)만이 살아남는다. 다윈은 그런 자연선택(natural selection)의 결과를 적자생존(適

者生存, survival of the fittest)이라고 했다. 생존경쟁에서 살아남을 수 있는 보다 강한 특성을 지닌 것은 그렇지 못한 것보다 더 많이 살아남을 수 있고 그 결과 그런 강자의 후손들이 다음 세대를 지배하게 된다는 것이다. 그런 적자생존의 법칙이 수억 년 동안 반복되면서 지구상에는 점점 더 발달된 고등생물들이 탄생했고 그 결과 마침내 최고의 고등동물인 인간이 탄생되었던 것이다.

이처럼 탄생순서로 볼 때 인간은 가장 뒤늦게 태어난 생명체이므로 먼저 태어난 식물과 다른 동물의 존속원리가 인간의 존속원리로 대물림되었을 것임은 분명하다. 이런 관점에서 볼 때 식물사회와 동물사회의 생존원리는 곧 인간사회의 생존원리로 연결되었을 것이다. 영원으로 연결되는 그런 인간의 생존원리는 같은 굵기와 크기로 끝없이 이어지는 거미줄 같은 연결이 아니다. 굳이 비유를 하자면 양쪽 끝은 뾰족하고 가운데는 불룩한 창자처럼 이어지는 연결이다. 아기로 태어날 때는 토끼처럼 작은 몸체로 태어나 자라면서 송아지만한 크기의 소년이 되고 다시 황소만한 크기의 청년이 되지만 나이가 들면서 늘보원숭이처럼 힘과 생기를 잃어 가다가 드디어 죽음을 맞는 생멸의 인생 사슬로 이어지는 연결이다. 그런 연결은 작았다 굵었다 하는 창자 사슬과 조금도 다를 바 없다. 인간을 비롯한 모든 생명체는 그런 창자 사슬처럼 태어나고 성장하고 번식하고 사라지는 과정을 반복하며 영원으로 이어진다.

넷째, 모든 동물은 대물적(對(物的) 행위와 대종적(對種的) 행위를 반복한다. 창자 사슬에 의해 영원으로 연결되는 동물사회는 대물적 행위와 대종적 행위로 구성되는 사회이다. 여기서 대물적 행위란 자기 아닌 다른 물체와 가지는 관계를 말하고 대종적 행위란 자기와 같은 종족과 가지는 관계를 말한다. 예를 들면 여기 소가 있을 경우 먹이의 대상이 되는 들풀을 뜯는 행위는 대물적 행위이고 같은 소들끼리 어울려 살아가는 행위는 대종적 행위이다. 이 두 가지 행위를 떠나 살아가는 동물은 없다. 자식을 낳고 기르기 위해서는 어떤 형태로든 자식과 부딪칠 수밖에 없듯 사회를 이루고 살아가는 동물은 어떤 형태로든 같은 종족과 어울리며 살아가지 않을 수 없다.

인간사회도 마찬가지이다. 인간은 어떤 경우에도 의식주 생활을 해결하기 위한 대물적 활동을 멈출 수 없고 집단생활 속에서 살아남기 위한 대종적(대인적) 활동을 멈출 수 없다. 즉 의식주생활에 필요한 재화를 얻기 위한 경제적 대물활동을 멈출 수 없고 집단생활 속에서 살아남기 위한 대인적 활동을 멈출 수 없다. 이렇게 거시적 측면에서 볼 때 모든 동물들의 활동은 대물적 경제활동과 대종적 정치활동으로 양분된다. 그러므로 동물사회도 인간사회의 경제개념과 정치개념을 떠나서 존속할 수 없다. 동물이든 인간이든 모든 생명체의 삶은 대물적 경제활동과 대종적 정치활동이 비빔밥처럼 어우러져 하나의 생존활동으로 승화되는 삶이다.

다섯째, 모든 동물은 선택한 삶을 사는 것이 아니라 주어진 삶을 산다. 삶을 선택해서 태어나는 동물은 있을 수 없다. 새끼들은 어떤 경우에도 자신의 삶을 선택해서 태어날 수 없다. 오직 주어진 삶을 살 수 있을 뿐이다. 단순한 육신적 삶만 그런 것이 아니다. 정신적 삶도 주어질 뿐이다. 뜻을 이루겠다는 인간의 욕망도 크게 보면 주어진 범위를 벗어날 수 없다. 주어지지 않은 뜻을 이룰 수는 없기 때문이다. 예를 들면 천국에 가고 싶다는 욕망을 가질 수는 있다. 그러나 갈 수는 없다. 주어진 한계가 거기까지뿐이기 때문이다. 우리 모두가 무언가를 믿고 안 믿고와는 상관없이 태어났듯 사후에 가는 곳이 있다면 믿고 안 믿고와는 상관없이 가게 될 것이다. 또 그런 곳이 우주 내에 있을 것임은 확실하고 우주 내에 있는 한 생멸의 사슬을 벗어날 수 없을 것임도 확실하다. 그렇게 확실한 모든 삶은 누구도 선택하지 않은 오직 하늘이 정한 하늘의 법, 즉 천법에 의한 삶이다. 그래서 대물적 경제활동과 대인적 정치활동이 어우러져 이어지는 인간사회의 생존법칙을 정치와 경제가 어우러져 이루어지는 법칙이라 하여 정경천법(政經天法)이라 한다. 동물사회도 바로 이 정경천법을 떠나서 존재할 수 없는 사회이다. 이 책의 제목을 정경천법이라 정하고 인간사회의 정경천법을 식물사회와 동물사회를 포함하는 모든 우주만물에까지 적용하고자 하는 이유가 바로 여기에 있다.

| 동물력 시대의 변화

동물력 시대는 문자 그대로 동물의 힘에 의해 지구가 변해 갔던 시대이다. 식물력 시대까지는 지구상에 스스로 움직이는 생명체는 없었다. 동물력 시대는 마침내 스스로 움직이는 생명체가 탄생되었던 시대이다. 즉, 움직이지 않았던 정물시대가 움직이는 동물시대로 바뀌었던 것이다.

| 단세포 동물

원생동물아계(原生動物亞系)에 속하는 단세포동물(單細胞動物, unicellular animal)은 하나의 세포가 하나의 개체를 형성하는 하등동물로써 일반적으로 구조가 간단하여 세포 내에 식포, 수축포 등의 세포기관이 있다. 또 운동기관으로는 위족(僞足, pseudopoda), 편모(鞭毛, flagellum), 섬모(纖

毛, cilium)가 있으며 담수, 해수, 습지에 걸쳐 넓게 분포하거나 기생생활을 하는 것이 대부분이다. 아메바, 유글레나, 종벌레, 짚신벌레, 히드라, 나팔벌레 등이 여기에 속한다.

❙ 다세포 동물

다세포동물(多細胞動物, multicellular animal)은 두 개 이상의 세포로 개체를 이루고 있는 고등동물로써 각 세포는 서로 맞붙어 있거나 혹은 독립되어 있는 등, 다양한 형태로 존재한다. 이런 다세포동물이 탄생되기 위해서는 여러 차례에 걸친 세포 분열과정과 세포 분화과정을 거치게 되는데 그렇게 분화된 세포들은 물질대사 때는 독립된 기능을 수행하지만 생장 때는 상호의존적인 관계를 가진다.

대부분의 동물은 다세포동물이므로 다세포동물의 조직, 기관, 기관계가 어떻게 형성되고 어떤 역할을 하느냐는 동물을 이해하는데 큰 도움이 된다. 다세포동물은 유사한 세포들이 모여 조직(Tissue)을 이루고 조직이 모여 기관(organ)을 형성하고 다시 기관이 모여 기관계로 변하면서 개체를 이룬다. 그러므로 다세포동물의 경우는 기원(基源)과 구조가 같은 수많은 세포가 모여 조직을 이루고 그 각각의 조직이 생명유지에 필요한 부분적 활동을 수행한다. 동시에 다른 조직과 긴밀히 연계되어 하나의 기관을 이루며 그 기관이 기관계로 발전하여 생명활동을 하는 개체가 된다.

❙ 후생동물

후생동물이란 신체 구조가 조직화 되어있는 동물로서 진화적 관점에서 볼 때 강장동물(腔腸動物) 이상의 모든 동물이 이에 속한다. 이 후생동물은 다시 이배엽성(二胚葉性)인 방사대칭동물, 삼배엽성(三胚葉性)인 좌우대칭동물로 나뉜다. 진화적 계통이 불분명한 중생동물(中生動物)과 조직분화가 거의 이루어지지 않아 아직 세포단계에 있는 측생동물(側生動物)은 후생동물아계(後生動物亞系)라 하여 후생동물에서 제외된다.

측생동물(側生動物)이라는 명칭은 "동물의 옆"이라는 단어의 뜻이 나타내듯 진화 초기단계에 다른 동물들로부터 분리된 것으로 생각된다. 측생동물에 포함되는 해면동물은 육안으로 볼 수 있을 정도의 크기로 세포의 분화를 볼 수 있다는 점에서 입금편모충강(立襟鞭毛蟲綱, choanoflagellate)의 조상과는 다르다. 또 조직을 가지고 있지 않다는 점에서 진정후생동물(眞正後生動物, Eumetazoa)과도 다르다. 측생동물은 현재 지구상에 약 5,000여 종이 있으며 그중에서 약 150여 종은 담수에서 산다.

02 동물의 조직

동물의 조직은 상피조직(上皮組織), 결합조직(結合組織), 근육조직(筋肉組織), 신경조직(神經組織)이라는 4가지 기본조직으로 크게 나누어진다. 이 각각의 조직은 조직구조와 각자의 맡은 소임이 다르다.

| 상피조직

상피조직(上皮組織, epithelium, epithelial tissue)은 신체의 외표면이나 체강 및 위장과 같은 내장성 기관의 내면을 싸고 있는 세포조직으로써 크게 덮개상피(covering epithelium)와 샘상피(腺上皮: glandular epithelium)로 나누어진다. 바깥쪽의 덮개상피는 신체의 외부표면이나 다른 세포, 내강(lumen) 또는 외계에 닿아 있으며 아래쪽의 덮개상피는 기저막이 있어 결합조직과 연결된다. 덮개상피에서 기원한 샘상피는 여러 물질을 분비하는 세포로 구성되어 있으므로 분비상피라고도 하며 다른 조직과 함께 선(腺, gland)을 이룬다. 각 조직을 구성하고 있는 상피는 밀집해 있어 세포 사이를 채우는 물질은 매우 적은 편이다. 이 상피조직에는 말초신경이 분포하고 있으나 혈관이 없으므로 조직 내로 전해지는 산소 및 영양 공급은 인접한 결합조직의 혈관에서 행해지는 확산에 의존한다. 그러나 달팽이관의 혈관 줄무늬상피와 태반의 융모막

(絨毛膜) 상피처럼 예외적으로 혈관이 분포되어 있는 상피도 있다. 상피조직은 다른 조직과는 달리 모두 외배엽, 중배엽, 내배엽이라는 3개의 다른 조직 층으로 구성된다. 즉 신체의 표면을 덮거나 선(腺, gland)을 이루는 상피는 외배엽성이고 관 형태로 이루어진 대부분의 장기 안쪽을 덮고 있는 상피는 내배엽성이며 체강(body cavity)과 혈관 안쪽의 상피는 중배엽성이다. 이렇게 상피조직을 구성하는 세포는 그 형태와 층에 따라 나누어지고 다시 그에 딸려있는 구조물 및 상피가 생겨난 배엽과 기능에 따라 구분된다.

| 결합조직

결합조직(結合組織, tela connectiva)은 결조직(結組織) 또는 결체조직(結締組織)이라고도 하는데 동물에 있어 조직 사이를 결합하여 기관을 형성하는 조직이다. 예를 들면 간충직(間充織)은 배의 결합조직으로 발생과 함께 다른 것으로 분화한다. 또 결합조직은 지지조직(支持組織)이라는 이름으로 연골이나 골조직을 하나로 묶는 경우가 있는데 이들은 세포간물질의 발달이 좋고 그 물질을 생성시키는 기본세포의 수가 차차 줄어들어 물질 사이에 산재한다는 점에서 유사성이 있기 때문이다. 망상조직(網狀組織)은 많은 아교성 섬유를 가진다. 탄성조직(彈性組織)은 혈관벽, 뼈의 인대 등에 있으며 탄성섬유가 많다. 소성조직(疎性組織)은 체내 도처에 있는 조직이며 특히 상피조직 아래와 근육 안에서 잘 발달한다. 아교성 섬유가 무더기로 모여 있고 소수의 탄성섬유도 있다. 기본세포는 섬유세포로 고정되어 있으나 조직구(組織球), 마스트 세포(mastocyte), 색소세포가 서로 떨어져 존재한다.

┃ 근육조직

근육조직(筋肉組織, Muscle tissue)은 다른 조직들처럼 세포와 세포간질(細胞間質)로 구성되어 있다. 세포는 길게 늘어나서 섬유를 형성하고 세포간질에는 약간의 시멘트질이 들어 있는데 이는 세포를 소성결합조직의 망상구조물 속에 얽어 두기 위함이다. 근육의 형태와 기능에 따라 그 종류가 나누어지는데 골격근(骨格筋, skeletal)은 현미경으로 관찰할 때 횡으로 무늬가 있으며 대부분 뼈에 붙어 신체의 외부에 자리하고 있는 근육이 이에 속한다. 심장근육은 가로무늬를 가진 횡문근(橫紋筋)으로써 생명체의 의지와는 관계없이 스스로 움직이는 불수의근(不隨意筋, involuntary muscle)이다. 뼈대근육과 민무늬근의 중간정도라고 생각하면 된다. 민무늬근은 평활근(平滑筋)이라고 하는데 장이나 폐 등, 내부 장기를 움직이는 근육으로 뼈대근육에서 보이는 횡문이 없기 때문에 이렇게 불리며 사람의 의지대로 움직일 수 없는 불수의근이다.

┃ 신경조직

신경조직(神經組織, nerve tissue)은 신경계를 구성하는 주요 조직으로 많은 신경세포와 거기서 나온 축색돌기(軸索突起), 수상돌기(樹狀突起) 및 신경교(神經膠)로 이루어져 있으며 외부자극에 감응하여 그 자극을 다른 세포에 전달하는 작용을 한다. 이 신경세포는 시냅스(synapse)라 불리는 접합부를 통해서 다른 세포와 연접하며 손발에 뻗어 있는 긴 말초신경조직은 신경세포에서 나온 수천, 수 만개의 가느다란 축색이 모여 형성된 것이다. 대뇌와 소뇌에서는 많은 종류의 신경세포가 무수히 돌기를 내놓아 시냅스를 형성하고 있다. 신경교(神經膠)는 전기신호를 주고받는 신경세포와는 달리 신경세포 사이에서 그물코 구조를 만들어 신경세포를 받치고 있다. 이들 세포는 발생학적으로는 신경관(神經管)에서 유래한 상피성(上皮性)이지만 형성된 신경조직은 극히 일부를 제외하고는 상피성 배열을 가지지 않기 때문에 상피조직으로는 분류하지 않는다.

신경조직은 뇌와 척수로 구성되는 중추신경계와 뇌신경, 척수신경, 자율신경으로 구성되는 말초신경계로 구분된다. 중추신경(中樞神經, central nerve)은 신경기관 가운데 신경세포가 모여 있는 부분을 지칭하는데 신경섬유를 통해 들어오는 자극을 받고 통제하며 다시 근육, 분비선 따위에 자극을 전달하는 역할을 한다. 말초신경(末梢神經, peripheral nerve)은 중추신경계로부터 피부, 근육, 감각기관 등에 연결되어 있는 신경을 통틀어 이르는 말로써 운동 신경, 감각 신경, 자율 신경으로 나누어지며 기능에 따라 구심성 신경과 원심성 신경으로 나누기도 한다. 말초신경조직은 신경세포에서 나온 여러 축색이 모여 형성된다.

03 동물의 기관

생명체가 생명활동을 수행하기 위한 기본단위를 기관이라 하는데 위에 열거한 상피조직, 결합조직, 근육조직, 신경조직은 기관을 이루는 기초단위이다. 기관은 대부분 한 가지 조직으로 이루어져 있지만 일부는 구성조직 외에 지지와 보호, 혈액공급 및 신경충격의 전달 등을 필요로 하는 것도 있다. 예를 들면 심장은 주로 심근조직으로 이루어져 있지만 그 둘레는 내피조직으로 싸여 있으며 평활근과 결합조직으로 된 혈관이 분포되어 있고 신경조직에 의해 조절되고 있다. 이렇게 여러 조직과 기관이 맞물려 통일된 기능계를 형성하고 있는 것을 기관계라고 한다.

기관계는 크게 소화계, 호흡계, 순환계, 배설계, 신경계, 생식계로 나누어지는데 이런 여러 기관계로 이루어진 동물들은 정교한 조절기구에 의해 내부환경을 적절히 유지하면서 항상성을 유지한다.

| 소화계

소화계(消化系, digestive system)는 먹이를 삭혀 영양분을 만드는 기능을 한다. 종속영양생물인 동물은 탄수화물, 지질, 단백질, 비타민 같은 영양소를 스스로 합성할 수 없으므로 반드시 독립영양생물인 녹색식물이나 다른 생물로부터 영양소를 가져와야 한다. 즉 녹색식물이나 다른 생물을 먹이로 섭취해야 한다. 동물이 필요로 하는 영양물질은 대부분 세포막을 통과하지 못하는 고분자 유기물이다. 따라서 고분자 유기물을 섭취하는 동물은 그 물질들을 잘게 부순 후 여러 가지 효소를 동원하여 저분자인 단당류, 지방산, 아미노산 등으로 가수분해(加水分解, hydrolysis)하는데 그런 과정을 소화라고 한다. 소화기관의 형태와 소화방식은 동물의 진화 정도, 생활환경, 식성 등에 따라 다르다. 아메바 같은 하등동물은 별도로 분화된 소화기관을 가지고 있지 않기 때문에 세포내의 식포 속에서 바로 소화시킨다. 하지만 일반적인 고등동물은 대부분 필요한 기관이 분화되어 소화기관계를 형성하며 소화효소를 세포 밖에서 분비하여 영양소를 가수분해 시키는 세포외 소화를 한다.

| 호흡계

호흡계(呼吸系, respiratory quotient)는 동물들이 외부로부터 산소를 받아들이고 체내에서 생성된 이산화탄소를 체외로 배출하는 과정과 연관된 일체의 조직을 말한다. 동물은 소화와 흡수로 획득한 영양물질을 각 세포조직에 공급하고 그 물질을 산화시킴으로써 생명활동에 필요한 에너지를 얻는다. 따라서 산소가 없으면 동물은 에너지를 얻을 수 없다. 그런데 동물은 체내에 산소를 저장하는 곳이 없으므로 끊임없이 외부로부터 산소를 공급받아야 하고 산화 결과 생성되는 이산화탄소 또한 저장할 곳이 없으므로 끊임없이 외부로 배출시켜야 한다.

이런 호흡과정은 크게 외호흡과 내호흡으로 나누어지는데 외호흡(外呼吸, external respiration)이란 폐나 아가미 등을 통하여 외부로부터 산소를 받아들이는 대신 체내의 이산화탄소를 방출하는 것이고, 내호흡(內呼吸, internal respiration)이란 외부의 산소를 받아들여 에너지원인 탄수화물, 단백질, 지방 등을 분해하여 ATP(아데노신3인산: Adenosine TriPhosphate)의 형태로 에너지를 얻는 대신 체내의 이산화탄소와 물을 배출하는 것이다.

하등동물인 경우는 호흡계 역시 특별히 분화된 것이 없고 몸을 구성하는 세포가 직접 외부환경에 노출되어 있으므로 단순한 기체의 확산에 의해 호흡한다. 반면 고등동물은 체제가 복잡해짐에 따라 호흡기관도 발달하게 되었다. 고등동물의 경우는 호흡한 공기를 폐 속으로 빨아들이는 흡식운동(吸息運動)과 폐 속의 공기를 외부로 배출하는 호식운동(呼息運動)으로 이루어진다. 사람의 경우 흡식을 할 때는 외늑간근이 수축하여 늑골을 위로 치켜올리고 횡경막이 수축하여 아래로 내려오면 흉강의 부피가 커지고 흉강내압이 낮아지므로 공기는 외부로부터 폐 속으로 들어오며, 반대로 호식을 할 때는 외늑간근과 횡경막이 이완되면서 폐를 압축하여 공기를 밖으로 내보내게 된다.

▎순환계

순환계(循環系, circulatory system)는 동물체내에서 혈액과 림프(lymph)를 만들고 그것을 온몸에 순환시켜 호르몬과 항체, 영양분, 물, 이온 등을 수송하고 대사결과 생긴 노폐물을 제거하며 산소 및 이산화탄소를 교환하는 기능을 하는 일체의 기관을 지칭한다. 동물들은 소화기관에서 흡수된 영양소와 세포대사에 의해 생성된 노폐물 및 이산화탄소, 그리고 내분비기관에서 분비되는 호르몬 등을 혈관과 림프관을 통해 체내의 한 부분에서 다른 부분으로 수송하면서 순환시킨다. 단세포동물이나 무척추 하등동물은 세포가 직접 외부환경과 접하고 있으므로 물질운반을 위한 별도의 분화된 기관이 없지만 고등동물은 순환작용을 위해 분화된 기관을 가진다. 절지동물이나 연체동물에서 볼 수 있는 것과 같이 혈관의 끝이 조직 간극 또는 체강 속에 혈액이 스며든 후 다시 혈관으로 모이는 개방순환계와 환형동물이나 척추동물의 경우처럼 혈액이 일정한 관속으로만 흐르는 폐쇄순환계로 나뉜다.

| 배설계

배설계(排泄系, Excretion system)는 콩팥, 땀샘, 수뇨관, 방광, 요도 같이 동물들의 물질대사 결과로 생긴 노폐물을 체외로 내보내는 작용과 관련된 일체의 기관을 의미한다. 동물들은 체내의 수분함량과 각종 이온의 농도 및 분포를 일정하게 해주는 삼투조절에 의해 항상성을 유지한다. 따라서 먹이의 섭취를 통해 들어오는 각종 물질과 물질대사로 생기는 이산화탄소, 물, 암모니아 등의 대사산물(代謝産物)이 체내가 필요로 하는 양을 초과하면 노폐물로써 체외로 방출하는 작용을 한다. 이때 이산화탄소는 아가미나 폐 등의 외호흡기관에 의해 배출되므로 배설기관은 주로 물과 질소 노폐물의 배설을 담당한다.

아미노산의 분해에 의해 생기는 질소 배설물인 암모니아는 심한 독성을 가지고 있으므로 이를 체외로 배출하거나 독성이 적은 물질로 전환시켜 저장한 후 배출시킨다. 대부분의 무척추동물과 척추동물 중 일부 어류는 암모니아 상태로 배출하며 곤충류, 파충류의 일부와 조류는 암모니아를 요산으로, 포유류와 양서류, 그리고 파충류의 일부는 요소의 형태로 바꾸어 배출한다. 인간의 질소배설물도 주로 요소 형태인데 이는 각 조직세포의 탈아미노산 과정에서 생긴 암모니아가 간으로 운반된 후 간에 있는 여러 효소작용에 의해 이산화탄소와 몇 가지 아미노산이 관여하여 만들어지는데 이런 과정을 요소회로(尿素回路)라 한다.

| 신경계

신경계(神經系, nervous system)는 외부자극을 신속히 감지하고 그에 대해 적절한 반응을 나타내는 일과 관련된 일체의 기관을 의미한다. 따라서 신경계는 상호 연결된 3가지 기능을 가지는데 첫째는 내외부 환경을 감지하는 감각입력(sensory input)기능이고, 둘째는 감지된 정보를 처리하고 적절한 반응을 하도록 결정하는 통합기능이며, 셋째는 결정된 반응을 발현시키는 운동출력(motor output)기능이다. 생물이 살아가는 생존환경은 매우 다양하며 또 끊임없이 변해간다. 모든 동물은 그런 다양한 외부자극에 대해 반응하는 자극감수성을 가지고 있으며 진화의 정도에 따라 특정한 자극에 대해서만 수용하고 흥분할 수 있도록 분화된 부위가 있는데 이를 자극수용기라 하고 그 수용기에 부속장치를 포함한 것을 감각기관이라 한다. 자극수용기의 흥분이 구심성 신경계를 통해 중추부에 전달되면 감각을 느끼고 원심성 신경을 통해 그에 대한 적절한 반응을 취함으로써 동물 전체로서 조화된 행동을 취하게 해주는 기관을 신경계라 한다.

몸의 한 곳에서 다른 곳으로 흥분을 전도해 주는 신경계의 구조적, 기능적 단위를 뉴런(neuron)이라고 하는데 이 뉴런은 핵과 세포질로 이루어진 세포 본체와 그것으로부터 뻗어 나온 많은 섬유 돌기들로 이루어져 있다. 이 섬유 돌기 중 짧고 수가 많은 섬유를 수상돌기라 하고 긴 섬유를 축색돌기라 한다. 특히 축색돌기는 섬유가 매우 가늘고 길게 뻗어 있기 때문에 이를 흔히 신경섬유라고도 한다.

동물들도 이렇게 인간과 동일한 신경 섬유를 가지고 있기 때문에 동물도 인간과 동일한 신경활동을 한다고 말할 수 있다. 신경계는 의식적, 무의식적 반사작용을 나타내는 핵심기관이다. 그러므로 신경조직을 가지고 있는 동물은 모두 의식적, 무의식적 반사작용을 하게 된다. 예를 들면 물고기는 소리도 내지 않고 얼굴표정을 바꾸지도 않지만 그래도 물리적 고통에 대해 반응하며 동시에 그런 고통을 받았다는 사실을 인지하고 기억한다고 한다. 미국 퍼듀대학 조셉 가너(Joseph Garner) 박사 팀은 수조 속 금붕어의 절반에는 진통제를 주고 나머지 절반에는 가짜약인 식염수를 준 후 몸에 히터를 부착해 온도를 올렸다. 몸에 부착된 히터는 일정 온도가 올라가면 자동적으로 멈추게 돼 있어 금붕어 몸에 화상을 입힐 정도는 아니었다. 이들은 그 실험을 하기 전에는 진통제를 맞지 않는 물고기들만 고통을 느껴 꿈틀거릴 것으로 예상했지만 실제로는 그렇지 않았다. 두 그룹 금붕어가 모두 일정 온도 이상으로 온도가 올라가자 꿈틀거리면서 고통스러운 반응을 보였다.

본격적인 차이는 히터가 꺼진 뒤에 나타났다. 진통제를 맞은 금붕어들은 히터가 멈추자 종전처럼 자유롭게 수조를 돌아다니며 모이를 먹는 반면 진통제를 맞지 않은 금붕어들은 한쪽 구석에 몰려 주위를 살피는 듯 경계하는 모습을 보였다. 연구진은 이런 현상에 대해 "온도가 올라가는 통증에 대해서는 두 금붕어 그룹이 모두 자동반사적으로 행동하게 되지만 진통제를 맞은 금붕어는 고통스런 경험을 하지 않았기 때문에 바로 원래 상태로 돌아가는 데 반해 고통을 경험한 나머지 금붕어들은 방어 태세를 취하게 되는 것"이라고 설명했다. 이런 연구결과는 상처가 나거나 육상처럼 생존환경이 바뀌었을 경우 물고기들이 파닥거리는 것은 목숨에 위해를 느끼기 때문이라는 추측이 한층 더 분명해졌다.

또 다른 실험의 결과 원숭이도 인간처럼 후회하고 과거의 실수로부터 배운다는 사실이 밝혀졌다. 과학자들은 원숭이들이 보상게임을 하는 동안 뇌의 상태가 어떻게 변하는지를 조사한 결과 과거의 실패를 기억해두고 미래에 어떻게 피할 수 있는지를 생각한다는 새로운 과학적 사실을 발견했다고 한다. 미국 노스캐롤라이나주에 있는 듀크 대학(Duke University) 메디칼 센터의 벤 하이던 연구원은 "이 연구 결과는 원숭이들이 사람처럼 후회하는 사고방식을 갖고 있다는 첫 증거"라고 말했다.

과학자들은 이 게임방식과 마찬가지로 원숭이들에게 원판 안에 8개의 동일한 백색 사각판을 제시하고 그 가운데 하나를 선택하도록 했다. 이때 원숭이들은 백색 사각판 아래에 나타난 색깔에 상응해 쥬스량을 조절하는 방식으로 보상을 받게 된다. 수주일 동안 원숭이들은 녹색일 때는 높은 보상을, 다른 색일 때는 낮은 보상을 받는 훈련을 받았다. 이들은 또 보상을 받은 뒤 자신이 놓친 보상이 무엇인지도 볼 수 있도록 했다. 과학자들은 이런 보상과정에서 행동결과를 감시하고 그에 따른 행동변화를 중재하는 기능을 하는 뇌의 전대상피질(ACC: Anterior Cingulate Cortex) 세포의 변화를 관찰했다.

연구 결과 보상이 클수록 반응도 커지는 방식으로 ACC의 뉴런(신경단위)들이 보상 수위에 따라 반응하는 것으로 나타났다. 또한 원숭이들이 놓친 보상기회를 볼 때도 동일한 뉴런이 반응하는 것으로 나타났다. ACC의 뉴런들은 대부분 현실 혹은 상상 보상에서 비슷한 양상으로 반응했다. 과학자들은 또 이러한 반응이 원숭이의 학습에 얼마나 도움을 주는지를 분석하기 위해 60%가량을 동일한 위치에 놓거나 한 칸씩 시계방향으로 옮기도록 했다. 이는 원숭이가 이 패턴을 충분히 알고 적응할 수 있도록 하기 위한 것이었다. 실험 결과 원숭이들은 보상수위가 높은 고보상 타깃을 37.7%나 선택해 그 반대의 경우인 16.7%를 크게 웃돌았다. 이는 원숭이들이 보상패턴을 배우고 고보상 기회를 더 많이 선택했으며 고보상과 저보상의 차이점이 무엇인가를 이해하고 있음을 말해준다.

이 연구의 공동참여자인 신경생리학자 마이클 플래트는 "뉴런이 두 가지 역할을 하고 있다는 점을 발견한 점에 의의가 있다"며 "원숭이들이 실제 선택과 반대되는 경우에 관한 양쪽 정보를 모두 가진 뒤 다음에 어떤 행동을 해야 하는지를 판단한다는 사실을 반영하고 있다"고 말했다. 사람들이 도박을 할 때 과거의 경험을 염두에 둬야 이길 가능성이 높아진다는 점과 같은 이치다. 과학자들은 이런 뉴런들이 실제로 원숭이들로 하여금 앞으로 보다 좋은 선택을 하도록 영향을 미치는 것으로 추정하고 있다.

또 생쥐들이 실제로 말을 하지는 못하지만 언어와 관련이 있는 것으로 추측되는 인간화된 유전자를 갖고 있는 것으로 보인다는 새로운 연구결과도 나왔다. 독일 막스 플랑크 진화인류학연구소 과학자들이 『세포(cell)』지 최신호에 발표한 연구는 인류가 언어와 말을 발달시키게 된 과정을 밝히는데 도움이 될 것으로 보인다. 생쥐는 인간과 유전적으로 많이 비슷하기 때문에 생쥐는 인간의 질병을 일으키는 원인과 결과를 연구하는 데 자주 사용되고 있다.

연구진은 "지난 10여 년간 과학자들은 생쥐들이 정말로 사람과 많이 비슷하다는 사실을 깨닫게 됐다. 이들의 유전자는 본질적으로 사람과 같으며 그 기능도 유사하다"고 지적했다. 이들은 연구 결과 생쥐들이 단순한 질병 연구뿐 아니라 인류의 역사를 연구하는 데도 사용될 수 있음을 알게 됐다고 밝혔다. 연구진은 인간이 FOXP2라고 불리는 유전자에서 침팬지와는 다른 두 개의 아미노산을 갖고 있다고 지적했다. 이 FOXP2 유전자 변화는 인류가 침팬지로부터 갈라져 나온 뒤 고착된 것이라는 사실을 말해주고 있다. 어떤 사람이 기능을 상실한 FOXP2 유전자를 갖고 있을 경우 말할 때 필요한 얼굴 근육의 움직임이 제 때 이루어지지 않아 제대로 말을 하지 못하는데 이는 아미노산이 입술과 혀, 성대 근육의 미세 운동조절에 관여한다는 점을 시사하고 있다는 것이다. 연구진은 인류가 진화해 오는 과정마다 FOXP2가 계속 변해 왔으며 인류가 말을 할 수 있게 된 이유를 설명하는 최상의 유전적 변화라고 지적했다.

이들은 침팬지의 것과 본질적으로 똑같은 생쥐의 FOXP2 유전자에 인간화된 아미노산 대체물을 투입하는 실험을 한 결과 생쥐들이 아기처럼 옹알이를 하지는 않았지만 인간의 언어능력과 관련된 것으로 밝혀진 두뇌회로에서 변화가 일어났음을 발견했다. 유전자가 조작된 생쥐 새끼들은 또한 어미의 둥지 밖에서 사용하는 초음파 발성에서 변화를 일으켰다. 연구진은 그러나 이런 변화가 무엇을 의미하는 지 이해하기엔 생쥐들의 의사소통 방식에 관해 알려진 것이 아직 너무 적다고 지적했다. 연구진은 이 유전자의 정확한 효과와 그 유전자가 인간과 침팬지 사이에 무슨 관련을 가지는지를 알아내기 위해서는 추가 연구가 필요하지만 한 가지 분명한 사실은 그런 효과가 인류의 진화 과정에서 일정한 역할을 담당했을 것으로 추측할 수 있다고 말했다.

| 생식계

생식계(生殖系, reproductive system)는 자신의 종(種)을 영속시키기 위해

자신을 복제하는 과정과 관련된 기관이다. 생물의 유전형질은 1개 이상의 염색체상에 배열되어 있는 유전자에 의해 조절된다. 유전자는 일반적으로 유전암호를 만드는 분자구조인 디옥시리보핵산(DNA: deoxyribonucleic acid)으로 되어 있다. 생물의 생식에는 기본적으로 무성생식과 유성생식이라는 2가지 유형이 있다.

무성생식(無性生殖, asexual reproduction)은 유전적으로 단일 어버이와 동일한 자손을 만드는 생식이다. 세균 및 원생동물과 같은 단세포생물들은 일반적으로 어버이 개체의 몸이 2개의 동일한 자식 개체로 분리되는 분열(分裂, fission)을 통해 무성생식을 한다. 분열이 아닌 다른 형태의 무성생식도 있는데 대표적인 경우는 포자가 형성되어 새로운 개체로 발달하는 것이다. 히드라와 효모에서 볼 수 있는 출아생식은 어버이의 몸에서 생겨나는 작은 돌출부가 새로운 개체로 성장하는 무성생식이고 편형동물의 무성생식은 1개체가 2조각 이상으로 나누어져 각각 새로운 개체로 성장하는 영양생식이다.

유성생식(有性生殖, sexual reproduction)은 암수라는 서로 다른 두 성(性)세포가 결합하여 새로운 개체를 만드는 생식유형이다. 정상적인 체세포는 염색체를 쌍으로 가지고 있는데 이 상태를 이배체성(二倍體性)이라고 한다. 감수분열 동안 각각의 성세포는 생식세포를 만드는데 각 생식세포는 정상세포나 체세포가 가지는 염색체 수의 반을 가진다. 그래서 이런 상태를 반수성 혹은 반수체라고 한다. 이 두 반수체의 성세포는 수정과정에서 새로운 개체로 발전하는 최초의 생식세포인 접합자(接合子, zygote)가 되며 이 접합자(생식세포)는 그 종(種)의 전형적인 염색체 수를 가지게 된다. 대부분의 동물들은 이런 유성생식을 통해 종을 이어가며 특히 척추동물은 유성생식이 유일한 생식형태이다.

04 동물의 구분

| 무척추동물

다세포동물은 크게 척추동물과 무척추동물로 나누어지는데 무척추동물이 척추동물보다 먼저 생겼으므로 무척추동물부터 알아보면 무척추동물이란 등뼈가 없는 동물로써 강장동물, 편형동물, 연체동물, 절지동물, 환형동물, 극피동물로 나누어진다.

(1) 강장동물

강장동물(腔腸動物, Coelenterate)은 동물 중 가장 발달이 덜 된 동물로써 입과 항문의 구분이 없다. 강장동물은 물에 사는 다세포 동물로서 강장과 입 주위에 촉수라는 것이 있다. 바다에 사는 해수산은 그 종류가 많고 강에 사는 담수산은 히드라 등 소수만 있다. 신경계로는 망상의 주변신경계만 있고 중추신경계는 없다. 암수이체로 유성세대와 무성세대의 세대교번이 이루어진다. 히드라, 산호류를 포함하는 히드라충강과 해파리, 말미잘류의 본충강으로 나누어진다. 좁은 의미의 강장동물을 의미하는 자포동물(刺胞動物, Cnidaria) 가운데 히드라는 상피층 또는 위층(胃層, gastrodermis) 안에 일시적인 생식소를 가지며 해파리와 산호충은 대개 위층(胃層) 안에 생식소를 가진다. 히드라는 무성생식을 통해 폴립(polyp)이라 불리는 개체를 생산한다. 폴립은 생식소가 발달된 자유유영 단계의 메두사(Medusa)를 다시 생산한다. 메두사란 정신분석학적으로 아들을 사랑할 위험이 큰 어머니, 혹은 여성생식기를 의미한다.

이런 강장동물은 몸의 구조가 간단하고 중추신경과 배설기가 없으며 소화계와 순환계가 분리되어 있지 않는 등, 진화의 정도가 낮다. 강장동물은 히드로충강, 해파리강, 산호충강의 3강으로 나뉜다. 히드로충류 중에 기수(汽水)나 담수에 사는 일부 종을 제외하면 대부분이 바다에 살며 세계적으로 약 9,000종이 있는 것으로 알려져 있다.

지금까지 열거한 대부분의 무척추동물은 유성생식을 한다. 물론 무성생식을 하는 무척추동물도 있기는 하지만 유성생식을 하는 수에 비하면 그리 많지 않다. 모든 유성생식의 기본단위는 생식소에서 만들어지는 정자와 난자이다. 정자와 난자를 동시에 만드는 동물을 자웅동체라 하고 분리되는 경우를 자웅이체라 한다.

(2) 편형동물

편형동물(扁形動物, Platyhelminthes)은 평평하고 납작한 동물로써 배에 있는 인두(咽頭, pharynx)로 먹이를 먹는다. 항문이 따로 없어 먹은 곳으로 다시 배설한다. 알을 낳아 번식하고 둘로 갈라져도 그 갈라진 몸에서 각각 재생한다. 대표적인 동물은 민물에 살면서 하천이나 호수의 바닥 및 수생식물이나 돌 위를 기어 다니는 플라나리아(Planaria)이다. 편형동물은 대부분 자웅동체이며 하나 이상의 난소와 정소를 갖는다. 난소로부터 외부로 향한 관을 수란관(輸卵管)이라 하는데 이 관은 교미 시 받아들인 정자를 저장하는 수정낭(受精囊)의 기능을 하며 여기에 연결된 난황선(卵黃腺)으로부터 수정란에 영양분을 공급한다. 또 수란관 자체가 변형되어 수정란이 외부로 배출될 때 겉을 둘러싸는 보호막을 분비하기도 한다. 수컷의 정소는 많은 수정세관(輸精細管)이 모인 수정관(輸精管)으로 이루어지며 사정관(射精管)으로 통한다. 대형동물인 회충은 대부분 자웅이체이며 암수는 외형이 서로 다른 성적이형(性的異形)을 나타낸다. 수컷은 일반적으로 크기가 작고 교미 침을 가지고 있으며 총배설강을 통해 정자를 분비하며 암컷은 수컷에 비해 크고 난소 근처의 관 일부에 유생이 부화할 때까지 수정란을 임시 보관한다.

(3) 연체동물

연체동물(軟體動物, Mollusca)은 절지동물(節肢動物) 다음으로 많은 동물로써 조개, 소라, 달팽이, 굴, 오징어, 문어 같은 것들이 이에 속한다. 연체동물은 몸에 뼈가없고 부드러운 동물로써 배아래 발이 있어 발로 기어 다닌다. 하지만 오징어 같은 종류는 다리가 머리에 달려있다. 알을 낳아 번식하고 주로 물에서 산다. 이 연체동물은 내장기관과 크기가 아주 다양하지만 대부분 5미터를 넘지 않는다. 물론 대왕오징어같이 전체 길이가 약 15미터에 달하는 연체동물도 있다. 또 연체동물 중에는 초식성도 있고 육식성도 있으며 수중의 찌꺼기를 걸러 먹는 것도 있다.

연체동물은 환형동물과 진화적 유전관계가 밀접하지만 체절동물의 여러 특성이 퇴화하거나 없어졌다. 연체동물 중 가장 큰 비중을 차지하는 복족류(腹足類, Gastropoda)는 일반적으로 정소, 난소, 난정소 같은 생식소를 1개씩 가지고 있으며 부족류(斧足類, Pelecypoda)는 자웅동체 혹은 자웅이체로 1쌍의 생식소를 가지고 있다. 홍합이나 굴은 생식소가 외신문(外腎門)으로 열려 있고 대합은 독립적으로 생식소가 열려 있다. 두족류(頭足類, Cephalopoda)는 모두 자웅이체이며 각기 1개씩의 생식소를 가지고 있고 성호르몬을 심장 근처의 체강으로 분비하여 생식공을 통해 외부로 배출한다. 일부 연체동물은 환경이나 내부적 요인들에 의하여 성을 바꿀 수 있으며 또 다른 일부는 난정소(卵精巢, ovotestis)에서 정자와 난자를 동시에 만들기도 한다.

(4) 절지동물

절지동물(節肢動物, Arthropoda)은 다리에 마디가 있는 동물로써 신체구조는 머리, 가슴, 배로 구분되고 몸의 외부에는 키틴질(chitinous substance)로 된 외골격이 덮여있다. 절지동물은 동물계 중에서도 그 종이 가장 많은 동물로서 흔히 볼 수 있는 곤충류, 거미류, 게류, 새우류, 지네류가 이에 속한다. 알을 낳아 번식하고 번데기 형태를 거치지 않고 애벌레에서 바로 성충이 되는 변태동물로서 가재, 사슴벌레 등이 여기에 속한다.

동물계 중에서 비교적 비중이 높은 절지동물은 대부분 자웅이체이지만 자웅동체인 경우도 있으며 일부는 난자만으로 생식하는 처녀생식(處女生殖, parthenogenesis)을 하기도 한다. 갑각류(甲殼類, Crustacea)의 대부분은 자웅이체이며 암컷은 수정낭을 가지고 있고 수컷은 변형된 부속지로 교미할 때 암컷을 잡거나 정자를 유도한다. 물벼룩과 같은 새각류(鰓脚類, Branchiopoda) 암컷은 생식공이 등쪽으로 열려 육아실(育兒室 brood chamber)로 통하며 수컷의 생식공은 항문 근처에 열려 있다. 패충류(貝蟲類, Ostracoda)는 관 모양의 생식소가 1쌍 있으며 대부분은 처녀생식을 한다. 요각류(橈脚類, Copepoda) 암컷의 수란관 끝은 난자의 저장을 위한 난낭(卵囊)으로 이루어져 있으며 정자는 정포(精包)에 보관되었다가 암컷에게 전달된다. 고착생활을 하는 만각류(蔓脚類, Cirripedia)는 자웅동체이지만 보통 교차수정을 한다. 단각류(端脚類, Amphipoda)와 등각류(等脚類, Isopoda)는 자웅이체이며 1쌍의 생식소를 갖는다. 대부분의 등각류는 기생생활을 하지만 일부는 다른 갑각류에 기생하면서 기생성 유생(幼生)이 게껍질에 부착되어 생식하는 경우도 있다. 이 때 한 개의 유생만 부착되면 암컷이 되고 한 개 이상의 유생이 부착되면 수컷이 되는데 이 수컷이 다른 숙주로 옮겨가면 정소가 난소로 바뀌는 점을 감안할 때 이들의 성은 간성(間性)인 것 같다.

곤충은 자웅동체가 거의 없는 자웅이체임에도 불구하고 대부분 수정하지 않는 처녀생식을 한다. 곤충 암컷의 난소는 다수의 난소관(卵巢管)으로 이루어져 있다. 이 관의 위쪽은 미성숙한 난자의 성숙을 유도하며 성숙된 난자는 아래쪽의 난황으로부터 영양을 공급받는다. 몸의 제8, 9체절은 알을 낳기 위해 변형되어 있다. 수컷의 정소는 미성숙한 정원세포(精原細胞)를 형성하는 정관들로 이루어져 있고 성숙한 정자들은 정낭으로 들어간다. 수컷 생식기의 마지막 부분은 사정관이며 교미기 안을 통과한다. 제9, 10체절에는 정자수송을 위한 부속지가 있다.

(5) 환형동물

환형동물(環形動物, Annelida)은 몸이 긴 원통형의 동물로써 몸에는 여러 개의 마디가 있고 앞쪽에는 환대(環帶)가 있다. 암수가 한 몸이고 알을 낳아 번식하며 흙에서 영양분을 섭취한다. 대표적인 동물은 지렁이, 거머리 등이다. 고리모양의 체절구조를 가진 무척추동물인 환형동물가운데 다모류(多毛類)는 생식소가 몇 개의 연속적인 체절 속에 있으며 체강 내에 정자와 난자가 저장되고 체외수정을 한다. 지렁이 같은 빈모류(貧毛類)는 자웅동체이며 소수의 특수한 체절에만 생식소가 있는데 정자는 정낭(精囊)에, 난자는 난낭에 저장된다.

(6) 극피동물

극피동물(棘皮動物, Echinodermata)은 몸이 딱딱한 껍데기로 덮여있는 동물로써 모두 바다에 살고 알을 낳아 번식하며 체외 수정을 한다. 몸은 대칭을 이루고 거죽에 털 같은 가시가 있고 수관계(水管系)가 발달해 있다. 대표적인 동물은 성게, 불가사리, 해삼, 바다나리 등이다. 극피동물은 성게 같은 극피류, 별벌레아재비 반색류, 멍게 같은 미색류, 창고기(Lancelet) 같은 두색류 등으로 나누어지는데 모두 해산동물로서 난자와 정자를 물에 방출한다. 하지만 미색류(尾索類)는 대부분 자웅동체이며 그 난자는 척추동물과 비슷한 2개의 세포층으로 이루어진 여포에서 발생한다. 창고기는 자웅이체이며 관이 없는 24쌍 이상의 난소 또는 정소를 가지는데 성숙하면 생식소가 터져 배우자가 바로 체강(體腔)으로 흘러들어간다.

| 척추동물

척추동물(脊椎動物, Vertebrata)이란 등뼈가 있는 동물로써 포유류, 조류, 파충류, 어류, 양서류 등이 이에 속한다. 포유류는 사람, 토끼, 돼지, 소, 말, 개, 고래, 박쥐 등과 같이 체내 수정을 통하여 후손을 생산하는 동물들로서 새끼는 어미의 몸속에서 일정기간 자란 후에 태어난다. 태어난 후에는 한동안 어미의 보호를 받으며 젖을 먹고 자란다.

조류는 참새, 닭, 비둘기, 꿩, 앵무새, 참새, 타조 등과 같이 몸체가 머리, 몸통, 날개 및 다리로 구성되어 있고 온몸은 깃털로 싸여 있으며 주위온도에 따라 체온이 변하지 않는 정온동물로써 폐로 호흡한다. 새는 번식기에 보금자리를 만들어 그 속에 알을 낳아 번식한다.

파충류는 뱀, 거북, 악어, 도마뱀, 카멜레온 같이 몸은 단단한 비늘로 싸여 있다. 이 중에서도 뱀, 악어, 도마뱀 등은 폐로 호흡하고 주위의 온도에 따라 체온이 변하는 변온동물이다.

어류는 붕어, 잉어, 미꾸라지, 뱀장어, 상어 등과 같이 몸은 물의 저항을 적게 받도록 유선형으로 되어 있고 외피는 비늘로 싸여 있다. 외부온도에 따라 체온이 변하는 변온동물인 어류는 또 머리에 입·눈·코 이외에 포유류나 조류에서는 볼 수 없는 아가미를 가지고 있으며 양서류와 같이 알을 낳아 체외수정으로 번식한다.

양서류는 개구리, 도롱뇽, 맹꽁이, 두꺼비 등과 같이 몸체가 머리, 몸통, 다리로 구성되어 있는 변온동물로써 동면에서 깨어나는 봄에 암컷이 알을 낳으면 그 위에 수컷이 정액을 뿌려 알이 수정되는 체외수정을 한다.

(1) 척추동물의 생식

무척추동물보다 한층 진화한 동물이라 할 수 있는 척추동물은 육상척추동물과 해상척추동물로 크게 구분할 수 있다. 육상척추동물의 생식계는 양성 사이의 결합을 보장하고 배(胚)가 발생할 때 양분을 공급하며 배를 보호할 수 있는 정교한 구조로 되어 있다. 수정은 항상 체내에서 이루어지지만 종에 따라 배가 발생하는 장소는 암컷의 체내가 되기도 하고 체외가 되기도 한다.

조류(鳥類)의 경우는 수정된 배(胚)가 딱딱한 껍질을 가진 체외의 알에 의해 보호되면서 성장하고 포유동물의 경우는 수정된 배가 암컷의 체내에서 성장하여 출생 후 모유를 먹고 자란다. 사람의 수란관은 나팔관이라 하는데 이 수란관은 각 난소에서 배가 발달하는 자궁까지 연결되어 있고 산도(産道)가 되는 질(膣)로 연결된다. 수컷의 생식체는 정자로서 2개의 정소에서 생성된다. 정자는 세관계(정세관)라는 관을 따라 정소에서 음경으로 운반되는데 이때 전립선을 포함한 여러 샘들이 세관으로 정액을 분비한다. 성숙한 여성은 난소에서 1개의 난자를 약 4주마다 1번씩 방출하는데 성교 후 정자가 자궁과 난관으로 이동하여 난자와 만나게 되면 수정이 이루어진다. 수정이 이루어진 수정란(접합자)은 자궁벽에 착상하여 출생 때까지 그곳에서 약 9개월 동안 어머니의 혈액을 통해 운반된 양분을 섭취하고 보호받으며 자란다. 그러나 수정이 이루어지지 않으면 난자는 퇴화되고 임신을 대비하여 두꺼워진 자궁벽은 월경으로 허물어져 떨어져 나간다.

배(胚) 발생 시 생식소는 체강의 상피가 두꺼워지면서 장간막 사이에서 1쌍이 생긴다. 먼저 생식융기가 체강 쪽으로 커져 배아의 중신과 연결되며 생식상피로부터 1차 성색(性索)이 형성된다. 이 성색은 생식소아체 내에서 잠재적으로 수컷의 성질을 지닌 수질을 이루며 2차 성색이 생식상피 바로 아래로 퍼져 피질을 형성하는데 정소가 될 경우에는 수질부만, 난소가 될 경우는 피질부만 분화한다.

일부 척추동물은 주로 암컷의 경우 1개의 생식소만을 갖는다. 조류가 그 예로서 보통 우측 난소가 없고 수컷은 2개의 정소를 갖는다. 1개의 생식소만 있는 이유는 배(胚) 시기에 1쌍의 생식융기가 융합되어 중심부에 위치하게 되거나 한 쪽 생식융기만이 원시생식세포를 받아들이기 때문이다. 원구류(圓口類, Cyclostomata) 같은 일부 하등척추동물은 생식소에서 정자와 난자를 모두 만드는 자웅동체인데 양서류 이상에서는 이런 현상이 나타나지 않는다.

척추동물의 수컷이 지니는 생식계는 다음과 같은 특징을 지닌다.

첫째, 정소는 무미류, 양막류(파충류·조류·포유류), 일부 진골류에서 대부분 정세관으로 구성되며, 백막(白莫 tunica albuginea)이라는 피막으로 둘러싸여 있다. 세정관벽은 정자형성세포들과 이에 영양분을 공급하는 세르톨리 세포(Sertoli cell)들이 포함된 여러 층의 생식상피로 구성된다. 대부분의 포유동물에서 세정관은 결합조직 격막에 의해 격리된 소엽(小葉 lobule)으로 이루어져 작은 공간에 많은 생식상피가 채워질 수 있도록 되어 있다. 관의 안쪽 강은 정자의 꼬리와 정자들 그리고 재흡수 되는 액(液)들로 차 있다. 세정관 사이의 정소지질은 주로 결합조직, 혈관과 림프관, 신경으로 이루어져 있으며 이곳에는 남성호르몬을 생산하는 레이딕 세포(Leydig cell)가 있다. 포유류를 제외한 다른 척추동물은 정소가 몸 안에 있다. 일부 포유류는 정소가 복막으로부터 체표 가까이로 내려와 있다. 음낭은 정소를 둘러싼 주머니 모양의 온도 조절 장치로서 정소에 접근하는 더운 혈액이 정소에서 나가는 차가운 혈액을 수송하는 혈관에 접하게 되어 정소에 도달하는 혈액이 차가워지게 한다. 정소가 음낭에 들어가 있지 않으면 영구적으로 불임하게 된다.

둘째, 관(管)체계는 세정관으로부터 정자를 수집하는 미세한 관들이 얽힌 정소망에서 시작하여 변형된 신관(腎管)인 수정세관으로 이어진다. 일부 어류와 양서류에서 수정세관은 신장의 앞부분에서 정소와 연결된다. 양막(羊膜), 장막(漿膜), 요막(尿膜)을 가지는 척추동물인 양막류(羊膜類, Amniota)에서 중신은 배 시기에만 있는 일시적인 기관이 되지만 중신관은 정관으로 성체시기까지 남아 있다. 오리너구리와 바늘두더지 같은 단공류(單孔類, Monotremata) 이상의 포유류를 제외한 척추동물은 수뇨관과 정관이 독립적으로 총배설강에 연결된다. 양막류에서 부정소는 정자를 일시적으로 보관하는 관이며 정자의 수명을 연장시키고 운동능력을 증가시키는 물질들을 분비한다. 모든 척추동물에서는 정관의 일부가 섬모와 다양한 분비상피세포들로 덮여 있다.

셋째, 부속선(附屬腺)은 포유류의 독특한 기관으로서 주된 생식선은 전립선, 요도구선, 팽대부선, 정낭이며 모두 정관 또는 수뇨관이 외적으로 성장한 것이다. 포유동물의 생식선으로는 전립선이 가장 대표적인 것인데 이는 여러 관에 의해 수뇨관과 연결된다. 설치류와 일부 포유류에서 정액이 사정된 후 바로 응고되는 것은 전립선의 일부로 간주되는 응고선의 분비물 때문이다. 요도구선은 음경 근처의 수뇨관에서 나오며 수뇨관 또는 음경의 근육에 의해 둘러싸여 있다. 저정낭은 1쌍의 긴 나선형 섬유성 근육으로 된 주머니인데 정관이나 수뇨관으로 통해 있고 정액에 당분과 구연산이라고도 불리는 시트르산(citric acid)을 공급한다.

수컷에 반해 척추동물의 암컷이 지니는 생식계는 다음과 같은 특징을 지닌다.

첫째, 난소는 체강 안쪽 혈관, 림프관, 신경이 통과하는 등쪽 장간막에 있으며 전형적인 척추동물의 난소는 피질과 수질로 이루어져 있다. 피질은 백막 아래 있으며 난자와 여포(濾胞 follicle), 배란된 여포와 간세포들로 이루어진다. 피질 안쪽의 수질은 혈관, 림프관, 신경, 결합조직으로 이루어지며 포유동물의 경우 피질에 의해 완전히 둘러 싸여 있다. 여포는 미성숙한 난자와 이를 둘러싼 영양세포인 과립세포로 구성되는데 성숙단계별로 1차 여포는 대개 백막 아래 있고 2차 여포는 보다 깊숙이 놓여 있다. 여포세포는 난자에 난황을 형성할 물질을 분비하며 여성 호르몬인 에스트로겐을 분비한다. 척추동물에서 배란은 뇌하수체에서 분비되는 배란 호르몬에 의해 일어나며 여포벽이 약해진 부위인 난포(난소에 위치하는 여포)반의 파열로 일어난다. 이때 난소에서 분비되는 호르몬이나 신경 호르몬이 작용하는 것으로 추정된다. 대부분의 포유동물에서 배란은 자발적인 배란 호르몬의 분비에 의해 주기적으로 일어나며 일부 포유류에서는 교미의 자극에 의해 배란 호르몬이 분비되고 배란이 일어난다.

둘째, 파충류 암컷의 생식관은 총배설강으로 연결되며 깔때기 모양을 한 1쌍의 관으로 이루어져 있다. 생식관은 난자의 수송, 저장, 영양공급, 방출(체외 수정의 경우) 또는 정자의 영양공급(체내수정의 경우)을 위한 물질을 분비하도록 분화되었다. 단공류와 유대류를 제외한 포유류 암컷의 생식관은 2개의 난관, 자궁, 1개의 질로 이루어져 있다. 수정란은 자궁에 착상한다.

셋째, 포유류 암컷의 부속선들은 수컷에 비해 비교적 적은 편인데 그 주요한 것을 보면 수컷의 요도구선에 해당하는 바르톨린(Balrtholin)선과 전립선이다. 또한 자궁점막의 샘은 착상 전의 배(胚)에 필요한 영양분을 공급한다.

(2) 어류의 생식

척추동물의 또 다른 큰 축을 이루고 있는 해상척추동물인 어류의 생식방법은 다양하지만 대부분 크기가 작고 많은 알을 낳아 체외 수정한다. 원양어류는 알을 바다 표면에 낳지만 연안 어류나 담수어류는 바닥이나 식물 사이에 낳는다. 알과 치어의 사망률이 아주 높아 보통 소수의 개체만이 성장하여 성숙한다. 수컷은 체강 속에 2개의 정소(때로는 1개)를 가지는데 여기서 흰색 점액질에 싸인 정자를 생산한다. 경골어류는 정소에서 나온 수정관이 요생식개공으로 연결되지만 상어와 가오리, 원구류의 수정관은 총배설강으로 이어진다. 때로 상어와 가오리의 수컷에는 기각(鰭脚)과 같은 부속기관이 있어 암컷의 체내에서 알을 수정시키는 데 이용된다.

암컷은 2개의 난소(때로는 1개)에서 알을 만들어 요생식개공을 거쳐 몸 밖으로 내보낸다. 어떤 어류는 알이 체내에서 수정되지만 부화되기 전에 밖으로 배출된다. 일부 경골어류와 상어류는 어린 새끼를 낳으며 대부분의 가오리류와 홍어류도 어린 새끼를 낳는다. 경골어류 가운데는 암컷의 체내에서 알을 부화하여 새끼를 낳은 난태생(卵胎生)과 난소 안에서 직접 영양공급을 받는 태생(胎生)이 있다. 어떤 어류는 자웅동체로서 한 개체 내에서 정자와 난자가 모두 생산되지만 그 산출시기가 다르므로 자가 수정을 하는 경우는 매우 드물다.

(3) 양서류의 생식

양서류(兩棲類, Amphibian)는 근본적으로 수중생활과 육상생활을 병행하지만 어떤 종들은 물가의 떨어진 곳에 산란하기도 하고 유생시기를 땅 위에서 보내는 경우도 있다. 양서류는 육지와 수중 양쪽을 오가며 생활하기 때문에 계절에 따라 번식장소와 서식장소를 옮기는 경우가 많다. 무족영원류(Caecilian)나 사이렌류(모두 Caudata목에 해당) 등은 서식장소와 번식장소가 동일하기 때문에 이동하지 않지만 다른 종류는 물가로부터 떨어진 지역에서 서식하다가 번식기가 되면 연못이나 강으로 모여든다. 이 같은 이동은 주로 화학적 자극이나 물리적 자극에 의

한다. 번식기에 개구리류나 두꺼비류 등은 울음소리를 내어 짝짓기를 한다. 무족영원류와 대부분의 도롱용류는 체내수정을 하지만 대부분의 개구리류나 두꺼비류는 체외수정을 한다. 도롱용류는 물속에 알을 낳는 것이 보통이지만 일부 종들은 육지, 땅속, 썩은 나무 또는 바위 밑 등, 수분이 있는 곳에 산란한다.

양서류는 산란 후 알을 보살피는 경우가 많지 않으나 종류에 따라서는 다양한 방법으로 알을 보호한다. 어떤 종은 땅속에 산란하고 이들이 부화하여 유생이 되면 수컷이 이들 유생을 물가로 운반하는 경우도 있고 또 어떤 종은 암컷의 등 위에 육아주머니가 있어 알이 부화될 때까지 그 속에 넣고 보호하기도 한다. 양서류는 비늘이 없고 점액선 표피를 갖고 있기 때문에 건조한 조건에 매우 민감하다. 일생 동안 수중에서만 생활하는 종도 있으나 대부분은 물가에서 그리 멀리 떨어지지 않은 곳이나 습기가 있는 바위 밑에서 생활한다.

▎포유동물

(1) 포유동물의 특성

포유동물(哺乳動物, mammal)의 일반적인 특성은 진화된 유성생식을 하고 부모의 자식 사랑이 강하며 행동이 유연하고 내온동물(內溫動物)이라는 데 있다. 이런 특성 때문에 포유동물은 먹이를 취득하고 서식처를 선택하고 새로운 살 곳을 찾아 이동하는데도 고도의 유연성을 발휘하며 잘 적응해 왔다. 그랬기 때문에 포유동물은 지난 7,000만 년 동안 육상생태계의 지배자로 군림해 왔으며 비(非)육상생태계에서도 중요한 역할을 했다.

생식적으로 성숙한 포유동물의 암컷은 뇌하수체와 난소로부터 나오는 호르몬의 작용에 의해 발정주기(發情週期)를 가진다. 발정기는 일반적으로 배란과 일치하여 암컷이 수컷과 교미를 하게 된다. 발정기에 선행하는 발정전기(發情前期)에는 뇌하수체 전엽으로부터 나오는 여포자극(濾胞刺戟) 호르몬(follicle stimulating hormone)의 영향으로 여포(濾胞)가 성숙하게 된다. 하지만 수정이 되지 않거나 착상이 되지 않으면 발정후기로 넘어가고 그렇게 되면 다시 여포가 성장하여 배란에 이르는 과정이 되풀이된다. 고등 영장류의 월경주기는 발정주기에 의해 결정되는데 제때 수정이 되지 않으면 생식주기에 영향을 주는 여성호르몬인 프로게스테론(progesterone)의 분비가 멈추면서 자궁내막이 떨어져 나간다.

알을 낳는 포유류인 단공류(單孔類, Monotremata)의 난소주기도 다른 포유동물들의 난소주기와 비슷하다. 원시적 포유동물에 속하는 유대류(有袋類, Marsupialia)는 태반이 없거나 있어도 매우 불완전하며 따라서 새끼는 발육이 불완전한 상태로 태어난다. 그렇게 불완전한 상태로 태어난 새끼는 보통 어미의 배에 있는 육아낭(育兒囊, marsupium) 속에서 젖을 먹고 자라는데 젖꼭지는 육아낭 안에 있다. 어미에게는 1쌍의 상치골(上恥骨)이 골반 앞에 붙어 있고 자궁과 질이 좌우 1쌍씩 있는데 자궁벽이 착상을 위해 특수화되지 않는다는 점에서 유태반 포유류와 다르다.

탯줄을 달고 태어나는 유태반(有胎盤) 포유동물의 생식형태는 매우 다양하지만 생식주기에 맞춰 자궁내막에서 여성호르몬인 프로게스테론이 분비된다는 점에서는 공통성을 지닌다. 일단 수정이 되면 수정란이 난할을 계속하여 형성되는 포배(胞胚)는 자궁벽에 착상한다. 즉 융모(絨毛)가 자궁내막에 박히게 되는데 그 결과 생성되는 배 조직과 모체

조직의 복합체가 태반이다. 태반은 모체조직과 배 조직의 관계에 따라 분류된다. 임신기간은 진수류(眞獸類)에서 가장 편차가 심하다. 전반적으로 동물의 크기에 의해 영향을 받지만 한 번에 몇 마리의 새끼를 낳는지, 또 태어날 때의 새끼 상태가 어떤지에 의해서도 영향을 받는다. 예를 들면 골든 햄스터(golden hamster)는 임신기간이 약 2주이지만 흰긴수염고래는 11개월이고 아프리카코끼리는 21~22개월이다.

　유태반 포유류의 경우 새끼는 태어날 때 이미 모든 기능이 잘 발달되어 즉시 움직일 수 있는 조숙성(早熟成)인 경우도 있고 아직 덜 발달되어 눈도 뜨지 못하고 털도 없으며 무력한 상태로 태어나는 만성(瞞成)인 경우도 있다. 일반적으로 이런 탄생상태의 완전 혹은 불완전은 임신기간의 길고 짧음과 새끼 수의 많고 적음에 관계가 있다. 소형초식동물인 토끼류는 물론이고 풀을 뜯어먹고 사는 대부분의 대형초식동물은 조숙성이지만 육식동물과 대부분의 설치류는 만성이다. 태어난 새끼는 어미의 젖샘에서 분비되는 젖을 먹고 자란다. 포유류의 젖은 지방, 단백질, 젖당, 비타민, 그리고 무기질로 구성되어 있지만 젖의 성분은 종간에 편차가 심하다. 예를 들면 고래나 물범류의 젖은 가축소의 젖보다 지방성분은 12배, 단백질 성분은 4배나 높지만 대신 당(糖)은 거의 없다. 젖은 포유동물의 새끼를 가장 빨리 자라게 하는 훌륭한 에너지원이 되는데 어떤 해산(海産) 포유동물은 5일 동안 젖을 먹고 나면 몸무게가 태어날 때의 2배가 되기도 한다.

　새끼가 어미의 젖을 먹고 자란다는 말은 일정기간 동안 훈련을 하게 된다는 의미인 동시에 그 기간 동안 유전되지 않은 정보가 부모로부터 자식에게 전해짐을 의미하기도 한다. 포유동물은 학습능력을 가지고 있기 때문에 새끼들은 어미로부터 배울 수 있고 배울 수 있기 때문에 다른 동물에서 볼 수 없는 다양한 생존활동을 하게 되는데 그런 학습 능력은 포유동물이 다른 동물보다 생태계의 상층을 차지하는 주요원인이 되었다. 포유동물 중에는 혼자 생활하는 종도 있지만 보통 무리를 지어 다니면서 사회생활을 한다. 그렇게 무리를 지어 다니는 것은 번식하는데도 도움이 되고 적을 방어하는데도 도움이 된다.

또 사회생활을 하는 포유동물은 암수간의 차이가 분명하다. 일반적으로 우두머리 수컷은 몸체가 크고 강한 뿔처럼 공격적인 신체적 무기를 가지고 있으며 하렘(harem)[6]안에서 암컷과 교미할 수 있는 권한을 독차지하기도 한다. 새끼들끼리는 서로 놀이를 즐기고 또 어미와 새끼도 서로 놀이를 즐기는데 이는 어미가 새끼들을 훈련시키는 과정의 일부이기도 하다. 포유동물은 자신의 영역을 적극적으로 방어하는데 동종의 개체들 사이에서도 그런 행동은 똑같이 일어난다. 이런 점에서 볼 때 포유류인 인간이 전쟁을 일으키고 싸우는 것도 포유류가 지닌 본성에 기인한다고 볼 수 있다.

(2) 포유동물의 진화

포유동물은 순화(馴化)과정에서 생리적 특수성이 발현되면서 열악한 환경에서도 견딜 수 있도록 진화되어 왔다. 생리적 특수성이란 겨울잠 같이 특수한 생존환경을 이기고 살아남기 위해 자신의 몸체를 적응해가는 것을 말한다. 예를 들면 겨울잠을 자는 동안 동물들은 에너지 소비를 극소화하도록 스스로의 생체를 조절한다. 즉 체온이 낮아지며 호흡도 활동적인 때의 1% 수준으로 낮아진다. 따라서 혈액 순환도 느

---

[6] 하렘이란 이슬람 세계에서 가까운 친척 외의 일반 남자들이 출입하지 못하는 곳을 의미한다.

려지고 말초혈관으로 공급되는 피의 양도 감소한다.

또 포유동물은 극단적인 환경에 적응하기 위해 스스로 적절한 서식 환경을 고르거나 구축하기도 한다. 예를 들면 사막의 설치류는 차고 습기가 많은 굴을 찾아 생활한다. 철새(migratory bird)들의 경우처럼 이동하는 것도 능동적으로 생존환경에 적응해 가는 또 다른 행동양태이다. 예를 들면 제비와 청둥오리는 겨울이 되면 따뜻한 곳을 찾아 남쪽으로 이동하고 물떼새는 대부분 봄과 가을에 한반도를 지나가는 겨울새로써 북반구에서 번식하여 남쪽의 온·열대 지방에서 겨울을 난다.

순록(Rangifer tarandus)은 겨울을 보내기에 적절한 지역을 찾아 툰드라에서 삼림지역까지 이동한다. 물범류나 고래 중에는 추운 북극해에서 온대해역으로 이동하는 경우도 있고 육상동물의 경우 와피티사슴(Cerrus canadensis)이나 큰뿔양(Ovis canadensis)의 경우처럼 고지대에서 저지대로 이동하는 경우도 있다.

일반적으로 동물은 생식전군(生殖前群), 생식군(生殖群), 생식후군(生殖後群)이라는 3가지의 생태적 연령 개체군으로 나누어진다. 개체군의 구조와 변동은 연령의 상대적 차이 혹은 개체의 이입과 이출 정도에 의해 좌우된다. 일반적으로 포유동물에 있어서 생식후군은 그 수가 현저히 적은데 그 이유는 생쥐나 땃쥐처럼 몸집이 작은 경우 차세대의 생존율이 그리 높지 않기 때문이다. 대체로 큰 포유동물은 작은 포유동물보다 오래 살지만 작은 포유동물 중에는 20년이나 사는 박쥐도 있다고 한다.

포유동물은 여러 목(目)으로 나누어지는데 단공목(單孔目, Monotremata)이란 알을 낳는 포유류로서 오리너구리와 가시두더지 등이 있다. 이들은 호주와 뉴기니에서만 발견되는 원시 포유류로서 가시두더지과의 2속 4종과 오리너구리과의 1속 1종이 있다. 생식선과 직장이 서로 연결된 형태인 총배설강을 가지고 있어 한 개의 구멍으로 배설과 생식이 이루어진다. 이런 총배설강 형태는 항문과 생식구멍이 구별되어 있는 다른 포유류보다 진화가 덜 된 조류, 파충류, 충류에 있는 형태이다. 젖은 어미의 복부에 있는 샘에서 분비되지만 젖꼭지는 없기 때문에 알에서 깨어난 후 새끼는 어미의 털에서 젖을 빨아 먹는다. 이들은 털이 있는 정온동물로 포유류이긴 하지만 알을 낳기 때문에 파충류의 특성을 가지고 있어 파충류에서 포유류로 넘어가는 중간 형태라고 할 수 있다.

포유류 중에는 식충목(Insectivore, 食蟲目)이라는 것도 있다. 식충목이란 척추동물 포유강의 한 목을 이루는 동물군을 의미한다. 진수하강(眞獸下綱)의 여러 무리 중에서 가장 하등인 것들로 이들의 화석은 중생대 백악기에 출현하는데 남극대륙, 오스트레일리아, 남아메리카 중남부, 그린란드를 제외한 세계 각지에 널리 분포되어 있으며 약 370종이 알려져 있다. 현생종의 식충류는 5상과(五上科) 8과로 나뉜다.

텐렉상과(Tenrecoidea)에는 서인도제도에 분포하고 있는 솔레노돈과(Solenodontidae), 마다가스카르에 분포하고 있는 텐렉과(Tenrecidae), 서부아프리카에 분포하고 있는 포타모갈레과(Potamogalidae)의 3과가 포함되고 황금두더지상과(Chrysochloridea)에는 남아프리카에 분포하고 있는 황금두더지과(Chsrysochloridae) 1과, 고슴도치상과(Erinaceoidea)에는 아시아 · 유럽 · 아프리카에 분포하고 있는 고슴도치과(Erinaceoidae) 1과, 코끼리땃쥐 상과(Macroscelidoidea)에는 아프리카에 분포하고 있는 코끼리땃쥐과(Macroscelidoidae) 1과, 땃쥐상과(Soricoidea)에는 아프리카, 유럽, 아시아, 북아메리카, 중앙아메리카에 분포하고 있는 땃쥐과(Soricoidae)

와 유럽, 아시아, 북아메리카에 분포하고 있는 두더지과(Talpidae)의 2 과가 포함된다.

이들의 크기는 포유류 중에서 가장 작은 것으로 알려진 왜소땃쥐 (Microsorex hoyi)나 조무래기뒤쥐(Sorex minutissimus)에서부터 가장 큰 텐렉(Tenrec ecaudatus)이나 포타모갈레(Potamogale velox)에 이르기까지 매우 다양하다. 보통 네 다리가 모두 5지형이고 갈고리발톱이 있다. 물속에서 사는 것 중에는 발가락 사이에 물갈퀴를 가지고 있는 것도 있다. 주둥이는 가늘고 길쭉하며 잘 움직인다. 눈은 작거나 퇴화되어 밖으로 열려 있지 않은 것도 있다. 몸의 표면은 보통 짧은 털로 덮여 있지만 바늘 모양의 가시로 덮여 있는 것도 있다. 치아는 원시적이고 앞어금니와 어금니에는 뾰족한 돌기가 있다. 대뇌는 작고 반구에는 보통 주름이 없으며 소뇌를 덮지 않는다. 많은 종류가 척행성(蹠行性) 또는 반척행성이며 드물게 반지행성(半指行性)인 것도 있다. 많은 종류가 야행성이고 땅 위나 땅 속에서 사는데 드물게 나무 위나 물속에서 사는 것도 있다. 주로 환형동물, 절지동물 같은 작은 동물을 잡아먹지만 식물을 먹는 것도 있다. 일반적으로 지능이 낮고 고슴도치와 같이 겨울잠을 자는 것도 있다. 임신기간은 비교적 길어 4~7주나 된다. 한배의 새끼 수는 종류에 따라 다르지만 텐렉의 경우는 12~20마리로 포유동물 중에서는 많은 편이다.

포유동물 중 유대류(Marsupialia, 有袋類)는 척추동물 포유강 후수하강 (後獸下綱)의 한 목이다. 머리는 작고 너비가 좁다. 원시적인 태생 포유동물로 태반이 없거나 있어도 매우 불완전하며 새끼는 발육이 불완전한 상태로 태어난다. 새끼는 보통 어미의 배에 있는 육아낭 속에서 젖을 먹고 자라는데 젖꼭지는 육아낭 안에 있다. 1쌍의 상치골(上恥骨)이

골반 앞에 붙어 있고 자궁과 질이 좌우 1쌍씩 있다. 오스트레일리아에 가장 많이 서식하고 그 인근의 섬과 아메리카에도 분포하며 약 272종이 알려져 있다. 가장 작은 종은 몸길이 6~7cm, 꼬리길이 7~8cm인 꼬마주머니청설모이고 가장 큰 종은 몸길이 100~160cm, 꼬리길이 80~120cm인 붉은캥거루이다. 나무 위에서 살면서 유칼립투스의 잎만 먹는 코알라와 식육성인 주머니늑대, 땅속에 사는 주머니두더지 등 형태와 생태가 매우 다양하다. 현생종은 다문치아목(多門齒亞目)과 쌍문치아목(雙門齒亞目)의 2아목에 9과(科)로 나뉜다.

이런 포유동물의 학습능력은 어려서부터 행해진다. 대부분의 포유류 어미들은 갓 태어난 새끼들을 핥는다. 어미는 새끼를 핥음으로써 새끼의 몸에 묻어 있는 양수를 제거하고 건조시켜 새끼의 체온을 유지시킨다. 이때 자연스럽게 많은 양의 침이 새끼의 몸 전체에 묻는다. 침의 수분은 곧 증발되어 없어지지만 침 속의 냄새나 기타 물질은 그대로 남아 페로몬(pheromone)으로 작용한다. 최근의 많은 연구에 의하면 어미의 침을 매개로 하는 페로몬은 사회적 의사전달의 수단이 된다고 한다. 즉, 어미가 자신의 새끼를 구분할 수 있도록 도움을 준다는 것이다.

동물들의 사회적 소통수단은 여러 가지가 있다. 멧돼지 새끼들은 태어난 다음날부터 어미를 따라 다니기 시작하는데 이때 꿀꿀거리는 소리를 내어 서로의 위치를 파악하고 연락을 취한다. 어미는 위험을 느끼면 짤막한 소리를 지르고 새끼들은 그 소리를 듣고 주변의 덤불 속이나 둥지 속으로 재빠르게 숨는다. 어미는 냄새를 통해서 자신의 새끼들을 구분하며 다른 어미의 새끼들이 접근해 오면 냄새를 맡고 물거나 공격하는 행동을 보인다. 새들은 갓 태어난 새끼와 어미 사이에 어떤 각인을 남김으로 해서 모자관계를 확인한다고 한다.

그런 최초의 각인은 어미가 새끼를 키우는 과정에서 더욱 많은 접촉과 만남을 통해 한층 더 끈끈한 모자관계로 발전된다. 포유류는 문자 그대로 어미가 새끼에게 젖을 먹여 키우는 동물을 의미한다. 새끼를 낳은 암컷이 처음 젖을 분비하기 시작하는 것을 젖 내림(milk let down)이라고 하는데 이는 유두 끝에 분포하는 신경에 대한 자극이 유방 내 압력을 상승시킴으로써 일어난다. 젖 내림에는 새끼에 의한 직접적인 유두의 자극 이외에 냄새, 소리 또는 시각적 자극 등이 영향을 주는 것으로 알려져 있다.

조류는 알에서 부화한 새끼들에게 젖 대신 벌레나 그 밖의 먹이를 물어다 준다. 대부분의 새들은 주로 벌레를 잡아다 먹인다. 그러나 비둘기는 포유류의 젖과 화학적인 성분이 비슷한 밀크(milk)를 생산한다는 점에서 다른 조류와 조금 다르다. 비둘기는 자신의 모이주머니에서 나오는 분비물인 피존 밀크(pigeon milk)를 먹인다. 암컷과 수컷 모두 알을 품어 부화시킬 때까지 발달된 모이주머니에서 분비되는 피존 밀크는 새끼를 돌보는 기간에만 만들어진다. 피존 밀크를 통해 새끼 비둘기는 영양과 에너지를 효과적으로 공급받아 다른 종의 새들보다 초기에 빠르게 성장한다. 근래에 들어서는 플라밍고(flamingo)와 같은 홍학류도 밀크를 만들어 새끼를 키우는 것으로 보고되고 있다. 플라밍고의 밀크 생산은 이들의 서식환경과 밀접한 연관이 있는 것으로 생각된다. 플라밍고는 구부러진 부리로 물을 빨아들여 게와 같은 작은 갑각류나 식물성 플랑크톤을 걸러내 먹는다. 먹이의 크기가 매우 작기 때문에 어미가 갓 태어난 새끼에게 먹이를 잡아주는 것은 거의 불가능하다. 또한 먹이를 먹는 곳과 새끼를 키우는 둥지는 대부분 멀리 떨어져 있기 때문에 먹이를 직접 잡아주기도 어렵다. 그러므로 플라밍고는 새끼에게 먹이를 공급하기 위한 다른 방법을 찾아야만 했다. 그래서 현재와 같이 밀크를 만들어 새끼에게 공급하는 방식으로 새끼를 키우게 된 것이다. 이는 자신의 주어진 서식환경에 고도로 적응한 결과이다.

여름 철새인 꾀꼬리는 성장한 새끼가 어미를 도와 동생들을 돌보기도 한다. 즉, 작년에 태어난 새끼가 어미를 도와 올해 태어난 어린 동생들에게 먹이를 물어다 주는 등, 어미와 함께 힘을 합쳐 새끼를 돌보는 것이 최근에 밝혀졌다. 이 경우 지난해에 태어나 동생들을 돌보는 개체를 도우미(helper)라고 한다. 꾀꼬리의 둥지 근처에 침입자가 출현하면 경계음을 내면서 침입자를 격퇴하기 위한 행동을 시작하는데 이때 가장 공격적인 행동을 취하는 개체가 바로 이 도우미들인 것으로 알려져 있다. 생후 1년인 시기에는 아직 성적으로 미성숙했기 때문에 번식을 할 수 있는 신체 상태가 아니며 또한 새끼를 키우는 기술이 매우 미숙하다. 그러므로 부모를 도우면서 번식에 필요한 기술이나 방법을 습득하는 일종의 수습기간을 거치는 것이다. 1년에 걸친 수습기간을 지나 그 다음해인 생후 2년이 되면 독립적으로 번식과 새끼를 돌볼 수 있는 능력과 경험을 갖게 된다. 외부로부터 위협을 느끼거나 교란을 받을 경우 새끼들을 다른 안전한 장소로 옮기는 동물들도 있다. 사자나 치타와 같은 맹수들 역시 다른 수컷들이 위협을 하거나 서식지에 화재가 발생하면 새끼들을 입으로 물어서 안전한 장소로 이동시킨다. 뗏도요와 같은 새는 새끼들을 발과 발 사이 혹은 발과 날개 사이에 끼우고 날아서 안전한 곳으로 대피시킨다.

새끼들에 대한 어미들의 이런 돌봄은 새끼의 생존에 절대적으로 중요하다. 어미는 새끼에게 먹을 것을 주고 보호해 주며 따뜻하게 돌봐

주는 존재이다. 새끼들은 위험에 처하거나 겁에 질리면 바로 어미에게 달려간다. 많은 동물들의 생태를 관찰하면 어미의 중요성 및 어미와 새끼 사이의 유대 관계를 쉽게 발견할 수 있다. 그렇다고 하여 모든 동물의 어미가 새끼들을 잘 돌본다는 것은 아니다. 일부 종에 있어서는 어미가 자신의 새끼들을 살해하는 경우를 관찰할 수 있다. 우리나라에서 번식하는 여름 철새인 후투티(Eurasian Hoopoe)의 경우 부화된 새끼들 가운데 발육이 늦고 건강하지 못한 새끼를 어미가 부리로 찍어서 죽이기도 한다. 후투티의 몸길이는 약 28cm이고 날개길이는 약 15cm이다. 후투티는 우리나라의 중부 이북 전역에서 볼 수 있기는 하지만 흔치 않은 여름새이다. 구릉이나 야산의 나무숲에서 번식하며 때로는 민가의 지붕이나 처마 밑에서도 번식한다. 단독 또는 암수가 함께 살고 주로 땅 위에서 생활한다. 4~6월에 5~8개의 알을 낳아 암컷 혼자 16~19일 동안 품는다. 새끼는 부화한 지 20~27일 만에 둥지를 떠난다. 먹이는 곤충류의 유충을 비롯하여 딱정벌레, 나비, 벌·파리, 거미, 지렁이 따위를 잡아먹으며 성장기간에는 주로 땅강아지와 지렁이를 먹는다.

후투티 수컷의 이마와 머리꼭대기에는 겨울깃이 있고 뒷목은 엷은 핑크빛 갈색이며 머리꼭대기의 깃털은 크고 길며 모관을 형성한다. 이 부분의 깃털 끝은 검고 뒷부분의 깃털에는 검은색 끝에 이어 흰색 띠가 있다. 머리 옆은 핑크빛 갈색이며 턱밑과 가슴은 포돗빛 핑크색이다. 턱밑과 윗목에는 흰색의 가장자리가 있다. 윗 등은 잿빛 갈색이고 아랫등과 허리의 윗부분은 황백색과 검은 갈색의 조잡한 띠를 형성한다. 허리의 아랫부분은 흰색이고 위꼬리덮깃은 검은색이다. 또 꼬리는 모난꼬리이며 검은색으로 가운데 흰색 띠가 가로로 지나간다. 첫째 날개깃과 둘째 날개깃은 검은색으로 첫째 날개깃에는 흰색의 가로 띠가 있다. 둘째 날개깃에는 4가닥의 흰색 띠가 있다. 셋째 날개깃은 첫째 날개깃 및 둘째 날개깃과는 달리 어두운 갈색으로 황백색의 세로 띠가 있다. 첫째 날개덮깃은 검은색이고 큰 날개덮깃과 가운데 날개덮 깃은 검은색으로 황백색을 띤 흰색의 가로띠가 있으며 날개깃의 흰색 띠와 같다. 작은 날개덮깃은 황갈색이다. 배와 아래 꼬리덮깃은 흰색 이다. 부리는 검은색이지만 아랫부리 기부는 잿빛을 띤다. 홍채는 갈 색이며 다리는 석판 잿빛이다. 이 새의 기아종(基亞種)은 아프리카 북서 부, 유럽 남부와 중부, 시베리아 동부, 몽골, 중국, 중국 동북지방, 티 베트 고원, 히말라야 동부에서 번식하고 아프리카, 남아시아, 중국 남 부, 미얀마, 아삼, 벵골, 태국 등지에서 월동하는 것으로 알려져 있다.

일부 종들이 허약한 새끼를 스스로 물어 죽이는 것은 그만큼 다른 형제들에 비해 좋은 형질을 가지고 있지 못하다는 판단 때문이다. 그 러므로 새끼들에게 공급할 수 있는 먹이의 양이 한정되어 있을 경우 어미는 형질이 좋지 못한 새끼를 스스로 제거함으로써 다른 새끼들의 생존율을 극대화시키고 나아가 어미의 유전자를 후대에 남길 수 있는 확률을 증가시키는 것이다. 또 호랑이를 비롯한 몇몇 맹수류 중에는 병약하거나 성장이 늦은 새끼들은 어미가 돌보지 않고 힘세고 건강한 새끼들만을 돌보는 경우가 있다.

동물들이 새끼를 키우는 방식은 다양하다. 햄스터(hamster) 새끼는 처 음 태어날 때는 털이 없다. 그래서 어미가 품어 보온을 해 준다. 눈도 뜨지 못하고 귀도 열리지 않은 상태로 태어난 새끼들은 오로지 후각과 촉각으로 외부환경을 감지한다. 예를 들면 냄새를 맡아서 어미가 어 디에 있는지, 또 젖꼭지가 어디 있는지를 찾는다. 이들은 생후 일주일

정도 되면 새끼들이 둥지 밖으로 나와 기어 다닌다. 활동성이 좋은 사슴햄스터(roborovskii)는 태어난 지 사흘 만에 돌아다니기도 한다. 새끼들이 돌아다니기 시작하면 어미는 무척 바빠진다. 한 마리가 기어 나가면 그를 잡으러 간 사이에 다른 녀석이 꾸물꾸물 기어 나오고 그 놈을 제 자리 데려다 놓으면 또 다른 녀석이 기어 나와 돌아다니는 식이다. 둥지 밖으로 나올 때 쯤 되면 온 몸에 가뭇가뭇 털이 자라기 시작한다. 그리고 얼마 후 귀가 열리면 냄새 이외에 소리로 주변 상황을 파악한다. 어미와 갓 태어난 새끼 사이에는 중요한 상호관계가 성립된다. 갓 태어난 새끼는 어미에게 끊임없이 요구하고 졸라대는 행동을 하고 어미는 이러한 새끼의 요구를 수용함으로써 이 관계는 시작된다.

위의 여러 동물에서 보듯 어미는 항상 새끼의 보호자 역할을 함과 동시에 학습교사 역할을 한다. 그런 역할은 선천적이고 천부적인 역할이므로 동물들의 자기의지와는 상관없는 일이다. 동물들이 가지는 이런 어미의 천부적 역할은 매우 중요한 의미를 지닌다. 1950년대 해리 할로(Harry Harlow)라는 미국 위스콘신대의 심리학자는 원숭이를 대상으로 여러 가지 실험을 했다. 붉은털원숭이는 95% 정도나 인간의 유전자와 동일하다. 그래서 할로는 붉은털원숭이를 자신의 실험대상으로 선정했다. 할로가 실험을 시작하기 전만 하더라도 애정이란 보상의 차원에서 발생하는 것이라고 생각했다. 즉, 부모가 아이를 보살피면 그 아이는 부모의 보상 때문에 애정이 생겨난다고 생각했다. 그래서 올바른 아이로 자라게 하기 위해서는 적절한 보상을 적당히 조절하기만 하면 될 것이라는 생각이 지배적이었다.

하지만 그러한 생각은 할로의 실험을 통해 달라졌다. 할로는 붉은털원숭이 새끼를 어미에게서 강제로 떼어놓은 후 두 종류의 가짜 어미

원숭이를 만들어 놓고 거기에 새끼원숭이를 풀어 놓았다. 철사로 만들어진 어미는 원숭이가 좋아하는 우유가 나오게 되어 있었고 또 다른 어미는 우유가 나오지는 않지만 포근한 담요로 만들어져 있었다. 실험을 시작하기 전만 하더라도 그는 당연히 젖을 주는 인형에게 원숭이가 애착을 가질 것이라 생각했다. 하지만 그 결과는 전혀 달랐다. 놀랍게도 새끼원숭이는 대부분의 시간을 포근한 담요로 만들어진 어미에게 꼭 달라붙어 있었고 배가 고플 때만 잠시 철사로 만든 어미에게 가서 우유를 마시곤 했다. 이 실험을 통해 할로는 스킨 쉽(skin ship)이 애정의 형성에 얼마나 크게 작용하는가를 알게 되었다. 할로는 이 실험을 통해 새끼가 어미로부터 꼭 필요로 하는 것은 먹이가 아닌 보살핌과 안정감이라는 결론을 내렸다.

또 다른 실험에서 할로는 새끼원숭이가 낯선 환경에 노출되었을 때 어미가 뒤에서 지키고 있다는 사실이 어떤 효과를 내는지 알아보았다. 그 결과 또한 놀라웠다. 어미가 방 한구석에서 보고 있으면 새끼원숭이는 처음 보는 곳이어도 구석구석을 살피면서 돌아다녔고 그러다가 어미 곁으로 돌아가 안정을 취하고 다시 여기저기를 옮겨 다니며 놀았다. 그런데 어미를 방에서 내보냈더니 새끼원숭이는 낯선 환경에서 안절부절못하면서 웅크리고 앉아 울면서 소리를 지르는 것이었다. 이 실험 역시 어미의 존재가 자식의 정서적 안정에 얼마나 중요한 역할을 하는지를 보여 주었다. 인간도 자식을 낳고 키우고 돌보는 것은 천부적 영역이므로 인간의지로는 바꿀 수도, 무시할 수도 없다. 인간사회를 논하기 전에 이렇게 동물사회를 먼저 연구해 보는 것은 바로 모든 동물들이 가지는 그런 선천적, 천부적 영역을 재확인하기 위해서이다.

05 동물사회의 탄생조건

　진화적으로 동물은 인간보다 먼저 태어난 생명체이므로 동물사회가 지니는 특성을 인간사회가 물려받았을 것임은 자명하다. 앞장에서 보았듯 지구상의 모든 생명체는 단순에서 복잡으로 진화해왔기 때문에 단순했던 식물의 군락이 변해 동물의 집단으로 진화되었을 것임은 충분히 짐작할 수 있다. 이는 식물보다 더욱 단순했던 세포시대를 거쳐 식물력 시대가 완성되었다는 사실로도 입증된다. 사회라는 단어가 한층 분명하게 적용될 수 있는 동물력 시대는 바로 군락지를 형성하고 살았던 그 이전의 식물력 시대가 가꾸어 놓은 생태환경위에 펼쳐졌던 것이다. 이처럼 동물사회는 아무런 과정 없이 하루아침에 하늘에서 뚝 떨어진 것이 아니듯 인간사회 또한 아무런 과정 없이 하루아침에 생겨난 것이 아니다. 우리가 인간사회를 논하기 이전에 동물사회를 파헤쳐 보고자 하는 이유가 바로 여기에 있다.

　그런데 동물들이 사회의 전제조건인 집단을 형성하기 위해서는 한 가지 사실이 충족되어야 한다. 그것은 집단 구성원으로서의 그 동물이 먹이를 먹고 살아야 한다는 것이다. 살지 않는 동물이 동물 집단의 구성원이 될 수는 없기 때문이다. 동물이 먹이를 얻고 살 수 있는 방법은 오직 두 가지뿐이다. 첫째는 어미젖 혹은 어미가 물어다주는 먹이를 받아먹는 것이고, 둘째는 스스로 먹이를 획득하는 것이다. 나뭇잎, 열매, 과일, 풀 등, 식물을 먹이로 하는 초식동물(草食動物, herbivores)의 경우부터 예로 들어보자. 갓 태어난 송아지는 제일 먼저 어미젖을 빨아 먹는다. 이는 태어난 송아지가 취하는 최초의 행동은 곧 먹이취득임을 의미한다. 약 1개월이 지나면 송아지는 어미젖과 풀을 번갈아 가며 먹는다. 사람으로 치면 엄마젖과 이유식을 번갈아 가며 먹는 것과 같다. 그렇게 약 5개월 정도 자라면 송아지는 완전한 독립체가 되어 홀로 풀을 뜯어 먹으며 살아가게 된다.

대부분의 초식동물은 이와 유사한 과정을 거치며 일생을 살게 되는데 그런 생존과정은 어미젖을 먹고 자라는 과정과 스스로 풀을 뜯어 먹고 자라는 과정, 즉 더붓살이 과정과 독립살이 과정으로 나누어진다. 더붓살이든 독립살이든 살이의 종류를 불문하고 동물들이 살기 위해서는 먹이가 있어야 하는데 그 먹이는 오직 자연생태계에서만 얻어진다. 즉 자연생태계에서 저절로 자라는 초식 속에서만 먹이를 얻을 수 있다. 자연생태계가 제공하는 먹이는 누구도 만들지 않은 자연 스스로가 만들어 놓은 것이다. 즉 자연이 제공하는 것이다. 우리는 이 자연제공설에서 한 가지 사실을 확인하게 된다. 그것은 동물들은 먹이를 만드는 것이 아니라 자연 스스로가 만들어 놓은 먹이를 자신의 몸을 움직여 자기 먹이로 취득한다는 것이다. 동물들이 살기 위해 자기 몸을 움직여 먹이를 취득하는 이 행위를 우리는 생존활동이라고 한다.

동물들의 생존활동은 크게 두 가지로 나눌 수 있다. 하나는 채취활동이고 다른 하나는 사냥활동이다. 채취활동이란 풀, 나무, 광석 따위를 베거나 캐거나 하는 식으로 움직이지 않는 자연물을 대상으로 먹이를 획득하는 활동이고, 사냥활동이란 수렵(狩獵), 천렵(川獵)처럼 돌,

활, 총, 또는 길들인 맹견이나 올가미 같은 제삼의 수단을 사용하여 움직이는 동물을 먹이로 획득하는 활동이다. 하지만 동물들의 경우는 대부분 제삼의 수단을 사용하지 않고 빠른 몸과 날카로운 이빨 혹은 발톱만을 이용하여 사냥한다. 이에 비해 인간의 먹이사냥은 올무, 낚시, 활, 총 같은 제삼의 수단을 사용하는 것이므로 동물들의 사냥과는 크게 차이난다. 인간을 두고 자연의 무법자라고 힐난하는 것은 자기 생존을 위해 이처럼 제삼의 수단을 사용하여 자연생태계를 파괴하기 때문이다.

사냥을 함에 있어 제삼의 도구를 사용하지 않는 동물들의 행동양식과 사냥 사이에는 밀접한 관련이 있다. 생물의 행동은 빛, 온도, 계절 등, 생태계의 변화에 대해 반응하는 행위라 할 수 있는데 동물들은 외부자극을 받을 경우 감각기관이 작동하여 그 자극신호를 중추신경계로 보내게 된다. 중추신경계로 전달된 자극신호는 다시 호르몬을 통해 근육신경으로 전달되며 그 신호를 전달받은 근육과 그 외 기관들은 신경세포와 호르몬을 통해 종합적으로 반응하게 된다. 동물들은 주위 환경이 변할 때 이런 과정을 거쳐 그에 상응하는 행동을 취한다.

동물들의 행동은 자신의 생존뿐만 아니라 종의 보존에도 큰 영향을 미친다. 자신의 행동이 합당할 경우 오래 살아남아 많은 자손을 퍼뜨릴 수 있기 때문이다. 100여 년 전 유럽산 찌르레기(새)는 북아메리카로 이동하여 왕성하게 번식한 결과 본토종인 새들의 둥지를 빼앗았는데 그 과정이 특이했다. 유럽산 찌르레기는 둥지를 지을 때 야생당근에서 뽑아낸 잔가지를 이용했는데 이를 이상하게 생각한 과학자들이 그 이유를 조사한 결과 둥지에 진드기와 병균이 침입하는 것을 막기 위한 것임이 밝혀졌다. 야생당근은 진드기의 성적 욕구를 억제하는 스테로이드라는 방향족 성분을 가지고 있기 때문에 진드기의 번식을 억제하는 효과가 있다. 실제로 야생당근으로 둥지를 지을 경우는 둥지당 약 8,000마리 정도의 진드기가 생기지만 당근이 없는 둥지에서는 75만 마리의 진드기가 생긴다고 한다. 야생당근 줄기로 둥지를 지은 유럽산 찌르레기는 자신의 생존과 종의 보존을 위해 그런 탁월한 지혜로 환경에 적응해 갔던 것이다.

▎사회개념의 출발점

사회는 종(種)의 군집에 의해 이루어지는 것이므로 사회가 이루어지기 위해서는 무엇보다 먼저 종이 번식되어야 한다. 따라서 동물의 생식형태와 과정은 동물사회의 출발점이 된다. 모두가 잘 알고 있듯이 식물사회는 식물이라는 종이 번식되어 집단을 이룰 때 형성되고 동물사회는 동물이라는 종이 번식되어 집단을 이룰 때 형성된다. 하지만 식물은 비이동성 생물이므로 사회를 이루고 살아가는 생물이라기보다는 그저 군락을 이루고 살아가는 생물이라 해야 옳을 것이다.

사회라는 단어가 지니는 가장 기본적인 의미는 이동성, 인지성, 집단성이다. 동물은 사람처럼 이곳저곳을 옮겨 다니는 이동성을 지니고 암수는 물론이고 천적과 자기 편을 구분하고 자기 가족과 타인 가족을 구분하는 인지성을 지니며 동종끼리 모여 사는 집단성을 지닌다. 동물은 이렇게 사회라는 단어가 지니는 근본적인 조건을 충족시키기 때문에 우리는 동물 집단을 동물사회라고 부를 수 있다. 이런 관점에서 볼 때 사회라는 개념을 적용할 수 있는 최초의 집단은 동물 집단이라고 보아야 할 것이다.

| 동물행동의 결정요인

환경에 적응해 가는 동물들의 행동은 크게 세 가지 요인에 의해 영향을 받는다. 첫째는 유전적 영향이고 둘째는 호르몬의 영향이고 셋째는 학습영향이다. 그동안 여러 학자들이 동물행동의 유전적 영향에 대해 연구해 왔는데 그 결론은 동종일지라도 유전자가 다르면 다른 행동을 한다는 것이다. 예를 들면 생쥐 중에서도 침착하고 온순한 것이 있는가 하면 신경질적인 것도 있다. 같은 생쥐라도 유전적 계통이 다르면 다른 유전자를 가지기 때문이다. 이런 차이는 단 하나의 유전자만 틀려도 생기게 된다고 한다.

유전자의 산물인 호르몬도 행동양식에 영향을 미친다. 흰목줄기 참새의 수컷은 마치 "샘 피바디, 피바디, 피바디"라고 말하는 것처럼 운다고 한다. 이 참새는 수천 번 계속해서 그렇게 울어대는데 그런 행동은 송과체(松果體, pineal body)에 의해 분비되는 멜라토닌 호르몬의 작용 때문이라고 한다. 멜라토닌은 생식소의 기능과 성장을 억제하는 물질로써 봄에 낮의 길이가 늘어나면 이 물질은 분비가 감소하는 반면 에스트로겐과 테스토스테론의 분비는 촉진되는데 그렇게 촉진된 두 호르몬이 우는 행동을 조절한다고 한다. 또 고양이는 개를 보면 도망을 가지만 유독 어미 고양이는 도망가지 않고 오히려 공격하는데 그런 행동은 모성애와 관련된 특정한 호르몬이 작용하기 때문인 것으로 밝혀졌다. 호르몬은 이처럼 인지(認知) 중추신경계에 영향을 줌으로써 어떤 특수한 행동을 유발한다.

예를 들면 큰 가시고기는 보통 가을과 겨울은 바다에서 지내고 봄철이 되면 산란을 위해 강으로 이동한다. 이 물고기의 그런 행동은 봄철이 되면 티록신이라는 호르몬이 증가하여 해수보다 담수 쪽으로 가도록 자극하기 때문이라고 한다. 호르몬은 또 신경전달물질을 변화시킴으로써 행동에 영향을 미치기도 하고 근육의 반응기를 변화시켜 행동에 영향을 미치기도 한다. 발톱개구리의 수컷은 금속성의 떨리는 소리를 한번은 빠르게 또 한 번은 느리게 교대로 반복하는 행동을 통해 암컷을 유혹한다. 수컷의 그런 유혹을 받아들일 준비가 되어 있는 암컷은 아무 소리도 내지 않지만 거절하는 경우는 느리고 단조로운 "찰칵"하는 소리를 낸다. 이렇게 울음소리가 다른 이유는 성숙한 수컷의 후두 근육과 신경근 접합부에 암컷의 8배 정도 되는 많은 근육을 가지고 있기 때문이다. 이 같은 근육발달의 차이는 올챙이 단계를 지나 개구리가 될 때 안드로겐(androgen)이라는 호르몬이 작용하기 때문이라고 한다.

학습영향은 오랜 경험을 바탕으로 어떤 행동이 변하거나 습득되는 경우를 말한다. 모든 동물은 생존과 생식을 위해 중요한 것들을 배워가는 학습능력을 가지고 있다. 그런 학습에는 길들이기, 파블로프형 조건지우기, 동작조건지우기, 잠재적 학습, 통찰력, 각인이라는 6가지가 있다. 길들이기는 어떤 자극에 반응하지 않도록 학습하는 것이다. 반복해서 어떤 자극을 가하면 그 반응이 점점 약해져 나중에는 아예 반응하지 않는다고 한다. 도시에 사는 새들은 사람이 접근해도 도망치지 않는데 이는 학습을 통해 사람들을 겁낼 필요가 없다는 것을 알게 되었기 때문이다.

파블로프형(Pavlovian conditioning) 조건지우기는 러시아의 생물학자 파블로프(Pavlov)가 최초로 제기한 것으로서 조건자극에 의해 어떤 행동이 유도되는 경우를 말한다. 개는 음식을 보면 침을 흘리는데 음식을 넣어 줄 때마다 종을 울리면 나중에는 음식 없이 종만 쳐도 침을 흘린다는 것이다. 이런 학습결과는 개의 뇌 속에 있는 청력(聽力)신경에서 일어나는 자극이 침샘을 조절하는 세포운동으로 연결되기 때문이라고 한다.

동작조건 지우기란 보상이라는 조건을 내걸고 어떤 행동을 하도록 유도하는 경우이다. 동물들을 대상으로 작은 빗장을 누르면 먹이가 나오도록 하는 훈련을 반복하면 나중에는 먹이를 찾는 무작위적 행동이 줄어들고 곧 바로 빗장을 누르게 된다는 것이다. 잠재적 학습이란 아무런 보상이 없는 야생상태에서 학습을 통해 자연스럽게 서식지의 지형지물을 익히는 경우이다. 야생동물들이 먼 곳에 새끼를 낳아 놓고도 먹이를 물고 잘 찾아가는 것은 잠재적 학습을 통해 주위의 지형지물을 익혀 놓았기 때문이라는 것이다. 통찰학습이란 시행착오를 거치면서 얻어진 지식을 통해 문제를 해결하는 경우이다. 이런 능력은 고차원적 정신활동이 가능한 영장류에서만 가능하다. 쾰러(Koehler)의 실험에 의하면 침팬지의 손이 닿지 않는 곳에 바나나를 올려놓고 바닥에 빈 상자를 여러 개 깔아 놓았을 경우 침팬지는 여러 번의 시행착오를 거쳐 마침내 바닥에 깔린 여러 상자를 쌓아 올려 바나나를 꺼내 먹는다고 한다. 이렇게 시행착오를 거쳐 문제해결책을 찾아내는 것을 통찰학습이라고 한다.

각인이란 처음 본 물체를 평생동안 잊지 않고 각인시켜 놓는 경우를 말한다. 1973년 노벨생리의학상을 받은 오스트리아의 동물학자 로렌쯔(Konrad Lorenz)는 거위 실험을 통해 거위새끼들은 부화한 후 처음으로 본 물체를 평생 동안 잊지 않고 알아낸다는 사실을 밝혀냈다. 배양기에서 부화된 거위에게 개를 처음 보이면 그 거위들은 커서도 개만 보면 계속 따라다닌다는 것이다. 동물의 경우 자연 상태에서 태어난 후 처음으로 보는 물체는 어미이며 따라서 어미의 모습은 강하게 각인되어 평생 동안 잊지 않으며 동시에 어미와 같은 종을 알아보기도 한다는 것이다.

위에서 보듯 동물들은 유전적 영향, 호르몬적 영향, 그리고 학습적 영향이라는 세 가지 요인에 의해 영향을 받으면서 진화해 간다. 그리고 그런 진화는 궁극적으로 생존이라는 한 가지 목적을 향해 전개된다. 쉽게 말하면 모든 동물은 변하는 생존환경을 이기고 살아남는 쪽으로 진화한다. 바로 그런 생존적 진화는 채취든 사냥이든 먹이를 확보하는 데서부터 시작한다. 왜냐하면 모든 생물은 어떤 형태로든 먹이를 확보하지 못하면 살 수 없기 때문이다.

| 동물적 경제행위의 출발점

먹이를 확보하기 위한 동물들의 행동은 먹이라는 물질을 확보하기 위한 대물적 행동이다. 무형적인 그 무엇은 어떤 경우에도 먹이의 대상이 되지 못한다. 먹이가 될 수 있는 대상은 그것이 채취의 대상이든 사냥의 대상이든 반드시 유형적인 것이어야 한다. 초식동물의 채취대상이 되는 초목도 유형적인 것이고 육식동물의 사냥대상이 되는 동물도 유형적인 것이다. 이렇게 눈에 보이는 유형적인 그 무엇을 대상으로 하는 대물적 행위를 인간사회에서는 경제행위라 한다. 모든 동물의 생존행위는 바로 그 같은 대물적 행위, 즉 동물적 경제행위를 출발점으로 한다.

초식동물의 경우부터 따져보자. 토끼, 소, 말, 코끼리, 사슴, 캥거루, 다람쥐, 낙타, 염소, 기린 같은 초식동물은 자연 속에 있는 풀이나 나뭇잎 혹은 열매를 먹고 자란다. 초식동물이 먹이로 삼는 풀과 나뭇

잎과 열매는 모두 눈으로 볼 수 있는 유형적 자연물이다. 그러므로 초식동물이 유형적 자연물을 먹이로 취한다는 말은 유형인 초식동물이 유형인 자연물을 취한다는 말이다. 즉 유형이 유형을 먹이로 취한다는 말이다. 모든 동물적 경제행위는 이렇게 유형과 유형 간에 일어나는 일이다. 인간의 경제행위를 생각해 보면 이는 더욱 분명해진다. 인간은 의심의 여지가 없는 유형물이다. 보이지 않는 인간은 이미 인간이 아니기 때문이다. 그런 유형적 인간이 먹이로 취하는 것 역시 모두 또 다른 유형의 자연물이다. 쌀도 유형적 자연물이고 과채류도, 어류도, 육류도 모두 유형적 자연물이다. 따라서 먹이사슬은 유형이 유형을 취하는 유형간의 사슬이다.

동물들이 취하는 유형적 먹이는 어느 것 하나도 동물 스스로 만든 것이 없다. 모두 자연이 스스로 만들어 놓은 것이다. 산야의 초목과 짐승도, 바다의 해초와 물고기도, 하늘의 새와 날벌레도 모두 자연이 만든 것이지 결코 동물들 스스로가 만든 것이 아니다. 모든 동물들은 자연 스스로 만들어 놓은 그런 자연적 유형물을 먹이로 취하는 동시에 자기 자신도 그 먹이의 일원이 된다. 이렇게 볼 때 동물들의 대물적 경제행위는 먹고 먹히는 쌍방적 행위이지 먹기만 하거나 먹히기만 하는 일방적 행위가 아니다.

먹고 먹히는 쌍방적 행위는 순환을 전제로 하는 행위이다. 생태계는 바로 그런 순환적 행위가 벌어지는 현장이다. 모든 생물은 혼자서 살아갈 수 없다. 주변의 무기적, 유기적 환경과 밀접한 관계를 가지고 물질이나 에너지를 서로 주고받으면서 종족을 유지시키고 변화에 적응하며 살아간다. 동물이든 식물이든 생물이 생존하기 위해서는 숨쉬게 하는 공기, 목마름을 채워주는 물, 양분을 공급하는 흙, 체온을 유지시켜 주는 태양빛 등, 많은 자연물 간의 밀접한 상호관계가 전제되어야 한다.

　그런 생태계를 구성하는 주요 구성원은 무생물, 생산자, 소비자, 분해자이다. 무생물이란 생태계를 이루고 있는 모든 비생물적 요소로서 무기물이나 물리적 환경을 지칭한다. 물, 온도, 햇빛, 이산화탄소, 토양, 산소, 탄산염, 질산염, 인산염 등이 그런 것이다. 생산자는 일반적으로 무기물을 재료로 하여 유기물을 합성해 내는 녹색식물을 지칭한다. 식물성 플랑크톤, 수생식물, 육상식물 등, 엽록소를 지니고 있으면서 광합성을 통하여 녹말이라는 유기물을 생산해 내는 식물이 여기에 속한다. 소비자란 자체적으로는 유기물을 합성할 수 없으며 오직 생산자에 의존하여 살아가는 종속영양 생물체로써 동물들이 여기에 속한다. 이런 생태계에서 녹색식물에 직접 의존하는 초식동물을 1차 소비자라 하고 이 1차 소비자를 먹고사는 소형육식동물을 2차 소비자라 하며 그 2차 소비자를 먹고사는 대형육식동물을 3차 소비자라 한다. 분해자는 죽은 생물체나 각종 배설물의 유기물을 식물이 이용 가능한 형태로 분해시켜 주는 박테리아나 곰팡이 같은 균류를 말한다.

　먹이를 확보하기 위한 동물들의 대물적(對物的) 행동은 관념이나 추상적인 사고가 아니라 실제로 존재하는 사물을 대상으로 하여 생각하고 행동하는 것을 말한다. 그런 대물적 행동은 시각, 촉각, 청각, 후각, 미각으로 나타난다. 눈에 보이는 것은 시각적 행동으로 나타나고 냄새나는 것은 후각적 행동으로 나타나고 맛있는 것은 미각적 행동으로 나타나고 피부로 느껴지는 것은 촉각적 행동으로 나타나고 소리로 들리는 것은 청각적 행동으로 나타난다. 이런 것들은 모두 현실적 물질을 전제로 한다.

반대로 감정 같은 무형적인 것은 정신과 관련이 있기 때문에 대정적 (對靜的) 행동으로 나타난다. 기쁨, 슬픔, 분노, 욕망 등은 감정적인 작용에서 생겨나는 것이다. 이런 무형적인 감정의 산물은 어떤 경우에도 먹이의 대상이 되지 못한다. 먹이가 될 수 있는 것은 그것이 채취의 대상이든 사냥의 대상이든 반드시 유형적인 것이어야 한다. 이렇게 눈에 보이는 유형적인 그 무엇을 대상으로 하는 대물적 행위를 인간사회에서는 경제행위라 하고 무형적인 그 무엇을 대상으로 하는 대정적 행위를 정치행위라고 한다.

경제라는 단어가 지니는 어원을 보아도 그런 의미는 분명해진다. economy(경제)는 중세영어 yconomye에서 나왔고 yconomye는 라틴어 oeconomia에서 나왔고 oeconomia는 그리스어 oikos에서 나왔는데 최초 출발점인 oikos라는 단어의 뜻은 house라고 한다. 따라서 economy는 eco(oikos= house) + nomy(nomos=rule)가 합쳐진 단어로써 manager of a household(집안 살림을 꾸리는 사람)이라는 의미를 지닌다. 이런 어원을 두고 볼 때 ecology라는 말은 생물들이 살고 있는 거대한 집인 생태계를 꾸리는 일이고 economy는 사람이 사는 집을 꾸리는 일이다. 그런 경제는 생활에 필요한 재화나 용역을 생산하고 분배하고 소비하는 일체의 활동을 의미한다.

그러면 감정을 전제로 하는 대정적인 행동은 무엇일까? 감정을 전제로 하는 행동은 당연히 감정을 일으키는 정신활동으로부터 시작한다. 선과 악, 아름다움과 추함, 칭찬과 비난, 숭앙과 저주 같은 감정은 모두 정신활동으로부터 생기는 감정들이다. 그런데 정신활동이 만들어내는 이런 감정들은 유형적인 육체를 떠나서 생길 수 없다. 사람이든 짐승이든 유형적인 몸체가 죽어 사라지면 어떤 정신활동도 할 수 없다. 죽은 매미 수컷이 발정소리를 내어 암컷을 유인한 적이 없고 죽은 사람이 명언을 내뿜어 산 사람을 설득한 적이 없다. 정신적 행위는 오직 유형적 산 사람 혹은 짐승이 있을 때만 가능하다. 이렇게 볼 때 정신적 무형행위는 육체적 유형행위를 벗어나 존재할 수 없다. 이는 마치 전화기라는 유형적 기계를 떠나 소리라는 무형적 음파를 전달할 길이 없는 것과도 같다. 전화기를 분해하면 있는 것이라고는 차디찬 기계부품 뿐이다. 그러나 그 부품들을 조립하여 전화기라는 완성품을 만들고 나면 차디찬 기계는 아름다운 소리를 전달하는 실체가 된다. 인간도 마찬가지이다. 인간을 해부하면 수많은 장기만 있을 뿐 어디에도 감정은 없다. 그러나 그 장기들이 제자리에서 제 역할을 하면서 목숨을 부지하고 있는 한 인간은 감정을 가진 실체가 된다. 이는 유형이 무형을 지배하는 것이지 반대로 무형이 유형을 지배하는 것은 아님을 증명한다. 동시에 유형적 경제가 무형적 정치를 지배하는 것이지 반대로 무형적 정치가 유형적 경제를 지배하는 것은 아님을 증명한다.

얼른 생각해 보면 전화기를 통해서 인간이 얻고자 하는 것은 소리이지 기계 자체가 아니듯 인간의 신체를 통해서 신이 얻고자 하는 것은 신체 자체가 아니라 정신적 감정이라는 결론을 내릴 수도 있다. 그것은 인간이 문자부호를 통해서 얻고자 하는 것은 감정의 표현과 전달이지 문자부호 자체가 아닌 것과도 같다. 그러나 아무리 소리 자체를 얻고자 해도 전화기가 없으면 소리를 얻을 수 없고 아무리 정신적 감정을 얻고자 해도 신체 자체가 없으면 감정을 얻을 수 없다. 또 우리가 위대한 서사시를 읽으면서 얻는 감동도 문자부호 자체가 없으면 불가능하다. 이런 사실을 놓고 볼 때 참으로 먼저 전제되어야 할 우선순위는 무엇일까? 유형적 전화기일까 무형적 소리일까? 유형적 신체일까 무형적 감정일까? 유형적 문자부호일까 무형적 감동일까? 그 해답은 너무나 분명하다. 유형적인 것이다. 유형이 없으면 어떤 경우에도 무형은 생기지 않기 때문이다. 따라서 만일 살려야 할 대상이 무형적 감정과 유형적 육신이라는 두 가지라면 죽어가는 감정을 살리는 것 보다 죽어가는 육신을 살리는 것이 급선무이다. 마찬가지로 사회를 놓고 논할 경우 죽어가는 정치를 살리기보다 죽어가는 경제를 살리는 것이 급선무이다. 응급실로 실려가야할 대상은 경제적 중환자이지 결코 정치적 중환자가 아니다. 그것이 자연생태계의 본질이다.

▎ 자연생태계와 공존

인간이 개입하지 않는 순수한 자연생태계에서는 위와 같은 무생물, 생산자, 소비자, 분해자들이 조화를 이루며 공존해 간다. 모든 지구적 물질과 에너지는 자연생태계 내에서 스스로 순환되며 모든 생태계 구성원은 그런 자연생태계 속에서 변화와 진화를 계속하면서 평형상태를 유지해가는 선천적 능력을 지니고 있다. 하지만 그런 생태계에 어떤 외부적 요인이 개입되면 그 평형상태는 깨지고 생태계는 파괴되기 시작한다.

생태계가 파괴되는 출발점도 역시 먹이이다. 자연 상태에서 모든 생물체는 먹고 먹히는 생존경쟁을 하면서 종족의 수가 자연스럽게 조절되어 간다. 여기서 먹는 자의 수는 적고 먹히는 자의 수는 많다. 즉 먹이계층의 아래쪽으로 내려갈수록 그 생존 수가 많고 위쪽으로 올라갈수록 그 생존 수가 적다. 그러므로 생태계의 가장 아래쪽 계층에 위치한 생산자의 수가 가장 많고 그 다음 계층인 1차 소비자의 수가 둘째로 많고 그 다음 계층인 2차 소비자의 수가 셋째로 많으며 마지막 상층인 3차 소비자의 수가 가장 적다. 이런 수치를 근거로 하여 도형을 그리면 그 모양은 피라미드형이 된다. 그래서 생태계가 지니는 먹이사슬구조를 먹이피라미드라 한다. 이런 먹이사슬은 한 곳이라도 이상이 생기면 곧 바로 파괴되어 간다. 만일 뱀이 징그럽다고 뱀을 모두 없애버리고 파리가 지저분하다고 파리를 모두 죽여 버린다면 생태계가 파괴되고 말 것임은 자명하다.

또 먹이피라미드는 먹고 먹히는 상호관계를 전제로 하는 것이기 때문에 그 출발점인 무기적 환경이 조금만 변해도 상층으로 올라갈수록 피해는 높아진다. 생분해가 되지 않는 살충제나 농약을 오남용할 경우 환경적, 생태적 피해가 심각한 이유는 바로 이 때문이다. 그런 맹독성 농약은 최저층인 무기물을 죽이는 것이므로 무기물을 생산요소로 하는 생산자가 살 수 없고 생산자가 살지 못하면 상층의 소비자 또한 살 수 없다. 이렇게 볼 때 무기물은 함부로 취급해도 되는 무생물이 아니다. 무기물도 죽을 수 있는 일종의 생물이다. 다만 인간의 눈에 띄게 자라거나 소리 지르지 않을 뿐이다. 눈에 보이지 않는 세포가 자라듯 눈에 띄지 않는 무기물도 나름대로의 법칙을 가지고 살기도 하고 죽기도 한다. 먹이사슬이 제대로 작동하는 생태계를 복원함에 있어서 제일 먼저 죽은 땅을 살리는 이유는 바로 무기물인 땅이 살아야 만물이 살 수 있기 때문이다.

미국 아리조나주에 있는 카이바브 고원(Kaibab Plateau)의 경우는 그 좋은 본보기가 될 것이다. 그 고원에는 본래 사슴과 사슴을 잡아먹는 퓨마, 늑대 등이 살고 있어 평형을 유지하고 있었다. 그런데 1907년 사슴을 보호할 목적으로 고원 내의 사슴 포식자였던 퓨마와 늑대의 사냥을 허용하였다. 하지만 그 결과는 사람들이 달성하고자 했던 목적과는 정반대의 현상으로 나타났다. 사람들은 사슴을 잡아먹는 맹수가 사라지면 사슴 숫자가 늘어날 것으로 예상했지만 실제로는 오히려 더 많은 사슴들이 죽어갔다. 그 이유는 간단했다. 사슴 숫자가 늘어나면서 초원의 풀을 마구 뜯어먹기 시작하자 무성했던 초원은 불과 몇 년 사이에 황량한 불모지로 변해버렸고 따라서 풀을 뜯어 먹지 못한 사슴들이 처참하게 굶어 죽어갔던 것이다.

06 동물사회의 자연상태

| 진화적 적응론

많은 학자들은 경제활동의 영역과 생물의 특성 사이에 밀접한 관계가 있다는 사실을 진화적 적응론(適應論)으로 설명한다. 진화심리학에서는 적응, 부산물, 노이즈라는 세 가지 과정을 통해서 진화가 일어난다고 본다. 이 세 가지 중 적응(適應, Adaptation)이란 생물이 주위의 환경조건에 알맞은 형질로 진화되는 현상을 의미한다. 스위스의 식물학자 네겔리(Karl Wilhelm von Nägeli)는 생물이 가지고 있는 형질을 체제적 형질과 적응적 형질로 구분하였다. 체제적 형질은 외계와 반응하지 않는 본질적인 형질을 의미하고 적응적 형질은 외계의 자극에 의하여 외계에 적합하도록 변하는 형질을 의미한다. 이러한 구별이 실제로 가능한지는 차치하고 적어도 적응이라는 현상을 명확히 설명하고 있다는 점에서는 주목할 만하다.

또 다윈(Charles Robert Darwin)은 생물의 적응현상을 생존경쟁 결과 나타나는 적자생존 현상으로 보았다. 그러나 이런 이론만으로는 설명이 곤란한 경우도 있다. 예를 들면 박테리아를 독극물에 노출시키면 그 독극물에 견딜 수 있는 변종 박테리아가 생기는데 그 이유는 계속해서 여러 돌연변이 박테리아가 생기면서 그 돌연변이 중 주어진 독극물에 저항할 수 있는 돌연변이가 살아남아 증식하기 때문이라는 것이다.

하지만 이런 돌연변이와 선택만으로는 여전히 설명하기 어려운 경우도 있다. 진화과정에서 적응된 형질은 항상 생태환경과 조화를 이룬다. 숲속 동물들의 빠른 몸놀림은 먹이를 얻기 위해서뿐만 아니라 위험을 피하기 위해서도 필요하다. 숲속 동물의 다리가 진화해 온 과정을 추적해 보면 가능한 한 멀리, 그리고 가능한 한 빨리 달릴 수 있도록 적응해 왔음을 알 수 있다. 그런 진화 때문에 다른 기능을 상실한 경우도 있다. 처음에는 발뒤꿈치를 가지고 있었던 동물들도 빨리 달리기 위해서 발끝만 사용하게 되었고 그 결과 오늘날 우리들이 볼 수 있는 발굽만으로 걷는 사슴이나 말이 생겨났다고 한다.

또 물속에 사는 동물들도 뛰어난 적응력을 가지고 있다. 예를 들면 물고기는 수중생활에 적합하도록 적응된 체형을 가지고 있다. 물고기의 아가미는 호흡하기 좋도록 진화하였고 몸체는 물의 저항을 최소화하기 위해 유선형(流線形)으로 진화되었다. 물고기는 몸을 움직여 횡파(橫波)를 일으켜 그 힘으로 이동하는데 이때 몸의 넓이가 넓으면 넓을수록 이동에 유리하다. 물고기의 등과 배에 있는 지느러미는 그래서 생기고 진화한 것이다. 또 포유동물의 폐에 해당하는 부레는 부력(浮力)을 크게 하는 방향으로 진화되었다. 물고기처럼 처음부터 수중생활을 한 동물 외에도 지상생활을 하다가 다시 수중생활로 복귀한 경우도 있다. 예를 들면 고래는 유선형의 몸체와 팽창한 원통형의 가슴과 위쪽으로 솟아오른 등뼈를 가지고 있는데 그 이유는 부력을 높이기 위해 흉강(胸腔)의 사이즈가 크게 진화되었기 때문이다. 또 뼈도 가벼워져 이동에 적합하도록 진화되었고 몸을 가볍게 하기 위해 몸속에 지방을 축적하게 되었고 물의 저항을 작게 하기 위해 귀가 퇴화되어 없는 것처럼 보인다.

공중생활을 하는 새들에게도 이런 적응현상은 나타난다. 가장 대표적인 것은 날개이다. 새의 날개는 앞다리가 진화한 것이며 몇몇 예외를 제외하면 체형도 수중동물처럼 저항을 최소화하기 위해 유선형으로 되어 있다. 조류는 체내의 노폐물을 가능한 한 빨리 배출하여 몸을 가볍게 하기 위해 대장(大腸)은 짧고 방광은 퇴화하였다. 동물에서뿐만 아니라 식물에서도 적응의 예를 볼 수 있다. 사막에서 생장하는 선인장은 건조한 기후에 견딜 수 있도록 수분을 저장하는 다육질(多肉質)로 진화되었고 잎은 수분의 손실을 최소화하기 위해 가시모양으로 진화했다. 이에 반해 습지(濕地)에서 생장하는 식물은 공기를 빨아들이기 위해 돌출된 기공이 있도록 진화했고 또 잎이 물에 젖지 않도록 밀랍을 분비하는 솜털이 나도록 진화했다.

그런 진화적 적응에는 몇 가지 특성이 있다. 우선 각 진화적 적응에는 그런 진화적 적응이 생기도록 하는 환경이 존재한다. 예를 들면 허파가 진화된 이면에는 허파가 진화될 수밖에 없는 환경이 존재하였고 심장이 진화된 이면에는 심장이 진화될 수밖에 없는 환경이 존재하였다. 이처럼 모든 진화는 변화된 환경에서 비롯되었다. 이렇게 볼 때 인간의 사고가 진화한 것도 그런 사고가 생길 수밖에 없는 환경이 있었을 것임은 분명하다. 인간이 생존환경에 적응하여 고유한 사고를 가지게 된 것은 약 10만 년 전인 홍적세로 추정된다. 하지만 그 사고 역시 생존환경에 적응하면서 진화되어 왔다.

물론 그런 적응은 시간을 필요로 하므로 제때 이루어지지 않는다. 최근 십만 년 사이, 특히 최근 만년 사이에 인간의 생존환경은 급격히 변해 왔지만 인간의 육체와 정신은 그 변화된 환경에 맞춰 충분히 진화되지 않았다. 예를 들면 인간은 초콜릿 같은 단 것에 강하게 끌리는 본성을 가지고 있는데 현대사회에서는 그 본성이 성인병이라는 부작용을 야기한다. 또 뱀에 대한 두려움은 빨리 습득하지만 총기나 전쟁에 대한 두려움은 쉽게 학습되지 않는데 이 역시 현대인들이 미처 변화된 생존환경에 적응하지 못하고 있는 예라 할 수 있다.

부산물(Byproducts)이란 주산물(主産物)의 진화적 적응과정에서 발생하는 제2차적 생산물을 의미한다. 예를 들면 배꼽이 그런 것이다. 배꼽 자체는 어떤 주된 목적을 달성하기 위해 진화된 것이 아니라 탯줄을 끊고 나서 어쩔 수 없이 생긴 흔적이다. 부산물은 적응의 흔적이기 때문에 적응과 마찬가지로 모든 개체에 존재한다. 산업에서는 목적한 주제품을 만드는 과정에서 필연적으로 발생하는 종속적 생산물을 부산물이라고 한다. 그런 산업부산물은 주산물과 마찬가지로 상품가치가 있는 것이 많다. 제분한 뒤에 남는 밀기울, 원유를 가공하고 남는 콜타르 등이 그런 것이다.

노이즈(Noise)란 본래 소음이나 잡음을 의미하지만 분야별로 조금씩 다른 의미를 가진다. 전자공학이나 기계제어 분야에서는 기계의 동작을 방해하는 전기신호를 가리키고 무선통신 분야에서는 불쾌한 느낌을 주거나 소리를 방해하는 불규칙한 파동을 의미하고 측정분야에서는 신호의 전달 또는 수신을 방해하는 신호를 의미한다. 이런 노이즈는 기기의 기능에 지장을 초래할 뿐만 아니라 기기 주변에도 좋지 않은 영향을 미치기 때문에 적절한 조치를 취해야 한다. 또 물리학에서 말하는 노이즈는 잡음 같은 것이다. 잡음을 파형(波形)으로 분류하면 충격성 잡음과 연속성 잡음으로 나눌 수 있다. 충격성 잡음이란 가까이에서 일어나는 천둥에 의한 잡음이나 자동차잡음 등의 인공잡음에서 볼 수 있는 것으로 시간적으로 짧은 펄스(pulse)이고 연속성 잡음이란 열잡음이나 산탄잡음처럼 잡음파형이 연속적으로 일어나는 것을 가리킨다. 또 잡음은 스펙트럼에 의해서도 분류할 수 있다. 열잡음이나 산탄잡음 또는 자동차잡음처럼 수신기 대역폭 안에서 스펙트럼이 고르게 보이는 것을 백색잡음이라 하고 그렇지 않은 것은 유색잡음이라 한다. 하지만 생태계에서 발생하는 노이즈란 환경적 변화가 개체에 미치는 임의적인 현상을 의미한다. 이 노이즈는 적응이나 부산물과는 달리 개체 사이에 전혀 일관성이 없다. 즉 어떤 때는 생기고 어떤 때는 생기지 않는다.

진화와 연관되는 적응, 부산물, 노이즈라는 위의 세 가지 중 진화생물학이 관심을 가지는 주요항목은 적응과 부산물이다. 하지만 진화적 적응은 무엇이고 또 진화적 부산물은 무엇인지에 대한 정의는 학자들마다 조금씩 다르다. 언어학의 혁명가라 불리는 촘스키(Noam Chomsky)는 언어기관이 진화의 부산물일 수 있다고 주장하는 반면 핑커(Steven Pinker)는 그렇지 않다는 입장이다.

| 진화생물학

진화생물학(進化生物學, Evolutionary biology)의 장점 중 하나는 훌륭한 이론적 틀을 제공한다는 점이다. 진화생물학의 여러 가설들은 다음과 같은 분석틀에 의해 제약되고 검증받을 수 있다.

첫째는 일반이론이다. 진화생물학의 최상단에는 포괄적응도(Inclusive Fitness) 이론이 자리 잡고 있다. 포괄적응도란 어떤 개체의 행동이 자기 자신의 적응도(Fitness) 뿐만 아니라 자신의 유전자를 공유하는 다른 동류개체의 적응도에도 영향 미칠 수 있다는 점을 함께 고려하여 계산된 적응도를 말한다. 개체는 포괄적응도를 최대화하는 방향으로 진화되었다는 것이 진화생물학의 최상단에 놓인 일반이론이다.

둘째는 중간수준의 이론이다. 일반이론과 충돌하지 않는 일반이론의 틀 안에서 가족부양투자(Parental Investment)나 호혜적 이타주의(Reciprocal Altruism)와 같은 몇 가지 중간수준의 이론이 제시될 수 있다. 예를 들면 부양투자이론을 통해 어떤 경우에 암컷이 수컷에 비해 더 짝짓기에 적극적인지를 예측할 수 있고 호혜적 이타주의 이론을 통해서는 어떤 경우에 개체들 사이에서 이타성이 발현되는지를 예측할 수 있다.

셋째는 구체적 가설과 예측이다. 일반이론과 중간수준의 이론이 제공하는 틀로부터 경험적 검증이 가능한 여러 가지 구체적 가설과 예측을 만들어낼 수 있다.

이런 진화생물학을 전제로 할 때 동물의 생존환경은 동물의 형체와 성격을 결정한다. 산짐승은 산에서 살기에 적합하도록 형체와 성질을 가지고 물고기들은 물에서 살기에 적합하도록 형체와 성질을 가진다. 산짐승들이 계절에 맞춰 털갈이를 하는 것은 생존기후에 적응하며 살기 위한 진화의 결과이며 물고기들이 비늘과 매끄러운 유선형 몸체를 가지는 것은 물의 저항을 적게 받으면서 물속에서 살기 위한 진화의 결과이다. 이는 생존환경이 곧 생물의 형과 질을 결정하는 결정적 요소임을 의미한다. 따라서 진화생물학이 우리에게 가르쳐주는 한 가지 분명한 사실은 "생명이 환경을 결정하는 것이 아니라 환경이 생명을 결정한다."는 것이다.

순서상으로 볼 때도 당연히 그렇다. 환경은 항상 생명체보다 앞서 존재해야 한다. 숲이 있어야 새가 있는 것이지 새가 있어야 숲이 있는 것이 아니며 물이 있어야 물고기가 있는 것이지 물고기가 있어야 물이 있는 것이 아니다. 산짐승이든 물고기든 먹이를 구하려는 동물들의 경제활동은 바로 그 환경이 있을 때에만 가능하다.

│ 공통생존법칙

동물들의 생존환경은 서로 다르다. 당장 육상동물의 생존환경은 육지이고 수상동물의 생존환경은 수중이다. 그러나 생존환경이 있어야 생존한다는 대원칙은 동일하다. 우리는 이런 동일한 대원칙에서 공통된 생존법칙을 찾을 수 있다. 그 공통생존법칙이란 "모든 동물은 대물활동을 통해 먹이를 얻는다"는 것이다. 생존환경이란 단적으로 말하면 수많은 자연물로 구성된 자연사회이다. 흙, 물, 공기, 풀, 나무, 벌레, 곤충, 짐승, 새 등은 모두 자연이 만들어 놓은 자연물이다. 육상동물이든 수상동물이든 모든 동물은 그런 수많은 자연물이 모여 만들어진 자연환경 속에서 나름대로의 먹이를 찾으며 살아간다.

실제로 동물들이 살아가는 생존양식을 살펴보자. 악어는 수중동물이나 물가에 접근하는 동물들을 기습하여 잡아먹고 구렁이는 쥐, 새알, 새, 개구리 등을 잡아먹고 다람쥐는 과일이나 열매를 따먹고 갈매기는 물고기나 갯지렁이를 잡아먹는다. 이처럼 동물들의 먹이확보는 모두 자기 아닌 다른 생물을 대상으로 하고 있다. 바꿔 말하면 자기가 살기 위해서는 그것이 초목이든 약한 동물이든 그 어떤 생명을 죽여야 하는 슬픈 운명에 매여 있다. 인간도 동물이므로 당연히 그런 자연의 법칙을 벗어나 존재할 수 없다. 가축을 키워 잡아먹는 것도, 농사를 지어 과채를 따먹는 것도 결국은 모두 인간 아닌 다른 생명체를 죽임으로써 얻는 양식이다.

그런데 인간을 제외한 다른 동물은 먹이를 확보함에 있어서 자연이
준 자신의 신체가 아닌 어떤 제삼의 수단도 사용하지 않는 특성을 지
닌다. 악어가 수중동물을 기습공격 할 때도 오직 날카로운 악어이빨
만으로 사냥하고 매가 새끼동물을 잡아먹을 때도 오직 날카로운 부
리만을 이용하여 사냥한다. 또 원숭이가 과일을 따먹을 때도 오직 자
신의 손과 이빨만을 이용한다. 동물들은 이렇게 무수단(無手段) 생산자
이다. 이런 무수단 생산자는 먹이를 생산함에 있어서 몇 가지 특징을
가진다.

　　첫째, 무수단 생산자는 저장하지 않는다. 비록 다람쥐처럼 따 온 열
매를 동굴 속에 저장해 두었다가 꺼내 먹는 일부 동물들이 있기는 하
지만 동물들은 원칙적으로 저장하지 않는다. 그렇게 저장하지 않기 때
문에 동물들은 먹이를 많이 생산하여 먹고 남길 필요가 없다. 따라서
인간의 경우처럼 수십 석 곡식을 곳간에 쌓아 놓는 일은 없다. 이런 저
장 없는 생활은 빈부격차를 만들지 않는 생활이다. 초식동물인 마소
의 경우를 다시 예로 들어 보자. 마소에게도 어미 마소와 새끼마소는
있고 따라서 마소사회에도 정치적 혹은 사회적 위계는 있을 수 있다.
하지만 부자 마소와 가난한 마소는 있을 수 없다. 마소는 각자 풀을 뜯
어 먹어야 하므로 아무리 힘센 마소라 하여도 양식의 착취가 본질적
으로 불가능하다. 육식동물인 악어의 경우도 동일하다. 악어의 사냥
은 곧 바로 자기 입에 삼켜 넣음으로써 종료되므로 아무리 힘센 악어
라 하여도 역시 원천적으로 먹이의 착취가 불가능하다.

　　둘째, 무수단 생산자는 환경을 파괴하지 않는다. 동물들은 모두 자
연적 먹이사슬에 매여 있다. 동물들은 먹이사슬로 엮여 있는 그 자연
으로부터 벗어나려고 노력하지도 않고 벗어날 필요성도 느끼지 못한

다. 먹이사슬의 범위 내에서 자연이 정해준 양을 먹고 자연이 정해준 수명을 살다가 죽는다. 그러므로 동물생활은 자연과 어우러져 하나가 되는 자연 그 자체이다. 말하자면 동물세계가 곧 자연이고 자연이 곧 동물세계이다. 따라서 동물생활은 자연을 존속시키는 생활이지 파괴시키는 생활이 아니다. 자연이 동물에게 먹이를 제공하면 동물은 먹이를 소화시켜 배설함으로써, 또 스스로 다른 동물 혹은 분해자의 먹이가 됨으로써 다시 자연에게 생존환경을 제공한다. 자연생태계는 그런 순환을 통해 유지된다.

셋째, 무수단 생산자는 누구에게 고용되지도, 또 누구를 고용하지도 않는다. 동물들은 자기 먹이를 생산함에 있어서 다른 동물을 고용하는 법이 없다. 채취든 사냥이든 자기 먹이는 오직 자기 스스로 생산한다. 물론 사자 같은 일부 동물들은 협공작전을 펼치며 공동사냥을 하기도 한다. 그러나 그것은 한 사자가 다른 사자를 고용하여 먹이를 생산하는 것과는 다르다. 인간사회에서 보듯 고용생산이란 고용자가 피고용자에게 고용대가를 주는 대신 생산물을 오로지 자기 것으로 취하는 생산이다. 사자무리의 공동사냥은 먹이를 나누어 먹는 것을 전제로 하므로 고용과 피고용관계가 아닌 공동사냥과 그에 따른 공동소유관계라 할 수 있다.

넷째, 무수단 생산사회에는 경제적 빈부가 존재하지 않는다. 이미 강조했지만 생산수단을 사용하지 않는 동물들의 먹이활동은 근본적으로 "즉석생산, 즉석소비"를 원칙으로 하고 있기 때문에 경제적 재물이 저장되지 않는다. 이렇게 경제적 재물이 저장되지 않는 사회에는 경제적 빈부가 원천적으로 성립하지 않는다. 동물원에 가보라. 황제사슴이든 거지 사슴이든 자기 몸체를 제외하고는 아무 것도 가진 것이 없다. 동물사회에 실제로 그런 위계적 구분이 있느냐 없느냐는 그리 중요하지 않다. 우리가 보는 모든 사슴은 오직 몸체 이외의 어떤 경제적 재물도 가지고 있지 않다는 사실이 중요하다. 사슴을 비롯한 동물사회는 이렇게 경제적 빈부가 없는 사회이다.

▎동물적 생존양식

동물사회가 지니는 이런 특성은 모두 동물의 생존양식에서 비롯된다. 따라서 어떤 사회의 특성을 규명하기 위해서는 그 사회의 생존양식을 먼저 규명해야한다. 그러면 동물사회의 생존양식은 어떤 것일까? 즉석생산과 즉석소비를 원칙으로 하는 동물의 생존양식은 생산에서 소비로 바로 연결되는 무교환생존양식이다. 이는 인간의 생존양식과는 사뭇 다른 것이다. 왜냐하면 인간의 생존양식은 서로의 생산물을 교환하여 살아가는 교환생존양식이기 때문이다.

동물과 인간의 생존양식을 보다 구체적으로 살펴보자. 먼저 인간의 경우 농부는 쌀을 생산하지만 쌀만으로는 살 수 없다. 왜냐하면 옷도 있어야 하고 집도 있어야 하기 때문이다. 이러한 사실은 의류업자나 주택업자인 경우에도 마찬가지이다. 그들도 그들이 생산하지 않는 경제적 필수품이 있어야만 살 수 있다. 그래서 농부는 자기의 생산물인 쌀을 의류업자의 생산물인 옷과 교환하여 살아가고 반대로 의류업자는 자기의 생산물인 옷을 농부의 생산물인 쌀과 교환하여 살아간다. 인간사회는 그렇게 경제적 재화의 교환을 통해서 살아가는 교환사회이다. 그런 교환사회의 생존양식을 도식화하면 "생산→교환→소비"로 이어지는 "삼진법적 생존양식"이 된다.

반면 동물적 생존양식은 교환이라는 과정이 생략된 생존양식이다.

마소가 풀을 뜯어 먹는 과정을 재검토해 보자. 거기에는 풀을 뜯는 생산과정과 뜯은 풀을 삼키는 소비과정만 있을 뿐 교환이라는 과정은 찾아볼 수 없다. 생산에서 소비로 바로 넘어가는 이런 마소의 생산양식을 도식화하면 "생산→소비"로 이어지는 "이진법적 생존양식"이다. 바로 이 점에서 동물의 생존양식과 인간의 생존양식은 근본적으로 다르다. 동물들의 생존양식이 이진법적 생존양식인 이유는 그들의 경제적 생존활동이 위에서 보듯 오직 먹이활동 하나에만 국한되어 있기 때문이다.

흔히들 인간생활의 생필품은 의식주(衣食住)라고 한다. 그러나 동물생활의 생필품은 오직 식(食)이라는 한 가지 뿐이다. 인간 이외에 옷을 입는 동물은 없다. 물론 집에 관해서는 논란의 여지가 있다. 새들이 둥지를 틀고 벌들이 집을 짓기 때문이다. 하지만 인간의 주택개념과 동물들의 주택개념은 상당히 다르다.

그 차이점 중에서도 가장 큰 차이점은 첫째, 동물들은 집을 지음에 있어 목재나 시멘트 같은 가공물을 사용하지 않는다는 점이고, 둘째, 자기 아닌 제삼의 노동자를 고용하지 않는다는 점이다. 우리가 익히 알고 있듯 동물들은 오직 변형되지 않은 자연물로만 집을 짓는다. 새들은 자연상태 그대로의 나뭇가지나 풀잎만으로 집을 짓고 벌들도 자신의 몸에서 분비되는 밀랍만으로 집을 짓는다. 그리고 그런 집을 짓는 과정에서 제삼의 노동자를 고용하는 법이 없다. 오직 자기 자신의 힘, 혹은 무리의 힘만으로 집을 짓는다.

동물들의 이런 경제적 생존양식은 곧 동물들의 사회적 특성으로 나타난다. 사회란 일반적으로 "일정한 영역 내에서 정신적 유산을 공유하면서 고유한 제도와 조직을 통해 질서를 유지하고 구성원을 재생산하면서 존속해 가는 공동체"라 할 수 있다. 동물들마다 독특한 행동 양태를 가지는 것은 그들의 정신적 유산이 동일하기 때문이다. 쥐가 고양이를 무서워하고 뱀이 돼지를 무서워하는 것은 그들 각각이 가진 정신적 유산이 동일하기 때문이다. 즉 서로가 서로 다른 천적을 정신적 유산으로 인지하고 있기 때문이다. 그들은 그렇게 서로 다른 천적을 인지한 가운데 그들만의 독특한 동물적 공동체를 만들며 살아간다.

독일의 사회심리학자 에리히 프롬(Erich Pinchas Fromm)이 주장한 소유양식과 존재양식이라는 개념은 무교환생존양식과 교환생존양식으로 대치될 수 있다. 프롬은 소유로 가득 찬 현대사회의 모습과 그 허상을 비판하면서 존재양식을 강조하고 있다. 1976년에 출판된『소유냐 존재냐』에 의하면 소유적 실존양식은 현대문명의 재앙을 대변하고 존재적 실존양식은 충만한 삶의 가능성을 대변한다. 그는 존재적 실존양식에서는 오로지 지금 여기가 중요하다고 본 반면 소유적 실존양식에서는 과거, 현재, 미래라는 연장성의 시간이 중요하다고 보았다. 즉 존재적 실존양식은 무교환생존양식처럼 즉석생산과 즉석소비를 원칙으로 하는 지금이 중요하고 소유적 실존양식은 교환생존양식처럼 생산시간과 소비시간이 다르기 때문에 과거, 현재, 미래라는 시간적 개념이 중요할 수밖에 없다고 보았다.

따라서 소유적 실존양식을 따르는 인간은 그가 과거에 축적한 재산, 명성, 사회적 신분, 지식, 자식, 기억 등에 묶일 수밖에 없다. 하지만 존재적 실존양식을 따르는 인간은 그런 묶임으로부터 자유롭기 때문에 독자성과 비판적 이성을 유지할 수 있다는 것이다. 특히 지식의 영역에서 볼 때 존재양식의 최고 목표는 좁지만 보다 깊은 심오성인데 반해 소유양식의 최고 목표는 얇지만 보다 넓은 광역성이라고 주장했다. 또 1941년에 출판된 『자유로부터의 도피』라는 책에서 그는 사회 전반에 걸쳐 나타나는 심리적 요소의 기능을 강조한다. 그는 개인적 자유가 없었던 중세 말엽을 예로 들면서 이탈리아 사람들은 르네상스 시기에 들어와 처음으로 개인으로 등장했다고 보았다. 하지만 그들이 얻은 개인적인 자유는 무력, 회의, 고독, 불안을 초래한 자유이기도 했다. 그렇게 자유는 인간에게 독립성과 합리성을 부여하기도 하지만 다른 한편으로는 고독과 불안에 휩싸인 무력한 존재로 만들기도 한다. 인간은 그런 고독을 견디기 어렵기 때문에 자유인은 자유라는 무거운 짐으로부터 도피하여 새로운 복종의 대상을 찾느냐, 아니면 적극적인 자유의 실현을 위해 앞으로 나아가느냐는 갈림길에 서게 된다. 그는 그렇게 인류의 물리적 생존이 인간의 정신적 변화에 의존하고 있음을 밝힌 인물이다. 또 프롬은 휴머니즘을 사랑했던 인물이다. 그는 휴머니즘을 통해서만 인류가 통합될 수 있고 자아가 완성될 수 있다고 보았는데 그런 그의 휴머니즘은 이론과 실천, 지식과 행동, 정신적 목적과 사회제도가 분리될 수 없다고 주장한 마르크스의 사회주의적 휴머니즘을 바탕으로 하고 있다. 결과적으로 그 같은 휴머니즘은 선천적 생존양식인 무교환생존양식과 궤도를 같이 한다. 인간을 제외한 모든 동식물들은 오늘날까지도 선천적 생존양식인 이 무교환생존양식을 그대로 고수하고 있다.

동물적 생활을 했던 원인들의 생존양식도 바로 이 무교환생존양식이었다. 그들은 음식물을 별도로 저장할 필요도 없었고 저장할 장소도 없었다. 옷을 대신했던 나무 잎이나 짐승의 털가죽 역시 그랬다. 저장하고 싶어도 금방 썩고 부패했으므로 저장할 수도 없었다. 또 보다 좋은 생존환경을 찾아 이리저리 옮겨 다녀야 했기 때문에 튼튼한 집을 지을 이유도 없었고 필요도 없었다. 오직 필요한 것이 있으면 그 때 그 자리에서 즉석 생산하여 즉석에서 소비했다. 동물들의 식사는 조리과정이 없는 철저한 자연식이듯 원인들의 식생활도 조리과정이 없는 완벽한 자연식이었다. 불이 발견된 이후부터 고기를 구워먹는 조리과정이 생기긴 했지만 그것 역시 자연식의 단순한 연장선상에 지나지 않았다.

▎생존환경과 사회형태

사회를 형성하는 대전제인 일정한 영역은 생존환경과 깊은 관련이 있다. 동물들은 저마다 생존환경이 다르다. 따라서 사회를 형성하는 영역도 다를 수밖에 없다. 예를 들면 사자는 아프리카 내륙지방과 인도 서부처럼 초원이나 반사막지대에 살므로 사자라는 동물사회는 그들이 사는 아프리카에 형성될 것이고 박쥐는 음습한 동굴 속에 살므로 박쥐라는 동물사회는 그들이 사는 동굴 속에 형성될 것이며 코끼리는 주로 산림이나 열대초원에 살므로 코끼리라는 동물사회는 그들이 사는 열대초원에 형성될 것이다. 북극곰이 사회를 형성한다면 그들이 사는 북극에서 형성할 수밖에 없듯 모든 동물사회는 그들이 사는 곳에 형성된다는 사실은 말할 필요조차 없는 당연한 일이다.

인간의 경우도 생존환경을 떠나서 인간사회를 형성할 수 없다. 농경사회와 유목사회의 출현과정은 이를 잘 설명해주고 있다. 먼저 농경사회가 형성된 과정을 살펴보자. 이동 생활을 했던 초기 수렵시대는 움직이기 쉽도록 핵가족이 선호되었고 또 남자들은 부단히 이동해야 했으므로 가계(家系)를 이어 감에 있어서 그 계(系)가 확실하지 않은 부계보다 확실한 모계사회가 지배적이었을 것으로 추정된다. 반면 정착생활이 시작되면서 대두된 농경사회는 다량의 노동력을 필요로 했으므로 건장한 남성과 다산이 중요시 되었고 따라서 남성중심의 부계사회로 변하게 되었을 것이다. 농경사회를 규정하는 또 다른 중요요인은 기후였을 것이다. 오늘날도 가뭄이 들거나 태풍이 불면 농사를 망치는 경우가 종종 있듯 농사는 기후에 따라 좌우되는 것이므로 기후를 떠나서 농경사회는 정착될 수 없었을 것이다. 이처럼 농경사회가 정착되기까지는 자연적 생존환경의 변화가 크게 작용했을 것임은 확실하다.

유목사회도 마찬가지이다. BC2000~1000여 년경에 나타난 것으로 추정되는 유목사회는 목축과 이동생활을 특징으로 하는 사회였다. 그런 유목생활은 축사(畜舍)를 짓지 않고 구성원의 전부 또는 대다수가 거리에 관계없이 주기적으로 이동하면서 생활하는 것을 의미한다. 그런 유목생활은 가축으로부터 최대의 생산력을 얻기 위한 효율적인 방법이었던 동시에 아시아내륙의 혹독한 자연환경에 따른 불가피한 선택이기도 했다. 유목생활자들은 여름에는 시원한 강변으로, 추운 겨울에는 찬바람을 피할 수 있는 산간지대로 주로 이동하였다. 이동시 데리고 다니는 가축은 주요 식량이었고 재산이었다. 특히 몽골유목민의 경우 말과 양은 생존에 필수적이었다. 말은 주요 운반수단이었으며 양은 식량의 원천이었다. 이렇게 유목사회 역시 생존환경이 만들어낸 인간사회였다. 동물사회든 인간사회든 집단생활을 전제로 하는 모든 사회는 이렇게 생존환경 위에 만들어진다.

동물들도 군집생활을 하므로 당연히 사회를 이루며 살아간다. 사자들이 협동작전으로 몸집이 큰 물소나 몸이 빠르기로 소문난 가젤을 사냥하는 일이라든지 개미 또는 벌 같은 곤충들이 군집생활을 하면서 아주 치밀하고 효율적인 조직을 영위해 가는 것을 보면 동물들도 인간사회와 크게 다를 바 없는 사회생활을 하고 있음을 깨닫게 된다. 동물들도 이렇게 사회생활을 하기 때문에 그들 역시 여러 가지 사회문제를 가지게 된다.

사회문제란 개인적 생활이 아닌 집단을 전제로 하는 사회적 생활에서 오는 제도적, 구조적 모순에서 생기는 문제를 총칭한다. 즉, 사회문제란 게으름이나 무능력 같은 당사자의 개인적 자질에서 생기는 문제가 아닌 집단생활의 구조적 모순에서 생기는 문제를 의미한다. 인간사회의 경우 발생하는 중요한 사회문제는 노동문제, 재산문제, 실업문제, 인구문제, 인종문제, 민족문제, 도시문제, 농촌문제, 주택문제, 청소년문제, 여성문제, 노인문제, 가정문제, 범죄문제, 매춘문제 등, 여러 가지가 있다. 또 의식문제, 관습문제, 전통문제, 종교문제, 평등문제, 교육문제, 질병문제, 인권문제, 혼인문제, 장례문제 등도 사회문제가 된다.

하지만 동물의 경우는 인간에 비해 사회적 문제가 매우 단순하다. 동물사회에는 정부조직, 명령체계, 조세제도 같은 것이 존재하지 않으며 시장거래도 없다. 개미들의 업무분담처럼 동물사회에는 오직 선천적인 분업만 존재할 뿐이다. 더욱이 그런 분업은 시장거래를 전제로 하는 분업이 아니라 공동생활을 전제로 하는 분업이며 그런 분업생활을 영위하는 동물들의 종류도 그리 많지 않다. 대부분의 동물들은 즉석생산과 즉석소비라는 이진법적 생존양식에 따라 독립생활을 한다. 지구상에 살아가는 모든 동물들은 독립생활이든 분업생활이든 선천적 생존환경이 내리는 다양한 제약을 극복하며 그들 나름대로의 집단생활, 즉 사회생활을 이어간다.

07 먹이활동과 동물의 특성

먹이활동이 왜 동물들의 특성을 규정하는 중요한 요소가 될까? 모든 생물은 영양분을 섭취함으로써 성장한다. 이는 각각의 먹이가 지니고 있는 영양분과 특성을 옮겨 받음으로써 성장한다는 말이다. 같은 집이라도 나무로 지으면 왠지 부드럽고 우아한 느낌이 들지만 돌로 지으면 왠지 딱딱하고 육중한 느낌이 든다. 그 이유는 각각의 재료가 가지는 특성이 그 집에서 풍겨 나오기 때문이다. 마찬가지로 먹이가 식물인 경우는 그 식물을 먹이로 하는 초식동물의 특성으로 표출되고 먹이가 동물인 경우는 그 동물을 먹이로 하는 육식동물의 특성으로 표출된다. 이는 마치 인간에게 있어서 경제활동의 대상이 무엇인가에 따라 그 사람의 성품이 달리 표출되는 것과도 같다. 40이 넘으면 얼굴에 책임을 지라는 말이 있듯 경제활동의 영역, 즉 직업이 농업이면 얼굴에 농민으로서의 성품이 표출되고 상업이면 상인으로서의 성품이 표출되고 군경이면 군경으로서의 성품이 표출된다. 이는 모두가 알고 인정하는 상식이다. 이렇게 인간의 경제활동 영역과 성품 사이에는 밀접한 관계가 있듯 동물들의 경제활동과 특성 사이에도 밀접한 관계가 있다.

정경천법(政經天法) — 제1권 자연력 시대

| 동물들의 의사전달

동물 간의 의사전달은 상대에게 자기가 어떤 상태에 있는가를 알리는 하나의 방법이며 짝을 찾아 2세를 만듦으로써 개체를 보존하고 종을 증식시키는 우수한 수단이다. 동물간의 통신수단은 여러 가지가 있다. 먼저 물고기, 양서류, 조류, 곤충류, 일부 영장류의 경우는 시각을 통한 통신이 매우 중요하다. 시각 메시지는 색체, 자세, 외형, 운동 등에 의해 이루어진다. 어떤 암컷나비는 수컷 나비에게 자기의 나는 모습을 보여줌으로써 관심을 끈다. 특수한 발광기관을 가지고 있는 야행성 갑충그룹인 개똥벌레 수컷은 정해진 점멸패턴으로 빛을 연속적으로 발산하면서 날아다니는데 이는 지면에 조용히 있는 암컷에게 자기를 알리는 신호로써 암컷은 자기와 동종의 수컷을 발견하면 빛을 내어 응답한다. 또 동아프리카 봉황 참새의 수컷은 암컷에게 잘 보이려고 길고 검은 꼬리깃을 펴서 구애 행동을 하는데 암컷들은 그런 구애 행동을 1km 이상 떨어진 곳에서도 알아차린다고 한다.

이처럼 동물들의 시각적 표현은 아주 다양하고 많은 정보를 함유하고 있기 때문에 그 표현기법이나 형태도 무척 다양하다. 수컷들은 거의 예외 없이 암컷 앞에서 무언가를 과시하려 한다. 수꿩의 화려한 색깔, 만드릴(mandrill) 원숭이의 독특한 얼굴 무늬는 무리 내의 모두에게 남성적 매력을 과시하기 위한 수단이다. 그런 과시는 생식시기에만 일시적으로 나타나는 경우도 있다. 침팬지나 비비(BiBi) 암컷의 엉덩이는 발정기가 되면 붉은 색을 띠고 비비(BiBi) 수컷은 입을 크게 벌리고 날카로운 송곳니를 드러낸다. 그런 행동은 시각적 위협을 주고 자기를 과시하고자 하는 좋은 예이다. 또 그런 시각 메시지를 감지하는 동물은 그 시각 메시지를 보내는 동물의 존재 및 행동 상태뿐만 아니라 정확한 위치나 장소도 알 수 있게 된다. 하지만 그런 시각 메시지는 밤이나 어두운 곳, 안개, 숲, 산 등, 장애물을 만날 경우 의사전달이 불가능하다는 한계를 지닌다.

그런 한계를 극복하기 위한 또 다른 통신수단이 바로 소리 통신이다. 소리 통신은 인간에게도 중요한 역할을 하지만 사람의 소리통신 능력은 다른 척추동물이나 절지동물에 비하면 매우 제한되어 있다. 귀뚜라미나 여치 같은 곤충이 내는 소리의 핵심은 장단에 있는데 반해 새나 포유동물이 내는 소리의 핵심은 음률의 고저와 음색에 있다. 동물들은 종마다 서로 다른 소리 기관을 가진다. 수중 척추동물인 물고기는 마찰음 발생 기관을 사용하거나 부레의 조작을 통해 소리를 낸다. 육지 척추동물은 호흡기 내의 진동막을 통해 공기를 불어넣고 뺌으로써 소리를 낸다.

소리를 통해 의사를 전달하는 데는 여러 가지 방법이 동원된다. 토끼는 땅을 두드려 소리를 내고 고릴라는 가슴을 쳐서 소리를 내고 딱따구리는 둥지 속에서 울지만 그 둥지는 소리가 크게 증폭되는 울림판 역할을 한다. 딱따구리는 수컷이나 암컷의 어느 한쪽이 때로는 대단히 먼 거리에 있는 짝짓기 상대를 끌어들이기 위해 신호를 보내기도 한다. 개구리나 풀벌레들의 수컷은 암컷들이 몇 백 미터나 떨어진 곳에서도 들을 수 있도록 크게 운다. 자기의 존재를 알리는 개구리의 울음소리는 성대에서 만들어져 입에 있는 소리주머니에서 증폭된다. 귀뚜라미 같은 곤충은 보통 앞날개의 바깥쪽 일부를 빠르게 비벼서 운다. 또 수컷 새들의 지저귀는 소리는 암컷에게 자기의 존재와 위치를 알리는 청각신호로 작용한다. 이처럼 소리는 소리의 빈도, 크기, 시간, 음색 등의 변화를 통해 아주 많은 정보를 함유할 수 있다. 동물들은 대단히 낮은 소리도 매우 효율적으로 감지할 수 있으며 높은 소리는 먼 거리까지 전해진다.

화학 통신에 속하는 냄새도 의사소통의 주요수단이 된다. 동물은 페로몬(pheromone)으로 알려진 특수한 화학물질을 사용하여 복잡한 의사를 냄새 속에 암호화한다. 동물들은 그런 냄새로부터 자기가 어떤 종에 속하는지를 나타낼 수 있으며 몽구스와 같이 어느 개체의 냄새인지 또는 일부 물고기처럼 그 개체가 어느 정도 공격적인지를 알 수 있다. 나방은 교미상대에게 자기를 알리기 위해 냄새를 사용한다. 즉 암컷이 미량의 유인 물질을 분출하면 그것은 바람을 타고 몇 km나 떨어진 수컷에게 전달된다. 냄새가 퍼지는 거리와 방향은 바람에 따라 달라지는 데 조건이 좋으면 작은 동물이 발하는 어떤 소리나 시각적 신호보다 훨씬 멀리까지 전달할 수 있다. 수컷은 동종의 암컷이 내는 화학물질에 대단히 민감하여 즉시 암컷을 찾아가 구애 행동을 한다. 포유류의 경우 페로몬은 아주 복잡한 행동을 유발하는데 암컷은 수컷의 성적 반응을 유도하기 위해 페로몬을 생산한다. 또 암컷의 페로몬은 수컷으로 하여금 다른 수컷에 대해 공격적이도록 유도하기도 한다. 화학신호는 매우 적은 양으로 대단히 큰 효과를 내는 장점이 있으며 또 주위에 꽤 오래 남아 있기 때문에 환경 장애물의 제한을 받지 않는다.

동물사이에 이루어지는 이런 여러 가지 방법을 통한 통신의 가장 주된 목적은 서로의 존재를 인식하는 것이다. 즉 개체나 집단 간의 통신은 한 동물이 다른 동물을 식별하는 방법이 된다. 그런 식별은 매우 중요한 의미를 지닌다.

첫째, 동물은 다른 동물이 자기와 같은 종인가 아닌가를 식별하는 종(種) 식별 능력이 있다. 서로 유사한 종들이 한곳에 모여 서식하고 있을 경우 같은 종을 구별할 수 있는 정확한 방법이 존재하지 않는다면 번식하는데 많은 시행착오를 겪게 되며 따라서 많은 시간과 에너지를 낭비하게 될 것이다.

둘째, 자기가 속해 있는 개체군 속에서 어떤 특정한 개체를 식별하는 개체식별 능력은 매우 중요하다. 펭귄이나 갈매기의 집단서식지에 가보면 똑같이 생긴 수천, 수만 마리의 펭귄이나 갈매기가 있는데 이들 모두는 생긴 모습이나 울음소리를 통해 자기 짝과 새끼들을 정확히 식별해 내는 능력을 가지고 있다. 또 그런 식별 능력이 있기 때문에 암수는 새끼를 낳고 키울 수 있다. 생각해 보라. 만일 어미가 새끼를 알아보지 못하고 암수의 짝이 서로를 알아보지 못한다면 어떻게 짝짓기를 하고 새끼를 키우겠는가?

개체 식별능력은 개체군에서의 우점순위(優點順位)형성에서 생기는 갈등을 감소시키는 데도 도움을 준다. 우점순위가 결정되면 그에 따른 위계질서가 형성되므로 먹이나 기타 공유물에 대한 싸움이 적어진다. 그런 우점순위 역시 동물이 각 개체를 식별할 수 있을 때에만 유지될 수 있다. 누가 강자인지, 누가 어미고 자식인지를 식별하지 못한다면 그런 우점순위에 따른 위계질서는 생길 수 없을 것이다.

또 동물들은 상호갈등 관계에 있을 때 반발행동(agonistic behavior)을 나타내게 되는데 이는 상호갈등을 해결하는 데 도움이 된다. 일반적으로 반발행동은 동종 구성원 내에서 자주 발생하며 공격이나 위협 혹은 복종 등, 여러 행동 양상으로 나타난다. 그러나 먹느냐 먹히느냐는 양자택일만 있는 포식자와 피식자의 관계에서는 그런 반발행동이 나타나지 않는다. 오직 싸워 이기거나 지거나 어느 한쪽이 있을 뿐이다. 동물 간의 투쟁은 대개 같은 서식지에 살며 같은 먹이를 놓고 경쟁하는 개체 간에 발생한다. 또 짝짓기에 대한 경쟁은 같은 종 내의 동성 간에 일어난다. 동물들은 여러 가지 방법으로 싸우지만 같은 종인 경우는 보통 상대방을 죽이지는 않는데 동물들의 그런 행동은 그들의 선조로부터 진화해 온 결과임이 틀림없다.

▎ 먹이확보

동물적 사회생활에서 발생하는 주요 과제는 크게 두 가지로 요약된다. 하나는 먹이확보를 위한 조직적 행위이고 다른 하나는 종족보존을 위한 조직적 행위이다. 그러나 먹이확보는 조직적 차원에서 이루어지는 경우보다 개체적 차원에서 이루어지는 경우가 대부분이다. 앞서 지적한 바와 같이 동물들은 "즉석생산과 즉석소비"를 원칙으로 하므로 비록 조직적 힘을 이용하여 사냥을 했다 하더라도 그 사냥감을 먹이로 취할 때는 개체적 차원에서 이루어질 수밖에 없다. 따라서 동물 사회에는 먹이로 인해 발생하는 사회적 문제는 그리 많지 않다. 다만 먹이활동의 영역을 제한받는 경우는 흔하다. 호랑이는 대소변을 군데군데 남겨 놓음으로써 그곳이 자신의 활동 영역임을 다른 동물에게 인식시킨다. 동물들은 저마다 그런 한정된 곳에서 먹이를 확보한다. 그런 과정에서 개체적 힘만으로 살아가기 힘든 작은 동물들은 조직적 차원의 거대한 무리를 이루면서 나름대로의 삶을 이어간다. 예를 들면 새떼, 메뚜기 떼, 멸치 떼처럼 작은 동물들은 거대한 무리를 지어 다니면서 다른 동물들의 공격을 효과적으로 방어하고 먹이를 확보한다.

▎ 먹이사슬

먹이사슬에서 하층생물은 자신을 먹이로 취하는 상층생물보다 항상 개체수가 많다. 또 당연히 많아야 한다. 예를 들면 초원에 있는 여러 가지 녹초(綠草)의 수는 마소가 뜯어 먹고도 남을 만큼 항상 마소보다 그 개체수가 수천 배 많으며 또 당연히 그렇게 많아야 한다. 최하층인 플랑크톤의 경우는 이런 사실이 더욱 명백하다. 먹이사슬의 출발점이 되는 식물성 플랑크톤의 번식속도는 자신을 먹이로 하는 동물성 플랑크톤의 번식속도보다 훨씬 빠르다. 후자가 전자를 포식하는데도 전자가 여전히 줄지 않고 있는 이유는 이렇게 전자의 번식속도가 후자의 번식속도보다 월등히 앞서기 때문이다. 말하자면 동물성 플랑크톤이 한 마리의 식물성 플랑크톤을 잡아먹는 동안 식물성 플랑크톤은 빠른 번식력으로 잡아먹힌 한 마리를 보완하고도 남기 때문이다.

"소수 포식자에 다수 피식자"라는 이런 생태원리는 기초생산자인 플랑크톤과 식물에서부터 1차 소비자, 2차 소비자에 이르기까지 먹이사슬 전체에 걸친 공통적인 현상이다. 먹이 계층에서 내려갈수록 숫자가 많아지고 올라갈수록 숫자가 적어지는 이런 저다고소(底多高小)의 원리는 어떤 힘으로도 무너뜨릴 수 없는 자연의 섭리이다. "소수 지배에 다수피지배"라는 인간사회의 정치원칙이 깨지지 않는 이유도 이런 먹이사슬의 선천적 섭리에 근거할 것임은 분명하다.

동물사회의 군집 크기는 생태조건에 따라 변한다. 아무런 제약이 없을 경우 군집을 형성하는 구성원의 수는 개체 수와 증가율의 곱에 비례한다. 그러나 어떤 경우에도 개체 수는 무한히 증가하지 않으며 또 증가할 수도 없다. 먹이사슬과 생존조건에 의해 제약을 받기 때문이다. 개체 수가 증가하고 군집밀도가 높아지면 환경수용력에 문제가 생긴다. 즉 개체수가 너무 많아지고 그에 따라 군집 밀도가 높아지면 환경수용력이 포화상태에 이르게 되며 그렇게 되면 개체수는 더 이상 증가될 수 없다. 환경수용력이란 동물의 서식지가 가지고 있는 먹이의 양, 생존 공간, 적절한 기온 같은 생존 여건이다. 군집 밀도가 지나치게 높으면 먹이가 부족하고 생존 공간이 부족하므로 살 수 없다. 또 개체 수의 증가는 그 개체를 먹이로 하는 포식자의 수를 증가시키게 되므로 잡아먹히는 수가 많아지게 된다.

이렇게 한편으로는 A의 증가가 B의 증가를 부르고 B의 증가가 C의 증가를 부르지만 다른 한편으로는 A를 먹이로 하는 B의 증가로 A가 감소하고 B를 먹이로 하는 C의 증가로 B가 감소한다. 자연생태계는 이렇게 자동제어 능력을 지니고 있으므로 일시적으로 어느 종이 증가하거나 감소할 수는 있지만 영원히 증가하거나 감소하지는 않는다. 여기에는 하층생물이든 상층생물이든 예외가 없다.

숲의 생태계는 이를 잘 설명해주고 있다. 한국의 경우 해마다 산림은 울창해지는데도 불구하고 다람쥐의 수는 점점 줄어들고 대신 청설모가 급격히 늘어나고 있다고 한다. 그 근본 원인은 나무들이 너무 빽빽하다 보니 광합성을 위해 서로 키 크기 경쟁을 하느라 열매를 덜 만들기 때문이라고 한다. 생존환경이 바뀌면 잘 적응하는 동물은 번성하고 그렇지 못한 동물은 쇠퇴한다. 다람쥐의 주식은 나무 열매이므로 나무 열매가 줄어들면 먹이가 부족해 생존 숫자가 줄어들 수밖에 없다. 반면 잡식성인 청설모는 나무 열매 대신 작은 양서류나 파충류도 잡아먹는다. 심지어 겨울을 나기 위해 다람쥐까지 잡아먹으면서 개체수를 불린다. 다람쥐가 청설모의 먹이가 되는 열매를 먹으니까 청설모들은 그 먹이를 빼앗기지 않기 위해 다람쥐를 잡아먹는 일이 생기는 것이다. 나무 열매가 풍부한 국립공원 지역에서도 다람쥐의 출현율은 63%에 그치고 있다. 숲의 생태변화는 이렇게 숲속에서 살아가는 작은 동물들의 운명을 바꿔놓고 있다.

　이런 생태계의 원리는 인간사회에서도 그대로 나타난다. 인간사회를 크게 상층, 중층, 하층으로 3분 해보자. 그리고 하층을 농업, 어업, 공업, 상업 등에 종사하며 생필품을 생산하고 유통하는 생산계층이라 하고 중층을 행정요원, 법률가, 경찰, 군인 등, 생산계층이 안심하고 일할 수 있도록 지도 감독하는 관리계층이라 하고 상층을 입법, 사법, 행정의 수장 같이 모든 국민들에게 명령하고 하달하는 명령계층이라 가정하자. 그러면 상층은 중층을 지배하고 중층은 하층을 지배하는 구조가 될 것이다. 그러나 이런 사회구조도 사회적 생존환경을 넘어서 존속될 수는 없다. 생각해 보라. 생산계층의 소득이 줄면 그 생산계층을 생존바탕으로 하는 관리계층의 소득도 줄 것이고 관리계층의 소득이 줄면 관리계층을 생존 바탕으로 하는 명령 계층의 소득도 줄 것이다. 반대로 생산계층의 소득이 늘어나면 관리계층의 소득도 늘어날 것이고 관리계층의 소득이 늘어나면 명령 계층의 소득도 늘어날 것이다.

　저층민의 소득이 고층민의 소득을 부르고 저층민의 손실이 고층민의 손실을 부르는 이러한 인간사회의 상호관계는 숙주생물과 기생생물의 관계와 정확히 일치한다. 위에서 보듯 기생생물은 숙주생물을 죽이지 않고 적당히 살려두면서 계속 영양분을 빨아 먹는 쪽을 택한다. 그것은 기생생물이 숙주생물을 측은히 여겨 죽이지 않는 것이 아니라 자기가 계속 먹고 살기 위해 어쩔 수 없이 살려 놓는 것이다. 인간사회의 지배계층도 피지배계층을 죽이지 않고 적당히 살려두어야만 계속 지배하면서 착취할 수 있다. 먹이사슬이 존속하는 한 숙주생물과 기생생물의 상호관계가 사라지지 않을 것처럼 인간사회가 존재하는 한 피지배계급인 직접생산자와 지배계급인 간접생산자의 상호관계도 변하지 않을 것임은 확실하다. 따라서 더 뺏으려는 지배계급과 더 뺏기지 않으려는 피지배계급 간의 정치적 투쟁 또한 변하지 않을 것임도 확실하다.

동물들의 정치적 투쟁 역시 모두 경제적 행위가 몰고 오는 부수적 산물이다. 동물들이 투쟁의 산물인 세력권을 확보하고자 하는 첫 번째 목적은 안정된 먹이의 공급처를 얻기 위함이다. 자기 세력권이 없으면 경쟁 관계에 있는 다른 동물들이 무단으로 침입하여 자기 먹이를 마구 빼앗아가게 될 것이다. 이처럼 세력권 확보라는 정치적 행위는 안정된 먹이공급처 확보라는 경제적 목적을 달성하기 위한 것이다. 모든 사회가 그러하듯 동물사회에서도 정치적 행위는 경제적 행위에 종속된다. 다시 말하면 정치적 행위는 경제적 목적을 달성하기 위한 수단적 행위이다. 그래서 경제는 목적이고 정치는 수단이 된다. 아무 소득 없는 일에 총칼을 들고 나설 바보는 아무도 없을 것이기 때문이다.

정치행위 중에서도 최후의 선택이라 할 수 있는 전쟁은 물질적 이익을 확보하기 위한 것이지 단순히 상대방을 죽이기 위한 것이 아니다. 전쟁은 승자에게도 최소한의 피해를 안겨준다. 복싱선수들이 링에서 싸우는 경우를 생각해 보면 이는 쉽게 이해가 갈 것이다. 한 대도 맞지 않고 이기는 선수는 없다. 승자도 맞고 패자도 맞는다. 다만 승자는 패자보다 적게 맞을 뿐이다. 전쟁도 마찬가지이다. 승자도 패자도 모두 피해를 본다. 다만 승자의 피해는 패자의 피해보다 적을 뿐이다. 승자가 비록 적기는 하지만 그런 피해를 감수하고도 전쟁을 일으키는 이유는 승전 시 피해를 능가하는 경제적 이익을 얻을 수 있기 때문이다.

동물들이 세력권을 확보하고자 하는 두 번째 목적은 안전한 종의 번식을 위해서이다. 모든 생물의 본능적 생존목적은 후손을 남겨 종을 이어가는 것이다. 일정한 시간이 흐르면 발정기가 다가오고 그래서 암수가 짝짓기를 하는 것은 모든 생명체의 피할 수 없는 본능적 생존 과정이다. 인간의 사랑이 그러하듯 동물들의 짝짓기를 향한 본능적 욕구는 어떤 자력보다 더 강력한 자력을 가지고 있다. 암수가 서로를 끌어당기는 그 막강한 힘은 우주가 만들어내는 우주적 자력이라 할 수 있다. 인간이든 동물이든 생명체의 종류를 불문하고 우주가 존재하는 한 암수의 사랑은 우주적 자력으로 맺어질 것이 확실하기 때문이다.

동물들이 세력권을 확보하고자 하는 세 번째 목적은 동종 간의 지배와 피지배 관계를 정착시키기 위해서이다. 수사자는 자기 세력권 내에 자기와 관계없는 제삼의 사자가 들어오는 것을 허락하지 않는다. 오직 암컷과 태어난 새끼만을 허락한다. 수사자가 이렇게 자기 세력권을 만들고 그 영역 내에서 자기 가족을 보호하려 할 때 그 세력권은 자기 왕국이 되고 동시에 가족 간에는 자연스럽게 위계가 생기며 그런 위계질서는 선천적 정치 행위의 바탕이 된다.

모든 생명체가 가지는 이런 선천적 정치 행위는 동물 중에서도 가장 조직적인 사회생활을 하기로 이름난 개미의 경우를 살펴보면 더욱 뚜렷해진다. 똑같은 암컷이라도 일개미는 여왕개미와 달리 짝짓기를 할 수 없다. 그러나 일개미도 어쨌든 암컷이므로 짝짓기를 하지 않아도 수정되지 않은 알을 낳는다. 개미의 암수는 수정 여부로 결정되는데 수정된 알은 자라서 암컷이 되고 수정되지 않은 알은 수컷이 된다. 따라서 짝짓기를 하지 않는 일개미들은 수컷이 될 알을 낳을 수 있다. 하지만 그 개미사회에 여왕개미가 있으면 일개미들은 대체로 알을 낳지 못한다. 일개미들이 서로 감시하기 때문이다. 일개미들은 다른 일개미가 알을 낳지 못하도록 순찰대를 조직하여 서로 감시하고 규율을 어긴 일개미를 공격하거나 알을 없애버린다. 일개미들은 자매 일개미가 낳는 수컷, 즉 조카보다 어머니인 여왕개미가 낳은 수컷의 형제와 유전적으로 더 가깝다. 그러므로 여왕개미가 알을 더 많이 낳도록 돕는 편이 자신의 유전자를 퍼뜨리는 데 오히려 도움이 된다. 더욱이 일개미가 출산하기 보다는 육아에 전념하는 것이 전체 개미집단으로 볼 때 한층 유리하다. 개미들의 이런 판단과 그에 따른 정치적 행위는 학습된 것이라기보다는 태어나면서 물려받은 선천적 정치행위라 할 수 있다.

특히 개미사회의 분업은 유명하다. 개미사회의 구성원들은 보모, 운반자, 건축가, 전투병, 정찰병, 사체 운구자 등, 여러 직업으로 세분화되어 있는데 그중 어떤 임무를 맡을지는 몸집과 형태에 따라 결정된다. 또 그들은 잘 갖춰진 의사소통 체계를 가지고 있어 조직의 효율성을 높인다. 예를 들면 40여 개의 분비샘을 가진 개미들은 후각과 미각을 자극하는 물질을 배출하여 다른 개미가 배출한 물질의 의미를 알아낸다. 뱃가죽을 문질러 소리를 내는 경우도 있다. 그런 개미의 행동은 유전된 것이기도 하지만 상대에 따라서 달라지는 경우도 있으므로 개미를 통해 동물 유전학과 행동학을 연구하려는 시도가 계속되고 있다. 또 개미들의 조직적인 움직임에서 정보기술(IT)과 인공지능 시스템에 대한 해답을 찾고자 하는 연구도 활발히 진행되고 있다. 일개 미물(微物)로 여겨지는 개미도 이렇게 단순한 생존본능을 넘어 상당한 사회조직을 가지고 나름대로의 정치적 행위를 계속하며 살아간다.

정치적 행위는 정신노동과 깊은 관계를 가진다. 노동가치는 육체노동 가치와 정신노동 가치로 나누어지는데 그 중 정신노동 가치가 높을수록 부가가치는 상승한다. 단순육체노동은 물질을 대상으로 하는 노동이므로 원자재의 비중이 높은 반면 고도정신노동은 비물질을 대상으로 하므로 원자재의 비중이 상대적으로 낮다. 단순노동의 부가가치가 낮고 고도기술노동의 부가가치가 높은 이유는 바로 이 때문이다. 정신노동상품 중에서도 종교상품은 정신노동의 비중이 가장 높기 때문에 가장 부가가치가 높다. 종교상품은 모두 말과 글로 이루어지는 상품이므로 거의 원가가 들어가지 않는다. 따라서 종교상품의 부가가치는 거의 100%라 할 수 있다. 전통적 산업분류를 보더라도 단순노동에 속하는 1차 산업은 부가가치가 낮고, 3차 산업에 속하는 금융서비스업, 통신서비스업, 의료서비스업, 법률서비스업 같은 고도지식산업은 부가가치가 높다.

이런 산업분류에 의하면 정치도 정신노동 비중이 높은 3차 산업에 속한다고 볼 수 있다. 정치는 종교처럼 말이나 문자로 하는 것이다. 즉 정치상품은 말이나 문자로 만들어내는 상품이다. 그런 무형적 상품은 어떤 실물적 원자재가 거의 소요되지 않으므로 부가가치가 높을 수밖에 없다. 어떤 사람들은 이런 논리를 빗대어 매춘이야말로 종교나 정치처럼 원자재가 필요치 않는 가장 부가가치가 높은 상품이라고 항변하기도 한다.

그러나 우리는 어떤 경우라도 모든 생명 활동의 출발점은 구식(求食) 활동이라는 점을 잊어서는 안 된다. 즉 경제활동이라는 점을 잊어서는 안 된다. 먹지 않고 살 수는 없기 때문이다. 부가가치가 높은 종교상품, 정치상품, 심지어 매춘상품을 내놓기 위해서도 우선 인간은 먹어야 한다. 동물도 마찬가지이다. 일개미들이 서로를 감시하기 위해서도, 여왕개미가 새끼를 낳기 위해서도, 숫개미가 짝짓기를 하기 위해서도 그들 역시 우선 먹어야 한다. 그러므로 생명체의 모든 활동은 구식활동, 즉 경제활동을 중심점으로 하여 반경이 그어진다.

경제활동도 그렇지만 동물들의 정치활동 또한 운명적, 유전적 활동인 경우가 대부분이다. 개미로 태어나면 운명적, 유전적으로 개미사회의 일원이 되어 각자가 맡은 바 직무를 수행하게 되고 그런 과정에서 생기는 상호갈등과 투쟁을 피할 수 없다. 이는 동물들의 생존수명이 유전적, 선천적으로 정해지는 이치와도 같다. 인간의 수명이 백 년 전후이듯 동물들도 저마다 하늘이 준 자연 수명을 가진다. 다소간 차이는 있겠지만 어떤 경우든 동물들은 주어진 선천적, 유전적 수명을 벗어나 살지 못한다.

일부 학자들의 연구에 의하면 동물의 수명은 몸의 크기와 관련이 깊다고 한다. 150년 이상 사는 거북은 대부분 100kg이 넘는 덩치 큰 거구들이다. 물론 예외도 있다. 진주조개는 몸집이 비교적 작은데도 불구하고 150년 이상을 산다. 그렇다면 생명을 좌우하는 요소는 도대체 무엇일까? 그것은 바로 체내 대사량, 즉 폐활량과 관련이 있다고 한다. 폐활량이란 한 번에 공기를 최대한으로 들이마셨다가 내뿜을 수 있는 양을 의미한다. 동물의 경우 이 폐활량이 크면 맥박수는 줄어드는데 맥박수가 줄어들면 들수록 오래 산다. 즉 느리고 천천히 사는 동물이 오래 산다. 거북이도 느리고 진주조개도 잘 움직이지 않는다. 그렇게 활동이 느리기 때문에 그들은 오래 산다. 대부분 생물의 평생 맥박수는 큰 차이가 없다. 예를 들면 코끼리와 생쥐의 일생동안 심박수는 거의 비슷하다. 그러나 생쥐의 수명은 약 2~3년이고, 코끼리의 수명은 약 60~70년이고, 고래의 수명은 약 50~60년이라고 한다. 이런 수명의 차이는 생쥐의 맥박이 코끼리나 고래의 맥박보다 30배나 빨리 뛰는 데서 온다고 한다.

생쥐의 1분당 심장박동수는 300~500번이고 갈라파고스 거북이는 6~10번이다. 이런 심박수를 비교하면 갈라파고스 거북이는 생쥐보다 40~60배나 오래 살 수 있다는 계산이 나온다. 사람에게도 같은 원리가 적용된다. 예를 들면 운동을 해서 몸이 건강해지면 한 번에 피를 많이 보내기 때문에 심장의 1회 분출량이 늘어나고 심박수는 낮아진다. 왜냐하면 심박수는 피가 순환하는 주기이기 때문이다. 몸집이 크면 몸 전체에 피가 돌아다니는 속도가 느려지므로 1분당 심박수는 줄어든다. 사람의 경우 정상적인 맥박수는 1분에 70회 정도이지만 맥박수가 50회 정도로 낮을수록 폐활량이 많고 오히려 건강에 좋다고 한다.

또 선천적, 유전적으로 부여된 동물들의 수명과 그에 따른 동물들의 경제 및 정치활동은 개개 동물의 생존 특성으로 나타난다. 다시 말하면 야행성 동물은 야행성 동물로서의 특징을 가지고, 하늘을 날아다니는 새는 새의 특징을 가지며 물속에 사는 물고기는 물고기로서의 특징을 가진다. 생존환경이 만들어내는 그런 특징은 누구도 바꿀수 없는 선천적 특징이기도 하지만 다른 동물과 구분되는 고유한 특징이기도 하다.

예를 들면 부엉이, 올빼미, 호랑이, 도롱뇽, 모기, 너구리, 박쥐같은 야행성 동물들은 대부분 귀가 발달되어 있다. 박쥐의 경우 초음파를 보내 물체에서 반사되어 나오는 반사파를 분석하여 먹잇감이나 장애물의 위치와 거리를 알아낸다. 이런 일은 귀가 발달되어 있지 않으면 불가능한 일이다. 올빼미, 부엉이 등은 자신의 날갯짓 소리로 인해 먹잇감이 되는 쥐 등이 자신이 다가가는 것을 느끼지 못하도록 날개가장자리에 톱니바퀴 같은 홈을 가지고 있다. 그 홈의 틈으로 공기 소용돌이를 빼내 버리므로 날갯짓을 하면서 먹이에 다가가도 소리가 나지 않는다. 게다가 날개털까지 부드러워 비행할 때 거의 소리가 나지 않으므로 더욱 발각되지 않고 먹잇감에 다가갈 수 있다. 또 야행성 동물은 모두 빛이 없는 어두운 밤에 활동할 수 있도록 눈이 잘 발달되어 있다. 특히 부엉이는 적은 빛도 얼마든지 모을 수 있도록 시력이 잘 발달되어 있어 밤에 활동하는 데 전혀 불편함이 없다.

부엉이의 경우 오히려 낮에 활동하면 빛이 너무 밝아 눈이 부신다고 한다. 그 이유는 야행성 동물들의 눈 뒤쪽에는 빛을 반사하는 기능이 있어 망막을 통과해 들어온 빛을 다시 한번 망막으로 되돌려 보내기 때문이라고 한다. 이는 밤의 희미한 빛으로는 잘 볼 수 없기 때문에 자기 눈에 받아들였던 빛을 모아 다시 한 번 쏘아 보내어 사물을 명확하게 구분하기 위함이다. 이때 흡수되지 못하고 반사되는 빛 때문에 야행성 동물의 눈은 어둠 속에서 빛이 난다.

이런 야행성 동물들의 눈은 몇 가지 색을 제외하고는 색을 구별하지 못하는 특징을 가지고 있다. 밤에 사냥하기 때문에 색을 구별할 수도, 할 필요도 없기 때문이다. 색을 구분하지 못하는 대신 야행성 동물들은 색이나 형태보다는 움직임에 민감한 시력을 가지고 있다. 야행성 동물의 경우 움직임이 없을 경우 물체에 초점을 맞출 수 없어 물체가 없어진 것으로 착각한다.

먹잇감에 다가갈 때 들키지 않기 위한 선천적 무장은 부엉이의 날개 모양에 국한되지 않는다. 사냥해야만 살아갈 수 있는 모든 육식동물은 비슷한 선천적 무장을 하고 있다. 호랑이는 강아지 발바닥처럼 검은색의 푹신푹신한 쿠션이 있어 소리 나지 않게 먹잇감에 다가갈 수 있다. 쥐의 경우는 천적을 발견하면 꼼짝 않고 그 자리에서 움직이지 않는데 그런 행동은 천적이 무서워서가 아니라 천적이 눈의 초점을 잃도록 하기 위해서이다. 또 육식동물의 먹이가 되는 쥐 같은 설치류는 잡아먹히지 않기 위해 고도로 민감한 귀를 가지고 있다. 그래서 자기를 잡아먹을 포식자가 다가오면 그 민감한 귀로 금방 그런 낌새를 감지하고 달아난다.

┃ 종족보존

종족보존을 위한 동물들의 행위는 보다 조직적인 사회적 행위로 여겨진다. 왜냐하면 모든 동물들은 인간과 마찬가지로 암수라는 양성생식을 원칙으로 하고 있기 때문이다. 양성생식이란 두 개체 이상의 집단을 전제로 하므로 양성생식은 사회적 행위의 출발점이 되기도 한다. 인간사회도 그렇지만 동물사회에서도 종의 재생산은 가장 선천적인 사회문제이다. 종의 절멸은 곧 그 종이 형성하는 사회의 절멸을 의미하기 때문이다.

인간사회에서도 결혼과 그에 따른 혼인 생활에서 생기는 여러 문제가 주요 사회적 문제가 되듯 동물사회에서도 종족 보존을 위한 암수의 짝짓기와 새끼의 양육과정에서 발생하는 문제는 동물사회의 대표적인 사회적 문제가 된다. 과학자들의 연구에 의하면 수컷은 무조건 보다 많은 암컷과 짝짓기를 하고자 하는 반면, 암컷은 생존경쟁에서 살아남을 수 있는 보다 양질의 후손을 번식시키기 위해 수컷의 질을 선택한다고 한다. 즉 수컷은 양을 우선으로 하고 암컷은 질을 우선으로 한다는 것이다. 따라서 보다 많은 암컷을 차지하고자 하는 수컷 사이의 투쟁은 말할 것도 없고 암수 사이에도 끊임없는 갈등이 벌어진다고 한다. 동물들의 이런 선천적 본능은 동물사회에 일부일처제에서부터 일부다처제, 다처다부제, 일처다부제에 이르기까지 다양한 번식체계를 출현시켰다는 것이다.

몇몇 대표적인 동물의 경우를 예로 들어보자. 사자의 경우 집단생활을 하는 한 무리는 보통 20마리 전후로 구성되는데 그 속에는 어른 수컷 2마리, 암컷 6마리, 젊은 암컷 1마리, 생후1년 이상 된 새끼 2마리, 생후 1년 미만인 새끼 5마리 정도로 이루어진다. 이 무리(pride라고 함)는 일정한 행동반경을 가지는데 그 범위는 먹이의 양과 무리의 크기에 따라 다르지만 보통 400~500㎢ 정도라고 한다. 사자들은 보통 무리를 지어 사냥하는데 몇몇 사자는 몰이를 하고 몇몇 사자는 잠복을 하고 있다가 한꺼번에 달려들어 사냥감을 잡는다. 사자는 야행성이라 그런 사냥은 주로 어두운 밤 시간에 행해지지만 낮에 하는 경우도 있다. 사냥은 대부분 암사자들이 협력하여 하게 되지만 수사자가 함께 하거나 혼자서 할 때도 있다. 또 그리 흔치는 않지만 표범, 치타, 하이에나가 사냥한 것을 가로채기도 한다. 사냥감은 주로 검은 꼬리 들소, 영양, 얼룩말, 톰슨가젤, 흑멧돼지, 코뿔소, 물소, 아프리카 코끼리 새끼 등이다. 달리는 속도는 시간당 48~60㎞정도이며 추격거리는 100~200m정도이다. 한번 뛰는 너비는 12m, 높이는 3.6m를 넘는다. 사자 한 마리는 1년에 몸무게 120kg짜리 먹이를 20마리 가량 먹는데 한 번에 22~27kg을 먹어 치운다.

사자의 번식기는 일정하지 않으며 따라서 연중 새끼를 낳는다. 수컷은 암컷을 차지하기 위해 서로 쟁탈전을 벌이며 임신기간은 100~116일이고 한 번에 2~4마리를 낳는다. 건기에는 강가의 덤불에서, 우기에는 약간 높은 바위 뒤에서 새끼를 낳는다. 새끼의 몸길이는 약 20㎝, 꼬리 길이는 약 10㎝, 몸무게는 1.2~1.5kg 정도로 2~3주가 지나면 완전히 눈을 뜨고 8~10주 동안 젖을 먹는다. 생후 3주 정도 지나면 혼자 걸을 수 있고 4~5주 지나면 움직이는 것을 따라다니거나 장난을 치며 5~7주 지나면 어미를 졸졸 따라다니게 된다. 그렇게 자라 생후 2년 정도 되면 독립을 하고 3~4세가 되면 성적(性的)으로 완전히 성숙한다. 사육할 때의 수명은 25년 정도이다. 사자는 영구적으로 이용하는 굴이나 둥지가 없으므로 어미는 새끼들을 안전한 장소로 한 마리씩 입으로 물어다 옮기는데 어미가 사냥을 나간 사이에 하이에나, 표범, 다른 사자가 새끼들을 노릴 때도 많다. 사자의 이런 생활은 사자의 생존 방식인 동시에 사자 사회를 이어가기 위한 종의 조직적 보존행위이다.

호랑이의 경우도 종족 보존행위는 호랑이사회의 주요명제이다. 가장 대표적인 호랑이라 할 수 있는 시베리아 호랑이의 경우 수컷의 몸길이는 2.7~3.3m 정도이고 암컷의 몸길이는 2.4~2.75m 정도이며 몸무게는 수컷이 180~360kg, 암컷이 100~167kg 정도이다. 비슷해 보이지만 같은 줄무늬를 가진 호랑이는 없으며 한 호랑이 안에서도 왼쪽과 오른쪽의 줄무늬는 각각 다르다. 털 빛깔은 황갈색이고 여름에는 다소 짙어지나 대체로 남방계 아종보다 옅으며 몸 아래쪽의 흰 부분이 보다 넓다. 또 여름털은 짧고 겨울털은 길고 빽빽하다.

호랑이도 야행성으로 주로 인적이 드문 산속에 서식한다. 단독생활을 하며 번식기에만 이성의 호랑이를 만난다. 호랑이 역시 수컷은 서로 암컷을 차지하기 위해 쟁탈전을 벌인다. 멧돼지, 살쾡이, 오소리, 토끼 등을 잡아먹을 뿐만 아니라 심지어 곰도 잡아먹으며 일주일에 한두 번씩 주로 밤에 사냥한다. 사냥감이 작은 것일 때는 목을 물어 죽이고 큰 것일 때는 목의 앞이나 뒤를 물고 땅에 끌고 다니면서 질식시켜 죽인다. 임신기간은 약 100일이며 2~3년마다 한 배에 2~5마리의 새끼를 낳는데 그중에서도 제일로 강한 2마리만 살아남는다. 같은 동성끼리는 매우 공격적이기 때문에 그 2마리는 성이 서로 다른 경우가 대부분이다. 새끼는 암컷이 돌보며 수컷은 새끼를 보면 죽이는 습성이 있어 암컷은 수컷에게 매우 공격적이다. 수명은 사자와 마찬가지로 약 25년이다. 단독생활을 하는 호랑이도 이렇게 종의 보존이라는 선천적 명제 앞에서는 항상 암수가 만나 다시 사회적 집단으로 되돌아간다.

또 다른 야생동물인 멧돼지의 경우도 종족 보존을 위한 사회생활은 유지된다. 멧돼지의 몸길이는 1.1~1.8m, 어깨높이는 55~110㎝, 몸무게는 50~280㎏ 정도이다. 일반적으로 서방의 멧돼지보다 동방의 멧돼지가 크며, 섬의 멧돼지보다 대륙의 멧돼지가 크다. 몸은 굵고 길며 네 다리는 비교적 짧아서 몸통과의 구별이 확실하지 않다. 주둥이는 매우 길며 원통형이다. 눈은 비교적 작고 귓바퀴는 삼각형이다. 머리 위부터 어깨와 등 전체에 걸쳐 긴 털이 많이 나 있다. 다 자란 멧돼지의 털 빛깔은 갈색 또는 검은색인데 늙을수록 희끗희끗한 검회색 또는 갈색으로 퇴색되는 것처럼 보인다. 날카로운 송곳니가 있어서 부상을 당하면 상대를 가리지 않고 반격하는데 송곳니는 질긴 나무뿌리를 자르거나 싸울 때 큰 무기가 된다. 늙은 수컷은 윗 송곳니가 주둥이 밖으로 12㎝정도 나와 있다. 깊은 산, 특히 활엽수가 우거진 곳에서 사는 것을 좋아한다. 본래 초식동물이었지만 토끼, 들쥐 등, 작은 짐승에서부터 어류와 곤충에 이르기까지 아무 것이나 잘 먹는 잡식성 동물로 변했다.

번식기는 12~1월 사이이며 이 시기에는 수컷 여러 마리가 암컷 1마리의 뒤를 쫓는 쟁탈전이 벌어진다. 임신기간은 114~140일이고 5월에 7~8마리에서 12~13마리의 새끼를 낳는다. 새끼는 낳자마자 눈을 뜨므로 곧 걸어 다닐 수 있지만 보통 며칠 혹은 1주일 정도는 보금자리에서 나오지 않는다. 새끼의 몸에는 노란빛을 띤 흰색의 세로줄 무늬가 몇 줄 있는데 이것은 보호색 역할을 한다. 하지만 이 줄무늬는 생후 5개월 정도 지나면 없어지기 시작하여 가을에는 털의 질도 어미와 같이 굳은 털로 변한다.

위에서 보듯 모든 동물들은 종의 재생산이라는 선천적 명제 앞에서는 항상 사회적 문제를 노출시킨다. 그 사회적 문제란 암컷을 차지하고자 하는 수컷들의 쟁탈전과 종을 키우고 지키려는 암컷들의 방어전이다. 위에서 보듯 사자의 경우도 그러하며 호랑이의 경우도 그러하며 멧돼지의 경우도 역시 그러하다. 인간사회에서도 종의 재생산으로 연결되는 혼사는 피할 수 없는 사회적 문제를 야기하듯 동물사회에서도 종의 재생산은 피할 수 없는 사회적 문제를 야기한다.

08 생물들의 환경적응력

하늘을 나는 새도 공중이라는 생존환경에 적응하여 진화해 왔다. 새는 비교적 작은 머리와 강한 날개, 긴 꼬리깃을 특징으로 한다. 골격의 중심을 이루는 척추뼈는 날기 좋도록 강하면서도 속이 비어있어 가볍다. 예를 들면 멧비둘기의 뼈 무게는 몸무게의 4.3%에 불과하다. 알도 한 번에 한 개 밖에 낳지 않는데 이 역시 몸을 가볍게 하여 날기 좋도록 적응하는 과정에서 생긴 진화적 현상이다. 체온은 42℃ 이상으로 비교적 높은 편인데 그 이유는 기온이 낮은 고공을 날아야 하고 극지 상공에서도 비행이 가능해야 하며 겨울철에도 날아다녀야 하기 때문이다. 그러나 그런 높은 체온을 유지하려면 그에 맞는 대사량(에너지 확보)이 필요하다. 그래서 새는 곤충을 비롯한 동물질 먹이와 식물이라도 에너지 발생률이 높은 곡류를 주로 섭취한다. 또 체내에 있는 5개의 공기주머니는 산소 공급기와 냉각기 역할을 한다.

물속에서 살아가는 물고기들도 물속에 살아가는 데 적합하도록 진화하였다. 연어는 길이가 60~80cm의 대형 어종으로 몸은 긴 세장형(細長型)이다. 주둥이는 끝이 약간 둥글고 입은 커서 눈이 있는 뒤쪽까지 찢어져 있다. 수컷은 턱이 심하게 구부러져 있으므로 쉽게 구분된다. 몸체의 기본색은 은백색이지만 산란기가 되면 수컷은 등 쪽이 흑

청색으로 변하며 측면에 5~8개의 짙은 청색 횡무늬와 적색 또는 황색 반문이 나타난다. 이렇게 산란기가 되면 암컷과 수컷 모두 독특한 색을 띠며 특히 일체의 먹이를 먹지 않는다. 바다에서 살다가 산란기인 9~10월이 되면 자신이 태어난 모천으로 거슬러 올라간다. 수컷은 주로 꼬리지느러미를 이용하여 직경 40~90cm, 깊이 40cm 정도의 산란장을 만들고 암컷이 산란하면 그 알을 자갈로 덮어 보호한다. 생식과정을 마친 암컷과 수컷은 곧 죽고 부화한 새끼는 다음해 바다로 내려가 성어가 될 때까지 생활한다.

생존환경에 가장 잘 적응한 물고기 중의 하나는 리프 피시(leaf fish, 나뭇잎물고기)이다. 브라질 아마존과 대서양 연안 지역인 기아나(Guiana)가 원산지인 리프 피시는 그 이름처럼 언제나 물속에 떨어진 가랑잎 모양을 하고 있다. 헤엄도 가랑잎이 떠내려가는 것처럼 친다. 나뭇잎 물고기의 이런 모양과 헤엄치는 모습은 곤충이나 작은 물고기를 먹이로 잡기 위한 위장술인 동시에 적으로부터 자기를 지키기 위한 위장술이기도 하다. 작은 물고기들이 가랑잎으로 잘못 알고 안심하고 자기에게 접근하면 이 물고기는 나뭇잎을 접듯 큰 입을 접어 날름 삼켜 버린다. 나뭇잎물고기는 이렇게 나뭇잎이 떠내려가듯 서서히 움직이면서 먹이를 잡아먹고 천적으로부터 자기를 보호한다. 생존환경에 정말 잘 적응된 물고기라 할 수 있다.

전기메기도 생존환경에 잘 적응한 생물 중의 하나이다. 전기메기는 몸길이가 최대 122cm나 되고 몸무게는 20kg나 되는 큰 물고기이다. 몸은 메기와 비슷하지만 몸의 빛깔은 다갈색이다. 전기메기는 최대전압 400~450V의 높은 전기를 일으키는 물고기로 유명하다. 그래서 이 전기메기의 방전에 충격을 받으면 사람이 실신하는 경우도 있다. 전기메기가 이런 강한 전기를 방전시키는 목적은 먹이 확보와 자기방어를 위해서이다. 먹이에게 강하게 방전하면 그 먹이는 기절하여 쓰러지므로 주워 먹기만 하면 된다. 또 적이 다가오면 강한 방전으로 적을 물리친다. 이런 방전은 반복적으로 행해지며 머리 쪽에서 꼬리 쪽으로 행해진다. 반면 자기 자신은 전기적 자극에 대해 강한 저항력을 가진다. 야행성이기 때문에 낮에는 거의 활동하지 않으며 시력이 약해 겨우 명암을 구분할 정도이다. 따라서 먹이가 되는 작은 물고기들을 잡을 때는 6개의 입수염으로 더듬어 전기충격을 가해 기절시켜 잡는다. 주로 움푹한 곳이나 구멍에 쌍을 이루거나 가족 단위로 무리를 지어 살며 부화한 새끼를 입속에 넣어서 보호하는 습성이 있다.

이렇게 동물들은 저마다 서로 다른 특징을 가지고 서로 다른 생존환경에서 살아가지만 그래도 그들은 모두 동물로서의 공통된 특성을 지니고 있다. 그 특성은 대체로 다음과 같이 요약된다. 첫째, 초식동물이든 육식동물이든 예외 없이 먹이를 인지하고 그 먹이를 자기의 먹이로 취한다. 둘째, 생식하는 방법은 달라도 암수의 짝짓기를 통하여 자손을 번식시켜 간다. 셋째, 나름대로의 울음소리 혹은 전자신호를 통해 의사를 소통한다. 넷째, 신경세포를 가지고 호악적 외부자극에 반응한다. 다섯째, 생존환경에 가장 적합한 외양을 가진다. 여섯째, 나름대로 천적과 적을 인지하고 방어하거나 도망하거나 투쟁한다. 일곱째, 변화된 환경에 나름대로 적응하면서 진화해 간다.

동물들이 지니는 이런 특성들 중에서도 예외 없이 가지는 공통적인 특성이 하나 있다. 그것은 모두 일정한 환경하에서 무리를 지어 살아간다는 것이다. 식물이든 동물이든 대부분의 생물들은 무리를 짓고 살아간다. 미역, 김, 다시마 같은 해조류, 고사리 같은 양치류, 은행나무 같은 겉씨식물, 참나무 같은 속씨식물은 물론이고 짚신벌레, 아메바 같은 원생동물, 지렁이 같은 환형동물, 말미잘 같은 강장동물, 오징어 같은 연체동물, 거미나 개미 같은 절지동물, 개구리나 도롱뇽 같은 양서류, 뱀 같은 파충류, 개나 고양이 같은 포유류에 이르기까지 대부분의 생물은 무리를 지어 살아간다. 무리를 이루고 살아가는 그런 집단생활은 곧 사회생활이며 사회생활이기 때문에 거기에는 무리만이 가지는 독특한 생활양태가 생긴다. 인간사회의 경우 그렇게 무리만이 가지는 독특한 생활양태는 문화로 연결되듯 동물사회에서도 그런 무리살이는 독특한 문화적 요소를 형성한다.

동물의 부류를 크게 육상동물, 수중동물, 공중동물로 나눌 경우 각각의 동물은 생태환경이 다른 만큼 각기 다른 생활양태를 가지며 그렇게 다른 생활양태는 결국 각기 다른 문화로 이어진다. 즉 육상동물은 육상문화를 창출하고 수중동물은 수중문화를 창출하며 공중동물은 공중문화를 창출한다. 이들 동물의 대표적인 생활양태를 일별해보면 그 차이점을 쉽게 알 수 있다. 육지동물은 네 다리가 잘 발달되어 있으므로 그들의 놀이는 모두 걷고 뛰는 것과 연관되어 있다. 코끼리 떼, 물소 떼들의 이동이 그러하듯 육상동물들이 떼지어 이동하는 장관은 모두 튼튼한 네발의 힘이 연출하는 장관이다.

수중동물은 꼬리가 잘 발달되어 있으므로 그들의 놀이는 모두 꼬리를 흔들어 움직이는 행위와 연관되어 있다. 연어 떼가 물살을 가르고 상류로 올라오는 힘도 꼬리의 힘이고 돌고래가 달리고 뛰어오르고 때로는 새처럼 날면서 바다 위에서 군무를 연출하는 것도 꼬리의 힘이다. 연어 떼, 청어 떼, 쥐치 떼, 멸치 떼 들이 구름처럼 모여 장관을 이루는 것도 모두 꼬리의 힘이다.

공중동물은 날개가 잘 발달되어 있으므로 그들의 놀이는 모두 날개를 펼치는 일과 관련되어 있다. 공작새가 화려한 날개를 펼치며 춤을 추는 것, 독수리가 큰 날개를 펼치며 하늘을 비행하는 것, 원앙새가 고운 몸짓으로 사랑을 표현하는 것은 모두 날개에서 비롯된다. 또 철새인 가창오리떼가 거대한 무리를 이루며 날아가는 장관은 보는 이로 하여금 탄성을 자아내게 하는 군무이다. 공중동물은 이렇게 날개가 잘 발달되어 있다.

▎동물들의 천부적 생산수단

많은 동물은 먹이가 발생하는 진동을 감지하여 찾아내는 진동정위(震動定位, vibrational orientation)능력을 가지고 있다. 예를 들면 거미는 거미줄에 걸린 먹잇감이 벗어나려고 발버둥 치면 그 진동을 다리에 있는 진동수용기로 감지하여 그곳으로 가 그 먹이를 잡아먹는다. 또 사막에서 야간에 활동하는 전갈은 0.5미터 이내에 있는 먹이가 움직일 때 생기는 모래의 진동을 감지하여 정위 반응을 일으키며 먹이가 되는 동물이 15cm 이내에 들어오면 그 방향과 거리를 정확히 알아낸다. 전갈의 8개 다리에는 특별히 진동에 민감한 감각모, 즉 기저부절감각모(基底部節感覺毛, basitarsal compound slit sense)가 붙어있다. 이 감각모 수용기의 감수성은 다리마디가 조금만 움직여도 충격을 발사한다. 이 같은 예민성 때문에 감각모는 모래에서 발생하는 진동파의 방향을 감지할 수 있는 감지기 역할을 한다.

동물의 종류에 따라 이처럼 각자가 가지는 생존도구는 서로 다르다. 고도로 발달된 청각기관을 가지고 있는 포유류와 조류는 청각정위(聽覺定位: auditory orientation) 능력을 소유하고 있다. 박쥐나 돌고래는 고주

파의 펄스 음(pulsed sound)을 발사하고 그 소리가 물체에 부딪쳐 되돌아오는 반향음(反響音, echo)을 분석하여 물체의 방향, 물체까지의 거리, 물체의 크기, 그리고 물체의 윤곽을 파악하여 어디에 먹이가 있는지 그 위치를 정확히 알아낸다.

철새 같은 일부 공중동물들은 전혀 가보지 않은 낯선 지역이나 바다를 건너 먼 거리로 이동하기도 하는데 그들이 그런 항해를 할 수 있는 비결은 생체내의 특수한 감각기관이 작용하기 때문이다. 꿀벌은 태양의 위치와 하늘의 편광패턴을 이용해 벌통으로부터 꿀이 있는 장소까지의 비행로를 결정하고 벌통으로 돌아와서는 지그재그 춤으로 동료들에게 꿀이 있는 방향을 알린다. 또 일부 조류는 원거리를 비행하여 목적지를 찾아갈 때 지형적 특성을 이용하는 것으로 알려져 있다. 그러나 지형적 특성이 전혀 없는 광활한 바다 위를 비행하는 일부 철새는 태양의 위치를 기준으로 가야할 방향을 정위한다. 또 밤에 이동하는 일부 철새는 별자리를 비행방향의 지표로 삼기도 한다.

일부 동물들이 이렇게 태양이나 별자리를 지표로 삼아 방향을 정하고 날아다닌다는 사실은 여러 실험을 통해 증명되고 있다. 휘파람새의 경우 지구의 자전속도에 상응하는 만큼 별자리를 이동시키면 정확한 방향으로 위치를 정하고 날아간다. 그러나 지구의 자전속도와는 무관하게 인공 하늘을 임의로 변경시키면 새의 정위에 오차가 생기고 날아가는 방향이 달라진다. 이 사실은 새의 천체정위(天體定位, celestial orientation)에 지구자전과 관련된 시간개념이 자리하고 있음을 알 수 있음을 말해준다. 많은 동물들은 일정기간을 주기로 하여 특정행동을 보이는데 그 이유는 그 동물의 체내에 시간의 경과를 인식하는 체내시계가 있기 때문인 것으로 생각되고 있다. 위의 실험에서 인공하늘의 회전속도를 지구의 자전속도와 다르게 변화시키더라도 그 변화를 계속 유지시키면 새는 그 변화를 인지하고 체내시계를 변화시켜 올바른 방향으로 정위하게 되는데 그런 작용기관을 시계 콤파스라 부른다. 그런 체내시계는 무척추동물의 경우 신경절의 신경분비세포에 있으며 척추동물인 포유류와 조류의 경우는 뇌의 송과체(松果體, pineal gland)에 있다.

일부 동물들은 위치를 선정하고 항로를 결정함에 있어서 지구의 자기장(磁氣場, magnetic field)을 이용하기도 한다. 비둘기는 지상의 지형적 특성을 없애고 날씨를 흐리게 하여 태양이 보이지 않도록 해도 길을 잃지 않고 정확히 자기 둥지로 돌아온다. 그러나 머리에 소형자석을 부착시켜 자기장에 변화를 주면 올바로 정위하지 못하기 때문에 길을 잃고 둥지로 돌아오지 못한다. 이렇게 볼 때 비둘기는 태양콤파스, 지구자기장, 눈에 익은 지형 같은 여러 요소를 종합적으로 감안하여 항로를 결정하는 것으로 믿어진다.

지금까지 인간은 동물과 인간을 구분 짓는데 열을 올려왔다. 왜 인간은 동물이 아닌 만물의 영장인가, 왜 인간은 동물과 다른 윤리적 행위와 규범을 지키고 있는가, 왜 인간은 동물과 다른 뛰어난 이성적 판단력을 가지고 있는가, 왜 인간은 동물과 다른 문명을 발전시켜 왔는가 등등, 인간이 동물보다 월등한 사고와 규범과 문명을 가진다는 사실을 강조해 왔다.

그러나 위에서 보듯 몇몇 동물들은 인간의 한계를 뛰어넘는 탁월한 인지능력, 사고능력, 판단능력을 가지고 있다. 인간은 최고 고등동물이기 때문에 그런 하위동물들이 가지고 있는 모든 능력을 내재하고 있다고 가정하더라도 우리는 한 가지 사실을 다시 되새기지 않을 수 없다. 그것은 인간이 동물에게 전해 준 것보다 동물이 인간에게 전해 준 것이 훨씬 더 많다는 사실이다. 동물은 인간의 선조이기 때문에 유전적으로 인간이 동물로부터 더 많은 것을 받았을 것임은 의심의 여지가 없다.

물론 동물들은 자기들이 가진 그런 훌륭한 속성을 인간에 전해 줄 의사도, 생각도 없이 오직 자연이 정한 선천적, 유전적 자기 생존을 계속해 왔을 뿐인지도 모른다. 마치 인간이 자식에게 자기가 가진 유전적 속성을 물려줄 의사가 있어서 물려준 것이 아니라 자연이 부여한 삶을 열심히 살다보니 자신도 모르는 사이에 자기의 유전자가 자식에게 전해 진 것일 뿐이듯 동물들 역시 자연이 그들에게 부여한 삶을 성실히 살아가는 사이 자신의 속성이 인간에게 전해졌을 것임은 분명하다.

┃ 생명체의 주기성

지구의 계절이 변하면 동물들은 거기에 맞추어 미리 자신의 신체적 주기를 변화시킨다. 겨울이 닥쳐오면 미리 체지방을 축적시키고 겨울 털로 옷을 갈아입는다. 이런 현상은 수천 년 동안 태양이 내뿜는 에너지가 변하면서 계절이라는 주기성 환경을 만들어 오는 동안 생물들이 그 속에 살면서 자연선택에 의해 저절로 적응되고 진화되었기 때문이다. 인간사회도 마찬가지이다. 겨울이 오면 외투를 꺼내 입고 여름이 오면 반팔 티셔츠를 꺼내 입는다. 이 역시 동물이 인간을 닮아 계절마다 자신의 겉모습을 바꾸는 것이 아니라 인간이 동물들의 속성을 이어받아 계절마다 옷을 바꾸어 입는다고 해야 할 것이다. 왜냐하면 먼저 태어난 동물의 유전적 속성을 뒤에 태어난 인간이 이어받았을 것임은 분명하기 때문이다.

지구에 나타나는 또 하나의 주기성은 달의 인력 때문에 생긴다. 햇빛의 변화에 따라 보호색이 바뀌는 게들은 하루 2번씩 활동이 활발해지는데 이는 조수, 즉 밀물과 썰물과 밀접한 관련이 있다. 지구 자전으로 인해 생기는 일일변화 때문에 발생하는 생물들의 주기성 활동은 여러 가지가 있다. 인간의 일일주기현상 중 점심 후에 약간 졸리는 것은 점심 식사 때문이기도 하지만 일일주기현상의 하나라고 주장하는 학자들도 있다. 또 밤이 되면 인간의 활동은 저조해 지고 시력도 떨어지는데 그런 현상은 생물체 내의 생체리듬이 변하기 때문이다. 생체리듬은 자연현상의 변화와 거의 완벽히 맞물려 있다.

인간보다 생체리듬이 더욱 정교한 동물들도 있다. 떼를 지어 다니는 새나 물고기는 구성원들이 정확한 운동 리듬에 맞추어 정교하게 움직이는 것이 매우 중요하다. 그들을 잡아먹는 포식자가 습격해 오는 시간을 정확히 예측하고 무리적 차원에서 그에 따른 대책을 강구하는 것이 그들의 생존에 중요하기 때문이다. 또 말파리나 모기는 새벽이나 해질 무렵 가장 피를 많이 빨아먹는 것으로 알려져 있다.

동물들이 지니는 그런 주기성은 조물주가 그 동물을 만들 때부터 내장시킨 체내기관에 의해 제어된다는 사실이 여러 실험을 통해 밝혀지고 있다. 최근의 연구에 의하면 동물들을 인공적인 새로운 환경에서 기르면 그 환경에 맞춰 생체리듬의 주기도 변하는 것으로 확인되었다. 그런 생체리듬의 주기를 정하는 요인은 뇌에 있는 것으로 추정된다. 실험결과 멧세류의 뇌로부터 송과체를 제거하거나 쥐의 시교차상핵을 제거하면 생체리듬을 잃어버리는 것으로 보아 그런 결론을 얻을 수 있다.

동물들은 대부분 변화무상한 지구환경에 적응하기 위하여 나름대로 여러 방법을 동원하고 있다. 철새들이 이동하는 데는 크게 2가지 요인이 작용한다고 한다. 하나는 정확한 시간에 정확한 방향으로 날아갈 수 있도록 시간과 방향을 연결하는 콤파스 감각(compass sense)을 가지는 것이고 다른 하나는 마치 지도를 가지고 있듯이 자기가 처한 위치에 대한 정확한 위도와 경도를 측정하는 감각을 가지는 것이다. 정확한 위치를 정하고 정확한 방향으로 날아가는 것, 즉 정위(定位)와 그에 따른 항로 결정은 계절마다 옮겨 다녀야 하는 철새들에게는 무척 중요한 요소이다.

다른 동물들도 형태는 다르지만 자연 생태계의 변화에 맞는 생존주성(生存走性)을 가진다. 바퀴벌레와 플라나리아(Planaria)는 광자극을 받으면 이를 피하는 음성광주성을 보이는데 이들은 광자극을 받으면 두 눈에 비친 광량이 같아질 때까지 광원으로부터 멀리 피한다. 반대로 생물이 광원으로 가까이 이동하는 운동반응을 양성광주성이라 한다. 동물의 주성에 대하여 미국의 실험생물학자 자크 러브(Jacques Loeb, 1859~1924년)는 동물의 몸에 자극이 고르게 가지 않고 비대칭적으로 가해짐으로써 운동신경도 비대칭적으로 활성화되기 때문이라고 하였다. 즉 음성광주성은 두 눈 가운데 한 쪽 눈에 입사되는 광량이 좀 더 많아서 그 눈이 있는 쪽의 운동신경이 좀 더 높은 빈도로 충격을 발사하고 운동함으로서 광원으로부터 멀어지게 되고 양성광주성에서는 다량의 빛을 받은 눈의 반대편 운동신경이 좀 더 활성화되기 때문에 동물이 광원 쪽으로 이동하게 된다는 것이다.

▎동물문화의 출발점

무리를 짓고 다니면서 상호협력하는 행위는 동물에 국한되지 않는다. 인간사회도 이와 조금도 다를 바 없다. 고대인들은 전쟁 시 상대방에게 위압감을 주기 위해 전신에 전쟁용 분장(扮裝, war paint)을 하고 요란한 출정식을 가졌는데 그런 행위는 종족의 결속력을 높이는 행위인 동시에 종족문화를 창출하는 행위이기도 했다. 또 천재지변 앞에 무지하고 무력했던 고대인들은 신에게 기도하고 신을 위무하기 위해 북치며 노래했는데 그런 행위 또한 종족의 결속력과 종족문화를 고양시키는 출발점이었다. 즉 무리의 생존을 위해 벌여야 했던 종간투쟁 및 자연과의 투쟁에서 스스로에게는 자신감을, 상대방에게는 위압감을 불어넣기 위해 동원했던 모든 행위는 고유문화로 연결되었던 것이다. 그러면 그런 고유문화의 출발점은 과연 어디일까?

위에서 보듯 인간의 문화적 행위는 자기들의 세력권을 넘보는 침입자들을 막아내기 위해 그들 나름대로 소리를 지르고 무리를 지어 대항했던 동물들에서부터 시작되었을 것임은 의심의 여지가 없다. 생태 환경적 측면에서 볼 때 인간의 조상에 해당하는 동물들이 이미 수천 만년 전부터 그들 나름대로의 전투적 구호를 외치고 전투대형을 갖추며 침입자를 몰아내고자 했던 것은 사실이기 때문이다. 또 동물들 나름대로 짝짓기를 위해 표출했던 울음소리와 사랑의 쟁투를 벌이면서 표현했던 구애의 몸짓은 인간이 사랑을 쟁취하기 위해 취하는 몸짓이나 달콤한 속삭임과 전혀 다를 바 없다. 인간의 그런 전투적 구호가 전쟁문화로 승화되었듯이, 또 그런 사랑의 몸짓이 사랑문화로 승화되었듯이 동물들의 그런 전투적 구호와 사랑의 몸짓이 동물적 문화로 승화되었을 것임은 확실하다. 아니 동물들이 가졌던 그런 문화적 본성이 생태계적 후손인 인간에게 전해져 인간문화로 거듭났을 것임은 확실하다.

이렇게 볼 때 문화적 행위는 인간만이 가지는 행위도 아니요, 인간사회에서 처음으로 등장한 행위도 아니다. 위에서 보듯 동물들은 인간이 탄생하기 훨씬 전 이미 동종 간, 혹은 이종 간 투쟁에서 승리하기 위해 그들끼리만 알 수 있는 여러 통신방법을 통해 무리지어 대항하고 협력했다. 동물들의 그런 집단적 행위는 오늘날도 변함이 없다. 자기 세력권이 위험에 처하면, 또 자기가족이 위험에 처하면 여전히 그들만이 주고받는 통신을 통해 상호협력하며 보복한다.

그런 상호통신은 투쟁 상황에서만 나타나는 것은 아니다. 짝짓기 계절이 돌아오면 동물들은 서로의 짝을 찾기 위해 몰려다닌다. 늦여름 여기저기서 울려 퍼지는 매미 소리를 들어보라. 수많은 매미가 한꺼번에 토해내는 그 울음소리는 합창이요 관현악이다. 누가 그 매미들의 합창 소리를 사랑의 세레나데라 부르지 않겠는가? 동물들도 그렇게 나름대로의 문화를 일으키고 간직한다. 혹자들은 같은 합창소리라도 인간의 합창소리는 문화로 승화될 수 있어도 동물의 합창소리는 문화로 승화될 수 없다고 항변할지 모른다. 그러나 소리가 있는 곳에 소리문화가 꽃필 수 있다는 대전제를 놓고 볼 때 동물소리가 있는 곳에 동물문화가 꽃필 수 있을 것임은 당연하다.

인간사회에서 사회조직은 조직문화를 불러오듯 동물사회에서도 조직은 조직문화를 불러온다. 꿀벌의 경우는 동물적 조직문화를 잘 설명해준다. 여왕벌은 문자 그대로 꿀벌사회의 여왕으로서 알을 낳고 벌집사회를 이끌어간다. 일벌은 같은 암벌이지만 생식소가 퇴화하여 알을 낳지 못하는 대신 여왕벌이 낳은 알을 돌보고 집짓기, 보수하기, 청소하기, 외적 물리치기 등, 온갖 일을 도맡아 한다. 수벌은 무정란에서 생기며 오직 여왕벌과 짝짓기를 하기 위해 살아간다. 이렇게 여왕벌, 암벌, 수벌은 조직 내 각자의 지위와 역할이 철저히 구분되어 있으며 그렇기 때문에 그들의 생활은 그들만의 조직문화로 연결된다. 인간이 고향의 어린 시절을 그리워하듯 만일 길 잃은 벌이 있다면 그 벌은 그렇게 분업된 생활을 하며 살았던 벌집사회를 그리워할 것이다.

동물들의 조직문화는 공생(共生, symbiosis)에서도 발견된다. 공생이란 두 개의 다른 종이 긴밀한 상관관계를 맺고 살아가는 경우를 말하는데 이 공생관계는 한 쪽 또는 양쪽 모두에게 이익이 된다. 공생에는 일반적으로 상리공생과 편리공생이라는 두 가지 종류가 있다. 먼저 상리공생(相利共生, mutualism)이란 공생관계에 있는 종들이 모두 이익을 얻는 경우이다. 이 상리공생은 상어나 황새치에 붙어사는 빨판상어처럼 외부에 있을 수도 있고 동물의 소화기관에서 발견되는 미생물과 같이 체내에 존재할 수도 있다. 예를 들면 소는 소화기관 내에 섬유질 먹이를 분해하는 박테리아를 가지고 있다. 섬유질 먹이는 고에너지를 함유하고 있지만 비타민과 아미노산 등으로 분해되어야 영양분이 된다. 소의 소화기관 내에 있는 박테리아는 바로 그 분해업무를 담당한다. 대신 박테리아는 그 분해과정에서 소로부터 안정된 먹이를 공급받는다.

편리공생(片利共生, commensalism)이란 한 종에게는 분명 이익이 되지만 다른 종에게는 득도 실도 없는 공생관계이다. 소와 황로(黃鷺)의 관계는 대표적인 예인데 황로는 소가 움직일 때마다 놀라 달아나는 작은 벌레나 곤충을 잡아먹기 때문에 소와 가까이 있어야 더 많은 먹이를 구할 수 있다. 그러나 소는 황로에게 어떤 도움도 받지 않는다. 하지만 소는 그로 인해 아무런 피해도 받지 않으므로 황로의 그런 생활을 전혀 방해하지 않는다.

| 동물들의 이타주의

동물들은 여러 가지 협력활동을 하기도 한다. 심지어 자신의 희생을 무릅쓰고 남의 생존이나 번식을 위해 앞장서는 경우도 있다. 이렇게 한 개체가 자신의 불이익을 감수하면서까지 다른 개체의 이익을 위해 발 벗고 나서는 오지랖 넓은 행위를 이타주의(利他主義, altruism)라 한다.

동물들의 이타주의는 여러 형태로 나타난다. 조류의 알이나 새끼는 종종 포식자의 먹이가 되는데 어미 새들은 자기 알이나 새끼가 그런 포식자들의 먹이가 되지 않도록 하기 위해 포식자들의 주의를 딴 곳으로 돌리는 행동을 취한다. 예를 들면 흰죽지 꼬마물떼새의 어미는 포식자가 가까이 오면 자기 날개가 부상당한 것처럼 보이게 함으로써 포식자의 주의를 둥지의 새끼로부터 자기에게로 돌린다. 이런 행위는 새끼를 보호하기 위한 위장술이지만 어미에게는 상당한 위험이 따르는 행위이기도 하다. 그러나 종을 보존하고자 하는 어미 새의 본능은 흔쾌히 그런 위험을 감수하게 한다. 이런 이타주의는 비단 새에게만 국한되지 않는다. 인간을 비롯한 다른 동물사회에서도 공통적으로 나타나는 현상이다. 심지어 단순한 위험감수가 아닌 목숨을 거는 경우도 있다. 일벌은 외부 침입자가 있을 경우 그 침입자를 무찌르고 자기는 죽는다. 일벌의 침은 끝이 낚시바늘처럼 갈고리모양이어서 일단 상대방을 찌르고 나면 다시 빠져나오지 못하므로 자신은 죽게 된다. 따라서 일벌의 외적 방어는 자살특공대 같은 자기희생을 전제로 한다.

그러면 일벌들은 무엇 때문에 그런 희생을 감수하는 것일까? 영국의 진화생태학자 헤밀턴(William Donald Hamilton, 1936~2000)의 친족선택이론(kin selection theory)은 꿀벌이나 종이벌레 같은 사회성 곤충의 이타적 행동을 잘 설명해 주고있다. 그의 이론에 의하면 어떤 개체의 이타적 행동은 자신이 직접 번식할 때 보다 혈연관계에 있는 다른 개체의 번식을 도와주는 것이 자신의 포괄적응도를 더 높일 수 있을 때 행해진다고 한다. 쉽게 말하면 자기가 직접 새끼를 낳고 자기 유전자를 물려주는 경우보다 다른 혈족이 새끼를 낳고 유전자를 물려주는 경우가 자기와 닮은 유전자를 더 많이 후대에 물려준다면 그 혈족을 도우는 이타적 행위를 하게 된다는 것이다. 왜냐하면 포괄적인 측면에서 보면 결국 자기 유전자를 후대에 더 많이 물려주는 셈이므로 자기 유전자를 적게 물려주는데도 불구하고 억지로 직접 새끼를 낳을 필요는 없기 때문이다.

인간의 윤리는 바로 이 포괄적응 이타주의를 바탕으로 하고 있다고 주장하는 학자들도 있다. 포괄적인 관점에서 볼 때 사회전체가 이익이 된다고 판단하면 인간은 기꺼이 그 사회적 이익을 위해 이타적 행동을 한다는 것이다. 자기희생이 따르는 일임에도 불구하고 남을 도우는 일에 앞장 서는 인간의 행동은 그런 포괄적 이익이 전제되기 때문이라는 것이다.

개미사회의 생존방식은 그런 사실을 잘 대변해 주고 있다. 암컷인 일개미들은 자기의 동생들이 될 일개미 애벌레들을 키우고 지키는 데 온갖 정성을 다한다. 그 이유는 유전적으로 볼 때 암컷은 세포 내에 염색체를 2배체(2n) 상태로 가지는 데 반해 수컷은 여왕벌이 미수정란을 낳아 부화한 것이므로 반수체를 가진다. 따라서 동생인 일개미 애벌레들과는 유전자의 75%를 공유하지만 자기가 직접 새끼를 낳으면 유전자의 50%밖에 공유할 수 없다. 그러므로 자기가 직접 새끼를 낳기보다 동생을 잘 키워 살아남게 하는 것이 오히려 자기유전자를 후대에 더 많이 물려주는 결과가 된다. 일개미들은 이런 이유 때문에 여왕개미의 자식들을 돌보는 이타적 행동을 한다는 것이다.

이런 경우 이타적 행동은 결과적으로 자기에게 유리한 이기적 행동이 된다. 친족선택이론가들의 주장에 의하면 모든 동물들의 이타적 행동은 촌수가 더욱 가까운 쪽, 그리고 자기 유전자가 더욱 많이 물려지는 쪽이 살아남도록 하는 본능적인 희생정신이라는 것이다. 인간의 경우도 마찬가지이다. 사람과 같은 포유류의 수정란은 남녀에 관계없이 부와 모로부터 각각 한 쌍의 염색체를 받아 각각 두 쌍의 염색체로 분화되므로 유전자 중 50%는 부모와 공유하고 50%는 형제자매와 공유한다. 따라서 인간의 경우는 자기 자식을 직접 낳는 편이 자기 유전자를 더 많이 물려줄 수 있다. 인간사회에서 촌수와 애정이 비례하는 것은 바로 이런 동물적 본능이 작용하기 때문이라는 것이다.

이타주의의 상징으로 회자되는 모성애도 이 친족선택이론에 의하면 자기 유전자를 확산시키기 위한 본능적 방편이다. 동물이 새끼를 가지면 에너지를 태아에게 빼앗기고 동작이 둔해지므로 포식자에게 잡아먹힐 위험성이 커진다. 그러나 그런 희생을 무릅쓰지 않고는 다음 대를 남길 방법이 없다. 수컷 역시 짝짓기를 위해 암컷을 찾는 동안 포식자에게 희생될 가능성이 있으며 새끼를 낳게 되면 먹이를 날라주고 보호해주어야 하므로 자기희생이 커진다. 그럼에도 불구하고 암컷과 수컷은 기꺼이 그 대가를 감수한다. 그런 희생을 감수하는 이면에는 바로 자신의 유전자를 자식을 통해 보존하고 확산하려는 본능적 욕구가 숨어 있다는 것이다. 이렇게 볼 때 모성애도 부성애도 결국은 자기 유전자를 물리기 위한 일종의 본능적 투자라 할 수 있다. 따라서 순수한 자기희생을 전제로 하는 이타주의는 사실상 불가능하다고 말할 수 있다.

이런 본능적 이타주의는 여러 동물에서 발견된다. 인간과 98% 이상 동질적 유전자를 가진 것으로 알려진 침팬지의 경우를 보자. "와쇼"라는 침팬지는 1970년대 미국 네바다대학에서 인간의 수화를 제일 먼저 배운 침팬지로 유명하다. 그 와쇼라는 침팬지가 연구소 내의 해자(垓字: 성 밖을 둘러 판 연못)를 둘러놓은 작은 섬에서 지내고 있을 때였다. 어느 날 새로 도착한 침팬지 한 마리가 무언가에 겁을 먹고 도망치다가 물에 빠지고 말았다. 그 사건을 목격하고 현장으로 달려가던 로저 파우츠 박사는 자신보다 한 발 더 빨리 움직이고 있는 와쇼를 보았다. 철망을 뛰어넘어 용감하게 물가로 내려간 와쇼는 한 손으로 잡초 더미를 잡아 몸을 지탱한 채 나머지 한 손을 힘껏 뻗어 물에 빠진 그 침팬지를 구해냈다. 또 어떤 동물원에서는 어른 수컷 침팬지가 물에 빠진 아기 침팬지를 구하고 자신은 익사한 사건도 있었다고 한다. 이는 인간이 가진 윤리적 이타주의가 동물로부터 전해진 것임을 강력히 시사한다.

수중동물인 고래의 경우도 마찬가지이다. 태평양 한가운데에서 고래 한 마리가 포경선의 총을 맞고 즉사했다. 포경선이 잡은 그 고래를 끌어올리기 위해 가까이 다가가자 어디에선가 고래 두 마리가 나타나 죽은 고래의 몸을 눌러 잠수하고는 그대로 사라져 버렸다. 돌고래 혹은 고래는 이처럼 상처 입은 친구가 적의 공격으로부터 벗어날 수 있도록 도와줄 뿐만 아니라 그물에 갇히거나 작살을 맞았을 때도 그들을 구하는 데 최선을 다한다고 한다.

수백, 수천 마리가 모여 공동체를 이루고 사는 앵무새도 우리가 생각하는 것보다 훨씬 더 발달된 지능과 사회성을 지니고 있다. 앵무새들은 밀렵꾼의 총에 맞거나 천적의 공격에 의해 상처를 입은 가족 혹은 친구를 발견하면 그들을 돕기 위해 일제히 그 주변으로 날아든다.

예부터 많은 밀렵꾼들은 그런 앵무새의 특성을 이용하여 사냥을 했다. 즉 밀렵꾼들은 앵무새 한 마리를 잡아 날개 혹은 다리에 상처를 낸 뒤 바닥에 던져둔다. 그러면 상처 입은 앵무새의 비명소리를 들은 동료 앵무새들이 그 친구를 구하기 위해 몰려든다. 그 때 밀렵꾼들은 그물을 던져 한꺼번에 모여든 앵무새들을 모두 포획한다.

동물들의 이타적 행동은 혈연관계가 없는 사이에서도 발견된다. 예를 들면 개코원숭이 수컷은 발정기가 되어 짝짓기를 하고자 할 때 자기가 점찍은 암컷을 노리는 다른 수컷의 방해를 피하기 위해 혈연관계가 없는 제삼의 수컷에게 도움을 청하는 경우가 있다. 도움을 청한 수컷은 자기 청을 받아준 수컷이 망을 보고 있는 동안 암컷과 짝짓기를 한다. 그러면 혈연관계도 없는 다른 수컷은 왜 그 수컷에게 짝짓기를 도와주는 것일까?

미국의 진화생물학자 로버트 트라이버스(Robert Trivers)는 1971년 혈연관계가 없는 개체 사이의 협력을 설명하기 위해 상호이타주의 이론을 발표했다. 트라이버스는 그가 주장한 상호이타주의를 쉽게 설명하기 위해 청소물고기의 경우를 예로 들었다. 작은 청소물고기들은 큰 물고기의 비늘에 붙어 있는 기생충을 뜯어먹고 살지만 큰 물고기들은 그 작은 물고기들을 잡아먹지 않는다. 큰 물고기는 깨끗해져서 좋고 청소물고기는 먹이가 생겨서 좋기 때문이다. 이렇게 유전적 관계가 전혀 없는 두 물고기 간의 상호협력은 자기이익이라는 이기적 동기에서 비롯되는 이타적 행동이라는 것이다.

흡혈박쥐의 서식지에서도 유사한 이타주의가 발견된다. 밤에 말이나 소의 피를 빨아먹고 사는 이 박쥐는 먹이를 찾지 못할 때가 많다. 그래서 굶는 박쥐가 있으면 보다 많은 피를 빨아 먹은 박쥐가 자기가 빨아먹은 피를 토해내 배고파하는 박쥐에게 나누어 준다. 만일 그런 배고픈 박쥐를 보고도 못 본채 하면 왕따 당할 뿐만 아니라 훗날 자기가 배고파 할 때 누구도 자기에게 먹이를 나누어주지 않는다. 도움은 주고받는 것이지 일방적인 것이 되어서는 안 된다는 인간사회의 윤리적 규범은 바로 이런 동물적 사회의 생존 규범으로부터 전해진 것이라 해도 과언이 아니다.

영국의 진화생물학자이자 옥스퍼드대학 교수인 리처드 도킨스(Clinton Richard Dawkins)는 1976년 발행한 『이기적 유전자』라는 책에서 모든 생물은 근본적으로 자신과 가장 비슷한 유전자를 최대한 많이 복제하고자 하는 이기적인 유전자를 가지고 있다고 주장했다. 그는 자신의 생존가능성을 높이는 일은 이기적인 행동이고 반대로 자신의 생존가능성을 낮추는 일은 이타적인 행동이라고 정의하고 모든 생물은 자신이 속한 개체의 생존가능성을 높이기 위해 이기적으로 행동한다고 주장했다. 왜냐하면 유전자 속에는 자기복제물질이 들어있기 때문이라는 것이다.

09 동물력 시대의 발전법칙

지금까지 서술한 내용에서 보듯 동물적 힘을 변화주력으로 하여 지구상에 지적 생물을 출현시켰던 동물력 시대는 다음과 같은 변화의 법칙을 동반하고 있다.

첫째, 모든 동물은 생산과 소비의 반복을 통해 존속한다. 어떤 생명체가 살아간다는 말은 물질대사를 계속한다는 말이다. 그 물질대사는 바로 생산과 소비의 반복이다. 모든 동물은 나름대로 먹이를 생산하고 생산한 먹이를 소비함으로써 살아간다. 더욱이 그런 생산과 소비는 일회성으로 끝나는 것이 아니라 살아 있는 한 지속적으로 반복되어야 한다. 여기서 생산은 에너지를 얻는 과정이고 소비는 에너지를 잃는 과정이다. 동물들의 생산과 소비는 식물의 동화작용과 이화작용을 그대로 닮고 있다. 에너지를 축적해 가는 식물의 동화작용은 동물들의 생산과정에 비유될 수 있고 에너지를 잃어 가는 이화작용은 동물들의 소비과정에 비유될 수 있다. 그러나 그 생산과 소비는 반드시 한계를 가진다. 동화작용과 이화작용이 스스로 한계를 가지듯 동물들의 생산과 소비도 스스로 한계를 가진다. 인간이 무언가를 생산하기 위해서는 체내에너지를 소비해야 한다. 따라서 생산이 계속되면 언젠가는 체내에너지가 완전 소모되어 더 이상 생산할 힘이 없어지고 만다. 생산할 에너지가 없어지면 저절로 생산은 멈춰지고 체내에너지를 얻기 위한 소비가 시작된다. 음식의 소비는 다시 체내에너지를 회복시켜주므로 생산을 재개하게 한다. 그러나 소비 또한 무한대로 계속될 수 없다. 소비는 생산물을 소모시키는 일이므로 생산물이 완전 소비되고 나면 소비하고 싶어도 소비할 생산물이 없게 되므로 소비는 저절로 멈추게 된다. 이렇게 인간의 생산과 소비는 누가 명령해서 시작되고 멈춰지는 것이 아니라 저절로 시작되고 저절로 멈춰진다. 말하자면 우주의 수축과 팽창이 자기모순에 의해 시작되고 멈추어지는 것처럼 인간의 생산과 소비도 자기모순에 의해 시작되고 멈춰진다. 모든 생명체는 이 같은 자기모순을 반복하며 살아간다. 왜냐하면 그것이 하늘이 정한 모든 생명체의 생존법칙, 즉 생존천법이기 때문이다.

둘째, 생태계의 먹이사슬에는 예외자가 없다. 지구상의 모든 생명체는 서로가 서로에게 먹고 먹히는 먹이사슬(food chain)을 형성하고 있다. 먹이사슬에는 두 가지 기본형이 있는데 하나는 녹색식물에서 시작하여 초식자와 육식자로 이어지는 채식먹이사슬(grazing food chain)이고 다른 하나는 생물의 사체(死體)에서 영양분을 취하는 미생물과 하이에나 같은 잔재식자(detritivores) 내지 포식자로 이어지는 잔재먹이사슬(detritus food chain)이다. 여기서 채식먹이사슬은 생존(살림)으로 이어지는 먹이사슬로서 녹색식물은 초식자를 살리고 초식자는 육식자를 살린다. 반면 잔재먹이사슬은 멸존(죽임)으로 이어지는 먹이사슬로서 하이에나는 시체를 먹고 미생물은 시체를 분해함으로써 생명체를 사라지게 한다. 먹이사슬은 이렇게 생과 멸로 나누어진다. 인간사회도 생태계의 먹이사슬과 동일한 먹이사슬을 형성하고 있다. 농업, 임업, 수산업, 광업, 공업, 제조업 같은 생산업에 종사하는 직접생산자들은 독립영양생물에 비유될 수 있고 금융, 보험, 경영, 법률, 예술 같은 서비스업에 종사하는 간접생산자들은 종속영양생물에 비유될 수 있다. 생태계에서 생산자가 사라지면 소비자는 자동적으로 사라지듯 인간사회에서도 직접생산자들이 사라지면 간접생산자들은 자동적으로 사라진다. 그러므로 한 국가 내에 직접생산자가 줄어들면 먹이사슬을 빼앗긴 간접생산자들은 하는 수 없이 그들의 먹이가 될 수 있는 해외의 직접생산자들을 찾아 나서게 된다. 다시 말하면 서비스업은 간접생산업으로서 농수산업, 제조업 같은 직접생산업이 있는 곳이라야 붙어먹고 살 수 있는데 그런 직접생산업이 줄어들면 붙어먹고 살 기회가 원천적으로 봉쇄되므로 하는 수 없이 그런 직접생산자가 많은 곳으로 이동해 가게 된다. 이런 먹이사슬의 법칙으로 볼 때 해외진출은 국내에서 붙어먹을 생산업이 줄어들 때 새로운 먹이인 해외의 생산업을 찾아 나서는 것에 다름 아니다.

셋째, 모든 생물은 진화한다. 약 30억 년 전 지구상에 최초의 생물이 생긴 이래 지금까지 생물은 환경변화에 끝없이 적응해 왔다. 지구의 자연환경이 다양해짐에 따라 생물도 다양한 종으로 분화되어왔다. 그 결과 현재 지구상에는 약 150만여 종의 생물이 존재하는 것으로 알려지고 있다. 이 150만여 종의 생물들은 저마다 살아남기 위해 서로 끊임없는 생존경쟁(struggle for existence)을 벌이게 되는데 그 생존경쟁의 결과 기존의 종과는 크게 다른 다양한 돌연변이(mutation)들이 생기게 된다. 그리고 그 돌연변이들 중 주어진 환경조건에 가장 잘 적응하는 최적자(the fittest)만이 살아남는다. 다윈은 그런 자연선택(natural selection)의 결과를 적자생존(survival of the fittest)이라고 했다. 생존경쟁에서 살아남을 수 있는 보다 강한 특성을 지닌 것은 그렇지 못한 것보다 더 많이 살아남을 수 있고 그 결과 그런 강자의 후손들이 다음 세대를 지배하게 된다는 것이다. 그런 적자생존의 법칙이 수억 년 동안 반복되면서 지구상에는 점점 더 발달된 고등생물들이 탄생했고 그 결과 마침내 최고의 고등동물인 인간이 탄생되었던 것이다.

이처럼 탄생순서로 볼 때 인간은 가장 뒤늦게 태어난 생명체이므로 먼저 태어난 식물과 다른 동물의 존속원리가 인간의 존속원리로 대물림되었을 것임은 분명하다. 이런 관점에서 볼 때 식물사회와 동물사회의 생존원리는 곧 인간사회의 생존원리로 연결되었을 것이다. 그렇게 연결된 인간사회는 대물적 행위와 대인적 행위로 구성되는 사회이다. 즉 대물적 생존활동과 대인적 생존활동으로 구성되는 사회이다. 대물적 생존활동이란 의식주생활에 필요한 재화를 얻기 위한 경제적 활동이고 대인적 생존활동이란 집단생활 속에서 살아남기 위한 대인적 정치활동이다. 그래서 거시적 측면에서 볼 때 인간사회는 경제활동과 정치활동으로 양분된다.

동물들의 생존활동도 결국은 생존재화를 얻기 위한 대물적 활동과 집단생활 속에서 살아남기 위한 대인적 활동으로 양분된다. 그러므로 동물사회도 인간사회의 경제개념과 정치개념을 떠나서 존속할 수 없는 사회이다. 식물이든 동물이든 인간이든 모든 생명체의 삶은 대물적 경제활동과 대인적 정치활동이 비빔밥처럼 어우러져 하나의 생존활동으로 승화되는 삶이다. 그리고 그 삶은 누구도 선택하지 않은 오직 하늘이 정한 하늘의 법, 즉 천법에 의한 삶이다. 그래서 경제활동과 정치활동이 어우러져 이어지는 인간사회의 생존법칙을 정경천법(政經天法)이라 한다. 동물사회도 바로 이 정경천법을 떠나서 존재할 수 없는 사회이다.

10 인류의 탄생

┃ 영장류

식물사회와 동물사회의 탄생이 그러했듯이 인간사회 역시 하루아침에 생기지 않았다. 지구상에 인류의 시원(始原)이라 할 수 있는 동물적 원인(猿人)이 등장한 시기는 약 200만 년 전인 것으로 추정된다. 그러나 그 원인(猿人) 또한 하루아침에 탄생된 것이 아니다. 원인(猿人)이 탄생되기까지는 원인의 조상이라 할 수 있는 그 어떤 동물이 있었을 것임은 분명하다. 이렇게 원인(猿人)의 기원을 찾아가면 아무래도 그 출발점은 영장류(靈長類, Primates)에서부터 시작되어야 할 것이다. 영장류는 인간이 속하는 동물군의 최상위 군(群)이기 때문이다.

학문적으로 볼 때 영장류는 척추동물 포유강(哺乳綱)의 한 목(目)을 이루는 동물군(動物群)이다. 이 영장류는 다시 원원아목(原猿亞目)과 진원아목(眞猿亞目)이라는 두 아목으로 나누어진다. 원원아목이란 원숭이나 유인원보다 더 원시적인 특징을 지니고 있는 영장류로서 나무타기쥐(tupaia), 여우원숭이, 안경원숭이(Tarsius spectrum), 아이아이(aye-aye: 마다가스카르 손가락원숭이라고도 함), 난장이 여우원숭이, 부시베이비(bush baby: 갈라고 원숭이라고도 함) 등이 여기에 속한다. 진원아목이란 유인원 같이 인간에 한 발짝 더 가까이 다가선 보다 진화된 영장류로서 긴꼬리원숭이, 꼬리감는원숭이, 올빼미원숭이, 성성이(Pongo pigmaeus), 고릴라 등이 여기에 속한다. 현재 알려진 영장류로는 11과(科) 170종 정도가 있으며 그중 가장 원시적인 영장류 동물은 나무타기쥐류(類)이며 가장 진화된 고등 영장류는 바로 인간이다. 이런 영장류의 신체적 특징을 살펴보면 대략 다음과 같다.

첫째, 네다리는 원시적 포유류가 지니는 구조를 가지고 있으며 움직일 수 있는 범위가 크고 다른 포유류에서는 퇴화해 가는 큰 쇄골(鎖骨)이 발달되어 있으며 특히 다리의 관절면이 둥근 구형(球型)이어서 운동하기에 적당하다.

둘째, 손가락과 발가락이 모두 다섯 개인 오지형(五指型)이고 손가락, 발가락 하나하나가 자유로이 움직이며 엄지손과 엄지발가락은 다른 손, 다른 발가락과 마주하고 있어 물체를 쥐는 데 알맞게 되어있다. 또 나무 위나 다른 곳에서 쉴 때는 뒷다리와 엉덩이에 체중을 지탱하고 몸의 축을 수직으로 해 앉을 수 있다. 그 결과 앞다리가 해방되어 먹이를 잡는다든지 작은 물건을 거머쥘 수 있게 되었다.

셋째, 손톱과 발톱은 갈고리 모양인 영장류도 있으나 일반적으로 갈고리발톱에서 편평한 것으로 변했고 지문(指紋)과 손바닥의 무늬가 발달하여 손발을 통한 촉각이 예민하다.

넷째, 눈이 얼굴의 전면(前面)에 있고 시각이 아주 발달했다. 그래서 사물을 두 눈으로 입체적으로 볼 수 있게 되었으며 색채감각도 매우 발달하였다.

다섯째, 안구를 감싸고 있는 안와(眼窩)는 둥글고 그 주위의 뼈도 둥글게 하나로 연결되어 있다.

여섯째, 시각과는 달리 얼굴의 입과 코 부분이 작아지면서 후각은 퇴화해 온 경향이 있다.

일곱째, 뇌가 발달하여 포유류 중에서는 몸무게에 비하여 가장 큰 뇌를 가지고 있으며 특히 운동과 시각으로 연결되는 뇌부분이 크다.

여덟째, 대부분 잡식성이고 치아는 보통 앞니, 송곳니, 어금니로 분화되어 있다.

아홉째, 사회적 행동의 범위가 넓어 사회구조가 복잡하다.

영장류가 지니는 이상과 같은 특징은 영장류가 기본적으로 나무 위 생활, 즉 수상생활(樹上生活)에 적응하고 진화한 결과라고 여겨진다. 현재의 원원류(原猿類, Prosimians)와 비슷한 작은 동물의 것으로 추정되는 영장류 화석이 최초로 발견된 곳은 북미의 팔레오세(Paleocene epoch: 신생대 초기) 지층이다. 또 에오세(Eocene epoch: 신생대 중기)에 살았던 것으로 추정되는 비슷한 원원류 화석들이 유럽과 아시아의 여러 지역에서 많이 발견되고 있다. 이들 중 중남미에 분포하고 있는 진원아목(眞猿亞目)에 속하는 광비류(廣鼻類: 콧구멍이 바깥쪽으로 뚫려 있는 동물)는 북미의 원원류(原猿類)를 그 기원으로 하고 유럽과 아시아 지역에 분포하고 있는 원원아목(原猿亞目)에 속하는 여우원숭이류는 유럽의 원원류를 기원으로 하는 것으로 추정된다.

최초의 영장류인 원원류(原猿類)는 오랜 세월이 지나면서 다시 진원류(眞猿類, Anthropoidea)로 진화했다. 이집트 지역에서는 진원류(眞猿類, Anthropoidea)의 조상으로 생각되는 긴꼬리원숭이와 꼬리 없는 원숭이의 화석이 발견되고 있는데 이런 화석들은 모두 3,370~380만 년 전의 올리고세(Oligocene) 동안 형성된 것으로 추정된다. 올리고세란 신생대 네오기와 중생대 백악기 사이의 약 6,550만~230만3천년 시기로서 팔레오기(Paleogene)라 불리기도 한다. 지금까지 발견된 화석으로 볼 때 이 시기 동안 원원류와 진원류는 서로 분화된 것 같다. 그렇게 보는 이유는 2,300~500만 년 전까지의 지질시대로 분류되는 마이오세(Miocene) 동안 살았던 것으로 보이는 긴팔원숭이류(類)의 화석이 유럽에서 발견되고 있기 때문이다.

또 동일한 지역에서 올리고세에 살았던 것으로 믿어지는 성성이과의 드리오피테쿠스류(Dryopithecinae)화석들도 발견되고 있다. 신생대 제3기에 살았던 영장류 원숭이로 불리는 드리오피테쿠스류(類)는 마이오세에서부터 제4기 초에 이르기까지 장기간에 걸쳐 살면서 적응하고 진화한 동물류로써 마이오세의 화석 중에서 많이 발견되고 있다. 이런 과학적 사실을 놓고 볼 때 인류의 조상은 가장 오래된 영장류 원숭이인 드리오피테쿠스류(類)라는 설과 그보다 훨씬 앞선 올리고세의 영장류까지 거슬러 올라가야 한다는 설이 있다.

▎유인원

초기 영장류에서 인간의 모습에 보다 가깝게 진화한 영장류 척추동물을 유인원(類人猿, anthropoid)이라 한다. 영장목(靈長目) 진원아목(眞猿亞目)에 속하는 성성이과(科)의 포유류가 여기에 속한다. 성성이과에 속하는 대표적인 동물은 오랑우탄이다. 오랑우탄(orangutan)이라는 말은 말레이어로 "숲에 사는 사람"이라는 의미를 지닌다. 같은 유인원 종류로는 고릴라, 침팬지(chimpanzee), 긴팔원숭이(gibbon) 등이 있는데 그 중 성성이과 동물인 고릴라는 몸무게가 70~275kg으로 영장류 중에서는 가장 몸집이 크다. 고릴라는 수컷을 중심으로 8~10여 마리 정도가 무리지어 이동하며 살아가는데 수명은 보통 25~30년이다.

이런 유인원은 진원류의 다른 동물들과 달리 인간과 마찬가지로 꼬리가 없다. 이들은 또 꼬리가 없다는 점 외에도 인간과 여러 가지로 닮은 점이 많다. 앞다리가 뒷다리보다 상대적으로 길며 가슴뼈는 짧고 넓다. 또 유인원들은 대부분 원기둥 모양의 좌우가 넓은 가슴을 가지고 있는데 이 또한 인간과 비슷하다. 맹장에는 충수(蟲垂: 맹장의 약간 아래 끝에 늘어진 가는 맹관(盲管))가 있고 어금니의 씹는 면에 있는 돌기는 원원류와는 달리 위턱에는 4개, 아래턱에는 5개가 있다. 팔의 털은 일반 원숭이의 경우는 어깨에서 손 쪽으로 향해 나 있는데 반해 유인원의 경우는 위팔의 것은 아래쪽을 향해, 아래팔의 것은 위쪽을 향해 나 있어 팔꿈치에서 서로 만난다. 또 원류(猿類)인 긴꼬리원숭이는 대부분 엉덩이 가죽이 두껍고 털 없는 부분(엉덩이못)이 발달되어 있지만 유인원의 엉덩이못은 많이 퇴화되어 있다. 침팬지는 약 38% 정도만, 성성이는 약 10% 정도만 작은 엉덩이못을 가지고 있으며 긴팔원숭이의 엉덩이못은 아주 작고 고릴라는 거의 가지고 있지 않다.

또 원류(猿類)인 긴꼬리원숭이는 볼에 주머니를 가지고 있지만 유인원은 이를 가지고 있지 않다. 가슴등뼈와 허리등뼈의 전체 수는 긴꼬리원숭이가 19~20개인 데 반해 긴팔원숭이는 18개, 그 외의 유인원과 사람은 16~17개이다. 완골(腕骨)의 중앙골(中央骨)과 주상골(舟狀骨)의 경우 오랑우탄과 긴팔원숭이는 다른 원숭이류(類)와 마찬가지로 서로 떨어져 있지만 고릴라와 침팬지는 진화과정에서 결합되어 인간과 같이 완골의 수가 다른 것들보다 1개 적은 8개이다. 또 척추가 곧지 않고 약간 S자 모양으로 굽은 점과 몸에 털이 적은 점, 뇌와 태반의 구조 등은 유인원과 인간이 일치한다.

임신기간은 긴꼬리원숭이가 150~180일, 긴팔원숭이가 약 210일, 침팬지가 약 231일, 우랑우탄이 약 275일, 인간이 평균 266일로 유인원의 임신기간은 인간과 거의 비슷하다. 유인원의 월경주기도 인간과 비슷하다. 침팬지의 월경주기는 인간과 거의 일치하는 28일 전후이다. 이 밖에도 혈액형과 질병, 혈청학적 시험결과 등에서도 유인원은 사람과 비슷한 점이 아주 많다. 이처럼 유인원과 인간의 차이는 원류(猿類)인 긴꼬리원숭이와 인간의 차이보다 훨씬 적다. 이런 점을 감안하여 성성이와 인간은 인간 상과(上科)로 분류하고 긴꼬리원숭이는 긴꼬리원숭이 상과(上科)로 서로 다르게 분류하여 구분한다. 이 두 상과(上科)는 아주 오래 전에 서로 나누어진 것으로 추정되는데 성성이과에 속하는 암피피테쿠스(Amphipithecus)는 에오세(Eocene epoch)에 이미 미얀마 지방에서 살았고 유인원이 분명한 드리오피테쿠스(Dryopithecus)는 마이오세(Miocene epoch)에 나타난 것으로 보인다.

현생 유인원은 2아과(亞科) 3속 11종이 있는데 이들은 아프리카와 아시아의 열대지방에 살고 있다. 긴팔원숭이아과(Hylobatinae) 유인원은 1속 7종이 있는데 모두 인도차이나반도, 말레이반도, 수마트라섬, 보르네오섬, 자바섬에 분포한다. 성성이 아과(亞科, Ponginae)로는 성성이(Pongo), 침팬지(Pan), 고릴라(Gorilla)의 3속이 있는데, 성성이속(屬)에는 성성이(학명: Pongo spp) 1종만 있고 보르네오섬과 수마트라섬에 분포한다. 침팬지(chimpanzee) 속(屬)에는 아프리카에 분포하는 침팬지(학명: Pan troglodytes)와 피그미침팬지(학명: Pan paniscus)가 있고, 고릴라 속(屬)에는 고릴라(학명: Gorilla gorilla) 1종이 있으며 열대 아프리카에 분포한다.

성성이는 주로 열매를 먹고 고릴라는 주로 식물을 먹으며 침팬지는 잡식성이다. 이런 유인원들은 인간처럼 모두 사회적 집단을 이루고 살아간다. 긴팔원숭이는 일부일처와 그 새끼들로 구성되는 작은 집단을 이루고 살아가며 고릴라는 일부다처의 집단을 이루고 살아가며 침팬지는 5마리 내외의 수컷과 수컷 수의 2~3배가 넘는 암컷과 새끼들로 구성된 집단을 이루고 살아간다. 그러나 이들 중 침팬지는 항상성(恒常性)을 유지하면서도 서로 떨어지고 모여드는 이합집산적 특성을 가지고 있으므로 다른 영장류와는 조금 다르게 취급되고 있다.

두개골의 용량은 긴팔원숭이가 약 100㏄, 침팬지와 성성이가 약 400㏄, 고릴라가 약 550㏄이다. 침팬지와 고릴라는 두개골의 용량이 높은 만큼 지능도 높고 원시적 수준이기는 하지만 도구도 사용할 줄 안다.

▎원인(猿人)

이런 유인원에서 시작하여 보다 인간을 닮은 최초의 동물로 진화한 것이 원인(猿人)이다. 다시 말하면 지금까지 발견된 유인원화석 가운데서 피테칸트로푸스(Pithecanthropus)류를 총칭하여 원인(猿人)이라고 한다. 그런데 피테칸트로푸스를 직역하면 원인(猿人)이지만 오늘날에는 오스트랄로피테쿠스(Australopithecus: 남방의 원숭이라는 뜻)류를 동물적 원인(猿人)이라 하고 일명 자바원인이라고 불리는 피테칸트로푸스류는 인류적 원인(原人)으로 구별한다. 이렇게 구분하는 이유는 피테칸트로푸스 원인(原人)이야말로 오늘날의 인간과 가장 유사한 면모와 유전자를 가졌던 것으로 알려지기 때문이다.

최초의 원인(猿人)에 속하는 오스트랄로피테쿠스는 플라이오세(Pliocene) 말기에서 플라이스토세(pleistose) 초기에 걸쳐 살았던 최초의 유사인류로써 1924년 남아프리카의 인류학자 다트(Raymond Arthur Dart, 1893~1988)가 남아프리카에서 출토한 유아두개골(幼兒頭蓋骨)에 오스트랄로피테쿠스 아프리카누스(Australopithecus africanus)라는 학명을 붙인데서 유래한다. 다트는 그 화석이 유인원의 화석인 줄 알고 그런 학명을 붙였으나 그 후 수십 년이 지난 뒤 그 화석은 유인원의 것이 아니라 원인(猿人)의 것으로 밝혀졌다. 하지만 최초의 학명을 존중하여 그 학명을 그대로 쓰기로 하였다.

오스트랄로피테쿠스는 주변의 식물을 채집하거나 육식동물이 먹다 남긴 찌꺼기를 먹으면서 작은 무리를 이루고 생활했던 것으로 믿어지는데 유인원과 달리 인간처럼 도구를 사용하고 남여 성(性)에 따라 합당한 노동을 분담하고 소리를 통해 의사를 소통하고 가족관계를 형성하며 문화적 생활을 했던 것으로 여겨진다. 그들이 만들어 사용했던 석기도구들을 흔히 올두바이 공작산업(Olduvai Industry)이라고 부르는데 그 석기는 주로 자갈돌 끝을 간단하게 가공한 것들이었다. 이 오스트랄로피테쿠스가 현생인류의 조상임에는 많은 학자들이 동의하고 있으나 구체적인 진화과정은 여전히 풀어야할 숙제로 남아있다.

오스트랄로피테쿠스는 다시 아파렌시스(A. afarensis), 로부스투스(A. robustus) 및 아프리카누스(A. africanus)의 3종으로 분류된다. 아파렌시스는 두개골의 구조상 현생인류보다는 그 이전의 유인원과 유사한 모습을 보이고 있지만 두개골을 제외한 나머지 골격구조는 현생인류와 매우 유사하므로 직립보행 하였을 것으로 추정된다. 로부스투스는 다른 종에 비해 두개골과 안면 형태 및 치아 구조가 크고 튼튼하다. 특히 이 종은 먹이를 씹는 기능을 가진 어금니가 매우 큰 것이 특징인데 심한 경우 현대인의 4배에 달하기도 한다. 하지만 큰 어금니에 비해 앞니와 송곳니는 작은 편으로 전체적인 치열형태는 뒷부분이 크게 벌어진 포물선형을 이루고 있다. 아프리카누스(Africanus)는 아파렌시스(Afarensis)와 로부스투스(Robustus) 보다 한층 더 현생인류와 유사한 형태를 지니고 있다. 아프리카누스는 로부스투스와 상당기간 공존하였지만 로부스투스(robustus) 보다 일찍 소멸한 것으로 알려져 있는데 그 이유는 아프리카누스의 일부가 인간속(屬)으로 일찍 진화하였기 때문이라는 설과 이미 발생한 인간속(屬)과의 생존경쟁에서 시간적인 차이를 두고 소멸하였다는 설이 있다.

오스트랄로피테쿠스에 관한 또 다른 자료를 발견한 사람은 영국의 인류학자 S. B. 리키(Louis Seymour Bazett Leakey, 1903~1972)였다. 그는 1959년, 탄자니아 북부 동쪽 세렝게티 평원(eastern Serengeti Plains)에 있는 올두바이 협곡(Olduvai Gorge)에서 176만 년 전 이미 석기를 사용한 것으로 보이는 가장 오래된 원인(猿人)의 두개골을 발견하고 이를 진잔트로푸스(Zinjanthropus)라 명명하였다. 세월이 지나면서 이 원인(猿人)의 이름이 변하여 오늘날 원인(猿人)의 시원(始原)으로 알려지고 있는 오스트랄로피테쿠스로 불리게 되었다는 설도 있다. 그는 1963년 또 다른 인류화석 5개를 추가로 발굴하고 이를 호모 하빌리스(Homo habilis: 능력 있는 사람이라는 뜻)라 명명함과 동시에 이를 진잔트로푸스보다 한층 진화한 호모 사피엔스(Homo sapiens)의 조상이라고 주장했다. 그는 그런 발견을 전제로 오스트랄로피테쿠스 시대에 이미 인류가 살고 있었다고 주장하기도 했다.

또 1938년 이후 남아프리카 가우텡주(Gauteng州)의 크롬드라이(Krondraai), 스테르크폰테인(Sterkfontein), 그리고 스와르트크란스((Swartkrans) 같은 동굴에서 발견된 오스트랄로피테쿠스의 일종으로 여겨지는 파란트로푸스는 260만년~120만 년 전 플라이오세 말기에서 플라이스토세에 걸쳐 동아프리카에서 살았던 것으로 추정된다. 몸무게는 약 45kg 정도였고 키는 1m를 조금 넘었으며 뇌용량은 500cc 정도였다. 특히 여기에서 주목할 점은 이들 원인(猿人)이 이미 석기를 사용하고 있었다는 것이다.

현재까지 발견된 이런 화석들을 근거로 할 때 오스트랄로피테쿠스를 출발점으로 하는 원인(猿人)은 약 200만 년 전쯤에 이르러서는 이미 아시아, 아프리카, 유럽 등지에 널리 분포하여 살고 있었던 것으로 보인다. 그런 원인(猿人)에 대해 지금까지 피테칸트로푸스라는 속명(屬名)을 붙여 호모(homo) 속(屬)과는 다른 원인으로 구별해 왔으나 최근 이를 호모(homo)속에 포함시켜 호모 에렉투스라는 학명으로 사용하는 학자가 늘어나고 있다. 호모 에렉투스(homo erectus)란 직립원인이라는 말로써 신생대 제4기 홍적세에 살다가 멸종된 인류로써 170만 년 전에서 10만 년 전까지 아프리카, 아시아, 시베리아, 인도네시아 등지에 걸쳐 생존했던 것으로 추정되는 원인(猿人)이다.

▌ 원시인(原始人)

원숭이에 가까웠던 원인(猿人)은 시간이 지나면서 한 걸음 더 인간에 가까운 원시인(原始人)으로 진화되었다. 지금까지 학계에서는 이 원시인을 원인(原人)이라고 명명해 왔지만 명칭이 같은 원인(猿人)과 혼동되기 쉬우므로 여기서는 구분을 분명히 하기 위해 원시인이라고 명명하기로 한다. 다만 역사적 사실에 대한 기본적인 설명은 혼선을 없애기 위해 기존의 명칭을 존중하여 원인(原人)을 그대로 사용하기로 한다.

지구에 최초로 등장한 대표적인 원인(原人)은 자바원인(Java Man)과 북경원인(peking man)이다. 1891년 네덜란드의 해부학자 마리 뒤부아(Marie Eugène François Thomas Dubois, 1858~1940)는 자바 중부의 솔로강 기슭인 트리닐(trinil)에서 두개골 하나를 발견하고 이듬해인 1892년에도 그 부근에서 다시 대퇴골 하나를 발견하였다.

뒤부아는 그 당시 독일의 생물학자 에른스트 헤켈(Ernst Haeckel, 1834~1919)이 인류와 유인원의 중간 진화단계에 있는 가상적 동물에 대해 명명한 피테칸트로푸스가 실제로 있을 것이라 확신하고 그 탐색을 위해 당시 네덜란드의 식민지였던 자바로 건너갔다. 그는 자신이 발굴한 두개골과 대퇴골이 그동안 찾았던 유인원의 화석임을 확신하고 1894년에 이를 피테칸트로푸스 에렉투스(Pithecanthropus erectus)라고 발표하였다. 에렉투스는 직립(直立)이라는 의미를 지니고 있는데 대퇴골의 모양으로 미루어 볼 때 이 직립동물은 인류와 마찬가지로 두 발로 서서 걸었던 최초의 원인(原人)으로 추정된다.

또 다른 중요한 원인(原人)은 스웨덴의 지질학자인 안데르손(Andersson)과 오스트리아의 고생물학자인 츠단스키(Zdansky) 등이 1923년 중국의 베이징(北京) 교외 저우커우뎬(周口店)에서 원인의 어금니 1개를 발견해 1926년 학계(學界)에 보고한 북경원인(北京原人)이다. 그 뒤 캐나다출신의 해부학자이면서 베이징협화의학원(北京協和醫學院)의 교수였던 데이비드슨 블랙(Davidson Black, 1884~1934)은 같은 저우커우뎬(周口店)에서 북경원인의 이빨과 두개골을 발견하고 1927년 이를 시난트로푸스 페키넨시스(Sinanthropus pekinensis)라고 명명함과 동시에 새로운 선사(先史)인류임을 주장하였다. 그리고 1929년 중국의 고인류학자인 페이원중(裵文中)은 저우커우뎬 동굴의 제3차 발굴을 지휘하여 완전한 형태의 북경원인(北京原人) 머리뼈를 발굴하였다. 당시 저우커우뎬 근처에서는 그 밖에도 원인의 것으로 보이는 두개골과 사지골(四肢骨) 등, 30여개의 화석유골이 발견되었다. 이들 북경원인의 두개골 용량은 850~1,200cc로서 유인원 것보다는 약간 큰 편이었다.

당시 발견된 화석 뼈에 의하면 원인들의 두개골 모양은 높이가 낮고 이마 부분이 뒤쪽으로 많이 기울어져 있어 옆에서 보면 납작한 모양이 흡사 원숭이와 비슷하다. 또 눈썹 부분의 뼈가 마치 차양처럼 튀어나와 있고 후두부 또한 상투를 튼 머리와 같이 돌출해 있다. 그 모양을 위에서 보면 갸름하고 너비는 약간 좁아서 유인원의 두개골과 비슷하다. 아래턱뼈는 매우 튼튼하여 옆으로 보면 현대인처럼 아래턱이 튀어나와 있지 않으며 유인원과 마찬가지로 후퇴해 있다. 네 다리는 피테칸트로푸스의 대퇴골처럼 인류적이기는 하지만 여전히 원시적인 특징을 지니고 있다.

북경원인 발굴의 또 다른 특이점은 자바에서는 피테칸트로푸스의 유골과 함께 석기 등이 발견된 예가 없었으나 북경원인이 발견된 저우커우뎬의 석회암동굴 주거지에서는 석기 외에 골기(骨器)도 출토되었다는 점이다. 더욱이 동굴 안에서 불을 사용한 흔적이 발견됨으로써 인류는 이때부터 불을 쓸 줄 알게 되었음이 증명되었다. 재(災) 속에서는 탄화(炭化)된 나무열매와 불에 구워진 흔적이 있는 짐승의 뼈도 발견되었는데 이는 그들이 화식(火食)을 하고 있었다는 사실을 뒷받침해 준다.

또 부러지거나 상처 난 원인의 뼈도 발견되었는데 이는 그들이 식인(食人)풍습을 가지고 있었을지도 모른다는 추측을 낳게 한다. 자바의 트리닐이나 중국의 저우커우뎬(周口店)에서 원인(原人)의 유골이 발굴된 지층은 모두 약 180만 년 전부터 1만 년 전까지의 지질시대인 홍적세(洪積世) 중기에 해당하는 플라이스토세 지층이다. 그곳에서 함께 출토된 동물화석을 가지고 칼륨아르곤법에 의해 연대를 측정해 본 결과 지금으로부터 약 50만 년 전인 것으로 나타났다. 따라서 그들은 약 50만 년 전에 살았던 원인들로 추정된다.

뒤부아의 발견 이래 쾨니히스발트(Gustav Heinrich Ralph von Koenigswald, 1902~1982)도 1936년 자바 솔로강 상류 산기란(Sangiran)에서 두 차례에 걸쳐 두개골을 발견하였고 자바 동부의 모조케르토(Mojokerto)에서는 트리닐(Trinil)층보다도 약간 앞서는 지층에서 소아(小兒)의 두개골이 발견되었다. 또 1964년과 1967년에는 역시 솔로강 상류 지역에서 피테칸트로푸스의 두개골이 석기와 함께 출토되었다. 제2차 세계대전 이후 중국 저우커우뎬(周口店) 주거지에 대한 발굴도 재개되었으나 약간의 북경원인 뼈 조각이 발견되었을 뿐 아직까지 두드러진 성과는 없다. 1964년에 발표된 남전인(藍田人)의 존재는 북경원인과 같은 부류인 것으로 알려졌으며 다만 그 출토지층이 약간 앞설 뿐이다. 인류적 원인을 발굴하고자 했던 인류의 노력은 제2차 세계대전 이후에도 계속되었다. 그 결과 중국 저우커우뎬 주거지에 대한 발굴이 재개되었으나 북경원인의 뼛조각이 약간 발견되었을 뿐 아직까지 두드러진 성과는 없다.

원인(原人)의 존재는 아시아 지역 외에서도 확인되었다. 유럽에서 발견된 최초의 원인화석은 1907년 호모 하이델베르겐시스(Homo heidelbergensis)라고 명명된 독일의 하이델베르크 근교에서 발굴된 아래턱뼈이다. 아프리카에서도 1954년 알제리의 테르니핀에서 3개의 아래턱뼈가 발견되었는데 그것은 아틀란트로푸스 마우리타니쿠스(Atlanthropus mauritanicus)라고 명명되었다. 이와 같은 것으로 보이는 화석 뼈는 모로코에서도 발견되었는데 그 모든 화석 뼈는 원인(原人)의 특징을 가지고 있었다.

위에서 보듯 현생인류가 탄생하기까지는 영장류에서부터 시작하여 원원류(原猿類)와 진원류(眞猿類) 과정을 거쳐 최초의 원인(原人)으로 알려진 오스트랄로피테쿠스에 이르기까지 수백 만년이라는 실로 천문학적인 세월이 지나야 했다. 고인류학에서는 그런 장구한 세월에 걸친 진화단계를 원인(猿人), 원인(原人), 구인(舊人), 신인(新人) 등으로 구분한다.

여기서 원인(猿人)은 인간과 원숭이의 중간단계에 속하는 인류로서 300만~100만 년 전에 생존한 것으로 추정되는 오스트랄로피테쿠스와 호모 하빌리스가 이에 속한다. 원인(原人)은 피테칸트로푸스나 북경원인으로 대표되는 고대 인류로써 100만~20만 년 전에 생존했던 것으로 추정된다. 구인(舊人)은 약 10만~3만5000년 전에 생존한 것으로 추정되는 네안데르탈인이 이에 해당한다. 이들 구인의 화석 뼈는 간빙기 초기의 다른 유럽지층에서도 출토되는 것으로 보아 빙하지역과 근접한 지방에서 살았을 것으로 생각된다. 이들은 중기 구석기문화의 담당자로서 원인(原人)에 비해 석기의 종류가 훨씬 풍부해졌고 제작공정도 복잡하며 기능적으로도 뛰어났던 것으로 보인다. 또 매장했던 흔적이 남아 있는 것으로 볼 때 사후세계에 대한 관념을 가졌던 것으로 여겨진다.

신인(新人)은 약 3만 년 전 플라이스토세의 간빙기 이후에 생존한 것으로 추정되며 현생인류와 가장 가까운 고대 인류로서 화석현생인류라고도 한다. 이들 신인은 후기 구석기문화는 물론이고 현세에 들어와 신석기문화 및 금속기문화까지도 담당하였던 인류로 믿어진다. 신인이 그런 높은 문화를 가질 수 있었던 것은 뛰어난 지능과 함께 발달한 언어능력에 의한 것으로 생각된다. 호모 사피엔스는 현생인류의 직접 조상으로 믿어지는 바로 이 신인(新人)에 해당한다.

| 호모사피엔스

호모사피엔스(homo sapiens, 지혜 있는 사람이라는 뜻)의 기원에 대해서는 아프리카 기원설과 다(多)지역 기원설이 대립되어 있다. 아프리카 기원설은 호모사피엔스의 화석이 15만 년 전 초기 아프리카 지역에서만 발견된다는 점을 근거로 하여 호모사피엔스가 아프리카에서 최초로 출현하여 5만~10만 년 전 무렵 중동, 아시아, 유럽 등지로 옮아간 오늘날 현생인류의 조상이라고 주장한다. 하지만 다(多)지역 기원설은 호모사피엔스가 각지에 분포하고 있던 호모에렉투스(Homo erectus)에서 진화해 나온 것으로 추정한다.

호모사피엔스는 오늘날의 현생인류가 탄생되기 전의 과도기 인류로 생각되지만 네안데르탈인(Neanderthal man)과 호모사피엔스의 관계가 아직은 분명하지 않다. 3만~20만 년 전, 유럽과 아시아 지역에 넓게 분포했던 네안데르탈인은 여러 면에서 호모사피엔스와 매우 유사한 문화적 특성을 나타내고 있는데 이 때문에 고인류학자들은 네안데르탈인을 호모사피엔스의 아종(亞種)으로 보아야 할지, 호모사피엔스와는 다른 독립된 종으로 보아야 할지 고민해 왔다. 초기에는 구인(舊人) 단계에 해당하는 별개의 종(種)으로 보고 호모 네안데르탈엔시스 (Homo neanderthalensis)라는 학명을 쓰기도 했다. 하지만 20세기 중반 이후에는 호모사피엔스의 아종(亞種)인 호모사피엔스 네안데르탈렌시스 (Homo sapiens neanderthalensis)로 보는 시각이 우세해졌다. 그러나 최근에는 미토콘드리아 DNA 분석결과 네안데르탈인과 호모사피엔스가 유전적으로 전혀 다른 특성을 지니고 있는 것으로 밝혀져 서로 다른 종(種)으로 보아야 한다는 학설이 유력해지고 있다.

이런 호모사피엔스는 생각할 수 있는 능력은 있었으나 그 생각을 표현할 수 있는 능력은 아직 없었다. 하지만 세월이 수 만년 지나면서 호모사피엔스는 점점 더 지혜가 발달하여 자신의 생각을 여러 가지 방법으로 표현하기 시작하였고 마침내 그들의 생각을 그림으로 표현할 수 있는 단계에 이르렀다. 이렇게 자신의 생각을 표현할 수 있는 단계에 이른 인류가 바로 호모사피엔스 사피엔스(Homo sapiens sapiens: 지혜 있고 지혜 있는, 즉 매우 지혜 있는 사람이라는 뜻)이다.

이 호모사피엔스 사피엔스는 약 4만 년 전부터 나타나기 시작한 것으로 추정되는데 두뇌의 크기가 오늘날의 북유럽인과 비슷하여 실제적인 현생인류의 조상으로 추정된다. 이들은 타제석기를 사용했던 이전의 원인들과는 달리 돌을 가공하여 만든 마제석기를 사용했을 뿐만 아니라 동물들의 뼈나 뿔로 만든 낚시나 활 같은 골각기(骨角器)도 사용한 것으로 추정된다. 또 벽화 같은 예술작품을 제작한 흔적이 있는 것으로 보아 네안데르탈인에 비해 훨씬 우월한 인간적 문화생활을 함으로써 후기 구석기문화를 창조한 것으로 보인다. 대표적인 호모 사피엔스 사피엔스는 1868년 프랑스 남서부의 크로마뇽동굴에서 발견된 크로마뇽인(Cromagnon)으로써 그 두개골의 용적이나 형태가 오늘날의 유럽인과 흡사하여 현생인류의 직접적인 조상으로 추정된다. 또 1901년 이탈리아 남서부 그리말디(Grimaldi) 동굴에서 발견된 그리말디인(Grimaldi man)은 흑인의 골격과 비슷하므로 이들은 흑인의 조상으로 추정된다.

호모사피엔스 사피엔스의 아종인 흑인종은 약 12만 년 전에, 백인종과 황인종은 약 6만 년 전에 인종적으로 분화되었을 것으로 추정되며 이에 속하는 인종들이 세계 각지에 분포되어 있는 것으로 볼 때 그들은 옮겨 다니는 이동생활을 했던 것으로 보인다. 또 이동생활을 했다는 자체는 오늘날의 유목민이 그러하듯 수렵과 채집 같은 유목 경제활동을 했다는 사실을 간접적으로 입증하기도 한다.

이상에서 보듯 인류는 약 300만 년 전의 오스트랄로피테쿠스에서부터 시작하여 전기구석기시대의 호모하빌리스와 호모에렉투스를 거쳐 중기구석기시대의 호모사피엔스, 그리고 후기구석기시대의 호모사피엔스 사피엔스를 거쳐 비로소 현생인류로 완성되었다고 말할 수 있다.

지구가 약 46억 년 전에 탄생되었다고 하므로 지구가 탄생된 최초의 그 날부터 최초의 원인인 오스트랄로피테쿠스가 출현하기까지는 무려 45억 9,700만년, 그리고 오스트랄로피테쿠스로부터 현생인류의 실제적 조상으로 여겨지는 크로마뇽인이 탄생되기까지 다시 260만 년이라는 실로 천문학적인 세월이 걸렸다. 그렇게 거쳐 온 장구한 세월은 누가 보아도 창조의 과정이 아닌 진화의 과정이다. 동시에 그 세월은 동물적 생활에서 인간적 생활로 변해 온 진화의 과정이고 도구를 사용하지 않았던 무구(舞具)시대에서 도구를 사용했던 유구(有具)시대로 발전해 온 진화의 과정이다.

인류의 진화단계		
구분	탄생시기	대표적인 이름
원인(猿人)	약 300만~100만 년 전	오스트랄로피테쿠스
원인(原人)	약 100만~20만 년 전	피테칸트로푸스, 북경원인
구인(舊人)	약 10만~3만5천 년 전	네안데르탈인
신인(新人)	약 3만 년 전	호모사피엔스

11 선인(先人)시대의 구분기준

　지금까지 우리가 살펴본 각 시대별 과정을 정한 기준은 힘(에너지)이었다. 모든 우주적 변화는 에너지의 작용에 의해 일어나므로 지구가 변해온 과정도 에너지의 작용에 의해 일어났을 것임은 의심의 여지가 없다. 그래서 변화를 일으킨 에너지의 주체를 기준으로 시대를 정하게 되었다.

　에너지로 상징되는 힘의 교환활동이 없으면 어떤 생물도, 무생물도 존재할 수 없다. 우주는 오랜 세월동안 그런 힘의 교환활동을 지속해 오면서 변해왔다. 이는 지구가 하루아침에 인간을 만든 것이 아니라 150억 년이라는 장구한 세월에 걸쳐 조금씩 진화하면서 세포를 만들고 마침내 인간이라는 생명체를 탄생시켰음을 의미한다. 이러한 사실은 인간이라는 생명체는 신비적 탄생물이 아닌 우주의 진화적 산물임을 다시 한번 입증하고도 남는다. 이 책에서 시대를 구분하면서 힘을 기준으로 하여 선인(先人)사회를 "물리력 시대→화학력 시대→세포력 시대→식물력 시대→동물력 시대"로 오분(五分)한 이유도 바로 여기에 있다.

제8장
결론

01 동일유전자의 전승

지구상의 생물은 하루아침에 탄생된 것이 아니라 억겁의 세월동안 변하고 또 변해온 과정의 산물이다. 위에서 보았듯 지구는 무기물시대에서 출발하여 제1차 진화혁명을 거치면서 유기물시대를 열었고, 제2차 진화혁명을 거치면서 원시세포시대를 열었고, 제3차 진화혁명을 거치면서 식물시대를 열었고, 제4차 진화혁명을 거치면서 동물시대를 열었고, 제5차 진화혁명을 거치면서 마침내 인류시대를 열었다.

이 같은 지구의 변화는 한 조상으로부터 수많은 후손이 뻗어 나가듯 한 점 소립자의 대폭발에서부터 진화한 것이다. 이러한 우주진화는 지구상의 모든 존재는 그것이 무기물이든 식물이든 동물이든 인간이든 모두 동일한 우주의 유전자를 지닌다는 사실을 입증하고 있으며 동시에 이는 우주적 자연의 입장에서 볼 때 산도 강도 식물도 동물도 인간도 모두 우주가 물려준 동일한 유전자를 이어받은 동일한 후손들이라는 말이 된다. 인간과 자연이 둘이 아니며 인간과 자연이 반드시 더불어 살아야 할 당위성이 여기에 있다.

지구가 각각의 시대를 거치면서 진화해 왔다는 사실은 여러 가지로 입증된다. 새가 둥지를 틀고 새끼에게 모이를 갖다 주는 행위는 어느 한 세대에 걸친 학습으로 이루어진 것이 아니라 억겁의 세월을 지나면서 진화한 결과이다. 또 개미가 본능적으로 비가 올 것을 미리 알고 거처를 옮길 수 있는 것도 모두 진화의 결과이다. 말하자면 그들은 우주의 유전자를 이어받아 억겁의 세월 동안 그때그때의 우주적 환경에 적응하며 살아온 결과 현재의 모습으로 변한 것이다. 그러므로 새 한 마리, 개미 한 마리의 생존속성도 모두 우주적 생존속성과 통하게 되며 그렇기 때문에 그들은 날씨변화 같은 우주적 변화를 예지할 수 있는 것이다. 그런 진화의 과정은 모든 생명은 적절한 조건만 주어지면 언제든지 새롭게 태어나고 진화한다는 사실을 의미한다. 그런 진화론을 바탕으로 할 때 우주의 다른 별에서도 지구와 같은 유사한 생명체가 존재할 가능성은 얼마든지 있다. 왜냐하면 지구가 우주의 한 점에 불과하듯 지구와 같은 환경을 가진 또 다른 우주의 한 점은 얼마든지 있을 수 있기 때문이다.

이 책『정경천법』이 최종적으로 문제 삼는 것은 인간사회이다. 즉, 우주와 지구에는 인간사회가 태어나기 전부터 어떤 불변의 천법이 존재했고 또 그 불변의 천법이 어떤 작용을 어떻게 하여 인간사회를 형성시켰으며 앞으로 또 어떻게 새로운 인간사회를 만들어 갈 것인지를 규명해보고자 하는 것이 이『정경천법』의 주제이다. 따라서 그런 인간사회의 천법을 보다 정확히 규명하기 위해서는 인간사회가 탄생하기까지의 지구과거사를 되돌아보지 않을 수 없다. 인간 이전의 사회인 선인사회를 규명하기 위해 지금까지 많은 지면을 할애해 온 이유는 이 때문이다. 이제 선인사회를 규명하기 위해 할애한 그 많은 지면을 간략하게 요약해 보자.

인간사회의 모체인 선인사회를 존속시켜온 천법은 다음 세 가지로 정리할 수 있다. 첫째, 우주는 눈에 보이는 형(形)과 눈에 보이지 않는

질(質)이라는 두 요소로 구성되며, 둘째, 그렇게 구성된 우주는 이진법적 음양운동의 반복에 의해 변하고, 셋째, 그 변화는 진화의 형태로 일어난다는 것이다. 이렇게 볼 때 우주 만물의 불변적 생멸법칙은 "이진법과 진화"라는 두 단어로 압축할 수 있고 다시 이 두 단어를 합치면 "이진법적 진화"라는 하나의 단어로 압축할 수 있다. 그런 이진법적 진화는 별개의 시간과 공간에서 별개의 사건으로 일어나는 것이 아니라 동일한 시간과 공간에서 동일한 사건으로 일어난다. 이는 이진법과 진화는 둘 아닌 하나로서 이진법적 변화의 축적이 곧 진화라는 말이다. 무기물에서 유기물이 탄생된 것, 유기물에서 식물이 탄생된 것, 식물에서 동물이 탄생된 것은 이진법적 변화인 동시에 진화였다. 우주만물은 이렇게 이진법적 진화를 거듭하며 생멸한다.

인간사회도 동일한 이진법적 변화의 원리에 의해 진화해 간다. 원시시대가 석기시대로 바뀐 것은 변화인 동시에 진화였고 석기시대가 철기시대로 바뀐 것 역시 변화인 동시에 진화였다. 그리고 그러한 진화는 과거의 축적된 기술과 지식을 바탕으로 하여 이루어진다. 바꿔 말하면 그러한 진화는 과거기술에서 신기술로 대체되는 이진법적 진화의 과정이다. 진화는 이렇게 과거의 사회적 재화를 먹고 자라는 나무이다. 그러므로 과거가 없으면 진화도 없고 진화가 없으면 현재도 없다. 기술이건 지식이건 그 무엇이 진화하기 위해서는 반드시 과거의 그 무엇이 있어야 한다. 과거의 축적된 사회적 재화가 많으면 진화는 그 만큼 강하고 빠르게 일어날 것이고 적으면 적은 만큼 약하고 느리게 일어날 것이다.

하지만 이런 진화론에 대한 반론도 만만치 않다. 특히 서구종교인들이 주장하는 창조론(創造論, doctrine of creation)은 대표적인 반대론이다.

창조론의 핵심은 우주 만물이 어떤 신적 존재의 의도적, 계획적 행위에 의해 만들어졌다는 데 있다. 창조론은 고대 메소포타미아, 수메르, 이집트 등의 여러 신화에도 나타난다. 그러나 창조론의 가장 열렬한 지지자는 단연 기독교도들이다. 창세기 1장 1절에는 "태초에 하나님이 천지를 창조하였다"고 밝히고 있다. 그래서 창조론은 기독교 신앙과 신학의 근본적인 개념이다. 창조란 지금까지 없었던 것을 있게 하는 것으로서 제작과는 다르다. 제작은 기존의 것을 다른 형태로 변형시킨다는 의미를 지니는데 반해 창조는 없었던 것을 최초로 만들어낸다는 의미를 지닌다. 성경에 의하면 하느님은 제일 먼저 빛을 만들고 이어서 물과 하늘, 흙과 식물, 천체, 물고기와 새, 동물, 그리고 인간의 순으로 6일간에 걸쳐 세상만물을 창조했다고 한다.

창조론자들은 개미가 아무리 진화해도 사자가 되지는 않으며 물고기가 아무리 진화해도 인간이 되지는 않듯 세상 만물은 진화의 결과가 아니라 처음부터 그런 종, 그런 사물이 되도록 창조됐기 때문에 그렇게 되었다는 것이다. 일리 있는 주장이다. 상식적으로 보더라도 풀벌레가 진화한다고 독수리가 되겠는가? 그런 일은 불가능할 것이다. 그러므로 진화론은 창조론을 전제로 할 때만 이론적 합리성이 인정된다고 볼 수도 있다.

그러나 우주 만물을 보는 시각을 조금만 달리하면 창조론은 허점투성이임을 알게 된다. 우주의 탄생과정에서도 보았듯이 대폭발로부터 제일 먼저 생겨난 것은 수소와 헬륨이었다. 결코 물도 흙도 산도 강도 짐승도 사람도 아니었다. 더욱이 100여 개의 원소가 생겨나고 그 원소들이 화학작용을 하면서 무기물 덩어리를 만들고 다시 진화를 계속하여 유기물을 만들고 세포를 만들고 식물, 동물, 인간을 만들어 온

150억년의 역사는 진화의 과정이었지 결코 하루아침에 산과 강, 식물과 동물, 새와 곤충이 탄생된 창조의 과정이 아니었다. 어떤 창조론자도 과학이 입증하는 이 엄연한 우주의 진화과정을 부정하지는 못할 것이다. 만일 진화라는 과정을 거치지 않았다면 가스덩어리로부터 시작해 지금의 지구가 형성될 때까지 우주는 도대체 어떤 과정을 거쳐 왔단 말인가?

또 진화론은 희망의 논리요, 발전의 논리요, 무한한 가능성의 논리이다. 현실적인 창조는 진화를 바탕으로 한다. 발명은 없던 것을 만들어 낸다는 측면에서 대표적인 창조이다. 그러나 그 창조를 대표하는 발명은 기존의 기술과 지식을 전제로 하는 진화적 창조이다. 자동차는 우마차라는 기존의 지식과 엔진이라는 새로운 기술의 결합으로 탄생된 것이지 하루아침에 아기가 태어나듯 불쑥 태어난 것이 아니다. 심지어 아기도 정자와 난자의 수정과정, 배아과정, 모체 내 임신과정 같은 일정한 과정을 거쳐야만 탄생된다. 그런 과정은 진화적 과정이지 창조적 과정이 아니다. 모든 신제품, 신기술 또한 그런 진화적 결과물이다.

더욱이 창조론은 운명론을 부추길 수도 있다. 창조론에 의하면 무엇이든 처음부터 그렇게 되도록 창조되어야 하므로 부자도 영웅도 처음부터 그렇게 태어나야 한다. 따라서 어떤 노력을 하더라도 개미가 사자로 탈바꿈할 수 없듯 빈자가 부자로 탈바꿈하지 못한다. 이는 모든 사람에게 희망 아닌 절망을 안기는 저주의 사상이요, 현실적으로 받아들일 수 없는 억지주장이다. 이에 반해 세월이 가고 노력하면 점점 더 좋아질 수 있다는 진화론은 희망을 안겨주는 축복의 사상이다.

지구상의 모든 물질은 자기에게 주어지는 그때그때의 환경변화에 대처하거나 순응하는 능력을 가지고 있는데 이를 적응(adaptation)이라고 한다. 진화란 그 적응이 장기간 지속되면서 생명체의 구조와 생리적 활동 같은 고유형질에 변화가 생기는 것을 말한다. 선인사회가 진화해 온 과정을 분석해 보면 적자생존에 의한 진화는 단상(單相)에서 복상(複相)으로 발전해 가는 과정임을 알 수 있다. 즉, 단순한 단계에서 복잡한 단계로 진화하는 진복진화론(進複進化論)을 원칙으로 하고 있다. 그런 진화는 크게 소진화(小進化, micro evolution)와 대진화(大進化, macro evolution)로 나누어진다.

소진화란 하나의 종(種)으로부터 새로운 종이 생기는 일종의 수평적 진화이다. 이 소진화는 자연선택이나 유전자 전이(轉移) 같은 종내(種內)의 작은 유전적 변화 혹은 변이를 통한 새로운 종의 형성과정으로써 비교적 짧은 시간 혹은 불과 몇 세대에 걸친 시간동안에 일어나는 변화이다. 후추나방의 반문(斑紋)모양이나 색깔이 변하여 새로운 나방의 모습을 갖추는 식의 진화가 이에 해당한다. 이 같은 소진화는 생물이 생존환경에 적응하고 생존능력을 향상시키기 위하여 스스로 조금씩 변해가는 과정이기도 하다. 잡종교배, 환경변화, 돌연변이, 품종개량 등에 의한 새로운 종의 탄생 등은 모두 소진화의 과정들이라 할 수 있다. 인류에 있어서 인종이란 소진화의 일종으로서 아종(亞種) 또는 지방종(地方種)을 의미한다.

그러나 대규모적인 종분화 과정을 통해 종(種) 이상의 분류학적 범주를 변화시키는 거대한 진화과정은 소진화로서는 설명이 불가능하다. 즉 소진화는 지구가 탄생한 이래 나타난 여러 형태의 종(種)출현 및 절멸(絕滅, extinction)을 설명해 주지는 못한다. 생명의 기원에서부터 오늘날의 살아있는 종에 이르기까지, 그리고 과거에 절멸했던 종까지 모두 설명해 주는 것은 바로 대진화이다.

대진화란 종(種)수준 이상의 분류학적 범주로 분화되는 수직적 진화로써 어떤 한 집단이 2중 또는 그 이상의 종으로 갈라지는 넓은 의미의 분기분류학적(分枝分類學的) 종분화를 의미한다. 즉, 대진화는 지금까지 없었던 전혀 새로운 것이 생기는 일련의 양분과정(兩分過程, dichotomous process)이다. 말하자면 어떤 유기체에서 완전히 다른 새로운 분류학적 유기체로 바뀌는 것을 의미한다. 미국의 신경생물학자 커쿳(G. A. Kerkut)이 쓴 『진화의 함의(Implications of Evolution)』라는 책에 의하면 그런 대진화는 무생물로부터 생물이 탄생되는 식의 전혀 다른 새로운 종의 탄생을 의미한다. 대진화의 구체적인 예를 들면 파충류의 비늘, 새의 깃털, 포유류의 머리털 등이 생긴 과정이 이에 속한다.

진화의 결과 현존하고 있는 동물은 120만 종이 넘고 식물은 50만 종이 넘는다. 그런데 여기서 한 가지 주목할 사실은 식물의 종보다 동물의 종이 더 많다는 것이다. 주지하는 바와 같이 동물은 식물보다 나중에 태어났다. 이는 나중에 태어날수록 그 종이 많아진다는 사실을 말해 준다. 우주의 역사를 보면 이를 잘 이해할 수 있다. 0에서 출발한 우주는 대폭발로 수소와 헬륨이라는 두 가지 물질을 탄생시켰다. 그리고 그 두 가지 물질이 핵융합반응을 일으키면서 100여 개의 원소가 생겨났고 그 원소들이 이합집산 하여 세포를 만들고 50만여 종의 식물을 만들었으며 그 식물을 바탕으로 하여 다시 120만여 종의 동물이 탄생되었다.

인간사회는 그런 우주의 진화를 그대로 닮고 있다. 원시시대에는 생존 재화의 종류가 먹이라는 한 가지에 불과했다. 굴이나 바위틈에서 잠자며 추우면 동물의 털가죽을 뒤집어썼던 그들은 의복도 필요 없었고 집도 필요 없었다. 그러나 시대가 발전할수록 생존용품의 수가 점점 늘어나고 복잡해지기 시작했다. 교통수단만 해도 그렇다. 원시시대에는 모두 자신의 두 발로 걸었을 뿐이다. 그러다 동물을 이용하면서 말과 낙타를 타게 되었고 우마차를 만들게 되었다. 다시 시대가 발전하면서 자동차, 기차, 선박, 비행기 같은 보다 다양하고 복잡한 교통수단들이 등장했다. 앞으로 시대가 발전하면 인공위성보다 더 복잡하고 다양한 교통수단들이 탄생할 것임은 자명하다. 단상에서 복상으로 진화하는 것이 우주의 법칙이기 때문이다.

진화과정에서 또 한 가지 중요한 사실은 진화는 반드시 과거의 정보를 활용하여 이루어진다는 것이다. 수많은 원자와 분자들은 생명이 태동하고 진화하는 과정에서 서로 결합했다가 떨어지고 또다시 결합하는 복잡한 상호관계를 통해 새로운 조직체를 끊임없이 만들어내는데 그런 복잡한 상호관계에 대한 엄청난 정보는 그대로 재생산에 활용된다. 그러므로 탄생과 진화가 반복되면 될수록 탄생과 진화에 대한 정보는 엄청나게 축적된다. 시간이 갈수록 진화의 속도가 빨라지는 이유는 시간이 갈수록 이처럼 축적된 정보의 양이 많아지기 때문이다.

우주의 역사는 다시 한번 그러한 사실을 입증한다. 하나의 무기물 덩어리에 불과했던 지구에 유기물이 탄생하기까지는 약 35억년이라는 세월이 걸렸다. 그러나 유기물로부터 세포가 탄생되기까지는 약 10억년 밖에 걸리지 않았다. 또 세포로부터 식물이 탄생하기까지도 약 10억년, 식물로부터 동물이 탄생하기까지는 약 1억년, 그리고 동물로부터 인간이 탄생하기까지는 약 5천만 년밖에 걸리지 않았다.

이러한 지구의 역사는 정보의 축적이 많을수록 진화가 빨라진다는 사실, 즉 하등생물에서 고등생물로 진화할수록 진화의 시기와 속도가 빨라진다는 사실을 말해준다. 지구상의 생물은 지금까지 진화해 왔던 것처럼 앞으로도 계속 진화해 갈 것이다. 더욱이 현재까지의 진화법칙으로 미루어 보건데 앞으로의 진화는 보다 짧은 시간 내에 보다 빠른 속도로 이루어질 것이 확실하다. 진화도 이렇게 가속적으로 이루어진다. 우주가 지니는 팽창과 압축의 가속화가 그대로 생물진화에 이어진 것이다. 지구의 모든 생물들은 우주의 유전자를 이어받은 만큼 우주가 지니는 가속화 속성을 그대로 지니는 것은 너무도 당연한 일이다.

가속성을 가지는 진화의 중요한 수단은 생식이다. 모든 생물은 자신을 닮은 자손을 퍼뜨리는 생식(reproduction)기능을 가지고 있다. 생식이란 어느 생물집단의 개체수가 증가하는 것을 말하는데 이는 생명체의 종족보존을 위한 자연의 섭리이다. 생식에는 두 가지 방법이 있다. 무성생식(無性生殖, asexual reproduction)과 유성생식(有性生殖, sexual reproduction)이 그것이다. 무성생식은 암수 배우자의 수정 없이 후손을 이어가는 방법으로써 가장 흔한 방법은 이분법이다. 이분법(Binary fission)은 모체가 거의 같은 모양의 두 개체로 분열하여 생장(生長)하는 방법으로서 박테리아나 원생동물에서 볼 수 있다. 또 하나의 방법인 출아법(budding)은 모체보다 작은 새로운 개체가 모체로부터 싹이 터 나오듯 생겨나는 생식법이다. 이런 생식법은 해면, 히드라, 와충류(渦蟲類, free living flat worms)와 효모에서 찾아 볼 수 있다.

유성생식은 암수 양성의 결합에 의해 후손을 이어가는 방법으로써 대부분의 생물들은 유성생식으로 후대를 이어간다. 인류 또한 유성생식을 통해 지금까지 진화해 왔고 앞으로도 진화해 갈 것이다. 그리고 그 진화는 현재의 인류보다 더욱 높은 지능과 능력을 가진 인류를 가속적으로 탄생시킬 것이다. 왜냐하면 진화의 법칙이 단상에서 복상으로, 그것도 가속적으로 변해가는 것이기 때문이다. 인간사회도 이와 똑같은 법칙에 의해 발전된다. 과거의 재산과 지식과 기술이 축적되면 될수록 미래의 발전은 더욱 빨라진다. 예를 들면 자본은 과거노동의 축적이다. 과거노동의 축적인 자본이 많으면 많을수록 산업은 더욱 빠르게 발전한다. 도로, 항만, 철도 같은 사회간접자본도 과거노동의 산물이다. 그런 사회간접자본이 건실하면 건실할수록 그 사회는 더욱 건실하게 발전한다. 그것도 가속적으로 발전한다.

02 비례적 등가법칙

　　3:3, 4:4, 5:5는 서로 다른 수끼리의 대비이지만 이들을 비례적 관점에서 보면 모두 1:1로서 같은 값이 된다. 이렇게 대비되는 수는 달라도 비례적 관점에서 볼 때 같은 값이 되는 것을 "비례적 등가법칙"이라고 한다.

　　우주는 이 비례적 등가법칙이 적용되고 있는 공간이다. 태양과 지구와의 거리는 약 1억4,900만km이고 지구와 달과의 거리는 약 383,000km로서 서로의 거리는 엄청나게 차이난다. 그러나 지구가 태양을 공전하고 달이 지구를 공전한다는 공전적 관점에서 보면 똑같은 공전이다. 지구는 태양의 인력에 붙잡혀 태양을 공전하고 달은 지구의 인력에 붙잡혀 지구를 공전하므로 비례적 관점에서 볼 때 둘 다 주성(主星)의 인력에 붙잡혀 공전한다는 사실은 마찬가지이다.

　　또 여름에는 비가 오고 겨울에는 눈이 온다. 그런 비와 눈은 전혀 다르다. 물은 부력을 가지므로 바다에 배를 띄울 수 있지만 북극의 눈밭에는 배를 띄울 수 없다. 그러나 비례적 관점에서 보면 비와 눈은 같은 것이다. 출발점은 똑같은 수증기임에도 불구하고 날씨가 추우면 눈이 오고 더우면 비가 온다. 이렇게 똑같은 수증기가 추우면 추운 만큼 눈이 되고 더우면 더운 만큼 비가 되므로 비례적 관점에서 보면 "+20

도:+20도"와 "−20도:−20도"는 둘 다 똑같은 1:1이 된다.

지구상에 있는 수많은 생명체의 경우도 마찬가지이다. 모든 생명체는 저마다 다른 먹이를 먹으면서 살아간다. 그러나 생산과 소비를 반복한다는 측면에서는 동일한 생명체이다. 초목은 탄소동화작용으로 영양분을 생산하고 그것을 소비함으로서 살아가고 작은 애벌레는 풀잎을 갉아 먹고 영양분을 채워가면서 살아가고 사자는 약한 짐승들을 잡아먹고 영양분을 채워가면서 살아간다. 이렇게 생산하는 먹이는 달라도 자기가 생산한 먹이를 먹고 살아간다는 측면에서는 동일한 생명체이다. 그러므로 비례적 관점에서 보면 "생산:생산"이고 "소비:소비"로서 똑같은 1:1이다. 뿐만 아니다. 개미가 하등동물이고 사자가 고등동물일지는 몰라도 "생명:생명"이라는 등식을 놓고 보면 개미의 생명과 사자의 생명은 똑같은 생명이다.

인간세상도 마찬가지이다. 오늘날 지구에는 약 75억 명의 인구가 산다고 한다. 그러나 똑같은 사람은 한 사람도 없다. 쌍둥이도 무언가 다른 점이 있다. 그래서 부모들은 쌍둥이를 구별한다. 그렇게 사람마다 생김이 다르고 재능이 다르고 직업이 다르다. 그러나 비례적 관점에서 보면 그들은 한 사람도 예외 없이 무언가를 생산하고 소비하면서 살아간다는 측면에서는 동일한 사람들이다. 농부는 농산물을 생산하고 판매하면서 살아가고 어부는 수산물을 생산하고 판매하면서 살아가고 공무원은 행정업무를 수행하고 대가를 받으면서 살아간다. 이렇게 모든 사람들은 무언가 생산적인 일을 하고 그 대가를 받아 살아간다는 측면에서는 동일한 사람들이다. 다시 말하면 그들의 직업은 천차만별로 다르지만 "일한 대가:일한 대가"로 살아간다는 등식을 놓고 보면 그들은 결국 1:1이라는 똑같은 사람들이다.

지구의 공전과 달의 공전에서 보듯 이런 비례적 등가법칙은 우주자체가 가지고 있는 DNA이므로 우주만물 중 이 법칙을 벗어나 존재할 수 있는 것은 아무 것도 없다. 심지어 신이 만일 우주 속에 존재한다면 신도 비례적 등가법칙을 벗어날 수 없다. 인간의 행불행과 신의 행불행은 다를 수 있어도 "행불행:행불행"이라는 등식을 놓고 보면 똑같은 행불행일 뿐이다. 이런 관점에서 볼 때 우주만물은 어떤 미물이든 거물이든 "존재:존재"라는 똑같은 존재일 뿐이다. 못났다고 기죽을 일도 없고 잘 났다고 삐길 일도 없다. 사람 위에 사람 없듯 생명위에 생명 없고, 존재 위에 존재 없는 이유는 바로 이 때문이다. (제2권으로 계속)

정경천법(政經天法)
제1권 자연력 시대

초판 1쇄 2023년 12월 12일

지은이 손영일
발행인 김재홍
교정/교열 김혜린
디자인 박효은
마케팅 이연실

발행처 도서출판지식공감
등록번호 제2019-000164호
주소 서울특별시 영등포구 경인로82길 3-4 센터플러스 1117호 (문래동1가)
전화 02-3141-2700
팩스 02-322-3089
홈페이지 www.bookdaum.com
이메일 jisikwon@naver.com

값 30,000원
ISBN 979-11-5622-798-4 04100
979-11-5622-797-7 04100(세트)